Hans-R. Grundmann
Isabel Synnatschke
Markus Hundt

Süd- und Zentral-Kalifornien mit Las Vegas

und Abstechern zu den Nationalparks Zion, Bryce und Grand Canyon

Hans-R. Grundmann
Isabel Synnatschke
Markus Hundt

Kalifornien
Süd und Zentral
mit Las Vegas

3. Auflage 3/2018
mit Beiträgen von Ernst-Georg Richter
ist erschienen im

Reise Know-How-Verlag

ISBN 978-3-89662-751-3

Gestaltung
Umschlag: Carsten Blind, Asperg, Hans-R. Grundmann
Satz und Layout: Hans-R. Grundmann, Isabel Synnatschke
Karten: map solutions, Karlsruhe

Fotos ➢ Fotonachweis auf Seite 638

Druck
TZ-Verlag & Print GmbH, Roßdorf

Dieses Buch ist in jeder Buchhandlung
in Deutschland, Österreich und der Schweiz erhältlich.
Die Bezugsadressen für den Buchhandel sind

- Prolit Gmbh, 35463 Fernwald
- Buch 2000, CH-8910 Affoltern
- Mohr & Morawa GmbH, A-1230 Wien
- Barsortimenter

Wer im lokalen Buchhandel Reise Know-How-Bücher nicht findet,
kann diesen und andere Titel der Reihe auch im Buchshop des
Verlages im Internet bestellen: **www.reise-know-how.de**

In der Klappe links:
Übersicht über die in diesem Buch beschriebenen Routen

Titelfoto: Golden Gate Bridge vor Sonnenaufgang

Zur Konzeption dieses Reiseführers, 3. Auflage 2018

Dieses Buch wendet sich in erster Linie an Leser, die Kalifornien und angrenzende touristische Ziele **auf eigene Faust** entdecken und erleben möchten. Es stellt praktische Fragen, wie sie sich bei der Reiseplanung und -vorbereitung und besonders unterwegs in den USA ergeben, konsequent in den Vordergrund.

Neben wichtigen Basisinformationen zur hier behandelten Reiseregion ist viel Raum zunächst **Überlegungen zur individuellen Reiseplanung** gewidmet. Alle in diesem Zusammenhang bedenkenswerten Aspekte werden im Kapitel 1 des Allgemeinen Teils behandelt. Dazu gehören auch Punkte, denen Reiseführer oft kaum Aufmerksamkeit schenken, wie etwa dem Reisen mit Kindern.

Sind Jahreszeit, Zeitraum und Art des Reisens – mit **Wohnmobil/Pkw/SUV, Motel oder Zelt**, eventuell auch mit **Bus** oder **Eisenbahn** oder sogar per **Fahrrad** – bestimmt, findet der Leser dafür in den Kapiteln 2 und 3 des ersten Teils alle wichtigen Informationen zur optimalen Durchführung seiner nun konkreten Reisepläne sowie zahlreiche Tipps und Hinweise zur Vermeidung von unnötigen Ausgaben, Zeitverlust und Ärger. Ein besonders wichtiges Kapitel bezieht sich dabei auf **Kostenvergleichsrechnungen** für unterschiedliche Reiseformen.

Im Reiseteil erwarten den Leser umfangreiche Kapitel für die Cities **San Francisco, Los Angeles, San Diego**, besonders **Las Vegas** sowie für alle **Nationalparks** in Süd- und Zentralkalifornien und darüber hinaus. Ausgehend von den beiden wichtigsten Ankunftsflughäfen San Francisco und Los Angeles verbindet **ein dichtes Netz von Streckenbeschreibungen** diese wie viele weitere populäre und weniger bekannte Ziele im Reisegebiet einschließlich grenznaher Anlaufpunkte in Nevada. Ab Las Vegas geht es außerdem noch zum ***Grand Canyon*** und zu den Nationalparks ***Zion*** und ***Bryce Canyon*** in Utah.

In der **Umschlagklappe** vorne findet man das komplette **Routennetz**. Es ist so angelegt, dass man sich daraus – abhängig von persönlichen Prioritäten, Jahreszeit und Reisedauer und dank der zahlreichen miteinander verbundenen Teilstrecken – eine individuell optimale Reiseroute zusammenstellen kann. **Für Reisen von 1-3 Wochen Dauer** zu unterschiedlichen Jahreszeiten finden sich auf den Seiten 611-621, außerdem **Vorschläge** speziell für Erstbesucher Kaliforniens.

Erleichtert werden Ziel- und Routenauswahl dadurch, dass Sehenswürdigkeiten, Strecken, Quartiere und Campingplätze nicht nur erläutert bzw. aufgelistet, sondern – wo immer möglich und sinnvoll – mit **Wertungen** versehen sind.

Weitere Details zu **Konzeption und Aufbau der Reisekapitel** ➢ Seiten 160ff.

Wer mehr über Kalifornien, seine Geschichte, Bevölkerung, Staat, Politik und Wirtschaft, Kunst, Kultur und Sport erfahren möchte, als bereits in den Reisekapiteln steht, findet zusätzliche Informationen im Anhang »**Kalifornien Wissen**«.

Diese Auflage wurde komplett überarbeitet, der Reiseteil dabei um 12 Seiten erweitert. Alle Daten und Internetadressen (über 1300) wurden sorgfältig aktualisiert; sie entsprechen dem bei Redaktionsschluss verfügbaren Stand.

Eine gute Reise wünschen Ihnen

Hans-R. Grundmann, Isabel Synnatschke & Markus Hundt

TEIL 1 PLANUNG, VORBEREITUNG UND DURCHFÜHRUNG einer Reise durch Kalifornien

Zum Dollarkurs

Die in diesem Buch getroffenen Aussagen zu vom Dollarkurs abhängigen Reisekosten und Preisen (»teuer«, »preiswert« etc.) basieren auf dem Kursverhältnis €1,00 = $1,22 bzw. $1,00 = €0,82. Bei stärkeren Kursänderungen sind sie entsprechend zu relativieren; ➤ auch Seiten 48f + 77f.

TEIL 1 PLANUNG, VORBEREITUNG UND DURCHFÜHRUNG einer Reise durch Kalifornien

TEIL 1 PLANUNG, VORBEREITUNG UND DURCHFÜHRUNG einer Reise durch Kalifornien

TEIL 1 PLANUNG, VORBEREITUNG UND DURCHFÜHRUNG einer Reise durch Kalifornien

Piktos Die im Reiseteil benutzten Piktogramme sind weitgehend selbsterklärend. Sie erleichtern bei der Suche nach Quartieren, Campingplätzen, Restaurants usw. den raschen Zugriff auf die jeweilige Information im Text bzw. machen zusätzlich auch optisch auf Hinweise zum Wandern/Schwimmen und auf Fotopunkte aufmerksam; mehr dazu auf ➤ Seite 164

TEIL 2 REISEROUTEN DURCH KALIFORNIEN

TEIL 2 REISEROUTEN DURCH KALIFORNIEN

TEIL 2 REISEROUTEN DURCH KALIFORNIEN

TEIL 2 REISEROUTEN DURCH KALIFORNIEN

TEIL 2 REISEROUTEN DURCH KALIFORNIEN

Planung, Vorbereitung und Durchführung

einer Reise durch Kalifornien

Steckbrief Kalifornien: Zahlen und Fakten

Größe

Mit einer **Fläche** von ca. 424.000 km^2 ist Kalifornien größer als Deutschland (ca. 357.000 km^2) und damit nach Alaska und Texas der flächenmäßig drittgrößte Staat der USA.

Das in diesem Buch behandelte **Süd- und Zentralkalifornien** zwischen mexikanischer Grenze und in etwa der Linie San Francisco-Sacramento-Lake Tahoe-Reno deckt eine Fläche von rund 320.000 km^2 ab, die immerhin auch noch größer ist als die ganz Italiens (ca. 301.000 km^2).

Einwohner

Mit insgesamt 39,5 Mio. Einwohnern (11/2017) rangiert der Staat bevölkerungsmäßig in den USA an erster Stelle. Die durchschnittliche **Bevölkerungsdichte** von 98 Personen/km^2 beträgt zwar nicht einmal die Hälfte der deutschen (ca. 231 Personen/km^2 bei 82,8 Mio Einwohnern), ist aber für amerikanische Verhältnisse relativ hoch (Rang 11 unter den 50 Staaten). Dazu ist die Bevölkerung extrem unterschiedlich verteilt.

Das Gros der Einwohner lebt im Bereich der Pazifikküste zwischen und einschließlich San Francisco und San Diego. Allein die Großräume **San Francisco Bay Area (8,7 Mio)**, **Metropolitan Los Angeles (18,1 Mio)** und **San Diego (3,1 Mio)** beherbergen fast 3/4 der Einwohner des Staates. Weitere rund 6-7 Mio leben im Einzugsbereich mittlerer Großstädte (z. B. Sacramento, Santa Barbara, Monterey, Bakersfield u.a.) und kleinerer Zentralstädte etwa im San Joaquin Valley zwischen Küstengebirge und Sierra Nevada sowie im Bereich Palm Springs.

Etwa ein Viertel der Fläche Kaliforniens östlich der Sierra Nevada und der Inlandsgebirge östlich von Los Angeles und San Diego ist Wüste ohne nennenswerte Besiedelung. Das gilt auch für das Gros der Mittel- und Hochgebirgszonen (ca. 20% der Fläche).

Nordkalifornen oberhalb der für dieses Buch oben definierten Trennlinie beherbergt auf über 100.000 km^2 keine 3 Mio. Menschen.

Staat der USA seit 1850

Hauptstadt Sacramento (seit 1854, vorher San José und Vallejo)

Verwaltung Der Staat Kalifornien besteht aus 58 Landkreisen (*Counties*).

Regierung Das Parlament hat zwei Kammern. Ein Gouverneur, der alle vier Jahre neu gewählt wird, regiert den Staat (nur eine Wiederwahl möglich).

Flagge Die Staatsflagge (➤ Abbildung Seite 227) zeigt einen Bären auf weißem Hintergrund über dem Schriftzug »*California Republic*« und einen roten Streifen darunter. Ein roter Stern links oben erinnert an die einstige »*Lone Star Flag*« des ersten Aufstandes gegen die mexikanische Herrschaft über Kalifornien, die 1836 fehlschlug

Staatshymne *I love you California* (Text *F.B. Silverwood*, Musik *A.F. Frankenstein!*)

Staatsblume *California Poppy (Goldmohn,* ➤ auch Seite 426 und Abbildung Seite 23.

Staatsmotto *Eureka!* (Griechisch für *»ich hab's gefunden«*, ein Archimedes anekdotisch zugeschriebener Ausruf. Angeblich war er in Kalifornien während des Goldrausches verbreitet, wenn die Mühe der Suche nach goldhaltigen Adern im Fels Erfolg hatte.)

1

Reiseziel Kalifornien

Déjà-vu Phänomen

Wer könnte nicht aus dem Stand und ohne in einem Reiseführer zu blättern, für Kalifornien Wunschziele und -routen nennen? **San Francisco** und **Los Angeles** sowieso, sicher den ***Highway #1*** am Pazifik entlang, die **Nationalparks *Yosemite*** und ***Death Valley*** und – als Abstecher – von vielen auch **Las Vegas**. Und dann wären da noch **San Diego**, vielleicht **Palm Springs** und **Sacramento**, wiewohl jetzt schon länger ohne *Arnold Schwarzenegger*, das *Wine Country* ***Napa Valley***, **Monterey** mit **Carmel**, das man allein schon wegen *Clint Eastwood* kennt, und **Santa Barbara**, das sich nach Surfen und *Beach Boys* anhört, und vieles andere mehr.

Weltweit bekanntere touristische Ziele als Kalifornien haben kaum ein Land und kein Staat der USA aufzuweisen, ohne dass dafür eine eigene PR-Abteilung unablässig die Werbetrommel rühren müsste. Kalifornien, seine Cities und Natur sind Ort(e) der Handlung in unzähligen über den Globus verbreiteten Romanen, Filmen und TV-Serien. Von Reisemagazinen voller Hochganzfotos nicht zu reden. Zum sog. »**Traumreiseziel**« brachte es Kalifornien wohl auch wegen des Déjà-vu-Effekts. Viele möchten das, was sie aus allen Medien bereits kennen und sie – auch emotional – beeindruckt hat, einmal selbst aus der Nähe sehen und erleben.

Sonderfall unter den Reisezielen der Welt

Insofern unterscheidet sich Kalifornien, vor allem das riesige geographische Dreieck zwischen San Francisco, Los Angeles/San Diego und Las Vegas, von fast allen anderen Fernreisezielen. Nur Florida und die Neuengland-Staaten als Ganzes ähneln in dieser Hinsicht Kalifornien, können aber bei weitem nicht mit einer vergleichbaren Vielfalt ungewöhnlich attraktiver Städte und Landschaften aufwarten, schon gar nicht mit einer Glitzermetropole in der Nachbarschaft und als Zugabe auch noch den *Grand Canyon* und weitere Nationalparks quasi »um die Ecke«.

Kurz: Im Fall Kalifornien weiß der Leser im Voraus weit mehr vom Ziel seiner Reise als sonst. Da muss ein Reiseführer nicht erst lange in einführenden Kapiteln erklären, welche Attraktionen dort warten und was für ein Land, was für Menschen und welche Kulturen. Wichtig ist vielmehr, dass der Leser im Reiseteil an entsprechender Stelle findet, was er sucht und ihn an Kalifornien fasziniert. Es genügt, wenn »reisetechnisch« weniger Bedeutsames, etwa zum Thema »Land und Leute«, in einem – hier abschließenden und »Kalifornien Wissen« genannten – Kapitel nachzuschlagen ist.

Abseits der Hauptpfade

So sehenswert und unverzichtbar die vielbesuchten und spektakulären Ziele auch sein mögen, neben ihnen gibt es eine Fülle weniger bekannter schöner Landstriche, »kleiner« Naturwunder, historischer Stätten und außergewöhnlicher Orte. **Sie machen auch das Reisen zwischen den *Highlights* und abseits der üblichen touristischen Pfade zum Erlebnis**. Die kolossalen klimatischen und topographischen Gegensätze auf manchmal kürzester Distanz tun ein Übriges für unvergessliche Reiseeindrücke.

Vor der Reise

In diesem ersten Kapitel geht es darum, Dinge zu klären und zu vermitteln, die nicht als von vornherein bekannt vorauszusetzen und fürs Reisen von Belang sind, außerdem um den ganzen Strauß der Aspekte und Informationen, die man kennen und berücksichtigen sollte, damit die eigene Reise optimal wird.

Zunächst eine kurze Übersicht über Geographie und Klima Kaliforniens und einige Hinweise zu Flora und Fauna.

1.1 Wichtig zu wissen vor der Reiseplanung

1.1.1 Geographie und Klima Kaliforniens

Die Landschaften Kaliforniens unter touristischen Aspekten

Fläche und Bevölkerung

Wesentliche Daten zur Geographie Kaliforniens stehen bereits im »**Steckbrief**« auf Seite 14. Dort sind die Größenverhältnisse und Besiedelungsdichten in Abhängigkeit von den unterschiedlichen Regionen kurz skizziert. Die ungleichgewichtige Besiedelung des Landes war zunächst die Folge geographischer und klimatischer Gegebenheiten, auch historischer Entwicklungen wie der Errichtung von Missionstationen entlang der Pazifikküste nach Inbesitznahme des heutigen Kaliforniens durch die Spanier, ➤ Seite 476. Das kolossale Städtewachstum im 20. Jahrhundert orientierte sich an den bereits vorhandenen Strukturen und wurde schwerpunktmäßig stark von wirtschaftlichen Faktoren beeinflusst wie etwa der Expansion San Diegos als Folge der Stationierung der US-Pazifikflotte im 2. Weltkrieg (nach dem Debakel von Pearl Harbor im Dezember 1941) und des Aufstiegs von Bakersfield am Rande ausgedehnter Ölfelder zur kalifornischen *Oil City.*

Pazifikküste/ Highway #101

Die gesamte nordamerikanische Pazifikküste wird beherrscht von der sog. **Küstenkordillere**, einem Gebirgszug, der sich bis hinunter nach Mexiko zieht. Er ist in Kanada noch schroffes Hochgebirge, flacht aber in den USA südlich der Olympic Mountains bald ab. Die von Oregon durch ganz Nordkalifornien laufenden ***Coastal Ranges*** reichen ununterbrochen bis San Francisco und verhinderten durch ihr Heranrücken an die Küste in einigen Bereichen jede Besiedelung. Südlich des *Golden Gate*, der Einfahrt in die San Francisco Bay, setzt sich das Gebirge zunächst weniger ausgeprägt fort und erreicht erst südlich von Monterey wieder mittelgebirgsartige Höhen bis 1.600 m. Die **Santa Lucia Mountains** steigen südlich von Carmel direkt aus dem Wasser auf, sind aber nur bis ca. 30 mi breit. Östlich davon läuft der ***Freeway* #101** als die schnelle Alternative zur kurvenreichen Küstenroute durch ebene Agrarlandschaften.

Highway #1

Der Ruf des ***Highway* #1** als schönster Straße Kaliforniens resultiert aus den **nur rund 100 mi zwischen Carmel und Cambria**. Nördlich und südlich davon gibt es zwar durchaus auch attraktive Verläufe der #1, aber eben nur abschnittsweise.

Pazifikküste/ Südkalifornien

Ab San Simeon/Cambria zieht sich das Bergland langsam zurück. Die Küste ist ab dort leichter zugänglich und beeindruckt im weiteren Verlauf durch länger werdende, südlich von Santa Barbara kaum noch unterbrochene **Strände** bis hinunter nach San Diego.

Das Gebirge lässt erst ab Morro Bay genügend Platz zur Besiedelung der nun flachen oder nur leicht hügeligen Küstenregion und überragt das Hinterland bald bis 30 mi von der Küste entfernt. Im Bereich Los Angeles gibt es mit den **Santa Monica** und **Santa Ana**

Mountains zwar Ausläufer an die Küste, aber die eigentlichen ***Coastal Ranges*** schwingen sich dort zu **Höhen über 3.000 m** auf. Sie bescheren den Stadtbewohnern im Winter Schnee und Skipisten in den nahen **San Gabriel** und **San Bernardino Mountains**. Teilweise noch höher geht's hinauf in den **San Jacinto**, **Santa Rosa** und **Vallecito Mountains** westlich und südlich von Palm Springs in Südkalifornien, nur maximal ca. 60-70 Meilen von der Küste entfernt. Dazwischen liegt ein Gebiet sanfter Berglandschaft mit sommerverbrannter Vegetation. Hindurch führen abseits der breiten *Freeways* trotz der Nähe zu den Ballungszentren erstaunlich verkehrsarme ***Backroads*** auf oft reizvollen Routen (Straßen mit der Kennzeichnung »**S**« vor der Nummer).

Sierra Nevada

Die berühmte **Sierra Nevada** steigt nur etwa 100 mi nördlich von Los Angeles aus der halbwüstenartigen Hochebene zwischen dem Central Valley und der Mojave Desert (➤ rechts) rasch auf Höhen von über 4000 m. Der **Mount Whitney**, mit 4.421 m höchster Berg der kontinentalen USA, liegt nur ganze 200 mi von LA entfernt. Während die Westseite der Sierra über sog. *Foothills* lang ausläuft, fällt das Gebirge an der Ostseite abrupt ab.

Bis auf wenige Passstraßen ist die Sierra Nevada ein unerschlossenes ca. 60-80 Meilen breites Hochgebirge (*Wilderness Area*). Nördlich des Lake Tahoe geht sie in die **Kaskaden** über, dem bis heute vulkanisch aktiven Teilgebirge der nordamerikanischen Rocky Mountains, das unter wechselnden Namen bis Alaska reicht.

Kalifornische Ebenen

Zwischen den beiden pazifischen Gebirgszügen befindet sich auf den rund 450 mi zwischen Redding/Nordkalifornien und Bakersfield ein Streifen eigentlich kargen bis wüstenartigen Landes unterschiedlicher Breite (50-100 Meilen), das zu den ertragreichsten Obst- und Gemüseanbaugebieten der USA entwickelt wurde. Möglich war dies dank des Schmelzwassers aus der Sierra Nevada, das gleichzeitig für die Fruchtbarkeit der Böden verantwortlich ist. Über Jahrtausende schwemmten die Flüsse Sedimente aus den Bergen über das Tal. Heute ist ihre Kraft durch zahlreiche Staudämme gezähmt, viele ihrer Läufe sind kanalisiert.

Sacramento und Central Valley

Die Dämme sorgen zwar für vielfach attraktive Seen; die sind aber oft schon ab Ende August halbleer (nach schneearmen Wintern hier und dort auch schon mal im Mai). Manche fallen im Jahresverlauf fast trocken. Oberhalb von Sacramento bezeichnet man die Tiefebene als **Sacramento Valley**, zwischen Sacramento und Bakersfield als **Central Valley**. Sie liegt stellenweise nur wenig über der Höhe des Meeresspiegels bis maximal 150 m über NN.

Touristisch ist in diesem Bereich mit einer Handvoll Ausnahmen (Sacramento, *Pinnacles Nat'l Park*) nur wenig »zu holen«.

Das Große Becken/ Great Basin

Zwischen den Kaskaden bzw. der Sierra Nevada und den weiter östlichen Gebirgen der Rocky Mountains in Utah und Idaho erstreckt sich das ca. 500.000 km^2 große ***Great Basin***. Es bedeckt nahezu das gesamte Staatsgebiet von Nevada, den Südosten Oregons, den Südwesten Idahos, einen breiten Streifen in Utah und ganz **Südostkalifornien** jenseits der Sierra Nevada und der LA von der Wüste trennenden Gebirgszüge (➤ oben). Schon mitten im *Great Basin*, aber teilweise kaum 30 mi von der Sierra entfernt liegt das tief in die Umgebung eingeschnittene **Death Valley** mit dem tiefsten Punkt des Landes (85 m unter NN).

Der größte Teil des *Great Basin* in Kalifornien trägt die Bezeichnung **Mojave Desert**. Dank des Wassers aus dem Stausee Lake Mead und der im *Hoover Dam* erzeugten Elektrizität konnte sich sogar mitten in dieser Wüste unweit der kalifornischen Grenze **Las Vegas** zu einer City mit ca. 625.000 Einwohnern und über 2 Mio im Großraum entfalten.

Mojave Desert

In den Teilregionen des *Great Basin* gilt im Prinzip für alle einschließlich der Mojave Desert eine weitgehend identische **Kennzeichnung**: trockene und vegetationsarme Hochflächen, die von isolierten Gebirgen und nur nach Niederschlägen Wasser führenden Flusstälern unterbrochen werden.

Innerhalb der Mojave Desert (voller militärischer Sperrzonen für Waffenerprobung und Wüstenmanöver) gibt es neben dem ***Death Valley*** und dem ***Joshua Tree National Park*** auch noch die interessante ***Mojave National Preserve***, ein nationalparkähnliches zu Unrecht touristisch wenig beachtetes Gebiet an der Grenze zu Nevada zwischen den *Interstate Freeways* #5 und #15.

Inseln im Pazifik

Kalifornien vorgelagert sind (von hochgelegenen Aussichtspunkten) in Sichtweite die Gruppe der **Channel Islands** vor Santa Barbara/Ventura und **Catalina Island** und **San Clemente** vor Long Beach. Während die fast unbewohnten naturgeschützten *Channel Islands* einen Nationalpark bilden, der nur mit Ausflugsbooten des *Park Service* besucht werden kann (ab 20 mi vom Festland entfernt), ist Santa Catalina ein typisches Wochenendziel. Neben Katamaranfähren aus San Pedro, Long und Huntington Beach steuern dann Hunderte von privaten Yachten die Häfen der Insel zum *High Life* an, vor allem des Hauptortes **Avalon** mit Spielkasino (26 mi ab San Pedro). San Clemente weiter draußen ist unbewohnt. Beiden Inselgruppen wird hier außer Hinweisen zu den Fähren kein weiterer Raum gewidmet, ➤ Seiten 347, 351 und 417.

Farbenprächtige Felslandschaft im Death Valley. Der Artist Drive führt mitten hindurch; ➤ Seite 302

Klimainformationen für Reisende

Saison und Klima

Reisen außerhalb der Monate Juli/August sind wegen der Hochsaisonproblematik (➤ Seite 46+115) schon generell empfehlenswerter, durch Südkalifornen und in den Wüstengebieten immer auch klimatisch eine bessere Idee. Das gilt ebenso für die Pazifikküste zwischen San Francisco und Santa Barbara, die sich im Sommer häufiger als zu anderen Jahreszeiten nebelverhangen zeigt.

Pazifikküste nördlich von Santa Barbara

Prinzipiell herrscht an der Küste Zentralkaliforniens ein jahreszeitlich ausgeglichenes **breitengradgemäß** – San Francisco 37°, San Diego 33° nördlicher Breite, entspricht in etwa Malaga bzw. Casablanca – mildes Meeresklima. Das kennt auch im Winter, außer in den Höhen des Küstengebirges, keinen Frost. Der Unterschied zu Mittelmeer und Atlantik ist das kalte Pazifikwasser, das sich selbst im Hochsommer **nördlich von Santa Barbara** auf kaum über 15°C erwärmt. Daraus resultiert bei gleichzeitig hoher Sonneneinstrahlung und Hitzeentwicklung im Landesinneren etwa ab Juni der berüchtigte Seenebel nicht nur über dem *Golden Gate* San Franciscos, sondern entlang der gesamten zentralen Küste. Der sog. ***June Gloom*** kann wochenlang anhaltendes, trübes Wetter mit nur gelegentlichen Auflockerungen am Nachmittag mit sich bringen. Nur bei gutem Wetter ist es im Sommer angenehm warm. Vergleichsweise bessere Aussichten auf angenehme, sonnige Tage hat man dort im September und Oktober.

Pazifikküste südlich von Santa Barbara

Südlich von Santa Barbara überwiegt das im Sommer sehr, in Frühjahr und Herbst angenehm warme und im Winter milde südkalifornische, dem mediterranen vergleichbare Klima. Auch die **Wassertemperaturen** steigen langsam, erreichen aber erst bei San Diego Sommerwerte über 20°C. Der Seenebel über den Stränden wird seltener, je weiter südlich man kommt.

Sierra Nevada

Dank der *Coastal Ranges* bleibt schlechtes Küstenwetter meist in den Bergen hängen. Zwischen ihnen und den ***Sierra Nevada Foothills*** herrscht in der **zentralkalifornischen Tiefebene** ein trockenes, ganzjährig sonniges Klima. Die **Sierra Nevada** mit einer

Kalter Küstennebel zieht oft aus heiterem Himmel rasch auf; hier südlich von Carmel an der berühmten Bixby Bridge (Highway #1)

Vielzahl von touristischen Zielen vom Lake Tahoe im Norden über die Nationalparks *Yosemite* und *Sequoia/Kings Canyon* bis zum *Giant Sequoia National Monument* ist mit Ausnahme der Wintersportgebiete in der *High Sierra* und an den östlichen Hängen (June Lake/Mammoth Mountain) ein typisches **Sommer- und Herbstreisegebiet**. Denn die Passstraßen über die Sierra (bis auf die #50 zum Lake Tahoe alle über 3000 m) sind bis mindestens Ende Mai verschneit. Die Sierra heißt nicht zu Unrecht **»Schneegebirge«**. Mit ihrer großen Höhe fängt sie von Westen anziehende Wolken, die das Küstengebirge überwanden und auch im Tal nicht abregneten, zu 90% auf. Kein Wunder also, dass in »guten« Jahren in der Sierra fast 2 m Niederschlag fallen und nicht einmal 20 cm in den wüstenartigen Hochebenen des *Great Basin* weiter östlich.

In der Höhe ist es noch im Juni recht kühl. Auch bei bestem Wetter tagsüber ist Nachtfrost selbst im Juli/August dort oben keine Seltenheit. Von Ende Mai bis Oktober braucht man (vor allem östlich der Pässe) aber kaum mit Niederschlag zu rechnen.

Östlich der Sierra Nevada

In den Gebieten östlich der Sierra Nevada zwischen Reno/Lake Tahoe und dem Death Valley entlang der Straße #395 genießt man fast ganzjährig erfreuliches Reisewetter mit geringer »Aussicht« auf Regen, ➤ oben. Je nach Höhenlage schwanken die Temperaturen, erreichen aber nur im Hochsommer nach Abstieg in die Wüste bei Reno bzw. in die *Mojave Desert* ernsthaft schweißtreibende Werte. Auch höhere Temperaturen lassen sich dort wegen der trockenen Luft besser ertragen als im Küstenbereich Südkaliforniens. Zum Sonderfall ***»Death Valley«*** ➤ Seite 298.

Südkalifornien

Der Großraum Los Angeles bis hinunter nach San Diego ist gekennzeichnet durch ein Küstenklima wie oben beschrieben, oft aber selbst unter der in Mai und Juni recht häufigen Bewölkung schwül. Die bis Santa Barbara küstennah aufragenden Berge liegen in Südkalifornien – wie erläutert – weiter zurück, so dass dort das Küstenklima oft noch bis weit ins Inland reicht. Generell aber herrscht landeinwärts westlich der Berge wärmeres und sonnigeres Wetter als am Pazifik. Niederschläge sind dort eher selten.

Mojave Desert

Im riesigen Gebiet der südkalifornischen ***Mojave Desert*** zwischen der mexikanischen Grenze, *Death Valley* und Las Vegas scheint meistens die Sonne. Bewölkung oder gar Regen sind Ausnahmen. Spätestens ab Mai sind Fahrten durch dieses Gebiet nur mit eingeschalteter Klimaanlage zu ertragen. Ab Oktober sind die Temperaturen nach unseren Begriffen sommerlich. Im Dezember und Januar liegen sie tagsüber auch mal unter 20°C, bleiben aber sommerlich warm in tiefer gelegenen Gebieten, speziell im *Death Valley* und im Bereich der *Salton Sea*. Die Monate Februar bis April sind wieder warm wie der Spätherbst.

In Höhenlagen wird's zwischen Oktober und April in der Wüste nachts kalt mit Frost selbst bei Tagestemperaturen über 20°C.

Mikroklimata

Zu dem Mikroklimata einzelner Bereiche, der Nationalparks und großer Cities gibt es in den Reisekapiteln genauere Hinweise.

Rekordjahr 2017 – Verheerende Waldbrände in Kalifornien

»It never rains in Southern California!« trällerte *Albert Hammonds* in den 1970er Jahren so schön aus dem Radio, heute ist es bittere Wahrheit. Kalifornien leidet seit vielen Jahren an den Folgen einer Jahrhundertdürre. Ausgetrocknete Flussbetten und Stauseen, brachliegende Ackerflächen und Ernteausfälle sowie Engpässe bei der Trinkwasserversorgung im *Central Valley* machen immer wieder Schlagzeilen. Zunehmend zu sehen sind auch dramatische Fotos von verheerenden Waldbränden und Buschfeuern. Immer wieder geraten sie außer Kontrolle und verwüsten nicht nur die Natur sondern auch Wohnhäuser sowie ganze Siedlungen. So brannten im Sommer 2016 die Hänge am berühmten Küstenabschnitt Big Sur lichterloh. Die Eindämmung des von einem illegalen Lagerfeuer ausgehenden ***Soberanes Fire*** verschlang knapp $240 Mio. Mit geschlossenen Einrichtungen und Wanderwegen muss man dort z.T. auch 2018 noch rechnen.

Selbst die Rekordniederschläge im Winter 2016/17 konnten nicht zur Entschärfung der Lage beitragen. Bezogen auf die Waldbrände war 2017 sogar das schlimmste Jahr in der Geschichte Kaliforniens. Knapp **9.000 *Wildfires*** wurden registriert mit einer niedergebrannten Gesamtfläche von über 500.000 Hektar (5000 km^2). Eine absolute Katastrophe war im Herbst 2017 der ***Northern California Firestorm*** im *Napa/Sonoma Valley* und *Mendocino County*, dem Dutzende von Menschenleben und fast 10.000 Gebäude zum Opfer fielen. Auch einige Weingüter traf es dort. Das ***Detwiler Fire*** tobte im Juli/August vor den Toren des *Yosemite National Park*. Und in Nordkalifornien wüteten gleich mehrere riesige Flächenbrände unentwegt von Juni bis November 2017. Anfang September brach das ***La Tuna Fire*** aus, das bislang größte Feuer innerhalb der Stadtgrenzen von Los Angeles.

Blitzschlag und Fahrlässigkeit sind meist ursächlich für die Waldbrände, und die sog. **Santa-Ana-Winde** (*Devils Winds*) sorgen oft dafür, dass sie kaum einzudämmen sind. Es handelt sich um trockene, warme Luftströme, die sich üblicherweise während der Herbst-/Wintermonate im Landesinneren bilden und auf ihrem Weg in Richtung Pazifik an Berghängen und in den Tälern stark an Geschwindigkeit zulegen. Sie entziehen dabei den Pflanzen das letzte gespeicherte Wasser, so dass sich jeder noch so unscheinbare Funke – angefacht durch diesen »Teufelshauch« – in Windeseile zu einem folgenschweren Feuer ausweiten kann.

Im Dezember verschwand über Wochen ein gigantisches Areal nördlich von Los Angeles unter Rauchwolken: Rund um die Städte Ventura, Ojai und Santa Barbara mussten Zehntausende während des sog. ***Thomas Fire*** evakuiert werden. Auch an den Hängen entlang der Autobahn #405 unweit des ***Getty Center*** mitten in Los Angeles wütete ein riesiges **Flammeninferno** (➤ Foto links).

1.1.2 Zu Flora und Fauna Kaliforniens

Die Artenvielfalt in Kalifornien gilt sowohl in der Pflanzen- als auch Tierwelt als legendär. Unterwegs sind es vor allem die ***State*** und ***National Parks***, die in ihren Besucherzentren mit Publikationen, in Ausstellungen, Videos und Vorträgen über Flora und Fauna des jeweiligen Gebietes informieren.

Hier im Buch geht es nur um Hinweise zu Pflanzen/Bäumen und Tieren, die typisch für Kalifornien und unübersehbar sind oder wegen ihres besonderen Charakters sowieso auf der Liste dessen stehen, was man in Kalifornien unbedingt sehen möchte.

Weitere Einzelheiten finden sich dann im Text des Reiseteils an entsprechender Stelle. Zunächst zur Pflanzenwelt:

Wichtige Besonderheiten der Flora

Redwoods und mehr

An erster Stellen seien hier die höchsten Lebewesen der Erde genannt, die ***Coastal Redwoods*** (für Lateiner: ***Sequoia sempervirens***). Einzelne Exemplare bringen es auf über 100 m Höhe. Sie benötigen für ihr Wachstum das neblige Küstenklima des nördlichen Kaliforniens. Im Bereich der in diesem Buch behandelten Gebiete findet man besuchenswerte Bestände außer im oft überlaufenen ***Muir Woods Nat'l Monument*** bei San Francisco vor allem in mehreren *State Parks* nördlich von Santa Cruz, am besten im ***Big Basin Redwood***s und ***Henry Cowell Park***.

Weiter südlich gibt es fast keine *Redwoods* mehr. In den Küstenmischwäldern wachsen dort wie auch weiter oben im Redwoodbereich Douglastannen, Ahorn-, Eichen- und Lorbeerbaumarten.

Giant Sequoia

Im Vergleich zur ***Giant Sequoia*** (*Sequoiadendron giganteum*), die nur in der Sierra Nevada vorkommt, wirken alle anderen Bäume gertenschlank, denn ihr Durchmesser am Boden überschreitet bei den über 1.000-jährigen Exemplaren, die 80 m Höhe und mehr erreichen, erstaunliche 11 m. Es existieren noch 75 Haine mit – so heißt es – über 24.000 dieser Mammutbäume. Jede Anfahrt lohnt,

Goldmohn in der Antelope Valley Poppy Reserve, *➤ Seite 427*

um sie sich anzusehen. Die besten Baumansammlumgen bieten die Nationalparks ***Sequoia***, ***Kings Canyon*** und ***Yosemite***, das ***Giant Sequoia NM*** sowie der ***Calaveras Big Tree State Park***.

Bristlecone Pine

Eigentlich hätte man hier aber schon aus Gründen der Ehrfurcht die Grannenkiefer (***Bristlecone Pine***) an erster Stelle nennen müssen, denn die ältesten von ihnen haben über 4.000 Jahre auf dem zerzausten Buckel und standen bereits zur Zeit der Pharaonen. Ihr Zuhause haben die knorrigen, bis zu 20 m hohen Bäume in den kalifornischen *White Mountains* ab etwa 3.000 m Höhe. Lange hatte der dort gut versteckte »*Methuselah*« einen Eintrag im »*Guinness* Buch der Rekorde«. Aber eine neu datierte Grannenkiefer mit einem stolzen Alter von ca. **5.065 Jahren** lief ihm vor kurzem diesen Rang ab. Um den genauen Standort dieses extrem alten Baumes macht der *National Forest Service* aus Naturschutzgründen ein großes Geheimnis.

California Fan Palm

Palmen unterschiedlichster Art stehen in Südkalifornien überall, auch weiter nördlich hier und dort, indessen nicht als Teil der endemischen Pflanzenwelt, sondern importiert.

Interessant ist aber die einzige heimische Palme, nämlich die **Kalifornische Fächerpalme** bzw. ***California Fan Palm*** (*Washingtonia filifera*), die bis 18 m hoch wird mit einer bis zu 5 m weiten Krone.

Ihr Aussehen kann erstaunlich unterschiedlich ausfallen. Ältere Exemplare wirken wegen der herunterhängenden

Oase bei Palm Springs mit alten California Fan Palms

abgestorbenen von Fasern durchsetzten Blätter besonders exotisch. Wenn die Blätter nicht abgenommen werden, bilden sie im Laufe der Jahre eine dichte weit nach unten reichende braune Manschette um den tonnenartigen Stamm. Jüngere Bäume mit entfernten Altblättern wirken wie eine andere Art. Im Internet findet man jede Menge Fotos zu diesen Unterschieden, in der Realität Kaliforniens gibt es sehenswerte Haine mit alten *Fan Palms* besonders im Bereich **Palm Springs und Umgebung**.

Yuccas/ Joshua Trees

Da sie sich auf dem Weg ins gelobte Land fühlten, benannten einst mormonische »Pioniere« das **größte Yuccagewächs**, auf das sie in der ***Mojave Desert*** stießen, nach dem Propheten *Josua*. Es schien, als wiese ihnen die Pflanze mit hoch erhobenen Armen den Weg. Damit hatte die *Yucca brevifolia* den Namen ***Joshua Tree*** weg. Die grüngelben Blüten des »Baums« zeichnen sich durch einen eher unangenehmen Duft aus; die braungrünen Früchte fallen bereits im Frühsommer und sind nicht genießbar.

Joshua Trees, die bis zu 13 m hoch werden können, meist aber viel kleiner bleiben, findet man nur in der *Mojave* in Höhenlagen ab 500 m bis 1800 m. Größere Bestände stehen im *Joshua Tree Nat'l Park* und etwas nördlicher in der *Mojave Nat'l Preserve*.

California Poppy, **➤ Foto Seite 23**

Im »Steckbrief Kalifornien« (➤ Seite 14) wurde bereits die ***California Poppy*** (*Eschscholzia Californica*) als offizielle Staatsblume vorgestellt. Der Goldmohn ist mittlerweile auch auf anderen Kontinenten heimisch, stammt aber ursprünglich aus Kalifornien. Ungemeinen Reiz entfaltet er auf endlosen Wildblumenfeldern, wenn ab Mitte Februar zigtausende *Poppys* gelb-orange-gold in der Sonne um die Wette leuchten. Am besten kann man das Naturspektakel in der ***Antelope Valley Poppy Reserve*** unweit von Los Angeles bewundern sowie rund um ***Point Buchon*** südlich von Morro Bay und in den **Tehachapi Mountains** bei Gorman. Mitte/Ende April ist der Zauber auch schon wieder vorbei.

Wildflowers

Der Goldmohn ist aber nicht die einzige Wildblume, die im Frühling für einen wahren Farbrausch sorgen kann. In »guten Jahren« (➤ Exkurs »*El Niño*«, Seite 22) können sich die grauen Wüstenböden im ***Anza Borrego State Park*** in riesige, bunte Teppiche verwandeln. Eine ähnliche Blütenpracht überzieht dann auch die abgeschiedenen Bereiche der ***Algodones Sand Dunes*** in der südöstlichsten Ecke Kaliforniens. Dort ist die Blütezeit allerdings sehr kurz; sie dauert nur von Mitte Februar bis Mitte März.

Deutlich »zuverlässiger« sind **Kakteen** aller Art, sie tragen auch in schlechten (sprich: trockenen) Zeiten im April/Mai ihren bunten Blütenschmuck. Hoch in die Luft ragen aus den staubigen Wüstenebenen in Südkalifornien die dürren, von Dornen übersäten Stängel der ***Ocotillos***. Diese Pflanzen können jedoch auch ganz anders aussehen. Unglaublich schnell legen sie sich nach starken Regengüssen ein saftig grünes Blätterkleid zu, das sie dann einige Wochen später wieder abwerfen. Im Frühjahr und Sommer erscheinen an ihren Spitzen knallrote, längliche Blüten.

Maskierter Bandit Racoon, ein häufiger Gast auf Campingplätzen sowie bei den Mülleimern in den Parks von San Francisco

Kalifornische Tierwelt

Situation

Aus mitteleuropäischer Sicht ist schon die Zahl an wild lebenden Tieren, denen man während eines Aufenthalts in Kalifornien begegnen kann, beachtlich. Dies gilt vor allem für höher gelegene Gebirgsregionen sowie für Nationalforste. Schon beim ersten Picknick in der Natur macht fast jeder Bekanntschaft mit bettelnden Zieseln (***Ground Squirrel***) und Streifenhörnchen (***Chipmunk***), Verwandten der ebenfalls häufig zu sehenden Eichhörnchen (***Squirrel***). Der auffällig blaue Diademhäher (***Steller's Jay***) und die mit ihrer »Banditenmaske« über den Augen unverkennbaren Waschbären (***Raccoons***) haben es meist ebenso auf die Essensreste und Vorräte der Camper abgesehen.

Berg- und Waldbewohner

Zahlreich in ihrem Vorkommen sind auch nordamerikanische Hirscharten, zu denen die Maultierhirsche (***Mule Deer***) mit ihren etwas überdimensionierten Ohren sowie der Weißwedelhirsch (***White-tailed Deer***) zählen. Sie teilen sich die Nationalforste und -parks mit Füchsen (***Fox***) und Dachsen (***Badger***). Eine Besonderheit sind die Tule-Wapitis (***Tule Elks***), die früher in den Grasländern Zentralkaliforniens weit verbreitet waren, im 19. Jahrhundert fast ausgerottet wurden und jetzt in der *Point Reyes Nat'l Recreation Area* eines ihr letzten Rückzugsgebiete gefunden haben.

Schwarzbären

Die mitunter hellbraunen Schwarzbären (***Black Bears***) leben u.a. auch in Nationalparks wie dem ***Yosemite***, allerdings bevorzugt abseits des großen Rummels im Hinterland, so dass man ihnen trotz dort einschlägiger Warnungen nicht häufig begegnet. Neben ihrer ohnehin ausgeprägten Scheu ist ein Grund für die Abwesenheit von Bären, dass sie bei Gewöhnung an den Aufenthalt in von Menschen frequentierten Gebieten (z.B. Anziehung durch Essensgerüche) als latente Gefahr betrachtet werden. Die *Forest-* und *Parkranger* sorgen in solchen Fällen für die Verfrachtung von allzu zivilisationsnahen Exemplaren in entlegenere Regionen. Je weiter man ins Hinterland vordringt, umso größer sind also die Chancen – oder das Risiko, wie man's nimmt – sie anzutreffen. Einfach so am Straßenrand kommt einem »Meister Petz« nur mit viel Glück vor die Kameralinse.

Pumas

In einsamen Gebirgsregionen der Nationalparks *Yosemite* und *Sequoia/Kings Canyon* oder bei *Big Sur* lebt zudem der Puma (***Mountain Lion***, ***Cougar***). Diese selbst für Menschen nicht ganz ungefährliche, große Raubkatze ist zwar scheu und nachtaktiv, aber auch anpassungsfähig. Sie findet sich z.B. in den LA-nahen *San Gabriel* und *San Bernardino Mountains* gut zurecht. Und so kommt es, dass Haustiere am Stadtrand von LA ihr regelmäßig zum Opfer fallen.

Ähnlich verhält es sich mit den ihnen verwandten, aber deutlich kleineren Rotluchsen (***Bobcats***), die bis in die Wüsten hinein in größerer Zahl vorkommen und auch in gebirgsnahen Siedlungen auf der Suche nach Beute gesehen werden.

Wüstenbewohner

Generell wenig offensichtlich ist die Anwesenheit der Fauna in den wüstenartigen Gebieten. Bei allzu großer Hitze zeigen sich viele Tiere nur nachts sowie in den Morgen- oder Abendstunden. Wahre Überlebenskünstler sind z.B. Kojoten (***Coyote***) und Dickhornschafe (***Bighorn Sheep***), die u.a. im *Joshua Tree NP* und *Valley of Fire* leben, oder Reptilien wie die stark bedrohte Wüstenschildkröte (***Desert Tortoise***), die einem am ehesten noch nach Regengüssen in der *Mojave National Preserve* über den Weg läuft.

Begegnungen mit »unliebsamen« Wüstenbewohnern wie dem Skorpion (***Scorpion***), der Schwarzen Witwe (***Black Widow Spider***) oder den berühmt-berüchtigten Klapperschlangen (***Rattlesnake***) sind noch seltener. Besucher werden sie eher in zoologischen Gärten zu Gesicht bekommen als in freier Natur.

Klapperschlangen

Vorsicht ist aber dennoch angebracht bei Streifzügen durch entlegenere Gegenden, zwischen engen Canyonwänden, im Dickicht in der Nähe von Wasserläufen und auf den **kalifornischen Wildblumenwiesen**. Die Autoren des Buches haben »***Rattlers***« bereits mehrfach (aus sicherer Entfernung) gesehen, u.a. in den Palmoasen des *Anza-Borrego Desert SP* wie auch im *Valley of Fire*.

Bisse sind eher selten, denn meist machen sie mit ihrer Rassel auf sich aufmerksam, noch bevor man die gut getarnten Schlangen überhaupt sieht. Man darf sich aber nicht darauf verlassen, die

Bärenmutter und zwei Junge auf der Suche nach Blaubeeren ganze 10 m von der Straße durch den Sequoia National Park entfernt

Rassel der Jungtiere ist oft noch zu schwach. Das starke Blut- und Nervengift der Klapperschlangen ist für erwachsene Menschen zwar nur in den seltensten Fällen tödlich, aber die Vergiftungserscheinungen, Spätfolgen und Schmerzen sind nicht zu unterschätzen – ebenso wie die hohen Kosten für das Gegengift, die sich im vierstelligen $-Bereich bewegen.

Monarchfalter

Hübsche, vorübergehende Gäste sind die orangeschwarzen Monarchfalter (***Monarchs***), die sich zwischen Ende Oktober und März Orte an der kalifornischen Küste als »Winterquartier« aussuchen, u.a. **Pismo Beach** und Montereys Stadtteil **Pacific Grove**. Sie hängen in dichten Trauben (*Clusters*) an den Ästen oder flattern bei Temperaturen über 13°C munter zwischen den Bäumen umher.

Kolibris

Eine wahre Augenweide sind auch die zierlichen Kolibris (***Hummingbirds***), die wie funkelnde Edelsteine von Blüte zu Blüte huschen. Man sieht sie nicht nur an der kalifornischen Küste, in grünen Parks oder überall, wo gerade Blumen blühen, sondern ebenso mitten in der Wüste, etwa im *Anza-Borrego Desert State Park*. Nektarspender (*Feeder*) und ihre Lieblingsblumen locken sie in Gärten und auf *Campgrounds*.

Seehunde, -löwen und -elefanten

Auf größere Strand- und Meeresbewohner wie Seehunde, -löwen und -elefanten (***Seals***, ***Sea Lions*** und ***Sea Elephants***) stößt man bei Fahrten entlang der Pazifikküste fast automatisch. Abgesehen von zivilisationsnahen Ruhezonen der Tiere etwa beim *Pier 39* in San Francisco oder rund um Monterey, lassen sie sich am besten in der ***Año Nuevo Natural Preserve*** nördlich von Santa Cruz und in der ***Piedras Blancas State Marine Reserve*** unweit San Simeon beobachten. In der ***Point Lobos Reserve*** bei Carmel und etwas weiter südlich in **Moss Landing** gesellen sich die immer noch gefährdeten Seeotter (***Sea Otter***) in wachsender Zahl zu ihnen.

Wale

Blau- (***Blue Whale***) und Buckelwale (***Humpback Whale***) können den Sommer über bis in den Herbst hinein an der Küste vor San Diego und im Bereich *Big Sur* beobachtet werden. Von Dezember bis April ziehen zudem Grauwale (***Gray Whale***) die Pazifikküste in Richtung Mexiko hinunter und versammeln sich gern in den nährstoffreichen Gewässern bei Newport und Laguna Beach.

Seelöwen an der Monterey Bay

Schild an der Südeinfahrt in den Sequoia Park

1

1.1.3 Nationalparks, Nationalforste und State Parks

Begriffe

Wie selbstverständlich war in den vorstehenden Abschnitten bereits mehrfach die Rede von ***National Parks***. Davon hat natürlich jeder potentielle Amerikafahrer eine Vorstellung. Ebensowenig erscheint der Begriff ***National Forest*** erklärungsbedürftig, es handelt sich – wie der Begriff es andeutet – um Wälder unter Verwaltung einer nationalen Forstbehörde.

Unübersehbar sind auf Karten wie unterwegs die ***State Parks***, oft nichts weiter als öffentliche Strände oder – schön gelegene – Picknick- und Campingplätze, manchmal aber so etwas wie »kleine« Nationalparks. Als ***State Reserve*** bezeichnet man Naturschutzgebiete mit Zugangsbeschränkungen.

National Parks und weitere Gebiete unter nationaler Aufsicht

National Park Service
www.nps.gov

Die Schaffung der amerikanischen Nationalparks basiert auf dem Gedanken, außergewöhnliche Landschaften, Naturwunder und bedeutsame historische Stätten vor Zerstörung und kommerzieller Ausbeutung zu bewahren und gleichzeitig den Bürgern des Landes den (kontrollierten) Zugang zu ermöglichen. Bereits seit 1916 setzt der ***National Park Service*** die Nationalparkidee in vorbildlicher und weltweit nachgeahmter Weise in die Praxis um.

Dem *Park Service* unterstehen aber nicht nur die als solche deklarierten Nationalparks, sondern zusätzlich eine Vielzahl von *National Monuments, National Historic Sites, National Recreation Areas* und *National Lake- and Seashores.*

National Parks (NP)

Die Nationalparks umfassen größere Gebiete, in denen die Besucher neben herausragenden natürlichen Sehenswürdigkeiten auch einsames Hinterland finden. Sie sind Besichtigungs- und Ferienziel zugleich. In manchen Parks lassen sich ohne weiteres mehrere Tage, und mit parkbezogenen Aktivitäten sogar Wochen abwechslungsreich gestalten.

Im hier behandelten Süd- und Zentralkalifornien gibt es 7 **Nationalparks: *Channel Islands, Death Valley, Joshua Tree, Pinnacles, Sequoia, Kings Canyon*** und ***Yosemite***. Abstecher führen auch noch zu den Parks ***Bryce Canyon, Grand Canyon*** und ***Zion***.

National (NM) Monuments

In den strenger thematisch (Flora und Fauna, Geologie o.ä) ausgerichteten und meist kleineren ***National Monuments*** steht die einzelne Attraktion im Vordergrund. Im Bereich dieses Buches sind nur zwei Nationalmonumente touristisch relevant (***Muir Woods*** und ***Giant Sequoia*** südlich des *Sequoia National Park*).

National (NHS) Historic Sites

Speziell Kalifornien verfügt außerdem über zahlreiche ***National Historic Sites***, in denen historische Bauwerke und geschichtlich bedeutsame Stätten gepflegt werden; vor allem sind das die **Missionsstationen** aus spanischer Zeit.

National Recreation Areas (NRA)

Der Begriff »Nationale Erholungsgebiete« bezieht sich vornehmlich auf Landschaften, die sich für Aktivitäten und *Outdoor Fun* eignen, wegen ihrer Attraktivität aber ohne die Kontrolle des Staates lange ein Opfer der Spekulation geworden wären, so etwa die ***Golden Gate NRA*** rund um San Franciscos City.

National Lake- and Seashores (NSS)

Die **Nationalküsten** an den Ozeanen und Großen Seen dienen ebenfalls Erholung und Freizeit. In ihnen wird der Naturschutz stärker betont. In Kalifornien gibt es in dieser Kategorie nur die ***Point Reyes National Sea Shore*** nördlich von San Francisco.

Verkehrsmäßige Anbindung der Parks

Die meisten Parks und Monumente sind ohne individuelles Fahrzeug nur schlecht zu erreichen, da sie abseits der Busnetze und der Schienen liegen. Zubringerbusse zwischen wichtigeren Parks und den nächsten großen Ort sind bei geringer Frequenz teuer.

Eintritt

Die meisten Einrichtungen des Nationalpark-Systems kosten **Eintritt**, und zwar **bis $30 für eine private Wagenladung** (Pkw/Kleinbus bis 6 Personen, max. 4 Erwachsene). Die Mehrheit der Nationalparks und -monumente erhebt $5-$20. Radfahrer, Wanderer oder Busreisende müssen bis zu $15 pro Person entrichten. **Für 2018 sind Erhöhungen des Eintritts/Pkw bis $70 und außerdem für die besonders populären Parks Zugangsbeschränkungen in der Diskussion**.

Interagency Annual Pass

Seit Jahren gibt es den ***America the Beautiful Annual Pass***, der heute **für alle Einrichtungen des Nationalparksystems und alle *Federal Recreational Lands*** gilt. Ohne diesen – offiziell auch als ***Interagency Annual Pass*** – bezeichneten Plastikausweis im Scheckkartenformat sollte niemand unterwegs sein, der mehr als nur ein paar Reisetage den Naturschönheiten der USA widmen will. Der Pass macht sich – erst recht nach der voraussichtlichen Erhöhung des Einzeleintritts – in kurzer Zeit bezahlt und erspart definitiv Frustration unterwegs.

Nutzung des Passes

Denn der ***National Forest Service***, der die riesigen Nationalforste der USA verwaltet (➤ übernächste Seite), das ***Bureau of Land Management***, eine für viele andere Ländereien (speziell Wüstengebiete) verantwortliche Organisation, das ***Corps of Engineers***, die Pioniere der US-Armee in Verantwortung vieler Stauseen, und weitere Bundesbehörden erheben auf den von ihnen betreuten Arealen Nutzungsgebühren. Wer also wandern oder einen Picknickplatz benutzen, sein Schlauchboot zu Wasser lassen oder mit dem Quad (ATV=*All Terrain Vehicle*) durch die Wüste brausen will, wird an entsprechenden Stellen zur Kasse gebeten. An Ausgangspunkten für Wanderungen etc. stehen unübersehbare **Gebührentafeln** mit Hinweisen, wo Parkausweise zu erstehen sind (selten unter $5/Tag bzw. Einmalnutzung und oft genug meilenweit weit weg) samt Strafandrohung für Gebührenpreller.

Erwerb

Der ***Interagency Pass*** **kostet zur Zeit** (Anfang 2018) noch **$80** und ist ein Jahr lang gültig, eine **Preisanhebung** indessen zu erwarten. Man kann ihn in allen Einrichtungen des Parksystems kaufen, am besten beim ersten Besuch eines Nationalparks oder in einem Büro der anderen sog. *Agencies* (➤ oben), die man unvermeidlich irgendwo passiert. Der Pass lässt sich auch im Internet bestellen: www.store.usgs.gov/pass. Unter dieser Adresse finden sich u.a. sogar deutschsprachige Erläuterungen.

Weitere Details

Mit dem Pass erhält man einen sog. ***Hangtag***, der am Innenspiegel des Autos befestigt wird, wenn man eine nicht personell besetzte Einrichtung nutzt (vor allem *Picnic Areas* und Parkplätze von Freizeiteinrichtungen und *Trailheads*).

Information vor Ort/ Besucherzentren

Im Eintritt eingeschlossen ist überall ein Faltblatt mit Karte des Parks/Monuments und Basisinformationen zu Geschichte, Entstehung und spezifischen Einzelheiten. Nie fehlen ***Visitor Centers***, die fast immer eindrucksvoll durch Schaubilder und Ausstellungen mit den Eigenarten des Parks vertraut machen. In den stärker besuchten Parks gehören Filme/Videos oder Multivisionsshows zum Standardprogramm der Besucherzentren. **Informationsmaterial in deutscher und anderen wichtigen Sprachen** gibt es nur in häufig von Ausländern frequentierten Parks.

Im Bryce Canyon National Park

Ranger Wo Campingplätze existieren (in der Mehrheit der Nationalparkeinrichtungen, ➤ Seite 120), werden während der Saison durchweg Abendprogramme (*Campfire Programs*) mit Lichtbildervorträgen oder Filmen angeboten. Zuständig dafür sind die ***Parkranger***, sowohl Aufsichtspersonen mit Polizeibefugnis als auch Spezialisten für Natur und Geschichte ihres Einsatzbereichs.

Saison Die Nationalparks in Kalifornien weisen während der jeweiligen **Hauptsaison** (*Death Valley* im Winter) **sehr hohe Besucherzahlen** auf. An Übernachtungen in Unterkünften in den Parks *Yosemite* und *Sequoia/Kings Canyon* sollte man daher ohne langfristige Reservierung zwischen Mai und September nicht denken (*Death Valley* Nov.-Mai), ➤ Seite 44f. Beim Campen ist die Situation ähnlich. Weitere Details im Reiseteil.

National Forests www.fs.fed.us

Landschaftliche Attraktivität und unberührte Natur findet man nicht nur in Nationalparks, sondern auch in den riesigen **Nationalforsten** Kaliforniens. Das Gros der Gebirgsregionen des Staates steht unter Verwaltung der Bundesforstbehörde. In der Sierra Nevada setzen sich typische landschaftliche Merkmale der *National Parks* in den umgebenden ***National Forests*** fort.

Sie sind vor allem in der Hochsaison Geheimtipp für alle, die sich gerne auch abseits der Haupt-Besucherströme halten möchten. Die meisten Routen durch Nationalforste erfreuen fast immer mit schöner Streckenführung (z.B. in der *High Sierra*) und geringer Verkehrsdichte, soweit sie nicht gleichzeitig als Zufahrt zu bekannteren touristischen Zielen wie den Nationalparks dienen.

Speziell in Kalifornien verfügen die Nationalforste über zahlreiche hervorragend angelegte **Campingplätze**, ➤ Seite 120f. Außerdem ist mancherorts sogar »*Boondocking*« (kostenloses Campen; ➤ Seite 118f) gestattet.

State Parks www.parks.ca.gov www.ohranger.com/state/california

Ungewöhnliche geologische Formationen, historisch interessante Stätten und sehenswerte und für Freizeitaktivitäten geeignete Landschaften befinden sich nicht nur auf Bundesland, sondern auch auf Grundbesitz der Einzelstaaten. In Kalifornien gibt es auf Staatsland besonders viele *State Parks*. Eine entsprechende Markierung auf der Karte signalisiert generell das Vorhandensein einer gepflegten öffentlichen Anlage mit ***Picnic Area***, oft eines **Besucherzentrums** und in vielen Fällen mit ***Campingplätzen***, ➤ Seite 120.

Oft findet man auch Spielplätze, Joggingpfade, Badestrände und Bootsanleger in den Parks. *State Parks* kosten bis zu **$12 Eintritt** für den sog. ***Day Use***, also die »Tagsüber-Nutzung«. Dabei spielt es keine Rolle, ob man nur 30 min bleibt oder den ganzen Tag.

Einige der populären ***California State Beaches*** legen noch einen drauf und kassieren bis zu $15 *Flat Rate* allein für's Parken.

Limantour Beach in der Point Reyes National Seashore; wie so viele der schönsten Ziele in Kalifornien ist sie ohne fahrbaren Untersatz nicht zu erreichen.

1.2 Die individuelle Kalifornienreise

1.2.1 Vorüberlegungen

Individuelles Reisen und Pauschalreise

Pauschalreisen

Von preisgünstigen Gruppenreisen für junge Leute im Kleinbus mit eigenhändigem Zeltaufbau bis zu teuren Weinreisen oder Trips für Motorradfans per Harley Daidson finden sich im Internet und in Katalogen der Veranstalter zahlreiche Pauschalarrangements für Reisen durch Kalifornien und darüber hinaus.

Busreisen

Das Gros der Angebote bezieht sich auf **Rundreisen in Bussen aller Größen mit Hotelübernachtung**. Auf den meisten davon werden erstaunliche Strecken bewältigt und eine Vielzahl von Städten, Parks und Sehenswürdigkeiten angelaufen, oft verbunden mit knapp bemessenen Besichtigungszeiten und täglich sieben, acht und mehr reinen Fahrstunden. Wegen der dabei überwiegend üblichen gehobenen Unterkunftskategorie und der Reiseleitung sind Busreisen relativ kostspielig.

Vorab festgelegte Pkw-Rundreisen

Zu den von fast allen USA-Veranstaltern angebotenen Pauschalprogrammen gehören auch **Pkw-Rundreisen** mit vorreservierten Quartieren auf einer festgelegten oder selbst zusammengestellten Route. Sie wirken und sind bei eigener Routenplanung individueller als Busreisen, aber beide Varianten lassen für unterwegs aufkommende Änderungswünsche und -notwendigkeiten – etwa bei ungünstigem Wetter auf der an sich geplanten Route – keinen oder nur über Zusatzkosten realisierbaren Spielraum.

Durch die Vorabfestlegung der Tagesetappen wird ein großer Teil der an sich mit dem Mietwagen verbundenen Flexibilität von vornherein aufgegeben, andererseits profitiert man von der von vornherein gelösten Quartierfrage und verliert keine Zeit mit leidigen Diskussionen über die Tagesetappe und/oder die Unterkunftswahl. Beides ist unterwegs nervig, besonders in stark besuchten Bereichen, wenn bei zu später Ankunft und versäumter Reservierung auch schon mal alles ausgebucht sein kann.

Individuell reisen

Dennoch sollte immer überlegt werden, ob nicht individuelle Reisen ohne allzu viele Vorabfestlegungen ein Unterwegserlebnis ermöglichen, das den persönlichen Erwartungen und ggf. erst während der Reise auftauchenden Anregungen und Ideen letztlich am besten entspricht. Tatsächlich ist ein nicht hoch genug zu bewertender **Vorteil der Individualreise**, dass Reiserouten, Reisezeiten und Zwischenaufenthalte frei bestimmt und jederzeit nach Inspiration, Lust und Laune geändert und den aktuellen klimatischen Gegebenheiten angepasst werden können.

Die dichte touristische Infrastruktur der USA, ganz besonders in Kalifornien, macht diese Art des unabhängigen und flexiblen Reisens zudem oft einfacher als in den meisten Ländern Europas.

Präferenz Auto

Für individuelle USA-Reisen gibt es zum »eigenen« Fahrzeug keine echte Alternative. Neben der hohen Flexibilität bei der Reisegestaltung ist vor allem von Bedeutung, dass **die meisten Sehenswürdigkeiten und Naturschönheiten abseits der Städte ohne Auto gar nicht oder nur unter Schwierigkeiten zu erreichen sind**.

Übernachtung

Ohne die durchs Auto gegebene Bewegungsfreiheit ist die **Lösung der täglichen Übernachtungsfrage** überwiegend mühsamer und kostspieliger als erwünscht, gleich, ob man ein Bett im H/Motel, *Bed&Breakfast* oder *Hostel* oder einen Campingplatz sucht.

Camping erwägen

Apropos Camping: Für eine Reise durch Kalifornien und Nachbarstaaten, die sich nicht überwiegend auf Städte konzentriert, sollte das Campen auch in Betracht ziehen, wer damit sonst weniger im Sinn hat, ➤ im Detail ab Seite 118. Am Lagerfeuer in einer sternklaren Nacht in der Sierra Nevada, unter *Sequoias* oder in einem Küstenpark am Pazifik – egal ob im Camper oder Zelt – wird kaum jemand mit einem Hotelzimmer tauschen mögen, .

Motel, aber das Zelt im Kofferraum

Es muss ja auch nicht die totale Entscheidung fürs Campen sein. Wer in Städten, bei ungünstiger Witterung oder im Falle besonders attraktiver Quartiere aus gutem Grund das bequeme Zimmer vorzieht, eröffnet sich mit Zelt und Schlafsack im Kofferraum zusätzliche und obendrein kostensparende Möglichkeiten. Die sonst noch nötige Ausrüstung – ein bisschen Geschirr und Besteck, *Coolbox* und vielleicht einen Campingkocher – hat für Selbstverpflegung und Picknick oft sowieso an Bord, wer mit dem Auto fährt. Sie ist in den USA in den überall an den Ausfallstraßen vorhandenen Discount-Kaufhäusern wie ***K-Mart***, ***Walmart*** oder ***Target*** etc. nach wie vor preiswert zu erstehen.

Selbst bei an sich klarer Präferenz fürs Hotelbett kann die Campingausrüstung im Kofferraum nicht schaden, die mitzunehmen bei heute nur noch 23 kg Freigepäck/Person zwar leicht Kosten verursacht, aber sich –wie gesagt – auch noch vor Ort beschaffen lässt, ➤ Foto rechts und Seite 87. Man hat damit sein Ausweichquartier dabei, falls es mit der Unterkunft mal nicht klappt oder dort, wo man gern länger verweilen würde, ein bequemes Bett weder vorhanden ist noch in die Landschaft passt.

1.2.2 Transport und Übernachtung

Miet-Pkw und Zelt

Kostenvorteil

Unter dem Aspekt der **Kostenminimierung** ist die Kombination Pkw und Zelt-Camping ab zwei Personen im Auto selbst dann unschlagbar, wenn ab und zu mal ein Motel aufgesucht wird, ➤ Seite 77f und eine Liste der für eine solche Reise nützlichen Utensilien zum Mitnehmen auf Seite 87.

Nachteile

Die grundsätzlichen **Nachteile** des Zeltens müssen hier nicht erörtert werden. Bekanntermaßen handelt es sich in erster Linie um Komfortmängel, speziell bei Regen. In Kalifornien sind außerdem die **Höhenlagen einiger Reiseziele ein ungemütlicher Aspekt**. Mitten im Sommer können in 2.000 m Höhe selbst bei tagsüber angenehmen Temperaturen Nachtfröste eintreten. Und bis Mai/ab September wird es nach Sonnenuntergang über 1.000 m Höhe immer empfindlich kühl.

Brauchbare Campingutensilien sind in den USA bei Wal-, K-Mart oder Target preiswert: Schlafsack ab $30; einflammiger Gaskocher ca. $25; Luftmatraze $20, 12V-Pumpe $15; Kaufhauszelt aus der Heimat ab €39; in den USA ab $50

Campmobil

Vorzüge

Unbilden der Witterung lassen Campmobilfahrer dagegen kalt. Sie sitzen trocken und warm. Der für Campfahrzeuge typische Komfort (Küche, Wohn- und Schlafzimmer in einem, Toilette und ggf. Dusche), der bis zu eigenem Generator, Mikrowelle und Flachbild-TV reicht, bedarf keiner detaillierten Aufzählung.

Die Handhabung von Campmobilen erfordert auf normalen Straßen keine besondere Übung, lediglich eine kurze Eingewöhnungszeit, soweit man sich mit einem Modell begnügt, das nicht wesentlich über 22 Fuß (6,60 m) Länge hat. Für 2-3 Personen bietet diese Größe immer ausreichend Platz, auch für Eltern mit zwei kleineren Kindern. Neben der eingebauten Bequemlichkeit ist ein entscheidender Vorteil des Campers gegenüber anderen Reisealternativen der Entfall des täglichen Kofferpackens und immer wieder neuen Verstauens der Siebensachen, gegenüber dem Zelt auch noch des lästigen Auf- und Abbaus.

Nachteile

Nun besitzen Camper auch Nachteile. Obwohl oben und von den Vermietern die Handhabung der Fahrzeuge als einfach dargestellt wird, sind die erheblichen Ausmaße der großen Modelle (**über 25 Fuß Länge**) mit enormen Hecküberhängen durchaus nicht immer unproblematisch. Abgesehen davon, dass man mit Ausnahme von kompakten 17-19 Fuß-*Vans* mit Campmobilen im Stadtverkehr keine Freude hat, wird es bei größeren Modellen auch beim Rangieren auf Campingplätzen, Parken vorm Supermarkt und auf kleineren, oft reizvollen Straßen auch schon mal schweißtreibend eng. Verfahren sollte man sich lieber selten, denn ein geeigneter Wendeplatz kommt meist gerade dann nicht in Sicht, wenn er dringend benötigt wird. Stressfrei fährt sich ein *Full-Size Motorhome* nur auf gut ausgebauten Straßen und Autobahnen.

Technik und Wartung

Ein Reisemobil ist auch **nicht in jeder Beziehung bequem**. Damit alles funktioniert, sind bei den Komfortmodellen Schläuche und Kabel zu entrollen, festzumachen und wieder einzupacken. Die Frischwasser- und Abwassertanks wollen kontrolliert, aufgefüllt bzw. abgelassen werden, um sicherzustellen, dass unterwegs oder auf nicht so gut versorgten Plätzen der eingebaute und mitbezahlte Luxus genossen werden kann. Auch die Strom- und Gasversorgung an Bord bedarf der laufenden Kontrolle. Und nicht nur die **technische Checkliste**, ebenfalls der **Einkaufszettel** wird besser sauber abgearbeitet. Einmal voll angeschlossen am Campingplatz sollte nichts fehlen. Denn dann noch 'mal wieder los ...?

Kosten

Leider gelten von Mitte Mai bis Mitte Oktober **hohe bis sehr Miettarife**, die vor allem in der Hochsaison leicht zu Urlaubskosten über denen einer Reise mit Pkw und gehobener Hotelübernachtung führen können, ➤ Seite 79.

Abwägen

Abseits von Kostenaspekten ist der Camper optimal für Rundreisen, wenn vor allem Landschaft und Natur Kaliforniens, speziell der Besuch von Nationalparks im Vordergrund stehen. Die Entscheidung für ein Campmobil ist dann letztlich eine Frage der Abwägung: Wieviel Mehrkosten sind mir ggf. die Campervorteile gegenüber anderen Alternativen wert?

Strandcamping im Sommer dicht an dicht an der Emma Wood State Beach bei Santa Barbara

Carcamping, der SUV als Nachtquartier

Eine eher für junge Leute in Frage kommende Variante ist das Übernachten im Auto. Voraussetzung dafür sind die Miete eines ***Full Size SUV*** (denn die meisten *Midsize SUVs* sind zumindest für 2 Personen zu kurz), Schlafsäcke und Isomatten bzw. Luftmatratzen. Nach Umlegen der Rückbank zu einer möglichst ebenen Fläche steht ein enges Nachtquartier zur Verfügung. Preiswerte und manchmal sogar Gratis-Campplätze für diesen Zweck finden sich vor allem in Nationalforsten oder in BLM-Gebieten, ➤ Seite 118f.

Derart spart man die Mitnahme bzw. den Kauf eines Zelts, kann abends bei Kälte vor dem Schlafengehen noch mal kurz einheizen und ist obendrein vor »Getier« sicherer als im Zelt.

Camper oder Pkw/Zelt?

Kostenvergleich

Bei der persönlichen **Bewertung des Campers** kommt es – wie gesagt – darauf an, wie man dessen Vor- und Nachteile im Verhältnis zu den hohen Mietkosten gewichtet. Manche Leute reduzieren die Kosten, indem sie ein größeres Fahrzeug durch zwei Parteien teilen. Das macht ökonomisch Sinn, da die Groß-Camper nicht wesentlich teurer als kleinere Modelle sind, führt aber sicher nicht immer zu ungetrübter Ferienfreude.

Potentielle Campermieter, die vor den Kosten zurückschrecken, sollten zunächst intensiv **Preise vergleichen** und ggf. ein Ausweichen in die Nebensaison erwägen oder über die alternativen Angebote der Firmen ***Jucy*** und ***Escape*** nachdenken, ➤ Seite 70.

Mietwagen und Zelt

Die zweifelsfrei **sparsamste Alternative** (➤ oben) ist ein **Pkw mit Zeltausrüstung,** die man mitbringt oder in den USA komplettiert. Wer es bequemer haben möchte, mietet einen **SUV** mit höherer Sitzposition, der bis zu 3 Personen mit Campinggepäck reichlich Platz bietet (inkl. Vollkasko bei deutschen Veranstaltern ab ca. €220-€250 pro Woche). Wie oben erwähnt, muss man nicht unbedingt jede Nacht auf dem Zeltplatz verbringen, sondern kann bei Gelegenheit und schlechtem Wetter im Motel übernachten und dennoch preiswert reisen.

Miet-Pkw und Hotel/Motel

Eine Pkw-Rundreise kostet bei ausschließlicher Übernachtung im H/Motel in den Monaten Juli und August mit einiger Sicherheit weniger als eine Reise im Campmobil. Zu anderen Jahreszeiten liegen die Kosten in Abhängigkeit vom Campertyp und Komfortbedarf im H/Motel eher gleichauf oder sind für die Alternative Mietwagen/feste Unterkunft teurer, ➤ Details dazu auf Seite 79.

Zu bedenken ist auch noch Folgendes:

Sondersituation USA

Hierzulande kann man allerorten nach Ankunft Bummeln gehen und schon mal ein für den Abend in Frage kommendes Restaurant oder die Kneipenszene »ausgucken«. In den USA ist das mit Ausnahme der Großstädte und einiger Brennpunkte des Tourismus selten möglich. Nach Einbruch der Dunkelheit sind die Zentren (sofern überhaupt vorhanden!) vieler Orte meist wie ausgestorben, bisweilen gefährlich. »Los« ist (bis max. 21 Uhr) vielleicht noch ein bisschen in der nächsten *Shopping Mall,* später nur ausnahmsweise in einzelnen – oft verstreut liegenden – Lokalen.

Diese Nachteile schlagen im Herbst und Winter, wenn es früher dunkel wird, besonders stark zu Buche.

Abends im Motel/Hotel

Erreichen lässt sich alles ohnehin nur mit dem Auto. Als Übernachter wird man durchweg irgendwo in der Nähe seiner Unterkunft landen, z.B. in einem der Kettenrestaurants an den Ausfallstraßen, und sich danach mangels besserer Zerstreuungsmöglichkeiten vorm Fernseher wiederfinden. Die nicht überall vorhandene Alternative zu Unter- bis Mittelklasse-Motels sind **teure, höherklassige Hotels**, die *Coffee Shop,* Restaurant und Bar, häufiger auch einen *Spa* samt *Indoor-Pool* und – seltener – musikalische Abendunterhaltung unter einem Dach bieten.

Bessere Hotels

Wer überwiegend bessere Hotels bucht ($150-$200, in Cities mehr), reist in den USA eher ungünstiger als bei identischem Verhalten in Europa. Bei »richtiger« Routen- und Quartierwahl lassen sich, sofern die Höhe der Kosten keine besondere Rolle spielt, in Kalifornien und in Las Vegas mit seinen Kasinos, Show- und Shoppingpalästen besonders abwechslungsreiche Wochen verbringen.

Kontakte

Kontakte zu anderen Reisenden ergeben sich in Motels und Hotels selten, weil man als Gast ziemlich isoliert ist. Camper, junge Leute und alle anderen, die in ***Hostels*** oder anderen **alternativen Quartieren** absteigen, ➤ Seite 117, haben es da etwas leichter.

Typisches Billigmotel. In solchen Häusern kommt man oft noch für $60 und weniger unter

Greyhound-Langstreckenbusse im Terminal von Los Angeles. Dieser Bustyp hat Steckdose und Wifi an jedem Platz

Bus und Eisenbahn

Eignung

Das **öffentliche Verkehrssystem** in den USA ist bei weitem nicht so flächendeckend wie in Europa und auch in Kalifornien außer in den Ballungsgebieten San Francisco Bay Area, LA und San Diego insgesamt dünn. Dort, wo Bus oder Eisenbahn existieren, liegt die Verkehrsfrequenz niedrig.

Greyhound

Die fast monopolistische Fernbuslinie ***Greyhound*** hat den Verkauf von Netzkarten, für die sie einst bei jungen Reisenden über Dekaden populär wurde, schon vor Jahren eingestellt (zu Details und Ticketkauf heute ➢ Seite 80). Wer dennoch an den Bus als Transportmittel denkt, muss Folgendes wissen:

Übernachtung

Haltestellen gibt es nur in Ortschaften von bestimmter Größe an aufwärts. Das hat den Vorteil schneller Reisezeiten mit wenigen Zwischenstopps, bietet aber dem Passagier kaum eine Möglichkeit zu spontanen Entschlüssen. Bei Langstrecken ist oft keine direkte Fahrt ohne Umsteigen möglich. Dann sind Wartezeiten durchaus schon mal morgens zwischen zwei und sechs Uhr fällig, manchmal in Busbahnhöfen in eher kritischen Ortsbereichen.

Abseits gelegene *National* und *State Parks* (das sind genaugenommen alle) und andere lohnenswerte Ziele mit dem Bus zu erreichen, stößt oft auf Schwierigkeiten. Wegen des unzureichend ausgebauten, teilweise nicht vorhandenen Nahverkehrs ist **Camping für Busreisende schwer realisierbar**, es sei denn unter Inkaufnahme von langen Fußmärschen und/oder hohen Taxikosten. Frustration bleibt nicht aus, wenn das einzige *Hostel* weit und breit kein Bett mehr frei hat und das einfache Stadthotel in der Nähe des *Bus Terminal* $99+*tax* für ein schäbiges Zimmer fordert.

Unterwegs-Kontakte

Wer Kontakt zu Amerikanern sucht, sollte bedenken, dass Reisen im *Greyhound* sich dazu nur bedingt eignet. Im Wesentlichen ist der Bus heute ein Transportmittel für weniger Betuchte und von Randgruppen. Wer es sich in den USA irgend leisten kann, fliegt oder benutzt sein eigenes bzw. gemietetes Auto.

Auf einer Reise im Bus wird man Seiten Kaliforniens kennenlernen, die dem Auto-Urlauber großenteils verborgen bleiben.

Green Tortoise

Für junge Leute und manche Junggebliebene bietet die Firma ***Green Tortoise*** mit Rundfahrten durch Kalifornien und die Südweststaaten auch für internationale Passagiere eine überlegenswerte Alternative zu Linienbussen. Mehr dazu auf der Seite 81.

Eisenbahn/ Amtrak

Genausowenig wie mit dem *Greyhound* erreicht man in ***Amtrak Passenger Trains*** Nationalparks und das Gros sonstiger kalifornischer Sehenswürdigkeiten. Immerhin gibt es von einigen Stationen Buszubringer zu Nationalparks und weiteren Zielen; mehr dazu auf Seite 81f.

Radfahren in Kalifornien

Thomas Schröder www.bikeamerica.de

California – bevölkerungsreichster Staat der USA, Megastädte – und das per Rad? Aber ja! Seit anfangs der 1970er-Jahre ein paar Freaks um *Gary Fisher* und *Tom Breeze* mit ihren alten *Schwinn Clunkers* die Hänge des Mt. Tamalpais droben im Marin County hinunterheizten und damit den Mountainbike Boom kreierten, nahm eine weltweite Fahrrad-Welle ihren Lauf. Gerade in Kalifornien sind Fahrräder längst mehr als nur Hobby und Zeitvertreib, nämlich breit akzeptierte Verkehrsmittel. Fortschrittliche Unternehmen wie *Google*, aber auch Kommunen fördern *Bicycle Commuter* (Fahrrad-Pendler). Im Bereich LA und im Silicon Valley sieht man außer den rennsportlich gestylten Sunnyboys längst auch Manager, die mit Top-Maschinen ins Büro biken; und selbst die Polizei jagt in manchen Städten mit dem Bike Gesetzesbrechern hinterher.

Ein gut ausgebautes **Radwegenetz** führt mittlerweile durch ganz Kalifornien, und auch in den Großstädten werden immer mehr ***Bike Lanes*** und ***Bike Paths*** eingerichtet. Gute Voraussetzungen also für alle, die sich Kalifornien (auch) per Rad erschließen möchten, sei es auf **Kurztrips** in den Ballungsräumen oder auf einer **Rundtour** mit Gepäck. So ist etwa die ***Pacific Coast Bicycle Route*** (sie durchmisst ganz Kalifornien und orientiert sich weitgehend am Verlauf des Highway #1) die mit Abstand beliebteste Fernradtour der USA, auch der ***Pacific Crest Bicycle Trail*** durch das bergige Landesinnere zieht jährlich Tausende von Tourenradlern an. Dazwischen gibt es jede Menge Querverbindungen, und selbst die trockenheißen Gebiete jenseits der Sierra Nevada sind längst kein radlerisches Niemandsland mehr.

Zur genaueren **Info und Vorplanung** gibt es etliche ***Guidebooks***, für die Küstentour etwa ***Cycling The Pacific Coast*** aus dem Verlag *The Mountaineers*, erhältlich (auch als eBook) in Deutschland über den Versandbuchhandel. Noch etliche weitere Radführer findet man z.B. über www.amazon.de (unter »englische Bücher«; dort »Cycling« oder »Biking« und »California« eingeben). Wer öfter in den USA radeln will, sollte sich überlegen, der ***Adventure Cycling Association*** (www.adventurecycling.org) beizutreten. Diese mit Abstand größte Organisation für Freizeitradler in den Staaten hat ein Netzwerk von ruhigen Rad(neben)straßen, *MTB-Trails* und weiteren Radrouten auch für Kalifornien kartografiert und mit *GPS-Waypoints* versehen, darunter alle wichtigen Fernwege. Sie bietet in ihrem ***Cyclosource Catalogue*** Bücher und Karten mit einem ordentlichen Mitglieder-Rabatt an. Eine feine Sache! Die ACA-Seite ist auf jeden Fall immer einen Blick wert und enthält auch für Nicht-Mitglieder wertvolle Infos zum gesamten *US-Bike Route* System.

Für die Vorplanung einer individuellen Route ist natürlich auch der detaillierte ***California Atlas and Gazetteer*** von *DeLorme Mapping* gut geeignet – in ihm sind neben Radfahr-Routen *Campgrounds*, *Outdoor Recreation Facilities*, schöne Wegstrecken, *Trails*, historische Punkte und vieles mehr aufgeführt; auch digital für GPS unter www.delorme.com. ***OpenStreetMap*** (www.openstreetmap.org) deckt Kalifornien ebenfalls ab und Fundgruben für kostenlose *Bike Tracks* sind www.gpsies.com, www.bikely.com, www.mapmyride.com oder http://ridewithgps.com.

1

Weitere Infos: Wie jeder andere US-Bundesstaat hat auch Kalifornien ***State Bicycle Coordinators*** des *Department of Transportation*, der Straßenverkehrsbehörde: www.dot.ca.gov/hq/tpp/offices/bike/contacts.html. Dort erhält man Infos über lohnenswerte Strecken, Ziele und weitere für Radfahrer wichtige Dinge (unter »*Bicycle Related Sites, Maps & Publications*« efindet man auch Fahrradkarten). Wer gerne in Gruppen radelt oder an Events teilnimmt, wird im *Bike Calendar* fündig. Dort sind ständig 300 bis 500 Radausfahrten gesammelt, übersichtlich sortiert nach Datum: www.bikecal.com. Gleichfalls keine schlechte Adresse ist www.tourofcalifornia.org, eine private Linksammlung von der selbstorganisierten Mehrtagestour bis zur Radsport-Veranstaltung.

Eine rührige Alltagsradler-Vereinigung ist die ***San Francisco Bicycle Coalition***. Auf ihrer Website www.sfbike.org gibt es u.a. ein Verzeichnis der *Bike Shops*, der Radausfahrten und Radclubs in der *Bay Area*. Etliche gut ausgearbeitete ***Bay Area Bike Rides*** findet man auch unter http://inl.org/cycling/rides. ***The Los Angeles Bike Paths*** (www.labikepaths.com) ist ein gutes Radweg-Verzeichnis für L.A. Auch die Seite www.lawheelmen.org ist recht brauchbar und bietet eine Menge Links, u.a. zum *Bicycle Coordinator* der *LA Area*.

Bleibt die Frage: **Welches Rad?** Wer nur wenig Zeit hat und kleinere Tagestouren fährt, ist sicher mit einem Mietrad am besten bedient – wenn man etwa ***california bike rentals*** in eine der gängigen Suchmaschinen eingibt, erhält man zahlreiche Treffer. Für mehrtägige Touren bringt man besser das eigene Gefährt von zu Hause mit; schon deshalb, weil Mieträder mit einem ordentlichen Gepäckträger-System praktisch nicht zu finden sind. Für weitere Infos wie etwa »Wahl des richtigen Flugs mit Radtransport«, »Verpackung« oder »welches Rad für die Tour?« empfehlen wir den Fahrrad Weltführer von Reise Know-How, der auch ein umfangreiches USA-Kapitel enthält. ***Happy Cycling***!

1.2.3 Amerikareise mit Kindern

Sollte man mit Kindern, womöglich mit ganz kleinen, eine Reise nach bzw. durch Kalifornien unternehmen?

Flugtarife für Kinder

Zunächst zum Flug: wer **Kleinkinder** im Alter von unter 2 Jahren mitnimmt, zahlt ohne Anspruch auf einen Sitzplatz in der Regel – je nach Airline – 10%-15% des Erwachsenen-Tarifs. Empfehlenswert ist der Kleinkindtarif in Anbetracht der Flugdauer zu Zielen im US-Westen kaum, da Eltern mit ihrem Sprössling auf dem Schoß 10-11 Stunden Flug durchhalten müssen. Möchten Eltern vermeiden, erschöpft und entnervt anzukommen, bleibt nichts weiter übrig, als den Tarif 2-11 Jahre mit Sitzplatzanspruch fürs Baby zu bezahlen. **Kinder zwischen 2 und 11 Jahren** kosten je nach Airline 50% bis 75% des vollen Tarifs.

Reisekosten

Abgesehen von den Kosten fürs **Flugticket** und **Eintrittsgelder** für (leider immer teurer werdende) *Amusementparks* etc. erhöhen Kinder die Reisekosten nicht proportional, sofern die Familie per Auto unterwegs ist. Denn **Mietfahrzeugtarife** sind unabhängig von der Belegung. Ein Großteil der **H/Motelzimmer** verfügt über zwei Doppelbetten, wobei der Übernachtungspreis nur geringfügig mit der Anzahl der Personen im Zimmer steigt, ➤ Seite 109f. Häufig braucht für Kinder (u. U. bis zum Jugendlichenalter) im Zimmer der Eltern kein Aufschlag gezahlt zu werden. Auch auf die **Campingkosten** haben zusätzliche Personen nur einen unwesentlichen (bei Privatplätzen) bis gar keinen Einfluss (staatliche Plätze). Das Eintrittsgeld in **Nationalparks** gilt überwiegend für die gesamte Wagenladung bis 6 Personen (max 4 Erwachsene).

Unterwegs

Soweit zu den Kosten. Dass die Attraktion Kaliforniens und dort möglicher Aktivitäten auch für Kinder groß ist, bedarf keiner besonderen Erläuterung. Egal, welche Reiseroute, an praktisch jeder Strecke gibt es auch für die Kinder genug zu sehen und zu erleben, dazu sowieso die bei den meisten Kindern beliebten *Fast Food Restaurants*, Supermärkte und *Shopping Malls.*

In vielen Parks findet man gut angelegte öffentliche Kinderspielplätze wie diesen

Camping Sofern gecampt wird, bieten viele amerikanische Campingplätze von Anlage, Einrichtungen und Gelände her für Kinder mehr als ihre europäschen Pendants. Kommerziell geführte Plätze wie auch viele *State Parks* verfügen über *Children's Playgrounds*. Viele *Campgrounds* in den *National Forests* und anderswo sind oft schon als solche Abenteuerspielplätze.

Spielplätze Möglichkeiten zum Austoben sind im Übrigen selten schwer zu finden. Selbst in kleinen Orten gibt es **Stadtparks**, die sich zum Ballspielen und körperliche Aktivitäten eignen. Viele von ihnen haben auch einen Kinderspielplatz wie z.B. im Foto links.

Sehr praktisch an langen Fahrtagen sind die kompakten **Kinderspielplätze der *Fast Food* Ketten** in erster Linie *Burger King, McDonald's, Carl's Junior*. Kleine Kinder lieben diese Plätze. Bei *McDonald's & Co*, ob man die *Fast Food*-Ketten mag oder nicht, lassen sich Zwischenmahlzeiten, «Pinkelpausen« und der Bewegungsdrang der Kinder sinnvoll miteinander verbinden.

Krankheit/ Unfall Eigentlich gibt es auf Reisen mit Kindern nur eine, lediglich eventuelle Problematik: In den USA ist es schwieriger als bei uns, bei Krankheit oder kleinen Unfällen einen Arzt zu finden, echte Notfälle ausgenommen. Da man in manchen Gebieten Kaliforniens weiter vom nächsten größeren Ort bzw. Hospital entfernt sein kann als bei uns, sollte man bei einem Urlaub mit Kindern einen gut sortierten **Erste-Hilfe-Kasten** dabei haben, ➤ auch Seite 86. Wenn die Kinder an sich gesund sind, birgt eine Kalifornienreise ganz sicher keine unkalkulierbaren Risiken.

1.2.4 Die konkrete Reiseplanung

Dieses Buch hilft bei der Vorbereitung, Planung und Realisierung einer Reise nach Kalifornien und darüberhinaus. Alle überhaupt touristisch sinnvollen Routen und Hunderte von Zielen und reizvollen Anlaufpunkten werden beschrieben und bewertet, alle möglichen Aspekte berücksichtigt. Dennoch kann selbst der dickste Reiseführer nicht alle Interessen und Details abdecken. Aber dafür gibt's ja heute das Internet. Die folgenden geprüften Adressen bieten zusammen eine hohe Informationsdichte, viele Anregungen und sorgen schon am Monitor für Vorfreude auf Kalifornien und Las Vegas. Am Ende gilt: **je besser die Informationen vorab, umso besser die Reise**.

Ohne Karte vor Augen funktioniert keine Reiseplanung, aber unterwegs braucht man vielleicht eine bessere, daher auch dazu ein gesonderter Abschnitt.

Reiseinfos

California Tourism Kalifornien unterhält eine ausgesprochen rührige Tourismusbehörde. Ein tiefer gestaffeltes Portal als ***California Tourism*** für alle erdenklichen touristisch relevanten Informationen hat kaum ein anderer Bundesstaat. Es steht sogar eine deutschsprachige Version im Netz: www.visitcalifornia.com/de.

Offizielle Unterlagen

Neben der Runduminformation kann man sich auch Regionalkarten hochladen und bei Bedarf ausdrucken und im fast 200-seitigen ***California Official Visitor's Guide*** am Bildschirm blättern, einem trotz einer gewissen Werbelastigkeit gut gemachten Kalifornienmagazin mit Unterkunftsverzeichnis; direkt dorthin führt www.nxtbook.com/nxtbooks/time/california_vg2017/#/0.

Wer gern **gedruckte Unterlagen** hätte, nutzt den Bestellschein unter www.visitcalifornia.com/visitors-guide-request. Deutschsprachige Kalifornien-Interessenten werden per Post mit einem verkürzten *Official Guide* auf Deutsch (»Besucherführer für die perfekte Reise«), eine Kalifornienkarte (»*Official Vacation Map*«) und allerhand ins Deutsche übersetzter lokaler Werbung bedacht.

Zusätzliche Internetportale

Weitere Portale mit Kalifornien-Infos **auf Deutsch** sind z.B.:

www.kalifornien.citysam.de
www.info-kalifornien.de
www.kalifornien-tour.de
www.tourismus.de/nordamerika/usa/kalifornien
www.usatourist.com/deutsch/destinations/california/california-main.html

Unter den englischsprachigen Websites fallen u.a. positiv auf:

www.california.worldweb.com
www.travel.org/cal.html
www.travelcalifornia.com
www.roadsideamerica.com/location/ca

(**Für Kalifornien-Reiseinfos vor Ort** ➤ Seite 144)

Staat Kalifornien

Weit über touristische Aspekte hinausgehende Informationen zu Kalifornien findet man auf der offiziellen Seite des Staates:

www.ca.gov

Las Vegas

Für **Reiseinfos über Las Vegas** ➤ Reiseteil Kapitel 3 ab Seite 522.

Info USA

Eine **Übersicht** über alle Staaten und zu allen nennenswerten Orten der USA findet sich u.a. bei www.reiseinfo-usa.de.

An Information vor Ort fehlt es in Kalifornien selten; hier das gemeinsame Interagency Visitor Center von NFS, BLM und NP-Service bei Lone Pine (Straßendreieck #395/#136) zwischen Sierra Nevada und der Ostzufahrt zum Death Valley

Karten, TourBooks und AAA/ADAC

Internet

Für eine erste vorbereitende Planung der Reise genügen die Karten dieses Reiseführers und ggf. der Blick ins Internet. Klar, dass auch dabei *Google Maps* gute Dienste leistet, vor allem für Detailinformationen dank der Zoom- und Satellitenfunktion.

Straßenkarten

Sich zusätzlich für eine Kalifornienreise bereits in Deutschland teures Kartenmaterial zu beschaffen, ist eher unnötig. Denn US-Staaten verteilen **Straßenkarten kostenlos** oder gegen wenige Dollars. Mitglieder europäischer Automobilclubs erhalten in den Büros des **amerikanischen Automobilclubs AAA** (»***Triple A***«) sehr ordentliche Straßenkarten und weitere Unterlagen gratis.

Distanzen

In den meisten Straßenkarten findet man **Entfernungstabellen** und Grafiken mit Meilen- und Fahrtzeitangaben zwischen wichtigen Städten. Weder die in derartigen Übersichten noch im Internet angegebenen Meilen oder Zeiten sollte man für die eigene Planung 1:1 übernehmen. Denn darin sind immer die kürzeste Verbindung und eine selten realisierbare Durchschnittsgeschwindigkeit ohne Fahrpausen zugrundegelegt.

Distanzkalkulation

Zur Berechnung der auf einer bestimmten Route zurückzulegenden Entfernung entspricht ein **Zuschlag von 20%** auf die aus Kartenangaben ermittelte Gesamtdistanz meist ungefähr der wahrscheinlichen wirklichen Fahrstrecke. Die Mehrmeilen für Umwege, Stadtverkehr, Abstecher zu Sehenswürdigkeiten, Anfahrten zu Campingplätzen, gelegentliches Verfahren usw. werden in vielen Fällen sogar weit über 20% liegen.

Navis

Die Hinweise in den vorstehenden Absätzen gelten auch unterwegs bezüglich der »Mitteilungen« durch Navigationsgeräte. Sie sind nützlich, aber nicht unabdingbar und schon gar nicht ausreichend als alleinige Führer auf amerikanischen Straßen. Ein von den Autoren genutztes Gerät einer gängigen Marke empfahl bisweilen erstaunliche Umwege und unsinninge Abkürzungen.

Fazit

Die **Straßenkarte von *California Tourism*** sollte man sich gleich nach Ankunft besorgen. Besser sind die **AAA-Karten**, aber auch Karten, die man an Tankstellen und im Handel findet und bis zu $10 bezahlt. Mit **Karten von *Rand McNally*** kann man nichts verkehrt machen (sehr praktisch in laminierter Form sind »***Easy to Fold Maps***«; https://store.randmcnally.com/easy-to-fold-southern-california.html). Wer es ganz genau wissen möchte, kauft einen **Straßenatlas nur für Kalifornien**, z.B. den ***Benchmark California Road & Recreation Atlas*** mit GPS-Netz (9. Auflage 2016, 144 Seiten, $25, www.benchmarkmaps.com).

AAA

Büros des AAA gibt es in allen größeren Orten, in den Cities mehrere davon (www.calif.aaa.com). Ihre Adressen kennt jeder Polizist und Taxifahrer; sie lassen sich auch erfragen unter der ***toll-free Number* 1-800-222-4357** (AAA-HELP). ***Google Maps*** listet bei Eingabe »**AAA**« plus die Stadt alle in Frage kommenden Vertretungen mitsamt Position auf dem jeweiligen Stadtplan.

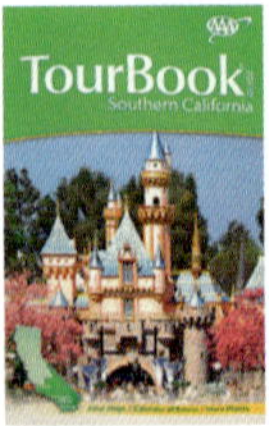

Gegen Vorlage des heimischen Mitgliedsausweises (der im Fall ADAC in der unteren rechten Ecke die AAA-Farben zeigt) erhält man in den Vertretungen des AAA u.a. sog. ***TourBooks*** für alle US-Bundesstaaten, Reiseführer mit Betonung kommerzieller Attraktionen (Zeiten, Eintrittspreise und *Discounts* für AAA-Mitglieder). Sie enthalten außerdem ein ***up-to-date*** **Motel-/Hotelverzeichnis** sowie eine Liste ausgewählter Restaurants.

Größere Filialen unterhalten neben dem Mitgliederbüro auch noch einen ***Shop***, in dem Straßenatlanten, Reiseführer und Produkte rund ums Reisen preiswerter als üblich zu haben sind.

AAA Card/ Discounts/ Straßendienst

Darüberhinaus sichert die Vorlage der heimischen Mitgliedskarte Gleichbehandlung des Touristen mit amerikanischen AAA-Mitgliedern, was Sondertarife in H/Motels, *Amusementparks* etc. und ggf. den Straßendienst (***Roadside Service***) im verkehrstechnischen Notfall betrifft: http://www.aaa.com/PPInternational/Benefits_Intl_to_US.html.

Reisezeiten der Amerikaner

Hochsaison in Kalifornien

Die Ferienmonate der Amerikaner sind insofern ein wesentlicher Gesichtspunkt der eigenen Reiseplanung, als dann die Nationalparks, populäre Urlaubsorte an der Pazifikküste und typische Brennpunkte des Tourismus wie *Disneyland* und *Universal Studios* in Los Angeles oder *Fisherman's Wharf* in San Francisco oft knallvoll sind. Hohes Verkehrsaufkommen, Parkplatzprobleme, ausgebuchte Unterkünfte bei heraufgesetzten Tarifen und schon am Vormittag besetzte Campingplätze bestimmen dann die Situation in vielen Bereichen, vor allem auch in den Nationalparks.

Auswirkung der Saison

In den USA gelten generell rund drei Monate von ***Memorial Day*** (letzter Montag im Mai) **bis *Labor Day*** (erster Montag im September) als **Hauptsaison**. Sie entspricht den Universitätsferien zwischen zwei akademischen Jahren. Auch die Sommerferien der Schulen fallen mit regional unterschiedlicher Länge in diese Periode. Der **intern-amerikanische Ferienboom** beginnt aber erst

Auf dem populären Trail zu den Vernal Falls im Yosemite National Park herrscht im Sommer bis zu dieser Brücke (mit Blick auf die Fälle) und darüberhinaus an vielen Tagen Hochbetrieb

richtig Mitte Juni, nimmt in der zweiten Augusthälfte langsam ab und endet mit dem ***Labor Day*** schlagartig.

Wochenenden

An Wochenenden ist ab ***Memorial Day-* bis *Labor Day-Weekend*** immer und überall mit erheblichem Betrieb zu rechnen. Denn wegen kurzer Urlaubszeiten der meisten Amerikaner spielt das Wochenende eine größere Rolle als bei uns. Im zentralen und südlichen Kalifornien werden die Wochenenden auch im April/Mai und nach dem *Labor Day* bis Ende Oktober bei gutem Wetter noch stark für Ausflüge und Kurzurlaube wahrgenommen.

Sonstige Saisonspitzen

Darüberhinaus gibt es **geographisch-klimatisch bedingte Saisonspitzen** wie die Wintermonate in den Skigebieten der Sierra Nevada (besonders am Mammoth Mountain und rund um den Lake Tahoe) und zugleich in den dann immer noch warmen Wüstentälern um Palm Springs herum und im Death Valley. Einiges los kann im Februar/März auch in der sonst ruhigen *Anza Borrego Desert* zur Wildblumenblütezeit sein oder im *Antelope Valley*, wenn blühender Goldmohn riesige Flächen bedeckt, ➤ Seite 427.

Lokale Ereignisse können auch schon mal an einem normalen Wochenende oder -tag für ausgebuchte Zimmer weit und breit sorgen, ➤ Liste populärer Veranstaltungen auf den Seiten 153f.

Zu guter Letzt

Empfehlung

Man hat meist mehr von der Reise und vermeidet obendrein die Hochsaisontarife bei Flügen, Unterkünften und ggf. Campermiete, wenn es gelingt, sie außerhalb von Spitzenzeiten zu legen, also vor Mitte Juni und nach *Labor Day* (1. Montag im September). Wer das nicht realisieren kann, sollte zur Umgehung des Hauptbetriebs Top-Attraktionen möglichst an Werktagen ansteuern und sich an Wochenenden abseits touristischer Hauptpfade halten.

Dimensionen

Außerdem gilt, dass man sich nicht zuviel vornehmen sollte. Selbst der – bei Blick auf eine USA-Gesamtkarte – eher klein wirkende geographische Bereich, der in diesem Buch behandelt wird, hat immerhin eine Fläche von ca. 320.000 km^2. Nur ein Teil dessen, was in Kalifornien sehenswert und attraktiv erscheint, kann im Rahmen einer einzigen mehrwöchigen Reise erfasst werden.

Fahrleistung

Im Pkw oder mit dem Camper sind 200 mi (bzw. 320 km) pro Tag das Maximum dessen, was man sich – Aufenthaltstage nicht mitgerechnet – im Schnitt zumuten sollte. Das sind bei einem 3-Wochen Urlaub mit 13 Unterwegstagen (+ 7 Tage in Cities und Nationalparks) schon um 4.000 km.

Länge der Tage

Ein Punkt, der bei Reiseplänen später im Jahr leicht vergessen wird, ist die Länge der Tage. Bedingt durch die Lage Kaliforniens (Zentralkalifornien auf Breitengraden des südlichen Mittelmeers, Südkalifornen wie Nordafrika) **geht die Sonne früher als bei uns unter**. D.h., die Dämmerung setzt im September bereits gegen 18 Uhr ein. Letztlich bleibt weniger Zeit für gute Fotos, Besichtigungen und Unternehmungen als im späten Frühjahr und im Sommer.

Dollarkurs und Reisekosten

Für den Wechselkurs Euro zu Dollar wird im Folgenden von **$1,22/€** ausgegangen, der Wert eines Dollars daher für 2018 mit €0,82 angenommen. Die Aussagen in diesem Kasten wurden auf dieser Basis getroffen. Sie sind bei sich änderndem Wechselkurs entsprechend zu relativieren.

Auch bei »**$1 = €0,82**«, was einer Kursverbesserung des Euro von ca. 17% seit Anfang 2017 entspricht, sind die USA für uns kein billiges Reiseland. Denn touristisch bedeutsame Preise haben in letzter Zeit kräftig zugelegt. Das gilt für H/Moteltarife, Campingplatzgebühren, Eintritt für Museen, Vergnügungs- und Naturparks und auch für Preise in Supermärkten und Restaurants.

Neben den reinen Flugtarifen spielen für die **Ticketkosten** die Sicherheitsgebühren eine wichtige Rolle; sie stiegen mit den in den letzten Jahren weiter intensivierten Kontrollen überdurchschnittlich. Je nach Ziel, Airline, Saison und Zwischenstopps sind heute für ein Transatlantikticket retour an die Westküste in der *Economy Class* ab ca. €900 fällig, im Sommer kaum unter €1.300.

Nicht außer Acht zu lassen sind die **Benzinkosten** für eine **Rundreise im Auto oder Wohnmobil**. Bleifreies Normalbenzin ist in den USA zwar erheblich günstiger als hierzulande, dennoch kommen bei ein paar tausend Urlaubsmeilen speziell »spritfressenden« Fahrzeugen schnell beachtliche Ausgaben zusammen. Aktuelle lokale Preise findet man im Internet unter www.gasbuddy.com durch Eingabe des gewünschten Ortsnamens. *Gas Buddy* bietet auch eine App für iphone und Android, die einen unterwegs zu den günstigsten Tankstellen leitet. (**Benzinpreise** (Anfang 2018 für *Regular* in **Kalifornien** ab $2,70; Mittelwert etwa $3,20/Gallone, also $0,84/Liter bzw. ca. **€0,69/Liter**.

Bei Vorausbuchung von Europa und mindestens einwöchiger Miete sind **Leihwagen** (***Rental Cars***) noch immer erstaunlich günstig. Wer indessen vor Ort bucht, macht wegen extra zu zahlender Versicherungenmeist kein so gutes Geschäft. Ab ca. €170/Woche gibt es ein kleines Auto, für €190-€250 bereits die Typklasse *Full Size*. Wer höher sitzen möchte oder mehr Platz fürs Gepäck braucht, wählt ein *Sport Utility Vehicle (SUV)* ebenfalls für Wochentarife ab ca. €230 (*Midsize*). Cabrios sind ab ca. €320/Woche, Vans ab €350/Woche zu finden. Diese Tarife beziehen sich auf Leistungspakete heimischer Anbieter, die unlimitierte Meilen, Vollkasko ohne Selbstbeteiligung, eine auf mind. $1 Mio. aufgestockte Haftpflichtdeckungssumme, alle Steuern und Zusatzfahrer, bisweilen auch noch die 1. Tankfüllung und ein Navi einschließen. Noch preiswerter geht's mit – bei einigen Vermietern – reduzierten Inklusivleistungen.

Eine **Campermiete** ist nach wie vor ein teurerer Spaß. Nur wer geschickt vergleicht und die Tarife in Vor- und Nachsaison in Betracht zieht, kann den Kosten halbwegs Paroli bieten. Außer bei höheren Ansprüchen an die Unterbringung sind Reisen im Pkw/Motel meist billiger, ➤ Berechnungen Seiten 77f.

Die **Hotel-/Moteltarife** unterliegen in Kalifornien und erst recht in Las Vegas erheblichen saisonalen wie wochentagabhängigen Schwankungen. Man zahlt zwar in der Hauptsaison (Mitte Juni bis Anfang September) in der Mittelklasse schon leicht $130-$180/Nacht und Zimmer (in der Nähe von Nationalparks und an beliebten Touristenrouten in der Saison und an Wochenenden oft erheblich mehr), aber außerhalb der Kernzeiten und erst recht in der Nebensaison November bis

April kommt man in vielen Fällen für $80-$120 akzeptabel, mit Glück sogar gut unter, mehr dazu ➤ Seite 107ff. Mit *Discount Coupons* (➤ Seite 108) wird es ggf. noch etwas günstiger.

Hostels sind nicht nur für junge Leute eine Option. Im Mehrbettzimmer bezahlt man $20-$55/Person und Bett, was sich eher in Großstädten lohnt. Auf dem Land ist der Abstand zum einfachen Motel geringer.

Wenn es einmal eng wird bei der Quartiersuche, sind **Schlafsack und Zelt** nützlich. Ein Campingplatz mit einer freien Ecke ist meist schnell gefunden. Angesichts des Gepäcklimits von 23 kg/Person bei USA-Flügen und des kostenpflichtigen Zusatzkoffers (➤ Seite 59) sollte man sich gut überlegen, was man mitnimmt oder erst drüben kauft (einfache kleine Zelte gibt es ab $50).

Die Tarife auf **kalifornischen Campingplätzen** sind höher als anderswo, egal ob fürs Zelt oder Campmobil. Zelter können mit einiger Mühe im Schnitt mit $25-$30 hinkommen, Wohnmobilisten aber leicht $45-$70 ausgeben.

Die **Versorgungskosten unterwegs** sind höher als bei uns. Als Automieter kann man aber gut auf Selbstverpflegung und *Fast Food* setzen. Ohnehin geht nichts übers Picknick in Amerika. Tische stehen unverfehlbar in Stadtparks, an Aussichtspunkten und an oft wunderschönen Stellen in *National* wie *State Parks*. Und neben solchen Tischen findet meist auch einen Grillrost für Holzkohle.

Im normalen **Supermarkt** der landesweit verbreiteten Ketten wie *Safeway* oder *Von's* ist das Gros der Produkte ohne Kundenkarte um Einiges teurer als in Deutschland. Mit einer dieser auch für Ausländer kostenlos erhältlichen Karten sinkt das Preisniveau auf ein akzeptables Niveau. Das gilt nicht für Bio- (*organic*) und Milchprodukte sowie Obst und Gemüse (außer zu Erntezeiten). Generell günstiger (wiewohl immer noch teurer als bei uns) ist der Einkauf in den schlichten Märkten der Kaufhauskette ***Wal Mart***, wo es keine Preisdifferenzierung nach Karteninhabern und Kunden ohnedem gibt. Viel günstiger als bei uns sind oft Großpackungen, aber man sollte vorsichtshalber mitrechnen.

Relativ teuer bezahlt man **Alkoholika** von »besseren« Biersorten über Wein bis hin zum *Hard Liquor* wie Wodka, Bacardi und Whiskey. Wer sich größere Gebinde, etwa Kartons mit 15-30 Bierdosen/-flaschen oder ganze Gallonenpackungen Wein zulegt, kommt dagegen relativ preiswert weg.

Alles in allem gilt: Die laufenden **Ausgaben vor Ort** sind bei einer individuellen Reise nicht niedrig, aber immer noch günstiger als in manchen Ländern Westeuropas. Essengehen mit Alkoholkonsum in dafür »lizensierten« **Restaurants** ist – dank *Sales Tax* und obligatorischen 15%-20% Trinkgeld – gemessen am Gebotenen im Allgemeinen teurer als in vergleichbaren Lokalen bei uns, aber billiger als etwa in der Schweiz, Frankreich oder England. ***Fast Food*** bei *McDonald's*, *Burger King* & Co. sowie die Gerichte in sog. (häufig alkoholfreien) *Family Restaurants* sind dagegen recht moderat gepreist.

Einen kleinen Ausgleich für hohe Unterwegskosten bieten ggf. **Einkäufe** in den zahlreichen ***Outlet Malls***. Viele Importprodukte sind in den USA preiswerter hierzulande. Das gilt u.a. für Markenartikel in den Bereichen »Textil« (ein Paar *Levis Jeans* findet man ab $40 bzw. €33), Schuhe, Sportartikel und mit Glück auch für Elektronik. Wer dabei »zuschlagen« möchte, sollte in den Koffern Platz und »Luft« unter dem Gewichtslimit lassen – und den Zoll zu Hause nicht vergessen. Die **Freigrenze** für Mitbringsel beträgt **€430**, ➤ Seite 157.

2

Reisevorbereitung und -organisation

2.1 Einreisevoraussetzung in die USA

Einreise in die USA ohne Visum

Voraussetzung einer Einreise in die USA ohne Visum für Westeuropäer ist, dass der Aufenthalt in den USA

- besuchsweise erfolgt,
- nicht länger als **maximal 90 Tage** dauert und
- ein **Ticket mit Rückflugdatum** innerhalb der Frist vorliegt.

Reisepass und ESTA

Wer diese Bedingungen erfüllt, muss **für den Flug in die USA** nur noch das **Ablaufdatum seines Reisepasses** kontrollieren und mindestens 72 Stunden vor der Abreise eine **ESTA-Genehmigung** im Internet (und nur dort!) beantragt haben, ➤ Kasten. Für Personen, die visafrei mit ESTA-Autorisierung in die USA einreisen, braucht der Pass – theoretisch – nur für die Dauer des geplanten Aufenthalts gültig zu sein. Vorsichtshalber sollte aber auch ein 2-Wochen-Tourist auf minimal 90 Tage Restlaufzeit des Passes achten, denn offizielle Regelung und Vorstellungen von Grenzbeamten sind u.U. zweierlei, von Erkrankung und verpassten Flügen nicht zu reden.

Kontroll-Prozedur

Obwohl also jeder dank ESTA bzw. Visum noch vor Besteigen des Flugzeugs überprüft und neuerdings auch schon beim Einchecken zusätzlich befragt wurde, erfolgt eine weitere Kontrolle am Immigrationsschalter im Ankunftsairport. Dort werden sog. **biometrische Daten** erfasst. Das sind in diesem Fall Fingerabdrücke und ein Gesichtsfoto (dauert ca. eine Minute). Ein **Passlesegerät** gibt Auskunft über vorherige Einreisen und dabei ggf. gespeicherte negative Kontakte mit der US-Obrigkeit. Oft erkundigt sich der *Officer* auch noch nach Reiseabsichten des Touristen, seiner Berufstätigkeit etc. Gibt es nichts zu beanstanden, erhält man den Einreisestempel.

ESTA - Einreisegenehmigung in die USA

Bereits 2009 wurde **ESTA** eingerichtet, ein elektronisches System der Einreiseregistrierung und -genehmigung (***E****lectronic* ***S****ystem for* ***T****ravel* ***A****uthorization*. Ohne vorherige Anmeldung bei ESTA ist eine Einreise per Flugzeug oder Schiff von Übersee in die USA nicht möglich. Damit das klappt, muss die Registrierung mindestens 72 Stunden vor Abreise erfolgen. **Die Genehmigung gilt für zwei Jahre ab Ausstellungsdatum und mehrere Einreisen**. Sofern man sich bei ESTA »prophylaktisch« registriert hat, sind auch kurzfristige Reiseentscheidungen dadurch möglich. Unter der Internetadresse https://de.usembassy.gov/de/visa/esta finden sich alle Einzelheiten und ein Link zum Antrag. Die entsprechende Seite kann auch direkt aufgerufen werden: https://esta.cbp.dhs.gov/esta.

(**Hinweis**: Auf der Botschaftsseite wird vor unautorisierten Seiten gewarnt, die einen »offiziellen« Eindruck erwecken, aber erst nach Kartenzahlung von z.B. $59 für eine überflüssige Informationsschrift den Antrag weiterleiten. Wer im Internet unter »Einreise USA«sucht, findet tatsächlich eine Reihe von Portalen, die für die ESTA-Beantragung Hilfe anbieten. Keine davon benötigt man.)

Der ESTA-Antrag ist in allen wichtigen Sprachen verfügbar (Auswahl per Klick oben rechts). Bevor man die elektronischen Seiten ausfüllt, Pass+Personalausweis (!) sowie Kreditkarte bereitlegen, ggf. Arbeitgeberadresse(n) und Kontaktanschrift USA mit Telefonnummer zur Hand haben. Die Eingabeprozedur kann inkl. Rückfragen des Systems ziemlich zeitraubend sein. Der letzte Punkt ist die Zahlung einer Gebühr in Höhe von **US$14** per *Paypal* oder Kreditkarte.

Mit der Quittierung der Zahlungseinreichung erhält man einen 16-stelligen Zugangscode, unter dem man nachschauen kann, ob ESTA die Einreise autorisiert hat, was oft schon innerhalb weniger Minuten der Fall ist. Um das zu tun, ist wieder https://esta.cbp.dhs.gov/esta aufzurufen und auf »Bestehenden Antrag überprüfen« bzw. »*Check existing application*«. Nach zwei weiteren Schritten und Eingabe von Reisepass-Nummer, Geburtsdatum und zugeteiltem Code kommt »Autorisierung genehmigt« mit Zahlungsbestätigung. Nun steckt man im Computer der *US-Homeland Security* als zugelassener Einreiser. Das kann so auch die Fluglinie beim Einchecken aufrufen und ablesen, ebenso und vor allem der Immigrationscomputer und -beamte bei Ankunft in den USA.

Automated Passport Control (APC)

In Großflughäfen können Einreiser heute die Datenerfassung an Automaten selbst erledigen, d.h., Pass und Fingerabdrücke scannen und (ernst!) in die Kamera blicken. Hilfspersonal steht bereit. Nach der Prozedur spuckt der Automat eine Bestätigung samt Foto aus. Damit geht's zum *Immigration Officer*. Der beschränkt sich meist nur auf eine Gesichtskontrolle und Kurzbefragung.

Die Wartezeit kann trotz Automatisierung und zahlreicher Schalter bei gleichzeitiger Ankunft mehrerer Jumbos auch schon mal 30 min und mehr dauern. Im Ablauf ist sie unproblematisch.

Einreise auf dem Landweg

Die visafreie Einreise gilt auch für den **Landweg** von Mexiko und Kanada aus, kostet aber beim Grenzübertritt eine Gebühr in Höhe von $7 (bisweilen in bar, keine Kreditkarte). Dabei muss nicht, sollte aber besser ein Rückflugticket zur Hand sein, das die Flugbuchung innerhalb von 90 Tagen nach Ankunft belegt (nicht nur ab den USA, sondern aus ganz Nordamerika inkl. Mexiko!).

Auch wenn ESTA offiziell (Stand Anfang 2018) für den Grenzübertritt auf dem Landweg nicht erforderlich ist, kann es nicht schaden, wenn man sie vorbeugend besorgt hat. An einigen Grenzstationen beschleunigt eine vorhandene ESTA-Genehmigung das Einreise-Prozedere und die Befragung durch den *Officer*.

Visumerfordernis

Bei Reiseplänen, die 90 Tage übersteigen und dann penibel erläutert werden müssen, benötigt man ein Visum. **Immer ein Visum** beantragen müssen auch **bei uns lebende Bürger aller Staaten, die nicht von der Visapflicht ausgenommen wurden**, oder wer sich **nach dem 1. März 2011 in Syrien, Irak, Iran, Sudan, Libyen, Jemen oder Somalia** aufgehalten hat bzw. eine doppelte Staatsangehörigkeit in Verbindung mit einem dieser Länder besitzt.

Funktion des Visums

Beim Visum (am. ***Visa***), handelt es sich um eine »Unbedenklichkeitsbescheinigung«, die dem Antragsteller nach persönlichem Interview vom zuständigen Konsulat in den Pass geklebt wird.

2.2 Versicherungen

Krankenversicherung

Eine USA-Reise ohne dort gültigen Krankenversicherungsschutz anzutreten, wäre leichtfertig. Ärztliche Behandlung und Krankenhausaufenthalte sind in den USA extrem teuer. Nur einige private Krankenversicherer bieten ihren Versicherten weltweiten Vollschutz. Wer nicht mit der Erstattung von in Übersee angefallenen Behandlungskosten rechnen kann – das sind u.a. alle gesetzlich Versicherten – ist dringend der Abschluss einer eigenen **Auslandskrankenversicherung** anzuraten. Es sei denn, man besitzt eine **Kreditkarte**, in deren Leistungskatalog ein Krankenversicherungsschutz für Auslandsreisen bereits enthalten ist.

Versicherter Zeitraum

Ein **wichtiger Punkt** bei Auslands-Krankenversicherungsverträgen ist der **maximal versicherte Zeitraum** bei ununterbrochener Abwesenheit; überwiegend beschränkt sich der Schutz auf 6-8 Wochen. Bei längeren Reisen muss ein gesonderter Vertrag über die gesamte Reisezeit abgeschlossen werden.

Kosten

Preisgünstig sind Verträge bis zu 2 Monaten Gültigkeit. Für kurze Fristen ist auch die Auswahl groß. Das Spektrum der Angebote beginnt bei nur €12 für Reisen bis zu 8 Wochen (Alte Leipziger-Hallesche; www.al-h.de; ab 60 Jahre teurer). Günstige Tarife bietet u.a. auch die HUK-Coburg (www.huk24.de).

Behandlung und Zahlung

Im Krankheitsfall wird in den USA häufig **vor** der Behandlung ein **Nachweis der Zahlungsfähigkeit** verlangt. Eine **Kreditkarte** ist dabei unabdingbar. Ohne ausreichende Mittel und/oder Kreditkarte muss man sich bei teuren Behandlungen ggf. per Mail oder Telefon an seine Versicherung wenden und um Vorschuss bzw. Kostenübernahme bitten. **Vertragsnummer** und Kontaktadressen der Versicherung sollte man daher vorsorglich mitführen.

Erstattung

Wer Arzt- und Rezeptkosten vorstreckt, muss für die spätere Erstattung in der Heimat **detaillierte Aufstellungen** mit Datum, behandelnder Institution, Diagnose und Arztbericht vorlegen.

Weitere Reiseversicherungen

Inwieweit man über die Krankenversicherung hinaus weiteren Schutz benötigt, hängt von bestehenden Versicherungen und dem individuellen Risikoempfinden ab. **Reiseunfall-** oder **-haftpflichtversicherungen** bieten außerhalb Europas oft keine Deckung.

Gepäckversicherung

Über den Nutzen der **Reisegepäckversicherung** sind die Meinungen geteilt. Bei sorgfältiger Lektüre des »Kleingedruckten« erkennt man, dass die Fälle des Haftungsausschlusses ziemlich zahlreich sind. Etwa gilt das **Zeltcamping als ein** versicherungstechnisch besonders riskantes Unternehmen.

Reise-Rücktrittskosten-Versicherung

Eine Reiserücktrittskosten-Versicherung ist bei Pauschalreisen bisweilen schon im Reisepreis enthalten. Ohnedem kann sie auch separat abgeschlossen werden. Die Prämien sind erträglich (➤ Vergleichsportal www.check24.de/reiseversicherung). Man sollte darauf im Fall langfristiger Vorbuchung besser nicht verzichten. Der ADAC bietet seinen Mitgliedern eine derartige Versicherung für alle im Jahr anfallende Reisen gegen eine Jahrespauschale.

Das Betreiben »gefährlicher« Sportarten wie »River Rafting« ist versicherungstechnisch oft problematisch

2.3 Die Finanzen

2.3.1 Kreditkarten

Situation in den USA

Eine Reise in die USA ohne Kreditkarte ist fast nicht denkbar. Im täglichen Zahlungsverkehr der USA spielt sie eine weitaus stärkere Rolle als bei uns, zumal es ein Pendant zur bei uns verbreiteten EC- bzw. Bankkarte nicht gibt. **Ohne Plastikgeld** setzt man sich in Amerika leicht dem Verdacht aus, nicht kreditwürdig zu sein. Es gibt viele Gelegenheiten, bei denen Barzahlung mit Stirnrunzeln quittiert, wenn nicht gar abgelehnt wird. Ohne Angabe einer gültigen Kreditkartennummer ist z.B. eine verbindliche Reservierung von Hotelzimmern (für Ankunft nach 18 Uhr), Fähren, Flug-, Bus- oder Veranstaltungstickets u.v.a.m. nicht möglich.

Im – hoffentlich nicht eintretenden – **Notfall** sichern Kreditkarten darüberhinaus die Zahlungsfähigkeit fern der Heimat.

Kosten

Der heute für viele »normale« Kreditkarten ohne Vergoldung und Sonderleistungen geforderte **Jahresbeitrag** ist so niedrig, dass er sich – unabhängig vom Einsatz unterwegs – schon durch die damit eingekaufte Sicherheit rentiert, selbst wenn man die Karte den Rest des Jahres kaum benötigt. Darüberhinaus bieten selbst »einfache« Karten oft geldwerte Zusatzleistungen (vor allem Versicherungen, ➤ vorstehenden Abschnitt), welche allein schon die Kosten wieder aufwiegen können.

Doch zunächst zu einigen wichtigen Details:

Unterschiede

In den USA grundsätzlich verwertbar sind die weltweit verbreiteten Kreditkarten ***American Express, Mastercard*** und ***VISA***.

VISA und Mastercard

Unter dem Aspekt der Einsatzfähigkeit (und der Höhe der Jahresgebühr) geht nichts über die weltweit verbreiteten ***Master*** und ***VISA Card***. *Mastercard*- und *VISA*-Emblem sind in den USA gleichermaßen allgegenwärtig. Mit beiden Karten käme man nahezu ohne Bargeld durch, legte man es darauf an. Jahresgebühr und Konditionen hängen von der Vertragsgesellschaft ab. Im Fall von

VISA oder *Mastercard* ist daher **Karte nicht gleich Karte**. Zur Frage, welche Karte man sich zulegen sollte, sind die **Kreditkartenvergleiche** der Stiftung Warentest und bekannter Wirtschafts-Magazine aufschlussreich (Capital, Focus u.a.). Die individuell optimale Karte ermittelt man z.B. unter www.cardscout.de.

American Express

Die ***AE-Card*** erfreut sich durchaus breiter Akzeptanz, ist aber nicht vergleichbar mit MC und VISA. Keine Probleme mit einer AE-Karte hat, wer vor allem Ausgaben in höherpreisigen Hotels und »besseren« Restaurants begleichen möchte. Auch am Automietschalter und in Flughäfen ist AE immer einsetzbar, weniger in Läden fern von Ballungsgebieten und Touristenattraktionen.

Bargeld gegen Kreditkarte

Mit allen Kreditkarten lässt sich zu unterschiedlichen Konditionen auch Bargeld beschaffen. Mit ***Master*** und ***VISA Card*** erhält man gegen Ausweisung per Reisepass bei allen angeschlossenen Banken Bardollars. Praktischer ist, sich an einem der zahlreichen **Bargeldautomaten (ATM)** zu bedienen, die man außer in und bei Bankfilialen u.a. auch in Supermärkten findet. Natürlich funktioniert Letzteres nur nach Eingabe des PIN Code.

Das ***Cashing*** per CC kostet meist rekativ hohe Gebühren. Es gibt aber auch Karten, die eine begrenzte Anzahl von Auslandsabhebungen pro Jahr gebührenfrei erlauben.

Barentnahmen werden im Gegensatz zu allgemeinen Ausgaben **umgehend** dem heimischen Konto belastet. Die häufige Entnahme kleiner Beträge ist nicht ratsam, wenn – unabhängig vom abgehobenen Betrag – eine Minimumgebühr anfällt.

Wechselkurs

Ein Vorteil der Zahlung per Karte ist ggf. die erst **nachträgliche Belastung** des Kontos und die Zugrundelegung eines Wechselkurses (meist Devisenbriefkurs plus 1%-1,5%), der oft günstiger als der Abrechnungskurs der Banken für Reiseschecks ist und immer deutlich unter dem Verkaufskurs für Bardollars liegt.

Limitierungen

Die Bargeldbeschaffung per Karte unterliegt üblicherweise restriktiveren Grenzen als der »normale« Einsatz als Zahlungsmittel. Diese betreffen Höchstbetrag und Frequenz der möglichen Abhebungen. Wer unterwegs stark auf Kreditkartenzahlung und Bargeldbeschaffung setzen möchte, sollte sich über die für seine Karten zulässigen Maximalbelastungen zwischen zwei Abrechnungsterminen vorab informieren, um Überraschungen zu vermeiden. **Edelausführungen** der *Credit Cards* bieten höhere finanzielle Spielräume und damit mehr Sicherheit unterwegs.

Prepaid Kreditkarten

Für alle, die keine Kreditkarte haben oder keine erhalten (so etwa Jugendliche), sind ***Prepaid-* Kreditkarten** eine Option. Sie müssen vor der Nutzung mit einem Guthaben aufgeladen werden. Die Jahresgebühren variieren mit dem Anbieter und den jeweiligen Zusatzleistungen. Übersicht der gängigsten *Prepaid Cards* unter www.cardscout.de/prepaid-kreditkarte-ohne-schufa.

Aber Achtung: Die Karten eignen sich nur für den unmittelbaren Zahlungsverkehr. Käufe und verbindliche Buchungen im Internet, etwa von Hotels und Flügen, sind mit ihnen nicht möglich.

Kreditkartenverlust/-problem

Bei Verlust einer Kreditkarte ist die Haftung bei allen Karten auf €50 beschränkt, gleichgültig, welcher Schaden zwischen Verlust und dessen Meldung eintritt. Problemklärung, Verlustmeldung und Kartensperrung in den USA unter

American Express	✆ **1-800-528-4800**
Mastercard	✆ **1-800-627-8372**
VISA	✆ **1-800-847-2911**

Für alle in Deutschland ausgestellten Karten gilt die zentrale Nummer 116 116; bei Anruf dort aus den USA 011-49 vorwählen. Einige Karten nennen auf der Rückseite zusätzlich eine Servicenummer der ausgebenden Institution.

2.3.2 Bargeld und Reiseschecks

Cash erforderlich

Barzahlung ist in den USA trotz der Kreditkartendominanz durchaus nicht *out-of-date*. Wegen der hohen Provisionsabzüge durch die *Credit Card Companies* gibt es gelegentlich sogar Barzahlungsrabatte. Mit Kreditkarten weniger anfangen kann man in manchen *Fast Food Places* und auf entlegenen (staatlichen) Campingplätzen; bisweilen wollen auch Billigtankstellen *Cash* sehen. Eine übliche Frage ist denn hier und dort auch ***Cash or charge***?, »Bargeld oder Kreditkarte?«

Reiseschecks

Da es kaum ratsam erscheint, größere Barbeträge mit sich herumzutragen, waren auf US$ lautende **Reiseschecks** ($20 und $50; größere Stücke werden ungern akkzeptiert) über Dekaden eine gute Alternative als überall einzusetzende Zahlungsmittel. Mittlerweile können sie **bestenfalls** noch als **eiserne Reserve** im Geheimfach des Gürtels oder Brustbeutel punkten, wenn Kreditkarten nicht einsetzbar sind und die Barschaft gerade knapp ist nicht bzw. alles abhanden kam. Denn ***Travelers Cheques*** (amerikanische Schreibweise) werden nur noch in wenigen Geschäften wie Bargeld akzeptiert (z.B. in den *Walmarts*). Und viele Banken verweigern die Barauszahlung von *Traveler Cheques*, und wenn, dann sowieso nur unter Reisepassvorlage und gegen Gebühren.

Verlustfall

Immerhin: Falls Reiseschecks verloren gehen, bekommt man für sie im Gegensatz zum Bargeld Ersatz, sofern die Seriennummern der Schecks notiert wurden und durch die selbst unterschriebene Kopie der Empfangsbestätigung belegt werden können. Die muss man also dabei haben und separat aufbewahren. Zusätzlich sollten die Nummern der Schecks an einem sicheren Ort hinterlegt sein, falls ggf. auch die Empfangsbestätigung abhanden kommt.

Banknoten

US-Dollar-Noten – die Scheine lauten auf 1, 2, 5, 10, 20, 50 und 100 Dollar – **unterscheiden sich nicht in der Größe** und wiesen früher immer **dieselbe Farbe** auf: Zahlseite grauschwarz, Rückseite grün (daher auch der Begriff ***Greenback*** für den Dollar). Beim Herausgeben ist deshalb mehr Aufmerksamkeit als hierzulande geboten. Seit ein paar Jahren gibt es Banknoten, denen auf der »grauen« Seite ein rosa Farbton unterlegt wurde.

Der **Dollar** wird umgangssprachlich oft ***Buck*** genannt. Speziell gilt dies bei Fragen nach dem Preis auf Märkten etc. Die Antwort lautet dann z.B. »***five bucks***«.

Münzen

Münzen gibt es zu 1, 5, 10, 25 und 50 Cents. Die 50-Cents-Münze ist im täglichen Zahlungsverkehr allerdings äußerst selten. Die ebenfalls existierende silberne $1-Münze taucht im Zahlungsverkehr ebenfalls kaum auf. Auch eine **goldfarbene 1$-Münze** ist theoretisch im Umlauf. Aber man sieht sie fast nie; dabei werden angeblich jährlich 300 Mio. Exemplare nachgeprägt.

Folgende Bezeichnungen haben sich eingebürgert:

Penny 1 Cent
Nickel 5 Cents
Dime 10 Cents
Quarter 25 Cents

Wichtigste Münze ist nach wie vor der ***Quarter***, man benötigt ihn für Automaten jeder Art und gelegentlich auch noch zum Telefonieren an Münzgeräten.

Bargeld per EC-Geldkarte

Flächendeckend kann man aus **nordamerikanischen Bargeldautomaten** (**ATM** = *A*utomatic *T*eller *M*achines; »*Teller*« ist das englische Wort für Bankschalter) mit einer **Bankkarte** Dollars ziehen, sofern diese das **Maestro-Logo** zeigt und man die Geheimzahl parat hat. **Die Kosten sind im Allgemeinen niedriger als bei Bargeldbeschaffung per Kreditkarte**.

ATM

Die von Mal zu Mal etwas unterschiedliche Benutzerführung der ATM erfolgt in englischer, manchmal auch spanischer Sprache. Unklarheiten, ob nun »*yes*« oder »*no*« zu pressen ist, tauchen da schon mal auf. Häufig wird abgefragt: »*Debit*« *or* »*Credit*«? Grundsätzlich heißt dann die Antwort »*Credit*« auch bei der Geldkarte und damit der Abhebung vom eigenen Konto.

Achtung: unter Umständen Problem mit Bankkarten

Auch wer alles richtig macht, erhält nicht an jedem ATM Bargeld. Insbesondere die Automaten kleinerer US-Banken verweigern schon mal die Auszahlung gegen ausländische Karten. Es macht daher Sinn, Dollars nicht erst besorgen zu wollen, wenn der Bestand schon gegen Null geht, sondern wenn man eine der Filialen national operierender Institute passiert, die sich auch in Kleinstädten finden, z.B. ***Bank of America*** oder ***Wells Fargo***.

Ein weiteres Problem sind ggf. neue Karten mit dem sog. **EMV-Chip**, die zwar im europäischen Ausland funktionieren, aber nicht weltweit, sofern sie nicht zusätzlich einen Magnetstreifen besitzen, der obendrein frei geschaltet worden sein muss. Anscheinend ist das nicht immer der Fall. Inhaber solcher Karten, selbst wenn die einen Magnetstreifen besitzen, sollten sich bei der Ausgabeinstitution vergewissern, ob und dass die Karte auch in den USA funktioniert.

Tipp

Besorgen Sie sich Bargeld aus dem Automaten – speziell beim ersten Versuch in den USA – lieber während der Öffnungszeit der Bank. Wenn etwas schiefgeht, lässt sich das dann klären. Bloß nicht erstmalig am Samstag-Nachmittag vor einer ATM stehen!

Nötige Bardollars

Einen gewisser **Barbestand** für die ersten Ausgaben in den USA (ggf. bereits im Flugzeug, fliegt man mit einer US-Airline) sollte man auf jeden Fall dabei haben. Und zwar am besten **in relativ kleinen Scheinen bis maximal $50**. Mit größeren Banknoten gibt es leicht Probleme bei der Annahme. Ein **Vorrat an $1-Noten** darf nicht fehlen. Denn die braucht man ggf. für Gepäckkarren am Airport, für Trinkgelder und für weitere kleine Ausgaben vom Moment des Betretens amerikanischen Bodens an.

Wells Fargo Bankfiliale in Borrego Springs mitten im Anza Borrego Wüstenpark in Südkalifornien. Rechts hinter dem Schild sieht man den Geldautomaten

2.3.3 Geldbeschaffung im Notfall

Geld ist weg!

Was tun, wenn Reiseschecks, Dollars und Kreditkarten abhanden gekommen sind und ein Ersatz nicht zu beschaffen ist? **Mit Kontakt zur Heimat** gibt's nur noch eine praktikable Möglichkeit für einen raschen Geldtransfer im Notfall.

Reisebank/ Western Union

Den bieten von Deutschland aus **Reisebank** und **Post** in Kooperation mit ***Western Union***, einer Unternehmung, die in fast allen Städten Nordamerikas ab mittlerer Größe ein Büro unterhält.

Filialen der Reisebank findet man in vielen deutschen Großstädten, speziell in oder nahe bei den Bahnhöfen, und in Flughäfen. Nach Einzahlung bei der Reisebank oder Post kann die Summe nach wenigen Minuten in einem *Western Union Office* weltweit in Empfang genommen werden; aber die Gebühren sind heftig.

Auskunft in Deutschland unter
© 0721/476 663 580; www.reisebank.de

Western Union in den USA:
© 1-866-430-5386; www.westernunion.com

Zur Auslandsvertretung

Wenn alle Stricke reißen, bleibt nur der Gang zum nächsten **Konsulat** (Adresse bei der Botschaft, ➤ Seite 142). Die Konsulate helfen nicht mit Bargeld, aber bezahlen ggf. Hotelkosten und Flugticket in die Heimat. Das Außenamt fordert vorgestreckte Auslagen dort sofort wieder zurück.

2.4 Der Flug nach Kalifornien oder Las Vegas

Situation

USA-Flüge kann man im Prinzip in jedem **Reisebüro** buchen. Direktbuchungen im **Internet** sind ebenfalls ohne weiteres möglich, aber oft mühsam und selten preiswerter zu arrangieren als durch eine auf USA-Flüge spezialisierte Agentur.

Übersicht

Hier geht es um Flüge nach San Francisco, Los Angeles, San José, San Diego und Las Vegas ab Deutschland und Nachbarländern.

Flugdauer

Ein entscheidendes Kriterium ist die **Flugdauer**. Ein non-stop-Flug ab Mitteleuropa nach Kalifornien dauert ohne Zwischenlandung ca. 10-11 Stunden, zurück etwas kürzer. Mit Zubringerflug von 60-90 min und ausreichender Umsteigezeit (in Europa mind. 90 min) sind daher Verbindungen mit **14-15 Stunden Gesamtdauer optimal**. Alles, was über 20 Stunden hinaus geht, sollte meiden, wer nicht fix und fertig an- bzw. zurückkommen will.

Umsteigen in den USA

Bedenken sollte man auch, dass bei einem **Umsteigen in den USA** nicht nur die (mitunter langwierige) *Immigration* zu erledigen ist, sondern auch das **Gepäck entgegen genommen und wieder abgegeben werden muss**, inklusive Zollkontrolle, Terminalwechsel und anschließender Warteschlange bei der *Security*. Bei zu knapp bemessenen Umsteigezeiten (unter 2 Stunden) riskiert man, den Anschlussflieger zu verpassen. Heimwärts ist ein Umsteigen drüben weniger problematisch (Koffer geht direkt nach Europa!). Eine längere Flugunterbrechung in einer US-City (***Stopover***) ist manchmal möglich, die Zusatzkosten sind abhängig von der *Airline*.

Non-Stop nach Kalifornien

FRA Frankfurt
MUC München
SFO San Francisco
LAX Los Angeles
LAS Las Vegas
SAN San Diego
SJC San José

Die Zahl der ***Non-stop*-Verbindungen** von Deutschland/Österreich und der Schweiz nach Kalifornien ist relativ überschaubar:

- ***Lufthansa***: ab FRA/MUC nach LAX und SFO sowie von FRA nach San José (im »*Silicon Valley*« südlich von SFO), neuerdings (ab Sommer 2018) auch ab FRA direkt nach San Diego.
- ***Eurowings***: ab Köln/Bonn nach LAS (die in Konkurs gegangene *Air Berlin* flog ab Düsseldorf und Berlin nach LAX und SFO; möglicherweise übernimmt *Eurowings* diese Strecken)
- ***United Airlines***: ab FRA nach SFO und LAX
- ***Condor***: ab FRA nach LAS; im Sommer auch ab MUC
- ***Swiss***: ab Zürich nach SFO und LAX
- ***Edelweiss Air***: von Zürich nach LAS und SAN

San Francisco und **Los Angeles** werden außerdem von den großen *Airports* europäischer Nachbarländer das ganze Jahr über täglich *non-stop* bedient, **Las Vegas** nur noch von ***British Airways*** ab London. Die Briten fliegen auch *non-stop* nach ***San Diego*** und **San José**.

Zubringer ab Deutschland

Einige Fluglinien der Nachbarländer locken mit besonders niedrigen Ticketpreisen bei Start von einem deutschen Flughafen. Dazu zählen neben ***British Airways*** auch die im ***Skyteam*** miteinander kooperierenden ***KLM*** und ***Air France***. Ob der Zubringerflug aus Dresden nun nach München, Amsterdam, London oder Paris geht (und von dort erst nach Übersee), ist zeitlich kein großer Unterschied und bei hohen Tarifdifferenzen durchaus erwägenswert.

TIPP: WOW Air

Mit Islands ***Low-Cost WOW Air*** zahlt man selbst im Sommer von **Berlin-Schönefeld, Frankfurt, Düsseldorf** oder **Salzburg** nach **San Francisco** und **Los Angeles** fürs Retourticket z.T. noch unter €700 (inkl. Gebühren), im Winter bis unter €400; https://wow-air.de.

Icelandair

Ab Sommer 2018 fliegt auch ***Icelandair*** nach San Francisco. Das **Umsteigen in Reykjavík** ist relativ unproblematisch; und im Fall von Verspätungen warten die Anschlussflieger meist. Island liegt zudem fast auf der »Idealroute« nach Kalifornien.

Flugbuchung im Internet?

Zahlreiche **Internetseiten** bieten heute eine scheinbar komplette Information zu Flügen weltweit und das passende Buchungstool gleich mit, empfehlenswert z.B. www.expedia.de. Portale wie www.check24.de, www.billiger-reisen.de, www.kayak.de oder www.swoodoo.com vergleichen zudem die Angebote zahlreicher Agenturen und listen sie nach Tarifen geordnet. Man sollte meinen, es sei damit ein Leichtes, für den eigenen Flugwunsch das passende und zugleich preisgünstigste Angebot herauszufiltern. Tatsächlich aber ist ein Großteil der vorgeschlagenen Verbindungen nach Las Vegas, Los Angeles oder San Francisco ab einem heimatnahen Flughafen oft völlig außerhalb jeder Diskussion mit Flug- plus Wartezeiten auf *Airports* in Europa und in den USA von weit über 20 bis 35 Stunden und mehrfachem Umsteigen, teilweise Übernachten. Für gute Ergebnisse mit einer Flugdauer von max. 18 Stunden (inkl. 1x umsteigen) werden Suche und Buchung in Eigeninitiative im Internet leicht zum zeitaufwendigen Unterfangen. Wobei die Mühe nicht immer mit Erfolg belohnt wird.

Hinzu kommt, dass Flugportale zu Beginn der Preisabfrage mitunter nicht alle Gebühren auflisten, obwohl sie laut einer EU-Richtlinie dazu eigentlich verpflichtet sind. Nur allzu oft werden erst am Ende des Buchungsvorgangs – nachdem man versucht hat, dem Kunden noch allerlei Versicherungen »unterzujubeln« – zusätzliche Service-Gebühren wie etwa für Kreditkartenzahlung fällig.

Wer sich Stress und Ärger ersparen möchte, kann die Flugbuchung bequemer und sicherer durch eine auf die USA spezialisierte Reiseagentur erledigen lassen, ohne dass dies notwendigerweise teurer wird. Oft ist das sogar günstiger, vor allem, wenn man **Kombi-Angebote für Flug und Mietwagen** nutzt, die online nicht oder nur schwer zu finden sind. Wer kein passendes **Reisebüro** kennt oder um die Ecke hat, nimmt zunächst mal im Internet Kontakt auf, z.B. mit www.flywest.de, www.usareisen.com oder www.trans-amerika-reisen.de. Schweizer sind z.B. bei www.globetrotter.ch gut aufgehoben. Die Details klärt man dann am besten im direkten Kontakt **telefonisch** oder per E-Mail.

Meist ist es auch keine schlechte Idee – so lehrt die Erfahrung – bei den passenden *Airlines* die gewünschten Flugdaten direkt einzugeben, ➤ Liste Seite 62. Da kommen mitunter bessere Verbindungen zum Vorschein als in den Tarif- und Angebotsrechnern im Internet ausgewiesen werden. Und zwar, ohne dass sich dadurch die Ticketkosten nennenswert erhöhen.

Gute aktuelle Informationsquellen für die Flugbuchung mit vielen Hinweisen und Links sind die Portale www.reise-preise.de und www.fliegen-sparen.de.

2

Economy Class in einem Eurowings Airbus

Premium Economy und ähnliche »Upgrades«

Viele Fluglinien haben in den letzten Jahren ihre Flotten umgerüstet und eine **verbesserte *Economy Class*** eingeführt, die in der Regel einen höheren Komfort (breitere Sitze mit größerem Neigungswinkel und 15-20 cm mehr Abstand zwischen den Reihen), eine bessere Verpflegung (teils auf Porzellangeschirr serviert) und ggf. größere Bildschirme umfasst. Bei der *Premium Economy* von ***Lufthansa*** oder ***Air France*** sowie der *World Traveller Plus Class* von ***British Airways*** können außerdem **zwei Gepäckstücke bis 23 kg** aufgegeben werden, bei *BA* darf sogar das Handgepäck bis 23 kg haben. Bei ***Air France*** und ***SAS*** gibt es zudem ***Priority Check-in & Boarding***. Mehrkosten pro Flug ab €100 bis €800. Speziell kurzfristig gebuchte *Economy*-Tarife liegen oft kaum niedriger als *Premium*.

Bei ***KLM/Delta*** bekommt der *Economy-Comfort*-Fluggast für €60-€160 Aufpreis ebenfalls ein Plus an Sitzkomfort und »Beinfreiheit«, aber keine höheren Gepäckfreigrenzen etc. Ähnliches gibt's bei ***Condor*** mit einen Aufpreis von etwa €50-€250/Strecke (dort inkl. **32-kg-**Freigepäck und ***Priority Boarding* & *Baggage***; d.h., gekennzeichnetes Gepäck wird als erstes aus dem Flugzeug ausgeladen). Die »Beinfreiheit« reicht in diesen Fällen nicht an die der *Premium Economy* von *Lufthansa, BA* & Co. heran, wo 96 cm Abstand und Sitzbreiten um 48 cm üblich sind.

Condor Business

Bei ***Condor*** gibt es selbst den bequemen Liegesitz in der ***Business Class*** zu vergleichsweise – gemessen an den etablierten Linienfluggesellschaften – »moderaten« Tarifen ab ca. €1.000/Richtung.

Kindertarife

Für Kinder zwischen **2 und 11 Jahren** werden von ab Deutschland fliegenden Gesellschaften überwiegend 3/4 des Vollzahlertarifs berechnet. **Kleinkinder unter 2 Jahren** kosten ohne Sitzplatzanspruch zwischen €25 und 10%-15% des Ticketpreises der Eltern. Bei den langen Flügen nach Kalifornien oder Las Vegas fragt sich, ob nicht besser auch für die ganz Kleinen ein Kinderticket mit Sitzplatzanspruch gelöst werden sollte; ➤ auch Seite 42.

Gebühren/ Zuschläge

In den Ticketkosten sind bis über €200 Flughafen- und Sicherheitsgebühren (*one-way*!) enthalten, die sogar bei identischen Zielen, Routen und Flugzeiten je nach *Airline* erstaunlich unterschiedlich ausfallen können. **Flüge zu Ferienzeiten** sind durchweg mit kräftigen Zuschlägen belegt, auch an **Wochenenden** ist mit erhöhten Preisen zu rechnen.

Tarifvergleich

Beim Tarifvergleich ist es nicht ganz unwichtig, die »Nebenbedingungen« zu beachten. Das beginnt bei den **Umbuchungs- und Stornokosten** bei Datenänderung und eventuellem Rücktritt. Auch errechnen sich versteckte Preisunterschiede für alle, die nicht in der Nähe der Großflughäfen wohnen, aus den Anreisekonditionen und ggf. Abflugzeiten (Übernachtung notwendig?) sowie den Parkgebühren am Flughafen. Die Tarife etwa der ***Lufthansa*** können für manchen Kunden letztlich preiswerter und auch bequemer sein als ein nominal günstigeres Konkurrenzangebot, das von kleineren deutschen Flughäfen deutlich teurer kommt.

Gepäckfreigrenzen und -kontrolle bei USA-Flügen

Mittlerweile sind die unterschiedlichen Hand-, Frei- und Übergepäckregelungen der *Airlines* derart komplex, dass man schon einen möglichst zweisprachigen Kurs in internationalen *Baggage Regulations* benötigt, um sie zu verstehen. Hier daher nur das Wichtigste, im Detail helfen die jeweiligen **Internetportale**.

Für alle Transatlantikflüge in der ***Economy Class*** gilt: **Ein Gepäckstück** bis 23 kg und 158 cm (Länge+Breite+Tiefe) wird frei befördert. **Übergepäck** (mehr als 23 kg /158 cm) bzw. **zusätzliche Gepäckstücke sind teuer**. Pro Flugstrecke (!) fallen bei ***Lufthansa*** für den zweiten Koffer (bis 23kg/158 cm) €75 an und für Übergepäck (max. 32 kg) pauschal €100 bzw. über 158 cm €300. Die meisten anderen *Airlines* differenzieren auch zwischen vorab und erst beim *Check-in* gezahltem Zusatzgepäck: z.B. ***Condor*** €70/€75. Höhere Freigrenzen gelten bei den Buchungsklassen *Economy Plus (LH)*, *World Traveller Plus (BA)*, *Premium Class (Condor)*, *Business* oder *First Class*. Alle (aktuellen) Details findet man auf den Webseiten der einzelnen *Airlines*, eine gute Gesamtübersicht z.B. unter: www.canusa.de/freigepaeckgrenze.html.

Das **Handgepäck** darf ebenfalls eine bestimmte Größe nicht überschreiten, z.B. 55x40x20 cm bei *Condor* oder 55x40x23 bei der *Lufthansa*. **Gewichtslimits** variieren ebenfalls nach Gesellschaft: 6 kg bei *Condor*, 8 kg bei *Lufthansa*, in der Regel **plus Laptop** oder **Handtasche**. Im Handgepäck darf sich kein **Behälter mit Flüssigkeiten, wachs- und gelartigen Stoffen** über 100 ml befinden (offiziell 90 ml, aber bis 100 ml werden akzeptiert). Diese müssen in einem transparenten, wiederverschließbaren Plastikbeutel transportiert werden, der max. 1 Liter Fassungsvermögen aufweist.

Gepäckstücke werden im Transatlantikverkehr in großen Stichproben geöffnet und durchsucht. Verschlossene Koffer »knackt« man einfach. Also entweder alles von vornherein unverschlossen lassen oder – besser – ***Travel Safe Locks*** verwenden, Zahlenschlösser in unterschiedlichsten Ausführungen und gesicherte Gepäckgurte, die von der amerikanischen Checkinstanz TSA mit einem Spezialwerkzeug geöffnet werden können. Erhältlich sind sie in Ausrüstungs-, Sport- und Gepäckshops ab ca. €10/Stück (USA ab ca. $7). Es gibt mittlerweile auch Koffer und Reisetaschen mit eingebauten ***TSA Locks***. Mehr Information über die *TSA*-Schlossvarianten findet man im Internet.

Information

Die Telefonnummern der wichtigsten **Airlines im USA-Luftverkehr** in Deutschland finden sich in folgender Liste, ebenso deren **Internetadressen**, über die man ggf. auch **Sondertarife** findet:

Airline	Telefon	Internetadresse
Air France	01805/830830	www.airfrance.com
American	01803/242324	www.aa.com
Austrian Air	01803/000520	www.austrian.com
British	01805/266522	www.britishairways.com
Condor	01805/7677570	www.condor.com/de
Continental	01803/212610	www.united.com
Delta	01803/337880	de.delta.com
Edelweiss	0041/848 333593	www.flyedelweiss.com
Eurowings	01806/320320	www.eurowings.com
KLM	01805/214201	www.klm.com
Lufthansa	01803/8384267	www.lufthansa.com
SWISS	01803/000337	www.swiss.com
SAS	01803/234023	www.flysas.com
United	01803/212610	www.united.com
Virgin Atlantic	0044/870 2909090	www.virgin-atlantic.com

Rückfragen bei Flügen

Für Fragen im Zusammenhang mit der eigenen Buchung oder zur Rückversicherung von Abflugzeiten (auch im Internet oder über Handy-Apps) nutzt man die gebührenfreien Telefonnummern der Fluggesellschaften. Die wichtigsten ***toll-free numbers*** sind:

Air France	1-800-237-2747
American	1-800-433-7300
Austrian Air	1-800-843-0002
British	1-800-247-9297
Condor	1-866-960-7915
Continental	1-800-525-0280
Delta	1-800-241-4141
Eurowings	1-845-709-83-32
KLM	1-800-618-0104
Lufthansa	1-800-645-3880
SWISS	1-877-359-7947
United	1-800-864-8331
Virgin Atlantic	1-800-862-8621

Toll-free numbers sind von jedem US-Telefon aus zu erfragen: ✆ **1-800-555-1212** oder im Internet unter http://inter800.com

KLM fliegt in Code Sharing mit Delta Airlines ab Amsterdam in die USA

2.5 Vorbuchung des Transportmittels

Die Eignung der verschiedenen Transportmittel für Reisen durch Kalifornien und umgebende Staaten wurde eingangs bereits erörtert, ➤ Seite 35ff. Hier geht es um Details der Alternativen, die noch vor der Reise gebucht werden können und/oder sollten.

2.5.1 Die Pkw-Miete

Voraussetzungen, Buchung und Kosten

Mindestalter

Voraussetzung jeder Wagenmiete ist in ganz Nordamerika neben – natürlich – dem Führerschein*) fast ausnahmslos, dass der/die Fahrer das **21. Lebensjahr** vollendet hat/haben. Für jeden **Fahrer unter 25 Jahren** wird in aller Regel ein **Zuschlag** von mindestens $30/Tag bis $60/Tag (plus Steuern) berechnet. Die Gebühr hängt vom Vermieter und vom Anmietort ab.

Sondertarif »Under 25«

Immerhin aber gibt es von der Firma ***Alamo*** bei Vorausbuchung ein Sonderpaket »***Under 25***« für 21- bis 24-jährige Mieter bzw. Fahrer. Fahrzeuge, in denen einer von maximal vier Fahrern zum Übernahmezeitpunkt noch nicht 25 Jahre alt ist, kosten – bei Entfall des oben erwähntenTageszuschlags – so etwa ab €120 bis €150 pro Woche mehr als Fahrzeuge, die ausschließlich von über 25-Jährigen gelenkt werden. **Wichtig**: Dieser Tarif ist nur erhältlich bei Vorausbuchung, nicht vor Ort am Schalter.

Miete ab 18

Für 18- bis 20-jährige Mieter hat die Fa. ***Adventure Travel*** (www.usareisen.com) Angebote ab Los Angeles und San Francisco.

Verleihfirmen und Buchung

Bei hiesigen Reiseveranstaltern, Automobilclubs, zahlreichen Internetagenturen und Mietwagenvermittlern wie ***Holiday Autos***, ***Sunny Cars*** (zu buchen in Reisebüros oder im Internet z.B. unter www.holidayautos.de oder www.sunnycars.de), ***Mietwagenmarkt*** und ***billiger-mietwagen*** (nur im Internet: www.mietwagenmarkt.de bzw. www.billiger-mietwagen.de) wie auch direkt bei den Verleihfirmen kann man für Kalifornien die ganze Palette gängiger Fahrzeuge buchen. Überwiegend wird dabei mit international bekannten Verleihfirmen, aber auch mit weniger bekannten *Rental Car Companies* wie *Dollar* und *Thrifty* zusammengearbeitet.

In Deutschland unterhalten folgende US-Vermieter eigene Büros:

Alamo	www.alamo.de
National	www.nationalcar.de
Avis	www.avis.de

*) In den USA genügt der nationale Führerschein. Sofern man nicht im Besitz eines neueren Führerscheins im Kreditkartenformat ist, dessen Aussehen in etwa dem amerikanischen Pendant entspricht, macht es Sinn, zusätzlich eine ***International Driver's License*** mitzunehmen. Denn Regierungsabkommen und Vorstellungen eines Sheriffs auf dem Land sind zweierlei. Bei Kontrollen oder Unfall leuchtet dem letztere eher ein als die deutschsprachige – eventuell Dekaden alte – Lizenz. Auch kleine Autoverleiher vor Ort fragen gern nach dem Internationalen Führerschein.

Budget	www.budget.de
Dollar	www.dollar.de
Enterprise	www.enterprise.de
Hertz	www.hertz.de
Thrifty	www.thrifty.de

Pkw-Kategorien

Pkw und Vans können ausschließlich nach **Größenklassen** von *Economy/Subcompact* (*Ford Fiesta*-Klasse) über *Compact* (wie *Ford Focus*) bis *Fullsize/Premium* (wie *Ford Lincoln*) und nach **Gattungskriterien** wie ***Convertible*** (Cabriolet), ***SUV*** oder ***Minivan*** gebucht werden. **Bestimmte Fahrzeugmarken und -typen lassen sich nicht reservieren**. Einige Vermieter führen überwiegend die Autos bestimmter Hersteller (z.B. *Avis*: *General Motors*, *Hertz*: *Ford)*, aber in allen Flotten finden sich auch koreanische und japanische Marken, seltener indessen deutsche. **Dieselfahrzeuge** gehören ebenfalls nicht zu den Flotten der Großvermieter.

Ausstattung

Amerikanische Autos sind häufig komfortabler als europäische und haben immer **Automatikgetriebe, effiziente *Air Condition*** und **Radio/CD**, teilweise auch Satellitenradio. Ihr **Verbrauch** ist höher als bei ähnlichen Typen in Europa, hält sich aber heute wegen moderner Motoren und der Tempobeschränkungen (➤ Seite 101) auch bei größeren Fahrzeugen in noch erträglichen Grenzen.

Größe

Bei der Wahl der Größe sollte man sich nicht zu sehr vom Preis leiten lassen; die Unterschiede sind bei den Pkw von Größenklasse zu Größenklasse oft kaum der Rede wert (€20-€50/Woche).

Tipp

Ideal (nicht nur) für Zelturlauber sind die SUVs (*Sport* ***U****tility* ***V****ehicle* mit/ohne 4WD). Sie bieten viel Platz, hohe Sitzposition und komfortable Be- und Entladung hinten. In den größeren Modellen (*Standard* bzw. *Full Size SUV*) kann man zur Not auch (unbequem) schlafen, ➤ Foto Seite 37.

Die kleine Version, sog. *Midsize SUVs* w.z.B. *Ford Escape* oder *Toyota RAV4*, handliche gute Autos mit relativ geringem Benzindurst, gibt es bei einigen *Rental Car Companies* bzw. Vermittlern bereits ab ca. €230 pro Woche, also nicht teurer als ein *Mid-/Fullsize*-Pkw. Bei *Alamo/National* darf man sich an einigen großen Stationen manchmal das Wunschfahrzeug aus dem Bestand aussuchen. Mitunter interessiert sich dann niemand dafür, ob der »*Midsize*«-Bucher sich einen *Full Size SUV* (etwa den *Jeep Cherokee*) greift, der an sich teurer gewesen wäre.

Der auch bei uns bekannte Hyundai Santa Fe gilt in den USA als Standard SUV

Ein etwas geräumigerer Wagen bietet den Vorteil, dass der Kofferraum nicht so knapp ist. Bei 2 Personen ist ein **SUV** ideal. Ab drei Personen sollte man – speziell auf längeren Reisen – an einen **Minivan** denken (ab ca. €320/Woche).

Tarife und Kostenvergleich

Bei vielen Anbietern sind **kleine Pkw** in Kalifornien **ab ca. €170 pro Woche** zu mieten (Juli/August plus $30-$50), ***Midsize* SUV** (wie *Ford Escape*) kosten **ab €230/Woche**, ***Cabrios*** (z.B. *Ford Mustang*) **ab €320/Woche**. Ein Vergleich der Angebote von Reiseveranstaltern, von Vermittlungsportalen und der *Rental Car Companies* zeigt für Standard-Pkw-Modelle vielfach keine substanziellen Unterschiede bei den Tarifen, eher für Cabrios und Minivans. Aber es gibt erstaunliche »Ausreißer« nach oben, so dass ein Preisvergleich lohnt. Dabei sollte allerdings auf die Nebenbedingungen und Tarifinhalte im Einzelnen geachtet werden, damit nicht eine scheinbar preiswerte Miete letztlich teuer kommt.

Dodge Durango Full Size SUV auf der Schotterpiste durch den Titus Canyon des Death Valley National Park

Konditionen und Versicherungen

Tarifinhalt

Bei **Vorausbuchung** sind unabhängig vom Vermieter vor Ort auch im günstigsten Tarif üblicherweise bereits die **Basiskosten**, Umsatz- und Lokalsteuern, **Haftpflicht-** und **Vollkaskoversicherung** enthalten. Außerdem **unlimitierte Meilen**. In Katalogen und Internetportalen sind die Details recht übersichtlich gelistet.

Leistungspakete

Fast alle Tarife sind in sog. **Leistungspakete** unterteilt, mit unterschiedlichen Bezeichnungen (je nach Anbieter »Standard«/»Premium«, »Spar Plus«/«Inklusiv Plus«, »Silber«/»Platin« o.ä.), aber durchweg fast identischen Inhalten. Die etwas teureren »besseren« Pakete umfassen neben den oben angeführten Punkten Zusatzversicherungen, Gebührenentfall für zweite Fahrer und ggf. den Tank »gratis« voll (das kommt bei günstigeren Paketen vor Ort gerne zum «Höchstpreis« auf die Rechnung). Bei »*full/empty*« erhält man den

Wagen vollgetankt und gibt ihn »leer« ab (für Restbenzin erfolgt oft keine Rückerstattung!). Am besten fährt man mit der Variante *»full/full«*, voll übernehmen und voll zurück.

Die Eintragung des Zusatzfahrers kann aber selbst im kleineren Paket schon inklusive sein. Bevor man den Vermieter/Vermittler endgültig wählt, sollte man daher die jeweiligen Tarifinhalte gut studiert haben. Es ist nützlich, auch noch Folgendes zu wissen:

Vollkasko CDW, SCDW und LDW

Für etwaige Schäden am eigenen Mietwagen wird unterschieden zwischen ***CDW*** (*»collision damage waiver«* mit reduzierter Haftung oder Haftungsbefreiung), ***SCDW*** (*»super CDW«* ohne oder mit sehr geringem Selbstbehalt) und ***LDW*** (*»loss damage waiver«* mit Haftungsbefreiung auch bei Diebstahl/Verlust). Bei fast allen hiesigen Anbietern ist die Vollkaskoversicherung ohne Selbstbeteiligung für US-Mietwagen länst Standard. Wichtig sind diese Begriffe allerdings bei einer **Buchung vor Ort**, auch z.B. bei einer **tageweisen Anmietung von SUVs**.

»Unbefestigte« Straßen

Der Versicherungsschutz bei den großen, international agierenden Vermietern erlischt bei einem **nicht angemeldeten Fahrer** oder sobald man **befestigte Straßen verlässt**. Wobei der Begriff *»unpaved«* bzw. «unbefestigt« sehr dehnbar ist: Während einige Firmen mit einer *»graded«*, *»improved«* oder *»maintained«* ***Gravel Road*** mitunter noch kein Problem haben, lehnen andere alle nicht asphaltierten Straßen ab, so dass man auf solchen entstandene Schäden am Auto selbst tragen darf. Hinweise im »Kleingedruckten« der Mietverträge beachten oder ggf. nachfragen!

Einwegmieten

Alle Tarife gelten zunächst unter der Voraussetzung, dass das Fahrzeug an den Ausgangsort zurückgebracht wird. Einwegmieten sind grundsätzlich kostenpflichtig. Aber im Bereich Kalifornien/Las Vegas ist die Mehrzahl der ***One-way-Rentals*** zwischen den großen Flughäfen San Francisco, Los Angeles und Las Vegas

Midsize Miet-Pkw im Anza Borrego Desert State Park (Südkalifornien)

kostenlos, teilweise auch generell innerhalb von Kalifornien. Die **Ausnahmen** variieren mit dem Vermieter. So kann etwa San Francisco-Las Vegas kostenfrei sein, aber umgekehrt nicht. Oder eine Abgabe außerhalb der beiden Flughäfen SFO und LAX, z.B. in San Diego, wird berechnet. Kurz: wer im Bereich Kalifornien/Las Vegas ***One-Way-Pläne*** hat, kann mit der »richtigen« Firma Extrakosten dafür vermeiden, muss aber ein bisschen aufpassen.

Kostenpflichtig oder gratis: ***One-way*** **muss immer ausdrücklich gebucht und vom Vermieter rückbestätigt werden**.

Zusatzkosten

Neben eventuellen Gebühren für Einwegmieten sind u.a. noch folgende Positionen vor Ort zu begleichen: **Aufschläge** für junge/zusätzliche Fahrer, Mietkosten eines **Navi/Kindersitzes**, ggf. ein ***Upgrade*** **auf eine höhere Fahrzeugkategorie** oder die Kunden am Schalter gerne angebotenen, meist unnötigen **Zusatzversicherungen**.

Steuern

Die staatliche Umsatzsteuer und ggf. anfallende lokale *Airport Taxes* bei vor der Reise gebuchten Fahrzeugen sind üblicherweise im Tarif enthalten. Bei **Zusatzkosten**, die vor Ort entrichtet werden, kommen **immer *Taxes*** hinzu: In **Kalifornien** beträgt 2018 die ***Sales Tax*** **7,25%** plus ggf. lokaler Zuschläge; beides kann sich zu 10% und mehr addieren. In **Nevada** gelten Umsatzsteuern in Höhe von **6,85%** plus lokale Zuschläge (0%-1,415%) je nach Ort.

Die Deckungssumme der Haftpflichtversicherung

Übliche Deckung

Die Frage der Haftpflichtdeckung ist bei Mietwagen in den USA ein wichtiger Punkt, der hier deshalb ausführlich behandelt wird. Es gibt drüben (sofern vor Ort gebucht wird) tatsächlich Miettarife, die lediglich eine – gesetzeskonforme (!) – **Minimaldeckung** beinhalten. Sie variiert von Bundesstaat zu Bundesstaat und kann bei lächerlichen $5.000 (!) liegen. Ohne Zusatzversicherung haftet man also selbst, wenn bei einem selbstverschuldeten Unfall der gegnerische Sach- und Personenschaden diesen Betrag überschreitet. In Kalifornien gibt es auch Tarife ganz ohne Haftpflichtdeckung.

Aufstockung der Deckung auf $1 Mio. oder mehr

US-Haftpflichtversicherungen sind **personen- oder haushaltsbezogen**, d.h., Amerikaner bringen meist ihre persönliche (bessere) Versicherung mit, die unabhängig vom Fahrzeug gilt. Der ausländische Tourist muss die **Erhöhung der Haftpflicht-Deckungssumme** erst erwerben: eine sog. *Extended Protection* (***EP***), *Liability Insurance Supplement* (***LIS***) oder *Additional Liability Insurance* (***ALI***) ab $12/Tag (+ *tax*). Die Reiseveranstalter/-portale bei uns bieten ihren Mietkunden eine durchweg bereits im Basistarif enthaltene **Zusatzversicherung über mindestens $1 Mio**, teilweise auch **€2–€5 Mio**. Bei ***Sunny Cars*** sind Automieter über die *Allianz AG* sogar bis **€7,5 Mio** zusatzversichert (so der Stand Anfang 2018). Wer Risiken minimieren möchte, bucht entsprechend.

Bei einigen Anbietern beinhaltet das jeweils teurere Leistungspaket ggf. auch eine ***Underinsured Motorist Protection*** (***UMP***), die wirksam wird, wenn ein Unfallgegner unzureichend oder nicht versichert ist (in den USA kein Einzelfall!) oder Fahrerflucht begeht.

Zusätzliche Haftpflichtdeckung und Vollkasko via Kreditkarte

Bei der ***Netbank*** beinhaltet die ***Mastercard Premium*** sowohl eine Haftpflichtaufstockung als auch eine Mietwagen-Vollkasko. Mit der **Goldkarte** von ***Lufthansa*** ist zwar keine Aufstockung, aber eine Vollkaskoversicherung für Mietwagen verbunden, was das Anmieten von Fahrzeugen vor Ort verbilligt. Voraussetzung solcher Deckungen ist natürlich die Zahlung der Mietkosten mit Karte.

Fazit

Vorbuchen oder Eigeninitiative vor Ort?

Vergleicht man die Möglichkeiten der Automiete vor Ort mit Angeboten bei uns, ist man mit Vorausbuchung im Allgemeinen besser beraten, soweit die Mietzeit ab einer Woche beträgt. Zwar gibt es drüben durchaus Sondertarife und Discounter, aber dazu muss man sich auskennen und ggf. Zeit investieren. Nicht übersehen werden darf dabei, dass niedrige Basistarife oft mit hohen Versicherungsprämien einhergehen, die bestenfalls Inhaber bestimmter Kreditkarten negieren können, ➤ oben. Die Sicherheit, dass zum Zeitpunkt der Ankunft der Wagen vollgetankt und versichert bereitsteht und keine stressige Suche nach dem günstigsten Tarif anliegt, ist so oder so ein Vorteil.

Zu **Suche und Miete von Fahrzeugen vor Ort in Kalifornien oder Las Vegas** finden sich die Details auf den ➤ Seiten 94f.

*21-Fuß-Van Camper **Dodge Travato Touring Coach** (modifiziertes Fiat Ducato Wohnmobil), eines von 4 verschiedenen bei Best Time RV verfügbaren kompakten Fahrzeugen,* *➤ Seite 70*

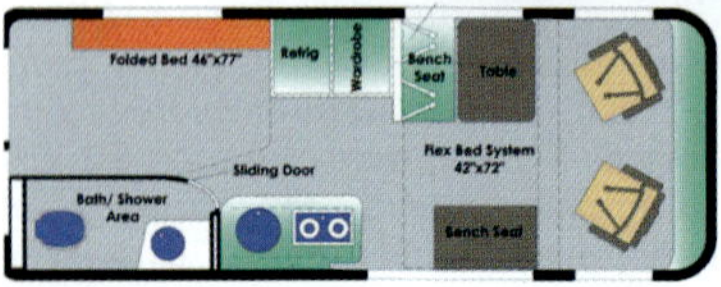

***Oben**: Sehr gutes Wohndesign des Travato. Großzügiger Sitzbereich vorne. Warmwasserdusche+WC sind eng. Keine Wand (Schrank, wie in manch anderen Fahrzeugen) verkürzt hier den Einstellbereich des Fahrersitzes*

***Unten**: Im Travato bleibt das Doppelbett hinten jederzeit funktionsfähig. Zusätzlich können Tisch und Extrasitze vorne bei Bedarf zu einem breiten dritten Bett umgebaut werden*

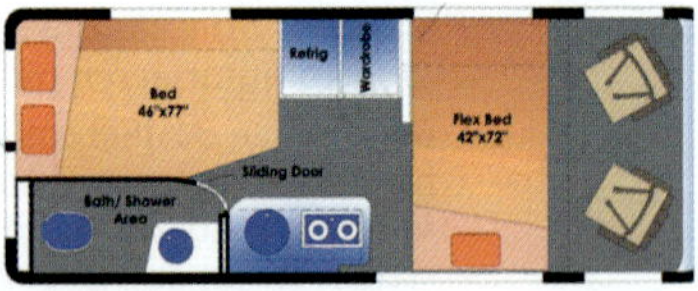

2.5.2 Die Miete eines Campmobils

Grundsätzliches

Führerschein Klasse 3 oder Klasse B

Campmobile, so heißt es, dürfen alle mit **Pkw-Führerschein** bewegt werden. Kein Veranstalter oder Vermittler bzw. Vermieter vor Ort fragt, ob der Kunde aus Übersee jemals vorher hinterm Steuer eines vergleichbaren 8 m-Ungetüms saß und welchen Führerschein er besitzt. Der Pkw-Führerschein **Klasse B** (seit 1999) bezieht sich auf Fahrzeuge mit einem Gewichtslimit von 3,5 t, das zumindest Campmobile der Klasse C, teilweise auch B (➢ folgende Seite), locker übertreffen. Genaugenommen darf man nur mit einem Führerschein der alten deutschen **Klasse 3** derartige Fahrzeuge bewegen (bis 7,5 t). Offensichtlich kümmert man sich bei den Campervermietern in den USA aber darum nicht weiter.

Im Gegensatz zum Pkw gibt es im Allgemeinen auch keinen Aufschlag für Fahrer zwischen 21 und 25 Jahren.

Zu den Fahrzeugtypen

RVs

In den USA gelten Camper vom kleinsten Modell bis zum Riesen-Motorhome als ***Recreational Vehicles*** – Kürzel ***RV*** (sprich: »Arwí«). *RVs* verfügen über 8-12-Zylinder-Motoren, immer automatisches Getriebe und neben der vom Motor abhängigen auch eine separate 110-V-Klimaanlage. Damit verbunden ist ein Benzindurst, der die Urlaubskasse ganz schön strapazieren kann. Camper mit **Dieselmotor** werden z.Zt. **in den USA nicht** angeboten.

Kategorien

In Kalifornien/Las Vegas sind folgende Campertypen zu mieten:

- ***Van Camper Class B***
- ***Compact RV*** (*Cruise America*)
- ***Motorhome Class C***
- ***Motorhome Class A***

Man kann sich alle Fahrzeuge gut im Internet ansehen und dabei auch die kleinen firmenbezogenen Unterschiede entdecken.

Hier die Internetadressen der großen, auch international anbietenden Vermieter in Kalifornien und Nevada (Las Vegas):

www.apollorv.com	www.cruiseamerica.com
www.elmonterv.com	www.besttimerv.com
www.roadbearrv.com	www.britz-usa.com
www.starrv.com	www.campervannorthamerica.com

Zu den verschiedenen Fahrzeugtypen und ihren Vermietern sind folgende Anmerkungen vielleicht hilfreich:

Van Camper

Neue Class B Campmobile

Neuwertige *Van Camper* zur Vermietung gibt's in Kalifornien und in Las Vegas bei ***Apollo, Star RV, Best Time RV*** und ***Campervan North America***. Die ersten drei genannten Firmen haben ähnliche recht lange 21-Fuß-Fahrzeuge auf *Chrysler*-Basis. ***Best Time RV*** führt zusätzlich ein Kompaktmobil der deutschen Marke ***Hymer***. Ebenfalls kompakte 19-Fuß-*Vans*, aber auch längere *Class B*-Modelle bietet *Camper Van North America*. Vans haben Stehhöhe innen und Ablagen unter der hohen Decke rundherum, aber keine Hochbetten unterm Dach. In ihnen können daher nur zwei, höchstens drei Personen übernachten.

Die Ausstattung ist US-typisch komfortabel: Klimaanlage, Heizung, Kochzeile mit Mikrowelle, (enge) Dusche mit Heißwasser, Toilette, bisweilen auch TV. Die Miettarife für Vans sind kaum bis gar nicht geringer als für weit größere *Motorhomes*, teilweise sogar teurer.

Ältere Vans

Nicht mehr ganz junge *Van Camper* mit einfacher Ausstattung vermietet die Firma ***Adventures on Wheels***, www.wheels9.com, in Deutschland zu buchen über den Spezialisten für alternative Mietfahrzeuge, ***Adventure Travel***, www.usareisen.com.

Escape Vans

Erst seit wenigen Jahren auf dem Markt sind die peppig bemalten umgebauten **Minivans** der Firma ***Escape*** mit Stationen in Las Vegas, LA und San Francisco. Es handelt sich um ältere Vans von Ford oder GM, die als Gebrauchtwagen gekauft werden. Die Umrüstung zum Einfachcamper mit ***Flowerpower-Look*** erfolgt jeweils bei Anschaffung neu durch *Escape*. Die hintere Sitzbank wird nachts zum Doppelbett. Ein Zelt kann dazugemietet werden. Weitere Details finden sich unter www.escapecampervans.com und www.usareisen.com.

Jucy Champ

Eine ebenfalls interessante Van-Variante, die vor Ort wie auch von Reiseveranstaltern bei uns angeboten wird, sind die Campmobile von **Jucy**, knallgrüne ***Chrysler Minivans* mit »Dachbett«**. Ähnlich ausgebaut wie die *Escape Vans* handelt es sich hier aber um neuere Fahrzeuge. Als Clou haben sie einen aufklappbaren »Kasten« mit einem 1,20 m breiten Bett auf dem Dach, *Penthouse* genannt. Damit ist das Fahrzeug für 3-4 Personen geeignet, ➤ Foto unten. Zwei Personen haben dadurch viel Platz auf einem Raum von nur ca. 5 m Länge. Alle Details unter www.jucyrentals.com, ebenso z.B. bei www.trans-amerika-reisen.de.

Jucy Campmobil im Mai auf der Höhe des Yosemite Park im Schnee

Typisches Motorhome Class C der Größe 23/24 Fuß (bis 7,20 m; Baujahr 2017) mit Alkovenbett (Bunk/Cabover Bed) und Doppelbett hinten sowie mit einem relativ komfortablen »Badezimmer« (Dusche plus WC)

Compact RV und Motorhome Class C

Kennzeichnung

Die **technische Basis** eines *Compact RV* (19 Fuß) und von *Class C-Motorhomes* (23-28/38 Fuß) ist ein *Light Truck* amerikanischer Hersteller (*Ford, GM* oder *Chrysler*) ohne Aufbauten und nach hinten offenem Fahrerhaus mit Stahlträgern unterschiedlicher Länge und – bis auf den *Compact RV* – Zwillingsreifen, auf den die verschiedenen, meist 2,60 m breiten »Campingkästen« montiert werden. Sie zeichnen sich heute bei allen Modellen durch einen weit über die Fahrerkabine hinausragenden **Dachüberhang** aus. In ihm verbirgt sich ein breites Bett. Das ist nicht nur zum Schlafen ganz gemütlich, sondern auch als Stauraum tagsüber praktisch (die kleine Kletterpartie nach oben bereitet halbwegs gelenkigen Mietern keine Schwierigkeiten).

Nachteilig ist die durch die Bauweise **eingeschränkte Sicht nach oben** (im Stadtverkehr wegen gelegentlich höherhängender Ampeln und im Gebirge wegen des Ausblicks).

Einrichtung

Ab 23-Fuß-Fahrzeugen gilt: Gasherd, Mikrowelle, Spüle und Kühlschrank haben Haushaltsgröße. Schränke und Schubladen ebenso. Dusche und Toilette sind groß genug, um sich nicht »verbiegen« zu müssen. Sie wachsen mit der Länge des Fahrzeugs, das von vorne bis hinten immer gute Stehhöhe hat. Ein Doppelbett füllt das Achterschiff zusätzlich zur immer auch zum Bett umzubauenden Sitzecke. Bequeme Sessel ergänzen die Inneneinrichtung. Erkauft wird dieser Komfort mit einem hohem Gewicht, das der Straßenlage nicht gut tut, und langen Überständen des Aufbaus über die hintere Achse, die bei RVs ab 27 Fuß abenteuerlich wirken; ➢ Videos der Vermieter im Internet.

Anschlüsse

Das *Motorhome* ist nur dann so richtig komfortabel, wenn es auf dem Campingplatz voll angeschlossen werden kann (*full hook-up*): Wasserschlauch, armdickes flexibles Abwasserrohr und ein fest mit dem RV verbundenes Gummikabel 110 V liegen bereit, eventuell auch noch die Antennenleitung für den TV-Kabelanschluss, wenn es nicht sowieso eine Satellitenschüssel gibt. Und sollte mal in der Wildnis kein Strom da sein, wird der **Generator** angeschmissen, was aber extra kostet. Mit den Wasser- und Abwassertanks kommt man zur Not 2-3 Tage auch ohne Anschluss hin.

Slide-out

Bereits für die C-Klasse ab 23 Fuß gibt es ***Slide-out***-Versionen, die den Sitzbereich auf komfortable »Wohnzimmergröße« (ca. 3x3 m) ausdehnen, wenn der Campingplatz erreicht ist. Aber das *Slide out* ist schwer und kostet noch mehr Benzin als das Gefährt sowieso schon braucht. Für Mieter, die viel fahren, ist daher *Slide-out* kein besonderer Vorteil; nur für den Vermieter, da sich in den USA gebrauchte Camper mit *Slide-out* besser verkaufen lassen.

2

Compact RV 19 Fuß

Der **19-Fuß-RV von *Cruise America*** vereinigt die Vorzüge der *Vans* mit denen der Wohnmobile. In ihm sind die Einbauten nicht ganz so wuchtig wie im Standard-*Motorhome* und auch das hintere Bett entfällt. Dafür gibt's einen Sessel extra. Das Fahrzeug wurde offenbar eigens für europäische Mieter konzipiert und ist zeitweise (saisonabhängig) teurer zu mieten als ein Großcamper 25 Fuß.

Motorhome Class A

Ab 30 Fuß Länge wird aus dem typischen *Motorhome* ein **Riesen-Campingbus**, den man *Class A* nennt, ➤ Foto Seite 77. Die Überhänge verschwinden zugunsten eines integrierten Cockpits über die volle Breite von ca. 2,50 m mit viel besserer Rundumsicht als in den »kleinen« Modellen. An die Stelle eines Alkovenbetts tritt ein Doppelbett, das nachts über den Vordersitzen abgesenkt werden kann. Das Schlafzimmer hinten ist vom Wohnbereich separiert, die Nasszelle wird darin zum echten Badezimmer.

Welchen Camper?

Größenwahl Motorhome

Bei der Entscheidung für die individuell richtige Größe darf man seine eigentlichen Urlaubsabsichten nicht aus dem Auge verlieren. Je größer das *Motorhome,* umso weniger eignet es sich für Abstecher auf engen Straßen zu mitunter besonders reizvollen Zielen oder Campingplätzen und in verkehrshektischen Bereichen.

Wer mit einem kleinen *Van* nicht auskommt, sollte deshalb die Miete des *19*-Fuß *Class C RV (von Cruise America)* oder eines 21-Fuß *Compact RV* (*Class B*) erwägen. Es sei denn, ruhiges Reisen mit längeren Verweilperioden und/ oder ein höherer Komfort- und Platzbedarf (mehr als 2 Personen) stehen im Vordergrund.

Benzinkosten

Ein weiteres Kriterium für die Entscheidung könnten auch die Benzinkosten sein. Der **Preis für Benzin** schwankt stark. Zur Zeit (Februar 2018) kostet die Gallone Normalbenzin in Kalifornien im Mittel etwa **$3,20**, also ca. **€0,69** pro Liter. Eine Ungenauigkeit an dieser Stelle beeinflusst die Gesamtrechnung kaum. Bei Campmobilen sollte man – außer bei *Vans* oder *Compact RVs* (da um 16 Liter/100 km) – nicht unter 22 l/100 km rechnen, mehr bei großen Fahrzeugen ab 25 Fuß. Die Spritkosten stellen sich bei 22 l/100km damit auf rund €15. Für eine 4.000-km-Reise kommt man dann allein dafür auf €600 und mehr.

Welche Firma?

Man könnte auch fragen, welcher Vermieter **das beste Preis-/Leistungsverhältnis** und besten Service bietet. Ein objektiv haltbares Urteil dazu ist indessen kaum möglich, ein wesentlicher Aspekt aber, dass die Fahrzeuge in einem Zustand sein sollten, der technischen Ärger während der Reise möglichst vermeidet. In der Vergangenheit kamen den Autoren zu den Firmen ***El Monte*** und ***Roadbear*** (von Schweizern und Deutschen geführt) negative Berichte nie bis sehr selten zu Ohren. Hinzu kommt, dass man z.B. in der *Premium* Kategorie von *El Monte* ausschließlich Fahrzeuge erhält, die nur 1-2 Jahre alt sind. Die Firma ***Best Time RV*** ist unter dieser Bezeichnung erst seit 2015 auf dem Markt, dahinter stehen Schweizer Camperprofis der früheren Firma *Moturis*, die für einen hohen Qualitätsstandard bekannt war. ***Apollo*** und ***Britz*** (ebenfalls seit 2015) sind die Ableger australischer RV-Vermieter.

Auch zu den weiteren **Van-Vermietern** (➤ Seite 105) gab es kein negatives Feedback. ***Adventure on Wheels*** ist bereits seit langem aktiv. ***Jucy*** expandierte vor wenigen Jahren von Australien/Neuseeland aus auf den US-Markt. ***Escape*** ist eine amerikanische Firma, die ihre bunten Fahrzeuge seit ca. acht Jahren anbietet.

Kosten

Tagestarife

Camper sind in Kalifornien/Nevada außer in der Nebensaison (etwa Mitte Oktober bis Mitte April) ein **ziemlich teures Vergnügen**. Zu den – dank ausgeklügelter Computerprogramme täglich schwankenden – Basis-Tagestarifen kommen Übergabegebühren, Endreinigungskosten, Pauschalen für die Ausstattung des Wagens mit Campingutensilien und Bettwäsche, Zusatzversicherungen, Zuschläge für Wochenend- und Vormittagübernahme u.a.m.

Meilen und Meilenpakete

Die **Standardtarife** beziehen sich auf 0 mi, 60 mi oder 100 mi/Tag. Mehrmeilen kosten bis $0,40/mi plus *tax*. Statt einer Meilenabrechnung können Pauschalmeilen/Tag (+40, +100 etc.) oder 500-mi-Pakete gekauft werden. Auch **unbegrenzte Meilen** sind als Pauschaltarif oder als Tageszuschlag auf den Grundtarif erhältlich.

Groß-Wohnmobil (29 Fuß) von Apollo auf einem Campingplatz mit Vollanschluss und ausgefahrenem Slide-out, ➤ *Text Seite 73*

2

Meilenpakete und Pauschalen für unbegrenzte Meilen sind indessen vor Ort nicht verfügbar. Sie müssen hier vorgebucht werden. Das bedingt eine gute Vorausplanung der Route inkl. Meilenschätzung, damit man sich nicht für die falsche, sprich zu teure Variante entscheidet. Denn für nicht verbrauchte Meilen gibt es keinen Ersatz, ebensowenig bei der unlimitierten Variante, wenn man am Ende mit der Abrechnung der Meilen besser gefahren wäre.

Internet-/ Frühbuchung

Frühbucher erhalten bei allen Vermietern unterschiedliche, z.T. sehr hohe Rabatte über sog. Flextarife, zusätzlich oft auch bei Internetbuchung, was zusammen die Kosten spürbar senken kann, ➤ Kostenbeispiele auf den Seiten 77ff.

Specials

Alle Vermieter offerieren in Abhängigkeit von der Buchungslage und von im Voraus bekannten Ungleichgewichten bei der Buchungssituation für verschiedene Standort sog. ***Specials***. Teilweise sind sie schon bei unseren Veranstaltern zu finden, teilweise aber auch nur auf den Internetportalen der Vermieter. Es macht für zeitlich und geographisch flexible Mieter Sinn, danach zu suchen.

Preisvergleich

Es ist heute nicht mehr nötig, zum Preisvergleich mühsam Tarife und Nebenkosten selbst zu addieren, denn Reiseveranstalter nehmen dem potenziellen Kunden die Mühe der Endpreisermittlung ab. Auf einer Reihe von Internetportalen führt die Eingabe der jeweiligen Daten und Anklicken aller gewünschten »Extras« (Zusatzversicherung, Meilenpakete etc) rasch zum Ergebnis.

Konditionen

Einige Details der Bedingungen bedürfen einer Erläuterung:

One-way

- **Unterschiedliche Ankunfts- und Abflug-Airports** erlauben unter Umständen attraktivere Reiserouten als die Rückkehr zum Ausgangspunkt. Das ist zwischen den Stationen Las Vegas, LA und San Francisco durchweg möglich, teilweise sogar kostenfrei, aber überwiegend mit Einweg-Zuschlägen belegt.

Death Valley National Park

- Für die Durchquerung des **Death Valley** gelten saisonale Beschränkungen (z.B. »nicht Mitte Mai bis Ende September«). Bei Nichtbeachtung liegen alle Fahrzeugrisiken während der Durchquerung beim Mieter. Wenn's gut geht, o.k., sonst war's ein teurer Spaß. Dennoch riskieren das nicht wenige.

Haftpflicht-Deckungs-summen

- Die **Haftpflichtdeckungssumme** ist auch bei den Campern ein wichtiger Punkt. Campmobile sind in den USA wie Miet-Pkw oft nur mit der gesetzlich minimalen Deckung ausgestattet, ➤ Seite 68. Daher ist für Camper, die über hiesige Veranstalter gebucht werden, durchweg eine Aufstockung der Haftpflicht auf eine Deckungssumme von $1 Mio. bis zu €2 Mio. im Tarif enthalten. Wenn keine Zusatzdeckung existiert, kann der Mieter ggf. durch Zahlung mit der »richtigen« Kreditkarte für eine bessere Absicherung sorgen, ➤ Seite 68.

CDW

- Die **Abkürzung CDW** steht für *Collision Damage Waiver* (manchmal auch **LDW**, L für *Loss*) und suggeriert Freistellung von Kosten im Schadenfall. Faktisch ist sie immer in den Campertarifen enthalten, beinhaltet aber hohe Eigenbeteiligung bei Schäden am Fahrzeug (unabhängig davon, wer der schuldige Verursacher sein mag, zahlt der Mieter zunächst immer). Bei bestimmten Schäden (z.B. bei vom Dach abrasierter Klimaanlage und bei Unterbodenschaden) und Schäden, die auf nicht öffentlichen Straßen eintreten (z. B. Zufahrt zum Campingplatz), haftet der Mieter selbst mit CDW ggf. unbegrenzt.

VIP

- Die **Zusatzversicherung** mit der seltsamen Bezeichnung **VIP** (*Vacation Interruption Policy)* ergänzt CDW/LDW. Sie kostet vor Ort bis zu $20/Tag (plus Steuern), ist aber heute ebenfalls in vielen bei uns angebotenen Tarifen enthalten (worauf man achten sollte!). Sie reduziert von CDW nicht abgedeckte Schäden und in anderen Fällen die Selbstbeteiligung. Letztere kann durch eine Sonderversicherung (€4/Tag) über den Veranstalter (nicht vor Ort) weiter reduziert bis ganz eliminiert werden. Im Fall grober Fahrlässigkeit, wie immer das definiert sein mag, haftet der Mieter meist auch mit VIP.

Klein-gedrucktes

- Die Detailregelungen bezüglich der Versicherungen etc. stehen »kleingedruckt« in den Unterlagen, die der Mieter bei Übernahme des Fahrzeugs meist ungelesen unterschreibt. Wer es vorab genau wissen will, sich vor allem für die in dieser Hinsicht beachtlichen Unterschiede zwischen den Vermietern interessiert, findet die jeweiligen AGBs im Internet.

Kaution

- Die **Höhe der Kaution** bei Übernahme des Campers ist unterschiedlich ($500-$1.000). Sie fällt immer an, kann normalerweise aber nicht bar geleistet werden. Üblich ist die Blankounterschrift auf einem Kreditkartenformular. Oder aber die Summe wird auf einem Formular eingetragen bzw. ausgedruckt und vom Mieter unterschrieben. Ggf. bucht man sie tatsächlich ab unter Verrechnung bei Rückgabe bzw. Erstattung, wenn keine $-Kosten anfielen.

Solche Busse – hier auf einem Wüstenplatz im Death Valley Nat'l Park – nennen sich Class A-Motorhomes. Auch sie sind bei den großen Wohnmobilvermietern verfügbar.

2.5.3 Ein Kostenvergleich: Camper versus Pkw/Zelt und Pkw/Motel (3 Wochen)

Nach einem Durchrechnen der Kosten, besonders für die Hochsaison, wird mancher vielleicht noch einmal seine Priorität für einen Camper in Frage stellen und die Alternativen Miet-Pkw mit Zelt und/oder Motel/Hotel bedenken. Hier eine Gegenüberstellung der Kosten für konkrete Fälle auf aktueller Basis 2018:

Campmobil oder Pkw/SUV mit Zelt

Annahmen und Details

Ausgangspunkt der folgenden Vergleichsrechnung sei ein 3-Wochen-Urlaub von **2 Personen im Juni ab/bis Los Angeles**. Dabei fallen **18 Tage Campermiete** an bzw. **3 Wochen SUV-Miete**.

Hier sei ein aus dem Internet (www.trans-amerika-reisen.de) für **2018** entnommener **Frühbucher *Special*-Inklusivpreis** (*Camping Kit, Preparation Fee*, VIP und Haftpflichtaufstockung auf €2 Mio) für einen ***Cruise America* C19 Camper** von **€2.051** inkl. aller Meilen zugrundegelegt (im **Juli/August** kostet dieses wie andere *Motorhomes* ohne Frühbuchung noch bis über €1.500 mehr!). Der kleine Camper brauche 16 l/100 km bei einem Literpreis von ca. €0,69/l (Anfang 2018 – entspricht ca. $3,20 pro Gallone zu 3,8 l).

Ein ***Midsize SUV*** (*Ford Escape*) kostet inkl. Vollkasko, lokalen Steuern und Haftpflichtaufstockung auf €5 Mio (ohne »Gratistankfüllung« und Zusatzfahrer) z.B. bei ***Alamo*** über Trans Amerika Reisen für die hier anliegenden 18/19 Tage bis zu 21 Tagen **€783**. Angenommener Verbrauch: 12 l auf 100 km.

Beide Wagen fahren insgesamt 3.000 mi (4.800 km):

Berechnung

Camperkosten

18 Tage Miete etc. (➢ Text)	€2.051
Benzinkosten ca.	€ 530
Höhere Campinggebühren als Zelt ca. (angenommene +$20 bzw. €17/Nacht)	€ 306
Gesamtkosten Camper	**€2.887**

Pkw/SUV-Kosten

3 Wochen Miete	€ 783
Benzinkosten ca.	€ 397
Gesamtkosten Pkw	**€1.180**

Differenz

Die Differenz beträgt zunächst stattliche **€1.707**. Auch bei einer Miete des preiswerten *Jucy Champ* würde sich noch eine Differenz von ca. €1.000 ergeben (inkl. weniger Benzin- und Campingkosten). Zeltcamper müssten aber wohl entweder für Übergepäck retour mindestens €150 investieren oder Ausrüstung in den USA dazukaufen, ➢ Seite 35. Das vermindert die Differenz ein wenig. An Regen- und Stadttagen kämen aber ggf. noch H/Motelkosten hinzu, von höheren Ausgaben für eine Selbstversorgung (mehr Gastronomie) nicht zu reden. Es ist letztlich eine Frage der persönlichen Bewertung der Alternativen, was den Vorzug erhält.

Hochsaison

Wer in der Hochsaison unterwegs sein möchte oder muss, zahlt für den 19-Fuß-Camper und ebenfalls als Frühbucher plus €1.500, ohne Frühbuchung sogar bis weit über €2.000 mehr, während sich die SUV-Miete nur um ca. €240 erhöht. Die Differenz zwischen Campmobilreise und Camping im Zelt wird dann extrem. (Die Höhe der Campplatzgebühren spielt bei diesem Vergleich keine Rolle, da sie überwiegend saisonunabhängig ist).

Zeltcamping im Joshua Tree Park

Campmobil oder Pkw/SUV mit Motel/Hotel

Details

Aufschlussreich ist auch der Vergleich zwischen Camper und Pkw/Motel. Dabei sind die oben nur als Differenz berücksichtigten **Übernachtungskosten** explizit mitzurechnen.

Nimmt man nun (im Juni, noch Nebensaison!) **H/Motelkosten** in Höhe von **$110 pro Nacht** inkl. Steuern an (➤ Seite 109f), für ein Campmobil durchschnittliche **$50 Campkosten täglich** und – für beide Fälle – je eine erste und letzte Nacht im **Stadthotel für je $235**, dann ergibt sich bei einem **Wechselkurs** von **$1,00=€0,85**:

Berechnung

Camperkosten plus Übernachtung

Reine Fahrzeugkosten (➤ links: €2051+€530)	€2.581
Campingkosten 18 Nächte zu €41 (=$50) ca.	€ 738
Hotelkosten 2 Nächte à €180 (= $220)	€ 360
Gesamtkosten Camper	**€3.679**

Pkw/SUV-Kosten plus H/Motelübernachtung

Fahrzeugkosten (➤ links)	€1.180
Übernachtungen; 18x €90 (= $110) + 2x €180	€1.980
Gesamtkosten Pkw	**€3.160**

Differenz

Unter diesen Annahmen liegen die Kosten für die **Campervariante nur um €519 über der H/Motelreise**, wobei die Übernachtungskosten variabel sind. Sie können zwar – je nach Anspruch und unterwegs angetroffenen Gegebenheiten – durchaus niedriger, aber auch – speziell in Kalifornien – leicht höher ausfallen. Der Ersparnis stehen höhere Kosten für Mahlzeiten gegenüber, da bei der Kombination Pkw/SUV+Motel Selbstverpflegung schwieriger ist und häufiger Restaurantbesuche anfallen.

Fazit

Wer klare Prioritäten pro Campmobil hat, wird **bis Juni und ab September** inkl. der Ersparnisse aus Selbstverpflegung mit einem Campmobil die dann nur geringen Mehrkosten wohl verschmerzen oder sogar Kostenvorteile realisieren können.

Hochsaison

Ganz anders sieht es aus in der Hochsaison, wenn Campmobile besonders teuer sind. Im berechneten Fall mit Frühbuchung kommen für den Camper €1.500 hinzu, beim SUV-Mieter €240 und höhere Übernachtungskosten, bei z.B. plus $30/Tag rund €440. Die Differenz steigt dann auf ca. €1.300 zu Lasten des Campers. Wenn keine Frühbuchung gelingt, steigt die Differenz sogar in die Nähe von €2.000. Wer also im Schnitt günstiger als um ca. $140/ Nacht unterkommt, spart gegenüber der Camperreise dann in etwa diesen Betrag. Man müsste in der Gastronomie täglich gut zulangen, um in 20 Tagen ein solche Differenz aufzufuttern.

Kostenteilung Campmobil

Größere Camper sind selbst zu Wintertarifen ökonomisch selten konkurrenzfähig, es sei denn, zwei Parteien mit vier oder mehr Personen, die sonst zwei H/Motelzimmer buchen würden, teilen sich die Fahrzeugkosten. In dem Fall kann ein 27-Fuß-*Motorhome* sogar in der Hauptsaison u.U. noch vorteilhaft sein.

2.5.4 Öffentliche Verkehrsmittel

Bereits eingangs wurde die Eignung von Bus oder Eisenbahn für eine Reise in/durch Kalifornien mit Skepsis beurteilt, ➤ Seite 39. Andererseits kommt es hier auf die persönlichen Präferenzen an.

Greyhound

Greyhound-Tickets heute

Da es *Greyhound Discovery Pässe* nicht mehr gibt, muss man sich für Busreisen die gewünschten Einzeltickets im Internet zusammenkaufen, für die es je nach Vorbuchungszeitraum, Wochentag, Abfahrtszeit, Auslastung etc. variable Tarife gibt, ganz so wie bei einigen *Airlines*. Wer viel Mühe in Routenplanung und Herausfinden jeweils besonders vorteilhafter Verbindungen und Zeiten steckt, kann zwar mit dem *Greyhound* immer noch preiswert unterwegs sein, muss dafür aber hohen zeitlichen Aufwand treiben. Zusatzkosten für Regionalbusse zu Zielen, die mit *Greyhound* direkt nicht zu erreichen sind, speziell sind das *National* und *State Parks*, lassen sich zudem kaum vermeiden.

Information und Netz in Kalifornien

Aktuelle **Informationen** zu den Bussen der Firma und mehr gibt's unter www.greyhound.com, darunter auch eine Übersicht mit dem **Streckennetz** zum *Download* (www.greyhound.com/-/media/greyhound/pdf/discovergreyhound/routemap-pdf.pdf). Bei Vergrößerung der Karte erkennt man schnell, dass die relative Dichte des Netzes in Zentral- und Südkalifornien in Wahrheit enorme Lücken aufweist und die dort bedienten Routen allesamt weit abseits der meisten Naturparks verlaufen.

Indirekte Zusatzkosten

Daher und außerdem ökonomisch macht der *Greyhound* für eine Kalifornienreise keinen besonderen Sinn. Autofahrer können sich preiswerter selbst versorgen und **Zeltplätze** oder **billigere Quartiere** finden, die weitab der Busstationen liegen; Buspassagiere dagegen sind auf **Cafeterias** und ***Fast-Food*** angewiesen und müssen nicht selten mit überteuerten und/oder schäbigen **Unterkünften im Umfeld der *Terminals*** vorlieb nehmen.

Beurteilung

Kalifornien per ***Greyhound*** ist daher bestenfalls eine Alternative für junge Einzelreisende, die (noch) kein Auto mieten können, und für alle, die öffentliche Verkehrsmittel generell präferieren.

Die »**Grüne Schildkröte**« verkehrt auf diversen Routen durch Kalifornien

Green Tortoise Adventure Travel

Green Tortoise

Wer unterwegs stärker den **Kontakt zu anderen** – Amerikanern wie Touristen aus aller Herren Länder – sucht, ist mit den *Sleeper Coaches* von ***Green Tortoise*** (sprich: *Tortis*) besser und sicher origineller bedient als mit *Greyhound*; www.greentortoise.com.

Im hinteren Teil der Busse sind statt der Sitze Schaumgummimatratzen (während längerer Fahrten entfällt damit das Übernachtungsproblem) und im vorderen Bereich Tische installiert. Musizierende Passagiere sind erwünscht. Halt macht der Busfahrer dort, wo die Mehrheit es wünscht. Einkauf und Essenszubereitung erfolgen gemeinschaftlich.

Die **»Grüne Schildkröte«** residiert in San Francisco und verkehrt regelmäßig auf verschiedenen Routen durch Kalifornen. Außerdem gibt es Trips durch die Nationalparks des Westens, zur Baja California in Mexico, nach Alaska und quer durch die USA.

AMTRAK

Railpässe

Die Dachorganisation amerikanischer Eisenbahngesellschaften **AMTRAK** bietet für Eisenbahnfans sog. ***Rail Passes***. Sie gelten in den riesigen USA für das gesamte 25.000 Meilen-AMTRAK-Netz, ➢ Abbildung im Internet unter www.crd.de/amtrak. Dort kann man die Pässe auch erwerben.

Netz in Kalifornien

AMTRAK bedient in Kalifornien nur zwei Nord-Süd-Strecken und das bestenfalls nur je einmal täglich in jede Richtung:

- ab San Diego/LA zunächst an der Küste entlang (*Pacific Surfliner*), dann hinter dem Küstengebirge weiter bis Oakland
- Von Bakersfield nach Oakland (*San Joaquins*) und von dort via Sacramento (*Capital Corridor*) nach Seattle/Vancouver
- außerdem drei Stränge ab LA und Oakland nach Osten

Auf die Fahrpläne von Amtrak abgestimmte **Buszubringer** verkehren (zu Extrakosten) zu den Nationalparks *Yosemite*, *Sequoia* und *Grand Canyon* sowie zu populären touristischen Zielen.

Kosten

Der Preis für einen ***Rail Pass*** für das gesamte Netz (Pässe für Teilbereiche unterteilt nach Haupt- und Nebensaison gab es früher, heute aber nicht mehr) beträgt ganzjährig:

$459 für 15 Tage (aber begrenzt auf nur 8 Fahrten/Teilstrecken)

$689 für 30 Tage (begrenzt auf 12 Teilstrecken)

$899 für 45 Tage (begrenzt auf 18 Teilstrecken)

Zusätzlich wird in Kalifornien noch ein ***California Rail Pass*** für **$159** angeboten, den man in 21 Tagen aber nur an 7 Tagen nutzen darf; alle Details dazu unter www.amtrak.com/california-rail-pass.

Reservierung

Ähnlich wie für Flugreisen besteht für die meisten Züge Reservierungspflicht. Für spontane Entschlüsse bleibt da wenig Raum. Einfach zum Bahnhof gehen, rasch ein Ticket kaufen und in den Zug springen, funktioniert meist nicht oder nur mit viel Glück.

Bombastisches Foyer des Grand Californian Hotel, das zum Disneylandkomplex (➤ Seite 420) in Anaheim gehört. Wer dort übernachten möchte, sollte unbedingt lange im Voraus reservieren

2.6 Vorbuchung von Unterkünften

Mietwagen und reservierte Unterkunft

Im Rahmen der Erörterung von Vor- und Nachteilen verschiedener Reisealternativen (➤ Seite 33f) war bereits von Rundreisen per **Mietwagen und vorausgebuchten Hotels** die Rede. Kritisch beurteilt wurde die damit unumgängliche Vorabfestlegung der Tagesetappen, die einen Teil der mit dem Auto an sich verbundenen Flexibilität zunichte machen kann. Indirekt suggerieren derartige Angebote obendrein, es gäbe unterwegs generell Schwierigkeiten, ohne langfristige Reservierung angemessen unterzukommen.

Kapazitäten

Grundsätzlich ist aber gerade das in Kalifornien eher nicht der Fall. Im Umfeld vieler Städte und Touristenattraktionen gibt es – natürlich saisonabhängig – oft **Überkapazitäten** mit erfreulichen Auswirkungen auf die Effektivpreise, wenn weniger los ist.

Tarifsituation

Für die großen City- und Airporthotels findet man relativ günstige (bezogen auf die lokale Situation) **Übernachtungstarife heimischer Reiseveranstalter** auch bei Einzelbuchung (d.h. unabhängig von als Paket zu buchenden Mietwagen-/Hotel-Reisen), die bei Eigeninitiative im Internet teilweise schwer zu realisieren sind.

Außerhalb der Cities ist die Chance groß, bei kurzfristiger Buchung ohne Qualitätsabstriche preiswerter zu übernachten als bei Vorbuchung. Zudem gibt es viele günstige, durchaus akzeptable Alternativen, die in keinem Katalog bzw. Internetportal zu finden sind.

Wann vorbuchen?

Grundsätzlich ist die Buchung von Unterkünften nur in folgenden Fällen bereits vor Reisebeginn ausdrücklich zu erwägen:

1. **Für die erste(n) Nacht/Nächte** in der Ankunftscity (Mieter von Campmobilen **müssen** ohnehin mindestens eine Übernachtung zwischen Transatlantikflug und Übernahme legen).
2. für **beliebte Hotels** wie z.B. das ***Hotel Coronado*** in **San Diego** und eine Reihe von ***National Park Lodges***, in denen man nur bei langfristiger Voranmeldung unterkommt.

3. bei speziellen **Großveranstaltungen** (➤ Seiten 153 ff) und ganz allgemein Sportgroßereignissen oder Messen und Tagungen, deren Daten man als Tourist im Vorwege meist nicht kennt.
4. für **Übernachtungen** in der Umgebung von Touristenattraktionen und Nationalparks – ganz besonders an Wochenenden und in der jeweiligen Hauptsaison.
5. für die **letzte Nacht** vorm Abflug in Airportnähe.

City Hotels

Zu 1: In **San Francisco** generell und in **Las Vegas** freitags und samstags ist diese Reservierung unabdingbar, möchte man nicht Gefahr laufen, nur noch in einem »Loch« und/oder zu Höchstpreisen unterzukommen. Um nach langem Flug Stress zu vermeiden, spricht auch anderswo viel dafür, die ersten Nächte schon mal geregelt zu haben, besonders wenn die Vorbuchungstarife erträglich erscheinen, wie z.B. im Bereich des *LA Airport*.

Populäre Hotels

Zu 2: Populäre und persönlich stark favorisierte Häuser kann man gar nicht früh genug buchen. Z.B. kämen neben kämen dem bereits erwähnten *Hotel del Coronado* bestimmte Nationalparkquartiere wie das ***Hotel Majestic*** im *Yosemite Valley* oder die ***Zion Lodge*** im gleichnamigen Park in Frage. Auch das ***Mission Inn*** in Riverside, ➤ Seite 445, oder das ***Madonna Inn*** in San Luis Obispo, ➤ Seite 340, wären hier zu nennen.

Veranstaltungen/ Feiertage

Zu 3: Eine Liste großer **Veranstaltungen** und ihrer Termine findet sich ab **Seite 153**. Außerdem gilt: Montags-Feiertage und die daraus resultierenden langen Wochenenden markieren häufig auch **Veranstaltungsdaten**. In erster Linie sind das der ***Memorial Day*** und das ***Labor Day Weekend*** (letztes Wochenende im Mai bzw. erstes Wochenende im September) und auch das Wochenende um den **Nationalfeiertag des 4. Juli** herum, wenn der auf einen Freitag, Samstag oder Montag fällt. **Dann ist halb Amerika auf Achse**, und man tut gut daran, das bei der Planung zu berücksichtigen.

Wochenenden

Zu 4: Für die »normalen« Wochenenden (Freitag-/Samstag- ggf. noch Sonntagnacht) gilt, dass manche Airport- und City-Hotels nicht voll ausgelastet sind und deshalb mit reduzierten Tarifen

Palm Canyon Hotel & RV Resort im Anza Borrego SP. Zu Zeiten der Wildblumen- und Kakteenblüte (➤ Seite 508) ist dort alles ausgebucht. Nur frühe Reservierung sichert dann ein Unterkommen in Borrego Springs

werben. Dort braucht man sich also wenig Sorgen zu machen, es sei denn, die City oder ein Ort an sich ist eine **Touristenattraktion** (z.B. Monterey oder ganzjährig San Francisco und San Diego).

National- und State Parks

In Kalifornien wird es vor allem in den **Nationalparks *Yosemite*** und ***Sequioa*** in der Saison und an Wochenenden in den parkeigenen Unterkünften und **auch im Umfeld meist rammelvoll**. Das gilt ebenso mit stärkerer saisonaler Schwankung für den ***Death Valley NP*** (Saison ist dort aber erst ab Oktober bis Mai), den ***Joshua Tree NP*** und begrenzt auf bestimmte Zeiten (siehe Reiseteil) auch für Borrego Springs beim ***Anza Borrego Desert State Park***. Die im Kapitel »Abstecher ab Las Vegas« beschriebenen Nationalparks ***Grand Canyon***, ***Bryce*** und ***Zion*** gehören ebenfalls zur Gruppe der meistens stark besuchten bis überlaufenen Ziele.

Vor Abflug

Zu 5: Es beruhigt die Nerven, wenn die **letzte Nacht in Amerika** gebucht ist. Selten aber starten Flüge nach Europa von Flughäfen des US-Westens am Vormittag. Deshalb braucht man sich kein Hotel in unmittelbarer Airportnähe zu suchen. Sollte der Rückflugtermin auf Samstag oder Sonntag fallen, übernachtet man indessen gerade dort bisweilen zu moderaten Tarifen, ➢ Seite 367.

H/Motel Reservierung

Zur Kenntnis der Verteilung (Standorte) und offizieller Vor-Ort-Tarife kann man sich zu Hause schon mal auf den Internetportalen der US-Hotel- und Motelketten umsehen, ➢ Liste auf Seite 112. Die meisten Unterkünfte können auch über Hotelbuchungsportale reserviert werden, wobei das für die USA nicht immer zu den günstigsten Tarifen führt. Die meisten Hotels bucht man zu identischen und ggf. niedrigeren Tarifen direkt auf den **hoteleigenen Seiten**. Wenn man neben An- und Abreisedaten weitere **terminfixierte Tage** hat, lohnen sich die dort oft angebotenen nicht stornierbaren Tarife (*non-refundable rates*). Die ganze Reise so vorzubuchen empfiehlt sich indessen nicht, denn dann kann man weder Schlechtwetterfronten spontan ausweichen noch Sonderangebote vor Ort nutzen, die sich bei mangelnder Auslastung nicht selten kurzfristig ergeben (nicht in der Hochsaison bzw. an Wochenenden).

Alle weiteren Informationen zu Preisen, Buchung und Reservierung von Hotels und Motels <u>während</u> der Reise liefert Kapitel 3.5 im Unterwegs-Teil (➢ Seiten 107ff).

Wunderbar an der Bucht von Morro Bay (Nähe Hwy #1) gelegenes kettenunabhängiges Hotel, nur einer von vielen Unterkunftstipps in diesem Buch

Jede Art von Outdoor Ausrüstung von einfach bis hochwertig hat die Kette REI. Allein im geographisch durch dieses Buch abgedeckten Bereich gibt es 30 Flilialen; www.rei.com

2.7 Was muss mit, was nicht?

Situation

In den Reisekoffer gehört alles, was man auch für eine ähnliche Reise in Europa mitnehmen würde – klimabezogen und aktivitätsabhängig. Die USA bieten den Vorteil, dass sich vieles, was vergessen wurde, preiswert nachbeschaffen lässt, speziell Bekleidung, Sportartikel, Wander- und Campingausrüstung (dafür sind bei Rückkehr Zollbestimmungen zu beachten, ➤ Seite 157).

Reisefotos

- **Speicherchips** für Digitalkameras sind im Preis ähnlich wie bei uns oder sogar etwas teurer. Man findet sie u.a. in den Fotoabteilungen der Kaufhäuser wie *K-Mart, Walmart* oder *Target* und in den häufig anzutreffenden Läden der Elektronik-Kette ***Best Buy***, www.bestbuy.com.
- **Tablets** und **Laptops** sind außer für E-Mail-Check und -versand und Internet unterwegs (zu *Hotspots* und *Wifi* ➤ Seite 156) auch bestens geeignet zum zeitnahen Speichern, Sortieren und Bearbeiten der Reisefotos. Nebenbei eignen sie sich dank *Streaming* zum Anschauen von Filmen, und die Mediatheken erlauben auch unterwegs den Konsum heimischer TV-Programme.

Steckdosen-Adapter

- Föhn und Rasierapparat lassen sich nur benutzen, wenn sie auf **110/125 V** umschaltbar sind und ein **Adapter** für die amerikanischen Steckdosen zur Hand ist. Den findet man bei uns problemlos in *Travel Shops* oder Kaufhäusern, nicht so in den USA. Elektronische Geräte erkennen meist automatisch die Spannung und stellen sich auf 110 V ein; aber den Steckdosenadapter braucht man ebenso. Geräte mit USB-Ladekabel lassen sich heute in allen Mietwagen anschließen.

Bekleidung

- Wer Lust zum Einkauf in den USA hat, packt weniger als die »eigentlich« benötigten Kleidung ein. Denn drüben sind Textilien einschließlich Kindersachen (z.B. ***Oshkosh***) trotz des immer noch relativ starken Dollars preiswert (bis auf qualitativ Hochwertiges), ganz besonders Artikel unbekannter Marken in Kaufhäusern. Markenklamotten gibt's weit unter den bei uns gewohnten Preisen in ***Outlet Malls***, ➤ Foto Seite 87.

Medikamente

- Seine Reiseapotheke kann man in Amerika in *Drugstores* und Supermärkten mit rezeptfreien Medikamenten zu ähnlichen Preisen wie bei uns in Selbstbedienung komplettieren. Wer indessen rezeptpflichtige Medikamente braucht, sollte dafür besser nicht auf amerikanische Ärzte angewiesen sein, sondern einen für die Reisezeit ausreichenden Vorrat dabei haben. Außer in Notfällen ist es für durchreisende Touristen mühsam, kurzfristig einen Termin zu bekommen, ohne den es für eine neue Rezeptausstellung nicht geht, ➢ Seite 141.

Drogerie-Artikel

- Seit eh und je erstaunlich **teuer sind Artikel wie Seife, Zahnpasta, Haarshampoo, Nivea-Creme, Sonnenschutzmittel, Kosmetika, Tampons u.ä.**, sofern man von – eher seltenen – Eigenmarken der Kaufhäuser und Supermarktketten absieht. Man tut gut daran, seinen Reisebedarf aus der Heimat mitzubringen.

Brille

- Brillenträgern sei empfohlen, neben einer Reservebrille den **Brillenpass** mitzunehmen. Damit kann man bei Brillenverlust oder -beschädigung ohne den Umweg über einen Augenarzt (obligatorisch in den USA) direkt einen Optiker aufsuchen. In großen Optikerläden gibt es angestellte Augenärzte.

Insektenschutz

- Gegen Mücken und andere Quälgeister helfen Essenzen aus Europa nicht so gut. Mit amerikanischen Mitteln hält man sich sämtliche Biester besser vom Leib. Dafür sind die noch hautschädlicher als bei uns. Insektenspray und -lotions und Antimückenspiralen gibt's auch noch im kleinsten Laden. Das nie billige Zeug ist noch erträglich preiswert in ***Discount Drugstores***, am teuersten in Brennpunkten des Tourismus.

Hinweise für Fahrzeugmieter

- Unsere gängigen **Auto-Verbandskästen** sind für unterwegs eine gute Idee. In amerikanischen Mietfahrzeugen befinden sich keine oder nur dürftig ausgestattete *First Aid Boxes*. In *Drugstores* und Kaufhäusern erhältliche Verbandskästen für $10-$20 enthalten zu wenig im Ernstfall brauchbares Material.
- **Starke LED-Taschenlampe**
- **Automobilklub-Mitgliedskarte** für Straßendienst und Gratismaterial von den amerikanischen Klubs. Mit ihrem Aufdruck der AAA-Farben ist sie auch gut für *Discounts*, ➢ Seite 46.
- Wer ein gängiges separates **Navigerät** hat, kann es mit einem Chip für USA/Canada aufrüsten bzw. die entsprechende Datei aus dem Intenet herunterladen und auf eine leere Speicherkarte übertragen. Das ist bei längeren Reisen oft billiger als ein Navi vor Ort mitzumieten. Und der Chip lässt sich auch noch bei der nächsten Amerikatour verwenden. In Frage kommt ebenfalls ein Kauf vor Ort; man fügt dann zu Hause die Europakarte ein.
- **Autokindersitze** sollte man mitnehmen, statt sie teuer dazuzumieten, zumal – soweit gesehen – die amerikanischen Mietsitze meist nicht die Qualität neuerer Modelle bei uns haben. Bei Kleinkindern ist der Sitz praktisch im Flugsessel. Er fällt nicht unter die Gewichtsbeschränkung fürs Gepäck.

Zu bedenken für Campurlauber

Wer auf Campingreise geht, könnte außer ohnehin selbstverständlicher Utensilien vielleicht noch einpacken, was im Folgenden genannt ist, sofern das kostenfreie Gepäckgewicht dies zulässt. In Abhängigkeit von den Kosten für ein zusätzliches Gepäckstück bzw. Übergepäck ist die Entscheidung, noch dies oder jenes mitzunehmen, auch ein Rechenexempel. Wenn auf dem Hinflug das zweite Gepäckstück unter 23 kg wiegt und Platz ist, können die »freien« Kilos für Einkäufe in den USA genutzt werden.

- Eigene **Bestecke** (und ggf. ein bisschen persönliches Geschirr + Gläser). Denn was von den Camper-Verleihern im teuer extra berechneten *Convenience* oder *Camping Kit* in dieser Hinsicht geboten wird, erreicht oft kaum untere Kantinenqualität.
- Liebgewordenen **Kleinkram** für die Küche nach individuellem Gusto, z.B. Salz-/Pfefferfässchen, Knoblauchpresse, Schnapsgläser, Salatbesteck etc. Man verliert Geld und Zeit beim Zusammenkaufen von Sachen, die einerseits unterwegs fehlen, aber nach wenigen Wochen obsolet sind und nur noch weggeworfen werden können, da sich die Mitnahme selten lohnt.
- **Eigenen Schlafsack und Bettwäsche**. Die im Camper vorhandenen Decken (üblicherweise im *Kit* enthalten) können ebenfalls häufig nicht befriedigen. Da mit Ausnahme von *Best Time RV* (als Schweizer Nachfolgegründung von *Moturis*) die Camper-Vermieter nur Laken liefern (jeweils zwei pro Schläfer), sind außerdem eigene Bettbezüge für viele sicher eine gute Idee.
- Das **Zelt** aus der Heimat, wenn »richtig« gecampt werden soll. Die preisgünstigeren US-Kaufhausqualitäten taugen oft nicht ganz viel und sind z.T. unpraktisch in der Handhabung, andererseits reichen einige Modelle (durchaus unter $50 zu haben) für eine Gutwetter-Urlaubsreise aus, und man spart Gewicht.
- Wer *Smartphone, Tablet, Laptop,* digitale Kamera und andere Dinge dabei hat, die per **Akku** versorgt werden, könnte sich vor der Reise einen **Spannungsumwandler** beschaffen (ab ca. €30 bei uns), der aus 12 V aus der Autosteckdose 110 V oder 230 V macht und während der Fahrt die Geräte wieder auflädt. Ohnedem müsste man für jedes Gerät ein eigenes Autoanschluss- bzw. USB-Kabel haben.

Textilien, Sportartikel und vieles mehr findet man preiswert in Outlet Malls; im Bild unten die Premium Outlets in Carlsbad (an der Pazifikküste nördlich von San Diego)

3 Unterwegs in Kalifornien

3.1 Glückliche Ankunft

Zeitumstellung

Auf der Reise nach Kalifornien oder nach Las Vegas »gewinnt« man neun Stunden (oder acht für kurze Perioden, wenn die Umstellungsdaten von Sommer- und Winterzeit oder umgekehrt in den USA von denen in Europa abweichen) mit der Folge, gemäß Ortszeit nur 2-3 Stunden nach dem Start eines *Non-stop*-Fluges auf US-Boden zu stehen. Es empfiehlt sich, aufkommender Müdigkeit möglichst nicht zu rasch nachzugeben, sonst sitzt man mitten in der Nacht (= 9-13 Uhr MEZ) hellwach im Bett.

Gelingt das, ist die Zeitumstellung schnell geschafft. Nach dem Rückflug und »Verlust« der entsprechenden Stundenzahl ist das schwieriger und dauert ein paar Tage bis zu einer Woche.

Formulare/ Sicherheitscheck

Vorm Einlass in die USA stehen zunächst die Einreisekontrolle (***Immigration***) und der Zoll (***Customs***), seit dem 11. Sept. 2001 besonders misstrauische Instanzen. Für beide gibt es bereits beim Einchecken, spätestens im Flugzeug Formulare, die sorgfältig auszufüllen sind. ESTA-Einreiser (➤ Seite 50) dürfen sich mit der Zollerklärung begnügen. Visa-Inhaber müssen aber immer noch den sog. *Departure Record* ausfüllen. Folgendes ist zu beachten:

Immigration

- Die Zeilen für **»Adresse in den USA«** dürfen keineswegs leer bleiben, obwohl die meisten Touristen keine feste Anschrift in den USA haben, da sie ja irgendwo unterwegs sind. Ersatzweise tut es dann die der ersten gebuchten Unterkunft, sofern keine Anschrift von Freunden oder Bekannten zur Hand ist.

Zollvorschriften

- Bei **Mitbringseln** gibt es zwar eine **offizielle Wertbegrenzung von $100**, und mehr als eine Flasche hochprozentiger Alkoholika wird nicht toleriert, aber das scharfe Auge des Gesetzes schaut vor allem auf die **schriftliche Zollerklärung**: Dort darf um nichts in der Welt ein »Yes« angekreuzt sein bei der Frage »Ich habe Früchte, Gemüse, Fleischwaren u. a. m. dabei und war kürzlich auf einem Bauernhof«.

Ankunft

Grundsätzlich erfolgen Einreise/Passkontrolle und Zollfreigabe dort, wo man erstmals amerikanischen Boden betritt. Zwischenlandung oder Flugzeugwechsel vor dem endgültigen Ziel haben immer die Erledigung aller Formalitäten zur Folge. Immerhin läuft die Ankunft am eigentlichen Ziel danach stressfrei.

Biometrie und Passkontrolle

Die erste Passkontrolle übernehmen heute auf großen US-Airports »Einreisecomputer«, die der Ankömmling – unterstützt durch Hilfspersonal – im Self-Service bedient. Auch **Gesichtsfoto** und **Fingerabdrücke** erstellt der Reisende quasi selbst (➤ Seite 50). Das dauert zusammen kaum länger als 2 min und vermindert die Zeit am Immigrationsschalter. Ist alles o.k., druckt der Automat eine Art »Passierschein« zur Vorlage beim Beamten. Der blickt dann kurz auf Person, Pass und Ausdruck und fragt nach Zweck und Dauer der Reise: Ersteres ist ***Travel*** oder ***Visiting Friends/***

Relatives (bloß keine komplizierten weiteren Erklärungen!). Abschließend stempelt er das Einreisedatum in den Pass und notiert das späteste Ausreisedatum dazu.

Besuchern, die mit einem Visum – also nicht über ESTA-Genehmigung – einreisen, heftet oder legt der *Immigration Officer* noch den *Departure Record* in den Pass.

Zoll

Der Zoll macht beim grünen Schildchen (***nothing to declare***) nur **Stichproben** und nimmt das ausgefüllte Zollformular entgegen.

Gepäckwagen

Die durchweg reichlich vorhandenen Gepäckwagen (***baggage cart***) sind bei der Ankunft in der Regel gratis. Dafür kosten sie umso mehr im Abflugterminal. Erst nach Einschieben mehrerer Dollarscheine (bis zu $5) oder der Kreditkarte gibt die dort meist in eine Schiene eingebaute Sperre einen Wagen frei.

Umsteigen/ Weiterflug

Bei Fortsetzung der Reise über einen **inneramerikanischen Anschlussflug** übergibt man im Anschluss an den Zoll sein bereits mit dem *Airport Code* der Enddestination versehenes Gepäck dem Personal der jeweiligen Airline. In vielen Fällen muss das Gebäude gewechselt werden. Daher verkehren zwischen den *Terminals* in kurzen Intervallen ***Airline Connection***-Busse oder – in Flughäfen wie San Francisco und Las Vegas – **Schnellbahnen**.

Hotel-/ Mietwagen Pick-up Service

Hat man eine **Hotelbuchung** in Airportnähe, genügt ein Anruf, um den **Abholservice** (*Pick-up*) zu aktivieren (bei großen Häusern pendelt der Bus laufend in kurzen Abständen). Dafür muss man wissen, vor welchem *Terminal* man wartet (z.B. *International Arrivals, United Airlines* etc.). Üblicherweise existieren an den Fahrspuren markierte Bereiche für die verschiedenen Busdienste.

Hotel- und Mietwagenzubringer stoppen durchweg im selben Abschnitt. Den ***Shuttlebus*** zu außerhalb des Flughafengeländes liegenden **Mietwagen-Parkplätzen** braucht man nicht zu alarmieren. Die Kleinbusse von *Avis, Hertz, Budget* etc. verkehren laufend und stoppen sowieso oder auf Handzeichen. In **San Francisco** geht's per Bahn zu den ***Rental Car*-Schaltern** im eigenen Parkhaus.

Zu weiter entfernten **City-Hotels** ist der Transport per Flughafen-Bus oder Taxi in der Regel selbst zu organisieren.

Die Busse der Autovermieter pendeln auf vielen Airports in kurzen Abständen zwischen Station und Terminals.

3

Hotelbuchung bei Ankunft

Ohne Buchung sind die in allen Ankunftshallen vorhandenen **Hotel-/Motel-Werbetafeln** hilfreich. Über kostenfreie Telefone erreicht man die angeschlossenen Häuser direkt. Nach Reservierung und Angabe des *Terminals* fährt bald der Hotel-Kleinbus vor. Bei derartigen Anrufen sollte man sich aber gut auf Englisch verständlich machen können; Fremdsprachenkenntnisse des Gegenübers am Telefon sind eher selten. Und keinesfalls gibt's bei Anruf und Buchung erst ab Ankunftsflughafen Sondertarife.

Typische Info-Wand mit Werbung plus Direkttelefon zu H/Motels, Limou- und Taxiservice, u.a.m

3.2 Übernahme des vorgebuchten Mietfahrzeugs

Vorausgebuchte **Pkw/SUV/Minivans** können gleich bei Ankunft am Flughafen übernommen werden. Die **Camper-Verleiher** holen ihre Kunden in der Regel im (oft vorgeschriebenen!) Hotel ab; bei größerem Buchungsaufkommen deutschsprachiger Touristen verfügen sie bisweilen über Personal mit Deutschkenntnissen. Bei den Pkw-Verleihern darf man damit nicht rechnen.

Pkw/SUV/Minivan

Übernahme. prozedur

Die Übernahme eines Pkw geht rasch über die Bühne: *Voucher* des Veranstalters, Pass, nationalen (!) Führerschein vorlegen, ggf. noch Beschlussfassung über Zusatzversicherungen (**Achtung: gerne werden Kunden unnötige Versicherungen aufgeschwatzt**, auch wenn der Vertrag bereits Vollkasko und Haftpflichtaufstockung etc. enthält, ➤ Seite 66), Unterschrift und Hinterlassung der Kaution (Kreditkartenerfordernis!), Schlüssel steckt schon, fertig.

Zu beachten

Vorm Losfahren empfiehlt es sich, Reserverad und Werkzeug für den eventuellen Radwechsel zu checken. Bei manchen Modellen (speziell SUVs) ist die Befestigung des Reserverads nicht offensichtlich. Auch wenn Eigenart der Zündschloss- oder Anlassersperre (ggf. Bremspedal treten, sonst rührt sich nichts) etc. nicht einleuchtet, muss man ausdrücklich fragen. Das Personal erklärt ohnedem im Normalfall bei der Übernahme nichts.

Choice Line

An internationalen Flughäfen sind die Autos bei aktuell hohem Fahrzeugbestand nicht unbedingt bestimmten Kunden zugewiesen. Man darf dann in einer ***Choice Line*** aus den vorhandenen Fahrzeugen der gebuchten Klasse selbst wählen. Die Zuordnung in den Papieren erfolgt in diesen Fällen bei der Ausfahrtkontrolle.

Tankfüllung

Wer sein Auto nicht in der Kategorie B/Super Inklusiv/Platin gebucht hat (➤ Seite 65) und damit die erste Tankfüllung »gratis« erhält, dem wird diese – hochpreisig – in Rechnung gestellt. Der Kunde spart dadurch zwar die Fahrt zur Tankstelle vor Rückgabe, kann aber den Tank natürlich nie komplett leerfahren. Befindet sich noch ein nennenswerter Rest im Tank, wird bestenfalls nach Benzinuhrablesung grob zugunsten der Firma geschätzt und ein entsprechender Betrag auf dem Kartenkonto gutgeschrieben.

Rückgabe

Die Rückgabe ist **unkompliziert** und **rasch erledigt**. Das Personal hat im Fall großer Stationen kleine Handcomputer, auf denen die Ankunft registriert wird – und das war's dann auch schon. An einem Schalter auf Abfertigung warten muss der Kunde nicht mehr. Man braucht also keinen besonderen Zeitbedarf für Rückgabeformalitäten einzukalkulieren. In maximal 30 min inklusive kurzer Wartezeit auf den Bus bzw. Schnellbahn (in San Francisco) von der Rückgabestation zum Flughafenterminal und ein paar Minuten Fahrt ist alles erledigt. Das heißt, noch nicht ganz:

Trinkgeld

Der Fahrer des *Airport Shuttle* muss noch seinen »*Tip*« haben: Für jedes Gepäckstück neben dem Handgepäck zumindest $1. Das gilt auch schon auf dem Transport (so der anfällt, nicht in San Francisco) vom *Airport* zum Vermieter zu Beginn der Mietzeit.

3

Campmobile

Formalitäten

Beim Camper sieht alles anders aus. Zunächst identisch ist das Formale, wenn man zur vorgesehenen Übergabezeit zur Stelle ist. Die Kaution bzw. Blanko-Kreditkartenunterschrift deckt hier nicht nur Risiken ab, sondern bezieht sich auf die **Extrakosten** wie Zusatzversicherungen, Zusatzmeilen, eventuell noch nicht bezahlte Gebühren für *Convenience Kits*, Kindersitze, Generator, Steuern und ggf. Schäden; Abrechnung nach Rückgabe.

Inspektion

Nach Klärung der Formalitäten erfolgt die **Inspektion des Fahrzeugs** verbunden mit einer **Einweisung**. Schließlich muss der Kunde wissen, was es mit Umbauliegen, Nebenaggregaten, Wasser- und Schmutzwassertanks, Gasherd, Kühlschrank, Dachklima etc. auf sich hat. Bei Andrang sind die unter Zeitdruck gegebenen Erläuterungen nicht immer optimal. Aber die Bedienungsanleitungen wurden in den letzten Jahren von den größeren Verleihern stark verbessert und liegen häufig auch auf Deutsch vor.

Erster Tag

War es früher bei den Camperverleihern üblich, den Vormittag weitgehend für die Rückgabe einlaufender Wagen zu reservieren und die Neukunden erst ab 11-13 Uhr »anzukarren«, ist heute bei den großen Vermietern der garantiert vormittägliche *Check-out* möglich (als Sonderregelung, meist verbunden mit Zusatzkosten).

Ratsam ist, sich nach der Einweisung noch einmal gründlich mit der Technik des Fahrzeugs vertraut zu machen und die wichtigen Funktionen zu checken, bevor man den Hof verlässt. Wenn sich erst später herausstellt, dass der Kühlschrank nicht richtig funktioniert, der Wasserschlauch fehlt oder die Bremsen schief ziehen, ist das nicht nur ärgerlich, sondern ein Zurückfahren in Anbetracht des damit verbundenen – möglicherweise erheblichen – Zeitverlustes oft problematisch.

Checkliste

Zu Beginn und mehr oder weniger vor jeder Abfahrt muss allerhand verstaut, verzurrt und festgemacht sein, auch außen 'rum darf nichts mehr hängen oder ungewollt offenstehen. Besonders ohne vorherige Camper-Erfahrung ist eine Checkliste hilfreich, die man vor Aufbruch abspult.

Wartung

Ebensowenig wie bei der Pkw-Miete sind Wartungsfragen bei den Campmobilen normalerweise ein Thema. Nur bei sehr langen Mietzeiten können Ölwechselintervalle schon mal überschritten werden. In dem Fall erhält der Mieter bei der Übernahme dazu Anweisungen. Bei großer Hitze (und daher höherem Verbrauch des Kühlaggregats) und Kälte (hoher Verbrauch für die Heizung) müssen Mieter unterwegs gelegentlich **Gas auffüllen** lassen. Das ist auf vielen Campingplätzen und an Tankstellen möglich und kein Problem.

Ladepistole und Gasanschluss unter dem Campmobil

Reparaturen

Reparaturen dürfen – wenn sie minimale Kosten übersteigen – **erst nach Rücksprache mit der Verleihfirma** ausgeführt werden. Dazu gehört auch der Ersatz unterwegs verschlissener Reifen. Die größeren Vermieter haben Verträge mit landesweit operierenden Reifenfirmen wie ***Goodyear***, ***General Tire*** oder ***Firestone***, die auch Routinereparaturen ausführen. Deren Ableger sind selbst in kleinen Ortschaften zu finden. Der Mieter kann sie ggf. von sich aus anlaufen. Das hat den Vorteil, dass die Kommunikation mit dem Vermieter von der Werkstatt übernommen wird.

Pannen

Spätestens bei der ersten Panne wird man feststellen, dass kein bis wenig **Bordwerkzeug** vorhanden ist. Es gibt Vermieter, die sogar Wagenheber und Radschlüssel entfernen. Hintergrund dafür ist, dass der Vermieter über die dann notwendige Hilfe durch den AAA-Pannendienst oder eine lokale Werkstatt objektiv erfährt, wo und wie die Panne erfolgte. Der Mieter darf sie also ggf. selber bezahlen, sollte er z.B. ausgeschlossene Gebiete (speziell *Death Valley* im Sommer) oder unbefestigte Straßen befahren haben.

***Linkes Bild**: Wasserhahn plus Elektrosäule mit Steckdosen am Stellplatz*

***Rechtes Bild**: Dumpstation. Auf der Betonfläche der Verschluss des Auffangtanks fürs Abwasser, dahinter ein flexibler Frischwasserarm*

Das hört sich dramatisch an, bleibt aber die Ausnahme. Ernster Ärger mit den überwiegend ziemlich neuen und bei jeder Miete wieder neu durchgecheckten Fahrzeugen (das versichert man den Kunden zumindest) der großen Vermieter tritt eher selten auf.

Rückgabe des Campers

Vor der Abreise steht die Rückgabe des Wagens, bei den meisten Vermietern am Vormittag. Möchte man zusätzliche **Endreinigungskosten vermeiden**, muss der Camper besenrein und mit entleerten Abwassertanks zurückgegeben werden, oft auch mit gefülltem Frischwassertank und – falls man ihn voll übernommen hat – Benzintank. Die Vermieter akzeptieren im Allgemeinen äußerlich »normal« verschmutzte Fahrzeuge. Ist nichts beschädigt, sind die **Formalitäten** (Inspektion des Wagens, Abrechnung von Mehrmeilen, Steuern etc.) rasch erledigt.

Flughafen-Transfer

Der Vermieter sorgt für den Transport zum Hotel bzw. zum Airport. Bei Planung von **Rückgabe und Abflug am selben Tag** sollte auf reichlich Zeit geachtet werden: besser nicht unter 4 Stunden zwischen Ankunft in der Station und Abflug bei einer angenommenen **Transferzeit** von etwa 1 Stunde. Denn häufig entstehen Wartezeiten, etwa auf andere Kunden, die im selben Fahrzeug transportiert werden müssen. Auch langwierige Verkehrsstaus in den kalifornischen Cities und Las Vegas sind immer drin.

3.3 Regelung des Transports vor Ort

Eigeninitiative

Steht am Ankunftsort kein vorgebuchtes Fahrzeug bereit und steckt auch kein *Amtrak*-Netzpass in der Tasche, muss Eigeninitiative dafür sorgen, dass es in den USA weitergeht.

Fahrzeugmiete

Voraussetzungen

Ein Auto zu mieten, ist im Prinzip eine unkomplizierte Angelegenheit. Der Kunde muss dieselben Voraussetzungen erfüllen, wie auf Seite 63 erläutert. Darauf hingewiesen sei noch einmal, dass unter einem Alter von 21 Jahren fast und ohne Kreditkarte gar nichts läuft. Nur in den *Big Cities* gibt es hier und dort lokale Unternehmen, die sich den Service für Kunden **ab 18/19 Jahren** mit Höchsttarifen honorieren lassen. Damit verbunden ist oft die Auflage, das Stadtgebiet bzw. einen engen Radius um die Stadt herum nicht zu verlassen, so dass größere Reisen nicht möglich sind. Die immer extra berechnete Haftpflichtversicherung für junge Fahrer ist dabei immer sehr teuer, die dadurch versicherte maximale Deckungssumme dennoch nach unseren Maßstäben erschreckend niedrig.

Pkw/SUV/Minivan

Typen

Über die in den USA als Leihwagen zur Verfügung stehenden Wagentypen und -kategorien kann man sich in Reisekatalogen und im Internet leicht informieren. Hilfreich ist dabei u.a. das Portal www.usareisen.de/mietwagen.

Tarife am Airport

Jeder amerikanische *Airport* verfügt über Vertretungen der bekannten wie lokaler *Rental Car*-Firmen. Fahrzeuge sind fast immer vorhanden, **die kleineren, preisgünstigen Fahrzeuge** indessen **oft ausgebucht**. Dagegen hilft nur zeitige Reservierung, ➤ Telefon und Websites rechts. Generell liegen die Flughafenpreise deutlich über den sonst ortsüblichen Miettarifen.

Off-Airport-vermieter

Für eine **kostengünstigere Wagenmiete** sollte man daher besser einen Bogen um den Airport machen und im Internet nach lokalen Lösungen schauen. Fast immer besitzen einige Billigvermieter (ohne Flughafenschalter) eine Station im Umfeld, und die Großen der Branche in den Metropolen mehrere Vertretungen. Mietfahrzeuge kosten dort glatt bis über 50% weniger als am Airport – nicht zuletzt wegen dort entfallenden Sondergebühren. Für einen **Kostenvergleich** und ggf. auch zur kurzfristigen Buchung eignen sich in den USA Vergleichsportale wie www.orbitz.com mit einer übersichtlichen Darstellung der Angebote vor Ort.

Haftpflicht- und Vollkasko-versicherung

In allen Fällen einer Miete erst in den USA müssen Versicherungen extra gebucht werden. Häufig sind die Fahrzeuge nicht einmal haftpflichtversichert oder nur mit einer vorgeschriebenen minimalen Deckungssumme ausgestattet. Zu niedrigen Basistarifen addieren sich dann hohe Tagessätze für Haftpflichtaufstockung und Vollkasko für vom Mieter zu verantwortende Schäden am Fahrzeug.

Tarifunterschiede

Die **Konditionen unterschiedlicher Vermieter für gleichartige Fahrzeuge** – egal wo man sie mietet – variieren bisweilen erstaunlich. Der Vorteil der großen Vermieter besteht im Wesentlichen darin, dass die Wagen neuer und gepflegter sind als bei kleinen Firmen, und bei Problemen unterwegs die nächste Station nicht so weit entfernt ist.

Vermieter vor Ort

Die ***toll-free*** **Telefonnummern** und **Internetadressen** der wichtigsten Vermieter lauten wie folgt:

Firma	Toll-free ✆	Internet-Adresse
Alamo	1-888-233-8749	www.alamo.com
Avis	1-800-230-4898	www.avis.com
Budget	1-800-218-7992	www.budget.com
Dollar*	1-800-800-4000	www.dollar.com
Enterprise*	1-800-261-7331	www.enterprise.com
Hertz	1-800-654-3131	www.hertz.com
National	1-877-222-9058	www.nationalcar.com
Payless	1-800-PAY LESS	www.paylesscar.com
Thrifty*	1-800-THRIFTY	www.thrifty.com

*) *Thrifty, Payless* und *Enterprise* unterbieten oft die Tarife der Marktführer. Sie sind großflächig fast überall vertreten, verfügen aber seltener über Airportschalter.

Vor-Ort-Miete kostspieliger als Vorausbuchung

Es sei hier wiederholt, dass in den USA die Tarife bei Buchung vor Ort unter Berücksichtigung von Umsatzsteuern und extra berechneter Versichungen meist höher liegen als bei Vorabbuchung, egal ob bei hiesigen Reiseveranstaltern, Fahrzeugvermittlern oder den *Rental Car Companies* direkt, ➢ Seite 68 unten.

Gebrauchtwagenmiete

Etwas günstiger als die preiswertesten Neuwagen-Vermieter sind ältere Wagen, die in Wahrheit durchaus nicht an »Wracks« erinnern, von ***Rent-A-Wreck*** mit sechs Stationen in Kalifornien und einer in Reno/Nevada, ➢ www.rentawreck.com.

Campmobile

Saisonsituation

Eine kurzfristige Campermiete während der Hochsaison ist generell schwierig. Das gilt auch für die Buchung vor Ort. In Kalifornien ist der Zeitraum **Mitte Juni bis Anfang September** kritisch. **Vor *Memorial Day*** Ende Mai und **nach dem *Labor Day*** im September sind die Aussichten, auch kurzfristig einen Camper der gewünschten Kategorie aufzutreiben, schon besser. Von ca. Ende Oktober bis April senken die meisten Vermieter ihre Preise deutlich. Dennoch sind keine Dumpingtarife zu erwarten.

Kosten

Wer also in der **Vor- und Nachsaison** in einer der Großstädte die Mühe auf sich nimmt, »seinen« Camper direkt zu buchen, wird ein Fahrzeug finden. Die Wahrscheinlichkeit aber, damit günstiger zu fahren als bei Buchung in der Heimat, ist selbst bei einem günstigeren Wechselkurs als $1,22 für den Euro sehr gering, erst ab ca. $1,40/Euro werden die Chancen besser.

Die **Voraussetzungen** für eine Campermiete sind weitgehend identisch mit denen der Pkw-Miete, ➤ Seite 94 oben.

Camper mieten, wo?

Adressen und Telefonnummern von Verleihfirmen findet man im Internet unter Schlagworten wie ***Automotive/RV-Rental*** oder ***Recreational Vehicles***. Dort stößt man naturgemäß in erster Linie auf die bekannten international anbietenden Vermieter (*Apollo, Cruise America, Roadbear, El Monte, Best RV, Britz* etc), aber durchaus auch auf kleinere, im wesentlichen lokal und regional operierende Firmen. Die Durchsicht der Angebote solcher Vermieter, soweit sie Ende 2017 für 2018 vorlagen, ergab erstaunlich hohe Tagesmietpreise bei z.T. sogar ungünstigen Konditionen w.z.B. keine unbegrenzten Meilentarife und anderes mehr.

Die Campmobile von Cruise America sind rundherum mit wunderbaren Landschaftsfotos (hier Yosemite Park) verziert. Das sieht attraktiv aus. Aber ob jeder Cruise-Kunde sich dafür begeistern mag, mit einer derart auffälligen Reklameschachtel herumzufahren?

Versicherung

Bei Buchung vor Ort wird die **Vollkaskoversicherung** immer mit hohen Tagessätzen extra berechnet. Da die **Basishaftpflichtversicherung** der Fahrzeuge immer zu gering ist, muss entweder eine **Haftpflichtaufstockung** durch Zuzahlung vereinbart werden, oder man zahlt mit einer Kreditkarte (➤ Seite 68), die bei Fahrzeugmieten im Ausland eine Haftpflichtaufstockung automatisch beinhaltet – sofern überhaupt eine Haftpflichtversicherung für den Mietcamper besteht, ein in den USA legaler Umstand. Denn dort werden Personen versichert, nicht das Auto. Das muss geklärt sein. Denn ohne Basisversicherung gibt's keine Aufstockung!

Erst drüben mieten?

Die Frage »**Lohnt es sich finanziell, erst drüben zu mieten?**« muss seit Jahren klar mit »**nein**« beantwortet werden. Erst bei einem Kurs ab etwa $1,40/€ könnte sich das vielleicht wieder rechnen. Aber Suche und Auswahl dürften stressig und nicht der ideale Einstieg in die Amerikareise sein.

Ein wenig ermunternder Gedanke ist zudem, dass bei Problemen wie Mängeln des Fahrzeugs, die man erst unterwegs entdeckt, und eventuellen Schäden eine daraus folgende Auseinandersetzung im fremden Land geführt werden müsste.

Auto Drive-Away

Autotransport

Eine typisch amerikanische Möglichkeit, gelegentlich billig und trotzdem relativ selbständig zu reisen, ist das sogenannte ***Auto Drive-Away***. Es handelt sich um den Fahrzeugtransport im Auftrag von Unternehmen und Privatleuten, die z.B. ihren Wohnsitz an einen anderen Ort verlegen und nicht die Zeit oder das Personal haben, alle vorhandenen Wagen selbst zu überführen. Für diesen Job sucht man Fahrer, die ohnehin zum entsprechenden Ziel wollen und daher nicht bezahlt werden müssen.

Die Mehrheit der Autotransporte fällt bei großen Entfernungen an, aber auch schon mal auf mittleren Strecken wie von San Francisco nach San Diego oder Las Vegas.

Touristen als Fahrer

Touristen können ebenfalls Fahrzeug-Überführungen übernehmen; eine Arbeitserlaubnis benötigen sie dafür nicht. Voraussetzung ist ein Alter von **mindestens 23 Jahren**, der **Führerschein** (vorsichtshalber auch als internationale Version), **Reisepass** und ein ***Motor Vehicle Record***. Bezogen auf Deutschland wäre das ein Auszug aus dem Fahreignungsregister des Kraftfahrtbundesamtes (www.kbd.de) plus eine formlose Bescheinigung der eigenen Versicherung über Unfallfreiheit des Fahrers in englischer Sprache.

Kosten

Bei »Anstellung« gehen je nach Fahrtziel nur die Kosten fürs Benzin teilweise zu Lasten des Fahrers.

Bedingungen

Die Wagen sind gegen Schäden durch **selbstverschuldete Unfälle** weitgehend versichert; eine per Kreditkarte zu leistende Kaution ($350) deckt eine eventuelle Selbstbeteiligung ab. Man erwartet, dass der Fahrer **300 mi bis 500 mi pro Tag** schafft. Weitere Einzelheiten unter http://autodriveaway.com/about-us/drivers.

Öffentlicher Transport zu Lande

Greyhound/ AMTRAK

Auf den ➤ Seiten 39f und 80f findet man alle wichtigen Informationen zum Schienenverbund AMTRAK und zu den Überlandbussen von *Greyhound*. Weitere Details zur Nutzung der beiden Verkehrsmittel und außerdem auch zum Ticketkauf vor Ort unter www.greyhound.com und www.amtrak.com.

*Öffentlicher Transport in Las Vegas: Der SDX Hybrid Bus (**S**trip&**D**owntown E**X**press) verbindet die Kasinos am Las Vegas Blvd und im Zentrum miteinander*

Regional- und Lokaltransport

Obwohl die USA, was öffentliche Verkehrsmittel betrifft, insgesamt keinen guten Ruf besitzen, trifft die Pauschalierung durchaus nicht auf alle Regionen und Städte zu. Im Bereich der **San Francisco Bay**, **in den Großräumen Los Angeles** und **San Diego** und in einigen mittelgroßen Städten wie **Sacramento**, **Monterey/ Carmel**, **Santa Barbara** und **Palm Springs** mit Umgebung, aber auch in **Reno** und **Las Vegas** sind Orts- und Kurzstreckennetze relativ gut ausgebaut, die Tickets sogar recht preiswert.

Airporttransport

Die ***International Airports*** von San Francisco und Los Angeles sind beide an die U- bzw S-Bahn angeschlossen (*BART* bzw. *Metro Rail LA*). Auch lokale Buslinien stoppen dort ebenso wie in Las Vegas und San Diego. Deren Nutzung zum normalen City-Tarif ist mit Gepäck zwar ziemlich unbequem, aber es vermeidet die Buchung teurer Express-Busse oder Taxifahrten.

Abseits der Städte

In und zwischen mittelgroßen und kleinen Städten und auf dem Land außerhalb der Ballungsgebiete sieht es bei den öffentlichen Verkehrsmitteln eher flau aus.

Flugbuchung vor Ort

Flugfrequenz

Bis zu 90% des öffentlichen Personenverkehrs zwischen amerikanischen Cities werden per Flugzeug abgewickelt. Auch noch zu kleinsten Städten existieren Linienflüge. Auf viel frequentierten Strecken gibt es stündliche oder häufigere Abflüge, so zwischen Los Angeles, San Francisco, San Diego und natürlich Las Vegas.

Die Zeiten, in denen das Fliegen in den USA unkomplizierter als bei uns war, sind dank 9/11 leider vorbei. Wer mit Gepäck nicht spätestens 90 min vor Abflug am Abfertigungsschalter steht, hat keine Garantie mehr, mitgenommen zu werden, und das Gepäck kommt dann sowieso erst mit der nächsten Maschine. Wohlverstanden »am Schalter«. Einzukalkulieren ist auch noch die Wartezeit am Ende einer möglicherweise langen Schlange bis dorthin.

Kosten

Inneramerikanische Flüge können recht teuer sein, kauft man die Tickets drüben kurzfristig und erwischt keinen Spezialtarif oder eine *Discount Airline*. Speziell Flüge zu entlegenen Orten, die nur von einer Gesellschaft bedient werden, gehen ins Geld.

Tarife

Jede Fluglinie hat ihr eigenes Tarifsystem. Wenn mehrere *Airlines* eine Strecke bedienen, gibt es unterschiedlichste Tarife in Abhängigkeit von Buchungs- und Flugdatum und der Abflugzeit. Günstig sind als ***Night Coach*** geltende Flüge abends nach 21 Uhr.

Buchung

Der konventionelle Weg zum Ticket ist das nächste Flugreisebüro. Wer seine Automobilklubkarte dabei hat, kann sich auch an die **Reisebüros des AAA** wenden, ➢ Seite 46, die es in allen Groß- und Mittelstädten gibt.

Reservierung

Wenn die *Airline* für einen geplanten Flug vorab klar ist, bucht man am besten direkt, entweder im **Internet** oder unter der jeweiligen gebührenfreien 800-Telefonnummer.

- ***Alaska***: ✆ 1-800-252-7522 www.alaskaair.com
- ***American***: ✆ 1-800-433-7300 www.americanair.com
- ***Delta***: ✆ 1-800-221-1212 www.delta.com
- ***Jet Blue***: ✆ 1-800-538-2583 www.jetblue.com
- ***Southwest***: ✆ 1-800-I-FLY-SWA www.southwest.com
- ***United***: ✆ 1-800-864-8331 www.united.com

Um sich zunächst eine Übersicht zu verschaffen, ruft man ein amerikanisches Buchungsportal auf und vergleicht die Tarife; z.B. unter www.orbitz.com, und bucht ggf. gleich dort.

3

Für Inlandsflüge supergünstigeTarife hat die »Discount Airline« JetBlue. Hier ein Airbus A320 nach dem Start vor der Hochhauskulisse von Las Vegas

Alle Schulbusse in den USA gehören der jeweiligen Schulbehörde und sind ausnahmslos knallgelb. Sie werden ausschließlich für den Schülertransport eingesetzt.

3.4 Auf Amerikas Straßen

Verkehrssituation

Autofahren ist in Nordamerika insgesamt einfacher und im Allgemeinen weniger stressig als etwa in Deutschland oder in der Schweiz. Außerhalb der Ballungsgebiete sind geringe Verkehrsdichte, weitgehend beachtete Tempolimits, Getriebeautomatik der meisten Fahrzeuge und größere Gelassenheit der Amerikaner am Steuer einige Gründe dafür. Dennoch sind **Unfallhäufigkeit** und **Verkehrstote** bezogen auf die Zahl der Einwohner im landesweiten Schnitt viel höher als bei uns. Also Vorsicht!

Es wird rechts gefahren, und die wenigen für uns neuen Verkehrszeichen erklären sich weitgehend von selbst. Ein Umdenken des europäischen Autofahrers ist also nicht notwendig.

Wohl aber gibt es eine Reihe von Verhaltensregeln und gewisse Andersartigkeiten, die zu kennen wichtig ist und in bestimmten Situationen sogar unabdingbar sein kann:

3.4.1 Abweichende Verkehrsregeln

Zunächst die kurze Liste der von unseren Normen abweichenden Verkehrsregeln, deren Kenntnis erforderlich ist:

Vorfahrt

- **Stoppzeichen** für alle Fahrtrichtungen an Kreuzungen bedeuten »wer zuerst kommt, fährt zuerst«. Das Anhaltegebot gilt auch bei offensichtlich leeren Querstraßen und wird strikt befolgt (und gelegentlich von der Polizei aus unauffälliger Position kontrolliert). Die Regel ist genauer als »rechts vor links« und in vielen Wohngebieten Standard. Dabei überqueren mehrere sich der Kreuzung nähernde Wagen diese nach kurzem Halt in **Reihenfolge der Ankunft**. Das gilt auch bei aufgestautem Verkehr (Ankunft **am weißen Balken** auf der Fahrbahn zählt); die Überquerung läuft dann meist ringsum einer nach dem anderen. Unklarheiten löst man durch Zuvorkommenheit.

Ampeln

• Zeigt eine Ampel **rot,** darf unter Beachtung der Vorfahrt des Querverkehrs rechts abgebogen werden, es sei denn, eine Schrifttafel untersagt dies ausdrücklich (***No Turn on Red***). Im Fall einer gesonderten Abbiegerspur **muss** sogar bei Rot abgebogen werden, solange dies der Querverkehr zulässt. Die **Lichterfolge** an der Ampel ist **Grün-Gelb-Rot-Grün**; die Rot/Gelb-Phase vor dem Grün entfällt also.

Schulbus

• Die gelben Schulbusse dürfen weder überholt noch vom **Gegenverkehr** (!) passiert werden, wenn sie anhalten und Kinder ein-/aussteigen lassen. Warnblinkleuchten an allen Ecken der Busse und ausgeklappte Schilder markieren die Stopp-Phase. Das Verbot besitzt die Schärfe der Stoppvorschrift an roten Ampeln. Ein Nichtbeachten gilt als schweres Verkehrsdelikt.

Überholen

• Auf mehrspurigen Straßen wird in Amerika legal rechts überholt. Theoretisch ist dies zwar nur erlaubt, wenn dafür nicht die Spur gewechselt wird, aber in der Praxis sind **Überholmanöver auf der rechten Seite** ziemlich häufig. Daran muss man sich gewöhnen und den rechten Fahrbahnen auf *Freeways* hohe Aufmerksamkeit schenken. Eines der obersten Gebote auf mehrspurigen Straßen ist nicht zuletzt deshalb das **sture Spurhalten**. Auf voll besetzten Straßen kann daher ein Spurwechsel schwieriger sein als bei uns.

Carpool Lanes/ Fast Lanes

• Als Maßnahme zur Verkehrsreduzierung während des Berufsverkehrs (*Rush Hours*) wurden auf City-Autobahnen oft sog. ***Carpool*** oder ***Fast Lanes*** eingerichtet. Diese Fahrspuren ganz links dürfen zu definierten Zeiten nur von Bussen, Taxen und von Fahrzeugen benutzt werden, in denen mindestens 2 Passagiere sitzen. Mit Glück fährt man auf ihnen an manchem Stau vorbei. Indessen ist das Ausfahren nicht einfach, wenn man sich durch 4-6 dicht besetzte Normalspuren kämpfen muss. Außerdem dürfen Nutzer der *Carpool Lane* nicht an jedem *Exit* 'raus, was auch das Navi nicht weiß.

Linie/ Doppellinie

• Durchgezogene **Fahrbahn-Trennmarkierungen** dürfen zum Überholen oder Abbiegen überfahren werden. Die Funktion der in Europa einfachen Linie übernimmt in den USA eine auf keinen Fall zu überfahrende Doppellinie.

Tempolimits

• In Kalifornien und Nevada gelten auf ***Freeways* und auf autobahnähnlichen Straßen *Speedlimits* von 65-75 mph. Auf allen anderen Straßen gilt 55 mph, innerörtlich 30 mph**, wenn nicht ausdrücklich anderes erlaubt bzw. vorgeschrieben ist.

Eine Unterscheidung zwischen Lkw und Pkw gibt es bei *Speed Limits* nur vereinzelt mit der unangenehmen Folge, dass ***Trucks*** oft schneller als der sonstige Verkehr fahren.

Kontrolle

Die **Überwachung** erfolgt durch in Polizeiwagen installierte **Radargeräte**. Wer am geschickt postierten Sheriff zu schnell vorbeibrettert, hat bald einen Polizeiwagen im Rückspiegel und wird sogleich zur Kasse gebeten.

Parken und Parkverstöße

Die **Parkvorschriften** in den USA sind streng und tunlichst zu beachten. Für die Parküberwachung zuständige Hilfstruppen der Polizei sind ständig unterwegs, verteilen ***Tickets*** (in *Cities* leicht $100 und mehr) oder lassen abschleppen. Auch wer auf zeitbegrenzten Plätzen ohne Parkuhr/-automat das Limit überschreitet, fängt rasch ein Ticket. Kontrolleure verbinden per Kreidestrich den Auflagepunkt eines Reifens mit dem Asphalt. Ist bei der Kontrolle nach Ablauf der Maximalzeit der Strich zwischen Reifen und Straße noch durchgängig, wurde der Wagen nicht bewegt.

Hydranten

Hydranten – die Dinger stehen überall – dürfen nicht zugeparkt werden: ca. 5 m nach rechts und links müssen freibleiben.

Kantsteinmarkierungen

Rote Kantsteinmarkierungen signalisieren ein strenges Halteverbot. **Gelbe Markierungen** mit Zeitangaben stehen für Ladezonen, **weiße** ebenso fürs Kurzzeitparken zum *Drop-off* von Passagieren. **Blau** kennzeichnet »Parken nur für Behinderte« und **grün** mit Zeitangabe eine entsprechend begrenzte Parkerlaubnis.

Polizeikontakt und Alkohol am Steuer

Um einen Autofahrer zu stoppen, überholt die amerikanische Polizei nicht etwa, sondern bleibt hinter ihm und betätigt kurz Sirene und rote Rundumleuchte, das unmissverständliche Zeichen zum »Rechtsranfahren«.

***Nach dem Anhalten wartet man im Wagen**, alles andere könnte falsch gedeutet werden. Es ist auch nicht ratsam, unbedachte Bewegungen zu machen, etwa in der Absicht, die Papiere aus dem Handschuhfach zu holen. Am besten bleiben die Hände auf dem Lenkrad.*

Ein solches Verhalten ist üblich, um der Polizei – die in Amerika mit überraschendem Schusswaffengebrauch rechnen muss – eine defensive Position zu signalisieren. Polizisten verhalten sich in Kontrollsituationen sachlich-korrekt und – nach dem ersten »Abtasten« und kooperativer Haltung des Gestoppten – auch bei Übertretungen im Allgemeinen nicht unfreundlich.

*Die Eröffnung eines ernsthaften Disputs mit einem **Sheriff** ist in Anbetracht seiner (für uns) erstaunlichen Machtbefugnis nicht ratsam. Die respektvollen Anreden lauten **Officer** oder **Sir.** In Nationalparks besitzen die **Ranger** einen ähnlichen Status wie außerhalb die Polizei.*

***Alkohol am Steuer** wird in Amerika noch weniger toleriert als bei uns. Es gilt zwar die **0,8-Promille-Grenze**, solange nichts passiert. Aber die geringste Auffälligkeit genügt für jede Menge Ärger auch bei weniger Alkohol im Blut. Angetrunkene oder sogar trinkende Beifahrer neben einem stocknüchternen Fahrer zählen bereits zum Tatbestand »Alkohol im Verkehr«. Es darf sich keine geöffnete Flasche mit einem alkoholischen Getränk im Innenraum des Fahrzeugs befinden – theoretisch nicht einmal die bereits entkorkte, aber nicht geleerte Weinflasche vom Vorabend im Kühlschrank des Campers. Weitere Details sind staats- und landkreisabhängig. Daher besser nur mit 0‰ fahren.*

*Gegenüber **Drogen** am Steuer gilt **Zero Tolerance**.*

Wer in beider Beziehung auffällt, wird registriert und nach Bestrafung und Heimreise in Zukunft nie wieder in die USA einreisen – ESTA weiß alles.

Zahlung von Tickets

Wer ein ***Ticket*** erhält, darf entweder im beigelegten Umschlag **Dollars bar** verschicken oder bei einer Bank per ***Money Order*** das Bußgeld einzahlen. Bei Versäumnis hat der Autovermieter die Angelegenheit bald auf dem Tisch. Da er die Kreditkartennummer seines sündigen Kunden kennt, zahlt er üblicherweise (muss er in den meisten Staaten) und belastet dessen Karte. Und zwar plus einer hübschen Bearbeitungsgebühr ($50-$75), deren genaue Höhe sich im Kleingedruckten der Mietverträge findet. Man sollte sich also nicht wundern, wenn Monate nach der Reise ggf. noch einmal eine Belastung auf dem Kreditkartenkonto erfolgt.

Eine weitere amerikanische Besonderheit sind »Pilot Cars«, die einem »Geleitzug« von Autos durch Baustellen vorausfahren. Oft ist es aber ab der roten Ampel noch ein ganzes Stück bis dahin (hier im Sequoia National Park)

3.4.2 Straßensystem und Orientierung

Highways/ Freeways

Eine durchgehende Autostraße, welcher Qualität auch immer, ist grundsätzlich ein ***Highway***. Ein begrifflicher Unterschied zum englischen Wort ***Road*** existiert prinzipiell nicht. Lediglich einen *Interstate Highway* würde man kaum als *Road* bezeichnen. Für *Interstate*-Autobahnen und alle sonstigen autobahnartig ausgebauten Straßen ist auch der Begriff ***Freeway*** üblich (*Free* im Sinne von freie Fahrt/keine Kreuzungen).

Interstate Autobahnen

Wie der Name sagt, sind die *Interstates* die Verbindungsstraßen zwischen den Staaten und faktisch auch innerhalb der Staaten die verkehrstechnischen Lebensadern. Auf Reisen durch Kalifornien und nach Las Vegas sollte man sie nur abschnittsweise befahren; vor allem zur raschen Überwindung größerer Distanzen und als City-Zubringer. Für die touristische Routenplanung sollten die *Interstate Freeways* trotz auch existierender landschaftlich reizvoller Teilabschnitte eher gemieden werden, soweit Alternativen bestehen. Denn man fährt auf den Autobahnen leicht an manchem vorbei, was eine Amerikareise abrundet. Ihr Zustand hat sich in Kalifornien als Folge katastrophaler Kürzungen des Staatshaushalts in den letzten Jahren obendrein ziemlich verschlechtert.

Picnic Areas

An den *Interstates,* aber auch an anderen Straßen gibt es zahlreiche **Rastplätze** (*Picnic/Rest Areas*). Die meisten sind ähnlich wie Campingplätze **mit Picknicktischen und Grillrosten** ausgestattet, mit – nicht immer erfreulichen – Toiletten sowieso.

Nebenstraßen

Das Netz asphaltierter Straßen ist generell in guter Verfassung. Man darf davon ausgehen, dass sich auch kleinste, in den Karten als befestigt ausgewiesene Nebenstrecken ohne Vorbehalte befahren lassen. Ihr Zustand verschlechtert sich in letzter Zeit.

Gravel und Dirt Roads

Für uns ungewohnt sind **Schotterstraßen** (*Gravel Roads* oder *Unpaved Roads*). Schotter ist bevorzugter Belag für wenig benutzte Nebenstrecken. In Zentral- und Südkalifornien gibt es nur ein paar auch touristisch interessante *Gravel Roads,* sieht man von Zufahrten zu Campingplätzen in *National Forests* und *State Parks* sowie Nebenrouten in der *Mojave Desert* ab.

Bei anhaltender Trockenheit sind sie staubig, bei Nässe rutschig und nach längerem Regen voller »Sumpflöcher«. Bei gutem Wetter lassen sich Schotterstraßen meist problemlos befahren. Indessen ist das Befahren derartiger Straßen mit den meisten Mietfahrzeugen laut »Kleingedrucktem« in den Verträgen ausdrücklich untersagt. Übertriebene Sorge ist aber zumindest bei kurzen Fahrten kaum angebracht. Auch *Motorhomes* »überstehen« *Gravel* gut, mag der Wagen auch noch so scheppern. Bei zurückhaltender Fahrweise sind Reifenpannen kaum zu befürchten. Fahren auf Schotter lässt sich schon deshalb nicht ganz vermeiden, weil bei Straßenbauarbeiten die Umleitung (selbst auf *Interstate-Freeways)* gelegentlich über *Gravel* und Matsch läuft.

Der niedrigsten Stufe in der Straßenqualität entspricht die ***Dirt Road***, auch ***Unimproved Road*** genannt. Die »Dreckstraße« ist ein besserer Feldweg, der sich aber bei Trockenheit häufig angenehmer befahren lässt als manche *Gravel Road,* bei Regen jedoch schnell verschlammt.

Orientierung/ Navi

Trotz der aus deutscher Sicht niedrigen Tempolimits kann der Verkehr auf dichtbesetzten *Freeways* ganz schön hektisch sein. Mit defensiver Fahrweise und klarer Zielvorstellung behält man die Übersicht. Wer keinen kartenkundigen Beifahrer hat, wird im *Freeway*-Gewirr von LA, San Diego und der San Francisco Bay ein **Navi** zu schätzen wissen.

Innerhalb der Städte – also abseits der hindurchführenden Autobahnen – ist die Orientierung viel einfacher als bei uns, denn die meisten Städte sind überwiegend schachbrettartig angelegt, die Straßen durchnummeriert, ein **Navi** dennoch hilfreich.

Stadtpläne

Zu Straßenkarten wurde im Zusammenhang mit der Reiseplanung bereits einiges angemerkt, ➤ Seite 45. Für eine Grobübersicht reichen die Karten dieses Buches und die Stadtpläne auf der Rückseite von Kalifornienkarten, z.B. des offiziellen Tourismusbüros. Genauere Stadtpläne gibt es in *Department Stores* und in Tankstellen für wenige Dollar. Mitglieder von Automobilklubs erhalten beim **AAA** auch Stadtpläne kostenfrei.

3.4.3 Tanken, Wartung, Pannenhilfe

Benzin

Die **Benzinpreise** in den USA schwanken mit dem Rohölpreis und nach Region stark, so in **Kalifornien** Anfang 2018 bei Normalbenzin zwischen $2,50 und $4,30/ Gallone (3,8 Liter), im Mittel bei etwas über $3,20, in Nevada generell etwas günstiger um ca. $2,70 im Schnitt.

Arco, eine immer mit den Minimärkten am/pm verbundene Marke, hat meist die preiswertesten Zapfsäulen in der jeweiligen Region

Aktuelle Benzinpreise erfährt man im Internet unter www.gasbuddy.com, wobei man einfach Ortsnamen in die Suchmaske einfügt.

Self Service

Wegen der enormen Preisunterschiede zwischen Selbstbedienung und *Full-Service* ist – wie bei uns – ***Self-serve*** die Regel.

Wer selbst tankt, muss zunächst einen **Hebel an der Tanksäule** ziehen, drücken oder umlegen, sonst fließt kein Sprit.

Tankstellen/ Gas Stations

Die Mehrheit der Preisannoncen bezieht sich heute auf ***Cash or Credit Card – same Price***, aber es gibt auch noch Tankstellen, die Barzahlung honorieren. Generell die günstigsten Benzinpreise bieten **Mini-Mart-Ketten** mit einigen Tanksäulen vor der Tür, ➤ Foto oben. Dafür gibt's dort seltener Wassereimer und Abstreifer für die Scheibenwäsche, Druckluft für die Reifen sowieso nicht.

Tanken mit Kreditkarte

Es überwiegen **Kreditkarten-Tanksäulen**, die den Gang zur Kasse normalerweise überflüssig machen. Nach Einschieben der Karte und kurzer Prüfungspause wird der Benzinfluss freigegeben und am Ende ein Beleg gedruckt. Oft fragt der Computer nach der Postleitzahl (*Zip Code*) der Rechnungsadresse; bisweilen ist er zufrieden mit dem korrekten deutschen, seltener mit einem beliebigen amerikanischen *Code*. Nach eventueller Ablehnung der Karte fordert er: »*See Cashier*«! Dann hilft nur *Cash* oder Kreditkartenvorlage an der Kasse drinnen, ➤ umseitig mehr dazu. Sofern der europäische Kunde eine neuere Kreditkarte besitzt, funktioniert das Ganze problemlos mit Pin Code.

Die Zahlen an diesem Tankautomaten unten stehen für die amerikanischen Oktanwerte (87 = normal). Diesel gilt in vielen Staaten (immer noch!) als umweltfreundlich und ist daher grün markiert, oft auch gelb.

Cash oder Kreditkarte am Tresen

Bei Kartenablehnung und an *Self-serve* Stationen ohne Kreditkartenautomat, die es auch noch gibt, kann nur nach Vorauszahlung getankt werden. Der Kunde legt dort Dollarnoten auf den Tisch und erhält die Freigabe der Zapfsäule. Ist der Betrag verbraucht, stoppt das Gerät. Überschießende Vorauszahlung wird abgerechnet. Alternativ zahlt man einen passenden Betrag per Karte. War der zu hoch, wird die Differenz auch bar erstattet. Auf keinen Fall sollte man die Karte am Tresen als Sicherheit lassen (auch wenn das Amerikaner tun), um nach dem Tanken exakt abzurechnen.

Reifendruck

Einen Druckluftservice, wie bei uns selbstverständlich, vermisst man an den meisten Tankstellen. Wo vorhanden, findet man einen sperrigen Schlauch, dessen Ventil unter Druckbelastung eine Skala freigibt, oder man muss selbst mit eigenen, billig zu erwerbenden Prüfern im Kugelschreiberformat nachchecken. ***Mini Marts*** haben auch schon mal einen schwachbrüstigen Münzkompressor, der gegen *Quarters* ein paar Minuten anspringt.

Wartung/ Ölwechsel

Nur bei sehr langfristig ausgeliehenen Fahrzeugen stellt sich die Wartungsfrage. Bei Wagen von *Avis, Hertz* etc. überlässt man das nicht den Mietern, sondern macht mehrere Verträge hintereinander, bei deren Ablauf die Stationen der Firmen anzufahren sind und das Fahrzeug gewechselt wird. Die eigenständige Wartung (insbesondere der **Ölwechsel**) wird ggf. bei Langzeitmiete eines Campmobils verlangt. Ist die entsprechende Meilenzahl erreicht, läuft man eine der allerorten vorhandenen **Service-Stationen** mit Bezeichnungen wie ***Jiffy Lube, Quick Lube*** an (*to lube* = ölen/abschmieren). Neben dem Öl- und Filterwechsel werden dort auch sonstige wichtige Checkpunkte abgeprüft und erledigt (z.B. Stand der Bremsflüssigkeit und des Getriebeöls).

Unfall/ Panne

Alle Auto- und Campervermieter geben ihren Kunden eine Telefonnummer mit auf den Weg, die bei Panne oder Unfall angerufen werden muss. Bei den großen, landesweit operierenden Firmen ist das Telefon Tag und Nacht besetzt. Bei den meisten von ihnen kann über Zusatzgebühren auch Hilfe für Ersatz bei verlorenem Schlüssel, leergefahrenem Tank etc. gebucht werden.

AAA Straßendienst

Ebenfalls helfen kann der ***TripleA*** (AAA=A*merican Automobil Association*), der einen ***Emergency Road Service*** unterhält. Einsatzwagen patroullieren wie bei uns auf Autobahnen und vielbefahrenen Strecken.

Im Fall einer Panne wählt man gebührenfrei **✆ 1-(800) 222-4357** (= 1-800-AAA-*HELP*), in **Südkalifornien ✆ 1-(800) 400-4222**.

Notruf

In Zusammenarbeit von AAA und ADAC gibt es einen **Notruf in deutscher Sprache** für Urlauber in ganz Nordamerika.

Bei Anruf in der Notrufzentrale des ADAC in München, verbindet diese dorthin weiter:

✆ 011 49 89 222222 (bei Fahrzeugschäden)
✆ 011 49 89 767676 (bei Verletzungen).

Die Zentrale ist rund um die Uhr besetzt.

3.5 Hotels, Motels und andere Unterkünfte

3.5.1 Hotels und Motels

Alles Wissenswerte

Situation

Touristen wird die Suche nach einer geeigneten Unterkunft in den USA leicht gemacht. Hotels und Motels konzentrieren sich **unübersehbar** an den Ausfallstraßen von Städten und Ortschaften, an typischen Ferienrouten und in der Nähe der Flughäfen. Vor allem *Motels* und *Motor Inns* zeigen fast immer mit

Vacancy/No Vacancy

Welcome/Sorry

oder ganz einfach

Yes/No

in Leuchtschrift unmissverständlich an, ob sich die Frage nach einem freien Zimmer lohnt.

Suche

Während man in Europa im Sommer besser schon zur Mittagszeit mit der Quartiersuche beginnt, genügt es in Amerika in der Regel, **ab spätem Nachmittag** Ausschau zu halten (Ausnahmen sind besonders populäre Regionen/Orte, Veranstaltungstage und typische Wochenendziele). Wer sichergehen möchte, ruft einige Tage vorher bis vormittags des Übernachtungstages das Haus seiner Wahl an bzw. reserviert online, ➤ im Detail weiter unten.

Abgrenzung der Begriffe

Die Begriffe ***Hotel***, ***Motel*** und ***Motor Inn*** werden in den USA ohne klare Abgrenzung verwendet. Für die Qualitätseinstufung spielen sie eine nachrangige Rolle:

Motel

- Im ***Motel*** kann der Wagen meist nahe am Zimmer oder Apartment abgestellt werden; Be- und Entladung des Autos sind auf kurzem Wege möglich. Ein Motel verfügt über ebenerdige und oft auch doppelstöckige (von außen zugängliche) Zimmertrakte und eine Rezeption, **nicht aber über eine eigene Gastronomie**. Der Service beschränkt sich auf Cola- und Snacktütenautomaten sowie Eiswürfelmaschinen.

Cabins

Auf dem Lande besteht manches Motel aus einer Ansammlung sogenannter ***Cabins***, zimmergroßen Holzhäuschen, gelegentlich in Blockhausbauweise. *Cabins* können aber auch komplett ausgestattete Ferienhäuser sein.

Motor Inn

- ***Motor Inns*** unterscheiden sich oft durch nichts außer ihrer Bezeichnung vom Motel. In besseren *Inns* erfolgt der Zutritt zu den Zimmern wie im Hotel über die Rezeption oder für Nicht-Gäste verschlossene Eingänge und Korridore, also nicht über außenliegende Türen. Das ist zwar unpraktisch, kommt aber dem Sicherheitsbedürfnis vieler Gäste entgegen. Nur *Inns* gehobener Klassen verfügen über Restaurant und Bar.

Hotel

- Eine allgemein zutreffende Kennzeichnung wie für *Inns* und Motels lässt sich für **Hotels** kaum formulieren. Zwischen »Absteigen« in Randbezirken der Stadtzentren und Luxusherbergen aus Glas und Beton liegen Welten. **Gemeinsames Merkmal**

Discount Coupons für Hotels und Motels

In den Touristeninformationen, aber auch in den Rezeptionen mancher H/Motels und Restaurants wie ***Denny's*** einschließlich *Fast Food Places* wie *Burger King* liegen zur freien Bedienung sog. ***Coupon Guides*** voller Rabattgutscheine (*Coupons*) für Unterkünfte. Sie beziehen sich überwiegend auf Häuser der Ketten an *Interstate Freeways*, in Städten und rund um touristische Attraktionen. Man kann diese Tarife auch im **Internet** aufrufen, dort gleich buchen oder die Gutscheine unter www.hotelcoupons.com/hotels ausdrucken.

Ein Anspruch auf Einlösung der *Coupons* besteht indessen nicht; es kommt auf die jeweilige Auslastung und auf das Kontingent an »Billigzimmern« an. Bei Ankunft nicht zu spät am Tage hat man erfahrungsgemäß gute Chancen, zu den Vorzugstarifen der *Discount Coupons* unterzukommen.

Wer einen Coupontarif nutzen möchte, sollte beim *Check-in* zuerst nach dem Tagestarif fragen (»*What's your best rate today*?») und bei vorhandener Automobilclub-Mitgliedschaft ggf. auch nach der »*Triple A-Rate*« (*AAA* bringt oft 10%+ Rabatt!). Diese Preise liegen auch schon mal unter dem *Coupon*-Angebot. Ist das nicht der Fall, bringt man den Gutschein ins Spiel.

Nebenbei: Die *Coupon*-Hefte sind mit ihren Übersichtskarten gut geeignet zur Orientierung und Identifizierung der Lage von Motelballungen.

***Rechts**: So sieht ein Couponheft aus (in etwa DinA4-Format), das gratis verteilt wird.* ***Links** ein $80-Angebot eines der Best Western-Hotels im Bereich Palm Springs (2017; Listentarif »eigentlich« ab $130). Zur Einlösung wird der Coupon mit der Schere aus dem Heft getrennt.*

fast aller Hotels ist die zum Haus gehörende **Gastronomie** und die Erhältlichkeit von **Alkoholika** (**nie** in Motels, selten in *Motor Inns*). Bei innerstädtischen Hotels fehlt oft Parkraum. Gehören bewachte Parkplätze/-garagen zum Haus, werden dafür meistens hohe Gebühren berechnet. Beim sog. ***valet parking*** durch Hotelpersonal fällt zusätzlich Trinkgeld an.

Lodge

- Vor allem in landschaftlich reizvollen Gebieten und Nationalparks nennen sich Hotels gerne ***Lodges*** und signalisieren damit, dass **Aktivitäten** wie Reiten, Fischen, Kanufahren, *Whitewater Rafting* etc. geboten werden oder dort möglich sind.

»Schlüssel«

Die Mehrheit der M/Hotels ab unterer Mittelklasse hat keine Türschlüssel mehr, sondern auf **Türöffner im Kreditkartenformat** umgestellt, die mit den Buchungsdaten programmiert werden und am Abreisetag ab 11/12 Uhr nicht mehr funktionieren.

Zur Art der Zimmer

Üblich sind in der Mehrheit der Unterkünfte heute ***smoking*** und ***non-smoking rooms***. Für viele bedeutsam ist auch die Alternative ***first*** oder ***second floor*** (= 1. Stock). In Motels mit Außenkorridoren ist das Erdgeschoss mit Auto vor der Tür »gepäckgünstig«, dafür ist das Obergeschoss ruhiger, erfordert aber manchmal erhebliche Gepäckschlepperei über entfernte Treppen. ***Connecting Rooms*** (Verbindungstür) sind nur für Familien/Freunde sinnvoll da mit ihnen Sicherheitsabstriche und Lärmbelästigung drohen.

Komfort und Ausstattung

Die **Innenausstattung** amerikanischer Hotel- und Motelzimmer zeichnet sich durch eine **weitgehende Uniformität** aus: Je nach Größe des Raums ein Bett*) oder auch zwei davon, gegenüber ein Schränkchen mit Fernseheraufsatz (in der Regel Flachbild), ggf. eine Schreibplatte, in der Ecke Sessel/Stühle plus Tischchen. Oft auch **Kühlschrank** und **Mikrowelle**. Man schläft zwischen zwei Laken unter einer Decke, deren Zustand (nicht nur) in billigen Unterkünften gelegentlich zu wünschen übrig lässt.

Ein **separates Bad** gehört noch zum preiswertesten Raum, ebenso die **Klimaanlage**, die aber nur in besseren Hotels leise ist. Oft befinden sich Waschbecken mit Platte für den *Coffeemaker* in einer abgetrennten offenen Ecke des Raums. Nur Dusche/Badewanne und Toilette sind dann per Tür separiert.

Preis

Unterschiede im Preis drücken sich weniger in generell vorhandenem Mobiliar und Zimmergröße als in Qualität/Gediegenheit der Ausstattung und Grad der Abnutzung aus. Neuere Häuser der **oberen Mittelklasse** bieten für **$120-$180** (2 Personen) einen Komfort, der denen in weit teureren Hotels häufig kaum nachsteht.

Die Mehrheit der Unterkünfte in der meist noch akzeptablen **unteren Mittelklasse** liegt in Kalifornien ohne Sonderfaktoren wie Nähe zu Nationalparks (extreme Preise in Oakhurst und Mariposa beim *Yosemite*, ähnlich in Carmel) im **Tarifbereich $90-$140**.

---

*) ***Double***: 1,35x1,90 m, ***Queensize***: 1,50x2 m, ***Kingsize***: 1,95x2 m; Einzelbetten kleiner als *Double* gibt es nicht.

»Deluxe« Continental Breakfast Buffet in einem Quality Inn-Motel: Waffeleisen (Selbstbedienung, Fruchtsaft, Toast/Bagels, Äpfel/Orangen, Cerealien; Pappteller und -becher

Zimmertarife

Die Zimmerpreise unterliegen erheblichen regionalen und saisonalen **Schwankungen**. An Brennpunkten des Tourismus und in der jeweiligen Hauptsaison sind die **Tarife in Kalifornien** in den letzten Jahren erheblich gestiegen; unter $150 ist dort selbst in der Mittelklasse oft nichts zu machen. Günstiger wird's bestenfalls So-Do, in der Vor-/Nachsaison und abseits touristischer Hauptpfade. Dort kommt man ggf. auch für weniger als $100 gut unter.

Steuern

Alle Preisangaben sind netto; hinzu kommt immer die *Sales Tax*, die im Hotelgewerbe häufig höher liegt als sonst (bis zu 16%).

Einzel/ Doppel

Gerne wird in der Werbung der günstigste Tarif herausgestellt, nämlich für Einzelbelegung. Dann steht ein kleines **sgl** für ***single occupancy*** hinter der Zahl. Tatsächlich gibt es in Nordamerika so gut wie nirgends »echte« Einzelzimmer, mindestens steht ein Bett der Größe ***Double*** im Raum, der auch für ***double occupancy*** genutzt wird. Der Preis liegt dann nur wenig über dem fürs Einzel oder ist sogar identisch. In ***Twin Bedrooms*** (mit zwei *Double, Queen- oder Kingsize*-Betten) können bis zu 4 Personen übernachten, ohne dass dafür immer ein Aufgeld verlangt wird. **Kinder** sind – oft bis zum Alter von 16/18 Jahren – im Zimmer mit ihren Eltern normalerweise »frei«.

Kaffee und »Frühstück«

Ein Frühstück, wie wir es kennen, ist selten im Zimmerpreis enthalten. Das gängige ***Free Continental Breakfast***, mit dem viele H/Motels – oft vollmundig – werben, ist meist dürftig. Brötchen oder Müsli, Wurst- und Käseaufschnitt (außer *Philadelphia* zu oft pappigen *Bagels*) sucht man vergebens. Nicht selten gibt's gerade mal klebrigsüße *Donuts* oder *Muffins*, dazu Kaffee aus der Pumpkanne. Toast und Butter samt Chemie-Marmelade und eine Auswahl an *Kelloggs Cereals* mit *Low Fat Milk* ist dann schon top.

Manche Häuser werben indessen mit ***Deluxe Hot Breakfast***. Mit »Luxus« hat das, was da in den oft ungemütlichen Frühstücksräumen auf den Pappteller kommt, aber selten zu tun. »*Hot*«bezieht sich dabei meist nur auf ein Waffeleisen zur Selbstbedienung, dazu Zuckersirup mit Ahorngeschmack. Besser sieht's aus in einigen Häusern der gehobeneren Mittelklasseketten wie *Best Western* oder *Holiday Inn Express*, wo man den Gast schon mal mit aus Eipulver hergestelltem Rührei oder Omeletts, Würstchen und *Bacon* erfreut. Auch Joghurt, Äpfel, Bananen oder Orangen fehlen dann nicht. Pappe, Styropor und Plastikbesteck sind fast überall Standard, Porzellan und Metallbestecke die große Ausnahme.

Die Alternative sind *Fast Food Places* mit preisgünstigen Frühstücksangeboten oder die Filialen von Restaurantketten wie ***Denny's*** mit ***American Breakfast*** für den größeren Appetit.

Pay TV

Gratisfilme am laufenden Band (fast) ohne werbliche Unterbrechung gibt es auf den Kanälen des ***Cable-TV (HBO)***, das manche Motels abonniert haben. Bessere Häuser bieten als Hausprogramm eine Auswahl neuester Produktionen und abends Softpornos. Nach Einschalten oder nach ein paar Freiminuten wird in solchen Fällen eine **hohe Gebühr** fällig.

WLAN/WIFI

Ab unterer Mittelklasse, speziell, was die Ketten betrifft, finden **Laptop- und Tabletnutzer** in der Mehrheit der H/Motels kostenfreien kabellosen Zugang zum Internet (***free Wifi***). Nur selten sind noch Gebühren fällig; wenn, dann eher in der Hotel-Oberklasse.

Zimmersuche/ Hotelverzeichnisse

Man kann in den USA komplikationslos ohne Hotelverzeichnis und Empfehlungen in Reiseführern auskommen, indem man sich ganz einfach auf die Hinweise vor Autobahnausfahrten und die Unübersehbarkeit von H/Motels an Hauptausfallstraßen verlässt. Die große Zahl der **Hotel- und Motelketten** aller Kategorien mit weitgehend identisch ausgestatteten Häusern erleichtert dabei die Auswahl. Darüberhinaus gibt es viele **unabhängige H/Motels**, mehrheitlich im Billigsektor und in der Luxusklasse.

TourBooks

Wer nicht ganz auf sein Glück vertrauen möchte und Wert auf ein gutes Preis-/Leistungsverhältnis bei der Übernachtung legt, besorgt sich ***TourBooks* des AAA**, die ziemlich umfassende **Unterkunftsverzeichnisse** mit aktuellen Preisen und Daten für Häuser ab der unteren Mittelklasse enthalten (mit reduzierten Tarifen für Klubmitglieder, ➤ Seite 45).

Auch die in vielen ***Welcome*** oder ***Visitor Centers*** gratis ausliegenden regionalen ***Accommodation/Hotel Guides*** (Unterkunfts-/Hotelführer) sind hilfreich.

Mal was anderes als die uniformen Kettenmotels: »The Saguaro« in Palm Springs; https://thesaguaro.com/palm-springs

Die wichtigsten Hotel-/Motelketten soweit sie auch in Kalifornien/Nevada vertreten sind

Kettenbezeichnung	toll-free ✆	www.
Obere Preisklasse ($180-$00)		
Doubletree/Hilton*1)	1-800 560-7753	doubletree.hilton.com
Hyatt (alle *Brands*)*2)	1-888-591-1234	hyatt.com
Marriot*3)	1-888-236-2427	marriott.com/
(darunter Fairfield Inn, das zur Mittelklasse gehört)		
Radisson	1-800-967-9033	radisson.com
Starwood Hotels*4)	1-888-625-4988	starwoodhotels.com
(darunter Sheraton Four Points, das zur Mittelklasse gehört)		
Mittlere Preisklasse ($100-$200)		
Best Western	1-800-780-7234	bestwestern.com
Budget Inn	1-800-570-7613	budgetinn.com
Choice Hotels*5)	1-877-424-6423	choicehotels.com
Country Inn & Suites	1-800-830-5222	countryinns.com
Howard Johnson	1-800-221-5801	hojo.com
Holiday Inn*6)	1-800-181-6068	ihg.com
La Quinta	1-800-SLEEPLQ	lq.com
Ramada Inn	1-800-854-9517	ramada.com
Red Lion	1-800-733-5466	redlion.com
Shilo Inn	1-800-222-2244	shiloinns.com
Vagabond Inn	1-800-522-1555	vagabondinn.com
Wyndham*7)	1-800-407-9832	www.wyndhamhotelgroup.com
Untere Preisklasse ($60-$120)		
Budget Host	1-800-BUDHOST	budgethost.com
Motel 6	1-800-466-8356	motel6.com
Red Roof	1-800-733-7663	redroof.com

Wer ein bestimmtes Hotel einer Kette telefonisch reservieren möchte, kann auch über die im Reiseteil angegebenen individuellen 800er-Nummern (nicht alle Häuser haben eine) direkt das gewünschte Quartier anrufen.

---

*) weist darauf hin, dass unter der identischen zentralen Telefonnummer und Website die Häuser weiterer Ketten zu buchen sind, die auch ein eigenes Portal haben können, z.B. www.rodewayinn.com im Konzern www.choicehotels.com:

*1) Doubletree/Hilton, Hilton Garden, **Mittelklasse**: Embassy Suites & Hampton Inn

*2) Hyatt und alle Ableger wie Hyatt Regency u.a.m.

*3) Renaissance/Marriott & Marriott Courtyard, Residence & Fairfield Inn u.a.m.

*4) Starwood Hotels mit Meridien, Westin, Sheraton, Four-Points, St. Regis u.a.m.

*5) Choice Hotels mit Comfort Inn, Comfort Suites, Quality Inn, Sleep Inn, Clarion, Friendship Inn, Econolodge, Rodeway Inn u.a.m.

*6) Holiday Inn & Express, Intercontinental, Crown Plaza (Oberklasse) u.a.m.

*7) Wyndham Hotels (großenteils Oberklasse), Days Inn, Howard Johnson, Ramada Inn, Super 8, TraveLodge, Knights Inn, Baymont Inn & Suites

Senioren

Für Senioren gibt es oft Nachlässe, wobei man auch schon mal ab 55 Jahren so definiert wird. In den meisten Hotels beginnt der discountberechtigende Seniorenstatus aber mit 63, ➤ Seite 149.

Finden und Reservieren von Unterkünften

800/888/ 877/866 = toll-free

Dank der in den USA allgemein verbreiteten gebührenfreien **800-Nummern** (auch 888/877/866) fallen bei Reservierungsanrufen von öffentlichen oder Hoteltelefonen nicht einmal Telefonkosten an. Über 800-Nummern verfügen nicht nur Ketten, sondern auch die Mehrheit unabhängiger Häuser. Unter den links gelisteten *toll-free numbers* erreicht man die Reservierungszentralen der Ketten und Hotelgruppen.

Internet

Wer ein internetfähiges **Smartphone**, **Tablet** oder **Laptop** dabei oder unterwegs anderweitig Zugang zu einem Computer hat (öffentliche Bibliotheken), kann unterwegs auch kurzfristig noch Zimmer für die nächste und bis ca. 16 Uhr noch für dieselbe Nacht reservieren. Internetbuchung haben den Vorteil detaillierter Information über die in Frage kommenden Häuser samt Fotos. Totale »Fehlgriffe« lassen sich damit ganz gut vermeiden.

Buchungsportale

Wer sich zunächst einmal mit der gesamten H/Motelauswahl in den jeweiligen Tageszielen vertraut machen möchte, besucht am besten zunächst Portale wie www.booking.com, www.kayak.de, www.trivago.de, www.hotels.com, www.orbitz.com.

Buchung per Navi oder Smartphone

Es geht auch ganz ohne Laptop oder Tablet per Navi, mit dem man Unterkünfte finden und reservieren kann. Smartphonenutzer können **Apps für alle Unterkünfte** Kaliforniens kaufen (im ***iTunes App Store*** und auch im ***Android Market***). Apps für einzelne oder miteinander verbundene Ketten lassen sich kostenfrei herunterladen. Infos z.B. unter www.allstays.com.

Kategorien

Die Ketten in der Übersicht links sind nach **obere, mittlere und untere Preisklasse** aufgeteilt, wobei die Grenzen insbesondere zwischen Unter- und Mittelklasse fließend verlaufen. Ein Haus der unteren Kategorie der Mittelklasse muss nicht notwendig immer über dem Standard eines einfachen unabhängigen Motels liegen. Verglichen am identischen Ort wird es aber immer teurer sein als die in der letzten Gruppe zu findenden Quartiere.

Tarife

Die angegebenen Tarifintervalle in Klammern geben nur einen Anhaltspunkt. Sie können unter- aber auch überschritten werden.

Verbreitung der Ketten

Die Verteilung und Dichte von Hotels und Motels der Ketten ist sehr unterschiedlich. Die **Ober- und Luxusklasse** konzentriert sich eher auf die **Großstädte**. Auf viele Namen der Mittelklasse (*Super 8, Econolodge, Ramada, Travelodge, Fairfield, Days Inn, Best Western, Holiday Inn/HI-Express, Comfort/ Quality Inns*) stößt man allerorten. Auch einige der preiswerteren Kettenmotels sind relativ stark, aber mit regionalen Schwerpunkten vertreten.

Neue 800 ✆ ?

Sollte eine Motelkette unter der aufgeführten Nummer nicht mehr erreichbar sein, ruft man – ebenfalls gebührenfrei – die ***Toll-free Information*** an: **1-800-555-1212**.

Abgrenzung der Kategorien

Während die Unterkünfte der Mittel- und Oberklasse in den meisten Fällen einen Standard bieten, der den Erwartungen und dem Preis (im jeweiligen lokalen bzw. saisonalen Rahmen) gerecht wird, sind **in der *Budget*klasse die Unterschiede groß**. Das gilt insbesondere für die Vielzahl der kleinen preiswerten *Motels*, die keiner Kette angehören. Bei ihnen erkennt man erst vor Ort, ob man sich für $59 eine heruntergekommene Absteige einhandelt oder ein Sonderangebot in einem gerade halbleeren Motelkleinod.

Vorteile der Ketten

Wichtig zu wissen ist, dass ein Teil der Kettenmotels in der unteren Preisklasse den Komfort der Mittelklasse oft erreicht oder nur mit kleinen Abstrichen darunter bleibt. Andererseits bieten u.a. die Mittelklasse-Ketten ***Best Western, Fairfield, Holiday Inn Express, Ramada Limited, La Quinta, Vagabond*** außerhalb der jeweiligen Saison und/oder in reiseschwachen Gebieten für Preise um dann $80-$100 einen angenehmeren Aufenthalt als manches »Billigmotel« für nicht viel weniger Geld.

Da die Qualität der Häuser auch innerhalb einer Kette mehr oder weniger schwankt und auch die Lage eine Rolle spielt, wird der Leser mit der gewählten **Einordnung** nicht immer übereinstimmen, aber sie liefert einen Anhaltspunkt.

Ein- und Auschecken

Übliche Prozedur

Bei Ankunft unterschreibt der Gast einen *Credit Card Slip*, der den Zimmerpreis plus Steuern ausweist, und erhält den Schlüssel bzw. den nur für die gebuchten Nächte aktivierten Türöffner des zugewiesenen Raums. Eine Barzahlung ist möglich, aber unüblich. Eine Abrechnung am folgenden Morgen/Ende des Aufenthaltes ist nur nötig, wenn Zusatzleistungen in Anspruch genommen werden können und wurden, etwa Gebühren für Filmprogramm, Zimmer- oder Restaurantservice. Im Durchschnittsmotel ist mit Einchecken und Zahlung meist alles erledigt.

Zimmerwahl

Man kann die Zuteilung des Zimmers durchaus beeinflussen, wobei ***Non-Smoking-Rooms*** heute fast durchgängig die Regel sind. Es wird niemandem verwehrt, zunächst den zugedachten Raum in Augenschein zu nehmen. Man sollte nicht zögern, nach einer Alternative zu fragen, wenn

- die **Schnellstraße** vor dem Fenster verläuft
- der **Fahrstuhl** sich nebenan befindet (manche Fahrstühle verursachen bei jeder Bewegung ein mittleres Zimmerbeben)
- **Eiswürfelmaschine** und/oder der **Cola-Automat** in der Nähe stehen; das ständige Klappern kann erheblich stören
- im Airport-Hotel das Zimmer die ***Runways*** überblickt

Verbundene Räume

Wer mit einem Zimmer auskommt, ist besser bedient mit einem ***Non-Connecting Room***: Erstens aus Sicherheitsgründen, weil es für einen Profi kein Problem ist, derartige Türen ohne größeren Lärm zu öffnen. Und zweitens, um nicht das Fernsehprogramm und den Ehestreit der Zimmernachbarn ertragen zu müssen.

Check-out Wer spät erst am Nachmittag das Zimmer räumen möchte, kann nach einem ***Late Check-out*** fragen, was meist akzeptiert wird und bei vorheriger Klärung nichts oder nur wenige Extradollars kostet. Ohnedem muss man Zimmer **zwischen 11 am und *Noon*** räumen, bei unangekündigtem Überziehen der Zeit im Extremfall den vollen Tarif zusätzlich bezahlen.

Trinkgeld Ein kleines Problem ist für europäische Touristen die Frage der »richtigen« **Trinkgeldbemessung** in Hotels und Gastronomie.

Da Angestellte in Hotels und Restaurants in Amerika viel stärker vom Trinkgeld abhängig sind als ihre deutschen Kollegen, wird bei allen Dienstleistungen im Hotel ein ***tip*** erwartet. Der ***Bellhop*** (Hotelpage) erhält fürs Koffertragen $1 pro Gepäckstück, der ***Doorman*** (Türsteher) $2 fürs Taxiholen und die ***Room Maid*** $2-$3 täglich, die man im Zimmer hinterlässt. Es ist keine schlechte Idee, bei mehreren Tagen Aufenthalt das Zimmermädchen bereits nach dem 1. Tag mit einem *Tip* zu erfreuen.

Hochsaison – immer alles voll?

Im Einzugsbereich der Ballungsgebiete Los Angeles, San Diego und San Francisco Bay (bis ca. 200 mi bzw. 3 Autostunden im Umkreis) sind alle populären Ziele an **Sommerwochenenden** stark gebucht. Die bekanntesten wie **Monterey/Carmel**, die Umgebung des ***Yosemite Park*** oder des **Lake Tahoe in Ferienzeiten** auch an Wochentagen. Wer dort nicht bis 16 Uhr sein Zimmer sichert (im Fall *Yosemite* und Umgebung möglichst mehrere Monate im Voraus), hat schlechte Karten. Ansonsten sind mittel- oder langfristig komplett ausgebucht meist nur bekannt gute und zugleich preiswürdige Häuser und sog. Resort-Hotels mit allen Schikanen für *Holiday Fun*.

Wer die **Wochenendproblematik** beachtet und freitags/samstags die Touristenmagnete meidet, findet selbst im Sommer meist ohne größere Probleme ein Nachtquartier, sofern

- eine gewisse örtliche Flexibilität vorhanden ist
- die Suche nicht erst nach 18 Uhr beginnt
- keine zu engen Präferenzen bezüglich Preis und/oder Qualität existieren

Weiß man definitiv im Voraus schon, wo übernachtet werden soll, kann eine telefonische oder Internet-/App-Reservierung nicht schaden. Trotz der dort ansprechenden Fotos sieht man aber natürlich immer erst vor Ort, ob die getroffene Wahl glücklich war. Denn mitunter entsprechen *Tripadvisor*-Beurteilungen oder die ins Netz gestellten Bilder des Betreibers nicht so recht den wahren Verhältnissen. Die gammligen Ecken im Badezimmer finden sich bestenfalls in den kritischen Kommentaren früherer Gäste.

Freitags- und Samstagsbuchungen bereits ein paar Tage vorher sind nicht nur in der Hochsaison eine gute Idee. Denn man weiß ja nie, ob nicht lokale Ereignisse selbst im Mai oder Oktober schon mal für ausgebuchte Zimmer sorgen.

Zur **Sondersituation in Las Vegas** ➤ Seite 524ff.

3.5.2 Sonstige Unterkünfte

Bed & Breakfast

Situation

Bed and Breakfast in Privathäusern und ***B&B Inns*** ist in Kalifornien recht verbreitet. In ländlichen Regionen wird man **B&B-Schilder** häufiger entdecken als in größeren Städten, wo indessen bei weitem nicht alle Gastgeber ihr Angebot öffentlich machen. Wer er sich vorstellen kann, anstelle anonymer H/Motels öfter mal Zimmer mit Frühstück zu buchen, findet Detailinfos in meist regional gegliederten ***Bed & Breakfast Guides***, die in größeren ***Bookstores*** vorrätig sind. Der Übergang zum ***Country Inn***, faktisch einem Hotel, ist dabei fließend. Hier und dort sind auch **Listen mit allen *Bed & Breakfast Places*** einer Stadt/Gegend in den Büros der *Tourist Information* erhältlich.

Internet

Im Internet finden sich zahlreiche Websites von B&B-Betreibern und Vermittungsportale wie z.B. www.bedandbreakfast.com oder, speziell für Kalifornien, www.cabbi.com. **Google** liefert unter **b&b** (so oder ausgeschrieben) plus Region jede Menge Adressen.

App

Von der *California Association of Bed and Breakfast Inns* (CABBI) gibt es im ***iTunes App Store*** und auch für ***Android*** eine freie App für alle angeschlossenen B&Bs in Kalifornien.

Kosten

Wichtige Anmerkung: **B&B ist nicht die billige Alternative zum Hotel**; das Preisniveau liegt im Rahmen der Mittelklasse, aber oft auch höher, so ab $130 pro Nacht und auch schon mal in edlen Quartieren $400 und mehr. Attraktiv ist im B&B sicher für viele der dort eher mögliche Kontakt mit Amerikanern.

Nostalgisches »Julian Bed & Breakfast Inn« im gleichnamigen Village am Kreuzungspunkt der Straßen #78 und #79 im Hinterland Südkaliforniens nordöstlich von San Diego, ➤ *Seite 475*; www.julianhotel.com

Privatzimmer

In den letzen Jahren konnten sich auch Privatzimmer-Vermittler im Internet erfolgreich etablieren, z.B.

www.airbnb.com, www.9flats.com oder www.wimdu.de .

Neben »Schnäppchen« für Sparfüchse findet sich dort auch viel Originelles wie der Wohnwagen in Big Sur, die Kabine auf der Segelyacht oder gleich ein ganzes Hausboot. Der Kontakt zu Amerikanern ist dabei ebenfalls häufig inklusive.

International Hostels

Jugendherbergen/ Hostelling International (HI-Hostels)

Das Jugendherbergswesen ist in den USA im Vergleich zu Europa zwar unterentwickelt, aber einige Herbergen befinden sich in günstiger Lage im Brennpunkt der Cities oder in einem besonders attraktiven Umfeld. Die Kosten in Häusern der ***American Youth Hostel Federation*** (***HI-Hostels***) sind speziell für Einzelreisende konkurrenzlos billig.

Bei zwei Personen ist aber manches *Hostel* schon teurer als die untere Motelkategorie. Immer mehr Herbergen bieten auch Einzel- und Doppelzimmer an, teilweise sogar mit eigenem Bad zu Kosten der im lokalen Rahmen preiswerteren Motelkategorie.

Reservierung

Zu den *HI-Hostels* in den USA findet man alle Informationen unter www.hiusa.org. Dort kann auch zentral reserviert werden.

Hostels in den Cities und in der Nähe attraktiver Ziele (Nationalparks/Küstenorte) sind Wochen **im Voraus zu reservieren**.

Alternative Hostels

Eine **Alternative zu Jugendherbergen** im konventionellen Sinn bieten zahlreiche unabhängige Unterkünfte, ebenfalls (*International*) ***Hostels***, aber unter freier Trägerschaft. Sie verfügen über Mehrbettzimmer (ca. $25 bis über $50 pro Bett) und meist auch Einzel/Doppel ab ca. $60. Bei ihnen geht es in der Regel etwas lockerer zu als in den *Hostels* der Herbergsorganisation.

Im Internet sind die unabhängigen *Hostels* fast ausnahmslos unter folgenden Reservierungsportalen im Detail gelistet:

www.hostels.com

www.hostelsclub.com

www.hostelworld.com

Apps

Smartphone-Nutzer finden Apps für die *HI-Hostels* wie auch alle anderen im ***iTunes App Store*** oder im ***Android Market***.

Studentenwohnheim

Eine Übernachtungsalternative sind in den Sommermonaten (Ende Mai Mai bis einschließlich August) die dann teilweise leerstehenden Studentenwohnheime, die ***University Residences*** oder ***College Dormitories***. Fast jede größere Stadt verfügt über mindestens ein *College*.

Das ***Department of Housing*** der jeweiligen Institution ist zuständig für die Vermietung, wobei die Bedingungen (z.B. keine Einzelübernachtungen) und Preise stark variieren.

3.6 Camping in Kalifornien und Nevada

3.6.1 Die Situation

Ausstattung der Plätze

Die USA bieten Campern alles, was das Herz begehrt, sei es nun Komfortcamping im Wohnmobil oder eher ein Campieren unter einfachsten Bedingungen weitab jeder Zivilisation. Die meisten Campingplätze sind großzügig angelegt, und die **Stellplätze** fürs Campmobil oder Zelt beschränken sich nicht auf wenige Quadratmeter, sondern umfassen ein eigenes **kleines Areal mit Picknicktisch und Grillrost**, oft auch mit Feuerstelle – letzteres aber , in erster Linie auf staatlichen Plätzen, ➢ weiter unten.

Camping-führer/Apps

Die mittlerweile verfügbaren ***Camping Apps*** sind den gedruckten Listungen in allen Belangen überlegen. Im ***iTunes App Store*** und ***Android Market*** gibt's solche **Apps** für alle US-Staaten. Neben dem Blick auf »*All Campgrounds*« kann man selektiv auch Plätze nur für Zeltcamper, nur für RVs, nur in Nationalparks oder Nationalforsten etc. aufrufen. Hinter den Kurzinformationen der Appliste steht damit auf dem Monitor jeweils das ganze Paket mit alle Detailinformationen einschließlich Anfahrtkarten zur Verfügung, ➢ www.allstays.com.

Verbreitet und in vielen Miet-RVs vorhanden ist der ***Good Sam RV Travel & Savings Guide*** (für ganz Nordamerika $30; im Internet bei amazon u.a. billiger), ein stark auf kommerziell betriebene Plätze ausgerichteter Führer. Sein Aufbau macht die Benutzung mühsam; viele Plätze – so des *Corps of Engineers*, des *National Forest Service* und des *BLM* bleiben in dem Band unerwähnt.

Die Campervermieter versorgen ihre Kunden außerdem meist auch noch mit dem ***KOA-Atlas*** (➢ Seite 122) und Broschüren privater Campingplatz-Betreiber .

Billig oder sogar gratis campen

Noch vor wenigen Jahren gab es Führer wie den »***Guide to free Camping***«. Doch freie und spottbillige, zugleich gut erreichbare Plätze sind seltener geworden. Wer besonders preiswertes Camping sucht, findet eine Liste unter www.freecampgrounds.com oder https://freecampsites.net. Es gibt auch eine **App** fürs sog. ***Boondocking***, also für Parkplätze, *Truckstops* etc., auf denen man ohne Campgebühren über Nacht stehen darf.

Kosten

Auf allen **staatlichen Plätzen** gilt eine **pauschale Einheitsgebühr (*fee*) pro Stellplatz** unabhängig von der Personenzahl (Obergrenze 4-9 Personen und oft 2 Fahrzeuge). Die Gebühren werden überwiegend im ***Self-Registering*** Verfahren erhoben. D.h., die Camper stecken Bargeld nach Eintragung ihrer Daten in einen bereitliegenden Umschlag und werfen diesen in eine gesicherte ***Deposit Box***. Es gibt aber auch Automaten für Kreditkartenzahlung.

Auf **privaten Plätzen** überwiegt eine Basisgebühr für 2 Personen plus Aufschlag für jeden zusätzlichen Gast.

Strom, Wasser, Abfluss/ Hook-up, TV & Internet

Die meisten kommerziellen *Campgrounds* und viele *State Parks* (➤ Seite 120) verfügen über sog. ***hook-ups***, d.h., Steckdosen, Wasserhahn und Abwasserloch an den Stellplätzen. Häufig sind auch ***Sites***, die nur ***Electricity & Water*** bieten. Sind alle drei Anschlüsse vorhanden, spricht man von einem ***full Hook-up***. Oft gibt's auch die **TV-Buchse** für die zentrale Satellitenschüssel oder das Kabelnetz. In rascher Verbreitung begriffen ist der **Internetzugang** (*Wifi*) mit oder – meistens – ohne gesonderte Gebühr. Komfortplätze mit solchen Vorzügen kosten naturgemäß mehr.

Notwendigkeit der hook-ups

Mit vorausschauender Disposition kommen RV-Fahrer auch ohne *Hook-up* aus. Denn auf manchen Rastplätzen und vielen *Campgrounds* ohne *Hook-up* sowie in dem Plätzen in *National-* und *State Parks* befinden sich sog. ***Dump*** oder ***Sewage Stations***, wo – meist gegen Gebühr – Schmutzwasser abgelassen und Trinkwasser aufgefüllt werden kann. Auch **Tankstellen, *Truck Stops*** und lokale Besucherbüros (*Visitor Information* oder *Chamber of Commerce*) bieten bisweilen eine *Dump Station* als Service.

Strom benötigt man im Camper an sich nur zum Betreiben der Dachklimaanlage bei großer Hitze oder für die Mikrowelle, Fernseher und Haartrockner, und fürs Aufladen von Akkus, obwohl das auch in der 12-V- bzw. USB-Steckdose geht, ➤ Seite 87 unten. Fürs Licht genügt die Kapazität der in Campmobilen vorhandenen zweiten Batterie (sie wird automatisch neben der Motorbatterie mit aufgeladen), sofern man keine längeren Standzeiten einlegt. Mieter größerer RVs (ab 21 Fuß) haben meist einen Generator mit an Bord, der im Notfall für »Saft« sorgen kann.

Einfacher National Park Campground im Kings Canyon Nat'l Park ohne Hook-up, nur ein Wasserhahn und WC sind in der Nähe ($-Dusche ca. 1 km entfernt). Aber Feuerstelle mit Grillrost, Picknicktisch und vor allem viel Platz sind vorhanden ($18).

3.6.2 Alles über Campingplätze

Staatliche Plätze – Public Campgrounds

National Parks

Die Campingplätze in Nationalparks und -monumenten Kaliforniens liegen überwiegend in reizvoller Umgebung und zeichnen sich durch eine großzügige Aufteilung aus. Einige sind wegen des Massenandrangs in der Hochsaison von erheblichen Ausmaßen. Die Mehrheit verfügt neben den üblichen Ausstattungsmerkmalen (➤ oben) nur über einfache sanitäre Einrichtungen.

Die Campgebühren in den Parks in Kalifornien liegen bei ca. **$20-$35/Nacht**, im *Death Valley* gibt es einige Gratisplätze. Manchmal gratis sind auch ***Walk-in-Campgrounds*** abseits der Straßen. Für ihre Benutzung benötigt man ein ***Camping-Permit***, das in Besucherzentren und *Ranger Stations* der Parks ausgestellt wird.

National Forest

In den riesigen Bergwäldern Kaliforniens hat der *National Forest Service* zahlreiche Campingplätze der – sanitär gesehen – Einfachkategorie angelegt. Unter ihnen befinden sich **traumhafte Anlagen** inmitten sonst unberührter Natur. Ein paar Extrameilen auf Forststraßen (*Forest Road*) werden oft durch ein besonders hübsches Plätzchen für die Nacht belohnt. Außer im Hochsommer sind abgelegenere ***NF-Campgrounds*** selten voll belegt. Und wenn, dann darf man legal und gebührenfrei Quartier abseits im Wald nehmen (min. 400 m vom nächsten *Campground* entfernt). Das ist erlaubtes sog. ***Boondocking*** bzw. ***Dispersed Camping***.

Lage und Gebühren der NF-Plätze

NF-Plätze sind nur sehr sporadisch in den konventionellen Campingführern verzeichnet, dafür aber lückenlos in den ***Camping Apps*** und zum Teil unter www.freecampgrounds.com. Genaue Karten gibt's in den regionalen Büros des *Forest Service*. Die Übernachtungskosten betragen zwischen **$0 und $30**. Die Höhe richtet sich weniger nach der Ausstattung, die über fließend Kaltwasser und Plumpsklos/Chemietoiletten fast nie hinausgeht, als nach ihrer verkehrstechnischen Lage. Am teuersten sind leicht erreichbare Plätze im Umfeld von Nationalparks. Mit zunehmender Entfernung zur nächsten Asphaltstraße fallen die Gebühren.

National Forest Campgrounds unterliegen durchweg der **Selbstregistrierung**. Dafür müssen meist Dollarscheine zur Hand sein.

State Park Campgrounds

Alle Bundesstaaten der USA unterhalten ***State Parks***, Kalifornien besonders zahlreich. Zu vielen *State Parks* gehören Campingplätze; oft stand das Campingmotiv bei deren Errichtung sogar im Vordergrund. Manche verfügen über hohen sanitären Komfort mit Wasser- und Stromanschluss an allen Stellplätzen (in **Kalifornien** sogar vielfach mit ***Wifi***), andere sind eher den *National Forest Campgrounds* vergleichbar. So oder so, Lage und Anlage der *State Park* Areale sorgen mit Ausnahmen für **erfreuliche Campingbedingungen**. Die **Tarife** in Kalifornien sind höher als in anderen US-Staaten und liegen bei $25-$50/Nacht, vereinzelt $60.

Lage

State Parks sind fast ausnahmslos in Campingführern verzeichnet und **auf den meisten Karten** deutlich markiert.

BLM

Das ***Bureau of Land Management*** (des Innenministeriums) unterhält **sanitär einfache *Campgrounds*** auf Ländereien, die nicht in die Zuständigkeit des *National Forest Service* fallen. Sie liegen in Kalifornien vielfach in Wüstengebieten abseits großer Straßen mit bisweilen sehr rauen Zufahrten. Die Gebühren für Plätze des *Land Management* sind niedrig; Details unter www.blm.gov.

Corps of Engineers

Die **Pioniere der US-Armee (CoE)** sind in Friedenszeiten mit zivilen Projekten befasst, speziell mit Staudammbau und Stauseewartung, davon viele in Kalifornien. Die vom CoE angelegten Plätze gehören überwiegend zur preiswerten Einfachkategorie; Details z.B. unter www.rv-camping.org/COECampgrounds.html.

Cities & Counties

Auch **Städte** und **Landkreise** unterhalten Campingplätze sehr unterschiedlicher Qualität und Ausstattung. Die **Kosten** variieren entsprechend. Ein populäres Beispiel ist der teure, aber relativ citynahe Campingplatz an der ***Dockweiler Beach*** in Los Angeles unterhalb des *International Airport*, ➤ Seite 370.

Kommerziell betriebene Plätze

Ausstattung/ Kosten

Über die kommerziell betriebenen Campinglätze lassen sich **allgemeingültige Aussagen** nur sehr grob machen. Alle bezüglich Komfort und Lage denkbaren Kategorien sind vorhanden. Es überwiegen Anlagen mit ***Hook-up*-Angebot** (➤ oben) und knappem Zuschnitt der Stellplätze. Die **Preisgestaltung** orientiert sich an Ausstattung und Nähe zu touristischen Reiserouten und -zielen. Die **preisliche Untergrenze** für einfache/abgelegene Privatplätze liegt in Kalifornien bei etwa **\$20-\$30**. Im Umfeld von Attraktionen (Nationalparks, Badeorte) und im Einzugsbereich der *Big Cities* wird es teurer. Campmobilisten finden dort ab **\$45/Nacht** (und teilweise weit mehr) ein ebenes Plätzchen, meist saubere Sanitäreinrichtungen, Pool, Shop, natürlich auch TV-Anschluss und *Wifi*, aber eben auch die Nachbarn auf Tuchfühlung.

Toller Komfortplatz mit Weitblick über den Pazifik in Malibu und entsprechend teuer, aber vielen ist es das wert, ➤ Seite 371

Lage

Nur wenige kommerziell geführte *Campgrounds* können es in den Punkten »landschaftliche Einbettung« und »Attraktivität der Anlage« mit der staatlichen Konkurrenz aufnehmen. Zwecks guter Auslastung liegen sie eher in **günstiger Position**, d.h., häufig in der Nähe vielbefahrener Straßen und *Interstate Freeways.*

Qualität privat geführter Plätze

Wer sich bei der Auswahl des Platzes von Werbebroschüren und Campingführern bzw. Internetpräsentation mit entsprechender Bebilderung leiten lässt, wird bisweilen über die Diskrepanz zwischen Werbung und Realität staunen. Der **Zustand der Sanitäranlagen** ist trotz hoher Tarife nicht selten ein wunder Punkt.

Camping-Ketten

Die Mehrheit der *Campground*-Betreiber ist unabhängig. Aber es gibt auch Campingplatz-Ketten. *Good Sam Campgrounds* garantieren nur die Einhaltung gewisser Standards. Aber die rund **400 *Kampgrounds of America*** (www.koa.com) gehören zu einer straff geführten Kette und bieten allerorten eine weitgehend identische Qualität vor allem im Sanitärbereich. Sie lassen sich direkt über das KOA-Internet oder www.reserveamerica.com reservieren.

Eine KOA-Spezialität sind kleine Blockhäuser, ***Cabins*** (auf 90% aller KOA-Anlagen) und ***Cottages***, für bis zu 4 Personen für $60-$90/Nacht. Der Schlafsack ist selbst mitzubringen.

Im Allgemeinen empfehlenswert sind die unabhängigen *Campgrounds*, die vom ***Good Sam Club*** eine Art Gütesiegel erhalten. Die Qualität der sanitären Einrichtungen und sonstige Merkmale sind bei *Good Sam*-Plätzen stärkeren Schwankungen unterworfen als bei KOA; www.goodsamclub.com.

Reservierung

Außerhalb der Monate Juli bis August besteht keine generelle Notwendigkeit zur Reservierung außer an bestimmten Wochenenden (*Memorial* und *Labor Day*) und für bestimmte stark frequentierte Ziele. Selbst im Hochsommer findet oft noch gut Platz, wer nicht zu spät am Tage ankommt (Ausnahmen im Reiseteil).

Private Plätze

Alle kommerziell betriebenen *Campgrounds* lassen sich telefonisch, mehr und mehr auch per Internet reservieren. Die Telefonnummern und Internetadressen finden sich in Campingführern und für empfohlene Plätze im Reiseteil dieses Buches. Wie bei Hotels werden Reservierungen nur dann für eine Ankunft nach 18 Uhr garantiert, wenn der Anrufer eine **Kreditkartennummer** nennt. Auch bei Nichterscheinen wird diese dann belastet.

Staatliche Plätze

Für die staatlichen Plätze galt früher einmal überwiegend die Regel ***first-come-first-served***. Das hat sich für die meisten Plätze in Kalifornen geändert, in Nevada gilt das immer noch.

Die kalifornischen ***State Park Campgrounds*** können über eine **zentrale Telefonnummer** und übers **Internet** reserviert werden:

✆ 1-800-444-PARK (7275); www.ReserveCalifornia.com

Alle Details dazu unter www.parks.ca.gov/?page_id=1023

Nationalparks

Der ***National Park Service*** vergibt **einen Teil** (nie alle) seiner *Campground*-Plätze in den populärsten Parks ebenfalls über ein zentrales Reservierungssystem. In Kalifornien betrifft das alle Nationalparks: ***Channel Islands, Death Valley, Joshua Tree, Pinnacles, Sequoia & Kings Canyon*** und ***Yosemite***. Das gilt auch für Campingplätze in den – in diesem Buch als Abstecher behandelten – Nationalparks ***Bryce Canyon, Grand Canyon*** und ***Zion***.

Wer sichergehen möchte, in diesen im Sommer stark frequentierten Parks unterzukommen, kann **ab dem jeweils 5. eines Monats bis zu 5 Monate im Voraus reservieren**; nur im Fall des ***Yosemite Nat'l Park*** ab dem jeweils 15. jeden Monats alle Tage des fünf Monate in der Zukunft liegenden Monats (Buchungsbeginn immer um 7 Uhr Pacific Time = 16 Uhr MEZ):

Zentrale Reservierung: www.recreation.gov, **✆ 1-888-444-6777**

Alle verfügbaren ***Yosemite Sites*** eines Monats werden jeweils innerhalb der ersten Minuten des erstmöglichen Buchungstages voll vergeben, heißt es, ➤ www.nps.gov/yose/planyourvisit/camping.htm.

Wunderbarer Zeltplatz im Lodgepole Campground des Sequoia National Park: Picknicktisch, Feuerstelle mit Grill und bärensicherer Blechschrank für Essbares über dem – hier noch – Wildbach Kaweah River

Nat'l Forest Service, BLM und CoE

Gleichzeitig sind unter www.recreation.gov auch die **Campingeinrichtungen** des ***National Forest Service***, des ***Bureau of Land Management*** und des ***US-Army Corps of Engineers***, also alle unter nationaler Verwaltung stehenden Plätze zu reservieren, soweit sie nicht der Reihenfolge der Ankunft vorbehalten blieben.

Ein großer Teil dieser Plätze unter nationaler Verwaltung mit Ausnahme der *National Park Campgrounds* sind alternativ auch unter www.reserveamerica.com zu reservieren.

Beurteilung

Eine **Internetreservierung** ist einfacher zu bewerkstelligen als **Anrufe** bei der Zentrale und verursacht keine Telefonkosten. Überwiegend ist eine **Reservierungsgebühr** fällig ($5-$10 pro Buchung unabhängig von der Zahl der Nächte). Obendrein bieten die (identisch aufgebauten) ***Portale*** eine Menge Information. Alle Parks sind kurz beschrieben samt einer List der Einrichtungen, Anfahrts- und

Detailkarte der Plätze oft zusätzlich mit der Möglichkeit, auf den Platz und die Region zu zoomen. In vielen Fällen kann man sogar einen spezifischen Stellplatz (am Wasser, im Schatten, in Sanitäranlagennähe etc.) bestimmen und gezielt reservieren.

Für eine Teilnahme an den Reservierungssystemen muss man sich unter der unauffälligen Schaltfläche »***sign in***« zwar registrieren, eine Kreditkartennummer aber erst bei konkreter Buchung angeben. Die Belastung der Campingkosten plus Gebühren erfolgt unmittelbar danach. Den am Campingplatz vorzulegenden **Voucher** darf man sich dann **selbst ausdrucken**.

Eine **Stornierung** zieht ebenfalls Gebühren nach sich; Reservierungen machen daher nur bei ganz sicheren Daten Sinn.

Empfehlung

Vorteile und Nachteile der verschiedenen Plätze

Die meisten staatlichen Plätze sind – unabhängig vom Kostenaspekt – privaten Anlagen vorzuziehen, sofern der Vollanschluss nicht im Vordergrund steht. Das Campen auf ihnen ist mehrheitlich erfreulicher. Campmobilfahrer haben genügend Möglichkeiten, die Ver- und Entsorgung ihres Fahrzeugs auch ohne *Hook-up* am Stellplatz zu erledigen, und sowieso Duschen an Bord. Der Nachteil fehlender Duschen auf sonst herrlichen Plätzen ist auch für Zelter zu verschmerzen. Sie können gegen Gebühr unterwegs die Duschen von Privatplätzen oder *Truck Stops* nutzen oder – so in einigen Nationalparks (*Yosemite, Sequoia/Kings Canyon* & *Bryce Canyon*) – öffentliche Duschanlagen aufsuchen.

Optimal sind ***State Parks***. Gut angelegt in schöner Landschaft verfügen sie über zumindest akzeptable, bisweilen bessere Sanitäranlagen als mancher kommerziell geführte Platz. Leider sind sie in **Kalifornien** teuer geworden, ➤ die Einzelempfehlungen im Reiseteil. In Nevada und anderen Staaten gelten moderatere Tarife.

Campen ohne Campingplatz

National Forest

Wer auf Forststraßen in die Einsamkeit der *National Forests* vordringt, benötigt nicht unbedingt die Gewissheit, am Ende auf einen Campingplatz zu stoßen, um übernachten zu dürfen. **In den Nationalforsten ist Campen abseits offizieller Plätze erlaubt**, sofern man mindestens eine Viertelmeile (ca. 400 m) Abstand zum nächsten Campingplatz hält, wie bereits auf Seite 120 erläutert.

Cities

In den Cities und manchen Großstädten gibt es keine, extrem teure und/oder nur weit vor den Toren der Stadt gelegene *Campgrounds*. Ggf. auf Parkplätzen von **Parkanlagen** die Nacht stadtnah und gratis zu verbringen, muss dringend abgeraten werden, denn Gefährdung durch **Kriminalität** ist erheblich. Parks werden eben deshalb regelmäßig von der Polizei kontrolliert, zumal **Übernachten in Fahrzeugen auf öffentlichen Plätzen und Straßen** in den USA generell **untersagt** ist. Übeltäter werden günstigstenfalls verscheucht, aber eher noch mit einer Geldstrafe belegt.

Rest Areas

Auf den ***Rest Areas*** an ***Freeways*** in Kalifornien darf man zwar nicht übernachten, aber acht Stunden parken und ausruhen. Über Nacht stehen kann man auch bei ***Truck Stops*** wie ***Flying J*** am Rande von *Interstate Freeways*. Dort ist es meist laut, aber im Zweifel sicherer als auf irgendeinem Rastplatz in der Wallachei.

Wal Marts

Auf den Parkplätzen der Kaufhaus ***Wal Mart*** (über 2.500 Filialen in den USA) war es jahrelang gestattet, mit Campfahrzeugen über Nacht zu bleiben. Diese Möglichkeit wurde stark zurückgefahren. In **Kalifornien** verblieben keine Märkte, die das erlauben.

Preiswert einkaufen mit Kundenkarte

Mit Kundenkarten können auch Touristen den recht hohen regulären Supermarktpreisen Paroli bieten und ebenso wie Einheimische die oft erheblich reduzierten »Sonderpreise« nutzen. Sie gelten vielfach für über 50% des Sortiments und zwar für »gute« Kunden, die als solche über Kunden-/Clubkarten definiert sind.

Die erhält jeder, der will. Man geht einfach vor dem Einkauf bei *Safeway* & *Vons* (die Karten dieser beiden werden wechselseitig anerkannt), *Smith's* und vielen anderen *Food Marts* zum *Service Desk* und lässt sich dort mit einer beliebigen Adresse samt *Zip Code* rasch und problemlos registrieren.

3.7 Essen und Trinken

3.7.1 Selbstverpflegung

Lebensmittel

Supermärkte

Die Selbstversorgung auf Reisen ist in den USA eine leichte Übung. Supermärkte (***Food Marts***) von regelmäßig erheblichen Ausmaßen findet man bis hinunter ins kleinste Nest. Die meisten sind Filialen nationaler oder regionaler Ketten wie ***Safeway***, ***Albertsons***, ***Vons*** u.a.m. Seit 2016 gibt es auch ***ALDI Food Marts*** in Südkalifornien (zur Zeit 54 speziell im Großraum LA); https://aldi.us/stores) mit deutlich günstigeren Preisen als die Konkurrenz.

Wer auf höchste Qualität und Bio (*organic*) wert legt, kauft für heftige Preise bei ***Whole Foods*** und sucht die Märkte unter www.wholefoodsmarket.com/stores/list. ***Trader Joe's*** (eine Alditochter mit zahlreichen Kalifornien-Filialen) ist ebenfalls auf *Organic* und *Gourmet Food* spezialisiert: www.traderjoes.com.

In größeren Ortschaften sind ***Food Marts*** häufig in ***Shopping Center/Plazas*** integriert, die viele Ausfallstraßen zieren. Sie haben fast ausnahmslos **bis 21 Uhr**, **bisweilen Tag und Nacht** geöffnet.

Wal Mart Supercenter umfassen immer auch einen Discount Supermarkt, dessen Preisniveau deutlich unter dem der reinen Food Mart-Ketten liegt (gilt ähnlich auch für den Big K-Mart).

Mini-Märkte

Außer in Supermärkten gibt es Lebensmittel, aber kaum Obst, Gemüse und Frischprodukte, in oft rund um die Uhr betriebenen ***Mini-Marts*** (*Circle K Stores, K-Food, am/pm, 7 to 11 Store*s u.a.). Sie sind meist mit Tankstellen kombiniert und fungieren außerdem mit *Cold Drinks, Coffee, Ice Cream, Popcorn, Hot Dogs* und weiteren Snacks als **Versorgungsstationen für Autofahrer**.

Ländliche Läden

Weitab des modernen *American Way of Life* stößt man immer noch auf den ländlichen ***General Store***, einen klassischen Gemischtwarenladen, der von der Milch bis zum Angelhaken alles führt, was die Kunden im Einzugsbereich nachfragen. Zu dieser Kategorie gehören auch die (teuren) Läden in Nationalparks, die der Touristenversorgung dienen.

Nettopreise/ lbs-kg

Die Nettopreisauszeichnung bezogen auf die englische Maßeinheit *lb (=pound*; ein Pfund entspricht etwa 450 Gramm) lässt Preise niedriger erscheinen, als sie in Wirklichkeit sind. Der Endpreis für ein Kilo beträgt das 2,2-fache des *lb*-Preises (keine *sales tax* für die meisten Lebensmittel in Kalifornien und Nevada).

Folgende Hinweise erleichtern den Einkauf

Brot

Akzeptable **Brotsorten**, die unserem Grau- oder Mehrkornbrot nahekommen, sind generell teuer. Das pappige Einfachbrot, ob weiß, braun oder »schwarz« ist dagegen vergleichsweise billig.

Fleisch/ Steak

Fleisch kauft man nur im Supermarkt. Schlachterläden gibt es nicht. Die vielfältigen Bezeichnungen für Rindfleisch sind uns nur z.T. geläufig. Für den abendlichen Grill eignen sich vor allem ***Rib Eye***, ***Sirloin***, ***New York*** und ***Porterhouse Steaks***. ***Tenderloin*** (**Filetsteak**) ist noch besser, aber teuer wie auch *Rib Eye* und das ***T-Bone Steak***. Man hüte sich vor Stücken mit Bezeichnungen wie *Brisket, Chuck-* und *Roundsteak*, auch wenn sie gut aussehen; sie sind oft zäh wie Leder und nur nach Behandlung mit ***Meat Tenderizer*** (chemischem Weichmacher) zu genießen.

Fisch – Gleich neben dem Fleisch befinden sich in allen Supermärkten die Fischvitrinen. In großen Supermärkten gibt es in Kalifornien eine große Vielfalt an Frischfisch. Im Bereich der Pazifikküste ist das Angebot enorm und naturgemäß besonders fangfrisch.

Wurst – Wurstwaren, überwiegend vakuumverpackt mit oft ans Deutsche angelehnten Bezeichnungen, sind teuer und schmecken ungewohnt. Die Liste »verdächtiger« Zusätze ist meist noch länger als bei uns.

Milch, Yoghurt und Käse – **Milch** gibt es von ***Non Fat*** (ohne Fett) über 1%-2% ***Low Fat*** bis zu 3,5%iger ***Homo Milk*** (Vollmilch). Sie ist immer mit Vitamin A+D angereichert. **Yoghurt** ist nur als Low Fat oder Non-Fat bekannt und voller Zusatzstoffe. Halbwegs schmackhaft ist Greek Yoghurt mit Preisen ab $1/Becher. Der amerikanische ***Cheddar Cheese*** in vier Abstufungen von *mild* bis *extra sharp* schmeckt gut. In ***Delis*** und Delikatesstheken in Supermärkten findet man (teure) importierte und ausgefallene einheimische Käsesorten.

Obst und Gemüse – Das Angebot an Obst und Gemüse variiert mit der Region und Saison. Normalerweise ist die Auswahl reichhaltig, dafür aber oft auch reichlich bis extrem teuer – $4+ für 1kg Äpfel sind keine Seltenheit. Preiswerteres ***Produce*** gibt's zur Erntezeit an Straßenverkaufsständen in den Obstanbaugebieten.

Tiefkühlkost – Besonders gut gefüllt sind Tiefkühltruhen und -schränke. Wer im Wohnmobil über einen Backherd oder Mikrowelle verfügt, findet akzeptable tiefgefrorene **Fertigmahlzeiten**.

Kuchen – Kuchen und Kekse (***Cake*** bzw. ***Cookies***) erfreuen sich erheblicher Beliebtheit, aber aus mitteleuropäischer Sicht findet sich Genießbares, das nicht völlig überzuckert ist, eher selten. O.k. sind meist ***Donuts***, sofern sie frisch aus der (Supermarkt-) ***Bakery*** kommen.

Kaffee/Tee – Der grob gemahlene und anders geröstete amerikanische Kaffee stößt bei den meisten Kaffeefreunden auf wenig Gegenliebe. Es gibt sogar **Kaffeebeutel** fürs schnelle Aufbrühen. Die **Teeauswahl** ist – außer in wenigen Fachgeschäften – dürftig und besteht vor allem aus den Teebeuteln einiger großer Hersteller.

Wer seine Kaffee- oder spezielle Teesorte auch im Urlaub nicht missen möchte, bringt seinen Bedarf von zu Hause mit und spart.

Leitungswasser ist selten Trinkwasser

Das **Leitungswasser** in den USA fällt geschmacklich oft in die Kategorie »Schwimmbadqualität« und eignet sich nur selten für Kaffee- oder Teegenuss, in vielen Fällen nicht einmal zum Spaghettikochen. Amerikaner kaufen deshalb ***Purified Water*** in 1- bis 2-Gallonen-Behältern oder füllen dort eine Spezialkaraffe auf. Wirklich schmecken tut aber auch das nicht.

Wer zu Hause gerne reines Wasser trinkt, könnte auch zu ***Spring Water*** greifen. Am besten sind die Sorten *Crystal Geyser*, *Arrowhead* und *Mount Olympus*.

Alkoholfreie Getränke

Bei nicht-alkoholischen Getränken muss man aus der Vielfalt farbenprächtiger Sprudel- und Brausearten sehen, was schmeckt. *Sprite, Fanta, Coca-* und *Pepsi Cola* o.ä. sind süßer als bei uns.

Der natürliche Fruchtgehalt von preiswerten Säften ist oft extrem niedrig. 100%ige **Fruchtsäfte** sind relativ teuer, es sei denn, man kauft sie gallonenweise oder als tiefgefrorenes Konzentrat.

Mit **Kohlensäure versetztes Mineralwasser** wird in den USA eher selten getrunken. ***Soda Water*** in 1-2-*Quarts*-Plastikflaschen gibt es in Supermärkten. In kleineren Läden findet man äußerstenfalls (unverhältnismäßig teure) Flaschen von *Canada Dry* oder *Perrier.*

Alkoholika

Erhältlichkeit

Alkoholische Getränke jeder Art werden in Kalifornien und Nevada in **Supermärkten** und ***Liquor Stores*** verkauft. Sie sind durchweg deutlich teurer als in Deutschland.

Überall untersagt ist die Abgabe von Alkohol an **Personen unter 21 Jahren**. Auf die Einhaltung dieser Vorschriften wird im Allgemeinen und im Gegensatz zu Deutschland streng geachtet.

Konsumgesetze

Besitz und Konsum von Alkoholika unterliegen konsequenterweise den gleichen Beschränkungen. **Alkoholika dürfen nur auf privaten Grundstücken** (dazu gehören laut Rechtsprechung auch der Stellplatz auf dem *Campground* und das *Open-air* Lokal an der Straße) **und in Räumen** konsumiert werden. Öffentlicher Alkoholgenuss ist nicht nur *Prohibited by Law,* sondern unterliegt obendrein sozialer Ächtung. Oft stehen auch **Verbotsschilder** an Orten, wo die Obrigkeit zu Recht den Konsum geistiger Getränke befürchtet: ***No Alcoholic Beverages on Beach, in the Park*** etc. Also nichts mit Picknick im Park/am Strand mit Wein und Bier (nur bei einigen Veranstaltungen mit offizieller Genehmigung).

Bier

US-Biere sind relativ leichte Sorten (***Lager***), an denen viele deutsche Biertrinker keinen sonderlichen Gefallen finden. Sie sind aber gute Durstlöscher. ***Light Beer***-Varianten haben weniger Kalorien, aber nicht weniger Alkohol. Die kanadischen und mexikanischen Marken (z.B. ***Molson***, ***Labatts*** bzw. ***Dos Equis***, ***Tecate***) weisen mehr Würze auf als das Gros der US-Biere. Unter den teureren US-Marken (ab $1,20/Flasche bzw. $7 und mehr pro *Sixpack*) findet man durchaus auch gute Biere (z.B. ***Samuel Adams***, $8-$10/*Sixpack*). Bei den Importbieren besitzen ***Heineken*** und ***Beck's*** nennenswerte Marktanteile, schmecken aber nicht wie in Europa. Preisgünstiger ist u.a. das in den USA gebraute ***Löwenbräu***. Es kostet – wie ein *Sixpack* des Marktführers ***Budweiser*** – selten unter $7. Andere Marken findet man auch schon mal für $5-$6. Substanziell billiger wird Bier bei Kauf von Kartons mit 12-36 Dosen.

Pfand

Bier gibt es in den **USA** nur in **Einwegflaschen** oder **Dosen**, die mit einer Abgabe belegt sind (10 Cents). Kinder und Obdachlose sammeln sie gerne. In vielen *State* und *National Parks* findet man gesonderte Abfall-Container für Alu-Dosen.

Micro Breweries

In vielen Orten wurde die alte Tradition kleiner Brauereien wiederbelebt. Diese ***Micro Breweries*** – oft mit eigenen Kneipen und Restaurants verbunden – erzeugen mehrheitlich qualitativ gute, teilweise auch recht ungewöhnlich schmeckende Biere.

Wein

Speziell **kalifornische Weine** können es bekanntlich mit europäischen Produkten ohne weiteres aufnehmen, aber nur soweit es sich um die besseren, relativ teuren Sorten ab ca. $10 handelt, ➤ Kasten Seite 229. **Portwein und Sherries** von Gallo sind preiswert und akzeptabel. **Deutsche Weißweine** gibt es etwa ab **$8-$10** für eher unauffällige Qualitäten. Man findet auch gute Importweine aus Europa, jedoch zu exorbitanten Preisen. Erschwinglicher sind Weine aus Osteuropa, Chile, Südafrika und Australien.

So sieht McDonald's in Palm Desert in Südkalifornien aus, stilistisch der dort vorherrschenden Wüstenarchitektur angepasst

3

3.7.2 Von Fast Food bis zu Feinschmecker-Restaurants

Was zu essen gibt's in den USA an jeder Ecke, erst recht in Kalifornien; die Palette reicht vom *Hot Dog Truck* über jede Menge *Fast Food Places* bis zum Feinschmecker-Restaurant.

Fast Food Places

Übersicht

Zwar regt sich selbst in Amerika schon seit Jahren Widerstand gegen ***Junk Food*** (Abfallnahrung), doch das Angebot von *McDonald's & Co* gehört für die Mehrheit der Amerikaner nach wie vor zu den Selbstverständlichkeiten der Ernährung. Von der Kleinstadt aufwärts besetzen die Filialen der *Fast Food*-Ketten die Hauptverkehrsstraßen. Wo sich ***McDonald's*** niedergelassen hat, sind ***Carls Jr.*** und der ***Burger King*** mit ihren Hamburger-Varianten nicht weit; und ***Wendy's*** oder ***Jack-in-the-Box*** warten an der nächsten Ecke auf Kunden. Für Hähnchenteile von ***Kentucky Fried Chicken***, die *Sandwiches* von ***Subway*** und die *Burger* sowie *Frozen Yogurt* der ***Dairy Queen*** muss man dann auch nicht mehr lange fahren. Um die Gunst der eiligen Kunden konkurrieren zudem jede Menge lokale Snackbars, Cafeterias und *Coffee Shops*.

Kein Alkohol

Allen gemeinsam ist ein moderates, wenngleich nicht mehr – wie früher einmal – extrem niedriges Preisniveau und der weitgehend identische Geschmack der gängigen Gerichte. Fast ausnahmslos erfolgt **kein Alkoholausschank**.

Frühstück

Unabhängig von ihrer Spezialisierung für den Rest des Tages gibt es in vielen *Fast Food Restaurants* morgens 6-10 Uhr oder bis 11 Uhr ***Breakfast***.

Zu den mittlerweile auch bei uns schon lange bekannten Ketten bedarf es keiner Erläuterung, ein paar Anmerkungen genügen:

Hamburger Lokale

- Nach ***McDonald's*** und dem ***Burger King*** ist in Kalifornien ***Carls Jr.*** die auffälligste Hamburger-Kette; die die Marktführer qualitativ in Schach hält. ***Jack-in-the-Box*** und ***Wendy's*** folgen.

  Erhebliche Konkurrenz liefert man sich mit **Spielplätzen**, die es in den sommerheißen Gebieten sogar als *Indoor*-Spielpalast mit Klimatisierung gibt. Kinder lieben die manchmal enormen Anlagen mit Röhren, Kletternetzen und Rutschen.

Kentucky Fried Chicken

- In den rot-weiß gestreiften Filialen von *Kentucky Fried Chicken (**KFC**)* geht's in erster Linie um überbackene Hähnchenteile. ***Chicken Meals*** sind bei KFC nicht billig, erfreuen sich aber bei Amerikanern überraschender Beliebtheit.

Dairy Queen

- Auch die ***Dairy Queen*** Filialen sind in Kalifornien oft zu finden. Ursprünglich spezialisiert auf **Milch-Mixgetränke**, Eis und Joghurt, bietet *Dairy Queen* heute die übliche Palette der ***Hamburger*-Varianten**. *Dairy Queen* präsentiert sich uneinheitlich. Es gibt sowohl die etwas schmuddelige Dorf-Cafeteria wie den modern gestylten City-Plastikschuppen. Ganz gut schmeckt das **Eis**, besonders ***Banana Split*** und als *Frozen Yogurt* in vielen Geschmacksvarianten unter der Bezeichnung ***Blizzard***.

Taco Places

- ***Tacos, Burritos*** und ***Tostadas*** haben sich nicht nur im mexikanisch geprägten Südkalifornien durchgesetzt. Ob nun in der Filiale einer der großen Ketten, wie ***Taco Bell, Taco John's, Jack-in-the-Box*** (Hamburger und Tacos) oder beim »Dorfmexikaner«, kaum irgendwo sonst lässt sich für so wenig Geld der Magen füllen. Und meist schmeckt es sogar.

Sonderpreise

Alle Ketten werben nahezu kontinuierlich mit Sonderpreisen für bestimmte Gerichte oder **Kombinationen von *Items***, z.B.: ***Large Coke & Cheeseburger & French Fries*** (Pommes Frites) für $3,99 oder *McDonald's* ***Big Mac*** für $1,99! Wer auf derartige Angebote achtet und es darauf anlegt, kann mitunter billiger, wiewohl nicht besser essen als bei Selbstverpflegung.

Drive-in

Der eilige Gast verlässt sein Auto nicht, sondern fährt am ***Drive-in-Counter*** vor. Oft geht es dort bei Andrang schneller als drinnen am Tresen. Aber das kennt man auch bei uns. Wieder im Kommen sind nostalgische ***Drive-ins* à la 1950er-Jahre**, wo dem Kunden von – oft neckisch gekleideten – jungen Damen (*Car-Hops*) ein Tablett mit der Bestellung in die Autotür gehängt wird. Die silbern glänzenden Filialen von ***Sonic*** sieht man immer öfter.

Kaffee und Coffee Shops

Der amerikanische ***Cup of Coffee*** spaltet die Besucher aus Europa in zwei Lager. Die einen empfinden den Kaffee als braune Plörre, die anderen trinken ihn wie die Amerikaner gleich literweise, zumal ein ***Refill*** – ein-, zwei- oder mehrmals nachgeschenkt – in Restaurants häufig kostenlos ist. Sofern der Kaffee dort nicht schon stundenlang auf der Warmhalteplatte wartet und dabei langsam »verbrannte«, ist er meist trinkbar, zumindest mit *Coffee Whitener* und/oder Zucker.

Wie Pilze aus dem Boden schossen seit den 1990er-Jahren vorher nicht existente ***Coffee Shops***. Vor allem auf die Filialen der Kette ***Starbucks*** stößt man heute allerorten. Neben aromatisierten Kaffeesorten wird dort ***Espresso, Cappuccino*** oder ***Caffe Latte*** zum *Croissant, Donut* oder *Muffin* serviert. Doch selbst der teuerste Edelkaffee kommt meist nur im Papp- oder Plastikbecher.

Family Restaurants

Kennzeichnung

Obwohl der Begriff des *Family Restaurant* durchaus auch auf die *Fast Food Places* ausgedehnt wird, bezieht er sich doch eher auf ein **Zwischending** zwischen *Fast Food* und *Full Service Restaurants* mit Alkohollizenz, wie sie weiter unten beschrieben sind. Ein Familienrestaurant ist gekennzeichnet durch ein moderates Preisniveau, das sich auch **Familien mit Kindern** leisten können. Kennzeichnend ist eine **große Auswahl »amerikanischer«** ***Items*** als üppige Tellerportionen, eine gehobene Plastikeinrichtung und die weitgehende **Abwesenheit von Alkoholika**.

Denny's

Das ***Family Restaurant*** **an sich ist** ***Denny's***. Auf *Denny's*-Filialen stößt man allerorten. Ihre Zahl (1700) wird nur von wenigen *Fast Food*-Ketten übertroffen. Viele *Denny's* bleiben Tag und Nacht geöffnet und servieren reichhaltige *Menus* vom Frühstück bis zum Nachtisch jederzeit. Bei *Denny's* gibt es eine Theke für den besonders eiligen Gast und die in den USA so beliebten Tischabteile (wie in alten Eisenbahn-Speisewagen). Dort wird normal bedient wie im »richtigen« Restaurant, meist aber schneller. Empfehlenswert ist *Denny's* unterwegs, wenn es zu überschaubaren Kosten schnell gehen soll und der Hunger groß ist.

Stuckey's und andere

Im US-Westen ist ***Stuckey's*** die **#2** nach *Denny's:* dasselbe Grundmuster, aber »deftiger« und häufig mit *Truckstops* verbunden. Ähnliche, wenn auch nicht so oft vertretene Restaurants dieser Art sind ***Shoney's, J.B's, Boston Market, Steak'n Shake***.

3

Sizzler

Für ein **preiswertes** Steak und eine ***Salad Bar*** geht wenig über das ***Sizzler Steakhouse*** (128 Filialen in Kalifornien). Oft gilt: ***Kids eat free with adults***. Aber selbst wenn nicht, auf jeden Fall gibt's **Kinderteller** und **Kinderauswahl** am Dessertbuffet. Mit der Salat-, Nachtisch- und Sonstwastheke praktiziert Sizzler eine Mischung aus *Self-Service* und Bedienung. ***Steaks, Seafood***, heiße Beilagen und Getränke werden gebracht und kosten einen *Tip*.

Pizza Hut

Unerwähnt bleiben darf an dieser Stelle auch die ***Pizza Hut*** nicht. In ihren Lokalen gibt's *Pizza und Pasta* in großer Vielfalt (gelegentlich sogar Bier und Wein!). An der Qualität gibt es nicht viel auszusetzen, aber man muss sich erst an die ungewohnten **Pizza-Größenkategorien** und das ausgeklügelte Zuzahl-System für die ***Toppings*** herantasten. Die *Pizza Hut* bietet zur Mittagszeit günstige ***Lunch-Specials*** und meist auch preiswerte Kinderteller.

»Richtige« Restaurants

Überblick

Kalifornien rühmt sich gern und zu Recht seiner zahlreichen Restaurants jedweder Provenienz. Neben typisch amerikanischem *Cooking* ist die innovative und experimentelle ***West-Coast*** bzw. ***Pacific Cuisine*** ebenso vertreten wie mexikanische, karibische, asiatische und europäische Küche. ***Seafood*** versteht sich dank Kaliforniens über 1300 km Ozeanküste ohnehin von selbst.

Eine derart differenzierte Gastronomie findet sich indessen eher in Cities und Großstädten. Mit punktuellen Ausnahmen beschränkt sich das Angebot in Kleinstädten und auf dem Lande oft auf Hamburger- (auch im *full-service* Restaurant) und Steakgerichte, ggf. erweitert um Pizza, Spaghetti und *Mexican Food*.

Mexican Food

In **mexikanischen Restaurants** überwiegen die in Tortillas eingerollten, mit Zwiebeln gewürzten und mit Käse überbackenen Fleisch- und Hackfleischvariationen. Wer auf eine höhere Fleischqualität Wert legt, sollte sich beim Mexikaner an ***Fajitas*** halten, marinierte und gegrillte Steakstreifen. ***Enchiladas*** und ***Burritos*** können auch mit Huhn oder – für Vegetarier – nur mit Käse und/oder Bohnen gefüllt sein. Manchmal gibt es auch modische Abwandlungen wie *Spinach-Enchiladas* oder ***Shrimp Burritos***. Als Beilagen dienen immer schwarze Bohnen (*Refried Beans*) und rötlich gewürzter Reis (*Spanish Rice*), oft auch gemischter Salat und Avocadodip (*Guacamole*).

Italian und Asian Food

Relativ häufig stößt man auf **italienische Restaurants** mit hausgemachter Pizza und Pasta. Auch **asiatische Restaurants** sind verbreitet. Neben den chinesischen und thailändischen Lokalen findet man in Kalifornien viele japanische ***Sushi Bars***.

Seafood

Auch in Restaurants, die nicht ausdrücklich auf Fisch und Meeresfrüchte spezialisiert sind, gibt es Fisch- und *Seafood*-Gerichte, in erster Linie Krabben (*Shrimps)*, Thunfisch (*Tuna*), Lachs (*Salmon*) und Schwertfisch (*Swordfish*). Fisch wird gegrillt (*grilled, broiled*) oder frittiert (*deep fried*) serviert.

Mahlzeiten

Das traditionelle ***American Breakfast*** ist reichhaltig und schwer. Es besteht aus Eiern, Speck oder Würstchen, *Hash Browns* (gerösteter Kartoffelpamps), je nach Geschmack kombiniert mit Pfannkuchen, Waffeln oder auch schlicht Toast mit süßem *Jam* aus dem Portionscontainer. Die Eier gibt es meist als Rührei (*scrambled eggs*), als Spiegelei (*sunny side up*) oder in Form eines Omeletts. Diese Art Frühstück serviert man in Hotelrestaurants, in *Family Restaurants* wie *Denny's*, und in unabhängigen Cafeterias allerorten, in »abgespeckter« Form auch bei *McDonalds* und Co.

Wem dies zu viel ist, dem bietet das ***Continental Breakfast*** eine leichtere Alternative. Hier gibt es zum Kaffee einfach nur Gebäck, etwa *Donuts*, *Croissants*, *Muffins* oder *Bagels* mit *Philadelphia Cheese*. Manche Motels werben mit – einem meist sehr schlichten – *free Continental Breakfast*. Wer Wert auf »richtigen« Kaffee möglichst aus einem Porzellan-, zumindest Keramikbecher legt, geht in einen besseren *Coffee Shop* oder eine *Coffee Bar*, wo immer auch ein Sandwich oder eine kleine Auswahl an Gebäck wartet.

Im Vergleich zum üppigen Frühstück fällt das ***Lunch*** üblicherweise bescheidener aus. Sandwich oder Salat sind typische Mittagsspeisen. Viele Lokale offerieren mittags leichte Kombinationen wie ***Soup & Salad*** und berechnen mittags niedrigere Preise als abends für identische Gerichte.

Im Allgemeinen wird das **Abendessen** in den USA **früher** serviert als in Europa. Man sieht amerikanische Urlauber oft schon um 18 Uhr beim *Dinner*. Wer außerhalb großer Städte unterwegs ist, denkt besser relativ zeitig ans Abendessen, da oft schon nach 20 Uhr kein warmes Essen mehr zu bekommen ist.

Das ***Dinner*** ist die tägliche **Hauptmahlzeit** mit 2-3 Gängen. Man beginnt mit *Appetizers* oder *Starters* (Vorspeisen), widmet sich dann dem *Main Course* oder *Entree* (Hauptgericht) und schließt mit *Dessert* (Nachspeise) und Kaffee.

Getränke stehen unter der Rubrik ***(Alcoholic) Beverages***. Das ***Glas of Wine*** (*red or white*, oft ohne weitere Spezifikation), sofern man sich darauf einlässt, ist Glücksache. Im Weinstaat Kalifornien führen mehr Restaurants als anderswo eine ***Wine List*** und beschränken sich nicht nur auf »rot oder weiß«?

Nach dem Hauptgericht fragt man den Gast, ob er noch ***Sweets*** oder ***Dessert*** wünscht. Zur Vermeidung übersüßer Farbüberraschungen sollte man Nachtisch – mit Ausnahme von Eis und Früchten, womit sich wenig falsch machen lässt – nur nach Inaugenscheinnahme, nie nur nach Karte bestellen.

Kaffee im Anschluss an eine Mahlzeit wird in den meisten Fällen beliebig nachgeschenkt, aber nur einmal berechnet.

Vegetarisch/vegan

Dank des in Kalifornien verbreiteten Gesundheitsbewusstseins ist es dort weniger als in anderen US-Landesteilen ein Problem, Restaurants mit vegetarischen Gerichten zu finden. Dazu gibt es eine wachsende Zahl rein vegetarischer und veganer Lokale.

Standorte

Mit Ausnahme von Fußgängerzonen in touristisch geprägten Orten, spektakulären Positionen über der Küste, Altstadtbereichen und bestimmten Großstadtvierteln ist ein geeignetes Restaurant nicht einfach beim – in Amerika sowieso selten angezeigten – Ortsbummel zu entdecken. ***Full Service-Restaurants*** (also mit Alkohollizenz) findet man ebenso wie die *Fast Food*-Konkurrenz in Einkaufszentren und an Hauptverkehrsstraßen zwischen Drugstores und Tankstellen.

Preisniveau

Gemessen an dem, was hinsichtlich Ausstattung, Ambiente und Küchenqualität im Allgemeinen geboten wird, sind Restaurants in den USA resp. Kalifornien selbst bei einem günstigeren Dollarkurs als $0,85 für den Euro (Ende 2017) **häufig kein** – im Sinne des Wortes – **preiswertes Vergnügen**. Gutes Essen in ansprechender Umgebung ist immer ziemlich teuer. Dabei gelten mittags und abends durchweg unterschiedliche Karten. Ein ***Lunch***-Gericht kostet weniger als die identische Speisenfolge zum ***Dinner***.

Folgendes ist wichtig zu wissen:

Platzierung

- In den USA werden Restaurantbesucher »platziert«. Auch wenn freie Tische vorhanden sind, wartet der geduldige Gast, bis sich ein ***Waiter/Host*** oder eine ***Waitress/Hostess*** seiner und der dazugehörenden ***Party*** annimmt und einen Tisch zuweist. Ist kein Tisch frei oder noch nicht voll abgeräumt, werden die **Namen** der ankommenden Gäste **notiert** und der Reihe nach aufgerufen. »*Muller, party of three!*« soll heißen, für den Gast Müller und insgesamt 3 Personen ist nun alles bereit. Bis dahin können sich Müllers die Zeit mit einem *Drink* an der Bar vertreiben, so vorhanden.

Die Karte

- Die Speisekarte heißt ***Menu***, sprich: »Mänjuh«. Vorspeisen sind ***Appetizers*** oder ***Starters***, Hauptgerichte ***Entrees***. Die Beilagen zum *Entree* heißen ***Side Dishes*** oder ***Side Orders***.

Salattheke

- Vor allem ***Steak Restaurants*** verfügen über eine ***Salad Bar***, an der unbegrenzt nachgefasst werden darf. Häufig sogar ohne ein Hauptgericht zu bestellen, obwohl das nicht immer ausdrücklich auf der Karte steht. Das kostet nur ein paar Dollar und ersetzt leicht eine ganze Mahlzeit.

Alkoholkonsum

- Alkoholika werden nur in Verbindung mit einer Mahlzeit gereicht (an über 21-jährige Gäste!). Ausgedehnteres Verweilen und der Wunsch nach alkoholischem Nachschub, wenn die Mahlzeit eigentlich beendet ist, ruft Befremden hervor. Wer noch ein paar Gläser mehr konsumieren möchte, geht dazu an die Bar oder in die *Cocktail Lounge* desselben Hauses oder in ein anderes Lokal.

Ende der Veranstaltung

- Kurz: Ein Restaurantbesuch ist in den USA keine abendfüllende Angelegenheit. Selbst nach einem üppigen Menü mit Vor-, Haupt- und Nachspeise hat es die Bedienung gelegentlich störend eilig, dem Gast nach dem letzten Bissen zu signalisieren, dass das Vergnügen nun beendet sei. Nach einem knappen »*Anything else*?« wird rasch die Rechnung präsentiert.

Rechnung/ Trinkgeld

- Der ***Cheque*** weist neben den Nettopreisen des *Menu* zusätzlich die Umsatzsteuer aus (in der Gastronomie bis 9,25% in Kalifornien, in Nevada bis 8,1%). Da der ***Service*** nie im Preis enthalten ist, wird ein für europäische Verhältnisse **üppiges Trinkgeld** erwartet. Üblich sind **15%**, bei guter, freundlicher Bedienung auch deutlich mehr nicht ungewöhnlich. Ein ***Tip*** von **$10** bei einer **Rechnung von zum Beispiel $60** (vor *Sales Tax!*) gilt in Restaurants der mittleren bis gehobenen Kategorie nicht nur als normal, sondern wird ungefähr erwartet. Zu den Preisen der Karte muss man also ca. 25% addieren, um ungefähr auf die **Effektivkosten des Restaurantbesuchs** zu kommen.

  In **Touristenrestaurants** mit hohem Ausländeranteil unter den Gästen und/oder Gruppen ist es gelegentlich üblich, die 15% Trinkgeld gleich mit auf die Rechnung zu setzen, um sicherzustellen, dass der *Tip* nicht »vergessen« wird; also aufpassen, sonst zahlt man am Ende das Trinkgeld doppelt.

  Eine gute Übersicht zum **Thema »*Tipping*«** liefert auf Englisch das Portal www.money.cnn.com/pf/features/lists/tipping.

Zahlung

- Gezahlt wird bisweilen an einer Kasse am Ausgang. In diesem Fall hinterlässt man seinen ***Tip*** besser bar am Tisch. Bei Rechnungsbegleichung per Kreditkarte kann man das Trinkgeld auch auf dem Beleg vermerken.

»Denny's«, das Family Restaurant an sich, angesiedelt zwischen Fast Food und »richtigem« Restaurant. Große Portionen amerikanischer »Items« und relativ preiswert, *➤ Seite 131* *(hier in Palm Springs)*

Restaurant in Pismo Beach mit Bar und Happy Hour

3.7.3 Bars und Saloons

Kneipen

Über die Auswahl an ***Watering Holes*** für durstige Kehlen kann man in Kalifornien und Nevada nicht klagen. Die Atmosphäre in ihnen entspricht weitgehend dem Bild, das uns Fernsehserien und Filme liefern. Hotels besitzen üblicherweise eine ***Bar*** oder ***Cocktail Lounge***. In kleinen Orten findet man noch originale ***Saloons*** im Westernstil: Klapptür, lange Bar, einige Tische und Stühle, vielleicht eine kleine Band mit *Country-Music*. In den Cities existieren viele **originell ausgestattete Kneipen**, vor allem in restaurierten »alten« Vierteln und in aufgepeppten künstlichen Restaurant- und Kneipenzentren. Eine **uramerikanische Besonderheit** sind ***Sports Bars***, Kneipen, in denen zahlreiche Monitore die verschiedensten Sportsendungen gleichzeitig übertragen.

Happy Hour

Was fehlt, ist »unsere« **Gastwirtschaft**, Restaurant und Kneipe in einem. Dafür wird in manchen *Bars* und *Lounges* abends oder zur ***Happy Hour*** (meist 17-19 Uhr) ein kleines *Buffet* aufgebaut, an dem sich die Gäste bedienen dürfen. Solche ***Snacks*** ersetzen zur Not ein Abendessen. Gezahlt wird nur für den Getränkekonsum.

Getränkeauswahl

In den Kneipen trinkt man überwiegend **Bier**. Hochprozentiges wird in reinem Zustand – außer *Whiskey* und *Rye* (kanadischer Whiskey) mit viel Eis *on the rocks* – so gut wie nicht konsumiert, sondern nur zum Mixen benutzt. Beim Bier stehen üblicherweise mehrere Sorten Flaschenbier und Zapfbier (***draft beer***) zur Auswahl. Das eiskalte Nass fließt fast ohne Schaumbildung ins meist dickwandige Glas. Beliebt sind ***pitcher***, Karaffen, aus denen sich eine fröhliche Runde das Bier selbst ins Glas einschenkt.

Ein ***Glas of Wine*** gibt's in vielen Lokalen nur unterteilt nach *red, white* oder *rosé* ohne weitere Differenzierung.

Preise

Alkoholische Getränke sind ein recht teurer Spaß. Ein Bier (0,3 l) unter $5 (*+tax+tip*) gibt es in Kalifornien kaum noch, selbst wenn es im Plastikbecher kommt. Wein beginnt bei $8 netto pro Glas.

3.8 Sportliche Aktivitäten

Hier geht es um Aktivitäten, denen man unterwegs bei Lust und Laune ohne große Vorbereitung oder Vorbuchung bei Gelegenheit nachgehen kann:

Surfen

Der Sport, der das Freizeitgefühl einer ganzen Generation (dank der *Beach Boys*) und das Image von *Southern California* mitgeprägt hat, muss hier an erster Stelle stehen:

Gesurft wird von San Diego bis südlich von San Francisco. Anfänger freunden sich am besten an den ***La Jolla Shores*** mit dem Surfbrett an. In Richtung Los Angeles ziehen **Oceanside**, **Laguna** und **Huntington Beach** die Wellenreiter an, im Stadtgebiet von LA alle Strände von **Torrence** und **Redondo Beach** bis **Malibu**. Nördlich von LA gehören die Strände von **Oxnard**, **Ventura** und **Rincon** (bei Carpinteria) zu den beliebtesten Revieren.

Je weiter man nach Norden kommt, desto kälter wird das Wasser. Dessen ungeachtet surft man überall, wo es geht, von Santa Barbara bis hinauf nach **Monterey** und **Santa Cruz** vorm ***Lighthouse Point***, ➤ Seite 320. An stärker frequentierten Stränden im Umfeld der Städte findet man Surfboardverleiher. Alles Wichtige zum Surfen in Kalifornien unter

www.caoutdoors.com/Surfing-California.htm oder www.surfing-waves.com/atlas/north_america/usa/west_coast/california.html

Baden/ Schwimmen

Kalifornien verfügt zwar über viele natürliche Gewässer, aber dort, wo sie besonders attraktiv sind (z.B. in der Sierra Nevada) erreichen die Wassertemperaturen der Seen und Flüsse selten ein badefreundliches Niveau (wunderbare Ausnahmen sind u.a. der **Merced River** im *Yosemite National Park*, ➤ Seite 272, und der **Kern River** im *Sequoia Nat'l Forest*, ➤ Seite 433). Anders sieht es aus bei den zahlreichen Stauseen. Viele von ihnen haben Badestrände und sind im Sommer warm. Aber nur, wenn der Wasserstand nicht weit abgesunken ist, eignen sie sich zum Schwimmen, zumal mit niedrigem Wasserstand auch die Wasserqualität sinkt.

Surfer vorm Strand von Morro Bay

Wassertemperaturen

Nur im südlichsten Kalifornien bis etwa Santa Barbara erlauben die Wassertemperaturen ein (kurzes) Bad ohne Neoprenanzug im Pazifik. Auch im Hochsommer erreichen sie bestenfalls in San Diego schon mal knapp über 20°C, in Santa Barbara werden selbst 18°C selten gemessen. Weiter nördlich sind die Wassertemperaturen endgültig nur etwas für Hartgesottene.

Poolprobleme

Öffentliche Pools gibt es viel seltener als bei uns, und dann sind die Becken selten über 25 m lang. Maschendrahtgitter umzäunen das Gelände, da die Betreiber für Unfälle rigoros haften. Viele kommerziell betriebenen Campingplätze und natürlich Motels und Hotels haben zwar Pools, oft jedoch in einer Größe, die sich zwar zur Abkühlung, aber kaum zum Schwimmen eignet. Das Ambiente ist dabei selten einladend. Zwar gibt es wunderbare Poolanlagen in Hotels, jedoch eher im sehr gehobenen Preissegment.

FKK

Selbst an den Stränden des in vielem etwas freizügigeren Kalifornien ist **Nacktbaden** nicht verbreitet. Ausnahmen von dieser Regel sind z.B. die ***Gray Whale Cove Beach*** südlich von San Francisco, der Strand ***Pirate's Cove*** südlich von San Luis Obispo und die ***Black Beach*** nördlich von La Jolla (San Diego).

Big Sur Beach, schöner, sauberer Strand, aber zum Baden lädt das Wasser dort selbst im Hochsommer nur Abgehärtete ein

Tauchen

Ob in den kühleren Fluten von Malibu bis Monterey und rund um die Channel Islands oder vor Südkalifornien einschließlich Santa Catalina Island – die Unterwasserwelt vor der Pazifikküste hat auch Tauchern allerhand zu bieten. Eine sehr gute Gesamtübersicht für Kalifornienen mit Links zu Kursen, Touren und Ausrüstungsvermietern etc. pp. liefert das Portal http://diver.net.

Angeln

Angeln ist in den USA eine Art Volkssport, sei es an den zahlreichen Binnengewässern oder an bzw. auf dem Pazifik auf Charterbooten zum Hochseefischen. Es bedarf keiner Kurse oder Prüfungen, um bei der Jagd auf den Fisch mitzumachen, sondern lediglich einer *Annual Sport Fishing License*, die sich jeder Bürger des Staates beim ***California Department of Fish and Game*** relativ billig kaufen kann; Ausländer dürfen zwar mitfischen, aber zahlen ein Mehrfaches der Gebühren für den Angelschein. Außer lokalen Vertretungen dieser Behörde fungieren auch Ausrüstungsläden und Outdoor-Abteilungen in Kaufhäusern als Agentur. Alle Details dazu unter www.wildlife.ca.gov/Licensing.

Bike Rental am Strand von Venice (Los Angeles)

Biking

Spaßradler nutzen in LA, Santa Barbara, Monterey, La Jolla und anderswo die ***Bike Routes*** entlang der Küste. ***Mountain Biker*** finden jede Menge Pfade in *State* und *National Parks.* **Straßenfahrern** wurde bereits ein Extrakasten gewidmet, ➤ Seite 40f.

Das **Mountainbike** wurde sogar in Kalifornien geboren, nämlich nördlich von San Francisco im **Marin County** jenseits des *Golden Gate*. Dort gibt's auch zahlreiche *Trails* für MTBs. Im Raum **Los Angeles** ist im Sommer u.a. die Skiregion um den Big Bear Lake in den San Bernardino Mountains ein beliebtes MTB-Ziel.

In den Großstädten und z.B. im *Yosemite National Park* finden sich *Bike Rentals*; alle Vermieteradressen in Kalifornien unter http://bicycle-rental.regionaldirectory.us/california.htm

Golf

Auf einer Reise durch Kalifornien passiert man unzählige Golfplätze, davon sind erstaunlich viele öffentlich. Sie bieten jedermann auch ohne Clubmitgliedschaft die Gelegenheit, den Schläger in die Hand zu nehmen. Die meisten Clubs pflegen keinen Exklusivitätsanspruch und berechnen eher moderate Gebühren (ab $10). Also warum nicht mal ein paar Abschläge versuchen? Umfassende Infos und Links unter www.golfcalifornia.com.

Joggen

In manchen städtischen **Parks** übertrifft die Zahl der Jogger regelmäßig die anderer Besucher. Der Frauenanteil ist augenscheinlich höher als bei uns. Wer mitrennen möchte, findet für jede Großstadt Infos zu den örtlichen Joggingpfaden. Auch in Nationalparks und bei Campingplätzen gibt es geeignete Strecken. Eine Übersicht mit Routenkarte guter Strecken liefert für viele Städte und Bereiche in Kalifornien das Internetportal www.runmap.net/regional/United+States/State+of+California.

Walking

Mancher Jogger in den USA hat sich dem sportlichen ***Walking***, bei uns eine asketische Spezialdisziplin, zugewandt, nachdem Laufenthusiasten Gelenk- und Sehnenschäden beklagten. Das hierzulande populärere *Nordic Walking* sieht man kaum.

Reiten In Kalifornien gibt es zahlreiche Gelegenheiten zum **Reiten**, besonders in und um Nationalparks und in typischen Touristenregionen. Möglichkeiten für kurze Ausritte, Tagestouren und mehr listet für ganz Kalifornien das Portal

www.horserentals.com/california.html

Tennis Tennisspieler sollten überlegen, für die Kalifornienreise den Schläger einzupacken. Allerorten findet man der Allgemeinheit zugängliche **gebührenfreie Plätze** in öffentlichen Parkanlagen. Stark frequentiert werden sie eigentlich nur in Feriengebieten und ab 17 Uhr bis Dunkelheit. Früher am Tag gibt es selten Wartezeiten.

Wandern Die Möglichkeiten zum ausgiebigen Beinevertreten in *National Parks*, *State Parks* und *National Forests*, aber auch an den teilweise endlosen Stränden des Pazifiks sind so gut wie unbegrenzt. Es gibt kurze, touristische Rundwege über nicht mal eine Meile Länge, Endlosrouten in der Sierra Nevada wie den ***John Muir Trail*** oder den ***Pacific Crest National Scenic Trail***, der sich von Süden nach Norden durch den ganzen Staat schlängelt, und alles dazwischen. Im Reiseteil finden sich zahlreiche Hinweise für Kurz- bis Ganztagswanderungen. Prima Wanderportale sind:

www.everytrail.com/best/hiking-california

www.hikespeak.com/southern-california

Wintersport Kaum zu glauben, aber von den LA-Stränden sind es bis zu den nächsten Wintersportmöglichkeiten in den **San Gabriel Mountains** und den **San Bernardino Mountains**, die die Metropole von der südkalifornischen *Mojave Desert* trennen, nur ein paar Autostunden Fahrt. Rund um den **Lake Tahoe** und in der **Sierra Nevada** zwischen dem See und dem *Yosemite National Park* wie auch an deren Osthängen (**June** und **Mammoth Mountain**) dauert die Skisaison von Anfang November bis in den Mai hinein. Wer zwischen November und Frühjahr unterwegs ist, hat in Kalifornien also auch die Möglichkeit, sich mal die Bretter unterzuschnallen. Eine komplette Übersicht liefert:

www.onthesnow.com/california/ski-resorts.html.

Mammoth Mountain Ende Oktober kurz vor Beginn der Skisaison

3.9 Alles Weitere von A – Z

Apotheken

Reine Apotheken (***Pharmacies***), wiewohl hier und dort vorhanden, findet man relativ selten. Meistens ist bestimmten *Drugstores* und großen Supermärkten inkl. *Walmart* eine *Pharmacy* zugeordnet, wo es nicht verschreibungspflichtige Medikamente in Selbstbedienung gibt. Rezeptpflichtige Medikamente werden an einer Sondertheke für ***Prescriptions*** ausgegeben.

Ärzte und Zahnärzte

Für den Eventualfall einer auf Reisen notwendigen Behandlung sollte unbedingt vorgesorgt sein. Es gibt Fälle, in denen die Behandlung auch im Notfall verzögert oder sogar abgelehnt wird, wenn unklar ist, wie und ob sie bezahlt werden kann, ➢ Seite 52.

Trotz einer insgesamt hohen Dichte bei der ärztlichen und zahnärztlichen Versorgung, ist es in den USA für Touristen bisweilen nicht einfach, einen Arzt (***Physician***) oder Zahnarzt (***Dentist***) zu finden bzw. einen Termin zu erhalten. Im Prinzip benötigt man lokale »Fürsprache«, etwa des Hotel- oder Campingplatzpersonals. Relativ zwecklos ist der Versuch, ohne Anmeldung in einer beliebigen Praxis (***Doctor's Office***) vorzusprechen. Eine Ausnahme bilden ***Walk-in*** oder ***Urgent Care Clinics***, auf »Laufkundschaft« eingestellte Gemeinschaftspraxen, die man in Ortschaften ab mittlerer Größe findet. Mit **akuten Beschwerden** und **Verletzungen** kann man sich auch direkt zum ***Emergency Room*** (Notaufnahme) des nächstgelegenen Hospitals begeben.

Bei Problemen hilft ggf. die Touristenorganisation ***Traveler's Aid*** weiter (➢ im lokalen/regionalen Telefonbuch, alle Adressen auch unter www.travelersaid.org). In *National* und *State Parks* sind die ***Ranger*** Ansprechpartner und meist sehr hilfsbereit.

Notfälle

Die im ganzen Land gültige Telefonnummer für Notfälle aller Art *(Emergencies)* ist 911, ➢ auch Seite 147.

Banken

Eine Bankfiliale findet sich noch im kleinsten Ort. Die meisten akzeptieren die gängigen **Reiseschecks** und zahlen den Nennwert minus Gebühren aus. Meist muss der Pass vorgelegt werden. Das gilt ausnahmslos auch für die Auszahlung von Dollars gegen Kreditkarte ***(Cashing)***. Die Mehrheit der Banken honoriert ***Mastercard*** und ***VISA***, berechnet aber auch dafür Gebühren.

Banken sind von Montag bis Freitag (manchmal auch samstags) ab 9 Uhr bis mindestens 14 Uhr, spätestens bis 16 Uhr geöffnet.

Geldautomaten (ATMs)

Geldautomaten (***ATM***: ***A****utomated* ***T****eller* ***M****achine)* stehen für Abhebungen mit Kreditkarte oder per **Kontokarte** (mit dem *Maestro Logo*, ➢ Seite 56) rund um die Uhr zur Verfügung. Verbreitet sind ***Drive-in ATMs***, an denen man das Auto nicht verlässt.

Botschaften und Konsulate

Die diplomatischen Vertretungen des eigenen Landes in den USA sind für Touristen normalerweise nur von Interesse, wenn **Not am Mann** ist, in erster Linie bei Verlust der Finanzen und der Papiere. Soweit »lediglich« Reiseschecks und Kreditkarten abhanden gekommen sind, helfen die ausgebenden Organisationen und Eigeninitiative, ➤ Seiten 55+57.

Ist der **Pass weg**, lässt sich für Deutsche der Gang zu den Konsulaten nicht vermeiden. Sie und nicht etwa die deutsche **Botschaft in Washington** (4645 Reservoir Road NW, ✆ (202) 298-4000; www.germany.info) sind die zuständigen Anlaufstellen:

Deutsche Generalkonsulate in Kalifornien
(Auf der Botschaftswebsite Menüpunkt *Consulate Finder*)

Los Angeles	für Südkalifornien, Arizona, Nevada, Utah und Colorado: 6222 Wilshire Blvd, Suite 500, ✆ (323) 930-2703
San Francisco	für Nordkalifornien, Oregon, Washington, Montana, Idaho, Wyoming: 1960 Jackson Street, ✆ (415) 775-1061

Botschaften von Österreich und der Schweiz

Schweiz	***Embassy of Switzerland,*** 2900 Cathedral Ave NW, **Washington DC** 20008; ✆ (202) 745-7900, www.eda.admin.ch/washington
Österreich:	***Austrian Embassy,*** 3524 International Court NW, **Washington DC** 20008; ✆ (202) 895-6700; www.austria.org

Hilfreich sind im Verlustfall **Fotokopien** der abhanden gekommenen Unterlagen, noch besser auf dem **Laptop** oder Server eines Providers hinterlegte ***Scans***. Mit der Hilfeleistung verbundene Aufwendungen holt sich der Staat in der Heimat zurück.

Datum

In Amerika ist die Datenschreibweise Monat/Tag/Jahr. Der **25. September 2018** schreibt sich demzufolge **09/25/18**.

Elektrischer Strom

Die USA verfügen über ein Wechselstromnetz mit 110-125 Volt Spannung und einer Frequenz von 60 Hertz. Apparaten, die sich auf 110/125 V umschalten lassen, schadet der Frequenzwechsel von 50 auf 60 Hertz nicht; Rasierapparate laufen etwas rascher. Viele elektronische Geräte passen sich automatisch an.

Feiertage

An Feiertagen bleiben Banken, Postämter und öffentliche Verwaltungen geschlossen. **Private Unternehmen brauchen kein Feiertagsgebot zu beachten**. Rechts die landesweiten Feiertage.

Feiertagsbezeichnung	Datum	Bemerkungen
New Years Day	1. Januar	Neujahrstag wie bei uns
Martin Luther King Day	3. Montag im Januar	Gedenktag an den ermordeten Prediger wider den Rassenhass
President's Day	3. Montag im Februar	an sich Washingtons Geburtstag, heute Feiertag zu Ehren aller ehemaligen Präsidenten
Good Friday	Freitag vor Ostern	Karfreitag, nur bedingt ein Feiertag
Memorial Day	Letzter Montag im Mai	Tag zur Ehrung aller Gefallenen. Das Wochenende läutet den Sommer ein
Independence Day	4. Juli	Unabhängigkeitstag, wichtigster Feiertag der USA: Umzüge und Paraden, Feuerwerk
Labor Day	1. Montag im September	Tag der Arbeit, wie bei uns der 1. Mai. Ende der Feriensaison.
Columbus Day	2. Montag im Oktober	Gedenktag an die Entdeckung Amerikas
Veteran's Day	11. November	Ehrentag für die Veteranen der US-Armee
Thanksgiving (»*Turkey Day*«)	4. Donnerstag im November	Erntedankfest, großer Familientag
Christmas Day	25. Dezember	Nur **ein** Weihnachtstag

Fernsehen

Private Stationen

Das amerikanische Fernsehen mit zahlreichen Kanälen wird von einer Handvoll großer, auf privatwirtschaftlicher Basis operierender Gesellschaften dominiert. Gegen die in kurzen Abständen von Werbung unterbrochenen überwiegend seichten Programme wirkt das Angebot unserer öffentlich-rechtlichen Sender extrem intellektuell, und auch unsere Kommerzsender schneiden im Vergleich dazu nicht schlecht ab. Die »locker« gemachten amerikanischen Nachrichten vermitteln ihre Informationen eher oberflächlich und in krasser Momentaufnahme. Außerdem sind sie viel stärker auf ***National News*** beschränkt als bei uns gewohnt.

Nachrichten

International berichtenswert ist nur, was die Politik und Interessen der USA direkt tangiert oder Sensationswert besitzt. Die Welt außerhalb der USA ist für den durchschnittlichen US-Fernsehkonsumenten daher *terra incognita*.

Talk-Show

Kabel

Die täglichen *Talkshows* sind vielfach witzig und unterhaltsam, plätschern aber ohne Tiefgang meist deutlich flauer dahin als bei uns. Insgesamt besitzen **anspruchsvollere Sendungen Seltenheitswert**. Für alle, die der ewigen Werbebotschaften überdrüssig sind, kommt **werbefreies Kabelfernsehen gebührenpflichtig** ins Haus. Filme am laufenden Band von jugendfrei bis Softporno ohne Unterbrechungen durch Werbespots gibt es auf speziellen ***Movie Channels***. Hotels und Motels werben gerne damit.

Information vor Ort

Welcome/ Visitor Center

Eine wichtige Institution der touristischen Besucherinformation sind die ***California Welcome Centers***. Sie werden in Kooperation mit *California Tourism* (➢ Seite 43f) in allen großen und mittleren Städten betrieben und haben ein gemeinsames Webpotal: www.visitcalifornia.com/attraction/california-welcome-centers

Lokale Info Center

Aber auch in – oft überraschend kleinen – Orten ohne *Welcome Center*, in *National Parks* und größeren *State Parks* gibt es ***Visitor's*** oder ***Tourist Information Center***. Sie nennen sich gelegentlich auch *Convention & Visitors Bureau (CVB)* oder fallen in die Zuständigkeit der örtlichen Handelskammer (*Chamber of Commerce*). Zur Selbstbedienung liegt dort immer eine Fülle von Material der lokalen/regionalen Tourismusindustrie bereit.

Internet ➢ unter W-LAN/Wifi auf Seite 156

Nicht zu übersehender Hinweis auf die Besucherinformation des Ortes im örtlichen Stadtpark in Bishop östlich der Sierra Nevada an der Strecke zwischen den Nationalparks Yosemite und Death Valley

Klimaanlagen

Die weite Verbreitung von Klimaanlagen ist in Anbetracht der in manchen Regionen enormen sommerlichen Hitze einerseits eine Wohltat. Andererseits besteht in den USA die Tendenz zur Übertreibung. Eisiger Wind empfängt bisweilen die Besucher von Restaurants, Banken und *Shopping Malls*, während an kalten Tagen überheizt wird. **Hotelzimmer** besitzen fast ausnahmslos ***Air Conditioning***. Mit Glück arbeiten Klimaanlagen fast geräuschlos. Speziell in preiswerteren Kategorien verrichten die unter Fenstern angebrachte Apparate überwiegend lautstark ihr Werk. Bei nächtlicher Schwüle hat man in solchen Quartieren nur die Wahl zwischen schweißtreibender Hitze oder dem Lärm der Anlage.

Mietfahrzeuge verfügen durchweg über Klimaanlagen. Häufig fährt man mit ein bisschen Fahrtwind angenehmer. Besonders mit Kindern im Auto ist Zurückhaltung beim Umgang mit dem amerikanischen *Air Conditioning* angezeigt. Ein allzu extremen Wechsel zwischen Backofenhitze draußen und vergleichsweise niedrigen Temperaturen im Wagen bekommt manchen nicht gut.

Kriminalität

Bekanntlich ist die Kriminalitätsbelastung, speziell durch Gewaltverbrechen, in den USA beachtlich. Das gilt auch für Kalifornien und Nevada. Indessen ist die Mehrheit davon mit Situationen und Orten verbunden, in die ein Tourist normalerweise gar nicht erst kommt bzw. die er durch umsichtiges Verhalten vermeiden kann. Wer etwa sein Auto in Problemviertel steuert – die erkennt man selbst ohne besondere USA-Erfahrung schon rein von den Gegebenheiten her ganz gut –, dort auch noch parkt und zu Fuß auf Entdeckungstour geht, nimmt eine vielfach höhere persönliche Gefährdung in Kauf als z.B. bei einem Bummel durch San Franciscos Chinatown. Es genügt gesunder Menschenverstand, um das eigene Risiko weit unter die – insgesamt selbst in den USA niedrige – statistische Gefährdungsrate zu senken.

Touristische Anziehungspunkte in Großstädten von den *Universal Studios* über *Amusementparks* und die *Golden Gate Bridge* bis hin zum *Casino Strip* in Las Vegas sind nicht bekannt für Mord und Totschlag, auch wenn der vom *Mandalay Hotel* ausgegangene Terroranschlag im Oktober 2017 mit 59 Toten und über 500 Verletzten das Bild mittlerweile verdunkelt hat. Generell werden vor allem seit 9/11 Bereiche mit hohem Verkehrs- und Besucheraufkommen per Video überwacht.

Reisen in Kalifornien und Nevada sind oft verbunden mit Fahrten durch dünn besiedelte Gebiete, den Besuch von Nationalparks und Übernachtungen in Kleinstädten und Dörfern oder auf Campingplätzen, alles von Gewaltkriminalität kaum belastete Orte.

Vorsicht ist dennoch angebracht. Gepäck sollte immer blickgeschützt in den Kofferraum. Und Geld, Kreditkarten, Smartphone wie Papiere gehören besser nicht in die Gesäßtasche.

Literatur

Ob als **Einstimmung** auf die Reise oder als **Urlaubslektüre**, die folgenden Titel sind eine kleine Auswahl an Romanen, die sich auf Kalifornien und Las Vegas beziehen.

Ein Klassiker aus dem 19. Jahrhundert ist *Richard Henry Danas* ***Two Years Before the Mast*** (»Zwei Jahre vorm Mast«), in dem er u. a. die Zeit des mexikanischen Kaliforniens beschreibt.

100 Jahre später verfasste ***John Steinbeck*** sein berühmtes Werk ***Cannery Row*** (»Die Straße der Ölsardinen«) und ***The Grapes of Wrath*** (»Die Früchte des Zorns«). Ebenfalls in der erste Hälfte des 20. Jahrhunderts entstanden die berühmten Westküstenkrimis von ***Dashiell Hammett*** (*The Maltese Falcon* und *The Thin Man*) und ***Raymond Chandler*** (*The Big Sleep, Farewell My Lovely*).

Was eine Glitzermetropole unter der Einwirkung von Halluzinogenen bewirken kann, beschreibt ***Hunter S. Thompson*** in *Fear and Loathing in Las Vegas* (»Angst und Schrecken in Las Vegas«).

Über kalifornisches Leben aus der Sicht von *Chinese-American Women* ließen sich ***Amy Tan*** (»Töchter des Himmels«) und ***Maxine Hong Kingston*** (»Die Schwertkämpferin«) aus.

Die Erben der Krimitradition heißen u.a. ***James Ellroy*** (»LA Confidential«), ***Walter Mosley*** (»Teufel in Blau«) und ***Sue Grafton*** (»Ruhelos«, »In aller Stille«, »Abgrundtief«).

Das regenbogenbunte San Francisco ist der Star in ***Armistead Maupins*** *Tales of the City* (»Stadtgeschichten«).

Maße & Gewichte

Obwohl auf dem Papier die Einführung metrischer Maß- und Gewichtseinheiten seit Dekaden gesetzlich beschlossene Sache ist, findet man bis heute nur in Broschüren und auf Wegweisern der Nationalparks so exotische Angaben wie Kilometer, Liter und in Celsius gemessene Temperaturen.

Ansonsten gelten *Miles, Gallons, Pounds* usw.:

1 inch			2,54 cm
1 foot	12	inches	30,48 cm
1 yard	3	feet	91,44 cm
1 mile	1760	yards	1,60 km
1 acre	4840	square yards	0,40 ha
1 square mile	640	acres	2,59 km^2
1 fluid ounce			ca. 30 ml
1 pint	16	fluid ounces	0,47 l
1 quart	2	pints	0,95 l
1 gallon	4	quarts	3,80 l
1 barrel (Öl)	42	gallons	159 l
1 ounce			ca. 28 g
1 pound (lb)	16	ounces	ca. 454 g
1 ton	2000	pounds	ca. 907 kg

Notfälle – Notfall ✆ 911

- **Krankheit/Unfall**

Anruf

In dringenden Notfällen, gleich ob man in erster Linie einen Arzt, den Unfallwagen oder die Polizei benötigt, ruft man die **Nummer 911** an. Sollte die ***Emergency Number*** nicht funktionieren, wählt man die »**Amtsleitung**« **0**. Der ***Operator*** verbindet dann weiter.

Vor jedem Notfall-Anruf sollte man sich über den eigenen **Standort** vergewissern und für Rückrufe die Nummer des Apparates, von dem aus man telefoniert, parat haben. In den USA besitzen auch Münzfernsprecher eine Nummer und können angerufen werden.

- **Pass-/Geldverlust**

Pass

Bei Verlust des Passes helfen (nur) deutschen Staatsbürgern die **Generalkonsulate** in Los Angeles und San Francisco, anderen ihre Botschaften in Washington, ➢ Seite 142, aber auch die Notfallzentralen der Kreditkartenunternehmen.

Reiseschecks

Falls Reiseschecks verlorengehen oder gestohlen werden, ruft man die ausgebende Institution (*Toll Free Number*) an und erhält dann vom Aufenthaltsort abhängige Direktiven für die Ausstellung von Ersatzschecks. Voraussetzung für den Ersatz ist das Vorhandensein des Kaufnachweises und eine »Buchführung« über ausgegebene Schecks.

Hilfe

Sind solche Unterlagen und auch die Kreditkarten abhanden gekommen, hilft ggf. ***Western Union*** (Büros in vielen Städten der USA) in Kooperation mit der **Reisebank** (Filialen in den Bahnhöfen deutscher Großstädte und in Flughäfen). Wer sich **aus der Heimat Geld schicken lassen** möchte/muss, kann nur wenige Minuten nach Einzahlung bei der Reisebank/Post in einem *Western Union Office* seiner Wahl über den Betrag verfügen. Details unter ✆ 0721/476 663 580;, www.reisebank.de. *Western Union*: ✆ 1-866-430-5386; www.westernunion.com.

Polizei

Äußeres und Verhalten der amerikanischen Polizei entsprechen dem aus **Fernsehserien** bekannten Bild. Tatsächlich steckt häufig der Colt im Halfter, und auf dem Lande und in der Kleinstadt steht auf dem Wagen der Obrigkeit unübersehbar ***Sheriff***.

Der amerikanische Arm des Gesetzes ist mit erheblichen Vollmachten ausgestattet und greift in der Ausübung seiner Pflichten im Bedarfsfall härter durch als sein europäischer Kollege; in Anbetracht des im Zweifel bewaffneten Gesetzesbrechers ist das verständlich. Mit amerikanischen Polizisten ist bei Fehlverhalten nicht gut Kirschen essen, der Kontakt im Allgemeinen aber durchaus entspannt und freundlich. Zur Situation bei **Verkehrskontrollen** und **Übertretungen** ➢ Seite 102.

3

Post

Laufzeiten/Gebühren

Die amerikanische Post funktioniert zuverlässig, ist aber im Allgemeinen nicht sehr schnell. Brief- und Postkartengebühren:

Postkarten nach Übersee: $1,15; **Briefe** nach Übersee ab $1,15

Post nach Übersee geht (mit der Ausnahme von Paketen) automatisch per Luftpost, wenn ***Air Mail Stamps*** benutzt werden. Briefe nach Europa laufen **bis zu 1 Woche**. Postämter befinden sich noch im kleinsten Nest und sind dank der zu den Schalterstunden (Zeiten etwa wie bei uns) immer aufgezogenen **Nationalflagge** selten schwer zu finden.

Briefmarken gibt es auch in **Automaten** in Supermärkten und Einkaufszentren; dort allerdings mit einem Aufschlag.

Postlagernd

Wer in den USA Post empfangen möchte, kann das postlagernd (***General Delivery***) tun, vorausgesetzt, es herrscht Klarheit über das Postamt. Jedes von ihnen ist durch eine Postleitzahl (***Zip-Code***) eindeutig identifiziert. Alle US-Zip Codes findet man unter https://tools.usps.com/go/ZipLookupAction!input.action.

Radio

Radiostationen sind meist **Lokalsender** mit geringen Reichweiten. In dünn besiedelten Regionen ist das Radio daher 10 Autominuten außerhalb größerer Ortschaften oftmals ziemlich tot. Zumindest gilt das für **FM** (=UKW). Auf **AM** (Mittelwelle) findet man zur Not immer noch einen *Country* & *Western*-Sender und/oder Stationen mit religiösen Botschaften. Neuere Fahrzeuge verfügen über **Satellitenradio** (Taste »**XM**«), das perfekten Empfang zahlloser Sender bietet, sofern der Autovermieter die Gebühr dafür entrichtet hat.

Politik

Faszinierend sind landesweite politische Sendungen, die von extrem konservativen bis rechtsradikalen Organisationen gesponsert werden. In die mit aktuellen Tagesereignissen verknüpften

In den USA gibt's auch in kleinen Orten noch große Postämter. Die Gemeinde Joshua Tree hat gerade mal um 7000 Einwohner weiträumig verteilt am Rande der Mojave Desert. Jedes Postamt zeigt deutlich den Zip-Code (PLZ) des Bezirks.

Tiraden können sich Hörer telefonisch einklinken und mitdiskutieren. Wer sprachlich fit genug ist, um den Ausfällen (nicht nur) des Stars seiner Zunft, ***Rush Limbaugh*** (sprich: Limbo), folgen zu können, mag kaum glauben, dass so etwas straffrei möglich ist. ***Fake News*** wurden in diesen Sendungen schon verbreitet, als es noch gar kein Internet gab und der Begriff noch nicht existierte. Sie leisteten ohne Frage einen beachtlichen Beitrag zur Wahl von ***Donald Trump*** zum Präsidenten. Die Gegenseite mit liberaleren Positionen kann und konnte da nie mithalten.

Trost & Rat

Kulturell aufschlussreich sind auch **Trost- & Ratsendungen**, in denen Hörer für ihre Privat- und Berufsprobleme oft – aus unserer Sicht – äußerst ungewöhnliche Ratschläge/Lösungen erhalten.

Rauchen

Kalifornien generell

Das Rauchen in öffentlichen Räumen, in denen Menschen arbeiten, i.e. Büros, Restaurants, Bars, Museen und Konzerthallen, ist **in Kalifornien generell untersagt**. Dazu gehören auch Taxen und alle öffentlichen Transportmittel. **Ausnahmen** gelten für Unternehmen mit bis zu fünf Mitarbeitern, wenn alle der Raucherlaubnis zustimmen. Daher gibt es **Bars**, in denen geraucht werden darf.

Kalifornien Details

In vielen Orten/Landkreisen (*Counties*) wurden **zusätzliche Restriktionen** eingeführt. Fast überall ist in öffentlichen Parks und auf Bürgersteigen das Rauchen verboten, ebenfalls in unmittelbarer Nähe öffentlicher Gebäude. Raucher müssen mindesten 20 Fuß (= 6 m) Abstand halten. **Motels und Hotels** haben einen relativ großen Verfahrensspielraum. Sie dürfen theoretisch bis zu 65% oder 50% (größenabhängig) ihrer Kapazität als Raucherzimmer ausweisen, und in 25% oder 50% der Lobbyfläche das Rauchen gestatten. In der Praxis liegt die Anzahl der Raucherzimmer oft weit niedriger als erlaubt. Viele, vor allem kleinere Quartiere, sind komplette ***Non-smoking Areas***.

Nevada

In **Nevada** gelten, was die Öffentlichkeit angeht, die weitgehend gleichen Regeln wie in Kalifornien. Ein Sonderfall sind dort **Bars**, **Kasinos** und **sonstige Etablissements**, zu denen nur Personen über 21 Jahren Zutritt haben: dort ist das Rauchen erlaubt. In **Restaurants** schon deshalb nicht, weil sich dort auch jüngere Gäste aufhalten. Aber es können Raucherbereiche ohne Zutritt für Jugendliche unter 21 Jahren abgetrennt werden. In der Realität von Las Vegas sind heute viele Kasinos und Bars komplett ***smoke-free***.

Senioren

Der Begriff des ***Senior*** für alle älteren Mitbürger ist eine amerikanische Erfindung, die sich auch bei uns durchgesetzt hat. In den USA gibt es für vieles **Seniorenrabatt**: auf Eintrittspreise, Campingtarife, in *Family Restaurants* und in Hotels. Nicht selten gilt schon als Senior, wer **60 Jahre** alt ist, manchmal reichen sogar 55 Jahre für diesen Status. Ältere Reisende sollten bei Dienstleistungen und Eintrittsgeld immer nach dem ***Senior Discount*** fragen.

Telefon

System

Nordamerika inklusive Mexiko verfügt über ein einheitliches Telefonsystem. Jeder Bundesstaat besitzt eine dreistellige Vorwahl, den ***Area Code***, einige dicht besiedelte Staaten wie Kalifornien gleich mehrere davon. Dieser ersten Vorwahl folgt eine **zweite, ebenfalls dreistellige Ziffer**, die sich auf das Dorf, einen Landkreis oder Stadtteil bezieht. Die **Apparatnummer ist vierstellig. Bei Gesprächen über den regionalen *Area Code* hinaus muss die »1« vorweggewählt werden**. Bereits Anrufe beim Nachbarn, der eine abweichende zweite Vorwahl besitzt, sind »Ferngespräche«. Statt des Ortsgesprächstaktes gilt dann der Minutentakt.

toll free Nummern

1-800/844/ 855/866/ 877/888

Toll-free-Nummern gehen in der Regel die Kosten zu Lasten des Angerufenen. Sie sind auch vom Ausland aus zu erreichen, dann zunächst Vorwahl 001 statt »1«. Außerhalb der Vereinigten Staaten kommt allerdings der Anrufer für die Gesprächsgebühren auf. Großer Beliebtheit erfreuen sich leicht zu merkende »***vanity numbers***«, wo die Ziffern durch Buchstaben/Wörter ersetzt werden, z.B. 1-866-CAMPING.

1	2 ABC	3 DEF
4 GHI	5 JKL	6 MNO
7 PQRS	8 TUV	9 WXYZ

1-900

Das Gegenteil der 800-Nummern sind 900-Nummern, für die im Minutentakt eine Honorierung für den Angerufenen fällig wird.

International

Über die Vorwahl 01, gelegentlich auch 011, öffnet man den Zugang zum internationalen Netz. Mit

49 für Deutschland **41** für die Schweiz **43** für Österreich

und die um die Null reduzierte Ortsvorwahl sind Verbindungen in die Heimat (von Privattelefonen aus) leicht hergestellt.

Pay Phones

In den – dank der Handys (*Cell Phones*) – dramatisch weniger werdenden Münzfernsprechern (***Pay-Phones***) ist eine direkte Durchwahl, national wie international, nicht möglich, es sei denn via Telefon- oder Kreditkarte. **Ferngespräche** einschließlich solcher im Nahbereich lassen sich bei **Münzeinwurf oft nur mit Hilfe eines *Operator*** führen, ggf. »ersetzt durch eine Computerstimme, die standardisierte Anweisungen gibt.

Telefonieren mit Münzeinwurf

Wer keine Telefonkarte zur Hand hat, muss für Ferngespräche in *Pay Phones* **jede Menge Kleingeld** bereithalten. Barzahlung in Telefonzellen kostet deutlich mehr als Telefonate von privaten Anschlüssen aus bzw. per *Phone Card*, zumal immer mindestens 3 min zu bezahlen sind. Für Anrufe nach Europa benötigt man **rollenweise *Quarters***, denn die *Cash*-Telefonate nach Übersee kosten ab $5 für die ersten 3 min.

Phone oder Calling Cards

Sogenannte ***Phone*** oder ***Calling Cards*** gibt es praktisch überall, in Kaufhäusern, Tankstellen, Hotels, *Mini Marts* etc. Die **Minutenpreise** bei den verschiedenen Karten sind verblüffend unterschiedlich, vorm Kauf daher unbedingt vergleichen! Sie funktionieren

wie folgt: Im Hotel oder am öffentlichen Telefon die 800er-Nummer für die jeweils gewünschte Sprachansage wählen (selten deutsch), dann nach Anweisung die Codenummer der Karte eintippen, die anzurufende Nummer wählen, fertig. Noch verfügbare Restminuten werden jeweils angesagt. Es gibt allerdings auch einen Haken: Beim Einsatz am *Pay Phone* werden bei einigen Karten fixe **Zusatzgebühren** pro Gespräch fällig. Ein paar vergebliche Versuche zu Anrufbeantwortern, und zack ist die Karte leer.

Telefonieren mit Kreditkarte

Auch möglich ist ein Anruf bei der Telefongesellschaft **AT&T**: © **1-800-CALL ATT**, dann die Ziffer »1« für Kreditkartengespräche eingeben, dann die übliche Wahl – für Deutschland z.B. 011 49 – Vorwahl ohne Null und Apparatnummer, dann Kartennummer und Verfallsdatum eintippen. Dort, wo Karten eingeschoben werden können, also z.B. in *Airports* oder *Shopping Malls*, lässt sich direkt ohne die lästige Zahlentipperei per Kreditkarte telefonieren. Die **Gebühren** für einen *Credit Card Call* sind indessen mehrfach **höher als bei Nutzung einer vor Ort gekauften preisgünstigen *Phone* bzw. *Calling Card***.

Im Hotel

Ferngespräche lassen sich **vom Hotelzimmer aus** bequemer führen als von einem *Pay Phone* in Wind und Wetter. Das gilt auch für Anrufe zum **Nulltarif** bei einer **800-Nummer**, etwa zur Reservierung eines Mietwagens oder Hotelzimmers für die nächsten Nächte, oder in die Heimat per ***Calling Card***.

Für **gebührenfreie** und **Kartengespräche** vom Zimmertelefon aus berechnen Hotels und Motels manchmal nichts, meist aber einen Fixbetrag von $0,50-$2 pro Anruf.

Vor allem Motels verzichten heute ganz auf Zimmertelefone.

Mit Handy in den bzw. aus den USA telefonieren

Wer sein eigenes **Tri- oder Quadband-Handy** (die alten Dualband-Telefone funktionieren in Übersee nicht!) mitnimmt und einfach drauflos telefoniert, wird sich – sofern er/sie kein spezielles auch für die USA gültiges Auslandspaket gebucht hat – nach der Reise ggf. über eine heftige Rechnung wundern.

Prepaid Sim Card

Handy-Komfort zu moderaten Gebühren verspricht dagegen eine ***Prepaid USA-SIM-Karte*** (z.B. von www.fonecards.de oder www.cellion.de), die man für die Dauer der Reise ins eigene Handy einsetzt. Faktisch hat man damit eine nordamerikanische Nummer, unter der man auch zu günstigem Tarif von der Heimat aus erreicht werden kann. Die Lieferung erfolgt noch vor der Abreise an die Heimatadresse. Pünktlich zu Urlaubsbeginn wird sie automatisch freigeschaltet und enthält je nach »*Plan*« (amerikanisch für »Tarif«) **Gesprächsguthaben** und/oder ein **Datenvolumen**.

3

No-contract-Phones

Für Vieltelefonierer im inneramerikanischen Netz kommen auch **Billig-Handys** in Betracht (***Prepaid Cell Phones*** nur zum Telefonieren ab $35), die man bei ***Best Buy*** oder in ***Department Stores*** wie ***WalMart*** und ***K-Mart*** findet. Mit dem Kauf verbunden sind jede Menge Freiminuten. Für Auslandsgespräche muss man es aber meist freischalten lassen. Mehr unter www.net10wireless.com.

Skype/ WhatsApp

Am günstigsten telefoniert man über das Internet. Wer Laptop, Tablet oder Smartphone dabei hat, kann von unterwegs mit ***Skype*** billig ins deutsche Festnetz (2,1 cent/min) bzw. Mobilnetz (9 cent/min) oder sogar **kostenfrei** andere *Skype*-Nutzer anrufen; www.skype.de. Auch ***WhatsApp*** bietet die Möglichkeit gratis übers Internet zu kommunizieren; www.whatsapp.com. Sofern es die Qualität des Anschlusses erlaubt, kann man mit diesen Programmen auch transatlantische **Videotelefonie** betreiben.

Smartphone-Nutzung in den USA

Weitere Infos zur optimalen Smartphone-Nutzung in den USA (u.a. zu Apps für Eintritts- und Flugtickets, Audiotouren in Museen und den Mitfahrdiensten *Uber* und *Lyft*) hat Autor Markus Hundt unter www.usacanada.de/smartphone zusammengestellt.

Temperaturen

In den USA werden Temperaturen in °Fahrenheit (**F**) gemessen. Die Formel für die Umrechnung von Celsius (**C**) in Fahrenheit und umgekehrt lautet:

°F = 32° + 1,8 x°C bzw. **°C = (°F – 32°) : 1,8**

Näherungsformel: °F = 30° + 2 x°C bzw. **°C = (°F – 30°) : 2**

Celsius	-15°	-10°	-5°	0°	5°	10°	15°	20°	25°	30°	35°	40°
Fahrenheit	5°	14°	23°	32°	41°	50°	59°	68°	77°	86°	95°	104°

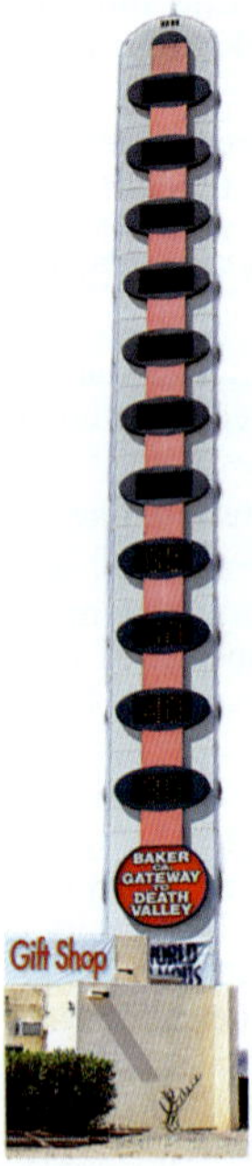

Trinkgeld

In der amerikanischen Dienstleistungsgesellschaft ist das Trinkgeld (***Tip***) fester Bestandteil des Entlohnungssystems, speziell in der Gastronomie und im Taxigewerbe. Ein *Tip* wird aber nicht nur von den diversen im Rahmen des Tourismus dienstbaren Geistern erwartet, sondern z.B. auch im Supermarkt (!), sofern der junge Mann hinter der Kasse den Einkauf in Tüten verpackt und beim Transport zum Wagen behilflich ist.

So klare Regeln für die Höhe des *Tip* wie im Restaurant oder Hotel, ➤ Seiten 135 und 115, gibt es ansonsten nicht, außer dass Münzgeld nicht mehr ausreicht. Eine **Dollarnote** oder besser **zwei davon** müssen es selbst bei kleinen Handreichungen schon sein, möchte man indignierte Reaktionen vermeiden.

Eine komplette Übersicht zum **Thema »*Tipping*«** liefert auf Englisch das Portal www.money.cnn.com/pf/features/lists/tipping.

Das weltgrößte Thermometer steht in Baker (an der I-15 von LA nach Las Vegas). Mit einer Höhe von 134 Fuß erinnert es an die Rekordtemperatur von 134°F (57°C) im nahen Death Valley am 10. Juli 1913.

Veranstaltungen

Festivals, ***Fiestas*** und ***Fairs*** sind zahlreich in Kalifornien. Sie reichen von Jahrmärkten mit Karussells und Achterbahnen über Rodeos und Autorennen bis zu hochkarätigen Musik- und Filmfestivals. Im Internetportal www.visitcalifornia.com/feature/events-california finden sich alle wichtigen Veranstaltungen.

Hier einige der populärsten »*Events*« nach Monaten:

Januar ***Tournament of Roses***: Berühmte, blumenübersäte Neujahrsparade in Pasadena; www.tournamentofroses.com

Februar ***Chinese New Year***: In den Chinatowns von San Francisco und Los Angeles wird das Neue Jahr mit bunten Figuren und Knallfröschen begrüßt; z.B. www.chineseparade.com

Las Vegas International Marathon: Gut 26 Meilen oder mehr als 42 km zu Fuß durch die Stadt der Spieler; www.adventure-marathon.com/Las-Vegas-Marathon.aspx

März ***San Jose Jazz Festival***: Hochklassiger Jazz im Südosten der Bay Area; www.sanjosejazz.org

Santa Barbara Whale Festival: Ende März sind die Meeressäuger die Stars; www.santabarbara.com/events/whale_festival/

Old Sacramento Easter Bonnet Promenade: Zu Ostern macht man sich in Sacramento im Stil der letzten Jahrhundertwende schick und flaniert zum *Waterfront Park*

April ***Pasadena Cherry Blossom Festival***: Kirschblüten läuten den Frühling ein; www.visitpasadena.com/events/cherry-blossom-festival/

Sebastopol Apple Blossom Festival: Im Sonoma Valley feiert man die Apfelblüte; www.appleblossomfest.com/

Ventura Music Festival: Jede Menge Konzerte an zehn Tagen von Ende April bis Anfang Mai; www.venturamusicfestival.org

Big Sur International Marathon: Einer der schönsten Marathonläufe der Welt führt an der atemberaubenden Küste entlang; www.bsim.org

Sacramento Valley Scottish Highland Games & Gathering: *Kilts* und *Tartans* an der Westküste findet man im späten April in Woodland westl. von Sacramento; http://sacramentoscotgames.org

Mai ***Cinco de Mayo Fiesta***: Mexikaner und *Mexican Americans* feiern landesweit in Städten und Stadtteilen mit einer nennenswerten Bevölkerung mexikanischen Ursprungs; u.a. auch in San Francisco: http://mncsf.org/sfcincodemayo

Las Vegas Helldorado: Ein höllisches Rodeo mit viel Spaß vor allem für Westernfans; www.elkshelldorado.com

Calaveras County Fair & Jumping Frog Jubilee: In der dritten Maiwoche springen die Frösche in Frogtown (Angels Camp) wie schon in *Mark Twains* berühmter Geschichte um die Wette; www.gocalaveras.com/calaveras-events-calendar und www.frogtown.org

3

Examiner Bay to Breakers Foot Race: 12 km Laufwettbewerb durch San Francisco; http://zapposbaytobreakers.com

Juni

North Beach Festival: San Franciscos *Little Italy* feiert mit Kunst, Kunsthandwerk und Spezialitäten; www.sresproductions.com/events/north-beach-festival

Juli

Laguna Beach Art-A-Fair Festival: Das erste von drei Sommerfestivals des Ortes rund um die Kunst von Juli bis Anfang September; www.art-a-fair.com

Sawdust Art Festival: Auch hier täglich in Laguna Beach zwei Monate mit Künstlern und Festen; https://sawdustartfestival.org/festivals/summer-festival

Festival of Arts & Pageant of the Masters: Das dritte Festival von Laguna Beach, sechs Wochen mit Stücken, Führungen, Paraden; www.foapom.com/summer-art-show

Pacific Grove Feast of Lanterns: Laternen, Feuerwerk und mehr in Montereys westlichem Stadtteil in der letzten Juliwoche; www.feast-of-lanterns.org

Central Coast Shakespeare Festival: Der Barde aus Stratford besucht den Pazifik; Stücke von ihm und anderen Dramatikern; www.centralcoastshakespeare.org

Lake Tahoe Shakespeare Festival: Noch einmal Shakespeare, diesmal in Sand Harbor am Lake Tahoe und in Reno von Mitte Juli bis Ende August; http://laketahoeshakespeare.com

California State Fair: Drei Wochen lang bis in den August hinein Ausstellungen, Konzerte und Unterhaltung im Zeichen des *Golden State* in Sacramento; www.castatefair.org

August

Sutter Creek Ragtime Festival: Am zweiten Augustwochenende wandelt man im *Gold Country* auf den Spuren amerikanischer Musikpioniere; www.suttercreekragtime.com

Santa Cruz Cabrillo Music Festival: Klassik für Groß und Klein in der ersten Augusthälfte unter der Leitung der Dirigentin *Marin Alsop*; http://cabrillomusic.org/

Lake Tahoe Music Festival: Mitte August fünf Tage lang klassische Musik vor der schönen Kulisse des Lake Tahoe, www.tahoemusic.org

September

San Francisco Fringe Festival: Nicht so bekannt wie das gleichnamige Theaterfestival in Edinburgh, aber ebenfalls mit jeder Menge Bühnenleben; www.sffringe.org

Autumn Food & Wine Festival: Abstecher für Gourmets nach Northstar am Lake Tahoe Ufer, Mitte Sept.; www.gotahoenorth.com/events/annual-events/lake-tahoe-autumn-food-and-wine

Draft Horse Classic & Harvest Fair: In Grass Valley, im Nevada County nördlich von Sacramento, gibt's Mitte September mehrere Tage Westernfeeling, und Zugpferde zeigen, was sie können, http://nevadacountyfair.com/draft-horse-classic

Lobster Festival: In LAs Stadtteil San Pedro im Ports o'Call Village, das dabei von Piraten besetzt wird, Klamauk und Hummer satt gibt's dort Ende September; http://lobsterfest.com

Monterey Jazz Festival: Am dritten Wochenende im September das älteste Jazz Festival der Welt Freitag bis Sonntag non-stop Jazz; www.montereyjazzfestival.org

Oktober

Big Sur Jade Festival: Schöne Steine zum Bestaunen und Kaufen, dazu viel Musik; https://bigsurjadefestival.com

Monterey Bay Oktoberfest: 2-tägiges Oktoberfest am Monatsbeginn; www.oktoberfestmontereybay.com

Halloween: am 31. Oktober mit allerhand Aufstand und Events schon Wochen im Voraus

November

Día de los Muertos: Der mexikanische Totengedenktag läuft zwischen Ende Oktober oder Anfang November mit Umzügen, Vorstellungen und Musik durchaus nicht nur traurig ab; https://dayofthedeadsf.org oder www.ladayofthedead.com

San Diego Bay Wine & Food Festival: 150 Winzer und viele Restaurants verwöhnen Mitte November die Besucher; https://sandiegowineclassic.com

Dezember

LA Zoo Festival of Lights: im Zoo werden schon Ende November die Weihnachtslichter angemacht; www.lazoolights.org

Newport Beach Boat Parade & Ring of Lights: Riesenevent und kaum zu toppender Weihnachtskitsch, aber gerade deshalb wieder sehenswert; www.christmasparadeboats.com

The Nutcracker: Jeden Dezember präsentiert das San Francisco Ballet drei Wochen lang fast täglich, teilweise auch nachmittags, Tschaikowskis Familienklassiker; www.sfballet.org/tickets/production/overview/nutcracker

New Year's Eve in Las Vegas: In Vegas findet zu Silvester immer ein Riesenprogramm statt; www.vegas.com/newyears

Halloween Day ist der 31.Oktober, aber die Vorbereitungen laufen den ganzen Monat und sind allerorten unübersehbar wie hier bei Disneyland in Anaheim.

Wäsche unterwegs

Bei Campern und auch bei vielen Motelübernachtern gehört unvermeidlich gelegentliches Wäschewaschen, wenn die Reisezeit zwei Wochen überschreitet. Münzwaschautomaten gibt es auf den meisten kommerziellen Campingplätzen. In Dörfern und Städten sind ***Coin Laundries*** oder ***Laundromats*** (für viele Quarters) an den Ausfallstraßen kaum zu übersehen. In den dort installierten Maschinen bewegt sich aber statt der – wie bei uns üblichen – Trommel eine Art Propeller hin und her und quirlt die Wäsche durcheinander. Die Einstellung »*hot*« heißt nicht etwa Kochwäsche, sondern entspricht der Temperatur des zulaufenden Heißwassers (keine Nachheizung in der Maschine). Nach etwa 20-30 min ist der Vorgang beendet und das Ergebnis entsprechend. Bei höheren Ansprüchen an den Grad der Sauberkeit fügen Amerikaner ihren Waschmitteln (***Detergent***) die bei uns als »Extra« lange vergessene Bleiche zu (***Bleach***).

W(ireless)-LAN bzw. Wifi

Internet-zugang

Der Zugang zum Internet ist in den USA, speziell in den dichter besiedelten Gebieten, flächendeckend möglich. Die meisten Motels und eine große Zahl kommerzieller Campingplätze, sogar ***California State Park*s** werben mit ***free Wifi*** (***wi**reless fidelity*=**WLAN**), das indessen oft quälend langsam läuft. Kostenlosen Zugang gewähren ebenfalls Cafés und Restaurants, darunter die ***Starbucks Cafés***, ***McDonalds***, ***Burger King*** etc. Nur und ausgerechnet in Hotels der teuersten Kategorien kostet der Zugang meistens noch extra.

Listen für **freies *Wifi*** findet man

für **Kalifornien** unter
www.wififreespot.com/ca.php

und für **Nevada** unter
www.wififreespot.com/nev.php

Zeit

In den USA steht »**am**« (*ante meridiem*, vormittags) oder »**pm**« (*post meridiem*, nachmittags) hinter einer Zeitangabe:

9 Uhr	9 am
21 Uhr	**9 pm**

Besonders zu beachten ist:

12.00 Uhr	**12:00 pm**	**oder *noon***
12.20 Uhr	**12:20 pm**	
24.00 Uhr	12:00 am	oder ***midnight***
0.20 Uhr	12:20 am	

In **Fahrplänen** werden »am-Zeiten« häufig in Normalschrift, »**pm-Zeiten**« in **Fettschrift** gekennzeichnet.

Zeitungen und Zeitschriften

Zeitungen/ Nachrichten

Die einzige landesweit verbreitete Zeitung ist ***USA Today***. Sie besitzt ein akzeptables Niveau und liegt nicht nur in Kaffeehäusern wie *Starbucks* aus, sondern manchmal auch kostenlos in der Hotellobby. Der offizielle Verkaufspreis beträt $2.

Die wenigen »besseren« Zeitungen Kaliforniens mit mehr internationalen Nachrichten (***Los Angeles Times, San Francisco Chronicle***) werden außerhalb der *Cities* kaum angeboten. **Lokale Zeitungen** gibt's auch, aber sie beschränken sich fast nur auf Neuigkeiten der Region. Online findet man eine gute Übersicht unter www.onlinenewspapers.com/Top50/Top50-CurrentUS.htm.

Zeit-schriften

Bei den **Zeitschriften** existiert ein breites Sortiment für alle denkbaren Spezialbereiche und massig Blätter der seichten Unterhaltung. Darüber hinaus gehen nur die bekannten ***Newsweek, Time*** und einige Wirtschaftsmagazine. Insgesamt ist das Zeitungs- wie Zeitschriftenangebot mit europäischer Vielfalt und vor allem dem bei uns gewohnten Niveau nicht vergleichbar.

Deutsche Presse

Internationale Publikationen werden nur von ausgewählten ***News Shops*** der großen *Cities* geführt. Für viel Geld ergattert man dort schon mal »**Spiegel**«, »**Stern**« oder »**Die Wel**t«, oft aber nicht aktuell (besser ins Internet schauen!). An den Kiosken der Flughäfen sind neben amerikanischen bestenfalls noch britische und spanischsprachige Printmedien aus Lateinamerika erhältlich.

Zeitzonen

In Kalifornien und Las Vegas gilt ***Pacific Time***. Sie liegt gegenüber der MEZ um 9 Stunden zurück; z.B. entspricht 15 Uhr in Mitteleuropa 6 Uhr morgens in Los Angeles.

Da die Amerikaner ebenfalls im Herbst und Frühjahr ihre Uhren um eine Stunde umstellen, aber nicht am selben Wochenende wie wir, kommt es während 1-2 Wochen zwei Mal im Jahr zu einer Zeitverschiebung von nur 8 Stunden.

Zoll bei Rückkehr aus den USA

Zum Zoll bei der **Einreise in die USA** ➤ Seite 88. Wer aus Nordamerika **nach Deutschland** zurückkehrt, braucht bis zu folgenden Werten **weder Zoll noch Umsatzsteuer** zu zahlen (➤ www.zoll.de):

Mitbringsel im Wert **bis zu €430 pro Person** (unter 15 Jahre nur **€175**); Belege aufbewahren, sonst schätzt der Zoll. Zusätzlich

200 Zigaretten oder **50 Zigarrillos** oder **50 Zigarren** oder **250 g Rauchtabak** (auch ein rechnerisch anteiliger Mix aus allen)

1 l Spirituosen (2 l bei unter 22% Alkohol) und **4 l Wein** und **16 l Bier** (Einfuhr nur von Personen ab einem Alter von 17 Jahren)

Bei Warenwerten bis €700/Person gelten 13,5% **Pauschalabgabe**. Darüber kommen die vollen Sätze Zoll (überwiegend gering) zum Tragen, die mit der Warenart etwas variieren, immer aber sind 19% Einfuhrumsatzsteuern auf den Warenwert plus Zoll fällig.

Reiserouten durch Kalifornien

Yosemite National Park: Blick vom Glacier Point auf den Half Dome und das Yosemite Valley

Routenplanung und Aufbau des Reiseteils

Zum Reisegebiet

Kalifornien ist mit einer Fläche von knapp 430.000 km^2 deutlich größer als Deutschland mit 357.000 km^2. Das in diesem Reiseführer behandelte Gebiet bezieht sich auf den touristisch ergiebigsten Teil Kaliforniens in etwa südlich der Linie San Francisco–Sacramento–Lake Tahoe–Reno bis hinunter zur mexikanischen Grenze und außerdem auf Teilbereiche von Nevada rund um Las Vegas sowie auf die Umgebung von Reno und Nevadas Hauptstadt Carson City. Das sind zusammen über 320.000 km^2, immerhin noch rund 70.000 km^2 mehr als die Fläche der alten Bundesrepublik vor der Wiedervereinigung.

Distanzen und Etappen

Viele USA-Urlauber nehmen sich selbst bei nur 2-3 Wochen Aufenthalt Touren über mehrere tausend Kilometer durch eine ganze Reihe von Staaten vor. Besonders beliebt sind dafür die Südweststaaten inkl. Kalifornien. Nachteil solcher Trips sind die oft sehr langen Tagesetappen und die Beschränkung auf die bekanntesten Sehenswürdigkeiten. Nun ist gerade in den USA mit zahlreichen landschaftlich reizvollen Routen auch der »Weg ein Ziel«, aber die Zeit für kleine wie große Entdeckungen unterwegs meistens viel zu kurz bemessen.

Geographie und Reisezeit

Diese Problematik vermeidet, wer den geographischen Rahmen seiner Reise nach Amerika enger fasst und sich z.B. auf Kalifornien und Nevada »beschränkt«. Tatsächlich ist der Raum Süd- und Zentralkalifornien mit angrenzenden Gebieten Nevadas allein schon groß genug, um eine monatelange Reise zu füllen. Erst die würde ausreichen, um die Vielfalt der Landschaften, die großen Cities der Westküste wie auch Las Vegas und die zahlreichen weiteren Highlights im äußersten Südwesten intensiv kennenzulernen und nicht nur »abzuhaken«. Wer die üblichen 2-3 Wochen hat, muss die Route sorgfältig planen und zusammenstellen, um zumindest die persönlich wichtigsten Anlaufpunkte zu schaffem und dort genügend Zeit einplanen. Das ist selbst für eine Reise »nur« durch Kalifornien mit Abstechern etwa nach Las Vegas oder sogar bis zum Grand Canyon gar nicht so einfach.

Zur Routenplanung

Tatsächlich gibt es sogar in diesem überschaubareren Rahmen erstaunlich **viele Möglichkeiten für eine Zusammenstellung einer Reiseroute**. Je nach Jahreszeit, geplanter Reisedauer und persönlichen Präferenzen können Reisende mit identischen Zwischenzielen – auch abhängig vom Ausgangspunkt – auf unterschiedlichsten Strecken unterwegs sein. Ein typisches Beispiel dafür wäre die Kombination der Cities von Los Angeles, San Francisco und Las Vegas mit den Nationalparks *Yosemite, Death Valley* und *Joshua Tree*. Diese populären Eckpunkte lassen sich leicht über touristische »Trampelpfade« verbinden, aber durchaus auch über weniger befahrene, manchmal reizvollere Alternativen.

Haupt- und Nebenrouten

Das rasche Vorankommen und die Dominanz bekannter Routen steht bei vielen USA-Reisenden stark im Vordergrund. Das erklärt, weshalb manche Straßen trotz ihres grandiosen Verlaufs nicht besonders beachtet werden. Eine Rolle spielt dabei oft auch die fehlende Information. Nur mit dem Straßenatlas oder gar nur mit dem Navigerät vor Augen kann man vielleicht die verkehrstechnisch beste Route bestimmen, selten jedoch die schönste oder touristisch ergiebigste. Die üblichen Kennzeichnungen in den Karten für schöne Streckenführung helfen dabei auch nur bedingt, da sie – wie es scheint – oft mit der »Gießkanne« verteilt werden und Nebenstraßen kaum berücksichtigen.

Empfehlung

Es kann daher gar nicht genug empfohlen werden, der **Routenplanung hohe Aufmerksamkeit** zu **schenken**. Denn nicht nur die angesteuerten »großen« Sehenswürdigkeiten bestimmen Intensität und Erlebniswert einer Kalifornienreise, sondern gerade dort die oft überraschenden »kleinen Attraktionen« am Weg dorthin.

Aspekte

Bei der **Routenplanung** geht es um drei Aspekte:

- **die Auswahl der Reiseziele im einzelnen**
- **die Verbindung zwischen ihnen**
- **die zur Verfügung stehende Zeit**

Streckenauswahl in Reiseführern

In den meisten Reiseführern wird nur der erste Punkt ausführlich berücksichtigt. Je nach Schwerpunktsetzung findet der Leser eine mehr oder minder umfassende Beschreibung der Sehenswürdigkeiten einer Stadt oder Region in kompletter oder ausgewählter Form. Die Verbindung von A nach B nach C etc. ist ein eher untergeordneter Punkt. Angaben dazu gehen selten über rein technische Daten (Straßennummern, Meilen) hinaus. Am ehesten geschieht dies noch dort, wo die Behandlung der Reiseziele nach Maßgabe einer bzw. mehrerer Vorschlagsrouten erfolgt. Aber auch dann sind mögliche Alternativen mit ihren Vor- und Nachteilen selten Gegenstand der Erörterung.

Die Frage der Zeit ist sehr subjektiv. Enggefasste Vorgaben, die von der Mehrheit der Leser nachvollziehbar wären, sind in vielen Fällen unmöglich:

Sind zwei, drei oder mindestens vier Tage für San Francisco ausreichend? Kann man den Highway #1 von San Francisco nach LA in zwei Tagen »schaffen« ober wären eher vier Tage zu veranschlagen mit allem Drum und Dran? Hier ist die individuelle Präferenz ausschlaggebend. Eine gute Vorinformation hilft bei der Zeitbemessung für Strecken und Zwischenziele.

Dieses Buch

Aufbau wie Art und Weise der Behandlung von Reisezielen und -routen in diesem Buch trägt diesen Anmerkungen und den besonderen Gegebenheiten des individuellen Reisens durch Kalifornien Rechnung. Dazu gehört der Umstand, dass es nicht nur eine Handvoll attraktiver Routen, sondern eine Vielzahl von Strekken gibt, die man zur **persönlich optimalen Reiseroute** vielfältig kombinieren kann und das auch ganz bewusst machen sollte.

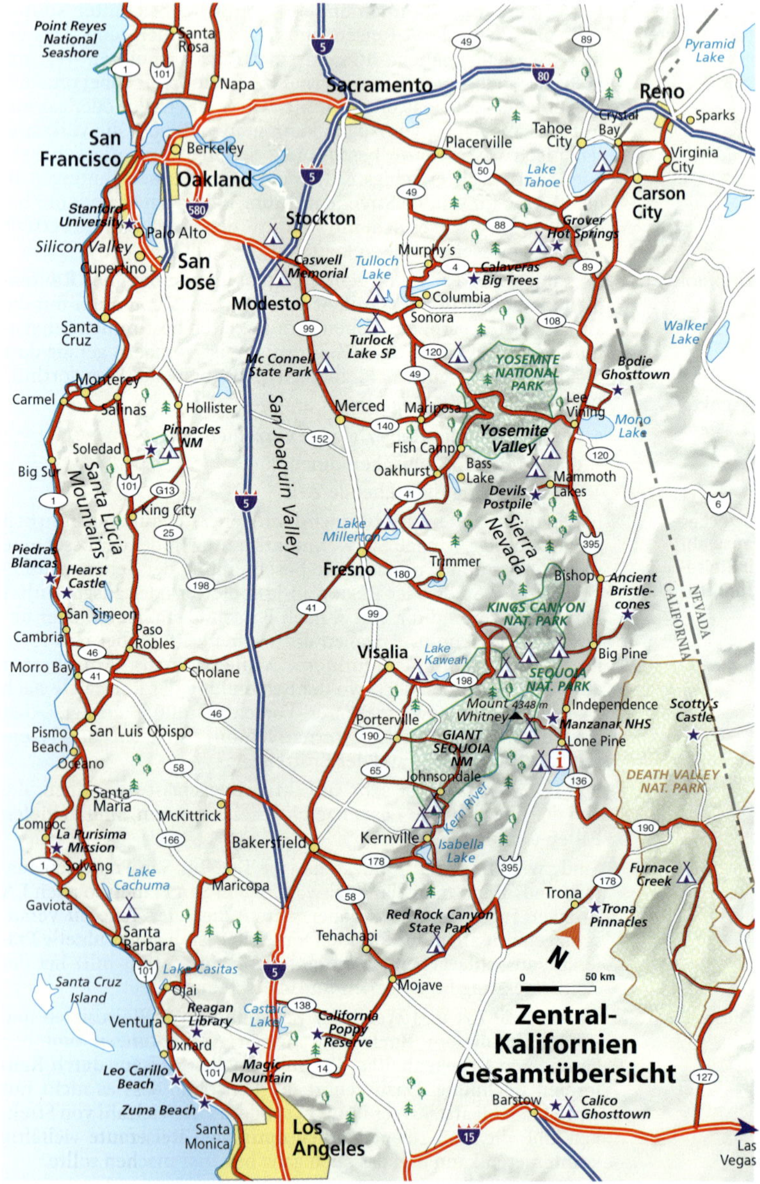

Zentral-Kalifornien Gesamtübersicht
N
0 50 km
Point Reyes National Seashore
Santa Rosa
Napa
Sacramento
Reno
Sparks
Pyramid Lake
Crystal Bay
Tahoe City
Virginia City
Carson City
Lake Tahoe
Placerville
San Francisco
Berkeley
Oakland
Stockton
Stanford University
Palo Alto
Silicon Valley
Cupertino
San José
Grover Hot Springs
Murphy´s
Calaveras Big Trees
Columbia
Sonora
Caswell Memorial
Tulloch Lake
Modesto
Turlock Lake SP
Walker Lake
Santa Cruz
Mc Connell State Park
Yosemite National Park
Bodie Ghosttown
Monterey
Carmel
Salinas
Hollister
Merced
Mariposa
Lee Vining
Mono Lake
Pinnacles NM
Soledad
San Joaquin Valley
Fish Camp
Yosemite Valley
Bass Lake
Oakhurst
Mammoth Lakes
Devils Postpile
Big Sur
Santa Lucia Mountains
King City
Lake Millerton
Sierra Nevada
Fresno
Trimmer
Bishop
Ancient Bristle-cones
Piedras Blancas
Hearst Castle
San Simeon
Kings Canyon Nat. Park
Cambria
Paso Robles
Visalia
Lake Kaweah
Big Pine
Morro Bay
Cholane
Sequoia Nat. Park
Nevada
California
Mount Whitney 4348 m
Independence
Scotty´s Castle
Manzanar NHS
Pismo Beach
San Luis Obispo
Porterville
Giant Sequoia NM
Lone Pine
Oceano
Johnsondale
Death Valley Nat. Park
Santa Maria
Kern River
McKittrick
Lompoc
La Purisima Mission
Kernville
Isabella Lake
Bakersfield
Solvang
Lake Cachuma
Maricopa
Furnace Creek
Trona
Gaviota
Trona Pinnacles
Red Rock Canyon State Park
Tehachapi
Santa Barbara
Lake Casitas
Santa Cruz Island
Ojai
Mojave
Ventura
Reagan Library
Castaic Lake
California Poppy Reserve
Oxnard
Magic Mountain
Leo Carillo Beach
Zuma Beach
Santa Monica
Los Angeles
Barstow
Calico Ghosttown
Las Vegas

Routennetz

In den Karten links und oben (➤ zudem **Karte Seite 464** für die ***Mojave Desert*** und **Las Vegas**) vermitteln die rot markierten Straßen ein Bild von der Dichte der hier intensiv behandelten und zumindest kurz erläuterten Strecken. Die **Routenkarte** in der vorderen Umschlagklappe liefert dazu eine vereinfachte Gesamtübersicht.

Startrouten und Rundstrecken

Die Erfassung aller besuchenswerten Sehenswürdigkeiten erfolgt über **Startrouten** ab den beiden internationalen **Ankunftsflughäfen San Francisco** und **Los Angeles**, die entweder zu einer Rundstrecke oder – für den Fall unterschiedlicher Ankunfts-/Abflugairports – hintereinander geschaltet werden können. Wer in **Las Vegas** startet, findet Routen nach San Francisco, Los Angeles und San Diego, muss aber teilweise gegen die beschriebene Richtung lesen.

Auf spezifische **Routenvorschläge** wurde hier verzichtet, weil die bewusste Fixierung der Leser dieses Buches auf Kalifornien zeigt, dass bereits Ziel- und Routenvorstellungen vorab existieren.

Cities

Den Cities **Los Angeles, San Francisco, San Diego und Las Vegas** sind umfangreiche Kapitel gewidmet. Die Beschreibung von Städten mittlerer Größe (Sacramento, Santa Barbara, Palm Springs, Reno u.a.) wurde in die jeweiligen Routenkapitel integriert.

In allen Stadtkapiteln kommen die »technischen« Fragen der Ortsbesichtigung von der Orientierung bis zu Unterkunfts- und Restauranthinweisen besonders ausführlich zur Sprache.

National Parks und Monuments

Auch für die großen kalifornischen Nationalparks **Yosemite**, **Death Valley, Sequoia/Kings Canyon** und **Joshua Tree** gibt es separate Kapitel, ebenso für die Abstecher zu den Nationalparks **Grand Canyon** (Arizona), **Zion** und **Bryce Canyon** (Utah). Nationalmonumente und *State Parks* finden sich in den Routenkapiteln.

Bedeutung der Piktogramme

Ebenfalls auf persönlicher Erfahrung und Beurteilung beruht das Gros der **Camping- und Wanderempfehlungen**:

Camping & Wandern

- Die **drei Campingsymbole** weisen auf Campmöglichkeiten hin, welche die Autoren positiv bewerten. Ihre Bedeutung ist klar. Die meisten der durch ein Piktogramm hervorgehobenen Plätze eignen sich sowohl für Campmobile als auch für Zelte.
- Die positive Einschätzung bezieht sich überwiegend auf **landschaftliche Einbettung** und **Großzügigkeit der Anlage,** berücksichtigt aber auch die **Übernachtungskosten**. Die Piktogramme besagen daher, dass der entsprechende Platz die Gebühren unbedingt wert ist oder – bei niedrigen Kosten bzw. Nulltarif – zumindest als akzeptabel eingestuft werden kann. Häufig trifft beides zu: Nicht wenige der schönsten Plätze kosten unter/bis $25 pro Nacht und Fahrzeug.

  Davon abweichende Einschränkungen – etwa in Städten – ergeben sich aus dem begleitenden Text. **Nicht** oder nur von nachgeordneter Bedeutung für eine Empfehlung waren die Qualität von sanitären Anlagen und kommerzieller Einrichtungen wie Shops oder Gemeinschaftsräumen mit Spielgeräten.

- Das Wanderpiktogramm findet sich in erster Linie bei empfehlenswerten **Tageswanderungen** von kurzer bis mehrstündiger Dauer. Für weitergehende Empfehlungen ➤ Seite 32f.

Unterkunft

Übernachtungsempfehlungen beziehen sich auf außergewöhnliche Unterkünfte, solche mit gutem Preis-Leistungsverhältnis und auf preiswerte Einfachquartiere.

Ein Piktogramm findet sich in einigen Fällen auch dort, wo die Unterkunftssituation nur allgemein beschrieben wird, z.B. durch den Hinweis auf eine Ausfallstraße mit Motelballung. Auf den Seiten 107ff wurde bereits erläutert, was von amerikanischen ***Hotels, Motels***, ***Motor Inns*** und ***Bed & Breakfast Places*** zu halten und worauf bei der Reservierung bzw. Buchung zu achten ist.

Fast Food/ Restaurants und Kneipen

Die weiteren Piktogramme sind leicht zu deuten:

Die oberen kennzeichnen die Aussicht auf eine **Kaffeepause**, einen **Drink** oder eine **Kneipe**. Darunter geht's um einen guten Snack oder ***Fast Food*** bzw. um ein empfehlenswertes **Restaurant**. Da die Versorgung auf Reisen in den USA das geringste Problem darstellt, wenn man einmal die grundsätzlichen Gegebenheiten kennt (➤ ab Seite 129), bilden konkrete Hinweise in diesem Buch nur für größere Städte einen Schwerpunkt. Die Piktogramme unterstreichen sonst (entlang der Routen/in kleinen Orten) einzelne gute Erfahrungen.

Die Schwimmerpiktos beziehen sich auf **Badegelegenheiten** in Seen und Flüssen, selten im Ozean, und – mit Leiter – auf Aquaparks, öffentliche Pools oder allgemein zugänglich ausgebaute ***Hot Springs***.

Die Kamera weist – was sonst? – auf besondere Motive und Standpunkte für lohnenswerte Reisefotos hin.

Start in San Francisco

1 Start in San Francisco

1.1. San Francisco

1.1.1 Allgemeine Informationen

Geographie und Klima

Geo- und Topographie

San Francisco (abgekürkt »SFO«) liegt am Nordende einer Landzunge, die im Westen vom Pazifik und im Norden und Osten von der San Francisco Bay begrenzt wird. Im engeren fast quadratischen Stadtgebiet (ca. 120 km^2) an der Spitze der Halbinsel leben heute über 860.000 Einwohner, rund um die gesamte Bucht herum in der sogenannten ***Bay Area*** (San Francisco, Berkeley und Oakland, San José, Palo Alto u.a.) über 8 Mio. Menschen.

Die hügelige Topographie der Region tat der dichten Besiedelung keinen Abbruch. Gerade einige Parkareale und die *Twin Peaks* blieben von der Bebauung verschont, wobei die Stadtplaner weitgehend die Eigenheiten des Terrains ignorierten und für die Straßenführung **Schachbrettmuster** zugrunde legten. Nur wo das beim besten Willen nicht durchzuhalten war, wich man davon ab. Zahlreiche schnurgerade **Straßen** mit bis zu 30% Steigung bzw. Gefälle verlaufen daher **achterbahnähnlich**. Sie stellen recht hohe Ansprüche an den Durchhaltewillen bei Stadterkundungen per pedes, aber die Anstrengung wird an höhergelegenen Punkten immer wieder mit wunderbaren Blicken und Perspektiven belohnt, etwa in der Hyde, der Filbert und natürlich der berühmten Lombard Street, es sei denn, der berüchtigte Nebel liegt mal wieder über der Stadt.

Mehr dazu z.B. unter http://de.wikipedia.org/wiki/San_Francisco

Klima

Auf der Halbinsel und rund um die Bucht herrscht **kein einheitliches Klima**, vielmehr ergeben sich aus der exponierten Lage San Franciscos und der wechselnden Topographie lokale Mikroklimata. So ist es an der East Bay, in den Städten östlich der Bucht, meist wärmer und sonniger als auf der Halbinsel, wo sich oft dichter **Seenebel** an der *Golden Gate Bridge* fängt und auf einer Linie bis hinüber zu den *Twin Peaks* hängen bleibt. In *Downtown* kann es dann durchaus sonnig sein, während die westlichen Viertel bis zum Meer im feuchtkalten Dunst liegen.

Die Temperaturen werden davon stark beeinflusst. Sie steigen selbst im Hochsommer selten über 20°C. Erheblich kühlere Witterung bildet keine Ausnahme. Dieses Phänomen ist nicht etwa eine typische Wintererscheinung, sondern eher **im Sommer** anzutreffen. Juni, Juli und August sind daher weniger günstige Reisemonate für die Stadt, sondern eher Mai, September und Oktober. Sie sind relativ **sonnenreich** und damit im Schnitt wärmer und trockener. Der spärliche Regen konzentriert sich auf die Wintermonate, deren mittlere Temperaturen nur um 8°C vom Sommerdurchschnitt abweichen.

Geschichte

Geschichte/ Gründung

Die ersten Siedler im Bereich des heutigen San Francisco waren die ***Ohlone***-und ***Miwok***-Indianer, die bis zur Ankunft der spanischen Eroberer und Missionare im 18. Jahrhundert ungestört an der Bucht leben konnten. Im Zuge ihrer Missionsgründungen entlang der kalifornische Küsten (➤ Kasten Seite 476) errichteten Franziskanermönche um den aus Mallorca stammenden Pater ***Junípero Serra*** im amerikanischen Unabhängigkeitsjahr 1776 eine Missionsstation, die ***Mission Dolores*** (➤ Foto unten und Seite 211), um die Indianer der Region zu christianisieren. Wie in so vielen Gebieten der neuen Welt fruchteten die frommen Pläne wenig. Vielmehr starben die Ureinwohner, da sie den eingeschleppten Krankheiten der Alten Welt nichts entgegenzusetzen hatten.

1846-1900

Nach einem mexikanischen Zwischenspiel und der vorübergehenden Bezeichnung ***Yerba Buena*** (»gutes Kraut«) fiel die Siedlung rund um die Mission 1846 im mexikanisch-amerikanischen Krieg ohne Kampfhandlungen an die USA. Sie erhielt ein Jahr später zu Ehren des Schutzheiligen ihrer Gründer ihren heutigen Namen. Während des kalifornischen Goldrausches (1848-1851 im Gebiet der Sierra Nevada zwischen *Yosemite National Park* und Lake Tahoe) ging es mit San Francisco steil bergauf. Bereits 1870 zählte die Stadt 150.000 Einwohner. Sie schwamm danach auf der Welle der amerikanischen Gründerjahre. Arbeiter und Abenteurer aus aller Welt strömten in die Stadt, und Eisenbahnbarone ließen sich Villen auf dem ***Nob Hill*** bauen. San Francisco wurde auch Heimat Tausender Chinesen, eines Deutschen namens ***Levi Strauss***, der mit seinen

Die Mission Dolores ist die Keimzelle San Franciscos und zugleich das älteste erhaltene Bauwerk der Stadt; rechts von ihr steht die Mission Dolores Basilica von 1918

widerstandsfähigen Beinkleidern für Furore sorgen sollte, und eines Schotten namens ***Andrew Hallidie***, dessen Erfindung ***Cable Car*** heute noch über die Hügel bimmelt.

Das 20. Jahrhundert

Das mittlerweile auf über 300.000 Einwohner angewachsene San Francisco erlebte am **18. April 1906** ein desaströses **Erdbeben** mit einer Stärke zwischen geschätzten 7,9 und 8,3 auf der erst noch zu erfindenden Richter-Skala. Die nachfolgenden Brände legten die Stadt in Schutt und Asche. San Francisco erholte sich davon in nur wenigen Jahren und feierte 1915 mit der *Panama Pacific Exposition* zur Eröffnung des Panamakanals zugleich seine mittlerweile vollendete Wiederauferstehung.

Die Zeit zwischen den Weltkriegen stand ganz im Zeichen der Brücken: In den 1930er-Jahren wurden die ***Golden Gate Bridge*** (➤ Kasten Seite 205) und die ***Bay Bridge*** errichtet, ➤ Seite 230.

Bis Ende des 2. Weltkriegs beherrschte Kriegswirtschaft die Bucht, die vorübergehend zum wichtigsten Industrie- und Werftstandort (in Oakland jenseits der Bay) der Pazifikküste geworden war.

In der Nachkriegszeit bewies sich wieder die immer schon vorhandene Attraktivität San Franciscos für »Andersdenkende«: So machte in den 1950er-Jahren die ***Beat Generation*** die Stadt zu ihrem Hauptquartier. Ab der zweiten Hälfte der 1960er bevölkerten ***Hippies*** aus Nah und Fern das Viertel Haight Ashbury und vertäuten bei Sausalito jenseits des *Golden Gate* eine riesige Armada von abenteuerlich zusammengebastelten Hausbooten.

Gay Community

In den 1970er-Jahren erwarb sich San Francisco den Beinamen »Welthauptstadt der Schwulen«. Die in der Hippiezeit ausgelöste sexuelle Liberalisierung sorgte für eine ***Gay Community***, die heute auf über 15% der wahlberechtigten Bürger der Stadt geschätzt wird. Als politischer und wirtschaftlicher Faktor – die Einkommen der schwulen Bevölkerung liegen deutlich über dem Durchschnitt – ist die Homosexuellenbewegung nicht mehr wegzudenken. Als ihre »Hochburg« gilt ein Bereich unterhalb der *Twin Peaks* und *Buena Vista Park* mit Zentrum in der Castro Street zw. 17. und 19. Straße.

Erdbeben 1989

1989 erschütterte ein weiteres Starkbeben die Region: Beim ***Loma Prieta Earthquake*** (Stärke 7,1) gab es zwar einige spektakuläre Schäden wie den Einsturz von doppelstöckigen Autobahnsegmenten, darunter ein Teilstück der *Bay Bridge*, aber die Zerstörungen hielten sich insgesamt in Grenzen, nur wenige Menschen starben – ein Erfolg der mittlerweile relativ bebensicheren Konstruktion der meisten Häuser und öffentlichen Bauwerke. Dennoch wurden danach die Bauverordnungen weiter verschärft, und viele ältere Gebäude und Großkomplexe wie die Brücken erhielten zusätzliche Erdbebensicherungen. Denn das nächste Beben kommt bestimmt. Man erwartet, dass der ***The Big One*** bis 2030 irgendwo am San-Andreas-Graben stattfindet, ➤ Seite 312.

Wirtschaft

Die sich schon vor dem 2. Weltkrieg abzeichnende Position San Franciscos als wichtigstes **Finanzzentrum Kaliforniens** verstärkte sich nach wechselhaften 1960er- und 1970er-Jahren in den letzten

Dekaden des 20. Jahrhunderts. Der über mehr als zwanzig Jahre ununterbrochene Aufstieg der Stadt – wirtschaftlich wie bevölkerungsmäßig – wurde ab 2001/2002 nur vorübergehend vom Platzen der sog. *Dotcom*-Blase für einige Jahre unterbrochen. Viele Internet ***Start-ups***, die vor allem im Bereich *South of Market* residierten (➢ Seite 190), mussten damals aufgeben. Aber der folgende Web 2.0-Hype sorgte bald für einen neuen Aufschwung.

IT & High-Tech

Der südliche Teil der San Francisco Bay rund um die Vororte San Mateo und San José (➢ Seite 311) ist einer der bedeutendsten IT- und High-Tech-Standorte weltweit. Im sog. ***Silicon Valley*** ist praktisch jedes Unternehmen, das in der Computertechnik und Halbleiterbranche Rang und Namen hat, vertreten – von *Apple, Google, ebay, Hewlett Packard, Instagram, Facebook* bis hin zum Online-Versandgiganten *Amazon*. Viele wurden dort gegründet oder haben auch heute noch ihr Hauptquartier in diesem »*Cybervalley*«, und das Geschäft boomt jetzt wieder wie einst in den 1990er-Jahren.

Rund um die renommierte Stanford University gründeten die Absolventen ihre eigenen Firmen – ein »Industrial Park«, der zu einem der bedeutendsten IT- und High-Tech-Standorte weltweit heranwuchs

Orientierung

Zentrum

Die Orientierung **im zentralen San Francisco**, wo sich ein Großteil der Sehenswürdigkeiten befindet, ist wegen des Stadtaufbaus **relativ einfach**. Gleich, aus welcher Richtung Besucher die Innenstadt erreichen (einschließlich der ersten Anfahrt vom *International Airport* an der San Francisco Bay bei San Bruno), fast unweigerlich geraten sie auf oder über die **Van Ness Ave**, ein mitten durch die City führendes Teilstück der Nord-Süd Küstenstraße #101. Diese sechsspurige Allee und die auf Pylonen geführte Interstate #80 (Verlängerung der *Oakland Bay Bridge*) trennen den in der nordöstlichen Ecke der Halbinsel gelegenen Kern vom weitläufigen «Rest« San Franciscos. Innerhalb dieses Gebietes befinden sich auf nicht einmal 10 km^2 Fläche u.a. ***Downtown San Francisco*** mit dem Union Square und den für amerikanische Großstädte typischen Hochhäusern des ***Financial District***.

Die schönsten Aussichtspunkte in SFO

Wer sich vor **Beginn einer Stadterkundung** erst einmal einen Überblick verschaffen möchte, könnte zunächst einen der hochgelegenen *Viewpoints* anlaufen. Dank seiner Topographie bietet San Francisco mehrere schöne Möglichkeiten:

- Vom ***Coit Tower*** (➤ Seite 196) auf dem Telegraph Hill hat man eine grandiose Aussicht über *Downtown* und die Bucht. Vom nahen, etwas versteckt gelegenen ***Jack Early Park*** schweift der Blick von *Alcatraz* bis zur *Golden Gate*.
- Komfortabler, aber teurer, geht's in der Dachgeschossbar *Top of the Mark* des ***InterContinental Mark Hopkins Hotel*** zu; 999 California Street.
- Von der Uferpromenade des ***Crissy Field***, vom **Fort Point** oder der ***Marshall's Beach*** ist die Sicht auf die *Golden Gate Bridge* immer eindrucksvoll, egal ob die Sonne scheint oder Nebelschwaden durch die Bucht ziehen.
- Am jenseitigen Ufer warten eine groß ausgebaute Terrasse (➤ Seite 204f) mit Blick über die Bay auf die *San Francisco Skyline* sowie etliche Aussichtspunkte entlang der **Conzelman Road** (➤ Seite 214 und ➤ Foto Cover).
- Sehr populär ist auch der ***Alamo Square***, ein begrünter Platz zwischen Innenstadt und *Golden Gate Park* (ab Van Ness Ave auf der Hayes Street 8 Blöcke westlich, sofern man aus *Downtown* kommt). Den Vordergrund bilden dort hübsch bemalte viktorianische Häuser, die ***Painted Ladies***, dahinter erheben sich die *Skyscraper* der City; ➤ Foto Seite 212.
- Die ***Twin Peaks*** (➤ Foto rechts) sind am schnellsten mit dem Auto zu erreichen. Per Bus geht es ab der Market Street mit der Linie »F« bis Castro, wo man dann in die »37« umsteigt. Von der Endstation der »37« sind es nur noch ein paar Stufen nach oben. Bei klarem Wetter genießt man einen sagenhaften Blick über ganz San Francisco und mehr.
- Letzteres gilt ähnlich auch für den kleinen ***Grand View Park***, der kaum von Touristen besucht wird; an der Noriega Street/14th Ave (Buslinie 66).
- In Russian Hill bietet sich ein Postkartenpanorama mit den Wolkenkratzern der *Downtown* und der *Bay Bridge* vom ***Ina Coolbrith Park***, nicht minder spektakulär ist dort in der Nähe die Aussicht vom Dach des ***San Francisco Art Institute*** über North Beach bis hin zum *Coit Tower*.
- Ein sensationeller Blick auf die *Transamerica Pyramid* eröffnet sich auch vom *Rooftop Deck* im 15. Stock des ***343 Sansome St Tower*** im *Financial District*.

Zentrale Neighborhoods

Außerdem liegen dort so bekannte *Neighborhoods* wie das quirlige ***Chinatown***, ***North Beach*** mit seinem italienischen Flair und die schönen, steilen Hügelviertel ***Nob Hill***, ***Russian*** und ***Telegraph Hill***, nicht zuletzt auch der erst in den letzten Dekaden zu Bedeutung gelangte Bereich ***South of Market/SoMa***. Dazwischen fließen Arterien wie die **Market Street** und die **Columbus Avenue**, dazu unzählige kleine Lebensadern, deren Namen und Straßenecken an Szenen aus dem »***Malteserfalken***« oder aus »***Vertigo***« erinnern: Turk Street, Macondray Lane oder der krumme Abschnitt der Lombard Street östlich der Hyde Street. Das Nordufer der Bay zwischen Hyde Street und Grant Ave dominieren die komplett touristifizierten Besuchermagnete ***Pier 39*** und ***Fisherman's Wharf***.

Bereiche westlich von Downtown

Auf der Market Street gelangt man in Richtung Südwesten in den ***Mission District*** mit der Wiege der Stadt und seinem nach wie vor lateinamerikanischen Grundrhythmus sowie ins schwullesbische Mekka ***Castro***. Nur wenig weiter nordwestlich liegen die frühere Hippie-Hochburg ***Haight Ashbury*** und der ausgedehnte ***Golden Gate Park***.

An die ***Fisherman's Wharf*** schließen sich westlich erst der ***Fort Mason Park***, dann der ***Marina District*** mit seinen Yachthäfen und pittoresk bunten Holzfassaden und das frühere Militärgelände (heute *National Recreation Area*) ***Presidio of San Francisco*** mit dem Freizeitgelände ***Crissy Field*** am Ufer der Bay an. Am Ende des *Crissy Field* erreicht man das ***Fort Point*** unterhalb der ***Golden Gate Bridge***, die an ihrem Südende die nun zunächst zusammen verlaufenden Straßen #101 und #1 aufnimmt.

Südlich der Brücke geht es durch die Wohnviertel ***Seacliff*** und ***Richmond*** bis ans Nordwestende der Halbinsel mit den ***Lincoln*** und ***Sutro Heights Parks*** hoch über dem Pazifik.

49-Mile-Drive

Die interessantesten Besuchspunkte lassen sich durch einen Rundkurs gut miteinander verbinden, den ***49-Mile Scenic Drive***, ➢ Übersichtskarte und Beschreibung auf Seite 197.

Information und Transport

Internetinfo

Zur aktuellen Vorabinfo in Ergänzung dieses Buches eignet sich in erster Linie die offizielle Tourismuswebseite, wo man u.a. auch die neueste Ausgabe des stadteigenen Info-Magazins durchblättern kann www.sftravel.com/article/visitors-guide.

Gute Portale in deutscher Sprache sind www.sanfrancisco4you.com und www.sfjourney.com.

Blick von den Twin Peaks über San Francisco

Bereits im Terminal für internationale Flüge findet man in SFO eine gut sortierte Visitor Information

Anlaufstellen

Wer noch zusätzliche Unterlagen und Infos benötigt, findet die erste Anlaufstelle gleich im **Ankunftsbereich des *Int'l Airport***. Die zentrale ***Visitor Information*** residiert im Pavillon an der *Hallidie Plaza* mitten in der Innenstadt (900 Market St; tiefer gelegter Vorplatz der U-Bahn Station Powell/Market Street).

Sehr gut ist das kostenlose »***Where San Francisco***« im Magazinformat, ein monatlich aktualisiertes Heft mit Karten und *up-to-date* Informationen zu allem Sehenswerten, Restaurant- und Kneipenempfehlungen für alle Stadtteile und Veranstaltungskalender. Weitere Infohefte wie ***San Francisco Chaperon*** (auch auf Deutsch erhältlich; www.chaperon.com) und ***Bay City Guide*** (www.baycityguide.com) sind ebenfalls informativ, haben Stadtpläne und dazu *Discount Coupons* für Geschäfte und Restaurants. In der Besucherinformation *Hallidie Plaza* kann man auch **Transport-** und ***City Pass*** kaufen, ➤ Seite 174.

Erkundung am besten per pedes

San Francisco besitzt eine in den USA nur von wenigen Citys geteilte Sonderstellung: Das Zentrum einschließlich *Pier 39* etc. lässt sich **besser zu Fuß, mit öffentlichen Verkehrsmitteln oder mit Uber/Lyft** erkunden als mit dem eigenen Auto. Einerseits liegt das an der Überschaubarkeit der Innenstadt, andererseits an der Verkehrsdichte und Parkplatzmangel, was Stress bereitet und ein Fahrzeug leicht zum Klotz am Bein werden lässt. Außerdem gibt es für längere Distanzen Busse, Uber/Lyft und vor allem ***Cable Cars***, deren Benutzung ohnehin zum touristischen Pflichtpensum gehört.

Parken

Wer mit dem Auto anreist, sollte in Anbetracht der in vielen Straßen kolossalen Steigungen bzw. Gefälle (bis knapp über 40%!) bei gleichzeitigem *Stop-and-go* und der dort katastrophalen Parksituation in das vom Wasser, Van Ness Ave und Market Street begrenzte Dreieck **am besten gar nicht erst hineinfahren**, erst recht nicht mit einem Wohnmobil (ggf. Abstellen im Bereich der *Wharf*, am *Palace of Fine Arts* oder auf einem bewachten Parkplatz bei *South of Market*). Mit Pkw kommt man immerhin in Parkhäusern unter, wird aber ganz schön zur Kasse gebeten.

Tipp: Wer nach 18 Uhr im zentralen Parkhaus unter dem *Union Square* parkt, kommt mit $3/Stunde davon.

Parken am Hang

Beim Parken an einer der vielen abschüssigen Straßen ist man verpflichtet, zusätzlich zum Anziehen der **Handbremse** die **Vorderräder** so zum Kantstein hin **einzuschlagen**, dass ein Wegrollen (*Runaway*) des Wagens unmöglich wird. Wer das vergisst, kriegt ein *Ticket*, und zwar blitzschnell wie bei Parkzeitverstößen. Dasselbe oder ein kostenpflichtiges Abschleppen droht auch, wer sein Fahrzeug zu Zeiten der Straßenreinigung stehen lässt (Beschilderung unbedingt beachten!).

Öffentlicher Transport/ BART

Vom Touristenbüro in der Hallidie Plaza gelangt man auf eine Ebene mit der U-/S-Bahn Station Powell/Market für die Züge von ***BART*** (***B****ay* ***A****rea* ***R****apid* ***T****ransit*) in Richtung Oakland, Berkeley, Airport und den Süden der SF-Halbinsel; www.bart.org.

Streetcars

Nostalgische Straßenbahnen (*F-Market & Wharves Street Car Line*, Ticket $2,75) verkehren von der ***Fisherman's Wharf*** entlang der Bay (*The Embarcadero*) bis zum ***Ferry Building*** und dann via Stewart St auf die **Market Street** und auf dieser hinunter bis zu den Stadtteilen Castro/Mission. Die ***Embarcadero Street Car*** führt über das *Ferry Building* hinaus unter der *Bay Bridge* hinweg bis zur Ecke 4th/King St nahe des *AT&T*-Stadion; www.streetcar.org.

MTA/MUNI

Außer der *Streetcar* wird das System des öffentlichen Nahverkehrs von **MTA** (***M****unicipal* ***T****ransportation* ***A****gency*) unterhalten. Wer mehr als nur eine kurze Fahrt mit der ***Cable Car*** im Auge hat, sollte sich die ***San Francisco Street & Transit Map*** besorgen, die alle Systeme detailliert beschreibt, und bei der *Visitor Information* gleich einen **Tagespass** für **MUNI** (*Municipal Railway*) kaufen (**$21**; auch 3- und 7-Tage-Pässe: **$32** bzw. **$42**) . Die Pässe schließen die Benutzung aller Busrouten von **MUNI**, der ***Street Cars*** und der ***Cable Car*** (➤ Kasten Seite 192) mit ein.

Die einfache Fahrt in den Bussen von MTA/MUNI kostet **$2,75**, eine Einzelfahrt in den *Cable Cars* sogar **$7** (nur vor 7 Uhr und nach 21 Uhr $3). Ersparnisse von $0,25 für MUNI Bus/Rail (nicht *Cable Car*) mit der ***Clipper-Card*** (Plastikkarte mit aufladbarem Guthaben) oder der neuen ***Muni Mobile*-App** für's Smartphone, die auch einen Routenplaner beinhaltet; www.sfmta.com.

Aber **Achtung**: Wer sich zu weit außerhalb einquartiert und dort mangels Alternative in die Busse von ***samTrans*** (z.B. ab dem Airportbereich) steigt, kann die Pässe von MTA/Muni offiziell nicht nutzen und zahlt extra.

Sightseeing per Bus

Das Angebot unterschiedlichster Bustouren für Touristen ist speziell in San Francisco enorm, seien es konventionelle Stadtrundfahrten auf kleinem oder großem Radius ohne und mit Abstechern nach Sausalito, Tiburon und zu den Redwoodbeständen der *Muir Woods* oder inkl. *Alcatraz*-Trip.

Hop-on-hop-off-Touren

Auch in San Francisco keine schlechte Idee sind Stadtrundfahrten mit – im Oberdeck *open-air* – **Doppeldecker-Bussen**, die auf einer vorgegebenen Route in kurzen Intervallen alle wesentlichen Sehenswürdigkeiten abfahren und dabei beliebige Fahrtunterbrechungen (***hop-on-hop-off***) zulassen:

- Bei ***Big Bus Tours*** werden 24- und 48-Stunden-Tickets angeboten für eine recht weite Runde inkl. *Golden Gate*-Aussichtspunkt und *Golden Gate Park* ($47 bzw. $68, Kinder $36 bzw. $54); www.bigbustours.com/en/san-francisco/san-francisco-bus-tours.
- Auch ***City-Sightseeing*** offeriert 1- und 2-Tageskarten für die *hop-on-hop-off Downtown Loop* (Online-Preis $48 bzw. $58, Kinder $25 bzw. $33; vor Ort teurer). Im Angebot auch Touren inklusive Sausalito und Nachttour (ab $63) sowie zum *Muir Woods National Monument* (ab $55). Alle Details dazu im Web unter www.city-sightseeing.us/all-san-francisco-tours.html.

Filmtour

Die knapp 3-stündige ***San Francisco Movie Tour*** führt in einem kleinen Bus zu berühmten Drehorten in der Stadt, wie etwa dem »Mrs. Doubtfire« House oder der Stelle, wo einst *James Stewart* in *Hitchcock's* »Vertigo« (1958) *Kim Novak* des Leben rettete; Tickets $49/$35; www.sanfranciscomovietours.com.

AT&T Stadion Tour

Die 90-minütigen Touren durch den *SF Giants* ***AT&T Park*** starten täglich um 10:30 Uhr und 12:30 Uhr im Souvenirladen. Vermittelt wird viel über die Geschichte des Stations und seines berühmten Baseballteams. Von den oberen Rängen der Zuschauertribüne bietet sich ein spektakulärer Blick über das Spielgrün und die Bay. Dazu gibt's die eigene *MLB.com Ballpark*-App und flächendeckend gratis *Wifi* »attwifi«; Tickets $22/$17.

Anchor Brewery Tour

Noch eher ein Geheimtipp sind die 1,5-Stunden-Touren durch drei Stockwerke der ***Anchor Brewery*** im Stadtteil Potreto Hill. Vor dem Rundgang gibt es eine Einführung in die Geschichte der Brauerei, danach eine Bierverkostung; $22; täglich 11:30 Uhr und 13:30 Uhr; www.anchorbrewing.com/brewery/tours.

Bootstouren

Näheres zu Boostouren, Fährverbindungen in der San Francisco Bay ab ***Fisherman's Wharf*** ➤ Seite 198.

CityPASS San Francisco

Erwägenswert für einen längeren San Francisco Besuch ist der **CityPASS für $94**, Kinder 5-11 Jahre $69 (http://de.citypass.com/san-francisco). Er beinhaltet **7 Tage unbegrenzten Transport** mit den *Cable Cars* und dem *MTA/MUNI System*, hinzu kommt noch der Eintritt in die *California Academy of Science*, in das *Aquarium of the Bay* und *Monterey Aquarium* sowie ins *Exploratorium* oder *Fine Arts Museum (de Young)*. Auch eine *Bay Cruise* ist dabei, beim Erwerb des CityPASS direkt bei *Alcatraz Cruises* am *Pier 33* (www.alcatrazcruises.com) sogar ein Tagesausflug zur Gefängnisinsel *Alcatraz*.

Unterkunft

In San Francisco, dem **teuersten Hotelpflaster unter den großen Städten an der Westküste**, ballen sich Hotels aller Preisklassen in **Innenstadtnähe** westlich und nördlich des Union Square und entlang der Straße #101 (**Lombard und Van Ness Street**). Hotels zu Spitzenpreisen findet man insbesondere an und nahe der ***Fisherman's Wharf*** sowie an der **Market Street**.

Große Bettenkapazitäten existieren rings um den Flughafen vor allem am **Airport Boulevard**, gut **20 mi südlich von *Downtown***, und südlich des *Airport*-Bereichs bis hinunter nach **San Mateo**.

Bei der ***Visitor Information***, ➤ Seite 171, liegen Unterkunftsverzeichnisse mit aktuellen Telefonnummern und Preisen aus. Auch das Internet ist voll von SFO-Hotelangeboten.

Über die offizielle SFO-Tourismusseite www.sftravel.com geht es auf die Hotelliste von booking.com, ein Portal, das mal Schnäppchen für »Vielbucher« anzeigt, aber in anderen Fällen auch deutlich teurer als bei Direktreservierung oder über deutsche Reiseveranstalter sein kann. **Vergleichen lohnt sich!**

Preisniveau

Die Angaben beziehen sich auf Sommer- und Herbstsaison. Im Winter und Frühjahr wird es billiger

Während die **billigeren Hotels** in *Downtown* nahezu ausschließlich in Straßen stehen, die man spätestens nach Einbruch der Dunkelheit besser meiden oder zumindest nicht mehr allein betreten sollte, sind Van Ness, Lombard und Nebenstraßen relativ unproblematisch. Außerdem liegen sie **verkehrsgünstig** und verfügen über viel Gastronomie im Umfeld. Parkplätze sind in der Regel vorhanden. Akzeptable Unterkünfte der unteren Mittelklasse fordern selbst dort oft schon **weit über $100 fürs DZ**. Hinzu kommen dann noch **14% Steuern**! Nur bei Leerstand offerieren manche Häuser geringere Raten und annoncieren sie ggf. per Leuchtschrift.

Die **besseren Hotels** in der City und im Bereich *Fisherman's Wharf*, Mittelklasse vom Typ *Best Western*, *Holiday Inn* bis zur Oberklasse wie *Marriott* oder *Hyatt*, kosten **jenseits der $250** und sind auch auf Hotelbuchungsplattformen im Web selten preiswerter zu haben als bei Direktbuchung. In 2017 stieg der **durchschnittliche Zimmerpreis pro Nacht sogar auf bis zu $338** an.

Vorbuchung

Trotz über 200 H/Motels mit 33.000 Zimmern kommt es während der Sommermonate immer wieder zu Engpässen. Für **Freitag- oder Samstagabend** sollte grundsätzlich **reservieren**, wer in der Stadt und nicht irgendwo weit außerhalb logieren möchte. An Wochenenden mit hoher Nachfrage ist rund um das Zentrum auch noch die »allerletzte« Absteige hochpreisig ausgebucht. Zugleich herrscht mitunter im Flughafenbereich in guten Hotels – trotz ähnlicher Tarife oder sogar niedrigerer ***Weekend-Specials*** – Leere.

Alternative airbnb.com

Wer seine Reise in San Francisco startet und/oder abschließt, wird – gleichgültig, ob Wochenende oder wochentags – ohnehin oft die ersten und/oder letzten Nächte vorbuchen wollen. Zur Vermeidung des Kostenschocks zu Beginn der Reise wäre eine Alternative die Privatquartierbuchung unter www.airbnb.com.

City-Hotels/ Transort Airport-City

Bei **Ankunft des Transatlantikfluges** bis zum frühen Nachmittag ist ein **City-Hotel** den Häusern im Flughafenbereich vorzuziehen, selbst wenn es hohe **Taxikosten** oder den Umstand einer **Zug-/ Busfahrt** mit sich bringt (zu Fuß oder per *AirTrain* zur U-/S-Bahn-Station *BART*, ca. 30 min; www.bart.gov/guide/airport/inbound_sfo). ***Vans*** vom Airport zur Unterkunft in *Downtown* kosten **ab $17**, u.a. www.gosfovan.com. Alternativ fährt ***Uber*** (in der Option »Pool«) für ab $30 vom Airport bis zum *Union Square*. Abholpunkt ist immer auf der oberen Ebene, in den Terminals 1-3 die 2. Etage, am T4 die 3. Etage; www.uber.com/de/airports/sfo.

Erste Nacht

Im Zentrum kann man schon mal San Francisco beschnuppern und hat es dabei leichter mit der **Zeitumstellung**. Die **Hotels in Flughafennähe** liegen durchweg isoliert und bieten kaum mehr als sich selbst. Zu Fuß gelangt man von dort fast nirgendwohin.

Auch für die **letzte Nacht** ist man in der City gut aufgehoben, sofern der Flug nicht früh am Morgen geht.

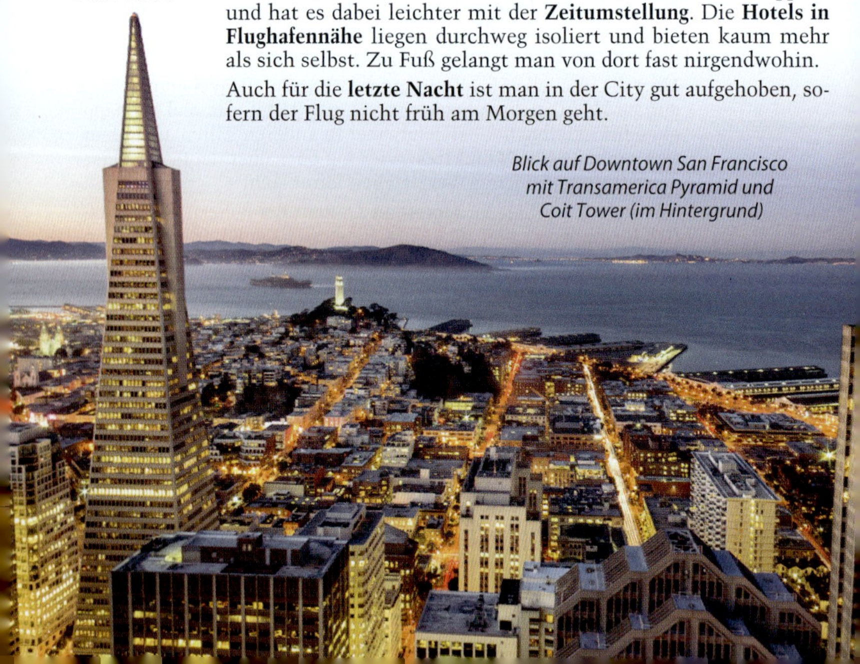

Blick auf Downtown San Francisco mit Transamerica Pyramid und Coit Tower (im Hintergrund)

Wer erst **am späten Nachmittag** aus Europa eintrifft (die »innere Uhr« steht dann auf 2 Uhr morgens), möchte sich vielleicht nicht mehr dem Stress unterziehen, auch noch in die City zu fahren, schon gar nicht werktags zur *Rush Hour.* Einige der teureren Hotels in der *Airport-Area* holen ihre Gäste kostenfrei (plus *Tip* für den Fahrer: $1 pro Gepäckstück) per *Shuttle Bus* ab.

Hotels im Airport-Bereich

Vergleichsweise »preiswert« (ab ca. $140) kommt man dort in den eher einfachen Häusern der Ketten ***Super 8*** oder ***Travelodge*** unter. Ein in diesem Rahmen noch akzeptables Preis-Leistungsverhältnis bieten ***Holiday Inn Express***, ***La Quinta*** oder ***Best Western*** mit Sommertarifen um $200-$250 (am Wochenende meist billiger). Empfehlenswert sind außerdem:

- ***Millwood »Boutique« Inn***, sehr schönes Motel gleich westlich des Flughafens; $125-$350, *Weekend* ab $120; ✆ 1- 800-345-1375, www.millwoodinn.com
- ***Vagabond Inn Airport Bayfront***, viele Zimmer mit Terrasse/ Balkon direkt an der Bay; ab ca. $150, an Wochenenden ab ca. $100; ✆ 1-800-522-1555

Eine Gesamtübersicht für die Unterkünfte in Flughafenumgebung liefert das Internetportal des *Airport Hotel Guide*: www.airporthotelguide.com/san-francisco.

Pacifica

Einen guten **Kompromiss** zwischen Entfernung (Flughafen 10 mi/ 15 min bzw. City rund 16 mi/25 min), Niveau und Preisgestaltung bietet in Pacifica direkt am Ozeanstrand das:

- ***Best Western Lighthouse***, Mittelklasse mit sehr großen, bestens eingerichteten Zimmern und Parkdeck unter dem Komplex ab $230; ✆ 1-800-780-7234, www.bestwesternlighthouse.com

Hotels in der City

Wie schon erwähnt muss man ab Mittelklasse für Quartiere im zentralen San Francisco ziemlich tief in die Tasche greifen, um gut unterzukommen. Wobei auch Zimmer weit über $100 nicht unbedingt überdurchschnittliche Qualitäten aufweisen.

Mittelklasse im erweiterten City-Bereich

Gute Quartiere der Mittelklasse im weiteren Umfeld sind

- ***Nob Hill Motor Inn***, 1630 Pacific Ave, im Sommer ab ca. $240; ✆ 1-800-343-6900, www.nobhillmotorinn.com
- ***Beck's Motor Lodge***, 2222 Market Street im Bereich Castro Mission unterhalb der *Twin Peaks*, Zimmer ab ca. $200; ✆ (415) 621-8212, www.becksmotorlodge.com

Ein Sonderfall zwischen unterer Mitelklasse und *Hostel* ist das

- ***Red Victorian B&B*** in dcr 1665 Haight Street nahe dem Golden Gate Park, ein knallrot gestrichener Altbau mit unterschiedlichen relativ einfachen Zimmern (ab $100) und Hostelbetten (ab $55/Bett). Die Website sagt alles: www.redvictorian.com

Mittelklasse im Bereich Hwy #101

In der als weitgehend unproblematisch eingestuften Lombard Street (zugleich Hwy #101) hat im Vergleich mit wesentlich simpleren Häusern der näheren und weiteren Nachbarschaft ein noch relativ gutes Preis- Leistungs-Verhältnis das

- ***Coventry Motor Inn***, 1901 Lombard Street, ab ca. $190; © (415) 567-1200, www.coventrymotorinn.com

Mittelklasse in der City

Im zentralen Bereich kommt man regulär so ab ca. $200 unter:

- ***King George***, 334 Mason St, www.kinggeorge.com
- ***Holiday Inn Express***, 235 O'Farrell St, www.ihg.com
- ***Chancellor Hotel***, 433 Powell St, www.chancellorhotel.com

Oberklasse in der City

Die besseren Häuser der gehobenen Klasse verlangen oft genug sogar Tarife jenseits der **$400 pro Nacht**. Gelegentlich findet man günstigere Zimmer bei Festbuchung (*non refundable rate*). In zentraler Lage gute Hotels sind das

- ***Renaissance Parc Fifty Five***, 55 Cyril Magnin Street; © (415) 392-8000, www.parc55hotel.com
- ***Marriott Marquis***, 780 Mission Street, www.marriott.com
- ***Vertigo Hotel***, 940 Sutter Street; das Zimmer aus dem *Hitchcock*-Klassiker hat die #401; © 1-888-444-4605, www.haiyi-hotels.com/hotelvertigosf

Wer sich direkt am Union Square echte Nostalgie gönnen möchte, bucht – nach Preisvergleichen im Internet (plus *tax*!) für viele Termine am besten über hiesige Veranstalter – die Hotels:

- ***Westin St. Francis*** (www.westinstfrancis.com) aus 1904, das von außen einem unscheinbaren graubraunen Klotz gleicht, im Inneren aber eher wie ein Palast wirkt
- ***Kimpton Sir Francis Drake*** (www.sirfrancisdrake.com) von 1928 mit einem versteckten »Prohibitions«-Raum in einem Zwischengeschoss, in den man nur unter Überlistung der regulären Aufzugssteuerung gelangt. Bei Besichtigungsinteresse an der Rezeption nachfragen.

Luxustipp

Im höherklassigen Segment sind die Zimmer des ***Hyatt Regency*** in den oberen Stockwerken eine tolle Sache. Sie kosten im Sommer häufig über $400, sind an einzelnen Tagen aber auch für ca. $200 zu haben. Dieses Spitzenhotel mit Riesenatrium liegt ein wenig abseits an der Endstation der *Cable Car*, aber dafür gleich neben der *Embarcadero Shopping Mall* mit vielen Restaurants. Und

Aus den gläsernen Aufzügen im Tower Building des Westin St. Francis Hotels am Union Square genießt man einen tollen Blick über die Stadt.

Blick auf Downtown San Francisco mit Ferry Building im Vordergrund. Rechts neben dem Uhrenturm am Kopfende der Market Street erkennt man das hier klein wirkende ***Hyatt Regency Hotel****, rechts davon unten die Embarcadero Shopping Mall und die Herman Plaza*

zum *Ferry Building* (mit *Marketplace* voller *Shops* und *Eateries*) sind es vom *Hyatt Regency* nur ein paar Schritte über die Herman Plaza und die Embarcadero Street; ✆ (415) 788-1234 bzw. https://sanfrancisco.regency.hyatt.com.

Hostels in der City

San Francisco verfügt auch über eine ganze Reihe von *Hostels*:

- ***Fisherman's Wharf Hostel (HI)***, ✆ (415) 771-7277, beste Lage im *Fort Mason Park* unweit der *Wharf*; 160 Betten, schon älter, aber beliebt, Betten ab $40, DZ ab $110; www.sfhostels.org
- ***Downtown Hostel (HI)***, ✆ (415) 788-5604, 312 Mason Street/ Union Square; Betten ab $35; DZ ab $94; www.sfhostels.org
- ***City Center (HI)***, ✆ (415) 474-5721, 685 Ellis St. im Tenderloin; Betten ab $33; DZ ab $90; www.sfhostels.org
- ***Pacific Tradewinds***, ✆ (415) 433-7970, 680 Sacramento Street, $35-$45/Bett, www.san-francisco-hostel.com
- ***Orange Village Hostel***, ✆ (415) 409-4000, 411 O'Farrell St, zentral, ab $42, DZ ab $126; www.orangevillagehostel.com
- ***Green Tortoise Hostel***, 494 Broadway, ✆ 1-800-8678647; alternativ, Bett ab ca. $35; DZ $90; www.greentortoisesf.com
- ***Amsterdam Hostel***, ✆ (415) 673-3277, 749 Taylor Street, ab $25, DZ ab $95, zentrale Lage; www.hostelsf.com
- ***USA Hostels San Francisco***, 711 Post Street, ✆ 1-877- 483-2950, ab $46 im 4 Bett-Raum, DZ ab $144; www.usahostels.com

Und nördlich der Bay:

- ***International Hostel (HI)*** in den **Marin Headlands**, hoch über dem Pazifik jenseits des *Golden Gate*; ➤ Seite 214; ab $31/Bett, DZ ab $105; ✆ (415) 331-2777, www.norcalhostels.org/marin

Sausalito

Wer lieber im ruhigen und edlen Vorort Sausalito (➤ Seite 214f) jenseits der Bay nächtigen möchte (H/Motels sind hier noch etwas kostspieliger als südlich der *Golden Gate Bridge*), findet sehr schöne Zimmer in beiden folgenden Hotels:

- ***Gables Inn***, eine kleines, feines Haus in der 62 Princess Street; © 1-800-966-1554, www.gablesinnsausalito.com, ab $225
- ***Hotel Sausalito***, kaum minder edles Haus in der 16 El Portal St; © (415) 332-0700, www.hotelsausalito.com, ab $245

Preiswerter und auch noch relativ citynah schläft man in den Nachbarorten **Mill Valley** (*Travelodge* ab ca. $120) oder **Corte Madera**.

Camping

Die privaten Campingplätze in akzeptabler Nähe zur City sind in San Francisco kostspielig:

- Der beste ist der ***Candlestick RV Park & Campground***, 650 Gilman Ave südlich des Hunters Point im Südosten (halbe Distanz zum *Airport* auf #101, Abfahrt 429 C; *free Wifi*; *Shuttlebus* in die City (*Chinatown*); © 1-800-888-2267; ab ca. $90 pro Tag, ein teurer Spaß; www.sanfranciscorvpark.com.
- Etwa so weit wie der Flughafen von *Downtown* entfernt liegen der ***Treasure Island RV Park*** (1700 El Camino Real; I-280 *Exit* #46; relativ gute Anbindung an öffentliche Verkehrsmittel; © (650) 994-3266; www.treasureislandrvpark.com) sowie das ***San Francisco RV Resort*** unmittelbar am Ozean in Pacifica (700 Palmetto Ave; Hwy #1 Ausfahrt 506; *free Wifi*; © 1-877-570-2267; www.sanfranciscorvresort.com); beide ab ca. $70 und Ersterer nur für *Motorhomes*.

Wer speziell im Zelt preisgünstiger übernachten oder in schönerer Umgebung als auf einem asphaltierten Platz die Nacht verbringen möchte, findet nördlich der Bay mehrere Möglichkeiten:

- ***China Camp State Park*** an der San Pablo Bay ca. 25 Meilen; $35; www.parks.ca.gov/?page_id=466.

Wer exklusiv auf Angel Island in der Bay of San Francisco campt, muss mit der Fähre von Tiburon oder von San Francisco aus übersetzen.

- ***Mount Tamalpais SP*** in der Nähe *Muir Woods Nat'l Monument* **an sich nur für Zelte** ($25). **RVs** dürfen über Nacht auf dem Parkplatz stehen (18-9 Uhr »*Enroute Camping*«: ebenfalls $25); www.parks.ca.gov/?page_id=471.
- ***Samuel Taylor State Park*** abseits der Straße #1 unweit der *Point Reyes National Seashore*. Ein schöner Platz für Zelte und Campmobile, aber bereits ziemlich cityfern; $35; www.parks.ca.gov/?page_id=469.
- ***Marin Headlands*** in der *Golden Gate National Recreation Area* westlich oberhalb der *Golden Gate Bridge*: Die *Campgrounds* ***Kirby Cove*** und ***Bicentennial*** haben gerade mal eine Handvoll Plätze für Zelte. Ersterer befindet sich unweit der Brücke mit tollem Blick bei gutem Wetter und nervtötenden Nebelhörnern bei schlechtem; steile Schotterzufahrt $25/Nacht. Reservierung im Voraus erforderlich unter www.recreation.gov.
  Der *Bicentennial* (gratis) liegt am Ende der Conzelman Road (➤ Seite 214) unweit der Straße, Reservierung nur unter © (415) 331-1540. Die max. Verweildauer auf beiden Plätzen beträgt 3 Tage.
- ***Angel Island State Park***, Miniplätze für Zelte (»*environmental camping*«) auf der Insel bei Tiburon. Reservierung nötig. © 1-800-444-7275; www.parks.ca.gov/?page_id=468; $30. Fährboot ab Tiburon $15; ab San Francisco $20, jeweils retour.

Jenseits von Oakland befinden sich – indessen weit abseits der Autobahnen – die folgenden beiden sehr schönen Parks:

- Für Pkw-Fahrer/Zelt und *Van Camper* hat der ***Mount Diablo State Park*** bei Danville (Anfahrt über I-680, von dort ca. 12 mi Serpentinen; **leider nicht mehr für RVs über 20 Fuß**; ➤ Karte Seite 232) zwei prima Plätze an der Summit Road (am besten ist *Juniper*) über den Wolken oder bei klarer Sicht Weitblick über Oakland und bis nach San Francisco. Kein *hook-up*, aber Duschen; $30; Reservierung: www.parks.ca.gov/?page_id=517 bzw. www.reservecalifornia.com.
- Stadtnäher liegt der ***Anthony Chabot Regional Park*** südöstlich von San Leandro. Dessen Campingplatz im Eukalyptus Bergwald ist nur »rückwärtig« über die kurvige **Redwood Road** zu erreichen, entweder von Castro Valley (I-580) oder ab der #13 nördlich von San Leandro; $25, mit *hook-up* $35; Reservierung (empfehlenswert bei Anschluss-Bedarf): © 1-888-327-2757; www.ebparks.org/parks/anthony_chabot.

Speziell für die letzte Nacht vor der Rückgabe eines Wohnmobils bietet der *Anthony Chabot Park* eine landschaftlich schöne stationsnahe Lösung für Kunden der *RV Rental Companies*, die auf der Ostseite der Bay (Oakland, San Leandro, Hayward) residieren.

Was die sanitären Anlagen angeht, eignet sich dafür noch besser

- der ***Trailer Haven RV Park*** in **San Leandro**. Dort gibt's neben *full hook-up* auch die Möglichkeit zur Wagenwäsche; 2399 East 14th Street, © (510) 357-3235 (keine eigene Website).

Restaurants und Lounges

Situation

San Francisco quillt über von Restaurants jedweder Provenienz, Das liegt nicht zuletzt an der geografischen Lage der lokalen Töpfe und Pfannen: Neben kulinarischen Einflüssen aus Europa, Amerika und Asien ist dort die pazifische Küche angesagt, eine Mischform, die besonders in hochpreisigen Gourmetrestaurants zelebriert wird. Aber auch für weniger Geld gibt es durchaus Essbares auf den Teller.

USA Grill

Amerikanische Klassiker zuerst:

- Der ***Tadich Grill*** in der 240 California Street, © (415) 986-3274, rühmt sich, das älteste Restaurant der Stadt zu sein. Besonders der Fisch ist gut, aber nicht billig. Wie's dort aussieht, zeigt die Website www.tadichgrill.com.
- ***John's Grill*** in der 63 Ellis Street, © (415) 986-0069, ist ganz ähnlich und hat San-Francisco-Nostalgie-Flair. Es ist unverändert, seit Krimiautor *Dashiell Hammett* seinen legendären Privatdetektiven ***Sam Spade*** in den 1920er- und 1930er-Jahren dort einkehren ließ; www.johnsgrill.com.

Fisch und mehr

Seafood liegt in der *Bay Area* dermaßen nahe, dass man es in fast jedem Restaurant in irgendeiner Form bekommen kann. Im *Wharf*-Bereich ist wegen der Aussicht über Bucht und *Golden Gate* am frühen Abend vor Sonnenuntergang das ***Chart House*** am ***Pier 39*** zu empfehlen, wenngleich eine ziemlich preisintensive Option. Einfacher und preiswerter ist das ***Bubba Gump*** (auch am Ende des Piers).

Großer Beliebtheit erfreut sich auch dort das unvermeidliche ***Hard Rock Café***; www.pier39.com.

Am ***Ghirardelli Square*** (900 North Point Street, www.ghirardellisq.com, ➤ Seite 200) dominieren ebenfalls Meeresbewohner das Menü der Restaurants, empfehlenswert ist u.a. ***McCormick's & Kuleto's***; www.mccormickandschmicks.com/Locations/san-francisco-california/NorthPointSt.aspx.

Die Seelöwen (»Sea Lions«) auf ihren Pontons am Pier 39 sind Berühmtheiten (»Celebrities« bzw. »Sea Lebrities«)

Tor zur Chinatown an der Ecke Bush Street/ Grant Ave, letztere die Hauptstraße durch das Chinesenviertel

Chinatown

In jedem zweiten Gebäude dieses kleinen Kontinents scheint man Touristen und Einheimische zu bekochen, doch das nicht immer in gleichbleibend hoher Qualität. Die seit eh und je empfehlenswerten Restaurants liegen nicht direkt im Trubel rund um die Grant Street, sondern eher am Rande des Viertels, so etwa das

- Stammhaus von ***Henry's Hunan***, 1398 Grant Avenue; © (415) 765-0998, www.henryshunansf.com oder
- ***Brandy Ho's*** an der 217 Columbus Ave (im früheren San Francisco Rotlicht-Bezirk *Barbary Coast*) mit glutamatfreier Küche; © (415) 788-7527, www.brandyhos.com

Im *Market Restaurant* des große ***China Live***-Komplex gibt es Gerichte im »Dim Sum«-Stil vor Schauküchen, im exklusiven *Eight Tables* Mehrgangmenüs (ab $225), im *Oolong Café* erlesene chinesische Teesorten mit kleinen Delikatesshäppchen und in der *Bar Central* eine gute Auswahl an Cocktails, Bieren und Weinen; 644 Broadway, www.chinalivesf.com.

North Beach

Für den Cappuccino am Vormittag oder den Espresso nach dem Dinner kann man gleich in dieser Gegend bleiben: **North Beach** ist das, was Little Italy für New York ist, mit Cafés, in denen man zu den Klängen einer Opernarie leicht die Zeit vergessen kann. Die meisten von ihnen warten in kurzer Distanz zueinander entlang der **Columbus Avenue**, z.B.

- ***Caffe Greco***, 423 Columbus Ave, www.caffegreco.com
- ***Caffee Roma***, 526 Columbus Ave, www.caffeeroma.com
- ***Tosca Cafe***, 242 Columbus Ave, www.toscacafesf.com
- ***Vesuvio Cafe***, 255 Columbus Ave, www.vesuvio.com

In einigen haben sich schon Anhänger der *Beat Generation* getroffen, außerdem im ***Caffe Trieste***, 601 Vallejo St, dem vielleicht originellsten von allen mit *Live Music*; http://coffee.caffetrieste.com.

Café Zoetrope im Sentinel Building von1907 (auch als Columbus Tower bezeichnet)

Wer auch gleich zum Essen an der Columbus Ave, dem »*Corso Cristóforo Colombo*«, bleiben möchte, findet dort auch appetitanregende Speisekarten. Unweit der *Transamerica Pyramid* liegen im Häuserblock des grünbeturmten *Sentinel Building* (auch unter dem Namen *Columbus Tower* bekannt) nicht nur die *Zoetrope*-Filmstudios des Regisseurs *Francis Ford Coppola*, sondern auch das

- ***Café Zoetrope***, 916 Kearny St, © (415) 291-1700, mit italienischer Küche, www.cafecoppola.com.

Definitiv vor Vampiren sicher ist man in

- ***The Stinking Rose***, 325 Columbus Ave, © (415) 781-7673; dort verarbeitet man von der Vor- bis zur Nachspeise jede Menge Knoblauch; www.thestinkingrose.com.

Financial District

Vielfältige Snacks zu zivilen Preisen gibt es in den Lokalen des ***Embarcadero Center*** zur Mittagszeit. Dort befindet sich auch das japanische Restaurant ***Sushi Kinta*** mit – was sonst? – *Sushi*-Spezialitäten; www.sushikintasf.com.

Nebenan im ***Hyatt Regency*** sitzt man in der **Cafeteria in der Halle** ausgezeichnet, zahlt aber dafür ein paar Dollar extra für den *Capuccino*; https://sanfranciscoregency.hyatt.com.

Traditionelle bayerische Gerichte und deutsches Bier serviert die ***Suppenküche*** in der 525 Laguna Street zwischen *Civic Center* und *Alamo Square*; © (415) 252-9289; www.suppenkuche.com.

Snacks

Für den kleinen Hunger muss man nicht zwangsläufig einen *Fast Food Place* suchen. Zwischen Telegraph Hill und Bucht hat der

- ***Fog City Diner*** verfeinerte amerikanische *Items*; 1300 Battery Street/Embarcadero, © (415) 982-2000; www.fogcitysf.com.

Eine auf **1950er-Jahre getrimmte *Diner*-Kette** ist

- ***Lori's Diner*** mit zwei zentralen Filialen: 900 N Point Street, und 500 Sutter; © (415) 981-1950, www.lorisdiner.com.

Max's

- Ein genereller Tipp bezieht sich auf die ***Max's Restaurants*** rund um die San Francisco Bay; www. maxsworld.com. In der City wartet an der 601 Van Ness Ave das ***Max's Opera Café*** mit singenden Kellnern, guter Küche und moderaten Preisen.

Taquerias

Große kalorienreiche Portionen gibt's in den überwiegend recht schlichten, aber preiswerten ***Taquerias*** im *Mission District*, z.B.:

- ***Taqueria Cancún***, 2288 Mission Street; http://taqueria-cancun.cafes-world.com
- ***Taqueria San Jose***, 2830 Mission Street; http://taqueriasanjose.com
- ***La Taqueria***, 2889 Mission Street; Favorit und fast immer voll; www.elfarolitoinc.com

Der Drink am Abend

Wer sich in ***Starlight Room*** im obersten Stockwerk des Hotels ***Sir Francis Drake*** (450 Powell Street/Union Square) einen teuren Drink gönnt, kriegt die gute Aussicht gratis dazu; ✆ (415) 395-8595, www.starlightroomsf.com.

Zum Abschluss eines langen Besichtigungstages eignet sich – vor allem wegen seiner diversen Biersorten – die populäre ***Thirsty Bear Brewing Company*** unweit des *MoMa* in *South of Market*, 661 Howard Street, ✆ (415) 974-0905; www.thirstybear.com.

Weitere Empfehlungen

Ganz grandios liegt das ***Sutro's Seafood Restaurant*** im ***Cliff House*** über der Pazifikküste, ➢ Seite 207; 1090 Point Lobos; ✆ (415) 386-3330, https://cliffhouse.com/sutros/.

Auch nicht ganz billig sind die **Restaurants** und **Kneipen** in den San Francisco gegenüberliegenden Vororten **Sausalito** (unverfehlbar vor allem an der Hauptstraße Bridgeway; Übersicht unter www.sausalito.org/pages/LetsEat) und **Tiburon** (Main Street am Yachthafen und Anleger der Fähren nach Angel Island und San Francisco; www.tiburonshop.com/restaurants.html).

Mel's Drive-in ist eine Institution in Hollywood (➢ Seite 374) und besitzt auch drei Lokale in San Francisco; dieses hier befindet sich in der Lombard Street 2165; http://melsdrive-in.com/lombardstreet

Größter ***Apple Store*** *der Stadt am Union Square/Post Street; www.apple.com/retail/unionsquare/?cid=aos-us-seo-maps*

Shopping

Mitbringsel

Die Auswahl an Modischem, Hübschem und Ungewöhnlichem ist in San Francisco beträchtlich – es gibt nach einer Reise dorthin einfach nicht die Ausrede, kein passendes Mitbringsel gefunden zu haben. Wer ohne feste Vorstellung nach Originellem sucht, sollte den

- ***Cost Plus World Market*** nahe der *Fisherman's Wharf* aufsuchen, 2552 Taylor Street. Dieser riesige Shop hat Artikel aus aller Herren Länder; https://stores.worldmarket.com.
- Eine wahre Flut an Mitbringseln unterschiedlichster Art bietet ***Pier 39***; www.pier39.com.

Kaufhäuser/ Shopping Center

Größere *Malls* oder *Shopping Center* gibt es kaum in der Stadt:

- Das ***Westfield San Francisco Center*** mit dem Kaufhaus *Bloomingdale's* liegt noch am zentralsten, 865 Market St; www.westfield.com/sanfrancisco.
- ***Ghirardelli Square***, überschaubare attraktive *Mall* der bei der *Fisherman's Wharf*, ➤ Seite 200.
- Eigenständige Kaufhäuser wie ***Saks 5th Avenue***, ***Macy's*** und ***Neiman Marcus*** stehen am Union Square, ➤ Seite 191.

Die beste citynahe ***Shopping Mall*** ist das

- ***Stonestown Galleria Center*** mit den Kaufhäusern ***Macy's*** und ***Nordstrom*** sowie einem ***Apple Store*** an der Straße #1 (in der City ist das die 19th Ave), gute 2 mi südlich des *Golden Gate Park*; www.stonestowngalleria.com.

Outlet Malls

Die größte ***Outlet Mall*** Nordkaliforniens befindet sich bei San José in Milpitas ca. 50 Meilen von der Innenstadt entfernt (447 Great Mall Drive; *Exit* #8A von der I-880 South; www.simon.com/mall/great-mall). ***Premium Outlets*** gibt's noch weiter im Süden an der #101 in Gilroy (*Exit* #357; ca. 80 mi) sowie in Napa nördlich von SFO (50 mi). Für beide: www.premiumoutlets.com.

Bücher

Im Bereich Downtown San Francisco gibt es verschiedene interessante Buchhandlungen:

- ***City Lights Booksellers*** in der 261 Columbus Ave/Ecke Broadway; www.citylights.com
- ***Argonaut Book Shop***, 786 Sutter St/Ecke Jones; der Buchladen befand sich früher in der Kearny St im Financial District und war Vorbild für den *Argosy Book Store* in *Hitchcock's* »Vertigo«; www.argonautbookshop.com.
- ***Books Inc***, 601 Van Ness Ave. (am Opera Plaza), mit einer Auswahl aktueller Zeitschriften/Magazine und häufigen Autorenlesungen; www.booksinc.net.
- ***William Stout Architectural Books***, 804 Montgomery St, nahe *Transamerica Pyramid*; www.stoutbooks.com.
- ***Alexander Book Company*** in der 50 2nd St. zwischen Market und Mission; www.alexanderbook.com.

- ***Green Apple***, 506 Clement Street (zentrumsfern zwischen Presidio und Golden Gate Park mit einer Auswahl signierter Bücher); www.greenapplebooks.com.

Eine **Liste aller Buchläden** findet man samt Schwerpunkthinweis unter www.sfstation.com/book-stores/business-directory.

Musik

Musik- und Filmfreunde jagen rund um die Bucht alten Platten, CDs, Videos und DVDs nach, die man woanders nur schwer auftreiben kann. Geheimtipps für nostalgische und seltene Aufnahmen in bestem Vinyl sind

- ***Grooves*** in der 1797 Market Street
- ***Jack's Record Cellar*** in Haight Ashbury an der 254 Scott/Ecke Page Street
- ***Rasputin Records***, 1672 Haight St; www.rasputinmusic.com.

Die größte Auswahl an Neu- und Gebrauchtware hat

- ***Amoeba Music*** an der 1855 Haight Street nahe *Golden Gate Park*; www.amoeba.com.
- ***Lost Weekend Video*** bietet eine Fülle an DVDs und alten *VHS*-Tapes günstig zu kaufen oder zum Ausleihen, 2550 Mission Street (in der Lobby des *Alamo Drafthouse*-Kinos); www.lostweekendvideo.com.

Mode

Jeans und artverwandte *Streetwear* sind in den USA preiswerter als in Europa. In SFO kann man z.B. direkt zum Shop von ***Levi Strauss*** gehen (1155 Battery St, unweit Embarcadero), noch billiger sind die Jeans aber meist in den *Outlet Malls*, ➢ Seite 186.

Zu den absoluten Publikumsrennern in der City zählen ***H&M*** (150 Powell St), ***Zara*** (250 Post St), der ***Forever21 Megastore*** auf drei Etagen (2 Stockton St), ***Banana Republic*** (256 Grant Ave) sowie direkt am *Union Square* die Läden von ***Macy's*** und ***Victoria's Secret & PINK*** bzw. ***Uniqlo*** zwischen *Union Square* und Market Street (111 Powell St).

Wer ***Second Hand*** und ***Retro*** sucht, wird in der Haight Street fündig z.B. bei ***Buffalo Exchange*** (#1555) oder ***Wasteland*** (#1660).

Ein kostengünstiges Paar Schuhe auf die Schnelle gibt es bei ***Payless ShoeSource*** (934 Market St), jede Art Sport-/Laufschuh bei ***Fleet Feet*** (780 Mission St) und sehr trendbewusstes Design zu ausgewogenen Preisen bei ***Steve Madden*** (33 Grant Ave sowie im *Westfield Centre*). Bei ***Cole Haan*** am Union Square (324 Stockton St) muss man etwas tiefer ins Portemonnaie greifen.

Apple

Auf der Rückseite des ***Apple Flagshipstore*** am Union Square versteckt sich eine 24 Std geöffnete kleine *Plaza* mit Sitzgelegenheiten, einem 15 m hohen vertikalen Garten und gratis *Wifi*. Bei Bedarf kann man dort auch sein *Smartphone/Ipad* aufladen.

Entertainment

Musik

San Francisco ist eine rock- und pophistorisch bedeutende Stadt. Dort treten bekannte Größen der Szene auf, etwa im

- ***The Fillmore Auditorium***,1805 Geary Blvd/Ecke Fillmore Street, © (415) 346-3000; www.thefillmore.com
- ***The Warfield***, 982 Market St, www.thewarfieldtheatre.com
- ***Great American Music Hall***, 859 O'Farrell Street, © (415) 885-0750); www.slimspresents.com.

Wer gerne Blues hört, findet exzellente Konzerte im

- ***Biscuits & Blues Club***, 401 Mason Street, © (415) 292-2583; www.biscuitsandblues.com

und im vom seligen *John Lee Hooker* gegründeten

- ***Boom Boom Room***, 1601 Fillmore Street, © (415) 673-8000; www.boomboomroom.com.

South of Market

SoMa zieht Clubgänger und Nachteulen an, populär sind u.a.

- ***Bootie SF DNA Lounge***, 375 11th Street, www.dnalounge.com
- ***Ten15 Folsom***, 1015 Folsom Street, www.1015.com
- ***Raven Bar***, 1151 Folsom Street, www.ravenbarsf.com.

Columbus Avenue

Jazz, Swing und noch eklektischere Sounds hört man in

- ***Bimbo's 365 Club***; 1025 Columbus Ave, © (415) 474-0365; www.bimbos365club.com

- ***The View Lounge***, 80 Mission St (Aufzug bis zum 39. Stock des *Marriott Marquis*), mit Bilderbuchblicken über SFO, vor allem in den Abend-/Nachtstunden; www.sfviewlounge.com.
- ***Elbo Room***, 647 Valencia Street; www.elbo.com

Kino

- ***Castro Theater***, 429 Castro Street; www.castrotheatre.com
- ***Roxie***, 3117 16th Street im *Mission District*, ist das älteste Kino der Stadt voller Sonderprogramme; www.roxie.com
- ***Clay***, 2261 Fillmore Street, www.landmarktheatres.com
- ***Embarcadero Center***, ebendort #1; www wie *Clay*
- ***Opera Plaza***, 601 Van Ness Ave, www wie *Clay*
- ***Balboa Theatre***, 3630 Balboa St, www.balboamovies.com
- ***Vogue Theatre***, 3290 Sacramento St, www.voguesf.com
- ***AMC Dine-In Kabuki 8***, 1881 Post St; www.amctheatres.com
- ***AMC Metreon*** im gleichnamigen *Restaurant/Shopping Center* an der 135 Fourth St; www.amctheatres.com
- ***Alamo Drafthouse Cinema***, 2550 Mission St, https://drafthouse.com/sf.

Theater

Mit einer Theaterszene und -kultur wie der von New York kann San Francisco nicht ganz mithalten, aber allerhand Leben auf der Bühne gibt es trotzdem:

- Das ***American Conservatory Theater*** inszeniert seine Stücke in der 415 Geary Street, © (415) 749-2228; www.act-sf.org
- Im ***Fort Mason Center*** (*Building D*) ist das ***Magic Theater*** aktiv und bringt nicht selten Kontroverses auf die Bühne; © (415) 441-8822; http://magictheatre.org
- Und was *Agatha Christies »Mousetrap«* für das Krimitheater in London war, ist ***»Beach Blanket Babylon«*** für San Francisco: im ***Club Fugazi*** (678 Green Street, © (415) 421-4222, www.beachblanketbabylon.com) wird schon seit einer ganzen Generation diese amüsante *San Francisco Comedy* mit jeder Menge ausgefallener Kostüme und Dekorationen zelebriert.

City Hall mit »Theaterportal«

Zuerst zum Golden Gate

Als Sehenswürdigkeit Nummer Eins San Franciscos gilt zu Recht die ***Golden Gate Bridge***. Wer nur wenig Zeit hat, sollte sich – gleich zu welcher Jahreszeit – als erstes auf den Weg zur Brücke machen, wenn die Wetterverhältnisse zunächst gut sind. Wenn nicht, muss man die Chance zur Besichtigung bei nächster Gelegenheit, d.h., bei klarer Sicht, sofort nutzen. Denn oft legt sich schnell wieder Nebel über das »Goldene Tor« und bleibt gleich mehrere Tage hängen. Weitere Details ➤ Seite 205.

1.1.2 Stadtbesichtigung Downtown

Downtown

Generell ist die **Ecke Market/Powell Street** (*Tourist Information*) ein hervorragender **Ausgangspunkt** zum Kennenlernen der Stadt. Die diagonal durch die City laufende breite **Market Street** trennte früher *Downtown* von südlichen, heruntergekommenen Straßenzügen, ***South of Market*** genannt.

South of Market

Parken

In den 1990er-Jahren begann die Sanierung des Bereichs ***South of Market*** (*SoMA*). Architektonische Schmuckstücke der Hochhaus-Postmoderne verdrängten dort die Slums, auf die heute nichts mehr hinweist. Parkmöglichkeiten bieten sich nördlich und südlich der Market Street faktisch nur in **Parkhäusern** (keine RVs und auch für übergroße Pkws können bereits erhöhte Gebühr anfallen!). Einen hilfreichen Überblick gibt's unter www.spothero.com.

SFMOMA

Das ***Museum of Modern Art*** an der 151 3rd St in *South of Market* birgt heute – nach seiner mehrjährigen Renovierung – eine absolut einzigartige Sammlung moderner und zeitgenössischer Kunst. Der Schwerpunkt liegt auf amerikanischen Künstlern, aber auch deutsche sind dort gut vertreten; im Sommer geöffnet täglich 10-18 Uhr und Do bis 21 Uhr, die übrige Zeit des Jahres mittwochs geschlossen; Eintritt kostet $25, Jugendliche bis 18 Jahre zahlen nichts; www.sfmoma.org. Ohne spezifisches Interesse an diesem Museum ist *SoMa* kein prioritäres Ziel für SFO-Kurzbesucher.

Cable Car Wendepunkt am südlichen Ende der Powell Street, ein Touri-Hotspot mit meist längeren Warteschlangen

Gegenüber des Museums bieten die ***Yerba Buena Gardens*** eine schöne Ruheoase im Trubel der Stadt und eignen sich ideal für ein Picknick im Grünen. Beachtung an der Rückseite des *SFMOMA* (140 New Montgomery St) verdient auch das ***Pacific Telephone Building***, ein *Art Deco*-Hochhaus aus 1925 mit beeindruckender Lobby und 4m hohen Adler-Statuen auf der Turmspitze.

Powell Street/ Union Square

An der Einmündung der Powell in die Market Street befindet sich eine der **Wende- bzw. Endstationen der *Cable Cars***, die ihre – meist in langen Schlangen geduldig wartenden – Touristen von dort zur *Fisherman's Wharf* befördern. Auf der **Powell Street**, wo sich ein *Shop* an den anderen reiht, erreicht man nach ca. 300 m den **Union Square**, eine palmenbestandene, oft bunt belebte Plaza und Mittelpunkt der San Francisco Geschäftswelt mit Filialen der größten Kaufhausketten in unmittelbarer Nähe (*Fifth Avenue, Macy's, Neiman Marcus*) und diversen Hotels.

Die Cable Car, ein Unikum www.sfcablecar.com

San Franciscos weltweit einmalige ***Cable Car*** ist nicht nur ein nostalgisches Transportmittel mit Ursprüngen im 19. Jahrhundert (1873), sondern zugleich eine Art technischer Leckerbissen aus der Frühzeit der Industrialisierung. Die Wagen besitzen keinen eigenen Antrieb, sondern klinken sich mit Hilfe eines vom »Fahrer«, des sog. *Gripman,* betätigten Mechanismus, der Spannklaue, in mittig unter den Schienen laufende Stahlseile ein und aus. Eine zentrale Antriebsmaschinerie sorgt für den endlosen Umlauf von insgesamt vier Kabeln in gleichmäßiger Geschwindigkeit von ca. 15 km/h. Wer sich für die technischen Einzelheiten interessiert, findet z.B. unter http://de.wikipedia.org/wiki/San_Francisco_Cable_Cars weitergehende Informationen auf Deutsch.

Vor Ort geht nichts über eine Besichtigung des Maschinenhauses der Kabelbahn (***Cable Car Barn***) an der Ecke Mason/Washington Street. Dort gibt es eine Besuchergalerie und das ***Cable Car Museum*** im Stockwerk darüber, in dem Historie und Technik der Bahn eindrucksvoll präsentiert werden: kein Eintritt, aber Spende, täglich 10-17/18 Uhr, www.cablecarmuseum.org.

Zwar ist die Bahn bereits über 130 Jahre alt, wurde aber seither technisch mehrfach modernisiert, in ihren Verläufen geändert und heutigen Sicherheitsstandards angepasst. Wer sie nutzen möchte, kann – statt an den Endstationen (vor allem an der *Wharf* Hyde/Beach oder Taylor/Bay Streets sowie in *Downtown* an der Powell/Market Street), wo sich immer lange Schlangen bilden – leichter an den zahlreichen weniger exponierten Haltepunkten in der Powell, Hyde oder Mason Street zusteigen. Weil sie *Downtown* mit der *Wharf* verbinden, sind die Linien ***Powell-Mason*** (#59) und ***Powell-Hyde*** (#60) besonders stark frequentiert. In den Wagen der quer dazu verlaufenden ***California Street Line*** (#61) ist es generell einfacher, einen Platz zu ergattern, ➤ **Karte Seite 191**.

Eine **Einzelfahrt mit den *Cable Cars*** kostet mittlerweile $7. Wer einen Tagespass für das öffentliche Transportsystem kauft (➤ Seite 173), darf damit auch die Kabelbahnen beliebig nutzen.

Cable Car Power House

Chinatown

Nur wenige Blocks weiter nördlich liegt die berühmte ***Chinatown*** San Franciscos, etwa zwischen Bush St und Broadway sowie Stockton und Kearney St, www.sanfranciscochinatown.com.

So können Banken auch aussehen

Am besten steuert man die *Chinatown* über die Grant St an, auf der man sein Ziel durch ein buntes chinesisches Tor, das ***Dragon Gate*** betritt. Zwar ist die *Chinatown* mehr auf das Touristengeschäft eingestellt, als vielen gefallen dürfte, und immer fürchterlich zugeparkt und verstopft, aber dennoch sehenswert. Dort wird nicht nur chinesisches Amerika gespielt, sondern real gelebt. Einen Bummel vorbei an den farbenprächtigen Auslagen der 'zig Shops mit einem sagenhaften Angebotssammelsurium und an zahllosen Restaurants voller exotischer Wohlgerüche muss man unbedingt machen, und dabei auch einmal einen Blick auf die Fassaden oberhalb der Geschäftsebene werfen.

Glückskekse

Ein Pflichtstopp für manchen Besucher ist die Geburtsstätte der Glücksplätzchen, die man aus jedem chinesischen Restaurant kennt: In der ***Golden Gate Fortune Cookie Factory*** (56 Ross Alley/Jackson Street) sieht man, wie die Glücksbotschaften ins Gebäck kommen, und kann die Kekse natürlich auch kaufen.

Shoppen ist in der *Chinatown* auf jeden Fall drei Mal so spannend wie an der *Fisherman's Wharf*. Was die chinesische Küche bzw. empfehlenswerte Restaurants betrifft, ➢ Seite 183.

China Kultur

Wer dem Kulturphänomen China in Amerika weiter auf den Grund gehen möchte, sollte Nebenstraßen wie **Waverly Place** mit dem ***Tin How Temple*** (#125) besuchen und im ***Chinese Culture Center*** vorbeischauen (750 Kearny Street, www.cccsf.us), wo es Ausstellungen, geführte *Chinatown Walks* und allerhand Informationsmaterial gibt; Di-Sa 10-16 Uhr, kein Eintritt, aber Spende.

Café de la Presse

Wer nach einem Bummel durch die *Chinatown* Entspannung in einer ganz anderen Welt sucht, findet im *Café de la Presse* an der 352 Grant Ave (schräg gegenüber des *Dragon Gate,*) auch **deutsche Zeitungen und Magazine**, mit Glück sogar neuesten Datums; www.cafedelapresse.com. Das benachbarte *Starbucks Coffee House* liefert dazu gratis *Wifi*.

Financial District

Unweit östlich der Chinatown beginnt die ***Wall Street of the West*** (offiziell: *Financial District*), das Finanz- und Bankenviertel mit einer verdichteten »Wolkenkratzer«-Bebauung im Dreieck zwischen Washington, Kearney und Market Streets. Am nördlichen Rand dieses Bereichs steht unübersehbar das schon 1972 errichtete pyramidenartige ***Transamerica Building*** (Endpunkt der diagonal City und *Fisherman's Wharf* verbindenden Columbus Ave, Ecke Washington/Montgomery Street) durch seine – 1989 bewiesene – erdbebensichere Eleganz.

Transamerica Pyramid

Stach *TA Pyramid* mit ihren 260 m Höhe noch vor wenigen Dekaden als auffälliges Wahrzeichen einsam aus seiner Umgebung heraus, wird es heute von massigen Nachbarn allseitig bedrängt. Im Erdgeschoss ersetzt ein **virtuelles *Observation Deck*** die einst mögliche Auffahrt; www.pyramidcenter.com. Eine Oase der Stille und Geheimtipp am *TA-Building* ist ein Hain aus *Redwood*-Bäumen, die eigens aus Santa Cruz hierher umgesetzt wurden.

Transamerica Pyramid

Embarcadero

Zwei Blocks weiter östlich stößt man auf das ***Embarcadero Center***, einen enormen **Büro-Laden-Restaurant-Komplex** am Ostrand der City mit versetzten Ebenen, Terrassen, Grünanlagen, Wasserspielen und viel **Kunst am Bau**; www.embarcaderocenter.com.

Fähren und Marketplace

Das *Center* erstreckt sich bis zur **Justin Herman Plaza** gegenüber dem ***Ferry Building*** (von dort regelmäßige Fährverbindung nach Sausalito und Larkspur im Norden der Bucht und außerdem ein ***Marketplace*** mit ***Eateries*** und ***Food Shops***; www.ferrybuildingmarketplace.com). Insbesondere zur werktäglichen Mittagspausenzeit, wenn sich Gänge und Miniparks des *Embarcadero Center* und auch das *Ferry Building* füllen, lohnt sich der Besuch. Bei gutem Wetter finden dann auf der Herman Plaza vorm (einst) als avantgardistisch geltenden ***Villancourt Brunnen*** häufig Konzerte und allerhand Vorführungen statt.

Rincon Park/ San Francisco Oakland Bay Bridge

Ein kurzer Abstecher (400 m) vom *Ferry Building* am Ufer der Bay entlang in Richtung Südwesten (Fußgängerpromenade) führt zum kleinen ***Rincon Park*** fast schon unterhalb der gewaltigen doppelstöckigen ***San Francisco-Oakland Bridge*** (8.300 m). In mancher Hinsicht ist diese Brücke technisch noch spektakulärer, aber fürs Auge des Betrachters weniger attraktiver als die zur selben Zeit errichtete und nur sechs Monate später eröffnete ***Golden Gate Bridge***, ➤ Seite 205. Sie besteht aus mehreren unterschiedlich konstruierten Brückenelementen mit langen Auffahrten auf beiden Seiten und wird mitten in der Bucht auf Yerba Buena Island durch einen Tunnel unterbrochen. Beide Decks haben je fünf Fahrspuren; die unteren laufen Richtung Oakland, die oberen von Oakland nach San Francisco. Mehr Details zur Brücke ➤ Seite 230.

Cupid's Span

In der Anlage des *Rincon Park* installierte man im neuen Jahrtausend die überdimensionale Pfeil-und-Bogen-Skulptur **»Cupid's Span«**, ein Kunstwerk von *Claes Oldenburg* und *Coosje van Bruggen*. Sie macht sich besonders gut im Vordergrund von Brückenfotos oder Fotos der San Francisco-Hochhauszeile an und hinter der Straße Embarcadero; www.oldenburgvanbruggen.com/largescaleprojects/cupidsspan.htm.

Hyatt Hotel

In der äußeren Ecke der Herman Plaza an der Market Street beeindruckt das in dieser Umgebung äußerlich nicht besonders auffällige ***Hyatt Regency Hotel*** durch sein »Innenleben«, ein achtzehn Stockwerk hohes Atrium. In der Cafeteria sitzt man ausgesprochen angenehm (bei gehobenen Preisen).

Parken/ Transport

Tipp zur Cable Car

Im ***Embarcadero Park Deck*** kann man für Einkauf oder Restaurantbesuch im *Center* preiswerter parken als anderswo. Da die ***Cable Car*** (*Washington Street Line*) am *Embarcadero Center* endet/beginnt, gelangt man von dort ggf. auch ohne lange Fußmärsche rasch in die zentrale City. Im Gegensatz zur *Powell Street Line* gibt es **dort selten Warteschlangen**.

Exploratorium

Pier 15, etwas weiter nördlich, beherbergt das ***Exploratorium***, ein Wissenschaftsmuseum der experimentellen Art im Stil der sog. *Science Center*. Es richtet sich in erster Linie an Kinder, deren Neugier, Kreativität und Lernfreude geweckt werden soll; im Sommer Sa-Do 10-17 Uhr; Do+Fr bis 22 Uhr; $30, Kinder $20-$25; www.exploratorium.edu.

Kunstwerk Cupid's Span im Rincon Park

Telegraph Hill: Auffahrt

Gute 20 min (rund 1,5 km) läuft man vom *Embarcadero Center* bis zum ***Coit Tower*** auf dem 100 m hohen ***Telegraph Hill***. Per Auto erreicht man diese Sehenswürdigkeit am besten über die Grant Ave/Lombard Street und an dessen Ostende den Telegraph Hill Blvd hinauf, sieht sich aber am Ziel meist erheblichen Parkproblemen gegenüber.

Coit Tower

Beim *Coit Tower* (68 m) handelt es sich um ein bereits 1934 dank einer wohlhabenden Spenderin mit Namen *Lily Hitchcock Coit*, erbautes ***Memorial*** für die örtliche Feuerwehr, dessen Inneres durch Wandmalereien (*Murals*) mit – teilweise sozialkritischen – Szenen aus dem Arbeitsleben der 1930er-Jahre geschmückt ist. Der Turm dient heute ausschließlich dem *Sightseeing* (geöffnet täglich 10-18 Uhr, im Winter kürzer; Eintritt frei, aber Fahrstuhl für »Auswärtige« $8, Kinder $2-$5). Die günstige Position des Turms sorgt für einen hervorragenden Blick über die Bay bis hinüber zur *Golden Gate Bridge* und die *Transamerica Pyramid*. Leider warten nicht selten lange Schlangen vor den Fahrstühlen.

Christopher Columbus Statue und der Coit Tower

Der Blick vom *Coit Tower* bzw. *Telegraph Hill* erlaubt nebenbei eine gute Vororientierung (bis zur *Golden Gate Bridge*) für alle, die den ***Scenic Drive*** abfahren wollen, ➤ unten. Der ***Telegraph Hill*** ist dafür ein guter **Ausgangspunkt**.

Zu Fuß vom Telegraph Hill zum Levi's Plaza Park

Der **Abstieg** vom Hügel nach Südosten führt über steile, ein bisschen verwunschene Treppen, die ***Filbert*** Street zum hübschen ***Park Levi's Plaza*** und The Embarcadero, eventuell auch die Montgomery Street nach Norden, dann die ***Greenwich Steps***. Auf der Sansome oder Battery Street ist es von dort nicht mehr weit zur Uferstraße The Embarcadero und zur *Fisherman's Wharf*.

North Beach

North Beach ist das italienische Viertel von San Francisco in etwa südwestlich des *Telegraph Hill* (Kearny Street) bis zur Powell Street. Im Gegensatz zur südlich des Broadway angrenzenden *Chinatown* hat North Beach die Atmosphäre einer echten, hektikfreien *Neighborhood*. Magistrale des Viertels ist die **Columbus Avenue** mit einer Vielzahl von Cafés und Restaurants. Eine Institution von North Beach ist der Buchladen ***City Lights Booksellers*** des *Beat-Generation*-Poeten *Lawrence Ferlinghetti* (261 Columbus Avenue, täglich 10-24 Uhr, www.citylights.com, ➤ auch Seite 187), bis heute nicht wegzudenken aus der literarischen Szene San Franciscos.

Zum Lesen setzt sich bei gutem Wetter mancher in den nahen ***Washington Square Park*** (Columbus/Ecke Union und Filbert Street), der von der ***Saints Peter & Paul Church*** überragt wird.

1.1.3 Entlang des Scenic Drive durch San Francisco

49-Mile-Drive

Die im Folgenden gewählte Reihenfolge der Beschreibung der weiteren San Fancisco Sehenswürdigkeiten entspricht ab *Fisherman's Wharf* dem **Verlauf des *49-Mile Scenic Drive***, ➤ Karte unten. Man kann ihn bei nur kurzen Zwischenstopps an den wichtigsten Anlaufpunkten innerhalb eines Tages bewältigen. Bei etwas gründlicherer Besichtigung der Zwischenziele benötigt man aber leicht zwei volle Tage. Bei der *Tourist Information* liegt eine ***SFO-Visitors Map*** aus, die den *Scenic Drive* genauer abbildet, auch im bereits empfohlenen Heft ***»Where«*** ist er eingezeichnet (➤ Seite 171). Der Streckenverlauf hat sich jedoch im Lauf der Jahre mehrfach geändert und die ehemals narrensichere Ausschilderung (Seemöwenschild) existiert leider nicht mehr an allen wichtigen Kreuzungen.

Scenic Drive zum Download

Auf der Website www.sanfrancisco4you.com/sehenswuerdigkeiten-san-francisco/willys-49-mile-scenic-drive.html findet man nicht nur den 49-Mile-Drive, sondern zusätzlich Erweiterungen auf 66 Meilen und einen Link zum Download für Tom-Tom Navis.

Fisherman's Wharf

»Touristen falle«

Erstes Ziel oder auch ein ebenfalls geeigneter Startpunkt ist der **Bereich *Fisherman's Wharf*** (800 m Fußgängerdistanz vom *Coit Tower*), eine komplett kommerzialisierte **Touristenfalle**.

Die Bezeichnung *Fisherman's Wharf* bezieht sich auf ein relativ kleines Gebiet rund um den ehemaligen Fischereihafen San Franciscos an der Jefferson Street. Die Fischerboote und Werften sind lange verschwunden; an ihrer Stelle liegen Privatyachten und Charterboote fürs Hochseeangeln an den Stegen. Auf Passagiere wartet die **»*Blue & Gold*« Schiffsflotte«** mit *Baytrips*, rasanten Fahrten im *RocketBoat* und Linienverkehr nach Tiburon und Angel Island; www.blueandgoldfleet.com. An Land beherrschen unzählige *Souvenir Shops,* Boutiquen, Bars, *Fast* und *Sea Food Restaurants,* dahinter Hotels und Parkplätze/-häuser das Bild.

Bootstrips

Ob eine der **Bay-Rundfahrten** mit oder ohne Unterdurchfahrt der *Golden Gate Bridge* interessant erscheint, hängt sicher von der subjektiven Bewertung solcher Bootstouren ab. Wer sie machen möchte, findet im Fischereihafen die preiswerteren Angebote.

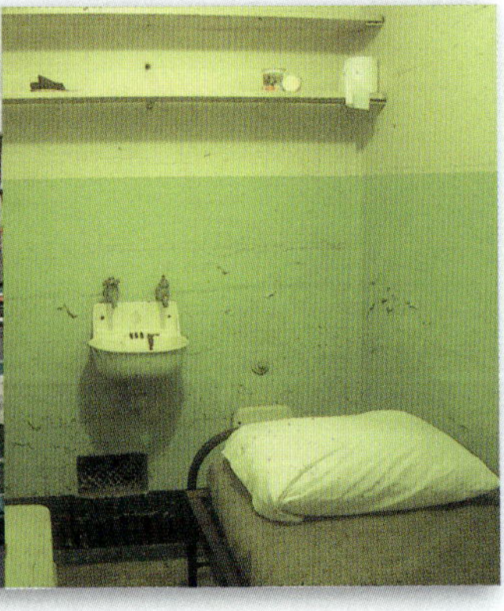

Alcatraz

Die **Boote** hinüber zu dieser berüchtigten, heute **unter Nationalparkverwaltung** (www.nps.gov/alca) stehenden Zuchthausinsel fahren **ab *Pier 33*** im 30-min-Takt 8.45-15.15 Uhr; letzte Rückfahrt 18.30 Uhr; $37, Kinder 5-11 Jahre $23, Familie $113. »*Night Tours*« finden am späten Nachmittag statt und sind geführt (nur Do-Mo $44, Kinder 5-11 $27). **Die Trips sind im Sommer in der Regel lange im Voraus ausgebucht**. Reservierung bis zu 90 Tage vorher unter ✆ (415) 981-7625 oder www.alcatrazcruises.com.

Die einleitende Kennzeichnung der *Fisherman's Wharf* gilt im Prinzip auch für den ***Pier 39*** am Ostende der *Wharf*. Dort gibt es auf den oberen Arkaden ein ***California Welcome Center*** mit jeder

Piraten auf dem Pier 39, aber mit solchen Gesellen hatte man es in San Francisco nie zu tun

Menge Infomaterial und Broschüren zum Touristenziel Kalifornien; www.pier 39.com. Als **Publikumsmagnet** gelten u.a.

Pier 39

- das ***Hard Rock Café*** gleich eingangs des Piers
- die ***Open Heart***-Skulptur von Künstler Patrick Dintino
- das ***Aquarium of the Bay***, wo man in transparenten Röhren die Unterwasserwelt aus der Taucherperspektive erlebt; im Sommer 9-20 Uhr; $27, Kinder $17; www.aquariumofthebay.org
- das Simulationstheater ***7D Experience***: virtuelle Achterbahn-Fahrten und andere 3D-Abenteuer, an denen man mit Laserpistolen auch aktiv teilnehmen kann; $15; www.7dexperience.com.

An der Westseite des *Pier 39* befindet sich eine Art **Seelöwenreservat** auf Schwimmpontons, wo die Essensreste der Restaurants ganze Hundertschaften dankbarer Abnehmer finden.

Open-air **Darbietungen** vielerlei Art (Artisten, Zauberer u.a.) sorgen bei gutem Wetter für Zuschauerbelustigung.

Wenn **Speis und Trank** im *Wharf*-Bereich, dann sind auf diesem Pier die besten Optionen ***Chart House*** und das ***Bubba Gump*** am äußersten Ende. Besonders am frühen Abend kurz vor Sonnenuntergang sitzt man dort, unmittelbar über dem Wasser, goldrichtig.

Ferry mit Insel und Zuchthaus Alcatraz

Shopping

Mitbringsel und Originelles aus aller Welt gibt es vielfältiger und preiswerter als in den *Shops* in der Beach Street und auf dem *Pier 39* im ***Cost Plus World Market*** nahe der *Wharf* in der 2552 Taylor/Ecke North Point Street; http://worldmarketcorp.com.

Ghirardelli

Unterhaltung durch Pantomimen, Musikgruppen und Puppentheater zum Nulltarif findet man in der Touristensaison und an Wochenenden außer auf *Pier 39* am ***Ghirardelli Square***, wo rund um eine frühere Schokoladenfabrik ein lebendiges Laden- und Restaurantzentrum entstand; www.ghirardellisq.com.

Optimale Besuchszeit

Den *Wharf-Bereich* sollte man vorzugsweise ab Nachmittag und in den frühen Abendstunden erkunden, wenn auf Straßen und Plätzen mehr »los« ist als am Morgen.

San Francisco National Historical Park

Dem *Ghirardelli Square* gegenüber befindet sich das wie ein Dampfer gestaltete ***Aquatic Park Bathhouse***, ein ehemaliges Badehaus, in dem derzeit lediglich einige Schiffsmodelle, Gemälde und Dioramen untergebracht sind. Sehenswerter sind im ***San Francisco National Historical Park*** die nostalgischen Originale draußen am ***Hyde Street Pier***, der zusammen mit dem halbrunden ***Municipal Pier*** ein ruhiges Wasserbecken bildet. Grünflächen und ein schmaler **Badestrand** säumen das hier meist ruhige Ufer.

Am Kai des Piers liegen der **Dreimaster *Balclutha*** von 1886, die alte **Fähre *Eureka***, der Raddampfer ***Eppleton Hall*** und weitere Schiffe. Mehr Infos zum *Historical Park* im Web unter www.nps.gov/safr oder im Besucherzentrum (Ecke Hyde/Jefferson Street). Zutritt $10; frei mit *Interagency Pass*, ➤ Seite 30.

Der historische Segler »Balclutha« ist Teil des San Francisco Historical Park.

The Crookedest Road of the World

Fünf Blocks südlich der *Fisherman's Wharf* kreuzt die Hyde St die Lombard Street, dessen steilster Abschnitt östlich der Hyde St von der Touristenwerbung gerne als ***Crookedest Road of the World*** bezeichnet wird. In engen Serpentinen, die nur von Personenwagen und kleineren *Vans* nachvollzogen werden können, geht es – vorbei an Blumenbeeten und gepflegten Anwesen – ca. 200 m steil hinunter zur Leavenworth St. Dank der Popularität dieser Abfahrt müssen interessierte Autofahrer dort oft Wartezeiten in Kauf nehmen, bevor es im Schritttempo bergab geht. Wem auch ein Foto – ohne den eigenen Mietwagen auf dem Parcours – genügt: Von oben, also von der Hyde St, hat man einen besonders guten Weitblick die ganze Lombard entlang bis hinüber zum *Telegraph Hill*. Dabei kommt jedoch der Charakter der *crooked road* nicht recht ins Bild. Wer den festhalten möchte, muss von der Leavenworth St von unten nach oben fotografieren.

Nebenbei: die **Steigung** der Lombard St ist mit 16% für San Francisco-Verhältnisse nicht ungewöhnlich. Nur zwei Blocks weiter südlich bringt es z.B. die Filbert St auf über 30% und auf fast 30% kommt die Jones St zwischen Filbert und Union Street.

Was kaum einer weiß: Die Nr. 1 in San Francisco hinsichtlich steiler Serpentinen ist die **Vermont Street** zwischen der 20th und 22nd Street in der Nähe des McKinley Square im Stadtviertel *Potrero Hills*. Sie ist allerdings grau betoniert und nicht ansatzweise so fein für Besucher herausgeputzt.

Nicht zum Park gehört das vielleicht sehenswerteste Schiff an der *Wharf*, das **Pazifik-U-Boot *USS Pampanito***. Es liegt ein wenig weiter östlich vertäut am ***Pier 45***; im Sommer 9-20 Uhr, sonst bis 18 Uhr, $20, Kinder $10; https://maritime.org/pamphome.htm.

Schiffsfans können am ***Pier 45*** außerdem die ***Jeremiah O'Brien***, das letzte Exemplar eines *Liberty*-Frachters aus dem Zweiten Weltkrieg, besichtigen; 9-16 Uhr; $20, Kinder $10; www.ssjeremiahobrien.org.

Parken

Parken im Bereich der *Fisherman's Wharf* ist ein relativ teures Vergnügen. Speziell für Campmobile wird kassiert. Relativ gute Chancen auf Gratisparkplatz oder preiswerte Parkuhr (max. 2 Std.) hat man im toten Ende (Richtung *Municipal Pier*) der Van Ness Ave zwischen *Fort Mason Park* und *Ghirardelli Square*. Beim *Cost Plus World Market* (➤ links) kann sogar zwei Stunden gebührenfrei parken, wer für mindestens $10 einkauft. Gute Übersicht mit Preisen unter http://en.parkopedia.com.

Sinn macht es ggf. das Auto von vornherein in größerem Abstand stehen zu lassen und den Rest des Weges zu Fuß, per *Cable Car* oder Bus zurückzulegen.

Die »Golden Gate-Ziele«

Marina Boulevard/ Fort Mason Center

Von der *Fisherman's Wharf* führt der ***Scenic Drive*** durch schöne Wohnviertel voller verschnörkelter viktorianischer Holzhäuser zunächst in Richtung *Golden Gate Bridge*. Zwischen Marina Blvd und Van Ness Avenue liegt das mit dem *Maritime National Historical Park* über einen Fußweg verbundene Gelände des *Fort Mason*. Im zweiten Weltkrieg diente dieser Bereich als Einschiffungsstation der Kampftruppen für den Pazifik. Dort befindet sich heute – in beneidenswerter erhöhter Lage – eine der Jugendherbergen San Franciscos. Die Gebäude an den Piers wurden als ***Fort Mason Center*** zu einem Kunst- und Kulturzentrum umfunktioniert mit Galerien, Werkstätten, experimentellen Bühnen, kleinen Museen und Restaurants.

Der Weg ab dem *Hyde Street Pier* (➤ Seite 200) zum *Fort Mason Center* ist zugleich der **erste Abschnitt der *Golden Gate Promenade***, einem Spazier-, Jogging- und Bike-Weg (➤ unten).

Palace of Fine Arts

Auf der Bay-Seite des Marina Boulevard dümpeln im *East* und *West Harbor* – getrennt durch den Park Marina Green – Hunderte von Yachten. Weiter dem *Scenic Drive* folgend erreicht man über die Baker Street den bombastischen ***Palace of Fine Arts***. Es handelt sich dabei um ein auf die Weltausstellung von 1915 zurückgehendes Gebäude, das einem griechisch-byzantinischen Tempel ähnelt; www.palaceoffinearts.com.

Crissy Field

Erst vor wenigen Jahren wurde das ***Crissy Field***, ein ausgedehntes Ufergelände zwischen San Francisco Bay und Doyle Drive (der ab Ende des Marina Boulevard wieder autobahnmäßig ausgebauten Straße #101), in die *Golden Gaten Recreation Area* einbezogen, ➤ Kasten. Dort läuft die ***Golden Gate Promenade***, nachdem sie das *Fort Mason Center* und die Yachthäfen passiert hat, gute 3 km am Wasser entlang bis zum *Fort Point* unter dem Südende der *Golden Gate Bridge*. Wer sich diesen Weg vornimmt, behält die Brücke (oder den Nebel) jederzeit fest im Blick. Dafür und für weiterführende Touren per Bike findet man **Leihfahrräder** bei *Blazing Saddles* auf dem *Pier 41* oder an der 465 Jefferson St sowie im *Marina District*, z.B. *New Holiday Adventure*, 1937 Lombard St (#101).

Palace of Fine Arts

Golden Gate National Recreation Area www.nps.gov/goga

Eine Art Nationalpark mitten in und am Rande einer Großstadt, auch das ist eine erstaunliche Besonderheit San Franciscos. Die Schaffung und schrittweise Erweiterung der *Golden Gate National Recreation Area* begann erst in den 1970er-Jahren zunächst mit dem Kauf der ***Zuchthausinsel Alcatraz*** und dem Gelände des ***Fort Mason*** unweit der *Fisherman's Wharf* durch den *National Park Service*. Jenseits der Bucht erwarb man die ***Marin Headlands***, über 200 km^2 weitgehend unerschlossene Hügel- und Waldlandschaft voller mittlerweile obsoleter Militäranlagen an der Steilküste nördlich des *Golden Gate*. Später wurde auch das Areal des ***Muir Woods Nat'l Monument*** (➤ Seite 216) ins *NRA*-Gelände integriert.

In den 1990er-Jahren kam das ***Presidio of San Francisco*** dazu, eine ausgedehnte Parkanlage, die dem *National Park Service* vom Militär übereignet wurde. Zum *Presidio* gehören die bis ans Ufer der Bucht reichenden ***Crissy Fields***, das ***Fort Point*** unter der *Golden Gate Bridge* und die Uferbereiche am Pazifik bis zur *Baker* und *China Beach*. Auch das von Bebauung nahezu freie Gelände ***Land's End*** mitsamt vorgelagerten Robbeninseln in der Nordwestecke der Stadt wurde einschließlich des berühmten ***Cliff House*** vom *Park Service* übernommen. Mit der sich anschließenden **Ocean Beach** und dem Bereich **Fort Funston** hoch über dem Pazifik und weiteren Teilgebieten bis Pacifica erstreckt sich die *Golden Gate NRA* heute als breiter Grün- oder Strandstreifen von den *Crissy Fields* aus rund um die Stadt herum nach Süden. Einschließlich der *Marin Headlands* umfasst sie eine Fläche von rund 300 km^2.

Der Zugang zu den meisten Bereichen und Einrichtungen ist frei, lediglich der Besuch des *Muir Woods Nat'l Monument* kostet Eintritt (frei für NP-Passinhaber, ➤ Seite 30). Beim Besuch der Zuchthausinsel *Alcatraz* ist der Zutritt in den Ticketpreisen der Boote enthalten, ➤ Seite 198.

Anmerkung: Der an die Ocean Beach unmittelbar angrenzende ***Golden Gate Park*** gehört trotz Namensgleichheit nicht zur *Nat'l Recreation Area,* sondern zum Verantwortungsbereich der City of San Francisco.

Fast am Ende des *Crissy Field* steht ein kleines ***InfoCenter*** mit Café, die ***Warming Hut***. Ideal für die Pause zwischendurch oder auch zum Ansteuern per Auto (Parkplätze vorhanden). Vom Marina Blvd geht es dazu geradeaus weiter auf die Mason Street (nicht links ab in Richtung #101) und dann Marine Drive. Von der Mason Street erreicht man über die Long Ave und den Marine Drive auch das ***Fort Point***, ➤ folgende Seite.

El Presidio

Der ***Scenic Drive*** (Lombard St folgen, wenn die #101 nach Norden abknickt) führt weiter durch das parkartige Gelände ***El Presidio***, das schon von den Spaniern als Militärstützpunkt genutzt wurde und später der 6. US-Armee als Hauptquartier diente. Man gelangt von der Lombard St automatisch auf den Presidio Blvd und dann geradeaus weiter auf den **Lincoln Blvd**. Ein kurzer Abstecher führt zum Brunnen mit ***Yoda***-Statue bei der *Lucasfilm Lobby* (1 Letterman Dr), einem recht populären *Selfie Point*. Der Letterman Dr mündet ebenfalls in den Lincoln Blvd, auf dem man am Südende des einstigen Paradenplatzes das *Presidio*-Besucherzentrum passiert.

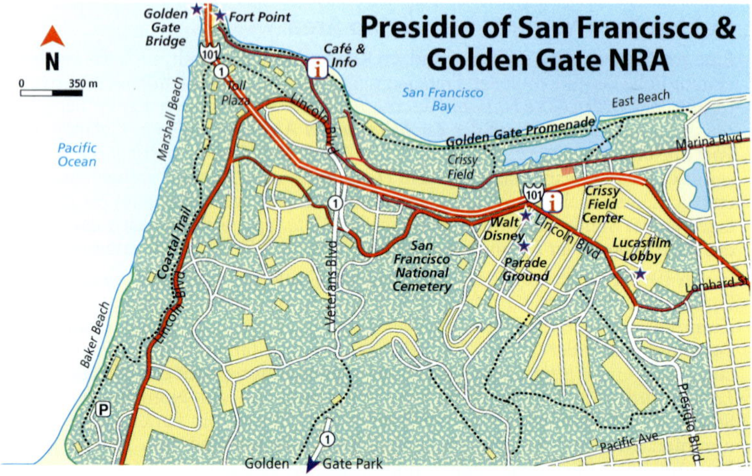

Walt Disney Family Museum

Das ***Walt Disney Family Museum*** gleich hinter dem *Visitor Center* ist selbst vielen Einwohnern der Stadt unbekannt. Es zeichnet anhand von teils interaktiven Ausstellungen die Pionierleistung *Walt Disney's* nach, Animation zu einer gefeierten Kunstform erhoben zu haben. Das gelingt durchaus auf unterhaltsame Weise, auch wenn viele Ausstellungsbereiche arg überladen wirken. Wer hier alles sehen will, benötigt leicht mehrere Stunden; 104 Montgomery Street, Mi-Mo 10-18 Uhr, \$25/\$15; www.waltdisney.org.

Fort Point

Den Abstecher Long Ave vom Lincoln Blvd (nach Unterfahren der #101) zur alten Befestigungsanlage ***Fort Point*** unterhalb der Auffahrt zur *Golden Gate Bridge* kann man leicht übersehen, ➤ oben. Der Blick aus der ungewöhnlichen Perspektive am Fuße der gewaltigen Brückenkonstruktion beeindruckt ebenso wie das Innere (im Sommer Do-Di 10-17 Uhr) der heute innerhalb der *Golden Gate*

Einst exponiertes Fort Point, seit 1937 unter dem Bogen der Golden Gate Bridge

NRA als ***National Historic Site*** ausgewiesenen Befestigung, die niemals Kampfhandlungen sah; www.nps.gov/fopo/.

Wer dem *Scenic Drive* in Richtung Süden folgen will, bleibt weiter auf dem Lincoln Blvd und unterquert die #101, ➤ Seite 207.

Golden Gate Bridge

Kraftfahrzeuge zahlen für die Überquerung die ***Golden Gate Bridge*** **$7,75**, wobei die Maut ausschließlich elektronisch erhoben wird und nur in der Nord-Süd-Richtung. Mietwagen in Kalifornien verfügen über ein entsprechendes *Toll Program*, das sich auf Mautstraßen/-brücken automatisch aktiviert. Der Vermieter rechnet bei Rückgabe des Autos die angefallenen Gebühren mit dem Mieter ab. Wer keine derartige Elektronik im Auto hat (z.B. bei *out-of-state cars*) muss selbst für die Zahlung sorgen. Auf jeden Fall wird sein Nummernschild erfasst. Alle Details dazu unter www.goldengate.org/tolls.

Mautfrei ist die Brückenüberquerung mit dem **Bike** (Verleih ➤ Seite 203 bzw. 209) oder **zu Fuß** (nur bei Tageslicht erlaubt!). Sie sei allen ans Herz gelegt, die es schaffen eine Extrastunde dafür zu erübrigen. Vor der Zulassung als Passant/Biker steht ein *Security Check*; www.goldengatebridge.org/visitors.

Die Golden Gate Bridge www.goldengate.org

Die Einfahrt durch das »Goldene Tor« in die Bucht von San Francisco legte früh den Gedanken an eine Brücke nahe. Aber erst das 20. Jahrhundert sorgte für die technischen Voraussetzungen zur Überbrückung einer Meerenge von über zwei Kilometern Breite bei Wassertiefen von 30 m und mehr. Bis dahin gab es einen regen Fährverkehr zwischen San Francisco und dem Nordufer der Bucht. Wegen der plötzlich von See her einbrechenden Nebelwände kam es dabei häufig zu Havarien. Wer den »Seewolf« von *Jack London* gelesen hat, erinnert sich vielleicht, dass diese abenteuerliche Geschichte mit dem Untergang einer der *Golden Gate*-Fähren ihren Anfang nahm. Erst in den 1920er-Jahren begann man mit der konkreten Planung der Brücke und 1933 mit dem Bau.

Die *Golden Gate Bridge* wurde im Mai 1937 eingeweiht. Sie war damals die längste Hängebrücke der Welt und wartete mit weiteren Rekorden bezüglich der Höhe der die Kabelstränge tragenden Pylonen und der Unterwasserkonstruktionen auf. Die Gesamtlänge der Brücke beträgt 2737 m bei einer Spannweite zwischen den 227 m hohen Pfeilern von 1280 m. Die eine 27 m breite Fahrbahn (sechsspurig plus Fuß- und Radweg 67 m über der Hochwasserlinie) tragenden Kabel haben einen Durchmesser vom 92 cm. Die markante rote Farbe der Brücke geht auf das seinerzeit eingesetzte Rostschutzmittel Bleimennige zurück, die Erbauern und den *San Franciscans* derart gut gefiel, dass man für die späteren Erneuerungsanstriche dabei blieb.

Bei sonnigem Wetter am Spätnachmittag erkennt man besonders von Aussichtspunkten in den *Marin Headlands* (➤ Seite 214), wenn die Brücke in gleißendem Rot und das Land in warmem Gelbbraun erstrahlen, den Ursprung der Bezeichnung *Golden Gate*. Aber auch an Tagen durchsetzten Wetters, wenn die orangeroten Pylonen plötzlich den Nebel zerreißen und wieder verschwinden, ist der Blick auf die Brücke atemberaubend. Mehr Details auf Deutsch unter http://de.wikipedia.org/wiki/Golden_Gate_Bridge.

Sonnenuntergang an der Marshall's Beach mit seeseitigem Blick auf die Golden Gate Bridge (von Südwesten aus)

Golden Gate Bridge/ Marin Headlands

Der bei guter Sicht immer äußerst betriebsame ***Viewpoint*** (mit *Fast Food Service* und Toiletten) auf der Nordseite des Goldenen Tors (ausgeschilderte Abfahrt nach der Überquerung) bietet bereits einen großartigen Blick auf die City von San Francisco, aber fürs »**Spitzenfoto**« gibt es noch bessere Positionen entlang der Zufahrt zu den ***Marin Headlands***: Gleich hinter der Aussichtsterrasse verlässt man dazu die Autobahn (Alexander Ave nach Sausalito), unterquert sie aber sofort wieder nach links. Die linke Spur führt zurück auf die Brücke, **rechts** geht es auf der **Conzelman Road** steil den Hang hinauf. Von mehreren Halteplätzen entlang der Strecke fällt der Blick bei gutem Wetter durch und über das rote Wunderwerk auf die *Skyline* der City; ➤ Buchcover. Ein perfekter Platz um den Tag ausklingen zu lassen! Weitere Details zu den *Headlands* ➤ Seite 214.

Abstecher zur Nordseite der Bay

Auf dieser Seite der Bay liegen mit **Sausalito**, **Tiburon** und der ***Angel Island*** hübsche Ziele für einen etwas ausgedehnteren San Francisco-Besuch. Bei ausreichender Zeit sind auch die *Redwood*-Bestände des ***Muir Woods National Monument***, ***Mount Tamalpais***, ***Stinson Beach***, das »Aussteigerdorf« **Bolinas** und die ***Point Reyes National Seashore*** einen Abstecher wert, ➤ Seiten 218f.

Coastal Trail

In San Francisco geht es weiter auf dem *Scenic Drive*: man folge zunächst dem Lincoln Blvd, später dem Camino del Mar durch beste Wohnlagen oberhalb der Pazifikküste bis zum *Palace of the Legion of Honor*. Parallel zur Straße verläuft ein Fußweg, der ***Coastal Trail***, zunächst parallel zum Boulevard, dann bis zum *Cliff House* im Bereich *Land's End* hoch über dem Meer durch freies Gelände und weiter an Stränden und dem Great Highway entlang bis zu den Absprungdünen für Drachenflieger beim *Fort Funston*.

Marshall's & Baker Beach

Der Lincoln Boulevard passiert zunächst den Zugang zu zwei beliebten Stränden, die über einen steilen Pfad zugängliche ***Marshall's Beach*** direkt zu Füßen der *Golden Gate Bridge* und gleich darauf die langgestreckte ***Baker Beach***. Der auch im Hochsommer hier nur durchschnittlich 14°C kalte Pazifik lockt vor allem Sonnenhungrige und Fotografen an – ohne Nebel toller Blick auf die *Golden Gate Bridge* im Nachmittagslicht! Am Nordende der ***Baker Beach*** tummeln sich oft jede Menge Nudisten.

Parkmöglichkeiten für die *Marshall's Beach* befinden sich an der Ecke Lincoln Blvd/ Storey Avenue oder beim Langdon Court. Zum Besuch der *Baker Beach* fahrt man zum eigens dafür vorgesehenen Parkplatz etwas weiter südlich am Lincoln Blvd.

Kunstmuseum

Im **Lincoln Park**, durch den sich die Route nach links wendet, liegt der ***California Palace of the Legion of Honor***. Der Palast ist dem gleichnamigen Pariser Vorbild nachempfunden und wurde 1924 zu Ehren der im 1. Weltkrieg gefallenen Kalifornier errichtet. Er beherbergt heute ein sehenswertes Kunstmuseum, das überwiegend europäische Werke ab dem Spätmittelalter zeigt, darunter Werke von *Rubens, Rembrandt* und *Picasso*. Stark vertreten sind Impressionisten wie *Manet* oder *Renoir*. Beachtlich ist auch die große Zahl an *Rodin*-Skulpturen; schon im Vorhof erwartet *Rodins* »Denker« die Besucher; geöffnet Di-So 9.30-17.15 Uhr; www.famsf.org. Das Ticket ($15, unter 18 Jahren frei) gilt am selben Tag auch für's *de Young Museum* (➤ Seite 209). Salate und Bio-Kost kommen im **Restaurant** des Museums auf den Tisch.

Von der hochgelegenen Uferpromenade sieht man – dieses Mal pittoresk von oben – die Einfahrt in die San Francisco Bay mit der *Golden Gate Bridge*. Am hinteren Ende des Parkplatzes befindet sich ein kleines, aber sehr berührendes **Holocaust-Mahnmal**.

Cliff House

Nach dem Monument der Ehrenlegion erreicht man über den Geary Blvd/Point Lobos Ave das hoch über dem Strand der Ocean Beach und Pazifik gelegene ***Cliff House*** mit dem ***Sutro's Seafood Restaurant*** und ***Bistro***. Beide sind nicht billig, aber sehr empfehlenswert bezüglich Ambiente, Aussicht, Service und Qualität; besser reservieren: © (415) 386-3330, www.cliffhouse.com. Gleich nördlich und über einen Fußweg erreichbar liegen die ***Sutro Baths***, Ruinen der 1966 abgebrannten gleichnamigen Badeanstalt.

Seal Rocks

Der Küste vorgelagert sind am *Cliff House* die ***Seal Rocks***. Von einer Aussichtsplattform kann man die Seehundfelsen, die vor allem in den Monaten September bis Juni belebt sind, gut beobachten. *Ranger* der *National Recreation Area* informieren dort über Tier- und Pflanzenwelt dieses Küstenstrichs.

Cliff House und Surfer an der Ocean Beach

Conservatory of Flowers in der Nordostecke des Golden Gate Park

Zoo

Weiter führt der Rundkurs hinunter auf den *Great Highway*, der schnurgerade am breiten Strand der *Ocean Beach* entlang läuft und das Westende des *Golden Gate Park* passiert. Am Südende des Strandes befindet sich der Hagenbeck nachempfundene ***San Francisco Zoo*** mit einem erstklassigen Primatengehege (Gorillas und Orang-Utans), Koalas und Pinguinen. Auch die Landschaftsgestaltung des Zoos ist eindrucksvoll, speziell im östlichen Bereich, wo der Parkweg um einen verwunschenen See herum durch die üppig baumbestandenen Grünbereiche »Südamerika« und »Bärenland« führt; geöffnet 10-17 Uhr, $20/$14; www.sfzoo.org.

Drachenflieger

Südlichster Anlaufpunkt des *Scenic Drive* ist das zur *Golden Gate Recreation Area* gehörende Gelände des einstigen ***Fort Funston*** mit Steilhängen über dem Ozeanstrand, die Drachenfliegern als Absprung- und Übungsgelände dienen. Vor und über einer Beobachtungsplattform demonstrieren *Hangglider*-Piloten dem staunenden Publikum gelegentlich aus nächster Nähe, was sich mit den bunten Fluggeräten so alles machen lässt.

Betrieb herrscht beim *Fort Funston* eher am späten Nachmittag und an Wochenenden, so das Wetter mitspielt. Denn über diesem Teil der Stadt hängt – wie bereits bemerkt – oft Nebel, selbst wenn jenseits der Hügel von *Haight Ashbury* und *Diamond Heights* die Sonne scheint.

Der Golden Gate Park

Kennzeichnung

Der rund 5 km lange, aber nur 800 m breite *Golden Gate Park* gilt als eine der ganz besonderen Sehenswürdigkeiten San Franciscos; https://goldengatepark.com. Tatsächlich besitzt der Park durchaus hübsche Ecken, aber das hindurchführende, stark befahrene Straßennetz stört erheblich. Nur wenn **sonn- und feiertags** der Verkehr weitgehend unterbunden wird, zeigt der Park *Flair*. Eine ähnlich »farbige« Mischung seiner Besucher und ihrer Aktivitäten findet sich dann allenfalls noch in New Yorks *Central Park*.

Bikes mieten

Besonders an solchen Tagen lohnt sich der Besuch, idealerweise mit **Mietfahrrad**, z.B. *San Francisco Bicycle Rentals* an der 1816 Haight St im Osten des Parks oder *Golden Gate Park Bike & Skate* an der 3038 Fulton Street.

Westteil des Parks

Im **Westteil** befindet sich sogar ein **Büffelgehege** (*Bison Paddock*), aber für donnerndes Herumgaloppieren haben die zottigen Viecher zu wenig Platz. Die beiden **Windmühlen** in der Nordwestecke begeistern zwar Amerikaner, wirken aber auf europäische Besucher wenig sensationell. Die nördliche ***Dutch Windmill*** ist ein Geschenk der niederländischen Königin Wilhelmina, da darf ein Tulpengarten eben dieses Namens natürlich nicht fehlen.

Von dort sind es keine 200 m zum ***Beach Chalet***, einem beliebten, wiewohl nicht ganz billigen Restaurant (*Seafood*, Steaks) mit Strandaussicht, wo zudem mehrere Bierarten gebraut werden; 1000 Great Hwy, © (415) 386-8439, www.beachchalet.com.

Gewächshaus

Anziehungspunkt im Osten des Parks ist das ***Conservatory of Flowers***, ein nostalgisches Gewächshaus am 100 John F. Kennedy Drive; Di-So 9-16.30 Uhr; $9/$6; www.conservatoryofflowers.org.

de Young Museum

Westlich des *Conservatory* steht das außen wie innen sehenswerte riesige Kunstmuseum ***de Young Museum of Fine Arts***. In erster Linie beeindrucken die Ausstellungen zur – im Wesentlichen amerikanischen – Kunst des 20. Jahrhunderts, aber auch die Abteilungen zur *Native Art* der Amerikas und anderer Erdteile überzeugen; Di-So, 9.30-17.15 Uhr, Eintritt $15, unter 18 Jahren frei. Ticket gilt am selben Tag auch fürs Kunstmuseum im *Palace of the Legion of Honor*; ➤ Seite 207; www.famsf.org. Nach dem Kunstgenuss wartet eine große **Cafeteria** – an Gutwettertagen die Terrasse am angrenzenden **Skulpturenpark**.

Offene Cafeteria des de Young Museums, überdacht durch eine ausladende rostbraune Struktur des avantgardistischen Baus

Aquarium und Science Museum

Der noch relativ neue, scheinbar einstöckige Bau der ***California Academy of Sciences*** mit ***Steinhart Aquarium, Rain Forest*** und ***Planetarium*** (vis-a-vis dem *Young Museum*) beeindruckt zwar architektonisch, die Präsentation des Zentralthemas »Umweltschutz« ist dagegen weniger gelungen. Der an sich gut gemachte »Regenwald« enttäuscht wegen der räumlichen Enge. Das Aquarium im Untergeschoss gehört eher nicht zur amerikanischen Spitzenklasse. Besser sind u.a. die Aquarien in Monterey und Long Beach, ➤ Seiten 326 bzw. 416. Geöffnet Mo-Sa 9.30-17 Uhr, So ab 11 Uhr; www.calacademy.org. Der Eintritt ($36, Kinder $31/$26) liegt zwar im US-üblichen Rahmen, ist aber für das hier Gebotene hoch.

Im hübschen ***Japanese Tea Garden*** mit einem echten japanischen Teehaus (täglich 9-18 Uhr, Winter 16.45; $9, Kinder $6/$2) kann man nach den touristischen Anstrengungen des Tages gut pausieren, ➤ www.japaneseteagardensf.com.

Boot mieten

Am **Stow Lake**, nur wenig westlich davon, warten Mietboote. Mit ihnen lässt sich der *Strawberry Hill* umrunden. Dabei sehenswert sind die Huntington Wasserfälle, eine farbprächtige chinesiche Pagode (die SFO 1976 von seiner Schwesterstadt Taipei erhielt) und eine 1893 errichtete mittelalterlich anmutende Steinbrücke.

Konzerte

Von April bis Oktober spielt die ***Golden Gate Park Band*** seit dem Jahr 1882 jeden Sonntag um 13 Uhr ein Potpourri aus populärer Klassik, Broadway, Swing und mehr im sog. ***Bandshell*** des ***Spreckel's Temple*** am *Music Concourse* zwischen *de Young Museum* und der *Academy of Science*. Manches Bandmitglied sieht dabei so aus, als sei es von Anfang an mit von der Partie gewesen. Ein Erlebnis, das sich Sonntagsbesucher nicht entgehen lassen sollten.

Vom Golden Gate Park zurück in die City

Haight Ashbury

Unmittelbar **östlich des *Golden Gate Park*** unterhalb der schmalen Parkverlängerung ***Panhandle*** liegt der in Hippiezeiten (ab Mitte der 1960er-Jahre) als Hochburg der Bewegung berühmt gewordene, zugleich aber verschrieene Stadtteil ***Haight Ashbury***. Junge Menschen kamen mit Blumen im Haar von überall hierher, ganz wie es *Scott McKenzie* in seinem Song *»If you're going to San Francisco«* besungen hat. In den 1970er-Jahren wurde der

Traum von der Leichtigkeit des Lebens nach und nach zum Drogenalptraum, aber inzwischen ist alles wieder »normaler« und damit letztlich auch amerikanisch kommerzieller geworden. Viel blieb also nicht von der *Flower Power*, doch Reste der alten Blüte findet man noch im Bereich Haight/Ashbury Street in einer Reihe witziger Läden für psychedelische Souvenirs, Cafés mit Kaffeespezialitäten und gesunden Säften sowie Restaurants mit vegetarischer Kost. Auf den riesig großen Plattenladen ***Amoeba Music*** in der 1855 Haight Street und das **Hotel *Red Victorian*** (#1665) wurde bereits hingewiesen (➢ auch Seite 187 bzw. 177).

Die aus dem Fenster hängenden Damenbeine sind in Haight Ashbury seit Dekaden ein beliebtes Fotomotiv (1452 Haight Street).

Twin Peaks

Der ***Scenic Drive*** führt vom *Golden Gate Park* auf etwas verschlungenen Wegen (Twin Peaks Blvd) zu den 300 m hohen ***Twin Peaks***, eine gute Meile südlich des Parks bzw. von Haight Ashbury. Die Aussicht von dieser höchsten Erhebung San Franciscos ist großartig. Auch wer nicht direkt den *Scenic Drive* abfährt, sollte den von der City relativ kurzen Abstecher dorthin unbedingt machen. Nicht empfehlenswert ist die Auffahrt indessen ab einbrechender Dunkelheit, auch wenn dann vielleicht ein Foto »SFO bei Nacht« lockt.

Mission

Auf der Fahrt von dort zurück in Richtung City (am besten zunächst über die Market Street) liegt die Wiege San Franciscos fast am Wege, die ***Mission Dolores*** (auch *Mission San Francisco de Asis* an der Ecke 16th/Dolores Street), ein eher schlichter Bau aus dem Jahre 1776, ➢ Foto Seite 167 und Kasten Seite 476.

Zwei Blocks weiter südlich findet sich der hübsche ***Mission Dolores Park*** mit einem Bilderbuchblick auf die *Downtown* (am besten von der Ecke Church St/20th Street aus)

Das mexikanisch angehauchte, aber insgesamt nicht sonderlich malerische **Viertel *Castro/Mission*** ist bis auf seine historische Bedeutung und zahlreiche ***Murals*** (Wandbilder, ➢ umseitig) eher weniger spannend. Zumindest gilt das für alle Besucher, die sich nicht zur *Gay Community* zählen.

Wandgemälde

Im ***Mission District*** findet sich eine schier endlos erscheinende Fülle spektakulärer ***Murals*** und toller Motive in der ***Clarion Alley*** zwischen Mission und Valencia St sowie 17th/18th Street, ebenso in der ***Balmy Alley*** zwischen 24th/25th Street und Folsom-/Harrison St wie auch in der 24th St/Ecke Florida Street. Wer sich näher dafür interessiert, schaut am besten bei ***Precita Eyes Mural Arts*** vorbei (2981 24th Street) und bucht ggf. eine geführte Tour zu den Originalen. Eindrucksvolle Fotos der Wandbilder finden sich auf dem Portal www.precitaeyes.org.

Schwulenhochburg

Entlang der **Castro Street** schlägt das Herz des schwulen und lesbischen San Francisco. Die Ecke Market/Castro Street wurde nach dem ersten offen homosexuellen Lokalpolitiker San Franciscos, der 1978 zusammen mit Bürgermeister *Moscone* in der City Hall erschossen worden war, in ***Harvey Milk Plaza*** umbenannt.

Sehens- und erlebenswert ist das ***Castro Theater***, ein Kino mit Orgel, in dem schwerpunktmäßig Filmklassiker und Avantgarde in Originalsprache (oft auch Deutsch) auf die Leinwand kommen; 429 Castro Street, www.castrotheatre.com.

Abkürzung Scenic Drive/ Abschluss

Die Weiterführung des offiziellen *Scenic Drive* über die Dolores Street nach Süden und zurück über die I-280 nach *Downtown* leuchtet nicht ein. Von der *Mission Dolores* bzw. aus dem Bereich Castro nimmt man am besten die Dolores bzw. van Ness Ave nach Norden und schließt den Kreis der Rundfahrt über die Market Street in *Downtown* ab.

Anlaufpunkte westlich Downtown

In Frage kommen aber auch noch weitere Anlaufpunkte westlich von *Downtown*, so ab Haight Ashbury bzw. direkt ab *Golden Gate Park* der **Alamo Square** mit seinen *Painted Ladies*, ***Japantown*** und ***St. Mary's Cathedral***:

Die Painted Ladies am Alamo Square

Painted Ladies

Egal, auf welcher Straße man zwischen *Golden Gate Park* und *Downtown* unterwegs ist, zum hochgelegenen ***Alamo Square Park*** und den bunt angestrichenen »Damen« geht's ab am besten auf der Steiner Street nach Norden. Die hübsch exponierte viktorianische Häuserzeile ist dabei nicht zu verfehlen.

Japantown

Zwei Blocks westlich des Alamo Square verläuft die breite Webster St. Gut eine halbe Meile nördlich erreicht man auf ihr ***Japantown*** (zwischen Geary Blvd und Post bis Fillmore bzw. Laguna St). Der Bereich besteht im Wesentlichen aus einem ***Shopping Center*** mit einigen reizvollen architektonischen Akzenten, darunter die auffällige ***Peace Pagoda*** und die »Rainbow Stairs« im Bekleidungsgeschäft *Uniqlo*. Diese in Regenbogenfarben leuchtenden LED-Stufen sind ein recht beliebter Hintergrund für *Selfies*. Rund um die Friedenspagode finden an Sommerwochenenden folkloristische Veranstaltungen statt; www.sfjapantown.org.

St. Mary's/ Holy Virgin Cathedral

Von *Japantown* sind es bis zum modernen Marmorbau der ***St. Mary's Cathedral*** auf dem Geary Blvd je nach Ausgangspunkt nur zwei bis vier Blocks nach Osten. Diese Kathedrale kann Mo-Sa 10-12 Uhr und So nach der Messe besichtigt werden (Spende); www.stmarycathedralsf.org. Wer sich für Kirchenarchitektur interessiert, wird auch die ***Holy Virgin Cathedral***, eine russisch-orthodoxe Basilica, eindrucksvoll finden, ebenfalls am Geary Blvd, aber weiter westlich (#6210). Leider ist das beachtliche Innere des Baus nur bei Teilnahme am Gottesdienst zugänglich; die aktuellen Zeiten gibt's im Web unter http://sfsobor.com.

Im Asian Art Museum

Civic Center

Auf der Market Street passiert man unmittelbar östlich der Van Ness Ave das ***Civic Center***. Dort gruppieren sich die ***City Hall*** mit Säulenportal und einer dem Petersdom nachempfundenen Kuppel sowie Verwaltungsgebäude und Kulturtempel um eine zentrale, parkartige Plaza. Neben dem Rathaus verdienen außerdem das ***War Memorial Opera House*** und die Architektur der ***Symphony Hall*** Interesse – beide liegen unverfehlbar an der Van Ness Ave (#101).

Asian Art Museum

Die *Civic Center Plaza* östlich der *City Hall* trennt das Gebäude vom ***Asian Art Museum*** in der 200 Larkin Street. Es verfügt über eine außergewöhnlich große Sammlung asiatischer Kunstgegenstände, von denen immer nur ein Teil in der Ausstellung zu sehen ist. Geöffnet Di-So 10-17 Uhr, Do bis 21 Uhr im Sommer; Eintritt \$20/\$15, an Wochenenden +\$5; www.asianart.org.

1.1.4 Ziele nördlich der Golden Gate Bridge

Marin Headlands, Sausalito und Tiburon

Viewpoints an der Conzelman Road

In den ***Marin Headlands*** jenseits der *Golden Gate Bridge* befindet sich entlang der **Conzelman Road** eine Reihe sehr lohnenswerter Aussichtpunkte auf Brücke, Bucht und City (*Exit* Alexander Ave von der #101 am Nordende der Brücke, dann – von SFO kommend – links unter der Autobahn hindurch und rechts halten; bei Anfahrt von Norden erst links und dann rechts bleiben). Weiter oben an der Straße passiert man alte Batteriestellungen (Einbahnstraße) und gelangt schließlich zum ***Bird Island Overlook*** sowie zum ***Point Bonita Lighthouse*** in exponierter Lage hoch über dem Pazifik; geöffnet nur Sa-Mo 12.30-15.30 Uhr; www.nps.gov/goga/pobo.htm.

Weiter geht es auf der Field und Bunker Road vorbei an Nike-Flugabwehrraketen aus dem Kalten Krieg. Die Abschussrampe SF-88 kann besichtigt werden; Do-Sa 12:30-15:30 Uhr, www.nps.gov/goga/nike-missile-site.htm). Kurz hinter dem in einer alten Militärkapelle untergebrachten ***Marin Headlands Visitor Center*** führt die Stichstraße Mitchell Road am Nordufer der *Rodeo Lagoon* entlang bis zum Parkplatz der ***Rodeo Beach*** beim *Fort Cronkhite*.

Als preiswerte Ausgangspunkte im Grünen für einen SFO-Besuch bieten sich auf den *Headlands* der ***Campground Bicentennial*** (nur Zelte) oder das ***Marin Headlands Hostel*** an; © (415) 331-2777, Betten ab $33, DZ ab ca. $80; www.norcalhostels.org/marin.

Sausalito

Hinter einem langen Tunnel stößt man bei Rückkehr von diesem Abstecher wieder auf die Alexander Ave. Sie führt in Richtung Nordosten nach Sausalito hinein, einem Vorort für Besserverdienende, der mit der größten **Yachthafenkonzentration** der Bay gesegnet ist. Die Durchgangsstraße Bridgeway, an der sich eine an **Yachtsport-** und ***Aprés Sail***-Bedürfnissen orientierte Infrastruktur drängt, verläuft gleich hinter den Marinas.

Dicht an dicht liegen in Sausalito »normale« Hausboote neben kreativen Eigenkonstruktionen der Besitzer.

Eine Sausalito-Besonderheit ist die am Nordende des Ortes verankerte **Armada von Hausbooten**. Ordnungsgemäß vertäut an endlosen Stegen dümpeln dort neben vielen simplen Schwimmhäusern eigens fürs Wasser konzipierte Luxusvillen und auf Flöße oder alte Schuten gesetzte Fantasiekonstruktionen.

Genial ist das, was zum Teil am *Main*, *Liberty* und *Isaaquah Dock* an der Gate 5 Road liegt. Der wacklige, alternative *Gate 5 Cooperative Pier* mittendrin trägt nicht ohne Grund die Aufschrift »*Enter at your own risk*«. An Wochenenden werden 3-stündige Rundgänge angeboten ($50/Person; www.sausalitowoodenboattour.com).

Essen und Trinken

Die Hafenluft macht Appetit; für mehr als als *Fast Food* sind gut

- ***Saylors Restaurant & Bar***, 2009 Bridgeway, © (415) 332-1512; www.saylorsrestaurantandbar.com und
- ***Scoma's Restaurant***, 588 Bridgeway auf einem eigenen Pier über der Bucht, © (415) 332-9551, www.scomassausalito.com, *Seafood* und Steaks, italienisch orientierte Küche; hochpreisig.

Bay Model

Für technisch Interessierte ist das ***Bay Model*** des *U.S. Army Corps of Engineers* ein Leckerbissen, 2100 Bridgeway Blvd, Zufahrt ausgeschildert. Die Bucht von San Francisco mit allen Nebenarmen und Zuflüssen wurde in einer riesigen Halle maßstabsgerecht nachgebildet, um den Effekt von Ebbe und Flut zu simulieren. Ein 24-Std-Rhythmus wird dort in 14 min mit 500.000 Litern Wasser nachvollzogen. *Visitor Center* im Sommer Di-Fr 9-16 Uhr, Sa 10-17 Uhr, sonst Di-Sa 9-16 Uhr; Eintritt frei. Ob und wann im Modell Wasser fließt, erfährt man unter © (415) 332-3871 oder www.spn.usace.army.mil/Missions/Recreation/Bay-Model-Visitor-Center.

Tiburon

Den noch einige Meilen weiter nördlich gelegenen **Nobelvorort Tiburon** erreicht man über die #101 und den gleichnamigen Boulevard (zugleich Straße #131, Abfahrt #447). Noch ca. 5 mi sind es bis zum kleinen Zentrum mit Fußgängerzonen an der Bucht Belvedere Cove. Am Yachthafen warten hübsche **Restaurantterrassen**.

Dort legt auch die Fähre nach San Francisco und zur gegenüberliegenden ***Angel Island*** ab, in Gänze einem ***State Park***, in dem man

Blick auf einen Teilbereich des San Francisco Bay Model, ➤ *umseitig*

mit Weitblick auf San Francisco wandern, joggen und *biken* (*Bike Rental* vor Ort) und sogar campen kann, ➤ Seite 181.

Die **Angel Island-Fähre** kostet $15 (Kinder $5-$13; nur Barzahlung!) retour inkl. Eintritt in den *State Park*, ab *Pier 41* oder *Ferry Building* $16 bzw. Kinder (5-11) $9. Sie ersetzt glatt eine **Bay-Rundfahrt**. Bei knapper Zeit sollte man einen Abstecher bis Tiburon nicht unbedingt ins Auge fassen, da reicht auch Sausalito.

Über Muir Woods und Point Reyes bis Bodega Bay

Muir Woods

Die Küstenstraße #1 nach Norden, der *Shoreline Highway*, separiert sich oberhalb von Sausalito bei Marin City wieder vom *Freeway* #101. Auf ihm verlässt man die Autobahn und biegt nach ein paar Meilen auf den *Panoramic Hwy* ab und folgt der Ausschilderung zum ***Muir Woods National Monument***. Dort gibt es einen kleinen ***Redwood*-Bestand**, dessen Besuch zum festen Programm aller größeren Stadtrundfahrten gehört. Wer keine Gelegenheit hat, die weit eindrucksvolleren *Redwood*-Haine in Nordkalifornien oder weiter südlich kennenzulernen (➤ z.B. Exkurs Seite 318), sollte unbedingt erwägen, *Muir Woods* einen Besuch abzustatten (Eintritt $10 pro Person).

Muir Woods per Bus

Das Parkplatzangebot vor den Toren des *Nat'l Monuments* ist allerdings sehr begrenzt, RVs können dort nicht abgestellt werden. Den Sommer über gelangt man aber auch mit öffentlichen Verkehrsmitteln nach *Muir Woods*: An Wochenenden und Feiertagen holt der ***Muir Woods Shuttle*** (**#66**) Besucher vom *Pohono Street Park & Ride* in Mill Valley (100 Shoreline Hwy) ab, von der Anlegestelle der *Sausalito Ferry* verkehrt die **Buslinie #66F** auch wochentags; www.marintransit.org/routes/66.html.

Mount Tamalpais

Von *Muir Woods* geht es (zurück auf dem *Panoramic Hwy*) weiter nordwestlich zum ***Mount Tamalpais State Park*** und von dort ggf. dann auf der Pan Toll Road und dem Ridgecrest Blvd bis zum Ostgipfel des *Mount Tamalpais* (ca. 800 m). Von der Höhe genießt man eine grandiose Aussicht, selbst wenn der typische Nebel über der *Golden Gate Bridge* und San Francisco Bay liegt. Weiße Wolkenberge unterhalb des Beobachters und die ferne City in der Sonne sorgen dort oft für phantastische Fotomotive.

Redwoods und Sequoias Ernst-Georg Richter

Nur (noch) in Kalifornien gibt es die Baumgiganten, die vor Millionen von Jahren weltweit zu finden waren. Vor Ankunft der weißen Siedler existierten entlang der zentral- und nordkalifornischen Küste riesige *Redwood* Wälder und in der Sierra Nevada große Areale voller *Sequoias*. Nach einem beispiellosen Raubbau ab Mitte des 19. Jahrhunderts verblieben fast nur noch die heute geschützten kleinen Restbestände beider Mammutbaumarten in *National* und *State Parks*. Bei aller Ähnlichkeit in Farbe und Oberfläche der dicken nur schwer entzündbaren und insektenresistenten Rinde sowie der Eigenschaft »immergrün« unterscheiden sie sich doch erheblich.

Die noch nicht uralten ***Redwoods*** ähneln in ihrer Struktur und im Nadelbild Douglasfichten (*Douglas Fir*), die im nebelfeuchten Klima der nordamerikanischen Pazifikküste ebenfalls erstaunliche Höhen bis zu 80 m erreichen. Dasselbe Klima lässt *Redwoods* bis zu 110 m hoch werden, wenn sie ein Alter von tausend und mehr Jahren haben. Die höchsten Exemplare findet man heute im Bereich der ***Avenue of the Giants***, ca. 230 mi nördlich von San Francisco, und im ***Redwood National Park*** noch einmal 100 mi weiter auf der #101. Sie haben am Fuß einen Durchmesser von bis zu 7 m und ein tiefreichendes Wurzelwerk. Oft stehen sie dicht nebeneinander und bilden dann schattige *Redwood*-Haine. Der Bestand in ***Muir Woods*** hat nur ein mittleres Alter; der höchste Baum misst dort 78 m.

Den ***Sequoias*** bekommt das trockene Klima an den (überwiegend) Westhängen der Sierra Nevada in Höhen von 1.500 m bis 2.000 m besser. Sie entwickeln nach der »Jugendphase« von ein paar hundert Jahren, in denen sie sich von den *Redwoods* noch nicht so sehr unterscheiden, einen extrem dicken immer höher werdenden astfreien Stamm, der erst weiter oben bis zur Spitze vergleichsweise kurze wie verstümmelt wirkende Äste austreibt (aber bis zu 2 m dick am Ansatz). Das Grün vor allem der älteren Bäume wirkt dürftig und ist weit weniger dicht als das der *Redwoods*.

Drei Sequoias, in ihrer »Jugend« von Redwoods kaum zu unterscheiden

Dennoch sind *Sequoias* die eindrucksvollere Baumart: Die Durchmesser von bis zu zwölf Metern am Boden (*General Sherman Tree* im *Sequoia National Park*, ➢ Seite 434, außerdem 437 und 441) lassen sie daher bombastischer erscheinen als ihre Küstencousins. Mit maximalen Höhen bis zu 84 m sind aber selbst die mächtigsten Exemplare kürzer als die älteren *Redwoods*.

Entwurzelte Sequoia als Kletterspielplatz

Aus touristischer Sicht macht auch der größere Abstand untereinander die *Sequoias* attraktiver. Er resultiert aus dem enormen Radius, den das flache kaum über einen Meter tiefe Wurzelwerk beansprucht. Daher lassen sich die besten Exemplare prima fotografisch festhalten, mit oder ohne Partner oder Familie als Vergleichsmaßstab. Gute Fotos von *Redwoods* zu schießen, welche die ebenfalls ziemlich eindrucksvolle Realität wiedergeben, ist dagegen schwierig.

Campen ist auf dem kleinen Platz am *Panoramic Hwy* nur mit Zelt möglich (*Pantoll Campground*, $25). Auf dem Parkplatz dürfen aber **Wohnmobile** über Nacht stehen, ➢ Seite 181.

Ein besonderer Tipp ist die herrliche Panoramaterrasse im Restaurant des ***Mountain Home Inn***; auch DZ ab $200; 810 Panoramic Hwy; © (415) 381-9000, www.mtnhomeinn.com.

Nach Stinson Beach

Mit oder ohne Stopp an den *Redwoods* oder Fahrt auf den *Mount Tamalpais* ist bei Weiterfahrt in Richtung Stinson Beach der ***Panoramic Highway*** die beste Route für eine Hinfahrt. Zurück nimmt man dann die in diesem Sektor und dieser Fahrtrichtung spektakuläre #1 (Shoreline Highway).Von den Serpentinen hoch über dem Pazifik fällt der Blick auf die ***Skyline*** von San Francisco.

Stinson Beach mit allen Einrichtungen fürs Badeleben gilt als **der Strand** von San Francisco. An Schönwetter-Wochenenden baden dort Tausende in der Sonne und Abgehärtete sogar im Wasser. Beliebt ist *Stinson Beach* in der Homosexuellenszene.

Bolinas

Wenige Meilen weiter nördlich am südlichen Rand der *Point Reyes National Seashore* liegt **Bolinas**, ein bis heute als solches noch erkennbares Dorf der **Alternativkultur** aus der Zeit der *Flower Power*-Bewegung (ca. 1 mi von der #1, jeder Hinweis an der Zufahrt Oleme-Bolinas Road ab dem nördlichen Ende der Lagune hinter Stinson Beach fehlt). Das hübsche Dorf zwischen Wald, Hügeln und Meer wird nach wie vor von Leuten bewohnt, die ein Leben etwas **außerhalb des *American Way of Life*** bevorzugen. Westlich des Ortes befindet sich im ***Agate Beach County Park*** der **beste Strand** weit und breit.

Point Reyes National Seashore

Von **Olema**, auf dem Shoreline Highway #1 gut 15 mi nördlich von Stinson Beach, sind es noch 2 mi zum ***Bear Valley Visitor Center*** mit einem Informationsprogramm zu Flora und Fauna des Parks und zur **Erdbebenproblematik** der Region, verursacht durch die Nähe des St. Andreas Grabens, ➤ Seite 312.

Die *National Seashore* ist ein weiteres beliebtes Naherholungsgebiet für den Großraum San Francisco und schützt interessante einsame Steilküstenabschnitte, die sich den Besuchern größtenteils nur auf längeren Wanderungen erschließen. Wer nur wenig Zeit hat, für den ist ***Point Reyes*** nicht der richtige Platz! Allein für die (eher eintönige) Fahrt vom Besucherzentrum zum ***Lighthouse*** (nur Fr-Mo 10-16.30 Uhr geöffnet) am Ende des Sir Francis Drake Blvd braucht man schon eine gute 3/4 Stunde *one-way*.

Insgesamt bietet die *Point Reyes Sea Shore* ihren Besuchern ein Wanderwegenetz von fast 250 km. Eine empfehlenswerte Route startet am Parkplatz der ***Limantour Beach***. Von dort sind es 3 km in südöstliche Richtung bis zur ***Sculptured Beach***, die mit einigen Felsbögen und stark erodiertem Gestein aufwartet, aber nur bei Niedrigwasser begehbar ist (alternativer Zugang u.a. über einen *Trail*, der beim *Hostel* beginnt, ➤ umseitig). Infos und Karten im Besucherzentrum oder im Internet unter www.nps.gov/pore.

Im Naturschutzgebiet gibt es nur ***Walk-in-Campgrounds***. Einen schön gelegenen Platz für Zelte und Campmobile hat der ***Samuel Taylor State Park***, einige Meilen landeinwärts von Olema auf dem Sir Francis Drake Blvd ($35; © (415) 488-9897), ebenso der ***Olema Ranch Campground*** an der #1 (Zelte ab $44, RVs ab $53; © 1-800-655-2267; www.olemacampground.net).

Ein ***Hostel*** befindet sich an der Limantour Rd (© (415) 663-8811, Betten ab $30, DZ ca. $100), zusätzliche Unterkünfte gibt's in **Olema**, darunter einige *B&Bs* und die ***Lodge at Point Reyes*** mit hübscher Gartenanlage (Zimmer ab ca. $250 inkl. Frühstück; © 1-800-404-5634; www.thelodgeatptreyes.com).

Point Reyes Lighthouse in exponierter Lage am Ende des Sir Francis Drake Blvd

Movie Location »The Birds«

In *Hitchcock*'s Horror-Klassiker »Die Vögel« (1963) reist Tippi Hedren in ihrem himmelsblauen Coupé nach Bodega Bay über die Bay Hill Road, eine einspurige Panoramastraße hoch über der Bucht. Die Straße, auf der die Kinder den Attacken der Vögel ausgeliefert waren und um ihr Leben rannten, befindet sich tatsächlich in Bodega Bay (Taylor Street), aber das *Potter*-Schulhaus, von dem sie aus flüchteten, liegt in Wahrheit im Nachbarort Bodega (17110 Bodega Lane). Auch der örtliche Supermarkt diente *Hitchcock* lediglich als Inspiration für ein ähnlich gestaltetes Filmset in den *Universal Studios Hollywood*. Das *Tides* Restaurant (835 Bay Hwy) wurde zwar durch einen Neubau ersetzt, im Innern wartet aber noch allerhand Film-Memorabilia. Als *Brenner*-Farm am gegenüberliegenden Buchtufer kam die seinerseits schon ziemlich verfallene *Gaffney Ranch* auf Bodega Head zum Einsatz. Für den Dreh ließ *Hitchcock* dort aber neue Studiofassaden aufmontieren. Wenig Jahre später brannte alles ab, bis auf die markante Baumgruppe, die heute noch am ersten Rechtsabzweig der Uferstraße Westshore Road südlich des *Westside Regional Park* steht. Auf der *Bianchi Farm* (15000 Hwy #1) wurde einst der Nachbar von den *Birds* zu Tode »gepickt«. Im *Bodega Country Store* am Bodega Hwy (# 17190) war ein kleines *Hitchcock*-Museum untergebracht. Es schloss im März 2017 seine Pforten, laut Lokalpresse jedoch nur vorübergehend.

Weiter bis Bodega Bay

Rund 30 mi sind es auf der hier zunächst malerisch an der Tomales Bay entlang laufenden Straße #1von Olema nach Bodega Bay. Der Ort liegt am ***Bodega Harbor***, einer Bucht, die durch eine lange Sandnehrung vor den Wellen des Pazifik geschützt wird und nur über eine schmale Ausfahrt verfügt.

Bodega Bay, einst durch *Hitchcock's* »Die Vögel« bekannt geworden (www.filminamerica.com/Movies/TheBirds), ist heute durch Fischerei- und Yachthäfen wie einige tolle Strände gekennzeichnet. Die um die Bucht führende Westshore Road endet an der pittoresken Sandstrand *Sonoma Coast State Beach*; der Abzweig zum *Marine Laboratory* führt ebenfalls zu einer Strandbucht.

Unterkunft

Von den **Campingplätzen** ist der im ***Doran City Park*** auf der sandigen Nehrung unschlagbar ($35; http://parks.sonomacounty.ca.gov/Visit/Doran-Regional-Park/). Schöne Quartiere rund um die Bucht findet man unter www.bodegabay.com.

Von Bodega Bay zur #101

Von Bodega Bay lässt sich via Jenner (Straße #1) und die streckenweise sehr schön am Fluss entlang geführte Straße #116 durch die Region **Russian River Valley** eine Verbindung zur Autobahn #101 zurück nach San Francisco oder auch in die Weingebiete Sonoma und Napa Valley herstellen, ➤ Exkurs, speziell Seite 228.

1

Exkurs: In die Weinanbaugebiete nördlich von San Francisco

Die Waldbrände im Bereich Napa und Sonoma County im Herbst 2017 betrafen nur zu einem geringen Teil die touristischen Hauptrouten durch das Gebiet und die Weingüter. Aber einige State Parks wurden komplett geschlossen. Generell dürfte sich die Lage bis Sommer 2018 weitgehend normalisiert haben.

Vorbemerkung

Wer nach gelesenen, gehörten oder im Fernsehen gesehenen Neugier weckenden Berichten über die **Region Napa Valley** mit dem Gedanken spielt, einen Besuch in diesem wichtigsten Weinanbaugebiet Kaliforniens nördlich der Bucht von San Francisco in seine Reise einzubauen, sollte Folgendes wissen:

Weder das Napa Valley, das häufig als Synonym für die gesamte Region benutzt wird, noch die umliegenden Gebiete bieten – ungeachtet einiger punktueller Highlights – landschaftlich Herausragendes. Speziell bei begrenzter Zeit in Kalifornien dürfte mancher Besucher aus Europa leicht enttäuscht werden, es sei denn, eigene Weinkennerschaft und -begeisterung lassen diesen Aspekt in den Hintergrund treten. Aber auch bei starkem Interesse am kalifornischen Wein muss bedacht werden, dass

- es in Kalifornien keine romantischen Weindörfer mit ebensolchen Lokalen und Nostalgiekellern gibt, in denen man nach dem Genuss lokaler Spezialitäten noch bei einem Schoppen Wein den Abend gemütlich ausklingen lassen kann.
- die meisten *Vineyards* moderne Produktionsbetriebe sind mit schlichten Probierstuben (bestenfalls im europäischen Stilverschnitt) und begrenzten Öffnungszeiten (10-17/18 Uhr) fürs rationell abgewickelte ***Winetasting*** zu $-Pauschalen.
- in den Orten oder zwischen Ortschaften und Weingütern bzw. zwischen einem Restaurant und Quartier kaum die Möglichkeit besteht, mal einen Bummel zu Fuß zu machen oder nach Alkoholgenuss einfach das Auto stehen zu lassen, weil die gebuchte Unterkunft nicht weit ist (am ehesten noch im attraktiven Städtchen Calistoga).

Bei knapper Reisezeit wäre immer zu überlegen, ob nicht andere Ziele höhere Priorität verdienen.

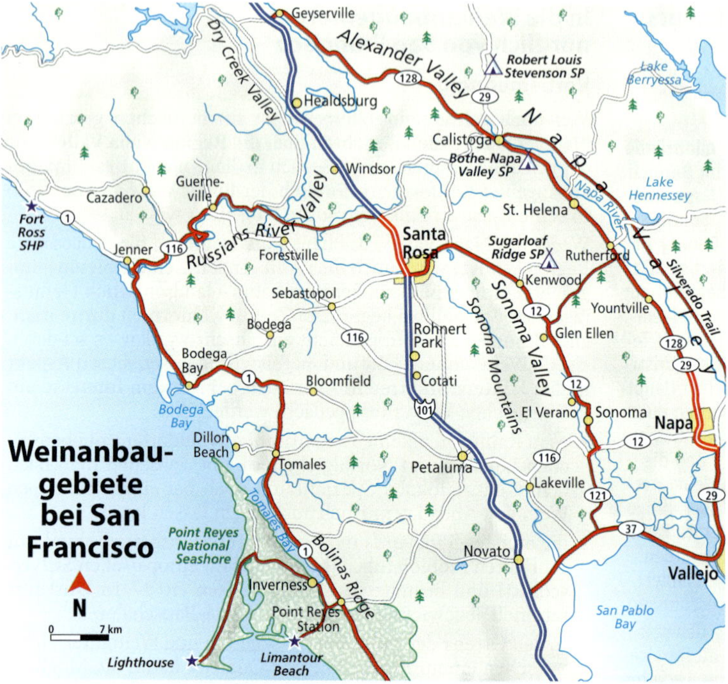

Weinanbau-gebiete bei San Francisco

Lage und Anfahrt

Region

Das Weingebiet liegt je nach Ziel und Anfahrtroute nur eine gute ein bis zwei Autostunden nordöstlich von San Francisco. Aber eigentlich sollten Weinliebhaber gar nicht mit dem Auto dorthin fahren. Hat man aber einen Freiwilligen, der Zurückhaltung bei den Weinproben gelobt und den Fahrdienst übernimmt, steht einem Ausflug mit eingebauter Verkostung nichts im Wege. Oder man plant die Übernachtung gleich mit ein.

Anfahrt mit dem Auto

Je nach dem, was im Rahmen oder nach der Besichtigung San Franciscos näher liegt, kann man sowohl über die ***Golden Gate*** oder die ***Bay Bridge*** anfahren. **Von der #101 North** geht es über die Ausfahrt 460A auf die Straße #37 und nach Überquerung des Petaluma River auf der #121 weiter in die beiden Zielgebiete. Durchs **Sonoma Valley** führt dann die Straße #12 North, durchs **Napa Valley** die Straße #29 North. Wer die ***Bay Bridge*** wählt, fährt am besten auf der I-80 bis zur Ausfahrt 33 und nimmt dann die #37 nach Westen vorbei am *Amusement Park Discovery Kingdom* in Vallejo, ➤ Seite 237. Die #29 führt wie beschrieben nach und durch **Napa**, die Straße #121, dann #12 rund 20 mi weiter westlich nach und durch **Sonoma**.

Alternative Anfahrten via #101

Wer sich bei einer Fahrt in das Gebiet nicht auf die südlichen San Francisco nächsten Bereiche beschränken möchte, sollte erwägen, eventuell im Norden anzufangen, d.h., auf der Autobahn **#101 bis Santa Rosa oder sogar bis Geyserville** zu fahren und von durchs Sonoma bzw. Napa Valley nach Süden. Auf der #101 erreicht man auch am schnellsten die Regionen **Russian River Valley** und etwas nördlicher **Dry Creek Valley**. Das Tal des Russian River zieht dank des klaren Flusswassers und -stränden vor allem an Wochenenden und in den Schulferien Familien mit Kindern an, die dort campen, baden und Wassersport betreiben: River Road oder Westside Road und ab Guerneville Straße #116. Die Infrastruktur entspricht dem und ist weniger »edel« als in den bekannteren Anbaugebieten, aber auch preiswerter.

Verbindung Pazifikküste und Sonoma Valley

Wer die ***Point Reyes Nat'l Seashore***, mehr noch **Bodega Bay** besucht (➢ vorstehendes Kapitel), könnte erwägen, über Jenner (am Straßendreieck #1/#116) durchs Russian River Valley zu fahren und auf der #12 von Norden nach Sonoma, also ein eher raues Naturerlebnis mit einem Abstecher in die Weinkultur Kaliforniens zu verbinden (aber Achtung, die Straßen #1 und #116 sind kurvenreich und zeitraubend).

Öffentlicher Transport

Napa ist von San Francisco aus mit öffentlichen Verkehrsmitteln zu erreichen. Die schnellste Variante (60-80 min) ist der **Expressbus ab Airport**, der mehrfach täglich direkt dorthin fährt ($40 in bar; www.evanstransportation.com/rates_scheduled_airporter.php. Von der City dauert die Anreise mindestens zwei Stunden: **über Vallejo** per **Bus** (Linie #200 ab *Ferry Building* am Embarcadero) oder **Fähre** (ebenfalls ab *Ferry Building* oder *Pier 41*); Ticket jeweils $14,20 *one-way*; http://sanfranciscobayferry.com. Vom Fährterminal in Vallejo geht es dann weiter nach Napa mit den ***VINE***-Bussen (***Route* #11** oder **#29**; www.ridethevine.com/vine), und ggf. anschließend noch nach Sonoma mit der **#25** (Tickets dafür $1,60-$6,50). Diese Linien verbinden nur die Ortschaften und haben kaum Stopps in der Nähe von Weingütern.

Weinfelder im Bereich Napa Valley

1

Die **Alexander**, **Dry Creek** oder **Russian River Valleys** per öffentlicher Verkehrsmittel zu erreichen, ist mühsam und ohne große Probleme nur bis Santa Rosa/Healdsburg/Geyserville möglich.

Wine Train

Sollten Sie unterwegs auf der Straße #29 die parallelen Schienen bemerken oder sogar dem ***Napa Valley Wine Train*** begegnen: dieser Zug ist eine reine Ausflugsbahn mit Restaurantcharakter, die sich 25 mi hin und zurück zur *Lunch-* und *Dinnertour* durchs Tal bewegt. Stopps sind nicht vorgesehen, man bleibt im Zug und genießt die – nicht sonderlich aufregende – Aussicht, das Gourmet-Menu und natürlich Weine aus dem Napa Valley. Für mindestens $146 pro Person – je nach Tour – ist man dabei, weitere Details unter www.winetrain.com.

Anreise per Bike

Für alle, die zukünftig per Fahrrad anreisen möchten, wird zur Zeit der ***Vine Trail*** als separate Spur abseits der #29 zwischen dem *Vallejo Ferry Terminal* und Calistoga ausgebaut (47 mi); www.vinetrail.org; Mieträder: www.napavalleybiketours.com.

Napa und Alexander Valley

Klima

In der sanften Hügellandschaft von Napa und Sonoma weht ein anderer Wind als auf der Halbinsel jenseits der Bucht: Im Sommer wird es dort ziemlich heiß und trocken, und es wimmelt besonders an den Wochenenden von Besuchern. Frühling und Herbst, dabei die Wochentage, sind bessere Besuchszeiten.

Weinanbau

An der Straße 29 liegen nicht nur die bekannten Hauptorte des Weinanbaus **Napa** und **St. Helena** und schließlich weiter nördlich **Calistoga**, sondern eine ganze Reihe von kleineren Orten, die sich alle auf kalifornischen Weinetiketten wiederfinden. Der Weinanbau setzt sich nördlich von Calistoga fort (nun im **Alexander Valley**, durch das die Straße #128 und die Autobahn #101 führen). Westlich der #101 liegt das **Dry Creek Valley** mit weiteren Weingütern entlang der Dry Creek und West Dry Creek Roads unterhalb des hoch gelegenen Stausees Lake Sonoma.

Weingüter

Die ersten ausgedehnten Weinfelder und einige Weingüter passiert man schon in der Ebene südlich von Napa. Nördlich von Napa geht es dann aber richtig los, u. a. mit einem der *Big Player* des kalifornischen Weinbaus, der ***Robert Mondavi Winery*** (7801 St Helena Hwy= #29, Touren und Weinproben tägl. 10-17 Uhr, ✆ 1-888-766-6328, www.robertmondaviwinery.com). Das Stammhaus dieser Firma im spanischen Kolonialstil ist meist stark besucht. Neben Führungen und Weinverkostungen gibt es dort regelmäßig auch Konzerte und andere kulturelle Veranstaltungen.

Silverado Trail

Weniger bekannt und besucht, aber bezüglich ihrer Weinqualität nicht minder gut sind die Winzerbetriebe an der vielleicht attraktivsten Straße im Napa Valley, dem zwischen Napa und Calistoga parallel zur #29 verlaufenden ***Silverado Trail*** (www.silveradotrail.com) mit über 40 Weingütern; dort begann einst das kalifornische »Weinwunder«, ➤ Seite 229.

Auf alt und Burg dekorierter Wine Tasting Room des Weingutes Castello di Amorosa südlich von Calistoga, ➤ unten

Rutherford

Zu den ältesten Weingütern gehört der ***Beaulieu Vineyard*** bei Rutherford (1960 St. Helena Hwy = Straße #29, Probierstube tägl. 10-17 Uhr, ✆ 1-800-373-5896, www.bvwines.com).

Ein sehenswertes Weingut, das ***Castello di Amorosa***, residiert ca. 7 mi südlich von Calistoga (➤ umseitig) in einer »alten« Burg; 4045 St Helena Hwy; sommers täglich 10-18 Uhr; 2-stündige Touren mit Weinprobe; www.castellodiamorosa.com.

Restaurants

Es gibt viele gute und dann nicht billige **Restaurants**, so das

- ***The Grill*** im ***Silverado Resort*** (1600 Atlas Peak Road, Napa, ✆ (707) 257-0200, www.silveradoresort.com).

Erschwinglicher sind

- ***Boon Fly Cafe***, 4048 Sonoma Hwy (#12/#121) westlich von Napa im *Carneros Inn*, populär für Frühstück und *Lunch*; ✆ (707) 299-4870, www.boonflycafe.com,
- ***Jefferson Street Café***, 3070 Jefferson St, Napa; beliebt wegen seiner großen Portionen; ✆ (707) 927-5647

Unterkunft

Wer über Nacht bleiben möchte, findet im Napa Vallley neben den Häusern der Motelketten auch gute unabhängige **Quartiere** vor allem ab oberer Mittelklasse. Zu ihnen gehören die ***B&Bs***:

- ***La Belle Epoque***, 1386 Calistoga Ave, Napa, ✆ (707) 257-2161, www.labelleepoque.com, tolles Nostalgiehaus ab ca. $380
- ***The Napa Inn***, 1137 Warren Street, Napa, ✆ (707) 257-1444, www.napainn.com; auch ganz hübsch, ab ca. $240.

St. Helena

St. Helena strahlt Wohlstand aus, ist grün, sauber und aufgeräumt. In der Stadt steht das »Schloss« des ältesten Weinguts des Napa Valley, ***Beringer Vineyards*** (2000 Main St, tägl. 10-17 Uhr; www.beringer.com). Bereits 1876 begannen dort die deutschen Einwanderer *Jakob* und *Friedrich Beringer* mit dem Weinanbau.

Camping

Einen prima *Campground* hat der ***State Park Bothe-Napa Valley*** (www.parks.ca.gov/?page_id=477) mit Plätzen am Richey Creek (Straße #29/#128 zwischen St. Helena und Calistoga).

Old Faithful Geyser in der Nähe von Calistoga

Calistoga

Calistoga ist schick und aufgepeppt wie kein anderes Städtchen weit und breit: www.visitcalistoga.com. Es besitzt eine Reihe heißer Quellen und Schlammbäder (***Hot Springs & Spas***; www.calistogaspa.com) und als Sehenswürdigkeit den ***Old Faithful Geyser*** (unverfehlbar ausgeschildert), der alle 30-40 min eine Heißwasserfontäne bis 20 m Höhe ausbläst. Das dürfen aber nur Ticketkäufer sehen: $15 (!), Kinder 4-11 Jahre $9.

Restaurants

- ***Bosko's Trattoria***, 1364 Lincoln Avenue, © (707) 942-9088, www.boskos.com; Pizza und italienische Küche
- ***Pacifico Restaurante***, 1237 Lincoln Ave, © (707) 942-4400, mexikanische Küche; www.pacificomexicanrestaurant.com

Quartiere mit Spa

Hotels mit Spa und (teuren) Massageangeboten sind das

- ***EuroSpa & Inn***, 1202 Pine Street, Calistoga, © (707) 942-6829, www.eurospa.com, ab ca. $160, oder das
- ***Indian Springs***, 1712 Lincoln Avenue, © 1-844-378-3635, www.indianspringscalistoga.com, ab ca. $320.

Mehr und detailliertere Infos zu allen Orten des Napa Valley finden sich im Internet unter www.napavalley.com.

Alexander Valley

Geyserville ist der Versorgungszentrum des **Alexander Valley**, das nördlich an den Bereich Napa Valley grenzt. Die meisten der hier weniger nah beieinander liegenden Weingüter findet man unweit der Straße #128 zwischen Calistoga und Geyserville. Infos dazu unter www.alexandervalley.org

Sonoma und Russian River Valley

Zur Region

Die Anfahrt ins weiter westliche **Sonoma Valley** zwischen dem Städtchen gleichen Namens und Santa Rosa wurde ebenfalls bereits beschrieben. Es ist im Allgemeinen nicht so stark besucht wie das Napa Valley, obwohl das Tal und seine Orte mehr fürs

Auge bieten. Das gilt erst recht für das **Russian River Valley** zwischen Santa Rosa/Healdsburg und Guerneville/Sebastopol.

Sonoma

Im Städtchen **Sonoma** existierte 1846 für einen kurzen Monat das Kuriosum der ***Bear Flag Republic***: Aufgebrachte Kalifornier hatten gegen mexikanische Willkür aufbegehrt und die Flagge mit dem Grizzly gehisst, die dann später zur offiziellen kalifornischen Staatsfahne wurde.

Im Jahr 1857 pflanzte der ungarische Graf *Agoston Haraszthy* nicht weit von Sonoma die ersten Reben in dieser Region auf dem Gelände der heutigen ***Buena Vista Historical Winery*** (18000 Old Winery Road nordöstlich des Ortes, täglich von 10 bis 17 Uhr, © 1-800-926-1266, www.buenavistawinery.com).

Jack London

Der Schriftsteller *Jack London* verbrachte seinen Lebensabend im Sonoma Valley. Sein Grundstück und ehemaliges Haus bilden samt seiner Grabstelle (1916) nun den ***Jack London Historic State Park*** (2400 London Ranch Road westlich von Glen Ellen, geöffnet 10-19 Uhr, **Museum** 9-17 Uhr, Eintritt/Parkgebühr $10).

Die Peanuts

Wem im Sonoma Valley außer Weingenuss und hübscher Landschaft auch noch der Sinn nach den Comic-Helden ***Charlie Brown*** und ***Snoopy*** steht, könnte in **Santa Rosa** das ***Charles M. Schulz Museum*** besuchen. Dort hat man dem Vater der ***Peanuts*** ein Denkmal gesetzt; 2301 Hardies Lane, Mo-Fr 11-17 Uhr, Sa+So ab 10 Uhr; Eintritt $12, Kinder $5; http://schulzmuseum.org.

Weingüter Sonoma

Die aus Italien eingewanderte Winzerfamilie ***Sebastiani***, einer der bekanntesten Namen unter den kalifornischen Weinproduzenten, keltert auch schon seit über hundert Jahren in Sonoma (389 4th Street bei der Sonoma Plaza, täglich 10-17 Uhr, © (707) 933-2332; www.sebastiani.com).

Die ***Ravenswood Winery*** (18701 Gehricke Road in Sonoma nördlich von *Sebastiani* via 4th und Brazil Street, tägl. 10-16.30 Uhr, © (707) 933-2349; www.ravenswoodwinery.com), ist *Zinfandel*-Spezialist. Dort darf man sich unter dem schönen Motto »*No wimpy wines!*« einen eigenen Mix aus mehreren Sorten zusammengießen und als eigene Kreation mit nach Hause nehmen. Inkl. *Wine Seminar* kostet das $75; Anmeldung: © (707) 933-2349.

Kenwood

Das **Weingut *Kenwood*** liegt 9 mi südöstlich von Santa Rosa in besonders schöner Umgebung bei Kenwood an der Straße #12 (9592 Sonoma Hwy/Ecke Warm Springs Road, täglich 10-17 Uhr, © (707) 282-4228; www.kenwoodvineyards.com).

Essen und Trinken

Kalifornische Küche bieten in bzw. bei **Glen Ellen** das

- ***Yeti*** mit nepalesich-indischer Küche und Mittags-Buffet am Wochenende, 14301 Arnold Dr, © (707) 996-9930
- ***Glen Ellen Inn Restaurant*** mit Steaks, *Seafood* und Pasta, 3670 Arnold Drive, © (707) 996-6409

In Sonoma steht das

- ***LaSalette Restaurant*** an der 452 First Street East; gemütliches Ambiente und portugiesische Küche zu moderaten Preisen; © (707) 938-1927; www.lasaletterestaurant.com.

Und wer das Thema Wein nicht mehr hören kann, geht dort ins

- ***Murphy's Irish Pub*** auf ein *Guiness* und *Irish Folk Music* (Di und Do-So), 464 First Street East, www.sonomapub.com.

Über-nachtung

In **Sonoma** nicht kettengebunden sind

- ***El Dorado Hotel***, ein stilvoll eingerichtetes kleines Haus im Zentrum mit **Restaurant *The Kitchen*** (mit Terrasse ohne Plastik!) und *Corner Café & Bar*, 405 First Street W, © (707) 996-3030, http://eldoradosonoma.com, ab ca. $285
- ***El Pueblo Inn***, gut angelegte saubere Motel-Anlage mit schönem Poolgarten an der #12 (896 West Napa Street), © (707) 996-3651, www.elpuebloinn.com, ab ca. $230
- ***Sonoma Hotel***, kleines Nostalgiehotel in der 110 West Spain St, © (707) 996-2996, www.sonomahotel.com, ab ca. $250.

In **Glen Ellen** befinden sich u.a. die Hotels

- ***Jack London Lodge***, Motel mit viel Grün, 13740 Arnold Dr; ab ca. $130; © (707) 938-8510; www.jacklondonlodge.com,
- ***Glen Ellen Inn***, gemütliche *Cottages* (teils mit Kamin/Badewanne im Schlafraum, hübsche Parkanlage; 3670 Arnold Dr; ab ca. $150; © (707) 486-2296, www.glenelleninn.com.

Mehr und detailliertere Infos unter www.sonomavalley.com.

Camping

Zwischen Sonoma und Napa Valley liegt der durch Straßen kaum erschlossene ***Sugarloaf Ridge State Park*** mit einer in dieser Umgebung unerwartet einsamen Wildnis und weitreichender Aussicht. Wer einen schön gelegenen ruhigen Campingplatz sucht, muss über das Sonoma Valley anfahren (Straße #12) und nördlich von Kenwood die kurvenreiche Adobe Canyon Road bergauf nehmen; www.parks.ca.gov/?page_id=481.

Russian River und Dry Creek Valley

Nördlich von Santa Rosa und westlich der #101 schließt das **Russian River Valley** an das Sonoma Valley an. Die – bezogen auf den Weinanbau – wichtigste Straße des Bereichs, die nach Norden in die Anbauregion **Dry Creek Valley** hinein weiterführt, ist die **Westside Road** mit *Wineries* beidseitig ihres Verlaufs von Guerneville bis zum Lake Sonoma. Zentralort beider Regionen ist **Healdsburg** an der #101 mit einer grünen Plaza wie in Mexico.

Infos dazu unter www.rrvw.org und www.drycreekvalley.org

Weinreben voller Cabernet Sauvignon-Trauben

Kalifornischer Wein

Ernst-Georg Richter

Es ist inzwischen eine Generation her, dass Wein aus Kalifornien weltweit bekannt wurde: Bei einer Blindverkostung im Mai 1976 schlug ein ***Cabernet-Sauvignon*** der ***Stag's Leap Wine Cellars*** (Napa Valley) französische Rotweine mit großen Namen wie *Chateau Mouton-Rothschild, Chateau Haut-Brion* und *Chateau Montrose* aus dem Feld. Die Neue Welt war damit schlagartig auf der Weinlandkarte nicht länger »*terra incognita*«.

Zu den am meisten angebauten Rotweinen gehören immer noch der ***Cabernet Sauvignon*** und der ***Merlot***, die bei manchen Winzern eine schmackhafte, bordeauxartige Verbindung in der Flasche eingehen. Ein kalifornischer Favorit ist ***Zinfandel***, der häufig Brombeernoten aufweist; seine Freunde haben den Ausspruch »*Life is Hell without Zinfandel*« geprägt. Es wird auch ***White Zinfandel*** gekeltert, ein eher lieblicher Rosé. Auch der kalifornische ***Syrah*** war in den letzten Jahren im Kommen, und sogar der uritalienische ***Sangiovese*** macht sich an der Westküste immer besser. Wie Kinofans seit der oscarprämierten Tragikomödie »***Sideways***« wissen, ist ***Pinot Noir*** nicht so leicht zu kultivieren und schon deswegen etwas Besonderes.

Bei den Weißweinen sind eindeutig der ***Chardonnay*** und der ***Sauvignon Blanc*** führend. Auch klassisch-zentraleuropäische Rebsorten wie der ***Riesling*** (hier gerne ***Johannisberg Riesling*** genannt) und ***Gewürztraminer*** (in Kalifornien ohne Umlaut geschrieben) erlangen nach und nach größeren Bekanntheitsgrad. Weitere Weiße, die sich in Kalifornien bewährt haben, sind ***Chenin Blanc*** und ein ***Pinot Noir***, der dort auch als Weißwein gekeltert wird.

Empfehlungen lassen sich nur schwer aussprechen – die Geschmäcker sind bekanntlich verschieden. Wer sich für bessere und individuellere Weine, als man sie im Supermarkt findet, interessiert, bucht am besten einige Weinproben. Über die erwähnten Winzer hinaus geben die Internetportale von Napa und Sonoma Valley, ➤ im vorstehenden Text.

Und wenn die Zeit für einen Abstecher in die Weintäler nicht reicht, empfiehlt sich u.a. ein Besuch in einer Filiale der **Getränkekette *Beverages & More*** (www.bevmo.com) mit über 100 Niederlassungen in Kalifornien und einer sehr guten Auswahl speziell kalifornischer Weine.

1.1.5 San Franciscos Nachbarstädte Oakland und Berkeley

Über die Bay Bridge nach Osten

Die Bay Bridge

Von *Downtown* San Francisco nach Oakland geht es über die doppelstöckige ***Bay Bridge***. Mit fünf Spuren in jede Richtung nimmt sie erheblich mehr Verkehr auf als die *Golden Gate Bridge* und ist bei bis zu 300.000 Fahrzeugen pro Tag oft verstopft. Genaugenommen handelt es sich hier nicht um eine einzige Brücke, sondern um hintereinander geschaltete zwei Hängebrücken zwischen San Francisco und Yerba Buena Island auf etwa »halben« Weg (3,2 km) über die Bay und östlich der Insel um 19 sogenannte Fachwerkbrücken in dichter Folge (3,1 km). Das Teilstück über Land auf *Yerba Buena Island* führt durch einen 165 m langen Tunnel.

Neue Bay Bridge mit Bike Path

Die Bauweise als solche geriet in die Diskussion, als sich während des Erdbebens von 1989 Teilstücke aus der oberen Fahrbahn lösten, wodurch zahlreiche Autos ins Leere stürzten und andere samt Insassen unter den Trümmern begraben wurden. Eine erdbebensichere Verstärkung der westlichen Hängebrücken wurde schon 2004 fertig, während die östliche Fachwerkbrücke ganz durch eine gewaltige Hängekonstruktion über den Schiffskanal und ein langes Pylonenstück über flacheres Wasser mit nebeneinanderliegenden Fahrspuren ersetzt und erst 2013 dem Verkehr übergeben wurde. Zugleich hat man neben den Fahrspuren einen ***Bike Path*** eingerichtet, auf dem man Yerba Buena Island per Fahrrad oder zu Fuß erreicht. Alle Infos unter http://baybridgeinfo.org.

Yerba Buena

Eine Unterbrechung der Fahrt über die Bucht auf **Yerba Buena Island** wird mit schönen Blicken auf *Downtown* San Francisco

Der neue Bike Path von Oakland nach Yerba Buena. Rechts sieht man Fahrspur und Pylonen der Neukonstruktion, links noch die alte Doppelstockbrücke

belohnt. Über die Ausfahrt *Treasure Island* gelangt man per Auto rasch auf die »Schatzinsel«. Alternativ kann man den *MUNI*-Bus #108 nehmen oder *Uber* rufen (in der Option »Pool« \$11-\$14).

Maut/Toll Die ***Toll Plazas*** stehen hier auf der Oakland-Seite. Wer aus San Francisco kommt, zahlt daher zunächst nichts. Kassiert wird auf der Gegenseite. Tarife sind zeit- und tagesabhängig: an Wochenenden \$5, Mo-Fr 5-10 Uhr sowie 15-19 Uhr \$6, sonst \$4.

BART Wer Oakland und/oder Berkeley während eines Aufenthalts in San Francisco einen Besuch abstatten möchte, also wieder in die Stadt zurückkehren muss, sollte mit der Bahn fahren (***BART***, ➤ Seite 173). Eine Anfahrt mit dem Auto macht nur Sinn bei danach weiterführenden Plänen jenseits der Bay, zumal bei Rückfahrt nch SFO auch *Toll*-Gebühren zu zahlen wären.

Hinweis Bei knapper Zeit muss man Oakland trotz des schick am Wasser hergerichteten *Jack London Square* nicht unbedingt besucht haben. Für Berkeley sieht es anders aus. Speziell bei Interesse am Unicampus vermittelt schon ein Kurzbesuch zusätzlich wichtige Reiseeindrücke vom (studentischen) Leben in den USA, mehr noch ein ganzer Tag mit Abend vor Ort.

Oakland

Kennzeichnung/ Geschichte Oaklands Gründungsjahr 1852 bezieht sich nur auf die (zunächst) »weiß-amerikanische« Geschichte der Region. Lange vorher siedelten rund um den heutigen Lake Merritt in Oaklands Zentrum indianische Stämme. Und Anfang des 19. Jahrhunderts erhielten erste spanische Siedler Teile des heutigen Stadtgebietes von der spanischen Krone als Lehen. Heute hat Oakland rund 420.000 Einwohner und ist weit vor San Francisco wichtigste Hafenstadt der *Bay Area* mit dem nach Umschlagszahlen größten Hafen der Pazifikküste. Oakland hat als Gegenpart zum westlichen Nachbarn das Image des hässlichen Entleins, aber die Stadt ist nicht so übel, wie sie oft gemacht wird. Immerhin endete hier und nicht etwa in San Francisco die berühmte Eisenbahnverbindung, die den ganzen amerikanischen Kontinent kurz nach dem Bürgerkrieg erstmals von Ost nach West überspannte. Wie wohlhabend Oakland zum Ende des 19. Jahrhunderts gewesen sein muss, kann man heute noch an den viktorianischen Villen des ***Preservation Park*** (Martin Luther King Jr. Way zwischen 12th und 14th Street) westlich des Zentrums erkennen.

»Schwarzes« Oakland Seit 1945 hängen viele Vorurteile gegen Oakland damit zusammen, dass die Stadt heute einen sonst im US-Westen nirgendwo auch nur annähernd erreichten über 50%igen, schwarzen Bevölkerungsanteil hat. Er resultiert aus einer Zuwanderungswelle aus den Südstaaten während des Weltkriegs, als die Rüstungsindustrie Arbeitskräfte benötigte und sie prompt wieder entließ, als der Krieg vorbei war. Das schürte bei den *African Americans* jahrzehntelang Unzufriedenheit, die sich u.a. in militanten Aktionen in den 1960er- und 1970er-Jahren Luft machte.

Kriminalität Heute ist in Oakland weitgehend amerikanische Normalität eingekehrt. Nach wie vor hat Oakland mit Arbeitslosigkeit und Armut, auch einer hohen Gewaltkriminalität zu kämpfen, was in den von Afro-Amerikanern dominierten Stadtteilen sicht- und spürbar ist. Aber **tagsüber** muss man weder in ***Downtown*** noch abends am ***Jack London Square*** mehr Vorsicht als in anderen Großstädten vergleichbarer Größe walten lassen. Nach Einbruch der Dunkelheit sollte man Oaklands Straßen zu Fuß meiden.

Information Die offizielle **Touristeninformation** befindet sich im Bereich des **Jack London Square** an der 481 Water Street; geöffnet Mo-Fr 9-17 Uhr, Sa+So 10-16 Uhr; © (510) 839-9000, www.visitoakland.org.

Airport Oaklands Flughafen bietet nebenbei eine **Alternative** zum *San Francisco Internat'l Airport*, wenn es um inneramerikanische Verbindungen geht. *BART*-Züge fahren direkt zur Station ***Oakland Airport*** in der Nähe der Terminals 1 und 2.

Downtown *Downtown* Oakland hat für Touristen nicht so ganz viel zu bieten, aber immerhin:

Art Deco Palast Das ***Paramount Theatre*** am 2025 Broadway/21st Street ist ein wunderschöner ***Art-Deco Entertainment Palace*** aus den frühen 1930er-Jahren. Bis heute gibt es dort Filmklassiker, Konzerte von Rock, Soul und Jazz, Symphonien und Ballett. Jeden ersten und dritten Samstag im Monat um 10 Uhr Führungen ($5); © (510) 465-6400, www.paramounttheatre.com/tour.html.

Oakland Museum of California

Wer sich für kalifornische (nicht nur lokale Oakland-) Geschichte interessiert, wird den Besuch im beachtlichen ***Oakland Museum of CA*** lohnenswert finden (1000 Oak Street, Mi-Do 11-17 Uhr, Fr bis 21 Uhr und Sa+So 10-18 Uhr, Eintritt $16/$7, Fr ab 17 Uhr $7,50 und Kinder frei, www.museumca.org).

Merritt Lake

Von dort sind es nur noch ein paar hundert Meter zum **Merrit Lake**, einem einst tidenabhängigen Salzwassersee, der von den Auswirkungen der Gezeiten abgeschottet wurde. Rund 300 m vom *Oakland Museum* entfernt steht das populäre ***Restaurant Lake Chalet Seafood Bar & Grill*** unmittelbar am Seeufer (gehobenes Preisniveau; www.thelakechalet.com). Ein Uferweg (ca. 5 km) für Jogger und Biker umrundet den See. An seiner nördlichen Einbuchtung (Grand/Bellevue Ave) erstreckt sich der ***Lakeside Park***, eine große Anlage mit *Children's Fairyland*, Badestrand, Bootsverleih u.a.m. Etwas östlich befindet sich ein sehenswerter **Bonsaigarten** mit knapp 200 prächtigen Exemplaren; www.gsbf-lakemerritt.org.

Jack London Square

Da der Schriftsteller *Jack London* (»Der Seewolf«, »Ruf der Wildnis« u.a.) Kindheit, Jugend und einen Teil der späteren Jahre seines nur 40-jährigen Lebens in Oakland verbrachte, wird dieser Umstand kräftig vermarktet. ***Jack London Square & Village*** im Hafenbereich mit den Hauptachsen Embarcadero und Water Street zwischen Webster und Clay Street bis zum Kai bietet *Shops*, Restaurants und an Wochenenden im Sommer *Open-air* Programm. Mehrere Yachtmarinas schließen das Aushängeschild der Stadt wasserseitig ab; www.jacklondonsquare.com.

Nostalgie

Eine rekonstruierte Blockhütte, ***Jack London's Cabin***, in der der Namensgeber des Komplexes vorübergehend in Alaska gelebt haben soll, steht etwas versteckt in der Ostecke, gleich dahinter das einzig wirklich Originelle am *Square*, der urige ***First and Last Chance Saloon*** (www.heinoldsfirstandlastchance.com) an der 48 Webster Street, Ecke Water Street. Dort habe seinerzeit auch der Meister seinen Whisky gekippt, heißt es; ➤ auch Seite 227.

Der Merritt Lake liegt unmittelbar östlich von Downtown Oakland mitten in der Stadt. Im Hintergrund erkennt man die San Francisco Bay

USS Potomac

An Oaklands große Schiffbauvergangenheit erinnert die 50 m lange »Büroyacht« ***USS Potomac***, die Präsident *Franklin Delano Roosevelt* als »schwimmendes Weißes Haus« nutzte. Der eindrucksvolle Nostalgiedampfer liegt am Ende der Clay Street und kann nicht nur besichtigt werden, sondern sticht auch für kurze Bay-Rundtouren in See (*Dockside Tours*, Mi+Fr+So 11-14.30 Uhr; $10, Kinder bis 12 frei); www.usspotomac.org/events/dockside.php.

Farmers Market

Eine Neueröffnung gleich hinter *Jack London's Cabin* und *Saloon* ist der mehrstöckige modern angelegte großflächige ***Farmers Market***, der indessen nur sonntags 9-15 Uhr seine Stände für *Produce* und Kunstgewerbe original aus Kalifornien öffnet.

Jazz und Sushi

Wer in Oakland Hunger verspürt, ist außer im Restaurant am Merritt Lake am besten am *Jack London Square* aufgehoben. *Fast Food* und »richtige« Restaurants gibt es dort reichlich. Reizvoll ist die Kombination **Jazz** und mehr (tägliches Programm) und japanische Küche in ***Yoshi's Restaurant*** am 510 Embarcadero West, täglich ab 17.30 Uhr, © (510) 238-9200; www.yoshis.com.

Frisch gebackene Berkeley-Jungakademiker im typischen Graduiertendress. Der »Doktorhut« gehört bereits nach einem bestandenen Bachelor-Examen zur Ausstattung

Berkeley

Berkeley

Nördlich von Oakland liegt **Berkeley**, Sitz einer der bekanntesten Staatsuniversitäten der USA. Anfahrt am besten über die I-80, *Exit* University Avenue, oder noch besser mit den Zügen des *BART*-Systems bzw. *Uber* bis ***Downtown Berkeley***, denn Parkplätze sind in Berkeley absolute Mangelware. Dort ist man mitten im quirligen Zentrum (neben der University Ave vor allem die Shattuck Ave) des von den Bedürfnissen der Studenten geprägten *Business* und der Gastronomie (vielfältige ethnische *Eateries*) westlich und südlich des Universitätsgeländes.

Zahlreiche kulturelle Veranstaltungen auf dem Campus wie im Umfeld und eine gute **Kneipenszene** bilden für manchen sicher gute Motive für einen Abstecher nach Berkeley. In den Sommerferien (Juni bis Ende August) ist weniger los, dafür treibt man dann leichter eine **preiswerte Unterkunft** auf, u. a. in den *University Residences* (ggf. im *Visitor Center* danach fragen).

Information

Touristeninformation: 2030 Addison Street (südliche Parallele zur University Ave, einen halben Block westlich Shattuck Ave), © (510) 549-7040, www.visitberkeley.com.

Berkeley Campus

Die staatliche ***University of California*** mit über 40.000 Studenten besitzt einen Campus, über den europäische Besucher nur staunen können. Wer sich dafür interessiert, steuert zunächst das ***Koret Visitor Center*** am *California Memorial Stadium* an (2227 Piedmont Ave/Ecke Bancroft Way). Mit **Lageplan** in der Hand fällt ein gezielter **Rundgang** nicht schwer. Die Karte samt Info zu einzelnen Anlaufpunkten kann man sich auch auf das *Smartphone* laden; http://visit.berkeley.edu.

Campustouren

Kostenlose geführte Besichtigungstouren (90 min, Anmeldung erforderlich) starten Mo-Fr um 10 Uhr vom Besucherzentrum, manchmal aber auch am *Sather Tower*. Reservierung erforderlich: http://visit.berkeley.edu/campus-tours/guided-walking-tours-2/.

Campanile

Ob mit oder ohne Tour: nicht auslassen sollte man den Blick vom 94 m hohen ***Sather Tower*** (*Campanile*) über Universitätsgelände, Berkeley und die San Francisco Bay (Auffahrt Mo-Fr 10-15.45 Uhr; Sa bis 16.45 Uhr, So 10-13.30 und 15-16.45 Uhr, Tickets $3, nur in bar!).

Art Museum

Von den verschiedenen Museen der Universität ist in erster Linie das ***Berkeley Art Museum*** (*BAM*, 2155 Center St; $12; Mi-So 11-17 Uhr, Fr+Sa bis 21 Uhr) mit in erster Linie asiatischer und amerikanischer Gegenwartskunst (einschließlich 20. Jahrhundert) sehenswert; https://bampfa.org. Auch ein Theater für Filmkunst, das ***Pacific Film Archive*** (PFA) mit einem niveaumäßig beachtlichen Filmangebot, gehört zum Komplex.

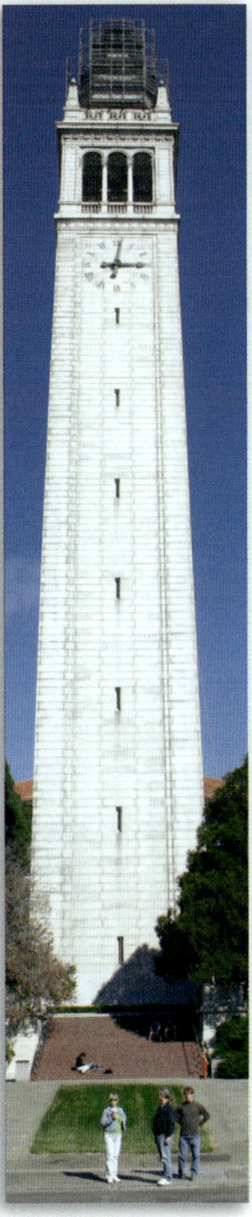

Sather Tower auf dem Berkeley Campus

Botanischer Park

Nicht nur für Gartenfreunde lohnt sich der Besuch des ***UC Botanical Garden*** im *Strawberry Canyon*; Anfahrt über University Ave, an deren Ende links Oxford Street, dann rechts Hearst Ave und immer weiter bergauf bis Centennial Drive. Mo-Fr verkehrt vom Campus auch ein **Shuttlebus** dorthin. Dieser botanische Park mit einer Vielzahl von unterschiedliche Klimazonen, geografische Gebiete und Pflanzenfamilien abbildenden Gärten ist mit seinen 12.000 Pflanzenarten eine der herausragenden Sehenswürdigkeiten im Bereich Berkeley/Oakland. Wer ein paar Stunden erübrigen kann, wird den Besuch nicht bereuen. Täglich 9-17 Uhr, Eintritt $12, Kinder (7-17 Jahre) $7; http://botanicalgarden.berkeley.edu.

Science Hall

In den Hügeln über dem Campus liegt außerdem das Wissenschaftsmuseum ***Lawrence Hall of Science***; im Sommer täglich 10-17 Uhr; Eintritt $12, Kinder (3-18 Jahre) $10; www.lawrencehallofscience.org; Centennial Drive sogar noch »über« dem Botanischen Garten, *Shuttle Service* ab *BART Station* Mo-Fr.

Telegraph Avenue

Südlich des Campus reihen sich an der **Telegraph Avenue** Läden für alles aneinander, was das Studentenherz begehrt: Bücher, T-Shirts und CDs sowie günstige Restaurants, Cafés und Bistros.

Amoeba Music hat auch hier (➤ Seite 187) eine riesige Filiale (#2455), und einen Block weiter macht ***Rasputin Records*** mächtig Konkurrenz (#2401). Bücherwürmer wird man aus dem Antiquariat ***Moe's*** (#2476) nur mit Mühe weg bekommen. Auf der vierten Etage gibt es eine eigene Abteilunge für Kunstbücher und Bände mit Seltenheitswert

Microbrewery

Wie bereits bemerkt, fehlt es nicht an Restaurants im Umfeld der Universität. Explizite Erwähnung verdient dort eine der ältesten Kneipenbrauereien Kaliforniens, die ***Triple Rock Brewery*** mit 12 verschiedenen Biersorten (1920 Shattuck Ave nördlich der University Ave, © (510) 843-2739; http://triplerock.com).

Im Oktober nach Beginn des Universitätsjahres am Sonntag für eine Großfiesta gesperrte, sonst meist vom Verkehr verstopfte Shattuck Avenue

1.2 Über die Sierra Nevada nach Reno

Zur Route

Diese Route bezieht sich zunächst auf den kurzen Trip zum Lake Tahoe mit einer eventuellen Erweiterung bis zum Nevada-Spielerparadies Nr. 2, Reno. Sie ist aber auch als Start für weiterführende Reisepläne in Richtung *Yosemite* und *Death Valley National Parks* und Las Vegas geeignet. Nach den Zwischenzielen Lake Tahoe und/oder Reno kann man sich auf verschiedenen Wegen leicht nach Süden wenden und ab dem *Yosemite Nat'l Park* den Anschluss an die im folgenden Kapitel beschriebene Route 1.3 suchen, ➤ Seite 266. Die Route 1.2 ist ganz oder teilweise auch eine Alternative für alle, die den *Yosemite Park* zunächst auslassen oder ihn erst später auf der Rückreise besuchen wollen.

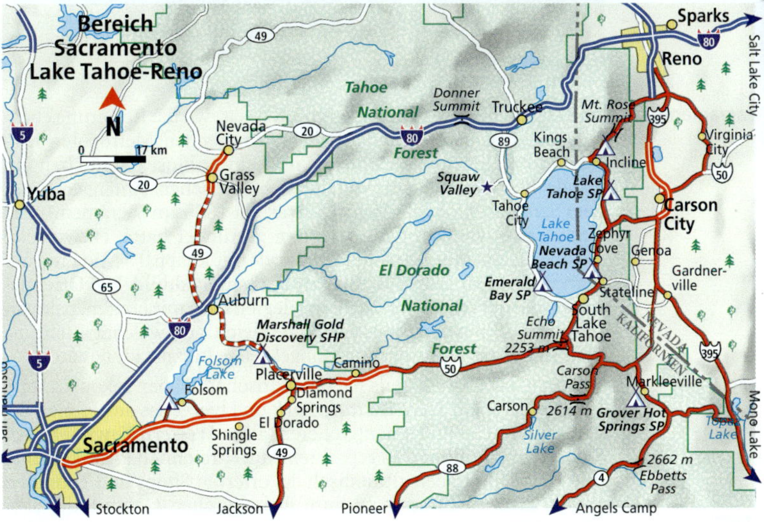

1.2.1 Von Oakland/Berkeley zum Lake Tahoe

Nach Sacramento

Anfahrt

Von der Ostseite der Bay (Oakland/Berkeley) sind es bis zur kalifornischen **Hauptstadt** ca. 80 mi auf meist langweiliger Streck durch eine flache Landschaft; zur I-80 gibt's hier keine Alternative.

Vallejo: Amusement Park

Nach ca. 20 mi passiert man die Stadt Vallejo. Dort hat sich der Vergnügungs- und Aquapark ***Six Flags Discovery Kingdom*** etabliert, eine Art Zoo mit Seelöwen-, Killerwal- und Delphinvorführungen ergänzt durch Wasserskizirkus und *Rollercoaster*; im Sommer 9.30-18/19 Uhr; Eintritt $70, Kinder bis 1,20 m $45; online billiger. Anfahrt über die #37 ab *Exit* 33 von der I-80; www.sixflags.com. Vom *Pier 41* und *Ferry Building*, verkehrt eine Fähre dorthin; ca. 1 Std.

Typische Fassaden mit überdachtem Boardwalk in der Old Town Sacramento (hier die 2nd Street, in der sich auch die Visitor Information befindet)

Sacramento

Im Gegensatz zu manch anderem US-Staat, wo die Regierung ebenfalls nicht in den wirtschaftlich bestimmenden Metropolen residiert, ist Kaliforniens ***Capital City*** kein farbloses Städtchen am Rande des Geschehens. Von ihren historischen Anfängen unter dem Schweizer ***Johann August Sutter***, der 1838 am Sacramento und American River sein ***Neu-Helvetien*** gegründet hatte, entwickelte sie sich zu einer respektablen Großstadt mit knapp 0,5 Mio Einwohnern und einem ungewöhnlich attraktiven Stadtbild. Die **Orientierung** ist in der schachbrettartig angelegten City mit breiten, palmengesäumten Einbahnstraßen einfach, gleich aus welcher Richtung man sich der von Autobahnen eingekreiste Innenstadt nähert.

Old Town

Die teils restaurierte, teils nach historischen Plänen rekonstruierte *Old Town* ist ein ***State Historic Park*** und bietet das aus Filmen bekannte typische Bild einer (größeren) alten ***Western Town***. Die vor ***Saloons*** und *Boardwalks* geparkten Autos, reichlich Plastikobjekte und *Fast Food* in den altmodisch dekorierten Shops und Touristen passen zwar nicht so recht zum nostalgischen Gesamtbild, aber nirgendwo sonst sieht man eine derart stimmige und gleich über mehrere Blocks gehende »originale« Westernstadt dieser Art. Zudem ist ***Old Sacramento*** kein Museum mit begrenzter Besichtigungszeit, sondern ein Stadtteil, wo Kneipen, *Eateries* und das ***Eagle Theatre*** auch am Abend geöffnet bleiben und von Einheimischen besucht werden. Besonders originell ist dort u.a der ***Fanny Ann Saloon*** 1023 2nd Street; www.fannyannsaloon.com.

Während der 4-tägigen ***Gold Rush Days*** Feierlichkeiten, die alljährlich **Anfang September** stattfinden, erwacht *Old Town* so richtig zum Leben (mit vielen kostümierten Darstellern usw.).

Sehenswert ist auch das ***Railroad Museum*** ($12/$6; tägl. 10-17 Uhr, im Sommer Do bis 20 Uhr; www.csrmf.org) mit Dampfloks und alten Waggons auf den Gleisen. Klar, dass von dort auch eine Rundfahrt (3 km) durch den »etwas gezähmten« Wilden Westen startet.

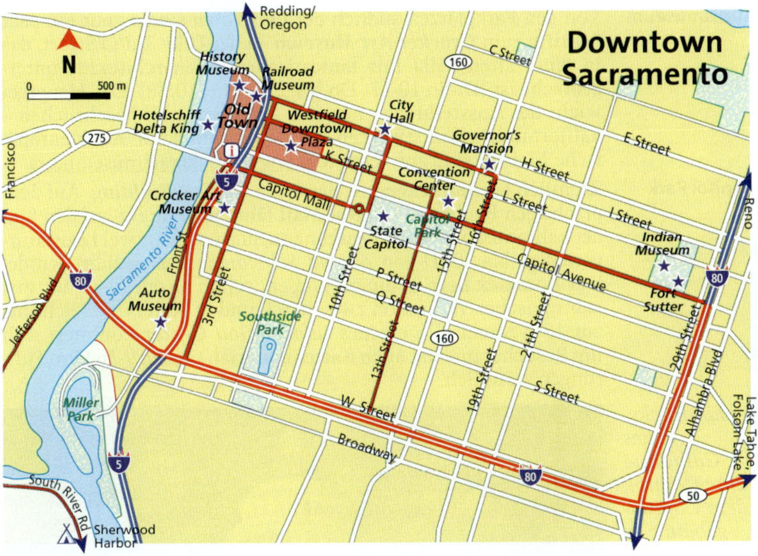

River Cruises Flussfahrten werden derzeit nur von ***Hornblow*** angeboten, das einst beliebte Touristen-Dampfschiff *»Spirit of Sacramento«* sank im September 2016; www.hornblower.com.

Dafür steht ein Schaufelraddampfer fest verankert am Flussufer unweit der *Old Town*. Das riesige ***Delta King Riverboat*** dient als Restaurant und nostalgisches Hotel; DZ an Board ab ca. $150 inkl. Frühstück; © 1-800-825-5464; www.deltaking.com.

Info Das **Besucherzentrum** der Stadt befindet sich nur zwei Häuserblöcke weiter an der 1002 2nd Street; www.visitsacramento.com.

Hotel-Riverboat Delta King auf dem Sacramento River

Kunstmuseum

Von den Parkplätzen südlich der *Old Town* sind es nur ein paar Schritte zum ***Crocker Art Museum*** an der Ecke 3rd/O Street, das in einer alten Villa mit fantastischer Innenarchitektur untergebracht ist (Di-So 10-17; Do bis 21 Uhr; $10/$8). Das Hauptgewicht der Ausstellungen liegt auf – überwiegend beachtlichen – kalifornischen Kunstwerken des 19. Jahrhunderts. Auch europäische Meister sind gut vertreten; www.crockerartmuseum.org.

Capitol Park

Ziemlich beeindruckend ist das ***State Capitol Building***. Auf dem prächtigen Boulevard **Capitol Mall** fährt man direkt auf den Sitz der kalifornischen Staatsregierung zu, die u.a. über zwei Legislaturperioden (bis 2011) von *Arnold Schwarzenegger* geführt wurde. Der Komplex liegt in einem großen, schön angelegten Park mit subtropischer Vegetation zwischen L und N Street und reicht bis zur 15th Street. Ein eigenes ***Information Center*** kümmert sich um Besucher und hat auch Kartenmaterial; täglich 9-16 Uhr; Führungen stündlich.

Eindrucksvolles California State Capitol, dem Capitolgebäude in Washington nachempfunden

Downtown

Gleich nördlich des *Capitol Park* liegt das Geschäftszentrum der Stadt mit einigen gut erhaltenen bzw. restaurierten Bauwerken aus dem 19. Jahrhundert, darunter ***Governor's Mansion*** an der H Street/Ecke 16th Street. In dem Prunkbau residiert seit 2015 wieder der Gouverneur von Kalifornien, zuvor war er jahrzehntelang als *State Historic Park* zu besichtigen.

Ein bombastisches ***Convention Center*** erstreckt sich zwischen 13th und 15th Street entlang der J Street.

Die J Street entspricht ab der *Old Town* der direkten und besten Strecke in und durch *Downtown* Sacramento. Auf ihr passiert man zunächst die Baustelle des ***Golden One Center*** mit neuer Basketballhalle für die *Sacramento Kings*; Eröffnung 2016. Zwischen 9th und 10th Street stehen jenseits des **Plaza Park** an der I Street das alte »Rathaus« und dahinter die neue ***Sacramento City Hall***.

Östlich von Downtown

Östlich der 16th Street (*Lincoln Highway*) beginnen die besseren citynahen Wohnlagen mit altem Baumbestand und einer aufgelockerten Infrastruktur aus Shops, Kneipen und Restaurants mit Open-air Terrassen. Entlang der J Street und Parallelstraßen bis mindestens zum *Capital City Freeway* erkennt man schnell die mögliche Lebensqualität in Sacramento.

Fort Sutter

In diesem Bereich steht (an der Ecke L/27th Street) auch die pittoreske weiß getünchte Adobefestung ***Fort Sutter***, ein ***State Historic Park*** (tägl. 10-17 Uhr; $5/$3; www.parks.ca.gov/?page_id= 485). Er umfasst neben dem nach altem Vorbild wieder aufgebauten Fort des einstigen Sacramento-Gründers *Sutter* (➤ Seite 242) ein kleines, mäßig interessantes **Indianermuseum** nebenan.

Unterkunft

Wer in Sacramento übernachten möchte, findet eine Ballung von Häusern der unteren Mittelklasse an der **West Capitol Ave** westlich des Sacramento River im Kreuzungsbereich mit Straße #84. (parallel zur I-80). Eine ganze Reihe Motels und Hotels von einfach bis gehoben steht im Bereich der **I-5 Nord/#99**, *Exit* Richards Blvd rechts, dann nach links Bercut Drive, oder von der Abfahrt links unter dem *Freeway* hindurch zur Jibboom Street.

Camping

Motorhome-Fahrer können in Sacramento im

- ***CalExpo RV Park*** unterkommen: 1600 Exposition Blvd, *Exit* 9A von der I-80 *Business* nordöstlich *Downtown*, sämtliche Stellplätze auf Asphalt und mit *full hook-up*; $45; Reservierung unter © (916) 263-3187, www.calexpo.com/cal-expo-rv-park

Südlich der City am westlichen Flussufer liegt der schlichte

- ***Sherwood Harbor Marina RV Park***, 3505 South River Rd, I-80 *Exit* Jefferson Blvd, einige gute Grasplätze unter Bäumen (auch Zelte); $40; © (916) 371-3471, www.sherwoodharbor.com

Der ***Folsom Lake State Park***, ca. 20 mi östlich von Sacramento, hat drei Campareale, aber nur der wasserferne Platz

- ***Beal's Point*** nördlich des Staudamms ist leicht zu erreichen: Anfahrt auf *Freeway* #50, *Exit* Folsom Blvd, dann 6 mi geradeaus auf die Folsom Auburn Road, von ihr Beals Point Road nach rechts; $33-$58; www.parks.ca.gov/?page_id=500

Folsom

Der Folsom Lake hat seinen Namen vom kleinen Ort Folsom, der 2,5 mi unterhalb des ***Folsom Dam*** am Ufer des American River bzw. Ostende des **Lake Natoma** liegt, einem weiteren Stausee des Flusses. Bis zur Mündung in den Sacramento River ist der Fluss ein beliebtes Freizeit- und Badegewässer. Beidseitig wird er von Parkanlagen samt ***American River Bike Trail*** begleitet (wegen eines Hangrutsches 2017 geschlossen, Wiedereröffnung 2018?).

In Folsoms »historischer« Hauptstraße, der **Sutter Street**, pflegt man sorgfältig die alten wie nachgebauten Fassaden von anno dazumal, die heute vor allem Souvenirshops und *Eateries* beherbergen.

Outlet Mall

Der Ort ist kein touristisches »Muss«. Wer allerdings auf der Suche nach einem Schnäppchen ist, findet beim *Exit* 23 von der #50 die ***Folsom Premium Outlets*** mit rund 80 Shops.

Der California Gold Rush

Ernst-Georg Richter

Am Montag, den **24. Januar 1848**, fand ein ***James Marshall*** am Südarm des American River Goldstaub, als er mit einigen Männern im Auftrag des reichen Schweizer Einwanderers *Johann August Sutter* dort eine Wassermühle errichten solllte. Der Fund ließ sich natürlich nicht geheim halten, und so strömten bald die ersten Prospektoren in der Hoffnung auf schnellen Reichtum hinauf in die Sierra Nevada.

Aber erst als die Zeitung *The Californian* darüber berichtet und *Sutters* ehemaliger Partner erste *Goldnuggets* in San Francisco herumgezeigt hatte (um dann mit zuvor aufgekauften Ausrüstungen und Vorräten ein Bombengeschäft zu machen), ergoss sich ein Strom von Goldsuchern zunächst an den American River und seine Zuflüsse und – nach Verbreitung der Nachricht bis an die Ostküste, nach Australien und Europa – in voller Wucht ab **1849** an jeden Bach in den westlichen Ausläufern der Sierra Nevada zwischen dem heutigen Oroville (nördlich von Sacramento) und Coarsegold (südlich des *Yosemite Park*). Allein in jenem Jahr sollen 40.000-50.000 Goldsucher in die gerade erst im amerikanisch-mexikanischen Krieg den USA zugefallene Provinz *Alta California* (➤ »Geschichte«, Seite 600) geströmt sein.

So kam es zur Wortschöpfung ***Fortyniners*** für die Glücksritter des kalifornischen Goldrausches, wiewohl sich auch **1850** der *Gold Rush* weiter fortsetzte, als weitere 90.000 *Argonauts* (wie man die Goldsucher in Anlehnung an die griechische Sagenmythologie auch nannte), in die Sierra Nevada gezogen sein sollen. Nicht zuletzt wegen dieses kolossalen Bevölkerungszuwachses wurde Kalifornien schon im September 1850 der 31. Staat der Union. Als aber 1851 in Australien und anderswo Gold gefunden wurde, kehrte sich der Zug der Prospektoren wieder um. Nichtsdestoweniger waren damit Goldsuche und Erzabbau in Goldminen nicht vorbei. Erst als sich der Goldgehalt der Sedimente an Fluss- und Bachufern durch die extensive Suche stark vermindert hatte, keine neuen Goldadern mehr gefunden wurden und nennenswerte Erträge nur noch mit hohem Aufwand zu realisieren waren, galt der Goldrausch 1854 als vorüber. Tatsächlich aber wird bis heute in der Sierra Nevada nach Gold gesucht, sei es »kleinunternehmerisch« oder als Freizeitbeschäftigung, denn aus versteckten Goldadern tief im Fels spült das Wasser immer noch winzige Mengen Gold an die Oberfläche. Beim Goldpreis von immer noch über $1.000 für die Feinunze (31 g) lohnt sich das manchmal sogar.

Von den weit über 100.000, die damals gekommen sein sollen, wurden trotz der – nach heutiger Bewertung – Milliardenerträge nur wenige reich. Die meisten rackerten sich an den eiskalten Wasserläufen oder in den Minen ab und fanden selten mehr Gold, als sie bei exorbitanten Versorgungs- und Materialkosten zum Überleben brauchten. Selbst *Marshall* und *Sutter* brachte das frühe Gold langfristig kein Glück; beide starben verarmt in den 1880er-Jahren. Die größten Gewinner des Goldrausches waren Händler. Der Grundstock der Vermögen amerikanischer Legenden wie ***Levi Strauss*** (Arbeitskleidung, heute Jeans), ***Macy*** (Versorgung mit allem, heute Kaufhäuser) oder ***Studebaker*** (Kutschen, später Autos) wurde in den Jahren des *California Gold Rush* gelegt.

Wer etwas tiefer in die Goldrauschhistorie eindringen möchte, findet im Internet zahlreiche Abhandlungen, am besten in englischer Sprache, so z.B.

https://en.wikipedia.org/wiki/California_Gold_Rush

www.historichwy49.com/goldrush.html

http://explore.museumca.org/goldrush/

Weiter zum Lake Tahoe

I-80 oder Straße #50

Für eine Fahrt von Sacramento zum Lake Tahoe gibt es zwei mögliche Routen. Über die I-80 im Richtung Reno geht es in der Höhe ab Truckee ans Nordufer im Zweifel schneller als über die #50, den ***El Dorado Freeway*** nach South Lake Tahoe. Die attraktivere Südseite des Sees und die Nähe der Spielkasinos Nevadas an der Grenze zu Kalifornien sorgten jedoch dafür, dass die #50 zur Wochenend- und Ferienrennstrecke wurde. Sie läuft bis weit in die Berge hinein als kreuzungsfreie Autobahn und danach fast durchgehend 4-spurig über die Sierra Nevada bis South Lake Tahoe .

Placerville

Erster nennenswerter Ort am Wege ist 40 mi östlich von Sacramento das Goldrauschstädtchen **Placerville**, das es 1848-1850 zu Berühmtheit brachte (➤ Seite 243). Für die – weniger bekannten – Ortschaften weiter oben muss man die weitgehend durch Waldlandschaft führende Autobahn schon verlassen, um von ihnen überhaupt etwas mitzubekommen.

Die Abfahrt hinein und durch Placerville (10.000 Einwohner) sollte man nicht auslassen. Entlang der auf nostalgisch gemachten nicht zu verfehlenden Main Street finden sich ein paar gute Fotomotive, darunter diverse Restaurant- und Shopfassaden.

Hangtown Fry

Eine Spezialität des Ortes ist das ***Hangtown Fry***, eine Kombination aus Eiern mit Speck und Austern, hinter der eine Goldrauschanekdote steckt. »*Hangtown*« war zeitweilig der inoffizielle Name des Ortes, nachdem dort ein paar Gauner ohne Gerichtsverfahren von der Menge aufgeknüpft worden waren. Das *Hangtown Fry* kann man auch in einigen Restaurants bestellen. Es steht aber nicht immer auf der Karte.

Rail Trail

Zwischen Sacramento und Placerville und weiter bis Camino liegen immer noch die Schienen einer seit Jahrzehnten stillgelegten Eisenbahn. Parallel zum Verlauf der Trasse hat man ab **Shingle Springs** (halber Weg von Folsom nach Placerville) einen sog. ***Rail Trail*** für Biker, Jogger und Spaziergänger angelegt. Zur Zeit sind 28 mi als ***El Dorado Trail*** markiert; http://eldoradotrail.com.

Marshall Gold State Park

Von Placerville könnte man gut einen Abstecher zum ***Marshall Gold Discovery State Historic Park*** ins Auge fassen (10 mi nördlich auf der Straße #49) oder auch bereits ab *Exit* 37 von der #50 auf der Ponderosa Rd nach Rescue und weiter auf der Lotus Rd.

Der Park (Eintritt $8 pro Fahrzeug), dessen Gelände das historische Dorf **Coloma** samt Flussufer umfasst, ist den ersten Goldfunden am American River gewidmet, die 1849 zum Kalifornischen Goldrausch führten. Im ***Visitor Center/Museum*** erfährt man alles zum Thema. Von dort sind die interessanten Punkte im Dorf entlang der Main Street und am Fluss (der Gold-Fundort und eine Rekonstruktion von *Sutter's Mill*, ➤ unter Sacramento, Seite 241) leicht zu Fuß zu erreichen. Auf der Monument Road (#153) südlich des Ortes geht es zur **Statue** des berühmten ***James Marshall***.

Soviel »Placer Gold« bleibt nur für's Foto in der Waschpfanne zurück; ein paar winzige, kaum in vollen Gramm zu messende Goldplättchen sind schon ein Erfolg

Goldwaschen

Mit der Waschpfanne in der Hand und gebeugtem Rücken darf man bei Coloma am Ufer des American River auch ohne eigenen *Claim* sein Glück versuchen. Am Nordufer des Flusses ist ein Streifen fürs ***Recreational Gold Panning*** der Besucher des *State Park* reserviert. Immerhin lässt sich selbst im mühsamen Handbetrieb mit Glück tatsächlich ein bescheidener Stundenlohn realisieren, ganz legal und steuerfrei.

Route von Oakland zum Lake Tahoe

Wer auf den Besuch von Sacramento verzichtet, spart bei Start in Oakland/Berkeley auf den ***Freeways* #24/I-680/#4** über Concord/Antioch nach Stockton und von dort auf der **Straße #88** oder der **Kombination #26/#88** bis South Lake Tahoe ein paar Meilen. Und gleichzeitig ist das die – gegenüber der #50 – schönere Strecke. Dazu ist sie im Gebirge weniger verkehrsbelastet und verläuft kurvenreich über den ***Carson Pass*** (2.614 m) und – auf einem kurzen Stück auf der **Straße #89** – über den ***Luther Pass*** (2.360 m).

Jackson

Diese Route führt durch **Jackson**, eine alte *Gold Rush Town* ohne besondere Sehenswürdigkeiten (bis auf das historische ***National Hotel*** mit ***Stanley's Steakhouse***; http://nationalhoteljackson.com). Sie passiert mit **Sutter Creek** (ab Jackson ca. 3 mi) den vielleicht attraktivsten Goldrauschort des *49er's Highway* (➤ Seite 249) mit B&Bs, guten Restaurants und beneidenswerten Wohnlagen.

Gleich nördlich von Jackson ist die ***Kennedy Gold Mine*** (nur oberirdisch) zu besichtigen; www.kennedygoldmine.com ($10/$6).

Lake Tahoe

Der in 1.900 m Höhe liegende Lake Tahoe besticht durch die glasklar türkisfarbene Wassertransparenz im Uferbereich und das dunkle Azurblau des Tiefenwassers. Er bedeckt eine Fläche von 520 km² und ist stellenweise **500 m tief**. Ringsum überragen die Berge der Sierra Nevada den See um bis zu 1.200 m. Von der überwiegend hoch gelegenen Rundstraße (72 mi) bietet insbesondere das Ostufer herrliche Ausblicke auf ein grandioses Panorama.

Rund zwei Drittel des Sees gehören zu Kalifornien, ein Drittel zu Nevada. Die **Ufer des *Lake Tahoe*** sind – soweit nicht als *State Park* oder öffentliche Ortsstrände dem Tourismus erschlossen – in Privatbesitz oder wegen steil abfallender Hänge kaum oder gar nicht zugänglich.

Die besten **Strände** (meist mit *day-use*-Parkgebühr) findet man im Südwesten rund um die kalifornische ***Emerald Bay*** und im Nordosten ca. 4 mi südlich des **Incline Village** im *Lake Tahoe Nevada State Park* mit der ***Sand Harbor Beach***. In dieser Ecke gibt es auch *clothing optional beaches*, wo FKK ganz offiziell erlaubt ist, darunter die ***Secret Beach*** (Zugang nur zu Fuß, ca. 1 km ab dem Parkplatz bei der *Chinmey Beach*).

Auf dem (zum Baden meist zu kalten) See wird vor allem **Wassersport** groß geschrieben. Bei **Tahoe City** am Nordwestufer erfreut sich ***Inner Tubing*** im Autoreifen oder Schlauchboot auf dem Truckee River großer Beliebtheit; Reifen- und Bootsverleih im Ort, Transport zum Startpunkt in der Miete enthalten. Wer nicht selbst aktiv surft, segelt oder Wasserski läuft, genießt den See auf Ausflugsbooten. Sogar ein sog. ***Paddle Wheeler***, wie man ihn früher auf flachen Flussgewässern wie dem Mississippi einsetzte, ist dabei (ab South Lake Tahoe).

Ausflugsboot auf dem Lake Tahoe

Glasklarer Lake Tahoe; im Hintergrund die schneebedeckten Berge der Sierra Nevada

Skifahren

Westlich und nördlich des Lake Tahoe liegen bekannte **Skigebiete**. Populär ist vor allem **Squaw Valley**, Austragungsort der olympischen Winterspiele von 1960.

South Lake Tahoe

Der Ort **South Lake Tahoe** auf der kalifornischen Seite empfängt die Besucher mit einer kompletten touristischen Infrastruktur. **Zahllose H/Motels** säumen die #50 über Meilen und dominieren den zentralen Bereich in Grenznähe. Das gilt auch für die Filialen der bekannten *Fast Food*-Ketten wie für zahlreiche unabhängige Restaurants; https://tahoesouth.com, www.southlaketahoe.com.

Stateline/ Nevada

Das wichtigste Ziel vor allem von Wochenendausflüglern liegt jedoch jenseits der Staatsgrenze. Gleich hinter der *Stateline* warten **Spielkasinos** und Hochzeitskapellen für die Eheschließung im Schnellverfahren. Neben Las Vegas, Laughlin am unteren Colorado River und Reno ist der Lake Tahoe Bereich – mit Schwerpunkten in Stateline und Crystal Bay/Incline Village – **Nevadas vierte Glücksspiel-Hochburg**, ➤ www.visitrenotahoe.com.

Unterkunft

Im **Hochsommer** und an **Wochenenden** ist der Lake Tahoe auch von anderen als Glücksspieltouristen stark besucht und teuer. An Brennpunkten des Tourismus wie South Lake Tahoe, Kings Beach oder Incline Village findet trotzdem fast immer noch ein Motelzimmer, wer nicht erst am späten Nachmittag zu suchen beginnt. Während der Woche stehen außerhalb der Saison große Kapazitäten leer. Die Übernachtung ist dann sogar in guten Häusern preiswert, oft auch ein *Discount Coupon* einsetzbar, ➤ Seite 108.

Im **Nevada-Bereich** kommt hinzu, dass die **Kasinohotels** ihre **Tarife von Sonntag- bis Donnerstag** niedrig halten, um Spielkundschaft ins Haus zu ziehen. Zum Wochenende dorthin zu fahren, empfiehlt sich weniger.

Ein weit besseres Preis-Leistungs-Verhältnis als viele einfache Motels in South Lake Tahoe bieten unter der genannten Wochenendeinschränkung u.a. die Kasinos (ab ca $80):

- ***Harvey's Resort* & *Casino***, Stateline Ave/Straße #50, Großkomplex verbunden mit *Harrah's* nahe der Staatsgrenze, mehrere Restaurants (auch mit weiter Aussicht) und Bars, © (775) 588-6611, www.caesars.com/harveys-tahoe
- ***Lakeside Inn* & *Casino*** an der Straße #50 etwas weiter nördlich, rustikale Mittelklasse, motelartig, auch Bars und *Eateries*, © 1-800-624-7980, www.lakesideinn.com

Camping

Die Campmöglichkeiten auf der Ostseite des Sees sind begrenzt; nur ***Nevada Beach*** (1,5 mi oberhalb der *Stateline*) und der Privatplatz ***Zephyr Cove*** (noch etwas nördlicher) bieten **Camping am See**. Am West- und Nordufer existiert dagegen eine Reihe guter *Campgrounds*, vor allem in den ***State Parks*** wie der ***Emerald Bay SP*** nordwestlich von South Lake Tahoe.

Exkurs: Vom Lake Tahoe direkt oder durchs Goldrauschgebiet zum Yosemite National Park

Direkte Route

Wer ab Lake Tahoe keinen Besuch von Reno plant, sondern die Reise von dort gleich in Richtung Süden zum **Osteingang des *Yosemite Park*** und ggf. weiter nach Las Vegas fortsetzen will, hat zur Straße #395 an der Ostseite der Sierra Nevada entlang keine Alternative. Über die #207 oder ggf. auch #50 steigt man dann aus der Höhe direkt hinunter zur #395 oder wählt den kleinen Umweg über die Straßen #88 und #89 (Markleeville/*Grover Hot Springs*), wie im Folgenden beschrieben.

Durchs Gold Rush Country

Eine abwechslungsreiche, wiewohl zeitraubende Route führt zum **Nordwesteingang des *Yosemite Park*** (Straße #120). Sie wäre in erster Linie von Reisenden zu erwägen, die eine Fahrt durch das kalifornische Goldrauschgebiet mit historischen Relikten, Tropfsteinhöhlen und *Backroads* reizt, und dafür (ab Sacramento) mindestens einen Tag Extrazeit investieren mögen.

Straße #88

Die Straße #88 über den *Carson Pass* (2.614 m) wäre hier zwar die naheliegende Route nach Westen zur Straße #49. Ab **Pioneer** führt zudem die **Railroad Flat Road** in Verbindung mit der **Sheep Ranch Road** abkürzend nach **Murphys** unweit der #4, eine ***Backroad*** durch streckenweise sehr hübsche Landschaft, auf der man aber wegen der Kurverei und Verlangsamung bei Gegenverkehr ewig unterwegs ist.

Straße #4

Die **empfehlenswertere Strecke** entspricht hier zunächst der #89 über Markleeville/*Grover Hot Springs* und dann auf der ebenfalls gut ausgebauten **Straße #4** über den ***Ebbetts Pass*** (2.662 m) nach Westen. Man gelangt auf ihr etwas rascher ins interessante Gebiet um die Orte Murphys, Angels Camp und Columbia. Aber Achtung: die #4 wird früher im Jahr komplett gesperrt bzw. später wieder für den Verkehr geöffnet als die #88 (Sperrung möglich ab Oktober bis Ende Mai). Information zum Straßenzustand ➤ Seite 284.

Calaveras Big Trees

Ca. 25 mi vor Erreichen des *49ers Highway* in Angels Camp passiert man den grandiosen ***Calaveras Big Trees State Park*** (www.parks.ca.gov/?page_id=551) voller mächtiger ***Sequoias*** im ***Big Trees Grove***, der durchaus mit dem *Mariposa Grove* des *Yosemite* mithalten kann ➤ Seite 277. Ein Ablaufen des ***Loop Trail*** (etwa 45 min) durch diesen Bestand ist die Fahrtunterbrechung selbst dann wert, wenn man im weiteren Reiseverlauf auch die Mammutbäume in den Nationalparks *Yosemite* und/oder *Sequoia* noch bewundern wird.

Der ***Campground*** des Parks liegt schattig mit vielen Stellplätzen direkt unter *Sequoias*; Reservierung ➤ Seite 122.

Murphys Hotel und Saloon im gleichnamigen Städtchen

Murphys

Einen Zwischenstopp könnte man für **Murphys** einplanen, ein hübsches, touristisch stark belebtes Städtchen etwas abseits der Straße #4; www.visitmurphys.com und www.gocalaveras.com.

Die Besucherinfrastruktur konzentriert sich auf einen Teilbereich der Main Street west-/östlich des historischen ***Murphys Hotel*** (einige altmodische Zimmer) mit einem ***Saloon* von 1856**: © 1-800-532-7684; www.murphyshotel.com (moderner Motelanbau).

Für die Ortsgröße (2.200 Einw.) ungewöhnlich ist die hohe Zahl an **Restaurants** mit schattigen Terrassen. Dank hoher Sonneneinstrahlung gewann der Weinanbau in dieser Gegend in den letzten Jahren erheblich an Bedeutung. Und so gibt es eine ganze Reihe von ***Wine Tasting Rooms*** der lokalen Winzer an der Main Street und gleich »um die Ecke« in den Nebenstraßen, manche in Verbindung mit Souvenirshops und Galerien.

Höhlen

Viele kleine durch Stiege und viel Auf und Ab miteinander verbundene Räume haben die attraktiven ***Mercer Caverns*** an der Sheep Ranch Road, ca. 1 mi nördlich von Murphys (geöffnet 9-17 Uhr im Sommer, sonst 10-16.30 Uhr. Diese Tropfsteinhöhle besticht mit vielen ungewöhnlichen Formationen und Kristallen.

Die geführten Touren kosten $16 für Erwachsene und $9 für Kinder 3-12 Jahre; www.mercercaverns.com.

Moaning Cavern

Von **Murphys** sind es nur wenige Meilen bis Vallecito. Ca. 2 mi südlich (Parrots Ferry Road/#E18 ab der #4) befindet sich der Eingang zum größten Tropfsteinhöhlenkomplex Kaliforniens, die ***Moaning Cavern*** (täglich 9-18 Uhr im Sommer, sonst 10-16 Uhr; 45 min-Tour $18, Kinder (3-12 Jahre) $10; Abenteuertouren mit Kletterseil ab $95; www.caverntours.com/MoCavRt.htm. Oberirdisch sorgt eine ***Zipline*** (ab $45) für den Adrenalin-Kick und jede Menge »Fun«.

Natural Bridges

Ebenfalls an der Parrott Ferry Road passiert man ca. 3 mi südlich der Zufahrt zur *Moaning Cavern* die *Natural Bridges Day-Use Area* und den Startpunkt eines *Trails* zur ***Upper Natural Bridge*** über dem Coyote Creek (ca. 2 mi retour). Die obere »Felsbrücke« ist in Wahrheit eine nach beiden Seiten offene ca. 75 m lange vom Bach durch den Fels geschnittene Höhle (eine weitere Höhle dieser Art befindet sich bachabwärts). Im Sommer erfreuen sich die Badepools vor den Höhlenöffnungen großer Beliebtheit. Man kann die Höhle ohne weiteres durchqueren, muss aber wasserstandsabhängig ggf. ein Stück schwimmen. Wassergeeignete Schuhe sind dort keine schlechte Idee. Ein prima Zwischenziel für eine Fahrpause. Details z.B. unter www.hikespeak.com/trails/upper-natural-bridge-hike-calaveras-county.

Der 49er's Highway

Von Oakhurst über Mariposa südlich bzw. südwestlich des *Yosemite National Park* schlängelt sich die mit Bedacht derart nummerierte **Straße #49** durch die Ausläufer der Sierra Nevada bis zur Straße #89 (Sattley) etwa 45 mi nördlich des Lake Tahoe. Sie verbindet einen Großteil der einst während des ***California Gold Rush*** berühmten und berüchtigten Städte wie **Sonora, Angels Camp, Jackson, Sutter Creek, Placerville**, **Nevada City** u.a. Der Bezug dieser Strecke zu den **49ers**, den Goldsuchern des Jahres 1849 (➤ Kasten Seite 242), wird extrem ausgeschlachtet. Wer die lokalen und regionalen Werbebroschüren liest, aber auch »objektive« Reiseliteratur, muss den Eindruck gewinnen, es handle sich bei der #49 um eine Art touristische Superroute. Das ist in Wirklichkeit nicht ganz der Fall. Trotz vieler hübscher Teilstücke ist ihr Verlauf im Sierra Nevada-Maßstab landschaftlich durchaus nicht sensationell und obendrein auf vielen Abschnitten ab Frühsommer bis Herbst tagsüber stark befahren. Auch wegen der Ortsdurchfahrten beansprucht sie relativ viel Fahrzeit.

Unterwegs gibt es eine Reihe kleiner historischer Museen, Tropfsteinhöhlen, Goldminen und manches (nicht immer) sehenswerte Relikt aus der Goldrauschzeit; am informativsten sind der *Columbia State Historic Park* (➤ Seite 251) und der *Marshall Gold Discovery State Park* (➤ Seite 244).

Die oben genannten Städtchen verfügen alle über mehr oder minder pittoreske alte Straßenzüge, aber die sind mit ihren Lokalen, Kneipen und jeder Menge Souvenir-, T-Shirt- und Antiquitätenläden oft genug überkommerzialisiert.

Mark Twain und das Calaveras Jumping Frog Jubilee

Samuel Langhorne Clemens wurde 1835 in Hannibal/Missouri geboren, einem Städtchen am Westufer des Mississippi. Schon früh absolvierte er eine Ausbildung als Schriftsetzer und schrieb ein erstes Buch und Berichte von Reisen in die Großstädte des US-Ostens fürs *Hannibal Journal.* Ab 1855 lebte er in St. Louis und brachte es zum Lotsen auf dem großen Strom.

Als mit dem Bürgerkrieg 1861 der zivile Schiffsverkehr auf dem Mississippi abbrach, zog er als verspäteter Prospektor nach Westen und landete zunächst als Bergarbeiter in einer Goldmine in **Virginia City**, ➤ Seite 253, heuerte aber bald bei der Zeitung *Territorial Enterprise* an. Unter dem Pseudonym ***Mark Twain*** schrieb er Stories mit Lokalkolorit aus den *Saloons* und Goldgräbercamps Kaliforniens und Nevadas.

Erstmals über die Grenzen dieser Staaten hinaus bekannt wurde er 1865 mit seiner Geschichte von ***Jim Smiley and the jumping Frog*** (»Der berühmte Springfrosch von Calaveras«) in der Wochenschrift *The Californian. Twain* hatte diese Anekdote in **Angels Camp** gehört, einem während des Goldrausches entstandenen Städtchen im Landkreis Calaveras. Es geht darin um den wettversessenen *Jim Smiley*, der einen Frosch abrichtet, weiter als jeder andere zu springen, und andere animiert, dagegen zu wetten. Als ein Fremder darauf besteht, jeder beliebige Frosch könne so weit springen wie *Smileys*, kommt es zu einer Wette mit hohem Einsatz. *Smiley* darf sogar selbst den »Gegner« bestimmen. Während er daraufhin einen passenden Frosch aus dem Sumpf holt, verbleibt das Springwunder in der Obhut des Wettkumpans, der es derweil mit Schrotkugeln abfüllt. Natürlich springt der »untrainierte« Frosch bei seiner Freilassung sogleich davon, und *Smileys* Zucht verharrt am Boden. Erst als der Gewinner auf und davon ist, kommt *Smiley* auf den Trick.

Von dieser kleinen Episode aus dem Jahr1865 zehrt die Region noch heute. **Jedes dritte Wochenende im Mai findet in Angels Camp** am ***49ers Highway***, keine 10 mi südlich von Murphys, das ***Calaveras Jumping Frog Jubilee*** statt. Die besten »Athleten« schaffen immerhin Weiten von über sechs Metern.

Neben solchen Geschichten und bis heute gelesener Weltliteratur hinterließ Mark Twain der Nachwelt einen erstaunlich zeitlosen **Zitatenschatz**, nachzulesen auf Deutsch z.B. im Internet unter www.zitate-welt.de/zitate/autor.php?autor= Mark+Twain&id=1116.

Ernst-Georg Richter

Wandbild in Angels Camp

Columbia State Historic Park

Auch ohne Absicht, die *Moaning Cavern* zu besuchen, macht es Sinn, ab Vallecito der *Straße* E18 zu folgen, um den ***Columbia State Historic Park*** ohne den Umweg über Angels Camp und die #49 anzusteuern. Columbia war in den Jahren 1850-1870 eine der wichtigsten Goldminenstädte Kaliforniens. Ihr damaliger Zustand wurde wiederhergestellt und als relativ authentisch wirkendes ***Living Museum*** der Öffentlichkeit zugänglich gemacht.

Die einzelnen Gebäude und das Museum sind im Sommer 10-17 Uhr geöffnet. Der Komplex ist aber nie ganz geschlossen, da auch *Shops*, Cafés und *Saloons* integriert wurden; www.parks.ca.gov/?page_id=552. Im ***Fallon House Theater*** gibt's im Sommer täglich Vorstellungen humoriger Melodramen.

Die **Nostalgiehotels *City*** und ***Fallon*** beherbergen in ihren Wildwest-Gemäuern nach wie vor Gäste, wiewohl zu modernen Tarifen und sogar mit *Wifi*, Reservierung unter © 1-800-444-7275. Weitere Einzelheiten zu den Unterkünften/*Campgrounds* in Columbia unter www.visitcolumbiacalifornia.com/lodging.

1

Ganze Schulklassen samt Lehrern üben sich hier im Columbia State Park in der hohen Kunst des Goldwaschens

Zum Yosemite Park

Von Columbia geht es dann auf der #49 über Sonora und Jamestown zur Straße #120, der – ab San Francisco – Hauptroute in den ***Yosemite National Park***; Anschluss ➤ Seite 266.

In beiden Orten gibt es wie überall die Hauptstraße mit allerhand Shops, Kneipen und *Eateries* hinter alten Fassaden, aber im Grunde nichts Besonderes zu sehen. Indessen eignen sich sowohl **Sonora** als auch **Jamestown** mit ihren **H/Motels** gut zur letzten Übernachtung vor der Fahrt in den Nationalpark. Im Gegensatz zu Groveland und Mariposa (➤ Seiten 266 und 268) sind dort die Unterkunftstarife meist noch erschwinglich, außerhalb der Hauptsaison sogar moderat. **Tipp**: ***Best Western Plus Sonora Oaks Hotel***, ca. 3 mi östlich des Ortes; www.bwsonoraoaks.com.

1.2.2 Vom Lake Tahoe nach Carson City und Reno

Nach Reno

Der **direkte und kürzeste Weg** vom Lake Tahoe nach Reno, die #431, führt von **Incline Village** am Nordende des Sees über den ***Mount Rose Pass*** (2.700 m) und dann hinunter in die Halbwüste Nevadas auf 1.350 m Höhe. Unweit des Passes passiert man die Zufahrt zum schön gelegenen ***Campground Mount Rose*** im *Humboldt-Toiyabe Nat'l Forest*; $20, Reservierung unter www.recreation.gov.

Die **interessantere Route** nach Reno ist allerdings die Straße #50 in Verbindung mit der #341 über Carson und Virginia City. Den Umweg über die alte Silberstadt sollte man möglichst einplanen.

Carson und Virginia City

Carson City/ Railroad Trip

Die Hauptstadt Nevadas (55.000 Einwohner) ist trotz historischer Gebäude kein »touristisches Muss«, außer man möchte von dort mit der ***Virginia & Truckee Railroad*** nach Virginia City weiterfahren. Der 3-stündige Rundtrip mit der nostalgischen Bahn startet beim *Eastgate Depot* am Flint Drive, 6 mi östlich von *Downtown* an der #50; nur Fr-So von Ende Mai bis Mitte Oktober; Tickets ca. $55, Kinder bis 12 Jahre ca. $35; ✆ (775) 291-0208; www.vtrailway.com.

Museumslok in Carson City

Wer durch Carson City fährt, könnte zudem einen Stopp beim ***Nevada State Railroad Museum*** ins Auge fassen mit schöner alter Wildwest-Lok im Freigelände, die zu wechselnden Zeiten über einen Rundkurs dampft ($7, Kinder frei). Das Museum liegt zusammen mit dem ***Visitor Center*** an der 2180 South Carson Street (#395 *Business*) im Süden der Stadt; www.visitcarsoncity.com.

Das ***Nevada State Museum***, an der Hauptstraße Carson Street (= #395 *Bus*) etwas nördlich des (hier ausnahmsweise nicht prächtigen) *State Capitol*, thematisiert in erster Linie die Geschichte Nevadas und den Gold- und Silberbergbau – ansehenswert; geöffnet Di-Sa 8.30-16.30 Uhr; $8, bis 17 Jahre frei.

Schräg gegenüber im ***Carson Nugget Casino*** liegen hinter Panzerglasscheiben in Nevada gefundene große **Original-Goldnuggets**.

Unterkunft

Carson City eignet sich mit seinen moderaten Unterkunftstarifen gut für Zwischenübernachtungen. Zahlreiche **M/Hotels** finden sich **entlang der gesamten #395 *Business*** durch die Stadt. Speziell etwas nördlich des Zentralbereichs gibt es oft besonders preiswerte Angebote in der unteren Mittelklasse.

Gold Hill

Nach Virginia City geht es zunächst auf der #50 einige Meilen nach Osten und dann auf der #341 hinauf in die Berge. Nach kurzer Strecke teilt sich die Straße: hier unbedingt den westlichen Ast

Nostalgisches Gold Hill Hotel bei Virginia City/Nevada an der Endstation einer alten Minenbahn. Dazu gute Küche, uriger Saloon; und es spukt sogar ein Hausgeist.

über **Gold Hill** fahren (steil, aber auch für die meisten RVs kein Problem). Der Ort besteht im Wesentlichen aus der Station der *Virginia & Truckee Railroad* nach Virginia City und dem nostalgischen ***Gold Hill Hotel*** mit einem absolut urigen ***Saloon***; 1540 Main St; Zimmer ab ca. $70; ✆ (775) 847-0111; www.goldhillhotel.net).

Virginia City

Virginia City war in den 70er-Jahren des 19. Jahrhunderts mit ca. 30.000 Einwohnern die größte Stadt zwischen Chicago und San Francisco. Die ***Comstock Lode***, eine der ertragreichsten je gefundenen Gold- und Silberadern, hatte für das Entstehen dieser *Boomtown* gesorgt. Die Fassaden der im Gegensatz etwa zu Bodie (➤ Seite 286) nie ganz vergessenen Stadt entsprechen in der Hauptstraße weitgehend dem damaligen Aussehen. Für alle, die sich das schon mal aus der Ferne anschauen möchten, wurden zwei ***Webcams*** installiert. Der Link zu ihnen und überhaupt alle Infos über Virginia City findet sich unter www.visitvirginiacitynv.com.

Absolut authentisch wirkt das Innenleben einiger ***Saloons***, ganz so, wie man es aus Wildwest-Filmen kennt. Originell sortiert sind auch einige der Läden. Kaum sonstwo findet man ausgefallenere Souvenirs und Mitbringsel, sogar für komplette ***Cowboy-Outfits*** ist man hier richtig. Gut ausgestattet mit Kostümen, Kulissen und Wildwest-Zubehör sind ebenfalls die ***Old Tyme Foto Shops***. Wer gern ein Nostalgiefoto von sich im Outfit der Wildwest-Jahre und in passender Rolle hätte (*Sheriff, Outlaw, Can-Can Girl* u.v.a.m.), sollte das in Virginia City realisieren: So vielseitig gibt's das selten!

Mark Twain

Über die großen Jahre von Virginia City, in denen ***Mark Twain*** (➤ Seite 250) für den *Territorial Enterprise* schrieb, die erste Zeitung Nevadas, informieren mehrere kleine Museen und historische Gebäude entlang der Straße #341 durch den Ort.

Gold- und Silbermine

Den Kehrseiten der guten, alten Zeit kann man hautnah bei einer Führung durch die engen Stollen der ***Chollar Mine*** unter dem Ort in der F Street auf die Spur kommen. Die 30-minütigen ***Underground Tours*** (Mai-Oktober) kosten $11, Kinder 5-12 Jahre zahlen $3,50 (nur in bar!); ✆ (775) 847-0155, www.chollarminetours.com.

Moderne Cowboys vor dem »Bucket of Blood Saloon« im Historic District von Virginia City

Für Oldtimer-Fans sind auch die im August in Virginia City sowie Reno/Sparks stattfindenden ***Hot August Nights*** von Interesse; ➤ Seite 260 bzw. www.hotaugustnights.net.

Unterkunft

Leider nimmt der **Tourismus** an manchen Tagen etwas überhand, und auch auf die **Spielautomaten** mag man nicht verzichten. Da aber Virginia City inkl. einiger ganz »witziger« *B&Bs* auf eine maximale Übernachtungskapazität von nur rund 300 Betten kommt, die obendrein selten alle belegt sind, wird es ab spätem Nachmittag wieder ruhig. Abends ist kaum noch etwas los. Dann sind Einheimische und die wenigen Gäste in den Kneipen unter sich. Wem dieser Aspekt gefällt, sollte versuchen, im historischen ***Silver Queen Hotel*** unterzukommen; im Haus fehlt auch ein ***Saloon*** nicht (© (775) 847-0440, DZ ab $60). Eine Liste aller Quartiere gibt's unter www.visitvirginiacitynv.com.

Der ***Virginia City RV-Park*** befindet sich unterhalb der Hauptstraße (F Street) beim öffentlichen *Pool* und Spielplatz (gegenüber). Zwar ist der Komplex etwas eng, hat aber einige schöne Stellplätze mit Weitblick; Reservierung unter © (775) 847-0999 oder www.vcrvparknv.com (auch Zeltcamper).

Nostalgische Kneipe und Automatenhalle in diesem früheren Hotel in Virginia City

Nach Reno Die bis Reno laufende **Straße #341** verwöhnt den Reisenden im Abstieg von der Höhe mit Aussichtspunkten für den weiten Blick über das Reno-Carson Valley und hinüber auf die Höhen der Sierra Nevada.

1

Reno

Geographie, Information, Unterkunft und Shopping

Lage Las Vegas' kleine Schwester **Reno**, die ***Biggest Little City in the World***, ist eine respektable Großstadt, die es zusammen mit dem Nachbarn **Sparks** auf knapp 0,5 Mio Einwohner bringt und sich mittlerweile über rund 130 km^2 Wüste erstreckt. Die Stadt liegt 15 mi östlich der kalifornischen Grenze und 30 mi nördlich der Hauptstadt Carson City am Rande der Wüste von Nevada auf einer Höhe von 1.250 m. Zum Lake Tahoe sind es nur 40 mi. Aus dem See entspringt der **Truckee River**, ohne dessen Wasser Reno nicht lebensfähig wäre.

Klima Wegen der bis zu 3.000 m hohen Berge im Westen bilden Bewölkung und Niederschläge in Reno eher die Ausnahme. Sonnenschein überwiegt, wobei die Temperaturen dank der Höhenlage selbst im Hochsommer selten über 30°C steigen. Aber auch größere Hitze bleibt bei der normalerweise geringen Luftfeuchte erträglich, zumal es abends schnell abkühlt. **Mai, Juni und September sind die besten Besuchszeiten**.

Kennzeichnung Reno stand nach seiner Gründung 1868 lange im Schatten der *Boomtown* Virginia City (➤ oben), bevor es sich nach der Jahrhundertwende eigenständig entwickelte. Aber erst mit der Zulassung des Glücksspiels in Nevada in den 1930er-Jahren begann der Aufstieg von Reno zur zweitgrößten Kasinoballung des Staates. Im Gegensatz zu Las Vegas sind Glücksspiel und das damit zusammen-

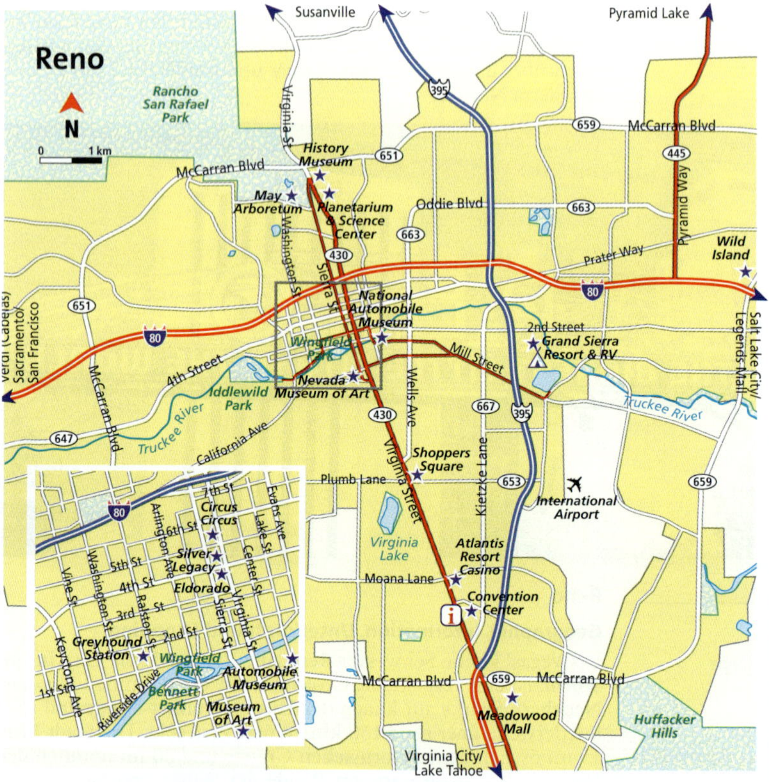

hängende *Business* nicht die dominierenden Faktoren der lokalen Wirtschaft, auch wenn dies im grell-bunten *Downtown* und entlang der Hauptzufahrtstraße Virginia Street mit ihrer touristischen Infrastruktur auf den ersten Blick so aussieht. Außerdem geriet Reno schon in den 1990er-Jahren gegenüber Las Vegas arg ins Hintertreffen, denn mit den Superlativen dort konnte man nicht mithalten. Die Finanzkrise von 2008 und der Folgejahre tat ein Übriges und hinterließ in Reno stärkere Spuren als in Las Vegas, was sich u.a. in immer noch niedrigen Übernachtungstarifen manifestiert, ➤ rechts.

Information

Das ***Reno-Sparks Convention & Visitors Center*** residiert in der 135 North Sierra Street und hat Info- sowie Werbematerial in Hülle und Fülle; geöffnet täglich 10-18 Uhr; ✆ 1-888-255-1223, www.visitrenotahoe.com. Kommerzielle Adresse: www.reno.com.

Unterkunft

In der Spielerstadt Reno ist es generell nicht schwierig, eine passende Unterkunft zu finden. Zahlreiche **Motels aller Kategorien**

– geballt entlang der **South Virginia Street** – konkurrieren mit relativ und absolut günstigen Preisen um Gäste. Man braucht die Straße nur einmal 'rauf und 'runter zu fahren. Eine ganze Reihe **Billigmotels** gibt's nördlich der Kasinoballung.

Discounttarife und -coupons finden sich speziell für Reno zahlreich in den *Coupon Guides* (➤ Seite 108). Die Kasinohotels werben So-Do mit günstigen Sondertarifen. Wochenenden sind teurer. Die beste Übersicht mit aktuellen Tarifen und Link zu allen Häusern findet man über die Google-Eingabe »hotels reno nevada«, dann Doppelklick auf die Karte.

Folgende Kasinohotels bieten bei fehlender Auslastung oft besonders niedrige Tarife für große, gut ausgestattete Räume (+ *tax* 12%):

- ***Circus Circus***, ✆ 1-800-648-5010, 500 N Sierra St, traditionell eines der preiswertesten Hotels bei einem relativ niedrigeren Standard der Zimmer und Gäste, ab $45; www.circusreno.com
- ***Silver Legacy***, ✆ 1-800-687-8733, 407 N. Virginia Street, Hotelhochhaus mit 1700 Zimmern hinter einer an einen Atommeiler erinnernden Kuppel, ab $60; www.silverlegacyreno.com
- ***Harrah's***, ✆ 1-866-503-5494, 219 North Center Street, ab ca. $50; www.caesars.com/harrahs-reno
- ***Grand Sierra Resort*** (früher *Hilton*), ✆ 1-800-648-5080, 2500 E 2nd Street östlich des *Freeway* #395, mit 2000 Zimmern das größte Kasino, ab $90; www.grandsierraresort.com
- ***Peppermill***, ✆ 1-866-821-9996, 2707 South Virginia Street, der 1600-Zimmer-Komplex steht unübersehbar 2,5 mi südlich von *Downtown*; gute DZ ab ca. $90; www.peppermillreno.com
- ***Atlantis Casino Resort Spa***, ✆ 1-800-723-6500, 3800 S Virginia St, großer Kasinopalast beim Kongresszentrum noch einmal eine halbe Meile südlicher unweit der I-580; eines der besseren Häuser in Reno, DZ ab ca. $90; www.atlantiscasino.com

1

Die angegebenen Tarife beziehen sich immer auf den »normalen« Standardraum, für *Luxury Rooms* und Suiten sind sie leicht um das Doppelte bis Vielfache höher.

Camping

Kommerzielle **Campingplätze** der Komfortklasse gibt es gleich ein ganzes Dutzend. Ein **Gratis-Busservice** zur Innenstadt gehört bei den cityferneren Plätzen zum Gäste-Service.

- Der größte von allen mit jedem Komfort und Golf-Übungsplatz und -teich befindet sich auf dem Gelände des ***Grand Sierra Resort***: East 2nd und Mill Street/*Freeway* #395, © 1-800-258-7366, RVs ab $35 mit *full hook-up* (keine Zelte); Reservierungen unter: www.grandsierraresort.com/hotel-rooms-and-suites/rv-park
- Ein guter Campingplatz abseits der Straße im lichten Wald am Fuße der Sierra Nevada ist der ***Davis Creek County Park***, ca. 18 mi südlich von Reno (#395); Duschen/*hook-up*; *first-come, first-served*; $20 (nur Barzahlung!); www.washoecounty.us/parks/specialty_facilities/davis_creek_campground.php
- Einige Meilen weiter befindet sich der ***Washoe Lake SP***, © (775) 687-4319; http://parks.nv.gov/parks/washoe-lake-state-park. In den Nevada *Visitor Bureaus* liegt eine Broschüre zu den ***Campsites & RV Parks*** auf, die alle Plätze mit Details beschreiben.
- In Sparks, nur wenig abseits der I-80, liegt der relativ Reno-nahe ***Sparks Marina RV Park*** am Lincoln Way zwischen dem künstlichen See *Sparks Marina* und der im Folgenden beschriebenen *Outlet Mall*. Komfortabler Riesenplatz vor allem für Groß-RVs; ca. $47; © 1-866-772-7574; www.sparksmarinarvpark.com

Shopping

Reno ist mit ***Shopping Centers*** gut bestückt. Am größten ist die ***Meadowood Mall*** im Stadtsüden an der I-580/#395 S/McCarran Blvd, beliebt ***Shoppers Square*** an der S Virginia/East Plum Lane.

In **Sparks** östlich von Reno an der I-80 befindet sich am Sparks Blvd eine ***Outlet Mall*** (I-80 *Exit* 20); www.outletsatsparks.com. Neben den auch sonst in *Outlets* vertretenen Läden und Marken ragt dort die Filiale des ***Scheels All Sports Store*** heraus, der angeblich weltweit größte Shop für Sportbekleidung und -ausrüstung mit 26.000 m^2 Verkaufs- und Nebenflächen; www.scheels.com.

Eine kilometerlange Jogging und Bike Route läuft am Nordufer des Truckee River entlang mitten durch die Stadt

Bei Hitze wird's auf der gegenüberliegenden Seite des Sparks Blvd im Planschpark ***Wild Island*** schon 'mal etwas eng; Öffnungszeiten variieren; $30, Kinder bis 1,20 m $24; www.wildisland.com.

Ein weiteres ***Shopping Highlight*** darf nicht unerwähnt bleiben, obwohl es ca. 10 mi von Reno entfernt an der I-80 bei Verdi (8650 Boomtown Garson Rd) nahe der Grenze zu Kalifornien liegt. Die riesige Filiale der Kette ***Cabela's*** für *Outdoor*-Bedarf hat nebenbei auch noch Aquarien und ein Tierweltmuseum; www.cabelas.com.

Spielkasinos und mehr

Casino Row

Auch wer mit dem Glücksspiel wenig im Sinn und es eher auf Ziele in der Umgebung abgesehen hat, sollte auf einen Kurzbesuch der Spielhöllen nicht verzichten. Am intensivsten wird man in der ***Casino Row*** bedient, einem ca. 400 m langen Teilstück der **Virginia Street**, aber auch in der parallelen **Sierra Street** und einigen Nebenstraßen.

Dort befinden sich – bis auf die unter »Hotels« schon gelisteten **Großkomplexe *Grand Sierra, Peppermill*** und ***Atlantis*** – alle größeren Kasinos der Stadt. Mögen die glitzernden Lichtreklamen draußen auch Unterschiede suggerieren, von innen wirken die riesigen Säle mit ihren *Slot Machines*, *Roulette-* und *Black Jack*-Tischen alle ziemlich gleich.

Ansehenswerte Kasinos in Reno sind:

- das ***Grand Sierra***, 2500 East 2nd Street an der I-580 wegen der enormen Dimensionen, ➢ oben
- das ***Silver Legacy***, 407 North Virginia Street, das aufwendigste der Reno-Kasinos. Im *Silver Legacy* gibt es eine Goldminenanlage und ***Shows*** unter dem Kuppeldach sowie Do-So ein großes **Buffet**; www.silverlegacyreno.com.
- das ***Circus Circus***, North Virginia/5th Street. **Artistische Vorführungen** unter einer Zirkuskuppel im 2. Stock sind das Markenzeichen dieses Kasinos. Die ***All-you-can-eat-Bufetts*** dort gelten als besonders preiswert; www.circusreno.com
- das ***Eldorado Casino***, North Virginia/4th Street, ein Bau aus den 1970er Jahren, ist beliebt dank einer eigenen Brauerei ***The Brew Brothers***; www.eldoradoreno.com

Heiraten

Kurzentschlossen heiraten kann man nicht nur in Las Vegas. Auch in Reno gibt's die kitschig-originellen **Hochzeitskapellen** für die Nevada-Schnellehe (➤ Seite 523). Eine Reihe von ihnen steht unübersehbar an der South Virginia Street.

National Automobile Museum

Das Automuseum an der Ecke Mill/Lake Street beherbergt eine phänomenale **Ausstellung historischer Fahrzeuge**. Die Vehikel aus aller Welt unter (zu) starker Betonung amerikanischer Modelle, die überwiegend so aussehen, als hätten sie soeben die Fabrik verlassen, wurden epochenweise geordnet und teilweise in ein der Zeit entsprechendes Ambiente gestellt. Auch für die Edel-Karossen der Hollywood-Stars wurde hier Platz geschaffen, darunter ein *Cadillac* von *Elvis Presley* sowie ein *Mercury Coupe* von *James Dean*. Zeitbedarf mit Multimedia-Show 2-3 Stunden. Ein absolutes »Muss« für Auto-Fans! Eintritt $12, Kinder 6-18 Jahre $6; Mo-Sa 9.30-17.30 Uhr sowie So 10-16 Uhr; www.automuseum.org.

Ein besonderer Tipp für *Vintage-Car*-Liebhaber sind auch die ***Hot August Nights***, bei denen sich jedes Jahr Anfang August zuerst die Straßen von Virginia City und anschließend von Reno/Sparks mit zahllosen Oldtimern füllen; www.hotaugustnights.net.

City Parks

In Reno fällt die relativ hohe Zahl kleiner und großer Parks auf. Attraktiv gestaltet und mit einer ***Bike & Jogging Route*** ausgestattet ist auch der **Uferbereich** des Truckee River zwischen dem ***Wingfield Park*** im Zentrum und dem ***Idlewild Park*** im Stadtwesten.

Der futuristische Oldtimer »Phantom Corsair«, ein Unikat aus dem Jahr 1938, steht heute im National Automobile Museum in Reno.

Abseits der City

Im ***Rancho San Rafael Regional Park*** (Nordende Sierra Street) wartet das ***Wilbur D. May Museum*** mit Arboretum und botanischem Garten auf Besucher; 1595 N. Sierra Street; www.washoecounty.us/parks/maycenterhome/museum.

Balloon Race

Anfang September findet in dem *Regional Park* der 3-tägige ***Great Reno Balloon Race***, eine Ballonshow mit Massenaufstiegen bunter Heißluftballons in allen Farben und Formen statt. Eintritt kostenlos, Programmdetails unter www.renoballoon.com.

Ballon-aufstieg beim Reno Balloon Race

Reno Air Race

Eine Woche später heben beim ***Reno Air Race*** jede Menge Flugzeuge ab: von Doppeldeckern des 1. Weltkriegs über *World War II*-Typen mit martialischer Bemalung bis zu modernen, darunter viele militärische Maschinen; www.airrace.org. Die Show findet 11 mi nördlich der Stadt auf dem ***Stead Airfield*** unweit der #395 (Stead Blvd) statt. *Shuttle*-Bus-Service ab Reno.

Burning Man Festival

Nur 150 Meilen von Reno entfernt, steigt alljährlich im Spätsommer eine der wohl verrücktesten Open-Air-Dauerpartys der USA. Dort, wo sonst das ganze Jahr nur der Wind über die karge, einsame Salzebene fegt, versammeln sich vom letzten Montag im August bis zum ersten Montag im September Abertausende von durchgeknallten Freaks, die entweder nur »sich selbst« ausstellen oder ihre skurrilen, teils interaktiven Kunstinstallationen und beweglichen ***Art Cars***. Wie eine Fata Morgana erheben sich dann Holz-Ufos, Paläste aus 1001 Nacht, ägyptische Pyramiden, Wikinger-Schiffe und andere eigenwillige Fantasie-Konstrukte aus der sich bis zum Horizont laufenden *Black Rock Desert Playa*, ➢ umseitig.

Was einst in den 1980er Jahren als kleines Hippiefest an der *Baker Beach* in San Francisco begann, hat sich zu einem Mega-Spektakel entwickelt, das trotz seines abgeschiedenen Austragungsorts, Null-Infrastruktur (keine Duschen, es gibt nur Kaffee und Eiswürfel zu kaufen) und Zutrittspreisen im höheren dreistelligen Bereich immer restlos ausverkauft ist. In dem von einem 11 km langen Zaun umgebenen Festareal tummelten sich 2017 an die 70.000 Besucher.

Höhepunkt der – in jeder Hinsicht – freizügigen (»*nudity is common, clothing is optional*«) Feierlichkeiten ist das Inbrandsetzen einer überdimensionalen Holzfigur (*Burning Man*) am Samstagabend. Impressionen vom Festival sowie weiterführende Infos gibt es online unter www.burningman.org.

Pyramid Lake

Ein **Abstecher von Reno** könnte auch dem 30 mi entfernten, ungewöhnlichen Pyramid Lake (490 km²) in der gleichnamigen Reservation der *Paiute*-Indianer gelten. Es handelt sich um die Überreste eines einst 20.000 km² umfassenden prähistorischen Gewässers, das langsam verdunstete. Heute trifft man im Umfeld, ähnlich wie beim Mono Lake (➤ Seite 285), auf jede Menge bizarrer Tuffsteingebilde, darunter die namensgebende »Pyramide«.

Schwimmen (bis Oktober warmes Wasser) und auch campen darf man direkt am Seeufer. Man benötigt dafür nur ein ***Paiute Tribe Permit*** ($10 *day-use*, $15 Camping), erhältlich in der *Ranger Station* in Sutcliffe am Westufer sowie am Südende des Sees in Nixon oder unter: www.pyramidlake.us/pyramid-lake-permits.html.

In den letzten Jahren ist der Wasserstand des *Pyramid Lake* stark gefallen und die Wasserlinie ziemlich weit entfernt von den meisten Zugängen. In Sutcliffe existiert gleich hinter dem Strand bzw. Bootsanleger der ***Marina RV-Park*** ($40; kein *Wifi*; Gebühr wird in der *Ranger Station* bezahlt; © (775) 476-1155).

Abstecher in die Black Rock Wüste

Black Rock Desert

Keine 60 km Luftlinie vom »Pyramidensee« entfernt liegt das 200-Seelen-Dorf **Gerlach** an der Straße #447. Es ist Ausgangspunkt für Ausflüge in eine der unwirtlichsten Ecken Nevadas. Die ***Black Rock Desert-High Rock Canyon Emigrant Trails National Conservation Area*** besteht vor allem aus Alkaliflächen, die immer wieder für Autotests und Geschwindigkeitsrekorde herangezogen werden. 1997 hat ein Brite dort mit seinem schubkraftgetriebenen »Raketenfahrzeug« erstmals zu Land mit einem lauten Knall die Schallmauer durchbrochen. Eine *Playa* gigantischen Ausmaßes, die sich von Gerlach gut 150 km in Richtung Norden erstreckt, ist auch der Austragungsort des alljährlich Ende August/Anfang September stattfindenden ***Burning Man Festival***, ➤ Exkurs umseitig.

Fly Geyser bei Gerlach

Im *Hualapai Valley*, in der Nähe von Gerlach, befindet sich zudem eine ganz erstaunliche geothermale Erscheinung. Der ***Fly Geyser*** entstand, als ein Farmer in den 1960er Jahren auf seinem Gelände Bohrungen durchführte und dabei auf eine große unterirdische Kammer stieß. Heute präsentiert er sich als ein aus mehreren orangeroten Kegeln dauerplätschernder Geysir umgeben von gelbgrünen Sinterablagerungen – eine Farbenpracht, die selbst bei den berühmten Geysiren im Yellowstone Nationalpark ihresgleichen sucht. Derzeit ist sein Anblick Besuchern leider verwehrt. Bis vor wenigen Jahren wurden regelmäßig Touren angeboten und es ist zu hoffen, dass die Landeigentümer in absehbarer Zukunft erneut den Zutritt auf ihre Gelände gestatten. Aktuelle Infos dazu gibt es bei den ***Friends of Black Rock Desert***: www.blackrockdesert.org/fly-geyser.

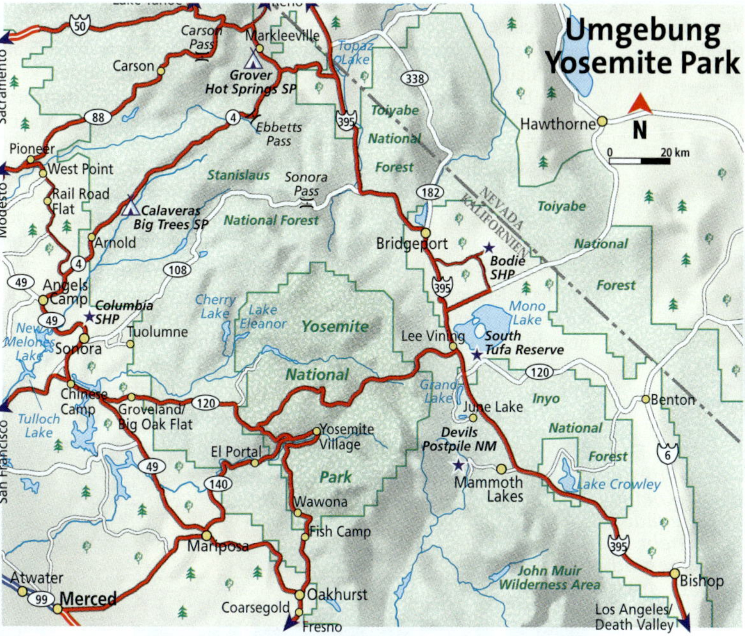

1.2.3 Von Reno zum Mono Lake/Yosemite Park auf der #395

Nach dem Abstecher bis Reno ergeben sich zur Fortsetzung der Reise in Richtung Süden nur zwei sinnvolle Möglichkeiten:

Route durch das Goldrauschgebiet

- Rückkehr zum Lake Tahoe auf der Straße #431 oder über Carson City auf der #50 und dann über die Straße #88 (**Achtung**: Wintersperre bzw. Schneekettenerfordernis ggf. schon Mitte Oktober bis Ende Mai) aus der Höhe der Sierra Nevada wieder hinunter ins Goldrauschgebiet und weiter entlang des *49ers Highway* (➤ Seite 249) zur **Nordwesteinfahrt *Big Oak Flat* des *Yosemite National Park*** auf der Straße #120.

Route über die #395 nach Süden

- Verbleib über Carson City hinaus auf der #395 nach Süden. Sie verläuft auf voller Länge östlich der Sierra Nevada und erreicht beim Topaz Lake ca. 60 mi südlich von Reno wieder kalifornisches Territorium und nach weiteren 70 mi **Lee Vining** am Mono Lake, das östliche Einfallstor zum *Yosemite NP*. Die Strecke ist bei direkter Fahrt ohne Abstecher in 3-4 Std zu schaffen oder eine Tagesetappe mit Besichtigung von ***Bodie*** und Badestopp bei den ***Travertine Hot Springs*** (➤ Seite 286). Die Osteinfahrt zum Nationalpark via ***Tioga Pass*** (3.032 m) liegt 1.000 m höher als Lee Vining. Die breit ausgebaute #120 führt von dort in steilem Verlauf nach oben (ca. 10 mi). Weitere Details dazu ➤ Seite 280ff.

Verlauf der Route

Hier geht es nur um die zweite Möglichkeit, da die Route zurück nach Westen bereits beschrieben wurde. Die Fahrt auf der #395 bietet bis zum **Topaz Lake** an der Grenze Nevada/Kalifornien keine landschaftlichen Highlights, läuft aber südlich des Grenzortes **Topaz** (dort die letzten bzw. ersten Hotels mit Spielkasino und ein ***County Campground*** am See, Zelte $15, *hook-ups* $35, © 1-775-266-3343) zunächst pittoresk durchs Tal des West Walker River. Nach Überquerung des ***Devils Gate Pass*** taucht die Straße in die Senke des *Mono Lake Basin* ein. Ca. 7 mi südlich von Bridgeport zweigt von ihr die Zufahrtstraße #270 zur sehenswerten ***Ghost Town Bodie*** ab, einem *California State Park*, ➤ Seite 286.

Genoa

Ein paar Meilen südlich von Carson City passiert man die Straße #206 nach **Genoa** (ca. 4 mi), einem 200-Einwohner-Nest mit kleinem historischen Museum (*Genoa Courthouse*) und einer nostalgischen **Bar**, www.genoabarandsaloon.com. Zum Baden, Wellness/Spa und Bleiben lädt dort ***David Walley's Hot Springs*** ein (DZ ab ca. $200, © 1-800-365-9190; www.davidwalleys-resort.com.

Die älteste Kneipe Nevadas steht in Genoa und sieht auch so aus.

Straßen #88 & #89

Eine bedenkenswerte **Umgehung des Abschnitts der #395 Minden/Gardnerville bis zum Topaz Lake**, wäre, südlich von Genoa erst der #88 zu folgen und dann der Straße #89 über Markleeville, die ein paar Meilen südlich des Topaz Lake wieder auf die #395 trifft.

Grover Hot Springs

Vom etwas »alternativen« **Markleeville** (www.alpinecounty.com) sind es nur wenige Meilen auf einer Stichstraße zu den ***Grover Hot Springs***, einem *State Park* mit einem attraktiv zwischen Felsen angelegten **Campingplatz** ($35, im Sommer unbedingt reservieren; www.parks.ca.gov/?page_id=508).

Der von *Memorial* bis *Labor Day* trotz der nüchternen Anlage immer gut besuchte **Freiluft-Heißwasserpool** kostet $10 Eintritt; im Sommer täglich 8-19/20 Uhr; Pool-Infos: © (530) 694-2249.

Camping

Kommt man im *State Park* nicht unter, gibt es um Markleeville Ausweichmöglichkeiten. Neben dem kleinen ***NF-Campground Markleeville Creek*** südöstlich des Ortes an der #89 ist vor allem der ***BLM*-Platz *Indian Creek*** (mit Duschen) am gleichnamigen Reservoir nördlich von Markleeville empfehlenswert: nach kurzer Fahrt auf der #89 folge man der Airport Road.

Im ***Carson River Resort*** gibt's Komfortcamping ab $35 für RVs sowie Zeltplätze und ein paar rustikale *Cabins* ab $100; ideal für Angler; © (530) 694-2229, www.carsonriverresort.com.

Markleeville

Abgesehen von den heißen Quellen bietet der Ort den Charme des abgelegenen Dorfs in einer weitgehend ökologisch intakten lieblichen Gebirgslandschaft am Carson River. Trotz der weniger als 200 Einwohner gibt es neben dem *General Store* noch zwei ganz originelle Bars & Restaurants (***Wolf Creek*** und ***Cutthroat Saloon***) sowie zwei passable Unterkunftsmöglichkeiten:

- ***Creekside Lodge***, © (530) 694-2511, www.creekside-lodge.com
- ***Woodfords Inn***, © (530) 694-2111, www.woodfordsinn.com

»Geheimtipp«

Einige B&Bs verbergen sich in der Umgebung, außerdem *Cabins* und Ferienhäuser, darunter das wunderbar konzipierte urgemütliche ***Quail Hollow*** am Fluss mitten in der Natur für Leute mit größerer Brieftasche, die mal ein bisschen länger ausspannen wollen; © (530) 694-1155, www.quailhollow.net.

Zum Mono Lake

Von Markleeville gelangt man auf schöner Strecke über den ***Monitor Pass*** (2.535 m) in einer guten halben Stunde etwas südlich des Topaz Lake zurück auf die Straße #395. Der weitere Verlauf bis zum Mono Lake wurde eingangs dieses Abschnitts bereits kurz beschrieben, ➤ Seite 263 unten.

Straße #4

Wer den Besuch des ***Yosemite Park*** von der Westseite her bevorzugt, sollte von Markleeville aus die Sierra Nevada auf der ebenfalls bereits erwähnten Straße #4 queren, ➤ Karte Seite 263.

Die Straße #120 führt mitten durch den Yosemite Park über die Höhe des Tioga Passes (3.000 m) ab/bis Lee Vining am Mono Lake. Hier am Tenaya Lake im Nationalpark verläuft sie eingezwängt zwischen Felswänden und Seeufer.

1.3 Von San Francisco über die Nationalparks Yosemite und Death Valley nach Las Vegas

1.3.1 Anfahrt zum Yosemite National Park

Zeitplanung

Viele Reisende zieht es ab San Francisco zunächst zum ***Yosemite National Park***. Von dort lässt sich die Fahrt entlang der Ostseite der Sierra Nevada gut zum ***Death Valley*** und nach **Las Vegas** fortsetzen. Diese Route bietet neben den populären *Highlights* eine ganze Reihe teilweise kaum bekannter und wenig frequentierter »kleinerer« Attraktionen. Es wäre schade, wenn bei zu knapper Planung für Zwischenstopps und kurze Abstecher zu wenig Zeit bliebe. **Auf keinen Fall optimal wäre etwa, an einem Tag bis zum *Yosemite* durchzufahren und für die Strecke *Yosemite*–Las Vegas nur 2 Tage vorzusehen, wie es leider viele Rundfahrer machen**.

Start in San Francisco

Zum *Yosemite National Park* (ca. 170-200 mi ab San Francisco je nach Startpunkt und Route) geht es über die *San Francisco Bay Bridge* und ab Oakland am besten auf der ***Interstate* #580** (die I-880 ist häufig extrem stark befahren). Die ebenfalls mögliche Kombination *Freeway* #24/I-680 (dann erst bei Dublin auf die I-580), kommt bei einigen Umwegmeilen dann in Frage, wenn kurz hinter/vor San Francisco gecampt werden soll: der ***Mount Diablo State Park*** verfügt über einen spektakulär gelegenen *Campground (Juniper,* ➤ Seite 181), der den Abstecher bei ausreichend Zeit durchaus auch ohne Camping lohnt (Weitblick über die Bay).

Zum Nordwesteingang auf der Straße #120

Beste Route

Die **Straße #120, kürzeste und schönste *Yosemite*-Zufahrt**, erreicht man rund 70 mi östlich von San Francisco. Sieht man ab von der Überquerung der mit fast **5.000 Windgeneratoren** bepflasterten Hügelkette östlich von Castro Valley (noch auf der I-580), ist der Straßenverlauf aber vor dem steilen Aufstieg in die Höhe der Sierra Nevada (östlich von Chinese Camp) eher langweilig. Erwähnenswert sind nur die vielen Straßenverkaufsstände für ***Fresh Farm Produce*** (Obst und Gemüse) zu Erntezeiten.

Big Oak Flat Road

Über den Nordwesteingang – dort eine sog. ***Information Station***, an der man auch den Eintritt bezahlt bzw. einen Jahrespass kaufen kann, ➤ Seite 30 – fährt man in den Park ein. Die ***Big Oak Flat Road*** von dort zum *Yosemite Valley* ist ab dem Straßendreieck *Crane Flat* **eine der spektakulärsten Straßen des Parks**.

Groveland

Einzig nennenswerter und letzter Ort in der Nähe des *Yosemite Park* auf dieser Route ist das 700-Einwohner-Dorf **Groveland**. Es bietet Touristen trotz *Goldrush*-Vergangenheit und ein bisschen *Wildwest-Look* entlang eines kurzen Stücks an der Hauptstraße kaum mehr als die Chance zur Vorratsaufstockung und/oder Gastronomiebesuch zu noch relativ normalen Preisen (gegenüber *Yosemite*). Bei Bedarf auch zur Übernachtung, sei es im Hotel oder auf einem *Campground* (➤ »Camping« auf Seite 269).

The Groveland Hotel, Nostalgie pur und hohe Tarife vor den Toren des Yosemite Nationalparks

Äußerst pittoresk ist der unübersehbar mit Sierra Nevada Landschaft bemalte ***Iron Door Saloon*** **&** ***Grill*** samt ***General Store***.

In direkter Nachbarschaft dazu bzw. ein paar Häuser weiter an der Main Street stehen u.a. das

- ***Groveland Hotel Inn*** mit altmodischen, aber gemütlichen Zimmern (im Sommer ab ca. $200 inkl. Frühstück und *Wifi*, © (209) 962-4000, www.groveland.com/lodging.htm) und Restaurant. In den Sommermonaten gibt's dort abends *Live Entertainment*, oft auch im erwähnten *Iron Door Saloon*.
- ***Hotel Charlotte***, auch altmodisch und mit Restaurant im Haus, aber deutlich einfacher; ab $180 inkl. Frühstück und *Wifi*, © (209) 962-6455, www.hotelcharlotte.com

Als **Standquartier** für einen längeren Parkbesuch eignet sich Groveland weniger wegen der noch großen Entfernung zum *Yosemite Valley* auf kurvenreicher Strecke (ca. 55 mi). Die tägliche Anfahrt ist ab Mariposa kürzer (ca. 42 mi) und wegen der geringen Steigung im Flusstal des Merced River von dort aus schneller zu bewältigen, ➤ nächste Seite.

Cabins im Nat'l Forest

Diese Aussage gilt weniger für die ***Evergreen Lodge*** mit einer wunderbaren Anlage mitten im Wald ca. 20 mi östlich von Groveland schon deutlich näher dran. Die *Cabins* und *Cottages* sind im Sommer nicht billig (ab ca. $235), im »Komfortzelt« zahlt man dort auch noch ca. $110. Restaurant & Bar sind ebenso vorhanden wie ein *General Store*; © (209) 379-2606, www.evergreenlodge.com.

Preiswert

Die preiswerteste Lösung für Nicht-Camper sind ca. 2 mi östlich von Groveland die **Yurten** und ***Cabins*** der Anlage ***Yosemite Pines***, ➤ unter »Camping« Seite 270.

Zur Westeinfahrt auf der Straße #140

Schnellste Route

Trotz gut 20 Mehrmeilen erreicht man das *Yosemite Valley* **am schnellsten** auf der **Autobahn #99** über Modesto/Merced und dann auf der breit ausgebauten **#140 über Mariposa**, das westliche Haupteinfallstor zum Nationalpark in den sanften Sierra Nevada *Foothills* (ab San Francisco dorthin ca. 160 mi, bis ins *Yosemite Valley* weitere ca. 42 mi).

Castle Air Museum

Am Wege unweit der #99, nur 8 mi nordwestlich von Merced passiert man bei Atwater das ***Castle Air Museum*** (Autobahnabfahrt Buhach Road, dann östlich ca. 2 mi bis Santa Fe Drive fahren) mit einer tollen Ausstellung von über 50 Militärflugzeugen. Dort lassen sich aus nächster Nähe enorme Maschinen wie der britische Vulkanbomber, eine SR 71 oder eine B-52 *Stratofortress* bestaunen. Auch Jagdflugzeuge aus jüngerer Vergangenheit wie z.B. ein *Starfighter* sind vorhanden. Täglich 10-16 Uhr; Eintritt $15, Kinder 6-17 Jahre $10; www.castleairmuseum.org.

RV-Camper können dort gleich übernachten. Der kleine Platz an der Hospital Road kostet mit *full hook-up* $35, wobei der Eintritt ins Museum inklusive ist; Reservierung: © (209) 606-6546.

B-47 Bomber (Flying Fortress) auf dem Freigelände des Castle Air Museum

Mariposa als Einfallstor zum Yosemite Park

Mariposa, das wie so viele Städtchen entlang des *49ers-Highway* auf den Goldrausch von 1849 zurückgeht (➤ Seite 249) ist mit Motels, Hotels, *Lodges* und Restaurants voll auf den *Yosemite*-Tourismus ausgerichtet. Die ***Visitor Information*** am nordöstlichen Ortsausgang (Straßendreieck #140/#44) hat aktuelle Details für Mariposa und Umgebung wie für den Nationalpark, www.yosemite.com.

Ab Ende Mai bis Ende September ist in Mariposa Saison und auch sonst an Wochenenden immer alles knackvoll. Vom historischen Hintergrund ist zwar nicht mehr viel geblieben, aber der zentrale Bereich der Main Street lässt noch einen Rest Wildwestatmosphäre verspüren.

Mariposa, letzte Etappe vor dem Westeingang des Yosemite National Park

Unterkunft

• ***Mariposa Hotel Inn*** mit nostalgischen Zimmern (im Sommer ab ca. $150, © (209) 966-7500, www.mariposahotelinn.com)

Generell kommt man im Sommer im Ortsbereich selbst an Werktagen schwer für weniger als $150 unter, am ehesten im ***River Rock Inn*** (4993 7th St) und für unter $200 mit Glück im ***Americas Best Value Inn*** oder ***Comfort Inn***. Weitere Quartiere, auch *B&Bs*, werden unter www.visitmariposa.net/lodging.html gelistet.

B&B

In Anbetracht dieser Preise für Durchschnittsquartiere sind die B&B-Angebote in der Umgebung vielleicht die bessere, immer jedoch die individuellere Wahl, wobei das Frühstück mitgeliefert wird, ➤ auch www.yosemitebnbs.com; z.B. im

• ***Poppy Hill B&B***, ein paar Meilen nördlich von Mariposa, schlafen wie zu Großmutters Zeiten, nur 4 Zimmer, $150-$160, © 1-800-587-6779, www.poppyhill.com

Hostel und Tent Cabins

Im ***Yosemite Bug Rustic Mountain Resort***, ca. 10 mi nördlich von Mariposa an der #140, gibt es ***Hostel*-Betten** (im 6-Bettzimmer ca. $35), einfache *Tent Cabins* ab $50 sowie normale Hotelzimmer ab $110, außerdem noch ein gelobtes Café-Restaurant mit zivilen Preisen; © 1-866-826-7108, www.yosemitebug.com/lodging.html. Prima und geldbörsenschonender Ausgangspunkt für Ausflüge in den Park. Man hat dort auch *Wifi*.

Für alle Unterkünfte in/bei Mariposa und generell im Bereich des *Yosemite Park* ist für Sommerbuchungen immer eine möglichst langfristige Reservierung angezeigt.

Mining Museum

Die Geschichte des Ortes und der Region, speziell die Periode des *California Goldrush* wird im nahen ***California State Mining & Mineral Museum*** aufbereitet. Es liegt eine gute Meile südlich des Zentrums an der Straße #49 beim ***Fairground***. Was dort an Goldnuggets, Mineralien und Gerätschaften zu sehen ist, lohnt den kleinen Abstecher und den Eintritt auch für Leute, die sich in Mariposa nicht weiter aufhalten; Eintritt $4; Kinder bis 12 frei, im Sommer täglich 10-17 Uhr; www.parks.ca.gov/?page_id=588.

In der Nachbarschaft des Museums befindet sich die Ortsbrauerei ***Prospectors Brewing Company***. In der schlichten Kneipe kommt Frischgebrautes auf den Tisch, darunter manche erstaunliche Sorten; http:// prospectorsbrewingcompany.com.

Yosemite Ziplines

Seilbahnen durch die Baumwipfel (➤ auch Seite 317) gibt es ca. eine Meile südlich des Ortes an der #140. Die ***Adventure Ranch*** bietet 5 Teilstrecken ($95/Person); www.yosemiteziptours.com.

El Portal Road

Die Strecke von Mariposa bis ins *Yosemite Valley* hinein (#140) folgt dem Lauf des Merced River. An der ***Arch Rock Entrance*** ist der Eintritt fällig bzw. der *Interagency Pass* zu kaufen (➤ Seite 30).

Camping westlich des Yosemite Park

Caswell SP (für beide Anfahrten)

Wer noch vor Erreichen des Yosemite bzw. (bei später Abfahrt) unweit San Francisco campen möchte, findet nur einen ***State Park*** mit Camping am Wege, den

- ***Caswell Memorial State Park*** etwas abseits der #99/#120 am Stanislaus River (Baden). Er verfügt über einen gut angelegtenen *Campground* mit schattigen Plätzchen in der Ufervegetation; http://www.parks.ca.gov/?page_id=557

Straßen #108/#120

An heißen Tagen verspricht der **Tulloch Lake** nördlich der #108/#120 Abkühlung. An seinem Südufer gibt's den empfehlenswerten

- ***Lake Tulloch Campground*** mit *hook-up*, © 1-800-894-2267, www.laketullochcampground.com. Zufahrt über die Tulloch Road, die zwischen Knights Ferry und Keystone von der #108/#120 abzweigt

Von den diversen Plätzen im ***Stanislaus National Forest*** noch vor Erreichen des Parks auf der #120 ist

- ***Lost Claim*** der beste (14 mi östlich von Groveland an der #120, $19; www.fs.usda.gov/recarea/stanislaus/recarea/?recid=14927
- Der ***Dimond »O«*** liegt an der Evergreen Road, einige Meilen abseits der #120; RVs nur max. 25 Fuß, $21

Groveland

Voll belegte *Campgrounds* im Vorfeld des *Yosemite* signalisieren erst recht Probleme im Park selbst. Wer noch ein freies Plätzchen findet, sollte es ggf. sichern oder sich im privaten Platz

- ***Yosemite Pines***, etwa 2 mi östlich von Groveland am Old Hwy #120, einbuchen (im Sommer ab ca. $40); auch Yurten/*Cabins* für 4-5 Personen; © (209) 962-7690; www.yosemitepinesrv.com
- ***Pine Mountain Lake Campground***, privater Platz angelegt ähnlich *State Parks*, ca. 2 mi auf Ferreti Road ab #120 (ab Supermarkt Groveland); Platz liegt nicht am See. Zelte $25, RV mit *hook-up* $37; © (209) 962-8615, www.pinemountainlake.com

Straße #140

Camping beim ***Castle Air Museum*** (nördlich Merced) ➤ Seite 268.

Ein Massenplatz für Zelte & RVs befindet sich auf dem Gelände des

- ***Mariposa Fairgrounds*** eine gute Meile südlich des Ortes an der #49; keine Reservierung; Zelte $25, RVs $35; © (209) 966-2432, www.mariposafair.com/camping.html

KOA

Zwischen Mariposa und dem *Yosemite Park* (ca. 7 mi östlich des Ortes) liegt ein teurer, enger und dennoch meist knallvoller

- ***KOA-Campground*** an der Straße #140; Zelter zahlen dort ca. $50, RV-Eigner ca. $70 pro Nacht; © 800-562-9391

Sierra National Forest

Wunderbare kleine ***Campgrounds*** hat der ***Forest Service*** am Merced River oberhalb von Mariposa eingerichtet. Gleich drei

- ***McCabe Flat***, ***Railroad Flat*** und ***Willow Placer*** (alle hintereinander) mit zusammen ca. 30 Stellplätzen (überwiegend für Zelte, aber auch einige für RVs) liegen 14-17 mi nördlich von Mariposa: In **Briceburg** (12 mi) geht's nach links über die Brücke und dann noch ein bisschen weiter; kein Trinkwasser, *first-come, first-served*, $10

Unweit von El Portal finden **Zeltcamper** zwei Miniplätze ebenfalls im *Sierra National Forest* am Nordufer des Merced River, nämlich

- ***Dry Gulch*** und ***Dirt Flat***. Zufahrt über Foresta und Incline Road parallel zur #140 zurück nach Westen 1,5 mi bzw. 2,5 mi. Reservierung möglich, ➤ Seite 122, daher $26

Schlauchbootfreuden und Inner Tubing auf dem Merced River im Yosemite Valley im Frühsommer (Vermietung von Booten/Schwimmringen im Half Dome Village; ➤ Seite 280). Im Hintergrund stürzen die Lower Yosemite Falls von den Klippen.

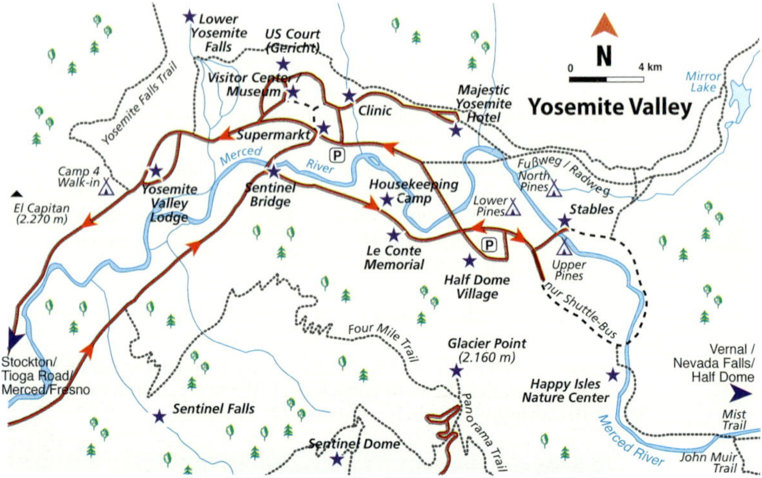

1.3.2 Yosemite National Park

Kennzeichnung und Information

Popularität

Eintritt $30/Auto $15/Person oder Interagency Jahrespass

Der über 3.000 km² großen ***Yosemite*** (**sprich *Jo-sé-mi-ti***) ist einer der attraktivsten und gleichzeitig vielseitigsten Landschaftsparks Nordamerikas. Sein populärster Teilbereich ist das malerische, tief in das Granit der Sierra Nevada eingeschnittene ***Yosemite Valley***. An manchen **Sommerwochenenden** kommt es dank der Nähe des Parks zu San Francisco und Los Angeles zu einem derartigen Andrang, dass die Einfahrt in das Tal im Laufe des Vormittags bis zum frühen Abend gesperrt wird. Auch dann ist immer noch die Einfahrt in den Park hinein bzw. die Durchfahrt über die Big Oak Flat/Tioga Road (#120) und/oder die Wawona Road (#41) möglich. Man muss aber wissen, dass sich an solchen Tagen oft ein Rückstau an den Einfahrten ergibt und auch auf den noch freien Routen die Parkplätze an *Trailheads* etc. knapp werden. Die Radiostationen der Umgebung informieren dann darüber; www.nps.gov/yose.

Yosemite Valley

Trotz durchdachter Organisation bei der **Besucherbewältigung** entsteht aber auch schon an »normalen« Sommertagen häufig der Eindruck, dass das Tal mehr Verkehr und Besucher ertragen muss, als es eigentlich verkraften kann.

Parken

Weder das (Einbahn-) Straßensystem noch die Versorgungseinrichtungen in ***Half Dome*** und ***Yosemite Village*** sind der Situation jederzeit voll gewachsen. An welchem Tag auch immer man den *Yosemite* ansteuert, die Fahrt ins *Valley* hinein sollte man daher am unverfehlbaren **Zentralparkplatz** südlich des *Yosemite Village* oder am Parkplatz des *Half Dome Village* beenden. Die Parksituation direkt im *Yosemite Village* Bereich (***Visitor Center***/Supermarkt) ist oft katastrophal. Für Leute, die nicht gut zu Fuß sind, verkehrt im Sommer kontinuierlich ein **Bus zwischen Zentralparkplatz und Besucherzentrum** (ca. 500 m).

Shuttle Busse

Von den Parkplätzen geht es ganzjährig per ***Valley Shuttle*** (gratis) auf einem Rundkurs zu allen wichtigen Punkten im östlichsten Teil des Tals. Die **Frequenz** (10-20 min) der 7-22 Uhr verkehrenden Busse wird dem Besucheraufkommen angepasst. Im Sommer gibt es zusätzlich den ***El Capitan Shuttle*** zwischen *Yosemite Village* und der Brücke über den Merced River auf Höhe der *Cathedral Beach*, die vom mächtigen Felsmonolithen *El Capitan* überragt wird (6-18 Uhr); Karte und Details unter www.nps.gov/yose/planyourvisit/publictransportation.htm.

Bewertung

Auch wenn einige der einführenden Hinweise etwas abschreckend wirken, gilt fürs *Yosemite Valley*, was bereits zum Park insgesamt gesagt wurde: **Das Tal ist wunderschön**, selbst wenn im Spätsommer der mäandernde **Merced River** in manchen Jahren nicht mehr ganz so glasklar erscheint wie Anfang Juli, und die Wiesen, Strände und Picknickplätzchen am Fluss dann hier und dort ziemlich »mitgenommen« wirken.

Die Eindruckskraft der schroffen **Felswände** – vor allem das Granitmassiv des ***El Capitan*** – und der **Wasserfälle** leidet unter den Millionen von Besuchern nicht. Wichtig ist, auf die eventuell im *Yosemite* auftauchenden Probleme vorbereitet und nicht sofort enttäuscht zu sein, sollte eine hohe Erwartung nicht sogleich Bestätigung finden. Machen sich an Tagen mit weniger Andrang die skizzierten problematischen Aspekte nicht bemerkbar oder sind weniger dramatisch, um so besser.

Aussichtsplattform über den Vernal Falls des Merced River bei hier frühsommerlich starker Wasserführung

Information

An jeder Einfahrt bekommen Yosemite-Besucher nicht nur die übliche **Nationalpark-Karte**, sondern auch den zeitungsähnlich aufgemachten ***Yosemite Guide***. Die Zeitung enthält alle aktuellen Informationen zu Verkehrsregelungen, Transport, Unterkünften, Versorgungseinrichtungen und allen möglichen Aktivitäten. Sie erscheint alle 6-8 Wochen mit aktualisierten Details dazu und den jeweils täglich laufenden Programmen wie Führungen und Vorträgen, und enthält außerdem genaue **Karten** der verschiedenen Parkbereiche.

Im *Yosemite* gibt es mehr **Unterlagen in deutscher Sprache** als in den meisten anderen Nationalparks. Sie sind vorrätig in den ***Visitor Centers*** und den Einfahrten ***Big Oak Flat*** (Straße #120), ***Arch Rock*** (#140), ***Tioga*** (#120 Ostseite) *und* ***Wawona*** (#41).

Camping im Yosemite

Camping-kapazitäten

Die Popularität des Yosemite Nationalparks bezieht sich auch und sogar ganz besonders aufs Camping: Von Juni bis September einschließlich darf man auf freie Plätze auf den *Campgrounds* im Tal ohne Reservierung nicht hoffen. Nur Zeltcamper haben die Chance, bei früher Ankunft am Vormittag im ***Walk-in-Camp 4*** (*first-come, first-served*) unterzukommen; oft ist der Platz aber bereits um 8.30 Uhr schon wieder voll belegt.

Reservierung

Die Reservierungen (bis 5 Monate im Voraus) werden durch den zentralen ***National Park Reservation Service*** gehandhabt, **✆ 1-877-444-6777** bzw. www.recreation.gov. Alle Infos dazu auch unter: www.nps.gov/yose/planyourvisit/campground.htm.

Ein Kurzfrist-***Reservation Counter*** befindet sich vor Ort im ***Half Dome Village*** und an der *Tioga Road* für ***Tuolumne Meadows***. Dort besteht eine kleine Chance, Plätze aus kurzfristigen Absagen und *No-Shows* zu ergattern, für 50% der *Tuolumne Meadows*-Kapazität ist eine *same-day-reservation* vorgesehen, die aber oft nur bei Ankunft morgens vor 9 Uhr klappt.

Solche »Food Locker« sind – mit Vorhängeschloss – bärensichere Blechkästen für alles Essbare und zugleich eine Art Safe für Wertsachen. Sie stehen im Yosemite auf allen Campingplätzen

Das Zelten im Hinterland des Yosemite NP ist kostenlos, aber durch eine begrenzte Anzahl der Camping Permits pro Tag und Trail reglementiert. Damit wird u.a. sichergestellt, dass das Wildnis-Abenteuer tatsächlich eines bleibt.

Wer unbedingt im *Yosemite Valley* unterkommen möchte, muss wissen, dass die Plätze im Tal (***North Pines***, ***Lower*** und ***Upper Pines***) durch Übernutzung geschädigte **Massen-*Campgrounds*** sind. Das gilt auch für das sog. ***Housekeeping Camp*** mit ***Tent Cabins***, deren Zustand ebenfalls unerfreulich wirkt.

Reservieren lassen sich auch ***Hogdon Meadow*** am Westeingang (Big Oak Flat), ***Crane Flat*** an der Abzweigung der *Tioga Road*, ***Tuolumne Meadows*** auf dem Tioga Plateau und ***Wawona*** an der Straße #41 unweit der Südeinfahrt in den Park.

Glacier Point und Tioga Road

Viel reizvoller sind die in Reihenfolge der Ankunft – *first-come-first-served* – vergebenen Campingplätze an der *Glacier Point Road* (***Bridalveil Creek***) und im Bereich der *Tioga Road* (***White Wolfe*** (!), ***Tamarack Flat*** sowie ***Yosemite*** und ***Porcupine Creek***), wobei *Tamarack* und *Yosemite* sich nicht für *Motorhomes* eignen. **Diese Plätze stehen wegen der Höhenlage nur Anfang Juni bis ca. Ende September zur Verfügung.**

Food Locker

Zu allen Stellplätzen gehören im Yosemite große, **bärensichere *Food Locker***, in die Lebensmittel und anderes, was durch Geruch Bären anlockt, eingeschlossen werden müssen.

Ausweichen bei vollen Campingplätzen

Ausweichmöglichkeiten **westlich des Parks** wurden vorstehend aufgelistet, südliche Alternativen finden sich auf Seite 444. **Östlich des Parks**, insbesondere zwischen *Tioga Pass* und Mono Lake (Straße #120) gibt es mehrere am Wildwasser gelegene ***Nat'l Forest*** und ***Regional Campgrounds***, die zumindest bis Mittag meist noch nicht voll sind. Mit Glück kommt man mit einem Campmobil auf dem Platz ***Lower Lee Vining*** auch dann noch auf einem Ausweichareal unter, wenn die separaten *Sites* bereits belegt sind.

Bei allen Plätzen in der Höhe sollten **Zeltcamper** daran denken, dass auch dem besten Wetter selbst im Juli/August kühle, oft sogar frostige Nächte folgen.

Quartiere im Yosemite und im Umfeld (samt Transport)

Unterkünfte im Park

Sämtliche Unterkünfte im Yosemite wurden 2016 umbenannt.

Für alle Arten von Unterkünften von der einfachsten ***Tent Cabin*** im *Housekeeping Camp* über die ***Lodges*** in Wawona und an der Tioga Road bis hin zur Luxussuite im ***Majestic Yosemite Hotel*** ist das Serviceunternehmen ***Aramark*** zuständig. Eine sehr gute Übersicht aller Quartiere findet sich unter www.travelyosemite.com/lodging/yosemite-lodging-experience; © **1-888-413-8869**.

Die Übernachtungskosten liegen von Mai bis Oktober auf einem extrem hohen Niveau. Selbst in den teils unbeheizten, fest aufgebauten 2-Mann-Zeltkabinen zahlt man schon $143 pro Nacht, im ***Majestic Yosemite***, einem toll gelegenen und – zugegeben – schönen Hotel, gibt es kein Zimmer unter $550/Nacht.

Quartiere außerhalb

Die nächsten Orte **außerhalb des Parks** mit Motelkapazität sind die vorstehend behandelten Orte **Groveland** und **Mariposa**. Für **Fish Camp**, keine 2 mi vom Südeingang entfernt, und **Oakhurst** noch 12 mi weiter südlich finden sich Quartierhinweise auf den Seiten 443 und 444.

Lee Vining, fernab am Ufer des Mono Lake (➤ Seite 285), besitzt nur eine Handvoll – ebenfalls teurer – Motels an der stark befahrenen Straße #395 durch den Ort.

Zubringer

YARTS (***Y****osemite* ***A****rea* ***R****egional* ***T****ransport*) betreibt einen Busservice ab **Merced** ($13 *one-way*/$25 Rundtrip), **Fresno** ($15/$30) oder **Mammoth Lakes** über Lee Vining/Tioga Pass ($18/$36) ins *Yosemite Valley* hinein mit vier Haltestellen im zentralen Besucherbereich; © 1-877-989-2787; mehrfach täglich. Fahrpläne sind online unter www.yarts.com abrufbar.

Merced erreicht man mit ***Amtrak***-Zügen und per ***Greyhound*** von Los Angeles, Sacramento und San Francisco/Oakland mehrmals täglich, aber nur teilweise mit direktem Anschluss an die Busse in den *Yosemite National Park*.

Heute kaum noch bezahlbares Luxushotel »Majestic Yosemite« (ab $550 pro Nacht und Zimmer) in ruhiger abseitiger Lage im Valley

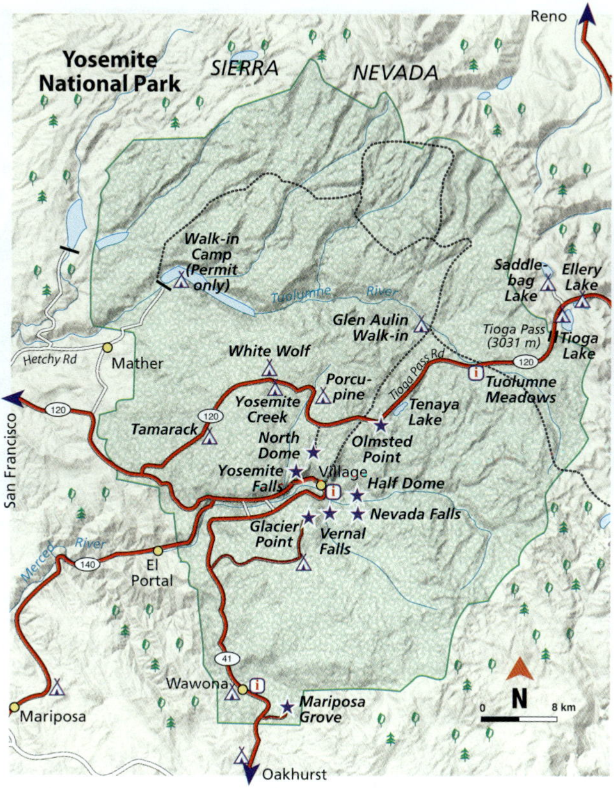

Parkbereiche und Aktivitäten

Sequoias im Mariposa Grove

Bei Anfahrt von Süden passiert man gleich hinter der ***South Entrance Station*** die 3 mi lange Stichstraße zum ***Mariposa Grove*** mit zahlreichen teils bis zu 1.800 Jahre alten Riesenmammutbäumen. Bis 2015 verkehrte ausgehend vom *Grove*-Parkplatz eine »Gummibahn« auf einem Rundkurs zu den relativ verstreut stehenden Sequoias. Das gesamte Areal wird seitdem aber komplett umgestaltet und ist **voraussichtlich frühestens im Frühjahr 2018 wieder für Besucher geöffnet**. Von den großflächigen Parkplätzen bei Wawona soll es dann ausschließlich per ***Shuttle Bus*** dorthin gehen (mit Zwischenhalt am Südeingang). Und zu der berühmten *Grizzly Giant Sequoia*, dem im unteren Bereich komplett gespaltenen ***Clothespin Tree*** (➤ Foto umseitig) oder dem ***Bachelor Tree*** mit seinen drei »Grazien« gelangt man zukünftig von der Endstation des Busses nur noch zu Fuß.

Der durch Feuer bis in 12 m Höhe ausgehöhlte, dennoch darüber intakte Clothespin Tree im Mariposa Grove in der Südostecke des Yosemite

Bewertung Mariposa Grove

Die Besichtigung der Riesenmammutbäume im ***Sequoia Kings Canyon Nat'l Park*** (➢ Seite 439ff) oder im ***State Park Calaveras Big Trees*** (➢ Seite 248) ist in jeder Beziehung weniger aufwendig, aber wenn diese beiden Parks nicht auf der geplanten Reiseroute liegen, lohnt sich auch ein Umweg in den *Mariposa Grove*, sobald dieser wieder geöffnet hat. ***Sequoia*-Minimalprogramm** sollte ggf. ein Spaziergang durch den leicht erreichbaren, aber weniger eindrucksvollen ***Tuolumne Grove*** bei *Crane Flat* an der Straße #120 sein.

Glacier Point

Auf kurvenreicher Strecke erreicht man mehrere Meilen vor dem *Yosemite Valley* die ***Glacier Point Road*** (Stichstraße, ca. 25 mi). Hoch über dem Tal – die Felswand fällt 1.000 m steil ab – hat man vom *Glacier Point* einen sagenhaften Blick auf Wasserfälle und Granitmassive der Sierra Nevada, insbesondere auch hinüber zur »halbierten« Felskuppel des ***Half Dome***, ➢ Foto Seite 158/159.

Am schönsten ist es am *Glacier Point* früh am Tage, bevor die Busse kommen (idealer **Frühstücks-/Picknickpunkt**: das Gelände vorm ersten bzw. unteren Parkplatz) oder am späten Nachmittag/frühen Abend, wenn sich Alpenglühen über die Sierra senkt. Dazu ist der im Sommer dort fast täglich stattfindende, 30-minütige ***Sunset Ranger Talk*** interessant.

Der *Glacier Point* ist Ausgangspunkt einiger toller Wanderwege: Über einen nicht allzu anstrengenden Pfad (ca. 1,5 km) geht es noch knapp 300 Höhenmeter hinauf zum ***Sentinel Dome***. Bei guter Kondition braucht man nicht mehr als eine gute Stunde hin und zurück. Auch während der Tageswanderung entlang des ***Panorama Trail*** genießt man immer wieder grandiose Ausblicke und passiert gleich etliche große Wasserfälle; Details ➤ Seite 283.

Fotospots

Zurück auf der Zufahrtsstraße ins *Yosemite Valley* sollte man im *Wawona Tunnel* aufpassen, um unmittelbar dahinter den Aussichtspunkt ***Tunnel View*** nicht zu versäumen. Der Blick fällt hinunter in das Tal, mit der Steilwand des *El Capitan* zur Linken und rechts stürzen die *Bridalveil Falls* von den Klippen, ➤ Foto unten.

Ein weiteres beliebtes Postkartenmotiv präsentiert sich vom ***Valley View***, wo sich der *El Capitan* malerisch im Merced River spiegelt. Dieser Fotopunkt befindet sich an der Straße durch das *Yosemite Valley* nordwestlich der *Bridalveil Falls*.

Yosemite Valley/

Visitor Center

Im Gegensatz zu vielen anderen Nationalparks macht es im *Yosemite Park* rein verkehrstechnisch keinen besonderen Sinn, nach der Einfahrt unbedingt zuerst das **Besucherzentrum** anzusteuern (denn ausreichend Infomaterial hat man schon bei der Einfahrt erhalten). Seine Lage im *Yosemite Village* erfordert meist ein ziemlich abseitiges Parken (➤ oben). Bei klaren Wander- und anderen Plänen im Osten des Tals können Autofahrer dort ggf. besser bei der Ausfahrt halten (geöffnet 8-18 Uhr), wenn der Weg wegen der Einbahnstraßenführung im Tal ohnehin daran vorbei führt.

Museum

Einen Besuch des benachbarten **Museums** sollte man gleichzeitig mit einplanen. Die Ausstellungen zur Entstehung der Sierra Nevada und des *Yosemite Valley*, zu Geschichte, Flora und Fauna des Parks sind sehenswert. Hinter dem Museum befinden sich das ***Cultural Exhibit*** und rekonstruierte ***Ahwahnee Indian Village*** der *Miwok-Paiute*; beide enttäuschen eher.

Nachmittagsblick vom Aussichtspunkt »Tunnel View« (an der Wawona Road, ➤ oben) in das Yosemite Valley. Links das Felsmassiv des El Capitan, rechts die Bridalveil Falls

Dieser Ausblick auf den Tenaya Lake und die umwerfende Felslandschaft entlang der Tioga Pass Road (#120) ist vom Olmstead Point schnell erreicht, ➤ nebenstehenden Absatz

Kurze Trails

Im Tal gibt es eine ganze Reihe nicht anstrengender Spazierwege am Merced River und in der Umgebung des *Yosemite Village*. Ein schöner *Trail* führt z.B. von den *Stables* zum langsam austrocknenden **Mirror Lake** unterhalb des *Half Dome*.

Kurze Wege, etwas westlich des zentralen Hautbetriebs, laufen von der Talstraße zu den ***Lower Yosemite Falls*** (ca. 600 m lang; Ausgangpunkt mit *Shuttle-Bus* erreichbar) sowie zu den ***Bridalveil Falls***. Beide Wasserfälle führen im Spätsommer kaum Wasser und fallen bisweilen auch ganz trocken.

Weitere Aktivitäten

Eine gute Übersicht zu den weiteren Aktivitäten im Park bietet das Portal www.travelyosemite.com:

- Sehr gut lässt sich das *Yosemite Valley* auch per **Fahrrad** erkunden beim *Bike Rental* im *Half Dome Village* und an der *Yosemite Valley Lodge*. Die Miete beträgt $12,50/Std bzw. $31/Tag.
- An heißen Tagen paddelt es sich herrlich im **Schlauchboot** den Merced River mit der Strömung über viele Mäander langsam flussabwärts. Vermietung im *Half Dome Village Recreation Center*.
- Außer auf Schusters Rappen kann man bestimmte *Trails* auch hoch zu Ross angehen. Angeboten werden ausgehend von den *Big Tree Stables* in **Wawona** u.a. 2-Stunden-Trips ab ca. $60 pro Person. Manchmal kommt man kurzfristig noch unter, aber eine Reservierung ist angeraten: ✆ (209) 375-6502.

Karten/ Permits

Zum Befahren der Straßen und Ablaufen der populäreren *Trails* genügt im Allgemeinen das bei der Einfahrt erhaltene Kartenmaterial. Genaue **Wanderkarten** sind im ***Visitor Center*** des *Yosemite Village* erhältlich. Dort gibt es auch die obligatorischen ***Wilderness Permit*** für alle, die mit Zelt im *Backcountry* übernachten möchten. Die Bewilligungen werden nur in einer begrenzten Zahl pro Tag ausgegeben und können bis zu 24 Wochen vorher per Fax reserviert werden: www.nps.gov/yose/planyourvisit/wpres.htm.

Tioga Road Bereich

Die *Tioga Road* führt über das 2.500 m hohe **Plateau der Sierra Nevada**, deren faszinierende Landschaft immer zahlreiche *Backcountry*-Wanderer anzieht. Während die Straße im Aufstieg durch dichten Wald führt, bietet sie in der Höhe **fantastische Ausblicke**, wenn sie die für die Sierra typischen, glattflächigen Felslandschaften voller rundgeschliffener Granitbrocken durchquert (vor allem im Bereich ***Olmsted Point***). Dort können sich Kletterbegeisterte und Kinder auch ohne Sicherungsseile und Gerät gefahrlos austoben.

Weiter östlich erstrecken sich die ausgedehnten ***Tuolumne Meadows***, ein ebenes, wildreiches Wiesen- und Waldgebiet. Im Sommer verkehrt ein ***Gratis-Shuttle*** halbstündlich zwischen dem Aussichtspunkt ***Olmsted Point***, Tenaya Lake und der Osteinfahrt am Tioga Pass. Zusätzlich gibt es einen kostenpflichtigen ***Hikers Bus***, der vom *Yosemite Valley* aus startet.

Achtung Bären!! Im Yosemite kommt es relativ häufig zu Begegnungen mit Schwarzbären. Hauptgrund sind Essensdüfte aus den Rucksäcken der Wanderer. Geruchs- und bärensichere ***Bear Canister*** kann man sich für $5 ausleihen (Pfand: $95). Für Übernachtwanderer sind diese Container obligatorisch.

1

Schwarzbär am Merced River unweit des Vernal Falls Trail

Wanderempfehlungen

Drei konditionell etwas **anspruchsvollere *Trails*** mitten hinein in die Traumlandschaft der Sierra Nevada seien hier wärmstens empfohlen. Sie sind von unterschiedlicher Dauer und Schwierigkeit, aber alle innerhalb eines Tages zu schaffen, die erste Wanderung zu den *Vernal* oder/und *Nevada Falls* auch gut an einem Vor- oder Nachmittag. Die beiden ersten Vorschläge beginnen am ***Happy Isles Nature Center***. Alle drei enden dort. Die **Zeitangaben** beziehen sich auf Hin- und Rückweg ohne längere Pausen:

Vernal/Nevada Falls Trail

Den Aufstieg bis zu den ***Nevada Falls***, mindestens aber bis zu den ***Vernal Falls*** sollte man sich auf keinen Fall entgehen lassen, auch wenn bis zur Brücke über den Merced River (etwa 1,5 km) an bestimmten Tagen ganze Heerscharen unterwegs sind. Oberhalb der Brücke (Aussichtspunkt auf die *Vernal Falls*) wird der Strom der Wanderer schon dünner. Mit Ziel *Nevada Falls* kann man statt dem ***Vernal Falls Mist Trail*** besser dem normalerweise weniger frequentierten, weiter oben verlaufenden ***John Muir Trail*** folgen. Zurück geht es dann am Merced River entlang über die *Vernal Falls*. **Zeitbedarf *Vernal Falls*** ca. 3 Stunden retour, ***Nevada Falls*** ca. 4,5 Stunden.

Eine mit dem ***Emerald Pool*** oberhalb der *Vernal Falls* verbundene Besonderheit ist eine dahinter ansteigende Felsfläche, über die sich das Wasser in breitem Strom ergießt und eine wunderbare Rutschbahn bildet. Leider wurde das dort früher sehr beliebte Rutschen untersagt wie auch das Baden unterhalb davon. Wer weiter oben hinter den *Nevada Falls* im glasklaren Wasser der Bachpools zwischen den Felsen den Schweiß der anstrengenden Wanderung abspülen möchte, darf selbst dort auf keinen Fall sein Badezeug vergessen haben!

Weiter zum Half Dome

Ein Fußmarsch für die erstklassige Kondition ist der **Aufstieg zum *Half Dome***, den alles überragenden Monolithen der südwestlichen Parkregion. Der Weg ist zunächst identisch mit dem *Nevada Falls Trail* (ca. 5 km) und erreicht nach weiteren 8 km die gerundete Rückseite der Felskuppel, die sich über einen (nur im Sommer) mit Stahlseilen gesicherten, anstrengenden Aufstieg erklimmen lässt. Bisweilen trifft man auch auf Kletterer, die den *Half Dome* an dessen Stirnseite bezwungen haben. Diese Wand ist nach dem *El Capitan* die Herausforderung für die Kletterelite.

»Kabelroute« auf den Half Dome

Die ***Permits*** ($10) für die ***Cable Route*** sind begehrt. Für den Zeitraum Ende Mai bis Anfang Oktober wird der Großteil bereits Anfang April **verlost**. Teilnahme im März unter www.recreation.gov oder unter © 1-877-444-6777 (weitere $10). Der kleinere Rest, etwa 50 *day hiking permits*, wird jeweils zwei Tage im Voraus vor Ort ebenfalls verlost; www.nps.gov/yose/planyourvisit/hdpermits.htm.

Zeitbedarf: kaum unter 10 Stunden. Zwischen *Nevada Falls* und dem Halbdom befindet sich in der bewaldeten Hochebene ein ***Zeltplatz*** für alle, die es ruhiger angehen möchten (zusätzliches *Wilderness Permit* nötig, ➤ Seite 280). Übernachtungsgepäck erschwert andererseits den Aufstieg bis zum *Campground*.

Panorama Trail

Eine spannende und abwechslungsreiche Tageswanderung beginnt am ***Glacier Point*** (➤ Seite 278). Der ***Panorama Trail*** führt mit tollem Blick auf die Sierra und ins Tal vorbei an mehreren Wasserfällen hinunter zum *Mist Trail* bzw. zur *Half Dome Village*. Nach rund 4 km kommt man zu den *Illilouette Falls* und gleich im Anschluss zu einem kurzen Anstieg (ca. 250 Höhenmeter). Nachdem der *Panorama Trail* in den *John Muir Trail* einmündet, eröffnet sich ein Postkartenmotiv mit den markanten Bergkuppen des *Half Dome* und ***Liberty Cap*** oberhalb der ***Nevada Falls***. Auf einer Brücke wird der Merced River direkt oberhalb der Wasserfälle überquert und von dort geht es dann steil hinunter zu den *Vernal Falls* und ins *Yosemite Valley*.

Zeitbedarf: Für die 13,5 km *one-way* und den Höhenunterschied von 850 m werden mind. 5-7 Std benötigt. Start am besten bei der *Yosemite Lodge* mit dem *Glacier Point Shuttle-Bus*; Reservierung unter: www.travelyosemite.com/things-to-do/guided-bus-tours.

Weitere Trails ab Glacier Point

Weitere beliebte *Trails* sind der Abstieg vom ***Glacier Point*** direkt ins Tal über den ***Four Mile Trail*** (ca. 2 Stunden) und der Aufstieg zu den ***Upper Yosemite Falls*** (ca. 4-5 Stunden; *Trailhead* beim Camp 4 an der Ausfahrtstraße aus dem Tal heraus). Beide sollte man aber erst in zweiter Linie in Betracht ziehen.

Wanderwege an der Tioga Road

Vom *Porcupine Trailhead*, ca. 1,2 mi östlich des gleichnamigen Zeltplatzes, führt ein längerer Wanderweg in Richtung ***North Dome*** mit schönem Blick auf *Half Dome* und *Yosemite Valley* (ca. 14 km retour; 180 Höhenmeter). Ein kurzer Seitenpfad schafft Zugang zu einem außergewöhnlichen Felsbogen, dem ***Indian Rock***.

Die *Tuolumne Meadows* sind bester Ausgangspunkt für die tolle Wanderung zum ***Grand Canyon of the Tuolumne River*** mit den ungewöhnlichen ***Waterwheel Falls***. Die Schlucht erreicht man auf einem Teilstück des berühmten ***Pacific Crest Trail*** (von Mexiko nach Kanada) bis zum **Zeltplatz *Glen Aulin*** (ca. 10 km), von dem es weiter am Fluss entlang geht bis zu den – besonders im Juni und Juli – gischtsprühenden Wasserfällen (+ weitere 5 km). Leute mit guter Kondition können die Tour an einem Tag durchziehen (mindestens 10 Stunden), da die Steigungen auf diesem *Trail* keine wesentliche Rolle spielen.

Von der Anhöhe am Ende der Glacier Point Road und entlang des Panorama Trails eröffnen sich fanastische Blicke hinüber zum Half Dome

Schneegefahr ab Oktober bis Mai/Juni

Bei allen Plänen für eine **Sierra Nevada Überquerung** muss beachtet werden, dass ein Teil der Straßen einschließlich der **Tioga Pass Road** von (spätestens) November, bisweilen schon Anfang Oktober, bis weit in den Mai hinein wegen Schnee **gesperrt** ist. Aktuelle Straßenzustände im Park unter © (209) 372-0200 sowie im Netz: www.nps.gov/yose/planyourvisit/conditions.htm.

Offengehalten werden – soweit möglich – die Straßen **#88** und **#50**, natürlich auch die **Interstate 80** von Sacramento nach Reno. Schneeketten sind allerdings im Winter oft vorgeschrieben; www.dot.ca.gov.

Wetteransage mit Straßenzustandsinfo auch unter © 1-800-427-7623.

Nach Süden geht es von *Tuolumne Meadows* zu den malerischen ***Cathedral Lakes***. Für den 13 km langen Rundweg zum *Upper* und *Lower Lake* benötigt man gut 4 Stunden (300 m Höhendifferenz).

Eine praktische **Übersicht aller Wanderwege** im Yosemite Nationalpark mitsamt Beschreibung gibt es unter www.yosemitehikes.com.

1.3.3 Vom Yosemite zum Death Valley National Park

Über den Tioga Pass

Über den 3.000 m hohen *Tioga Pass* an der **Yosemite-Ostausfahrt** (Straße #120) gelangt man – vorbei an einigen schönen *NF-Campgrounds* u.a. direkt am Tioga und Ellery Lake, ➤ Seite 275 – rasch aus der Vegetation und den gemäßigten Temperaturen der Sierra Nevada in die Trockenheit und Hitze des 1.000 m tiefer gelegenen **Mono Valley**. Dort befinden sich die ausgesprochen sehenswerten Tuffsteingebilde des **Mono Lake** sowie die Zufahrtstraßen zur Bilderbuch-Geisterstadt ***Bodie***.

Sonnenaufgang bei den South Tufas am Südufer des Mono Lake

Rund um den Mono Lake

Lee Vining

Die kleine Ortschaft Lee Vining am Ufer des ***Mono Lake*** verfügt über eine Handvoll eher einfacher Unterkünfte, die aber dank der Nähe zum *Yosemite* zur Saison (Mai-September inkl.) nicht eben billig sind. O.k. ist das ***Murphey's Motel*** an der #395; DZ in der Saison ab $110, © 1-800-334-6316, www.murpheysyosemite.com.

Stellplätze für Zelte ($27) und *hook-ups* (ab $38) für Wohnmobile werden im ***Mono Vista RV Park*** angeboten; 57 Beavers Lane, © (760) 647-6401, www.monovistarvpark.net.

Rund um den See darf man auch gratis stehen, sollte dabei aber die *Boondocking*-Regeln gut beachten: www.fs.usda.gov/Internet/FSE_DOCUMENTS/stelprdb5247500.pdf.

Karten und Infomaterial über die Region gibt's im ***Mono Basin National Forest Scenic Area Visitor Center*** (täglich 9-16.30 Uhr) am Nordende von Lee Vining und im ***Mono Lake Committee Info Center*** an der Straße #395 in der Ortsmitte (täglich 8-21 Uhr).

Mono Lake

Der Mono Lake, ein 150 km^2 großer **Kratersee**, steht seit Dekaden im Mittelpunkt heftiger Kontroversen, da sein Wasserspiegel durch **exzessive Wasserableitung für Los Angeles** 1941 bis 1982 um 15 m (!) gefallen war. Während er die Hälfte seines Volumens verlor, verdoppelte sich der Salzgehalt. Das Ökosystem stand 1994, als endlich die Wasserentnahme per Verordnung beschränkt wurde, kurz vor dem Zusammenbruch. Die Schaffung der ***Mono Lake State Natural Reserve*** führte mittlerweile zu Teilerfolgen: zu einem besseren Schutz des wichtigen Vogelhabitats und einem temporären Anstieg des Wasserpegels, der heute immerhin um etwa 3 m über dem historischen Tief von 1982 liegt.

South & Sand Tufas

Die Fakten klingen ernüchternd, tatsächlich erwartet den Besucher aber – aufgrund des niedrigen Wasserstands – am Südufer des Sees ein grandioses Naturszenario: zahllose freigelegte **Tuffsteinsäulen** vor der eindrucksvollen Bergkulisse der bis ins späte Frühjahr schneebedeckten Sierra Nevada. Diese hellen Kalziumkarbonatgebilde entstanden einst auf dem Grund des Sees durch Ablagerungen der hochdrängenden Quellflüsse. Zufahrt zur ***South Tufa Area*** 5 mi südlich von Lee Vining über die #120 in Richtung Benton. Den Sommer über werden dort auch geführte Touren angeboten; www.monolake.org/trips.

Deutlich kleiner, aber unbeschreiblich filigran sind die grauen ***Sand Tufa*** Skulpturen, die sich etwas weiter östlich in der Umgebung der *Navy Beach* aus dem Boden erheben. Ausgehend von den *South Tufas* erreicht man sie entweder zu Fuß oder über eine recht sandige 4WD-Piste.

Weniger lohnend ist der Bereich um die *Old Marina* sowie der *Mono Lake County Park* im Nordwesten des Sees. Dafür kann, wer den *Bodie*-Abstecher ins Auge fasst, von dort die Straße #167 weiterfahren und am Wege noch den *Slot-Canyon*-ähnlichen ***Black Point Fissures*** einen Besuch abstatten (ca. 1,5 km *one-way*).

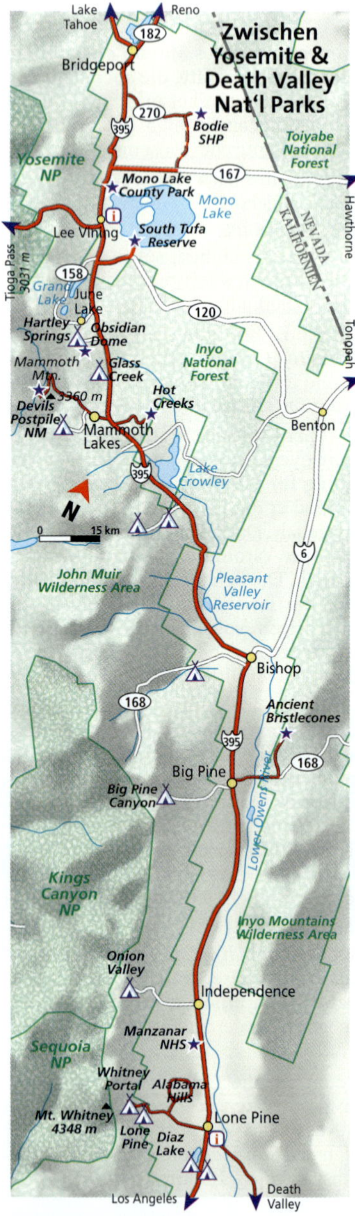

Zum Bodie State Park

Von dort sind es noch insgesamt 15 mi (zunächst 6 mi auf der Straße #167 und dann ca. 9 mi nach Norden auf der arg rauen) *Cottonwood Canyon Road* zur ***Ghost Town Bodie***, einem ***State Historic Park*** im kargen *High Desert Country* im Grenzgebiet zu Nevada, ➤ Foto rechts.

Diese einstige *Boomtown* entstand aus einem Goldrausch in den 70er-Jahren des 19. Jahrhunderts, verlor aber seine Bevölkerung von über 10.000 nach und nach und wurde in den 1930er-Jahren ganz verlassen. Dank geringer Luftfeuchte blieben viele Gebäude und Gerätschaften relativ gut erhalten. Seit 1962 wird Bodie im vorgefundenen Zustand konserviert und ist so eine Art Mittelding zwischen echter **Geisterstadt** und einem ***Living Museum***.

Die Ausdehnung des Ortes und die Vielzahl der noch vorhandenen Relikte geben Bodie eine Sonderstellung unter den *Ghost Towns*. Geöffnet 8-18 Uhr im Sommer, sonst bis 16 Uhr, sofern nicht eingeschneit; Eintritt $8/$5; www.parks.ca.gov/?page_id=509.

Die **Zufahrtstraße #270** nach Bodie von Westen, also von der #395 aus, ist mit Ausnahme der letzten Meilen asphaltiert. Die sind indessen oft in einem desolaten Zustand. Speziell RV-Fahrer haben daran ebensowenig Freude wie auf der *Cottonwood Canyon Road* hinunter zum Mono Lake, ➤ oben.

Travertine Hot Springs

Nördlich des Bodie-Abzweigs liegen die ***Travertine Hot Springs***, vier kleine Pools umgeben von farbenfrohem Kalkstein (*Travertin*). Zufahrt ab der #395 über die Jack Sawyer Road (0,5 mi südlich von Bridgeport, nicht ausgeschildert), bei der ersten Gabelung links und kurz darauf rechts halten. Nach 1,4 mi ist der Parkplatz erreicht. Die Badestelle befindet sich ca. 50 m hinter der kleinen Hütte.

Nördlich von Bridgeport findet man noch eine weitere heiße Quelle, die ***Buckeye Hot Springs***. Beide unter www.monocounty.org/places-to-go/hot-springs.

Straße #395 von Lee Vining bis Lone Pine

Zur Route

Die überwiegend sehr gut (4-spurig) ausgebaute Straße #395 nutzen viele Touristen als rasche Verbindungsstrecke zwischen den Nationalparks *Yosemite* und *Death Valley*. Und tatsächlich sind die **220 mi von Lee Vining bis zur Oase *Furnace Creek*** mitten im *Death Valley* ja auch locker an einem Tag zu schaffen. Wer das konsequent durchzieht, fährt indessen an manchem vorbei, was einen Zwischenhalt und mehr unbedingt lohnt. Ein 3-Tage-Trip lässt sich auf diesem Abschnitt abwechslungsreich gestalten; zwei Tage wären gerade o.k.

Skigebiete

Ein Blick auf die Karte zeigt, dass nur wenig südlich von Lee Vining zwei Skigebiete liegen, **June** und **Mammoth Lakes**; beide sind gleichzeitig Sommerferienorte. Ein Hineinfahren nach June Lake ist weniger spannend, es sei denn zum Übernachten. Wer mehr Wert auf Lage und geringe Kosten legt als auf Komfort, sollte als **Campmobilist** noch ein bisschen weiter fahren.

Glasbasalt

Etwa 3 mi südlich der Abzweigung nach June Lake (Straße #158, südliche Einfahrt) führt eine *Gravel Road* (Hinweisschild an der Straße) zu einem gewaltigen *Lava Flow*, dem ***Obsidian Dome***. Die dort bis zu 20 m hohen Lavaströme – großenteils aus Glasbasalt – sind sehenswert und können bestiegen werden. Die Anfahrt von der #395 auf einer Gravel Road beträgt ca. 3 mi, wobei jedoch die letzte Meile durch lichten Wald ziemlich beschwerlich wird (nicht möglich mit Campmobilen, am besten mit SUVs). An einigen Wegverzweigungen ist Platz, um den Wagen abzustellen; zur Lavaauftürmung sind es dann nur ein paar Schritte.

Ein gut erhaltener 1920er-Jahre Truck neben einer Handpumpentankstelle in der Ghost Town Bodie

Schon vor erster Sichtung der Lavawand zweigt die *Forest Road* 2S48 von der *Obsidian Dome Road* zum ***NF-Campground Hartley Springs*** scharf rechts nach Norden ab (ca. 1 mi), einem weitläufigen Platz unter jungen ***Sequoias***. Schwere ***Picnic Tables*** in großen Abständen definieren Stellplätze. Dixietoiletten sind der einzige Komfort. Voll ist es dort selten, die **Übernachtung gratis**.

Gratis-camping

Ebenfalls gratis kann man im **Bereich *Glass Creek*** campen, nur eine gute Meile weiter südlich auf der #395, von ihr ca. 300 m nach Westen auf der kurzen ***Glass Creek Road*** (Abzweigung im zur Autobahn ausgebauten Abschnitt der Straße gegenüber einer Straßenmeisterei). Dort stehen die RVs zwar etwas ungeordneter als gewohnt im kargen Waldareal, aber viel schlechter als auf den einfachen NF-Bezahlplätzen der Gegend ist das nicht.

Mammoth Lakes

Etwas weiter südlich zweigt die Straße #203 nach **Mammoth Lakes** ab, einem populären Skigebiet rund um die gleichnamige weiträumig angelegte Ortschaft, das – anders als etwa der June Lake Bereich – auch im Sommer Einiges zu bieten hat.

Neben einer dichten **Hotelinfrastruktur**, die von Mai bis September oft nicht voll ausgelastet ist, gibt es eine große Restaurantauswahl. Die Tarife für Zimmer der unteren Mittelklasse beginnen ab ca. $120, zum Beispiel im *Motel 6* und *Rodeway Inn*.

Auch zwei Jugendherbergen stehen in Mammoth Lakes:

- ***Davison Street Guest House***, 19 Davison Street, Betten ab $30; © (858) 755-8648, www.mammoth-guest.com
- ***Moderne Hostel***, 3905 Main St, im Mehrbettraum ab ca. $60 pro Person; gehört zum *Holiday Haus Motel* Komplex; © (760) 934-2414; https://holidayhausmotelandhostel.com

»Kanadische« Impressionen in Kalifornien: Blick von der Lake Mary Road hinunter auf die verbundenen Twin Lakes

Info

Das ***Mammoth Lakes Welcome Center*** und gleichzeitig ***Ranger Station*** des *Forest Service* liegen kurz vor dem östlichen Ortseingang an der #203. Man ist dort bei Unterkunfts- und Campingfragen in guten Händen, © 1-888-466-2666. Außerdem gibt es genaue **Karten**, die im etwas verwirrenden örtlichen Straßennetz hilfreich sind: www.visitmammoth.com.

Bergseen

Der **Sommerclou** von Mammoth Lakes besteht in den hoch über dem Ort auf mehreren Ebenen liegenden Seen, in deren Umfeld sich **große *NF*-Campingplätze** ($24) und – an den Twin Lakes – die rustikal-komfortable ***Tamarack Lodge*** im Blockhouse-Stil befinden; Zimmer ab ca. $120, www.tamaracklodge.com.

Zufahrt ist die **Lake Mary Road** in Verlängerung der Main Street, über die man in die Stadt einfährt (Straße #203). Von ihr zweigt die **Twin Lakes Road** ab, die weiter oben wieder auf die Lake Mary Road zurückführt. Sowohl die Twin Lakes, die über Mammoth Creek und *Twin Falls* von den höher gelegenen Seen gespeist werden, wie auch die obere Seenplatte sind den Abstecher wert. Am **Lake Mary**, dem größten der Seen, kann man Kayaks, Tret- und Motorboote leihen; http://pokonoberesort.com. In keinem der (ohnehin meist kalten) Seen darf geschwommen werden.

Horseshoe Lake

Mit dem Ende der Lake Mary Road erreicht man den **Horseshoe Lake** bzw. das, was davon übrig blieb. Sein Wasserstand reicht nur noch für einen besseren Teich. Sein früheres Ostufer wird von Baumskeletten gesäumt. Sie sind Opfer anhaltender vulkanischer Aktivität mit CO_2-Emissionen durch den porösen Boden.

Mammoth Mountain

Am höchsten Punkt der zum Hauptskigebiet führenden **Minaret Road** befindet sich die Talstation der Seilbahn auf den ortsnamengebenden Gipfel **Mammoth Mountain**. Die »*Scenic Gondolas*« überwinden immerhin 600 Höhenmeter und enden auf 3.360 m Höhe ($29, Jugendliche ab 13 Jahre $24 *one-way*). Wer ein Kombiticket »Auffahrt + Einfachlunch« (im *Eleven53 Cafe* ganz oben) kauft, bezahlt oft nur wenig mehr; aktuelle Zeiten unter © 1-800-626-6684; www.mammothmountain.com.

Trails & Bike Park

Zurück von oben führt ein **Wanderweg** mit Verzweigungen auf halber Höhe. Der absolute Clou ist jedoch der ***Mammoth Mountain Bike Park***, das neben der Region *Slick Rock* bei Moab/Utah zweite **Bikerparadies** des US-Westens, hier aber nicht über nackten Fels, sondern auf angelegten Pisten durch karge Gipfelvegetation und Bergwald. Der Mammoth Mountain wurde überzogen mit einem Netz von ***Bike Tracks*** (mittlerweile 80 mi Länge), die es teilweise dank eingebauter Schikanen in sich haben. Aber auch einfachere Wege für Anfänger sind vorhanden. Eine Karte des *Bike Park* findet man unter: www.mammothmountain.com/summer/bike-park-overview/bike-park/bike-park-trail-map.

Säulenbasalt im Devil's Postpile NM

Bike Rental

Sowohl in *Bike Shops* im Ort Mammoth Lakes als auch an der Talstation der *Gondolas* (***Adventure Center***) lässt sich die Ausrüstung für den Bikespaß mieten. Außerdem benötigt man einen ***Trail Access Pass*** ($17/Tag) für die Nutzung der Abfahrten und auch die Auffahrt will bezahlt sein. Es gibt aber auch *free ride*-Wege.

Devils Postpile NM/ Shuttle

Die Fortführung der Minaret Road führt steil hinab zum ***Devils Postpile National Monument***. Sie ist von etwa Mitte Juni bis *Labor Day* für den allgemeinen Verkehr gesperrt. Ein ***Shuttle Bus*** ($7, Kinder $4) befördert die Besucher ins Tal zu den Ausgangspunkten der Wege zum *Devils Postpile* und den *Rainbow Falls*.

Camping

Ausgenommen von der *Shuttle-Bus*-Pflicht sind Camper sowie alle, die die Strecke zwischen 19 Uhr und 7 Uhr morgens befahren. Die $10 *Transportation Fee*/Fahrzeug inkl. der Insassen müssen aber immer bezahlt werden! Eine Reservierung für einen der schönen ***NF-*** oder ***NM-Campgrounds*** im Tal ($20) gibt's auf *first-come, first-served* Basis in der *Ranger Station* sowie an der Kontrollstation hinter dem Seilbahn-Parkplatz; www.nps.gov/depo.

Säulenbasalt

Der ***Devils Postpile*** ist ein pittoresker geologischer Aufschluss aus Säulenbasalt, ➤ Foto oben. Oberhalb der Säulen läuft man über deren Enden, die – wie auf einem gefliesten Boden – Flächen regelmäßig geformter Sechsecke bilden. Der Fußweg von der Bushaltestelle zum *Postpile* beträgt nur ca. 600 m, so dass man für den Besuch inklusive Ersteigung des »Scheiterhaufens« maximal eine Stunde benötigt. Mitten durch das NM führen auf hier identischer Trasse der *John Muir* und *Pacific Crest Trail*.

Rainbow Falls

Der weiter zu den ***Rainbow Falls*** führende *Trail* (ca. plus 6 km retour) lohnt nur bedingt. Die Fälle sind nicht sensationell, aber der Weg ist hübsch und kann bei Start am *Rainbow Falls Trailhead* auf 2 km *one-way* verkürzt werden (der Shuttlebus verkehrt vom Stop am NM noch weiter bis dort bzw. bis *Reds Meadow Resort*). Am Wege passiert er den ***Campground Reds Meadow*** mit von heißen Quellen gespeisten Duschen.

Hot Creek Geologic Site

Zurück auf der #395 passiert man kurz vor dem *Mammoth Airport* den Abzweig zur *Hot Creek Hatchery*. Nach 300 m geht es links zur Forellenzucht, hier hält man sich rechts und folgt der Hatchery Rd bis zum Parkplatz der ***Hot Creek Site*** (3 mi, gegen Ende eine gute Schotterpiste). Früher konnte man in dem kleinen Geothermalgebiet baden, heute gibt es einige Pools und jede Menge Fumarolen am Flussufer zu sehen, aber nur aus sicherer Entfernung.

Hot Tubs

Beliebt zu jeder Jahreszeit sind in der Gegend südlich von Mammoth Lakes sogenannte ***Hot Tubs***, von heißem Quellwasser gespeiste, teils künstlich geschaffene oder natürliche kleine Pools, in denen mehrere Personen gleichzeitig Platz nehmen können. Den ***Hill Top Tub*** erreicht man über die Benton Crossing Rd, die südlich des Flugplatzes von der #395 nach Osten abzweigt (Wegweisung »Owens River«). Nach ziemlich genau 3,9 mi geht es 300 m nach links auf eine kurze Schotterpiste (nicht ausgeschildert), an deren Ende man parken kann. Dort beginnt ein eigens angelegter *Walkway* (etwa 400 m) zu einem ausgemauerten Mini-Heißwasserpool mit Temperaturen von ca. 42°C+, der mit 4-5 Personen schon voll ist. Ohne Schnee ist das Landschaftsbild dort nicht ganz so ansprechend.

Hill Top Tub im Owens Valley

Crowley Lake

Auf der Weiterfahrt in Richtung Süden erstreckt sich linker Hand der #395 der **Crowley Lake**, dessen Ostufer von einem noch kaum bekannten, skurillen Tuffstein-Säulenlabyrinth gesäumt ist. Die Höhlen mit den bis zu 5 m hohen weißen ***Columns*** wurden erst vor wenigen Jahren mit sinkendem Wasserspiegel freigelegt. Am leichtesten gelangt man dorthin per Boot (Anmietung in der Marina im Süden des Stausees: www.crowleylakefishcamp.com) oder alternativ über abenteuerliche 4WD-Pisten (Wegbeschreibung: www.theoutbound.com/yosemite/chillin/explore-crowley-lake-columns).

Bishop
www.bishopvisitor.com

Zentralort des Owens River Valley östlich der Sierra Nevada ist **Bishop**, ein Städtchen von nicht einmal 4.000 Einwohnern. Sieht man ab von ***Erick Schat's Bakery*** mit guten, aber recht teuren Kuchen- und Brotspezialitäten (weitere Filiale in Mammoth Lakes) und einigen großen Fassadengemälden (***Murals***) im Zentralbereich, gibt es dort keine nennenswerten Sehenswürdigkeiten.

Hotel-Highlight Creekside Inn in Bishop

Bishop bietet durchreisenden Touristen aber die weit und breit einzige komplette **Versorgungsinfrastruktur** (Supermarkt, *Fast Food*, Banken etc.). Die ***Motels*** in Bishop gehören überwiegend zu den großen Ketten und liegen an der #395 durch den Ort. Die Mittelklasse kostet um die $120 (***Vagabond Inn***, ***La Quinta, BW***).

Tipp

Wer $50 mehr ausgeben mag, bucht in Bishop das ***Creekside Inn*** und kommt damit zwei Klassen besser unter. Besonders gilt das für die Zimmer mit Blick auf den durch das Gelände fließenden Bach samt Grünanlage (Zimmer mit Balkon/Terrasse explizit buchbar); © (760) 872-3044, www.bishopcreeksideinn.com.

Eisenbahnmuseum

Ca. 5 mi nordöstlich von Bishop (Straße #6) stehen im ***Laws Railroad Museum*** auf einem alten stillgelegten Schienenstrang eine Dampflok mit ein paar Waggons plus ein Triebwagen und drumherum eine kleine »*Old West Town*«; www.lawsmuseum.org.

Red Rock Canyon

Eine rote Felslandschaft würde man kaum in den ***White Mountains*** erwarten. Doch im *Volcanic Tableland* nördlich von Bishop mit eben dieser Bezeichnung verbirgt sich ein attraktiver ***Red Rock Canyon***, der mit seinen zahllosen Felslöchern und -bögen sogar entfernt an das *Valley of Fire* (➤ Seite 573f) in Nevada erinnert. Die Fahrt dorthin ist etwas abenteuerlich und beginnt an der Straße #6 knapp 19 mi nördlich von Bishop. Die ausgeschilderte ***Chidago Canyon Road*** (im wesentlichen Pkw-tauglich) läuft – nach sechs holprigen Meilen – durch eine enge Schlucht überwiegend roten Gesteins.

Ancient Bristlecone Pine Forest

Ein rund **4.750 Jahre alter** »***Methuselah***« und weitere uralte, knorrige Grannenkiefern stehen im ***Ancient Bristlecone Pine Forest*** auf über 3.000 m Höhe. Die Zufahrt erfolgt über die Straße #168 (Abzweig von der #395 in Richtung Osten nördlich von Big Pine) und nach 13 mi links weiter auf der *White Mountain Road*. Nach kurvenreichen 10 Meilen ist das **Besucherzentrum** erreicht. Dort starten auch ***Self-Guided Nature Trails*** durch den ***Schulman Grove***.

Zusätzliche 12 Meilen und 400 Höhenmeter sind es auf holpriger Schotterpiste bis zum Standort weiterer Grannenkiefern aus grauer

Vorzeit im ***Patriarch Grove***. Aufgrund der Höhenlage ist der Besuch dieses Naturschutzgebiets meist nur von Mitte Mai bis Ende November möglich. Eintritt: $3/Person oder $6/Fahrzeug, aktuelle Straßeninformationen gibt's unter © (760) 8773-2500 oder unter www.fs.usda.gov/recarea/inyo/recarea/?recid=20272.

Etwa 5 mi unterhalb des Besucherzentrums passiert man den *NF*-Einfachcampground ***Grandview*** ($5) mit einem – dank weiträumig abwesender »Lichtverseuchung« – sagenhaften Sternenhimmel. Er liegt auf 2.600 m, d.h., nachts ist es auch im Sommer oft eisig kalt!

Independence

In der winzigen Kreishauptstadt Independence, 40 mi südlich von Bishop, steht das historische ***Winnedumah B&B Hotel***, © (760) 878-2040, in dem einst Filmstars abstiegen, die in den nahen *Alabama Hills* Western drehten; ab $123, www.winnedumah.com.

Manzanar NHS

Etwa auf halbem Weg zwischen Independence und Lone Pine liegt westlich der #395 der erst im neuen Jahrtausend, also rund 60 Jahre nach dem 2. Weltkrieg errichtete ***National Historic Site Manzanar***. Es handelte sich um ein riesiges **Internierungslager** (*War Relocation Center*) für japanischstämmige Amerikaner, das nach dem Angriff auf Pearl Harbor im damals fast menschenleeren *Owens River Valley* im Oktober 1942 aufgebaut und erst nach der Kapitulation Japans geschlossen wurde. Auf einer 3-mi-Rundfahrt mit Erläuterungspunkten kann man zwar die frühere Ausdehnung erfassen, gleichwohl gibt es nicht ganz viel zu sehen.

Mehrere tausend Jahre alte, nur scheinbar abgestorbene Bristlecone Pine (➤ Text links unten)

Die einstige Lagerschule beherbergt ein ***Visitor Center*** mit einer ausführlichen Dokumentation samt zahlreicher Fotos bekannter Fotografen (so u.a. *Ansel Adams*). Ein 20-min-Film zeigt Hintergründe und Lagerleben in *Manzanar*, das aus über 500 in Reih und Glied gebauten Baracken, Stacheldrahtzäunen und Wachttürmen bestand; geöffnet im Sommer täglich 9-17.30, sonst 16.30 Uhr; eintrittsfrei; www.nps.gov/manz.

Lone Pine

Lone Pine, einwohnermäßig nur halb so groß wie Bishop, spielt eine wichtige Rolle für den immer stärker werdenden ***Mount Whitney*-Tourismus**. Dennoch ist die Versorgungsinfrastruktur dort – wohl wegen der sehr kurzen Saison von Mitte Juni bis Mitte September – eher dürftig und teuer. Alles Wichtige zu Lone Pine findet sich schön sauber aufgelistet unter www.lonepinechamber.org.

Wer in Lone Pine übernachten möchte, hat folgende gute Optionen:

- ***Best Western Plus*** etwas südlich des Ortes; Mittelklasse-Zimmer ab ca. $130
- ***Dow Villa Motel*** (mit modernen Zimmern für ca. $120) oder das historischen ***Dow Hotel*** gleich nebenan mit einem Rest von Wildwest-Flair (ab $90). Reservierung für beide unter © 1-800-824-9317 bzw. www.dowvillamotel.com

Camping

- ***Diaz Lake***, großer, ruhiger, während der Woche meist nicht voller *first-come, first-served*-Platz ca. 3 mi südlich des Ortes; weder *hook-ups* noch Duschen; leider in letzter Zeit etwas ungepflegt; $22; www.inyocountycamping.com/diaz_lake_campground.html

Nur wenig weiter wartet unmittelbar an der #395 das

- ***Boulder Creek RV Resort*** mit *Pool* und und den üblichen Einrichtungen für RVs auf komfortbewusstere Gäste; $40; © (760) 876-4243; www.bouldercreekrvresort.com

Alabama Hills

Auf keinen Fall auslassen sollte man von Lone Pine den Abstecher zu den ***Alabama Hills***, abgerundeten Felsen in tausenderlei Formen und Zusammensetzungen zu Füßen der bis ins späte Frühjahr schneebedeckten Zacken der Sierra Nevada. Die asphaltierte ***Whitney Portal Road*** führt ausgehend vom Ortszentrum zunächst vorbei am überdimensionalen ***Face Rock*** (rechter Hand der Straße und je nach Bemalung ein lustiges Fotomotiv) und weiter bis zum Abzweig der **Movie Road**. Es genügt, diese ziemlich holprige Schotterstraße samt einiger Verzweigungen 2-3 mi hineinzufahren. Man entdeckt automatisch sensationelle Gesteinsformationen, die Suche nach den Felsbögen kann – mit Ausnahme des *Mobius* und *Heart Arch* – etwas länger dauern (➤ Exkurs rechts).

Das **Klettern** in den Felsen ist bei ihrer extrem rauen Struktur leicht, aber ggf. auch ein hautabschürfendes Unterfangen, daher Vorsicht.

Auf einem verschlungenen Sandwegnetz kann man kreuz und quer durch das Felslabyrinth der Alabama Hills kurven, großenteils durchaus mit Pkw. Aber Achtung: Etwaige Schäden zahlt keine Versicherung.

Durch den Whitney Portal Arch schaut man direkt auf den Mount Whitney in der Ferne

Die Felsbögen der Alabama Hills

Wind, Wasser und Eis leisteten in den Alabama Hills ganze Arbeit. Eine Vielzahl an Granitbrocken wurde auf beeindruckende Art und Weise aufgesprengt oder ausgehöhlt. Über 300 natürliche Felsbögen und -öffnungen sollen es sein, die meisten kaum einen Meter breit, andere mit durchaus beachtlichen Spannweiten. Nicht selten befinden sie sich ganz in der Nähe der Fahrwege durch das Gebiet und dennoch gut verborgen im steinernen Labyrinth.

Die Mehrzahl der Felsbögen liegt entlang der unbefestigten, bei Trockenheit auch PKW-tauglichen ***Movie Road***, die etwa 2,5 mi westlich von Lone Pine von der ***Whitney Portal Road*** abzweigt. Auf ihr erreicht man nach nur 1,5 mi den Parkplatz zum ***Mobius Arch***. Der 1,1 km lange, gut ausgebaute Rundweg passiert im Uhrzeigersinn zunächst den kleinen ***Lathe Arch*** (36°36'48"N, 118°07'33"W; etwas versteckt rechter Hand bei der Kurve unmittelbar vor dem *Mobius Arch*) und im Anschluss dann noch den treffend benannten ***Heart Arch***. Weiter nördlich an der *Movie Road* befinden sich noch u.a. das ***Eye of Alabama***, der ***Boot Arch*** sowie der gut hinter Felsen verborgene ***Cyclop's Skull Arch***, ein toller, knapp 7 m hoher Gesteinsbrocken mit gleich vier Felsöffnungen (36°37'48''N, 118°08'07''W).

Ein besonders schönes Exemplar ist auch der ***Whitney Portal Arch***, der sich mit einem ca. 2 m breiten »Fenster« wie eine falsche Häuserfassade aus der Umgebung erhebt und den *Mount Whitney* umrahmt. Der Parkplatz für die kurze, nicht ausgeschilderte Wanderung dorthin (ca. 2 km retour) befindet sich rechter Hand der *Whitney Portal Road*, 5,3 mi von der #395 entfernt. Ohne GPS-Gerät ist dieser Felsbogen indessen kaum zu finden (36°36'08''N, 118°09'21''W).

Die Alabama Hills sind ein echter Geheimtipp abseits der großen Touristenpfade und ein wunderbarer **Abenteuerplatz für Groß und Klein**!

Weiterführende Informationen zu den hier genannten Felsbögen im Internet unter www.isaczermak.com/california-alabama-hills-arches.html.

Die grandiose Landschaft diente Hollywood immer wieder als Kulisse und war Drehort zahlloser Western und Fernsehproduktionen. Auch in aktuellen *Blockbustern* wie *Django Unchained, Transformers 2* oder *Iron Man* wird man sie wiedererkennen.

Eine spezielle ***Movie Map*** und alles, was man über die in den *Alabama Hills* gedrehten Filme wissen möchte, gibt es im Büro der ***Chamber of Commerce*** in der 120 South Main St oder online unter http://lonepinechamber.org (dort auf die Broschüre »***Movie Road – Self-Guided Tour***« klicken und die PDF-Datei herunterladen!).

Viele der einstigen Stars haben sich per Schnitzmesser in der Tür des ***Lone Pine Indian Trading Post*** verewigt (137 S Main Street).

Film Museum

Ein ***Museum of Film History*** mit *Wild West Movie Theater* ist auch vorhanden (am Südende des Ortes). Es hält mit alten Filmplakaten, jeder Menge Fotos der Celluloid-Cowboys und Filmutensilien die Erinnerung an die große Zeit der Drehs in den *Alabama Hills* wach; im Sommer täglich 10-18 Uhr, So bis 16 Uhr; Eintritt $5; http://lonepinefilmhistorymuseum.org.

Mount Whitney

Von Lone Pine aus kann man sich auf der *Whitney Portal Road* bis auf wenige Meilen dem 4.418 m hohen ***Mount Whitney*** nähern, dem höchsten, auch im Sommer schneebedeckten Gipfel der USA (ohne Alaska). Die ca. 13 mi von Lone Pine bis zum Ausgangspunkt des Gipfeltrails sind auf der bis oben asphaltierten **Portal Road** in 30 min bewältigt.

Whitney Portal

Am Ende befinden sich der im Sommer meist voll besetzte ***NF-Campground Whitney Portal*** und eine herrliche ***Picnic Area*** am obersten Parkplatz (ganz durchfahren bis Straßenende). Ein rauer, schöner ***Trail*** am Wildbach entlang verbindet beides (20 min). An gut besuchten Tagen gibt es jedoch Parkprobleme. Speziell Sommerwochenenden eignen sich weniger für den Abstecher.

Stellplatz mit Holzherd und Feuerstelle+Grillrost auf dem NF-Campground Lone Pine am Fuß der Sierra Nevada

An der Portal Road in Richtung Mount Whitney, gute 10 Meilen von Lone Pine entfernt und fast 1000 m höher.

Wer in diesem Bereich gern campen würde, aber oben nicht unterkommt, ist mit den ***NF-Campgrounds Lone Pine*** (traumhafte Lage!) und ***Turtle Creek*** am Fuße der Sierra sogar besser bedient.

Gipfeltrail

Der Gipfel des ***Mount Whitney*** ist vom Startpunkt etwa 18 km entfernt und als Tagesmarsch auf extrem gerölligen und steilen Pfaden retour nicht zu schaffen. En Route liegen einige *Camps*. Für den Gipfelsturm benötigt man ein ***Permit***, das in der ***NF-Ranger Station*** in Lone Pine (! gegenüber dem unübersehbaren *Film History Museum*) vergeben wird. Ohne *Permit* darf nur eine – durchaus erwägenswerte – Teilstrecke im unteren Bereich ohne Übernachtung abgelaufen werden.

Eine echte Alternative ist der **4-mi-*Trail*** vom Campingplatz *Lone Pine* hinauf zum *Mount Whitney Trailhead* bzw. als prima Light-Version von dort hinunter für alle, die den *one-way*-Transport organisieren können.

Zum Death Valley

Von Lone Pine zum *Death Valley* geht es auf den **Straßen #136/ #190** durch eine scheinbar endlose Einsamkeit.

Infomaterial und aktuelle Hinweise vorab hat das ***Interagency Visitor Center*** an der Abzweigung der #136 von der #395.

Weiter nach Las Vegas im Sommer

Im Sommer durch die Backofenhitze des *Death Valley* zu fahren, ist nicht jedermanns Sache und mit gemieteten Campmobilen sogar unzulässig. In beiden Fällen bleibt nichts anderes übrig, als den Nationalpark über Ridgecrest zu umgehen und Barstow an der I-15 anzupeilen (➤ Seite 448; ca. 70 Mehrmeilen nach Las Vegas gegenüber Death Valley-Route). Die 155-mi-Strecke ist bis Barstow eintönig und bietet keine Abwechslung, sieht man von den ***Trona Pinnacles*** 20 mi östlich von Ridgecrest ab, Tuffsteingebilden ähnlich denen am Mono Lake. Mehr dazu auf ➤ Seite 429.

1.3.4 Death Valley National Park www.nps.gov/deva

Parkinfos, Unterkunft und Camping

Anfahrt von Westen

Wer von Westen ins *Death Valley* kommt, durchquert auf den **Straßen #136** und **#190** eine scheinbar endlose Einsamkeit und mehrere Höhenzüge (über 1500 m auf und ab) voll sagenhafter Formationen im Blickfeld. Es sind die bis zu 3.368 m hohen *Panamint Mountains* im Westen und die gewaltige *Amargosa Range* im Osten, die Niederschläge fern halten und das »**Tal des Todes**« zu einem der trockensten Gebiete der Erde machen. Der Sommer ist dort glühend heiß: Von Juni bis August klettert das Thermometer täglich (!) über die 43°C-Marke und bisweilen sogar über 50°C. Selbst nachts kühlt die Luft dann kaum ab. Der Allzeit-Rekord liegt hier bei 56,7°C. Annehmbare bzw. angenehmere Temperaturen herrschen indessen von Oktober bis April. Der Winter ist die beste Reisezeit.

Eintritt $25/Auto $12/Person oder Interagency Jahrespass

Durchfahrt

Die meisten Camper-Verleiher untersagen Mai-September wegen der Hitze und der endlosen Steigungen die Ausfahrten aus dem *Death Valley* über die #190, egal in welche Richtung. Ob nun im RVs oder Pkw, vor einem Besuch im Sommer sollte man **Kühlwasser, Ölstand sowie Sitz des Keilriemens checken**. Im Fall einer Panne bei großer Hitze darf man nicht versuchen, zu Fuß Hilfe zu holen, sondern sollte am Auto warten. Eine gute Idee sind **reichliche Vorräte an Trinkbarem** und ein **voller Tank**.

Tanken

Bei Anfahrt von Westen, unbedingt in Lone Pine noch tanken, denn die erste Zapfsäule im Park bei Panamint Springs ist die teuerste weit und breit (und ggf. geschlossen oder sogar *out of gas*). Die Unterschiede im und rund ums *Death Valley* sind gewaltig: In **Panamint Springs** zahlt man mitunter **das Doppelte** wie in Lone Pine! Am billigsten ist meist das Benzin in Pahrump, Amargosa Valley oder Beatty. Die zwei anderen Tankstellen im Nationalpark (Stovepipe Wells und Furnace Creek) liegen preislich im Mittelfeld.

Information

Das ***Visitor Center*** in der Oase ***Furnace Creek*** (60 m unter NN) informiert über die geologischen Ursprünge des Tals und den Artenreichtum von Flora und Fauna in scheinbarer Leere, täglich 8-17 Uhr, im Sommer 9-18 Uhr. Im Besucherzentrum ist auch der Eintritt für alle fällig, die noch nicht an den Einfahrten gezahlt haben.

Infos zu aktuellen Straßenzuständen gibt es dort sowie auf der Facebook-Seite www.facebook.com/DeathValleyRoadConditions.

Mesquite Sanddünen

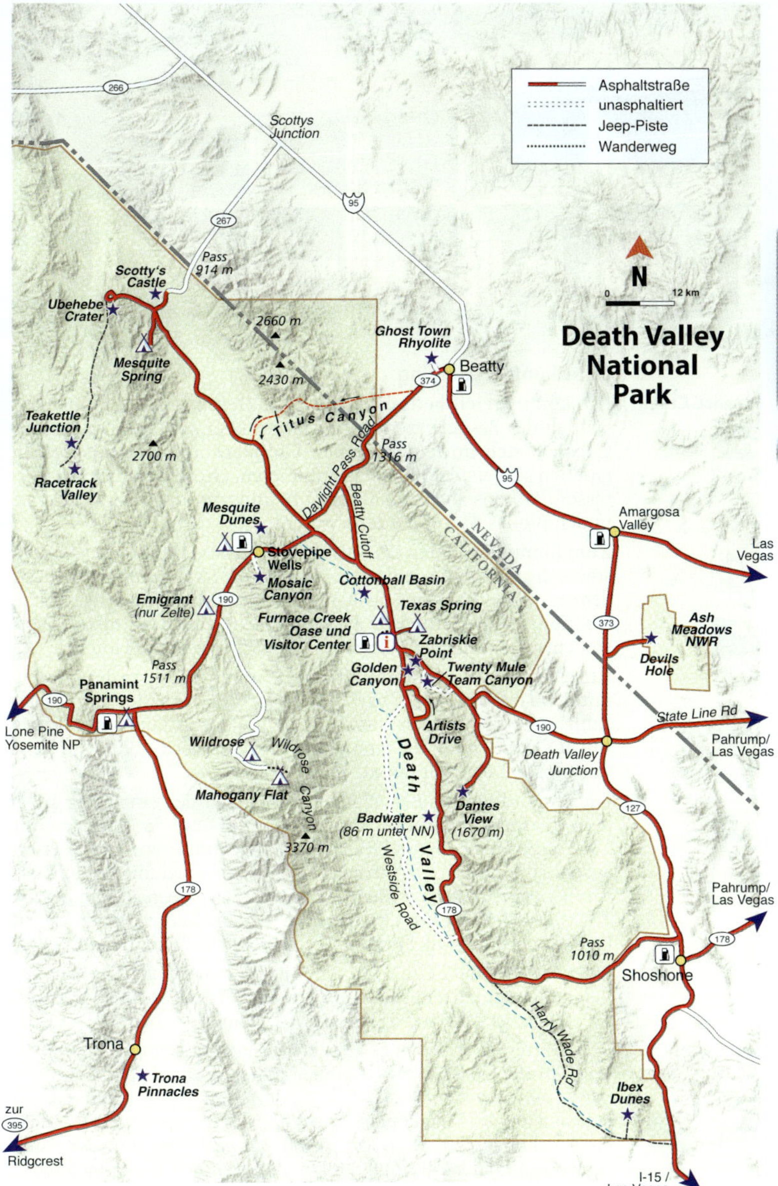
Asphaltstraße
unasphaltiert
Jeep-Piste
Wanderweg
N
0 12 km
Death Valley National Park
266
Scottys Junction
95
267
Pass 914 m
Scotty's Castle
Ubehebe Crater
Mesquite Spring
2660 m
2430 m
Ghost Town Rhyolite
Beatty
374
Titus Canyon
Daylight Pass Road
Pass 1316 m
Teakettle Junction
2700 m
Racetrack Valley
Beatty Cutoff
NEVADA
CALIFORNIA
Amargosa Valley
Las Vegas
Mesquite Dunes
Stovepipe Wells
Mosaic Canyon
Cottonball Basin
Emigrant (nur Zelte)
190
Texas Spring
Furnace Creek Oase und Visitor Center
Zabriskie Point
373
Ash Meadows NWR
Devils Hole
Pass 1511 m
Panamint Springs
Golden Canyon
Twenty Mule Team Canyon
Lone Pine Yosemite NP
Artists Drive
State Line Rd
Pahrump/ Las Vegas
Wildrose
Wildrose Canyon
Death Valley
Death Valley Junction
Mahogany Flat
Dantes View (1670 m)
127
Badwater (86 m unter NN)
3370 m
Westside Road
178
Pass 1010 m
Shoshone
Harry Wade Rd
Trona
Trona Pinnacles
Ibex Dunes
zur 395
Ridgcrest
I-15 / Las Vegas
1

Unterkunft & Camping

Furnace Creek

Die kommerziell betriebene ***Oasis at Death Valley*** unmittelbar südlich des Besucherzentrums verfügt über ein Quartier, dessen Gebäude sich um einen grünen **Golfplatz** und eine aus heißen Quellen gespeiste **Poolanlage** gruppieren. Große Zimmer mit Terrassen/Balkons ab ca. $250 plus *tax* und *resort fee* (vorzugsweise in den Blocks 4, 5 und 6 reservieren!).

Zum Komplex gehören ein Steakhouse, *Saloon*, Café, *General Store* sowie die staubige Schotterfläche des ***Fiddlers' Campground***, auf dem es weder *hook-ups* noch Wasser gibt. Etliche schattige Plätze für Zelte sowie ein paar Picknicktische und Grillroste/Feuerstellen sind vorhanden ($18 inkl. Pool-Nutzung beim Hotel!).

Reservierung aller Unterkünfte und Campingplätze in der »Oasis« unter © 1-800-236-7916 bzw. www.oasisatdeathvalley.com. Dazu zählt auch die hübsch von Palmen gesäumte Luxusunterkunft ***Inn at Death Valley***, die erhöht am Straßendreieck #190/#178 steht und stolze Tarife hat (ab ca. $400).

Gleich nördlich des Besucherzentrums liegt der ganzjährig geöffnete ***Campground Furnace Creek*** des *National Park Service* mit 136 Plätzen für Zelte und RVs ($22), einige mit Strom- und Wasseranschluss ($36). Die schattigen Flächen unter Bäumen sind Zeltcampern vorbehalten. Reservierbar unter www.recreation.gov bzw. © 1-877-444-6777. Vor Ort gibt es WCs, aber keine *Shower* (gegen Gebühr darf man die Duschen beim Pool der Oase nutzen).

Über 300 RVs und Zelte kommen **Mitte Oktober-Ende April** zusätzlich auf den schattenlosen ***Campgrounds Texas Springs*** und ***Sunset*** östlich der #190 unter (Wasser/WC, keine Duschen, $14-$16).

Stovepipe Wells

Preiswerter als in Furnace Creek übernachtet man im ***Stovepipe Wells Motel*** (ab $144). **RV-Camper** stehen dort auf einer Schotterfläche ($37 mit *full hook-up*); www.deathvalleyhotels.com. Gleich nebenan hat der **Einfachplatz *Stovepipe*** des Nationalparks Oktober bis April knapp 200 *first-come, first-served*-Plätze; $14. Nutzung des Pools und der Duschen des Hotels gegen Bezahlung möglich.

Übernachten in höheren Lagen

Bei weitem nicht so heiß wie im zentralen Teil, ist es in 600 m Höhe in **Panamint Springs** zwischen zwei Passhöhen. Dort gibt es **Einfachmotel/-restaurant, *Campground*** und **Tankstelle**. Von der Terrasse hat man zum Sonnenuntergang einen tollen Weitblick. Zimmer ab ca. $100, RV-Camping mit *full hook-up* $35, Zelte $10 und *tent cabins* $35; © (775) 482-7680; www.panamintsprings.com.

In dieser Ecke des Parks kann man ganzjährig **gratis campen**, und zwar direkt an der #190 bei ***Emigrant Junction*** (nur Zelte) bzw. auf den Plätzchen im Bereich ***Wildrose Canyon*** an der Emigrant Canyon Road; primitiv, aber Wasser vorhanden. Vor allem während der heißen Monate (Mai-September) schläft man dort im Zelt wesentlich besser als im auch nachts oft noch 30°C-40°C heißen Tal!

Ebenfalls kostenlos sind die **Einfach-*Campgrounds Thorndike*** und ***Mahogany Flat*** in einem Wacholderbaumwäldchen hoch oben in den Bergen auf 2.500 m, ca. 30 mi von der #190 entfernt. Die letzten 2 mi hinter den ***Charcoal Kilns*** (10 gut erhaltene, bienenkorbförmige Brennöfen, die im späten 19. Jahrhundert für kurze Zeit zur Herstellung von Holzkohle dienten) sind meist nur mit 4WD-Fahrzeugen zu bewältigen. Vom *Mahogany Flat* Zeltplatz geht es zu Fuß weiter auf den **Telescope Peak**, der höchsten Erhebung des Parks (anstrengend, 1.000 Höhenmeter, 24 km retour).

Übernachten außerhalb des Parks

Für Motelübernachter, die den Tarifen in Furnace Creek und Stovepipe Wells entkommen wollen oder dort keinen Platz finden, gibt es im Umfeld einige Optionen. Vor allem der Ort **Beatty** in Nevada an der #374 punktet mit Infrastruktur und kurzer Anfahrt in den Park (***Motel 6*** oder ***El Portal Motel***, beide ab ca. $70; ➤ Seite 305).

Das ***Longstreet Hotel & Casino*** hat schlichte Zimmer ab $80 und **RV-Plätze** mit *hook-up* ($25) in günstiger Lage nördlich von Death Valley Junction an der #373 (CA/NV-Grenze), außerdem Pool, Bar und Restaurant; © (775) 372-1777, www.longstreetcasino.com.

Sehenswertes im Death Valley

Mosaic Canyon

Wer von Lone Pine anreist, folgt der Hauptstraße #190 hinunter in das Tal, wo kurz vor **Stovepipe Wells** (mit dem Hotel, *General Store, Saloon* und Tankstelle) der hübsche ***Mosaic Canyon*** auf Besucher wartet. Die glattgeschliffenen, marmorartigen Wände mit großflächigen mosaikähnlichen Konglomeraten machen der Bezeichnung durchaus Ehre. Die 2,5 mi lange Zufahrt zum *Trailhead* ist ungeteert, aber meist in einem guten Zustand. Von dort sind es dann knapp 400 m bis zum Schluchteingang und 3 km bis zum Umkehrpunkt unterhalb eines hohen Felsabsatzes. Aber auch schon ein kurzes Hineinschauen in den *Canyon* lohnt sich.

Mesquite Sanddünen

Zwischen Stovepipe Wells und dem Straßendreieck #190/#267 erstrecken sich die bis zu 30 m hohen ***Mesquite Flat Dunes***. Sie machen sich für die Kamera besonders gut im Abend-/Morgenlicht oder gar bei Vollmond. Die weithin sichtbaren gelblichen Wanderdünen erreicht man am besten vom großen Parkplatz an der #190 (ca. 400 m bis zum bewuchsfreien Bereich; ➤ Foto Seite 298).

Badlands am Zabriskie Point

Zabriskie Point

Es folgt die reizvollste Strecke durch das *Death Valley*: die **Straße #178** zwischen Furnace Creek und *Badwater* in Verbindung mit dem **Ostabschnitt der #190**. Vor allem der phänomenale Aussichtspunkt ***Zabriskie Point*** mit Blick auf die geschwungenen, farbigen Lehmhügel und die *Panamint*-Berge im Hintergrund ist ein absolutes »Muss«. Großer Andrang herrscht dort meist schon zum **Sonnenaufgang**; tolles Foto-Licht!

20-Mule-Team Canyon

Gleich dahinter beginnt die bei Trockenheit auch mit Pkw gut befahrbare Lehmpiste, die als Einbahn zunächst einem ausgetrockneten Flussbett folgt und sich dann durch den tollen, braun- und beigefarbenen ***Twenty Mule Team Canyon*** windet. Die Strecke ist nur 2,7 mi lang, aber nicht für RVs geeignet.

Dante's View

Wer über Extrazeit verfügt, wird auch den Ausflug zu ***Dante's View*** nicht bereuen, einem *Overlook* auf 1.669 m mit Blick hinunter ins Tal auf die ausgedehnten Salzflächen von *Badwater* und hinüber zum Telescope Peak (3.367 m). Die Auffahrt für RVs länger als 25 Fuß ist nicht gestattet; 26 mi retour ab der #190.

Golden Canyon

Unterhalb des ***Zabriskie Point*** erstreckt sich der ***Golden Canyon***, durch dessen (vor allem in der Nachmittagssonne) golden leuchtende Engen ein empfehlenswerter Naturlehrpfad verläuft. Zeitbedarf mind. 30 min bei Start vom Parkplatz an der Straße #178 (Richtung Badwater). In der kühleren Jahreszeit kann man die Wanderung zu einem Rundweg ausweiten und vom Ende der Schlucht über die *Red Cathedral* und die *Gower Gulch* zurückkehren; www.nps.gov/deva/planyourvisit/golden-canyon.htm.

Artist Drive

Ebenfalls nicht auslassen sollte man wenige Meilen weiter südlich an der #178 den Abzweig zum ***Artist Drive***, einem asphaltierten Rundparcours, der *one-way* durch einen ganz besonders farbenfrohen Bereich des »Todestal« führt (nur RVs bis 25 Fuß).

Badwater

Sehr beeindruckend – besonders am frühen Morgen und am späteren Nachmittag – sind die Salzstrukturen bei ***Badwater***, dem mit

86 m unter dem Meeresspiegel tiefsten Punkt der westlichen Hemisphäre. Wer vom Parkplatz an der #178, rund 10 mi südlich des *Artist Drive*, dem meist gut sichtbaren ausgetretenen Pfad in Richtung Talmitte folgt, steht nach 15-20 min auf einer Salzfläche, die sich bis zum Horizont zu erstrecken scheint. Ihr Aussehen variiert allerdings: Die strahlend weißen, regelmäßig auskristallisierten Salzkrusten – wie auf dem Foto ➤ Seite 307 zu sehen – können nach Regen vermatschen und auch nach Sandstürmen oft noch monatelange eher einem »braunen Kartoffelacker« gleichen.

Sollte dies der Fall sein, kann man im nördlichen Bereich der **West Side Road** (Schotterpiste, die etwa in Höhe des *Artist Drive* in Richtung Südwesten abzweigt) nach weiteren Salzstrukturen Ausschau halten oder – während der kühleren Wintermonate – im ***Cottonball Basin***. Dafür parkt man das Auto ca. 6 mi nördlich von Furnace Creek an der #190, geht von dort hinunter in die Senke und wendet sich dann nach Norden oder Süden, je nachdem wo die weißen Flächen vielversprechender aussehen.

Im Norden des Parks

Nördlich des *Cottonball Basin* führt der *Beatty Cutoff* in den gleichnamigen Ort (nur begrenzte Infrastruktur; ➤ Seite 305), die #190 nach Stovepipe Wells und die **Scotty's Castle Road** erschließt den Norden des Nationalparks. Ein erster Anlaufpunkt ist dort der ***Titus Canyon***; Abzweig etwa 12 mi von der #190. Nach nur 2,5 mi ist der Parkplatz am Eingang der Schlucht erreicht; von dort geht es von dieser Seite nur zu Fuß weiter. Das ist auf den ersten zwei Kilometern (bei erträglichen Temperaturen) zwar auch nicht ohne Reiz, aber der Clou liegt eher im Abfahren der gesamten **Titus Canyon Road**. Diese SUV-Piste ist als Einbahn markiert und beginnt außerhalb des Parks an der #374, ➤ Seite 305.

Auf der Weiterfahrt in Richtung Norden, 0,5 mi vor dem Straßendreieck *Grapevine*, passiert man die Zufahrt zum ***Campground Mesquite Spring***, einem zwar schattenlosen Platz in felsigem Ambiente, aber immerhin mit Wasser und einer *Dump Station* ($14; *first-come, first-served*; war 2017 wegen Flutschäden geschlossen). Achtung: Tankstelle gibt es dort weit und breit keine, die nächste steht im 42 mi entfernten Stovepipe Wells!

Trail durch den Golden Canyon

Scotty's Castle

Die größte Attraktion in diesem Teil des *Death Valley* ist ***Scotty's Castle***, ein schlossartiges Anwesen in mexikanischem Stil mitsamt Oase und glasklarem Quellbach, bzw. »war«, denn sintflutartige Niederschläge und Überschwemmungen im *El Nino*-Jahr 2015 fügten dem Anwesen derart große Schäden zu, dass es voraussichtlich **frühestens 2019/20** wieder für Besucher zugänglich sein wird. Auch die nordöstliche Parkzufahrt (Straße #267) wurde weggespült und war auch Anfang 2018 noch gesperrt!

D.h., derzeit lohnt sich der Ausflug in den Norden des Park auf der kurvigen Scotty's Castle Road nur für Leute, die den *Ubehebe Crater* (kein absolutes Muss!) oder mit einem 4WD-Fahrzeug das entlegene *Racetrack Valley* besuchen möchten.

Scotty's Castle, Oase in der Wüste dank glasklarer Quellen

Ubehebe Crater

Nur 5 mi westlich des Straßendreieck *Grapevine* liegt der ***Ubehebe Crater***, der explosionsartig entstand als dort glühendes Magma mit dem Grundwasser in Kontakt trat. Das »Loch« ist bis zu 230 m tief und weist einen Durchmesser von fast 1 km auf. Ob es erst vor 800 oder gar vor 7.000 Jahren entstand, wird kontrovers diskutiert. Ein Pfad umrundet den Krater, ein zweiter führt tief hinein.

Racetrack Valley

Zufahrt nur mit SUV

Mit SUVs fahren *Backroad*-Enthusiasten noch 27 Meilen weiter auf einer »reifenfressenden« Schotterpiste ins ***Racetrack Valley***. Am südlichen Ende dieser ausgetrockneten *Playa* kann man rätselhafte, wandernde Felsbrocken bewundern, die sich im Lauf der Zeit hunderte von Metern vorangeschoben und dabei deutlich sichtbare Spur hinterlassen haben. An der Zufahrt passiert man die ***Teakettle Junction***, wo 'zig Besucher – aus welchen Gründen auch immer – jede Menge Teekessel an den Wegweiser hängten. Nähere Infos unter www.synnatschke.de/rt/rt.html.

Jeep Touren/ Vermietung

In dieses und andere abgelegene Gebiete des Nationalparks offeriert ***Farabee's Jeep Rentals*** in Furnace Creek **geführte Touren**; © (760) 786-9872 bzw. www.farabeesjeeprentals.com. Dort können **Jeeps** auch **tageweise angemietet** werden, ein nicht ganz billiges Vergnügen. Inklusive Steuern und Versicherungen (*Collision Damage Waiver*) kommt man rasch auf über $300/Tag und mehr.

In der kühleren Jahreszeit bietet das *Death Valley* aber eine ganze Reihe toller 4WD-Ziele, so könnte man im Norden z.B. noch den ***Eureka Dunes*** einen Besuch abstatten und südlich von *Badwater* warten die ebenso sehenswerten ***Ibex Dunes*** (Zufahrt über die #127 leichter als über die teilweise recht sandige Harry Wade Road).

1.3.5 Weiterfahrt in Richtung Las Vegas

Über Rhyolite und Beatty nach Las Vegas

Nach Beatty zur Straße #95

Nach einem Besuch von *Scotty's Castle* könnte man Las Vegas – statt der #190 zu folgen – auch über Beatty ansteuern (im Nationalpark *Daylight Pass Road*/in Nevada Straße #374). Auf der verkehrsarmen #95 durch die Halbwüste Nevadas geht es schneller ans Ziel als über Pahrump. Am Wege bis Beatty passiert man (bereits in Nevada außerhalb der Parkgrenzen) die Osteinfahrt in den bereits erwähnten *Titus Canyon* und gut zwei Meilen westlich von Beatty die Stichstraße zur *Ghost Town Rhyolite*.

Titus Canyon (nur mit SUV, besser 4WD)

Ca. 6 mi vor Beatty beginnt die ***Titus Canyon Road***, die wieder zurück in den Nationalpark verläuft. Diese raue Schotterpiste führt als **Einbahn** durch farbenfrohe Felslandschaften über den *Red Pass* und kurz hinter der nicht sonderlich interessanten *Ghost Town Leadfield* durch eine fantastische, bis zu **6 m enge Schlucht** (➤ Foto Seite 65). Nach 26 (sehr) holprigen Meilen mündet sie in die Scotty's Castle Rd ein. Wer sich nicht einer geführten ***Jeep Tour*** (➤ links) anschließt, der sollte unbedingt vor Fahrtantritt den Straßenzustand erfragen; sehr gute Bodenfreiheit ist erforderlich, bisweilen auch Vierradantrieb; http://blog.synnatschke.de/usa/california/titus-canyon-road-eine-tolle-backroad-im-death-valley.

Rhyolite

Rhyolite war eine Goldrausch-Boomtown, von der außer ein paar alten verfallenen Strukturen nicht sehr viel übrig geblieben ist. Man erreicht sie über eine asphaltierte Zufahrt (ca. 1,5 mi).

»Bewohnt« wird die *Ghost Town* heute von weißen Acrylgeistern, modernen Skulpturen des belgischen Künstlers *Albert Szukalski*. Auf dem Gelände des ***Goldwell Open Air Museum*** befindet sich neben einem »Geisterradfahrer« (➤ Foto unten), einem bunten Mosaik-Sofa und einer überdimensionalen rosaroten Venus auch eine Nachbildung des letzten Abendmahls. Der Eintritt ist frei, aber allzu große Umwege sollte man dafür nicht erwägen.

Beatty

Bevor es in Richtung Las Vegas (120 mi) weitergeht, kann man in Beatty noch eine preiswerte Nacht verbringen. Ein komfortabler **RV-*Campground*** und eine Handvoll **Motels** (ab ca. $70), darunter ein *Motel 6* und das *Death Valley Inn* mitsamt *RV Park* warten dort auf Gäste; www.deathvalleyaccommodations.com.

»Geisterfahrer« als Outdoor Art in Rhyolite

Beliebter Treffpunkt der Autotester: Sourdough Saloon in Beatty

Am Abend gibt es außer den auch in Beatty nicht fehlenden *Slot Machines* nur ein Ziel, den ***Sourdough Saloon*** mit *Miss Ruthy,* Spitzname »Pumuckl«, hinter der Theke dieser originell urigen Wüstenkneipe. Manchmal stehen sogar deutsche »Erlkönige« vor der Tür. Denn Beatty ist beliebtes **Standquartier für Autotester** aus aller Welt, die von hier aus die neuen Modelle ihrer Arbeitgeber zum Hitzetest durchs *Death Valley* jagen. Also nicht wundern über das Deutsch am Nebentisch oder an der Theke. Das sind seltener Touristen als die Testfahrer von *BMW, Porsche, VW, Audi* usw., die sich dort nach ihren Wüstenfahrten ein kühles Bier gönnen. Indessen sind sie zum Schweigen verpflichtet, was ihre Fahrzeuge angeht.

Über Pahrump nach Las Vegas

Straße #190 über Pahrump

Las Vegas ist von der *Furnace Creek Ranch* bei Fahrt auf der #190 bis Death Valley Junction und von dort auf der Stateline Road (Kalifornien) bzw. Bell Vista Road (Nevada) und auf der #160 durch Pahrump ca. 120 mi entfernt. Diese 36.000-Einwohner-Stadt auf etwa halber Strecke ist das mit Abstand wichtigste »Einfallstor« zum Nationalpark mit kompletter touristischer Infrastrukur (RV-Parks, Hotels, *Shopping Malls*, Supermärkte und natürlich Spielkasinos), aber ohne Sehenswürdigkeiten.

Unterkunft

Die Pahrump-Hotels (überwiegend mit Kasinos verbunden) überzeugen durch relativ moderate Tarife, sind aber aufgrund der Entfernung zum *Death Valley* kein ideales Standquartier für einen mehrtägigen Nationalpark-Besuch (über 60 min *one-way* bis Furnace Creek; näher liegt das ***Longstreet Casino***, ➢ Seite 301). Erste Wahl ist das ***Best Western Pahrump Station*** an der Hauptstraße (#160) durch die Stadt mit gutem Preis-Leistungs-Verhältnis.

Camping

Unter den großen Komfortplätzen macht im zentralen Bereich der baumbestandene ***Good Sam Preferred Campground*** den besten Eindruck (abseits der Hauptstraße hinterm *Gold Town Casino*), nur RVs, ab $33; ✆ (775) 727-4414, www.preferredrv.com.

Rund um einen künstlichen See angelegt wurde der grüne *Campground* des ***Lakeside Casino*** an der South Homestead Road #5870; © 1-888-558-5253, www.lakesidecasinopahrump.com/rv-park/.

Über Shoshone nach Pahrump

Wer auf der Straße #178 bis zum ***Badwater*-Bereich** fährt, sollte für eine Weiterfahrt nach Las Vegas zwecks Vermeidung von Doppelfahrten auf bekannter Strecke und nach bereits erfolgtem Besuch des *Zabriskie Point* erwägen, **Pahrump über Shoshone** anzusteuern. Die restliche Strecke durch das *Death Valley* bietet zwar nicht mehr ganz viel Aufregendes, aber punktuell noch manches gute Fotomotiv. Meilenmäßig unterscheiden sich beide Routen kaum.

Das auf allen Karten als Ortschaft eingezeichnete **Shoshone** ist in Wahrheit nichts weiter als eine Ansammlung weniger Gebäude an der #127 inkl. Tankstelle mit Mini-*General Store*, der originellen ***Crowbar*** (Café & *Saloon*) und dem ***Shoshone Inn***; ab ca. $125; © (760) 852-4335, www.shoshonevillage.com/shoshone-inn.html.

Campingtipp

Der Clou dort ist der ***Shoshone RV Park*** an einem Teich mit Grünfläche für Zelte; © (760) 852-4569. Zum Platz gehört ein von einer heißen Quelle gespeister 12 m-Pool. Zelter können an kühlen Tagen in der Bibliothek (über 2000 Titel, die frühere Gäste hinterließen) den Kamin, an heißen Tagen den Ventilator anschmeißen, sowieso immer die Kühlkombination und den Außengrill nutzen. Weitere Vorteile: Saubere Sanitäranlagen, *Wifi* und nicht so heiß. Eine erwägenswerte Alternative zum Camping im *Death Valley*. Auch Stellplätze mit *full hook-up* vorhanden.

Von Shoshone ist man in ca. 30 min in Pahrump (28 mi auf #178).

Umweg über Red Rocks

Von Pahrump nach Las Vegas sind es noch ca. 65 mi. Etwa 15 mi westlich von Las Vegas zweigt die Straße #159 von der #160 ab und führt in einem großen nördlichen Bogen ebenfalls nach Las Vegas. Motiv für diesen insgesamt kleinen Umweg auf gut ausgebauter Strecke wäre ein Besuch des Bereichs ***Red Rock Canyon***. Die Details dazu und zur Straße #159 finden sich im Kapitel »Las Vegas« unter der Überschrift »Ziele in der Umgebung«, ➤ Seite 566.

Ansonsten alles über Las Vegas auf den Seiten 514ff.

Salzfläche bei Badwater, ➤ *Seiten 302f*

1.4 Von San Francisco nach Süden auf dem California Coastal Highway #1

Zeitplanung

Viele Reisende wählen San Francisco als Ausgangspunkt für eine Fahrt auf dem berühmten *Coastal Highway* #1 nach Los Angeles. Autobahndistanz auf der #101: ca. 400 Meilen, auf der #1 ggf. in Kombination mit der #101 südlich von San Francisco, im Bereich von Santa Barbara und nördlich von Los Angeles je nach Route mindestens 100 mi zusätzlich.

Zwei Tage

Zur optimalen Etappenplanung spielt die dafür verfügbare Zeit eine ganz wesentliche Rolle. Bei knapper Vorgabe reichen **zur Not zwei Tage**. In diesem Fall sollte man auf eine Fahrt über Santa Cruz sowie Abstecher und Zwischenstopps (wie im Folgenden Abschnitt beschrieben) ganz verzichten, und auf schnellstem Weg (I-280/#101/#156/#1) Monterey ansteuern, damit **möglichst viel Reisezeit für das mit Abstand beste Teilstück im Gesamtverlauf der #1 von Carmel bis San Simeon** verbleibt.

Highlights

Kurze Stopps in Monterey, in dessen Vorort Pacific Grove, ggf. mit dem *17-Mile-Drive*, und im nahen Carmel, im *Point Lobos State Park*, in Big Sur und ggf. am *Hearst Castle* lassen sich dabei ganz gut »einbauen«, wenn für den Rest nicht viel mehr als die reine Fahrzeit kalkuliert wird.

Drei Tage besser als zwei

Wer zusätzlich **Santa Cruz** und **Santa Barbara**, vielleicht **Pismo Beach** und noch einiges mehr besuchen möchte, braucht mindestens **3 Tage**. Erst bei einer Reisezeit von **4 Tagen** sind zusätzlich Strandpausen, kleine Wanderungen (z.B. *Point Lobos*, Big Sur, *La Purisima*, Dünen von Pismo Beach) und Besuche von Museen möglich (u.a. in den alten spanischen Missionen, in Monterey und Santa Barbara). Auch ein Abstecher zum ***Pinnacles National Park*** könnte dann eventuell eingeplant werden.

1.4.1 Von San Francisco zur Monterey Bay

Auf der Straße #1 an der Pazifiküste entlang nach Santa Cruz

Alternative Routen

Für die Route von San Francisco nach Santa Cruz stellt sich bei ausreichender Zeit die Frage, ob man von vornherein der Küstenstraße #1 folgen oder zunächst dem schnelleren *Freeway* #101 bzw. der I-280*) den Vorzug geben sollte.

Straße #1

Die **#1** erfordert **mehr Fahrtstunden**, ist aber vergleichsweise verkehrsarm und bietet – obwohl im Verlauf nicht durchgängig landschaftlich attraktiv – einige hübsche Abschnitte. Eine Reihe von *State Beaches* ermöglicht den Zugang zu Stränden unter Steilufern und in felsigen Buchten entlang dieser recht rauen Küste.

Half Moon Bay SP

Camping bietet von den *State Beaches* am Wege nur ***Half Moon Bay*** oberhalb des gleichnamigen, zersiedelten Ferienortes. Die Anlage gehört nicht zur ersten Kategorie, liegt aber unmittelbar am Steilufer über einem endlosen Strand. Das kostet $35, *hook-up* $50-$65. Mit unfreundlicher **Witterung** ist an dieser Küste immer zu rechnet. Erst südlich von Santa Barbara bessern sich die Aussichten auf überwiegend sonniges Wetter.

Butano SP

Oft außerhalb der Nebelschwaden in Küstennähe befindet sich indessen der einfache Campingplatz des ***Butano State Park*** mitten in einem Waldgebiet voller *Redwoods*. Er liegt einige Meilen landeinwärts auf der *Cloverdale* (ab Pescadero) oder ab der #1 auf der Gazos Creek Road; Einheitstarif $35.

Bean Hollow State Beach

Einen kürzeren Stopp auf der Weiterfahrt nach Süden könnte man bei der ***Bean Hollow State Beach*** einlegen mit ihrem stark erodierten ***Tafoni*-Gestein**, kleinen wabenförmigen Aushöhlungen, die in der ***Pebble Beach Bay*** (beim nördlichsten Parkplatz) teilweise mit buntem Kiesel gefüllt sind. Die ganze Palette von Achaten, Jaspis bis hin zu Jadesteinen ist dort zu sehen. Sammeln ist aber ausdrücklich verboten!

Einen guten Überblick (mit Karte) über sämtliche ***San Mateo Coast State Beaches*** liefert das *PDF* unter »Brochures« auf der *Bean-Hollow*-Webseite: www.parks.ca.gov/?page_id=527.

Pigeon Point

Das ***Pigeon Point Lighthouse*** ist eines der höchsten an der Westküste der USA und seit 1872 in Betrieb. Aufgrund von Reparaturarbeiten kann der Leuchtturm derzeit aber nur von außen besichtigt werden. Ranger veranstalten 30-minütige Touren, Start meistens um 13 Uhr; www.parks.ca.gov/?page_id=533.

Hostel

In den umliegenden Wohngebäuden ist das ***Hostel*** *(HI) Pigeon Point Lighthouse* von *Hostelling International* untergebracht; das Bett kostet $30, Doppelzimmer $84; speziell an Wochenenden besser reservieren: © (650) 879-0633, www.norcalhostels.org/pigeon.

---

*) In **Colma** an der Straße #82 südlich Daly City (unweit der **I-280**) befindet sich das Grab des Wildwest-Sheriffs ***Wyatt Earp*** auf den sehenswerten *Hills of Eternity*. Im Friedhofsgebäude hängt ein Lageplan der Gräber.

San Francisco Bay Area
N
0 5 km
Santa Rosa
Sonoma
Napa
Sacramento
Six Flags
Novato
Vallejo
Grizzly Bay
Suisun Bay
Pittsburg
Martinez
Pinole
San Pablo
Plesant Hill
Concord
San Rafael
Richmond
Wildcat Rec. Park
Briones Regional Park
Tilden Rec. Park
Mill Valley
Muir Woods NM
Berkeley University
Mt. Diablo
Tiburon
Angel Island SP
Berkeley
Mt. Diablo SP
Muir Beach
Sausa-lito
Yerba Buena Island
Redwood Regional Park
Golden Gate NRA
Lake Merritt
San Francisco
Jack London Square
Oakland
Golden Gate Park
Anthony Chabot Park
South San Francisco
Castro Valley
Candlestick Park
Yosemite Park
Daly City
Pleasanton
San Francisco Bay
Hayward
SFO RV
International Airport
Union City
Pacifica
San Mateo Hayward Bridge
Burlingame
Fremont
Montara State Beach
San Mateo
Santa Cruz Mountains
Montara
Facebook
Redwood City
Menlo Park
Half Moon Bay State Beach
Intel Museum
Google
Great America
Great Mall
Palo Alto
Half Moon Bay
Stanford University
Hewlett Packard
Los Angeles
Skyline Blvd.
Los Altos
Sunnyvale
Santa Clara Mission
San José
Los Trancos Open Space
Hidden Villa
Page Mill Rd.
La Honda
Cupertino
Apple
Mystery House
Bean Hollow State Beach
Pigeon Point
Butano SP
Redwoods SP
Portola SP
Santa Cruz
1
4
9
13
17
24
35
37
82
84
85
92
101
237
238
242
280
380
580
680
780
80
880

See-Elefant mit Nachwuchs am Strand der Año Nuevo State Reserve

Año Nuevo State Park

Etwa 7 mi südlich des *Pigeon Point Hostel* passiert der Hwy #1 den ***Año Nuevo State Park***. Zwischen Mitte Dezember und März herrscht Hochbetrieb auf den Stränden des Schutzgebiets: **Nördliche See-Elefanten** ziehen dort – ebenso wie weiter südlich in *Piedras Blancas*, ➤ Seite 334 – ihre Jungen auf, die dann den Rest des Jahres alleine zurückgelassen werden. Zutritt im Winter ausschließlich im Rahmen 2,5-stündiger Wanderungen in Begleitung eines Rangers, die man unbedingt im Voraus reservieren sollte unter ✆ 1-800-444-4445 oder www.reservecalifornia.com.

Das Besucherzentrum am südlichen Ende des Gebiets ist nicht zu verfehlen. Dort erhält man von April bis Mitte Dezember 8:30-15:30 Uhr auch die Genehmigung für einen Besuch auf eigene Faust (5-6 km Rundtour; Eintritt: $10/Auto).

Über die I-280 oder #101 nach Santa Cruz

Fahrt auf der I-280

Von den beiden Autobahnen auf der San Francisco Halbinsel punktet die I-280 südlich San Bruno mit einer geringeren Verkehrsdichte. Sie verläuft abseits der Ballungsräume entlang der Stauseen San Andreas und Crystal Springs, die mitten in der **San Andreas Verwerfung** angelegt wurden, der Erdspalte zwischen den für die Erdbebengefährdung der Region verantwortlichen tektonischen Platten.

San Andreas Verwerfung

Verlässt man die I-280 auf der Höhe von Palo Alto auf der **Page Mill Road (*Exit* 20)**, gelangt man nach kurvenreichen 7 mi in südliche Richtung zur ***Los Trancos Preserve*** mit dem *San Andreas Fault Trail*. Ein 2,5 km langer Pfad entlang der Bruchlinie des Bebens von 1906 mit Erläuterungen vermittelt noch einen Eindruck von den seinerzeit aufgetretenen Erdverschiebungen; www.openspace.org/preserves/los-trancos.

Straßen #35 und #9

Eine Weiterfahrt von dort nach Santa Cruz über die #35 und #9 bzw. den ***Henry Cowell Redwoods SP*** ist zwar zeitraubend, aber wegen der schönen Streckenführung erwägenswert, ➤ Seite 318.

Ab Exit 20 nach Stanford

Folgt man der Page Mill Road nach Norden, passiert man nach nicht einmal 2 mi die südliche Zufahrt zur ***Stanford University*** (Junipero Serra Boulevard).

Erdbebenregion San Francisco www.sfgate.com/earthquakes

Das letzte schwere Beben in der Region von San Francisco ereignete sich im Oktober 1989. Es dauerte nur 15 Sekunden und erreichte eine Stärke von ca. 7 auf der Richter Skala. Dramatische Schäden wie die Einstürze der oberen Fahrbahn der *SF-Oakland Bay Bridge* und des Obergeschosses der I-880 auf mehreren hundert Metern Länge waren aber eher punktueller Natur. Das Funktionieren der seit Jahren praktizierten Bebenvorsorge wie z.B. der Flexibilisierung von Hochhauskonstruktionen, Gas- und Wasserleitungen wurde damit durchaus eindrucksvoll unter Beweis gestellt.

Ob jedoch die bislang realisierten und zusätzliche, aus jüngeren Erfahrungen in und bei Los Angeles abgeleitete Maßnahmen ausreichen werden, um auch in Zukunft Katastrophen zu verhindern, weiß niemand. Mit stärkeren Beben sei zu rechnen, behaupten die Seismologen, die das 1989er-Ereignis und das Epizentrum zwischen Santa Cruz und San Francisco damals einigermaßen korrekt vorhergesagt hatten. Die geologische Spannung im San Andreas Verwerfung, der die »Nahtstelle« zwischen den tektonischen Platten des Pazifik und des nordamerikanischen Kontinents markiert, verminderte sich zwar durch die Erdverschiebung von 1989 um ca. 1-2 m innerhalb einer 50 km Zone, erhöhte sich jedoch in der Nähe San Franciscos und in Südkalifornien weiter. Denn bedingt durch den plötzlichen Abbau des aufgestauten Drucks, der seinerseits auf der Blockade einer gegenläufigen Bewegung der beiden Erdkrustenplatten von 5-6 cm pro Jahr beruht, kommt es anderswo zu verstärkter Spannung, die sich eines Tages ihrerseits entladen muss.

Beim schweren Erdbeben von 1906 (geschätzte 8,3 auf der damals noch nicht existierenden Richter-Skala), das eine erhebliche Zerstörung San Franciscos zur Folge hatte, wurden auf einer Zone von 450 km Länge Verschiebungen bis zu 6 m (!) gemessen. Damit war damals eine nahezu vollständige Entlastung des tektonischen Drucks eingetreten, und es dauerte mehrere Dekaden, bis sich eine neue Spannung nennenswerter Stärke entwickelte. Seit Ende der 1970er-Jahre wird Kalifornien nun wieder von Beben heimgesucht, zunächst in einer noch relativ harmlosen Größenordnung um den Wert 5, aber nach 1989 gab es weitere Beben über einer Stärke von 6.

Da auch dem 1906-Ereignis zahlreiche Beben mittlerer Stärke vorausgingen und die Grundmuster des Ablaufs seismologischer Ereignisse erfahrungsgemäß Parallelen zeigen, leben Kalifornier mit der Gewissheit, dass der »**Big Bang**« oder »**The Big One**« nicht mehr allzu fern ist. Das befürchtete Starkbeben zwischen 7,5 und 8,5 kann zwar theoretisch schon morgen eintreten, aber durchaus erst in dreißig Jahren oder später. So wenig der Zeitpunkt vorherbestimmbar ist, lässt sich das künftige Epizentrum im Vorwege lokalisieren. Seismologen tippen mehrheitlich auf Bereiche nördlich und südöstlich von Los Angeles, aber auch auf die San Francisco Bay Region.

Stanford University

Die zweite Universität an der Bucht von San Francisco, die nicht zuletzt wegen mehrerer Nobelpreisgewinner internationales Ansehen genießt, ist die (private) ***Stanford University***. Deren ausgedehnter Campus befindet sich eine gute Meile außerhalb der Stadt Palo Alto, die außer für *Stanford, Facebook, Hewlett Packard* u.a. auch für eine sehr hohe Kriminalitätsrate bekannt ist.

Die Universität wurde vom Eisenbahnmagnaten ***Leland Stanford*** zum Andenken an seinen verstorbenen Sohn gegründet und 1891 eröffnet. Ein eigenes ***Visitor Center*** befindet sich an der Ecke Galvez Street/Campus Drive East unweit des zentralen Platzes *The Oval*; © (650) 723-2560, http://visit.stanford.edu/plan. Dort hat man u.a. eine **Campuskarte** und viel Infomaterial einschließlich eines Unterkunftsverzeichnisses für die Umgebung. Täglich um 11 Uhr und 15.15 Uhr starten kostenlose Führungen (*Campus Walking Tours*). Die Besichtigung ist aber nicht so ergiebig wie in Berkeley (➤ Seite 234f), wo der des Campus ein integrierter Teil der Stadt ist.

Die einzelnen **Fakultäten** liegen weit verstreut. Sehenswert ist die zentrale *Plaza* mit basilikaähnlicher Kirche und einigen Gebäuden in pittoreskem mexikanischen Stil. Unübersehbar ragt der ***Hoover Tower*** in den Himmel (täglich 10-16 Uhr, $4/$3). US-Präsident *Herbert Hoover* (1929-1933) war *Stanford*-Absolvent.

Kunstcenter

Wer sich die Zeit für den Umweg nach Stanford nimmt, sollte vielleicht auch einen Blick ins (eintrittsfreie) ***Cantor Arts Center*** werfen (328 Lomita Drive, Mi-So 11-17 Uhr, Do bis 20 Uhr, geschlossen Mitte August bis *Labor Day*). Zu bewundern sind eine Kollektion von Kunstwerken aller Kulturen und ein *Sculpture Garden* mit *Rodin*-Plastiken: http://museum.stanford.edu.

Die Stanford University verfügt mit der Memorial Chapel über eine eigene große Kirche mit vergoldeten Verzierungen des Portals und einem riesigen Wandbild (Mural) an der Frontseite.

Silicon Valley www.siliconbeat.com www.siliconvalley.com

Unter dem Begriff ***Silicon Valley*** wurde der südliche Teil der San Francisco Bay rund um die Vororte San Mateo und San José bekannt, wo in den 1970er-Jahren erstmals die Herstellung von Mikroschaltkreisen auf Siliziumplättchen gelang. In der Folge expandierte dort die amerikanische Computer-Industrie zunächst explosionsartig und hat sich – nach schwankender Entwicklung – mittlerweile auf wieder hohem Niveau stabilisiert. Heute ist das »*Cybervalley*« einer der bedeutendesten ***IT-* und *High-Tech*-Standorte** weltweit, in dem das »*Who's Who*« der Branche vertreten ist – von *Apple, Google, ebay* bis hin zum Online-Versandgiganten *Amazon*.

Die **Immobilienpreise** der Gegend sind dank des Börsengangs von *Facebook* und mehrerer tausend in der Zwischenzeit wohl ziemlich reich gewordener Mitarbeiter in beachtliche Höhen gestiegen. Mittelprächtige Einfamilienhäuser sind im *Silicon Valley* kaum noch unter $1 Mio. zu haben.

Die Garage in **Palo Alto** (367 Addison Ave), in der die beiden *Stanford* Absolventen *Hewlett* und *Packard* ihre ersten Computer zusammenschraubten, ist heute ein ***National Historic Landmark***. Die Firma *HP* residiert noch immer in Sichtweite von *Stanford* an der 3000 Hanover Street/Page Mill Road.

Auch ***Facebook*** hat seinen Ursprung auf dem *Stanford Campus*, zog aber 2011 nach Menlo Park (*Exit* 404B von der #101). Vom neuen *Facebook*-Standort sind es auf der #101 nur ein paar Meilen bis zum ***Google Headquarters*** in Mountain View. Diese Firma belegt einen tollen futuristisch gestalteten Gebäudekomplex (zugepflastert mit Solarmodulen) am Amphitheater Pkwy, Ausfahrt #400B.

Speziell an der Computer- und Chipentwicklung Interessierte erreichen ab *Exit* #392 noch das ***Intel Museum*** am 2200 Mission College Boulevard. Der Eintritt ist kostenlos; geöffnet Mo-Fr 9-18 Uhr sowie Sa 10-17 Uhr.

Rund 4 mi südlich der #101 sind es vom *Freeway* #280/*Exit* #11 gerade mal 400 m bis zum Hauptquartier von ***Apple*** (1 Infinite Loop in Cupertino). Dort wartet ein toller ***Apple Store*** (Mo-Fr 10-17.30 Uhr) auf alle, die noch i-mäßig aufrüsten wollen. Aber nicht vergessen: ab €430 wird Zoll fällig, ➤ Seite 157.

#101 durch das Silicon Valley

Die *Stanford University* liegt zwischen den beiden Autobahnen #280 und #101 (Anfahrt von dort am besten ab Palo Alto über den *Exit* »Embarcadero Rd«). Wer von *Downtown* San Francisco bzw. vom *Internat'l Airport* der **#101 nach Süden** folgt, gelangt automatisch mitten ins Herz des ***Silicon Valley***, ein Ziel vor allen für Technik-Interessierte; ➤ Exkurs unten.

Linearbeschleuniger

Ein wesentliches Element von *Stanfords* wissenschaftlichen Erfolgen wird im ***Stanford Linear Accelerator Center*** (2575 Sand Hill Rd, Menlo Park) demonstriert, wo Positronen auf einer 2 mi langen Versuchsstrecke beschleunigt werden. Kostenlose Führungen 2x/Monat: https://www6.slac.stanford.edu/community/public-tours.

NASA Center

Bei weiterem Interesse an technischen Errungenschaften rund um die Bucht, könnte man auch noch dem ***NASA Ames Exploration Center*** auf dem ***Moffett Airfield*** einen Besuch abstatten. Es liegt in **Mountain View** unmittelbar nördlich der #101 (*Exit* 398) am Mofett Blvd. Auf einer gekrümmten Großleinwand werden dem Publikum dort u.a. Saturnringe und Marskanäle vorgeführt. Einige Objekte aus der Frühzeit der Raumfahrt wie eine *Redstone*-Rakete von 1960 und eine Gemini Raumkapsel gehören ebenso zur Austellung wie **Mondgestein**, das von der Apollo 15-Mission mitgebracht wurde; Di-Fr 10-16 Uhr, Sa/So 12-16 Uhr, **Eintritt frei**; www.nasa.gov/ames/visitorcenter.html.

California' Great America

In **Santa Clara**, rund 5 mi weiter östlich an der #101, befindet sich der Vergnügungspark ***California's Great America*** mit den üblichen *Roller Coaster Rides*, Schlauchboottouren und vielen Shows vom Delphinspringen bis Bühnenglamour; Eintritt **$67** (oft billiger im Internet: www.cagreatamerica.com). Im Sommer geöffnet täglich 10-22 Uhr, sonst kürzer/geschlossen. Der Eintritt in den ***Boomerang Bay Waterpark*** ist im Ticketpreis eingeschlossen.

Wasserspaß

Ein weiterer Wasserrutschenpark, ***Raging Waters***, befindet sich bei der Abfahrt #383 beim ***Lake Cummingham Regional Park*** unweit der #680. Im Sommer täglich 10-19 Uhr, danach wetterabhängig. $38/$28, online oft auch Rabatt: www.rwsplash.com.

*Beachtlich ist die **Great Mall of the Bay Area**, das größte **Outlet Center** im Bereich der San Francisco Bay mit 200 Discount-Läden im Vorort Milpitas am 447 Great Mall Drive zwischen den Freeways #880 und #680; Abfahrt »Great Mall Pkwy«von der I-880 North oder Exit 8A von der I-880 South bzw. »Montague Expy« von der I-680; www.simon.com/mall/great-mall*

San José

1777 gegründet, war San José die erste Hauptstadt des alten Kalifornien und ist heute mit über 900.000 Einwohnern größer als San Francisco oder Oakland. Touristisch gesehen hat die Stadt trotz einiger moderner architektonischer Highlights im Zentrum eher weniger zu bieten.

Winchester Mystery House

Eine ziemlich originelle Attraktion ist das ***Winchester Mystery House*** ein wenig westlich von San José bzw. südlich von Santa Clara unweit des Kreuzungspunktes von I-280 und I-880 am 525 Winchester Blvd zwischen Stevens Creek Blvd und der I-280.

Die Witwe des Erfinders des Winchester-Gewehres verbaute in diesem Haus einen Teil ihres Vermögens im Glauben, durch unaufhörliches Anbauen Unsterblichkeit zu erlangen. Bevor sich dies als Irrtum herausstellte, waren in 160 Räumen 10.000 Fenster, 2.000 Türen, 40 Treppen und 47 Kamine eingesetzt. Ungewöhnlich und spezuiell für Fans von Handfeuerwaffen wahrscheinlich das Eintrittsgeld wert: **$36**, bis 12 Jahre $26 inkl. Zugang zum ***Winchester Historic Firearms*** **&** ***Antique Products Museum***.

Geöffnet täglich 9-19 Uhr von Juni bis *Labor Day*, sonst kürzer; www.winchestermysteryhouse.com.

Mission Santa Clara

Nicht weit entfernt steht auch das historische Highlight der Region an der Alviso Street auf dem Gelände der ***Santa Clara University*** (von der I-880, *Exit* 2, auf die #82, nach 1,3 mi links auf die Benton Street und wieder links Lafayette Street, oder von der #101, Ausfahrt 391B, den De la Cruz Blvd nach Süden und Lafayette Street links ab; in beiden Fällen parken auf Höhe Homestead Road). Die ***Mission Santa Clara*** gehört nicht zu den attraktivsten ihrer Art, verdient aber samt ihrer Einbettung in einen kleinen Palmenpark einen kurzen Besuch; www.scu.edu/mission.

Luftbild des Winchester Mystery House

Freeway #17 nach Santa Cruz

Die Verlängerung der I-880 ist die **#17**, die San José auf schnellstem Wege mit Santa Cruz an der Küste verbindet. Ein Abstecher entlang der Strecke führt ab **Scotts Valley** (*Exit* #3) nach Felton, wo die nostalgische ***Roaring Camp Railroad*** mit ihren offenen Wagons mehrmals täglich über Holzbrücken durch den ***Redwood Forest*** dampft. **Ein toller Ausflug mit Kindern!** Dauer: 75 min retour; Tickets kosten \$29, Kinder 3-12 zahlen \$22, hinzu kommen \$10 Parkgebühren. Ein Dieselzug verkehrt zusätzlich nach ***Santa Cruz*** (*Beach Train*, 3 Stunden retour); www.roaringcamp.com.

Redwood Canopy Tours

In Mount Hermon hat man im *Redwood Forest* Plattformen in bis zu 45 m Höhe angelegt und mit *Ziplines* und Hängebrücken (*Skybridges*) verbunden. Der Spaß zwischen den Baumriesen kostet \$99-\$109/Person, (mindestens 10 Jahre; Größe minimal 130 cm, Gewicht 34-113 kg); http://mounthermonadventures.com/adventures/#rct.

Straße #9 nach Santa Cruz

Von Felton gelangt man über die #9 durch die tollen ***Redwood***-Haine des ***Henry Cowell SP*** auf direkter Route nach Santa Cruz.

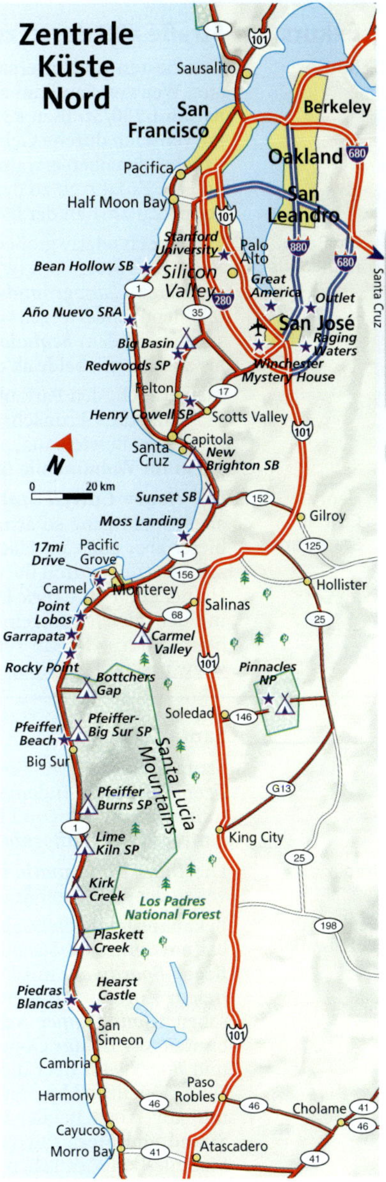

Exkurs: Straße #35 durch zwei Redwood State Parks

Route

Den besten und interessantesten, wenngleich zeitaufwendigsten Weg von San Francisco nach Santa Cruz bietet die **Kombination I-280/Straßen #35/#9**. Der ***Skyline Boulevard* #35** führt kurvenreich durchs Gebirge zwischen I-280 und der Küste und passiert den oben erwähnten *Los Trancos Park* (Page Mill Road) und die Zufahrten zu den ***State Parks Portola*** und ***Castle Rock*** (keine Zufahrt an der #9, nur #35 südlich der Kreuzung).

Big Basin Redwoods

Einen noch relativ großen ***Redwood Forest*** schützt der ***Big Basin Redwoods State Park*** (www.parks.ca.gov/?page_id=540) mit vier populären ***Campgrounds*** ($35; auch *tent cabins* vorhanden) und schönen Wanderwegen wie dem ***Redwood Loop Trail*** für Kurzbesucher und dem ***Sequoia Trail*** in mehreren alternativen Längen bis zu ca. 5 mi, beide ab dem *Park Headquarter*.

Man erreicht den Park über die **Straße #236** (von Süden *Freeway* #17, dann die #9 zunächst weiter nach Norden), die sich im höher gelegenen Bereich malerisch durch Eukalyptuswald schlängelt (**nicht für Wohnmobile über 22 Fuß Länge geeignet**).

Henry Cowell State Park

Der ***Henry Cowell State Park*** südlich von Felton ist alles in allem nicht ganz so attraktiv (speziell der *Campground* nicht), bietet aber auch im Hauptareal beidseitig der Straße #9 einige schöne *Trails* durch die dem Kahlschlag entgagenen *Redwood*-Haine. Die ***Fall Creek Unit*** westlich von Felton (Empire Road), mit dem gleichnamigen ***Trail*** am Fall Creek entlang gilt als Geheimtipp (ca. 10 km retour auf nur teilweise gleichem Weg); www.parks.ca.gov/?page_id=546.

Santa Cruz

Santa Cruz steht als Ferien- und Studienort bei amerikanischen Teenagern und Studenten hoch im Kurs. Denn neben Stränden, tollen Surfrevieren und ***High Life*** hat die Stadt einen **Campus** der ***University of California*** in hübscher Hügellandschaft.

Info

Die ***Tourist Information*** befindet sich östlich des San Lorenzo River an der 303 Water St, © 1-800-833-3494, www.santacruzca.org.

Santa Cruz Boardwalk

Bekanntester Anziehungspunkt von Santa Cruz ist die unverfehlbar am zentralen Strand gelegene Dauerkirmes, der ***Santa Cruz Beach Boardwalk*** mit Eintritt für die einzelnen *Rides*, aber sonst freiem Zugang wie hierzulande. Sieht man ab von der nostalgischen ***Giant Dipper* Achterbahn** aus dem Jahre 1924 sowie den bunten ***Sky Glider*** Gondeln, mit denen man parallel zum Strand und *Boardwalk* über die Massen hinweg schwebt, gibt es nichts Sensationelles. Aber das dort (täglich Juni bis *Labor Day*, sonst nur am Wochenende) bunte Leben und die **Kombination mit Strand und Meer** sorgten für Santa Cruz' Ruf als Prototyp einer Stadt des kalifornischen *Easy Going*; www.beachboardwalk.com.

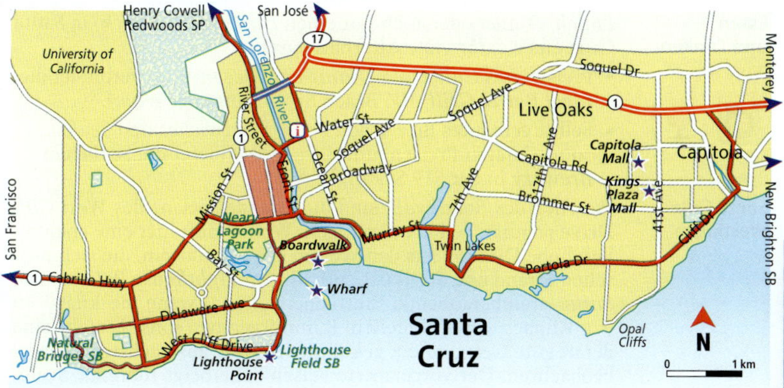

Downtown

Downtown, nur wenige Häuserblocks weiter im Norden am westlichen Ufer des San Lorenzo River, zeigt sich hip und aufgeräumt. Zahlreiche Straßencafés, Bistros und Buchläden warten dort auf Besucher.

Unterkunft

In Santa Cruz ballen sich M/Hotels im zentralen Bereich unweit des ***Boardwalk***, speziell aber an der **Riverside Ave** ein paar hundert Meter vom Strand entfernt. Neben lokalen Häusern und auch ***B&B*** stößt man dort auf die bekannten Namen der Kettenhotellerie. Sehr viele **Unterkünfte**, speziell wiederum der Ketten, stehen auch an der **Ocean Street**, einer Verlängerung der #17. Wer auf dieser Route von Norden nach Santa Cruz hineinfährt, landet dort automatisch. Das gilt ähnlich für die #1. Vor der Kreuzung mit der #17 biegt man einfach rechts ab (nach Süden) in die Ocean Street und kann dann die Motels und *Inns* nicht übersehen.

In Strandnähe stehen u.a.:

- ***Carousel Beach Inn***, 110 Riverside Ave, direkt beim *Boardwalk*, Zimmer teils mit Balkon, im Sommer ca. $200, sonst ab $100, © (831) 425-7090; www.santacruzmotels.com/carousel.html
- ***Bay Front Inn***, 325 Pacific Ave, im Sommer ab $200; sonst ab $70; kostenlose Mietfahrräder; © (831) 423-8564, www.bayfrontinnhotel.com.

Santa Cruz Strand beim West Cliff Arch

Essen und Trinken

Lunch, *Dinner* oder auch nur einen *Drink* mit Seeblick, in Santa Cruz gibt's dafür viele Alternativen:

- Preiswertes *California Dining* und *Ocean View* verbindet die ***Ideal Bar & Grill***, 106 Beach St, eingangs der *Wharf*.
- Selbst gebrautes Bier, *Good Food* (*Sandwiches* und *Seafood* zu moderaten Preisen) und *Live Music* bietet die ***Seabright Brewery*** in der 519 Seabright Ave.

Santa Cruz Westküste

Westlich des *Boardwalk* sind die Strände entlang des ***West Cliff Drive*** populär. Selbst bei ruhigem Wetter läuft hier eine erstaunlich hohe Dünung aus den Weiten des Pazifiks ein, die sich zwischen Strand und Steilküste bricht. Am ***Lighthouse Point*** zeigen *Surfer* atemberaubende Brettbeherrschung, wenn sie knapp an den Klippen vorbeischießen. Kaum irgendwo sonst besteht eine derart gute Gelegenheit, **gekonntes *Surfing* aus nächster Nähe** zu beobachten. Der vorgelagerte Felsen beherbergt röhrende **Seelöwen**. Eine Zugabe ist dort der tolle **Sonnenuntergang**.

Natural Bridges

Schön zum Sonnenuntergang ist es auch beim letzten noch nicht zusammengebrochene **Felsbogen** der ***Natural Bridges State Beach***. Und wer in der kühleren Jahreszeit dort unterwegs ist, sollte einen Besuch in der ***Monarch Butterfly Natural Preserve*** gleich neben dem Parkplatz nicht auslassen. Von November bis Februar überwintern in dem kleinen Eukalyptus-Hain an die 100.000 Monarchfalter; www.parks.ca.gov/?page_id=541.

Küstenvororte

In den südöstlichen Vororten lösen **Strände** und **Marinas** hinter Wohlstand signalisierenden Sommerhaussiedlungen einander ab. Zufahrt über Portola Drive und den East Cliff Boulevard. Mehr schon ein eigenständiges Ziel als Vorort von Santa Cruz ist **Capitola**, ein vor allem bei jungen Leuten beliebtes Städtchen am Meer mit Yachthäfen, Kneipen und Discos. Capitola erreicht man über die Küstenboulevards oder auf der Straße #1.

Camping

Zwischen Santa Cruz und Monterey führt die überwiegend als *Freeway* ausgebaute #1 (*Cabrillo Hwy*) durch flache Obstanbaugebiete abseits der Küste. Wie auch weiter nördlich sind Strand und Dünen in erster Linie über *State Beaches* zugänglich.

Die Campingempfehlungen in diesem Bereich lauten: ***New Brighton*** ($35-$50) vor ***Sunset State Beach*** ($35).

Hinter dem Lighthouse Point unter der Steilküste befindet sich das beliebteste Surfrevier von Santa Cruz

Exkurs: Abstecher zum Pinnacles National Park

Ostseite

Ein Abstecher für Leute mit einem Tag **Extrazeit** könnte dem ***Pinnacles National Park*** gelten; www.nps.gov/pinn. Ab Watsonville geht es auf den Straßen #129/#156 nach **Hollister** und auf der #25 zur Südosteinfahrt dieses weniger beachteten Nationalparks (ca. 75 mi). Die #146 führt zum kleinen ***Visitor Center***; unweit davon endet die Straße am Ausgangspunkt mehrerer *Trails*. Zu den ***Pinnacles***, den namensgebenden schroffen Felszacken, sind es von dort 4 km. Vorrangiges Besuchsmotiv ist auch eher der raue Pfad durch die ***Bear Gulch Caves*** zum einige hundert Meter höheren *Bear Gulch Reservoir.*

Trails

Zwischen Höhlen bildenden Felsen geht es streckenweise steil bergauf (feste Schuhe und Taschenlampen erforderlich). Wem die Kraxelei durch den Tunnel zuviel war, kann auf dem Rückweg den ***Rim Trail*** nehmen. Mit guter Kondition lässt sich ab dem *Reservoir* der Weg fortsetzen zu den ***High Peaks*** (dann 10 km).

Zur Erholung von der Anstrengung wartet ein **kühler Pool** im ***Pinnacles Campground*** (sanitär komfortabel, sonst rustikal, © 1-877-444-6777; www.recreation.gov; nur auf der Ostseite).

Westseite

Die Zufahrt zum **Westteil** erfolgt von der #101/**Soledad** ebenfalls auf der (durch den Park unterbrochenen) #146. Man kann auch von dort zu den ***High Peaks*** hinaufsteigen (7 km retour). Ein prima *Trail* für weniger Ambitionierte führt durch die sog. ***»Balconies«*** mit Kurzkletterei durch eine dunkle feuchte Höhle (nur möglich mit Taschenlampe und Trittsicherheit; retour ab Parkplatz ca. 4 km). Ab 60 min ist er machbar und lohnenswert. Die Anfahrt bis zum Parkeingang *Chaparral Ranger Station* ist kurvenreich und teilweise eng (sehr langsam mit großen RVs).

Weiterfahrt auf der #1 weiter südlich

Wer nicht bei Monterey/Carmel zurück an die Küste will, fährt nach dem Besuch der *Pinnacles* auf der #101 weiter nach Süden und könnte erstmalig auf der Verbindungsstraße #46 (südlich Paso Robles) auf die #1 zurückkehren und ggf. noch mit einem kurzen »Schlenker« ***Hearst Castle*** mitnehmen, ➢ Seite 335f.

Nach Las Vegas

Bei anderen Reiseplänen – etwa in Richtung Las Vegas – unter Auslassung von Los Angeles und Südkalifornien würde man **ab Paso Robles** auf der #46/#99 **nach Bakersfield** fahren und von dort auf dem *Freeway* #58 weiter nach Barstow an der I-15, ➢ in diesem Buch Seiten 341.

Zurück zur #1

Bei Rückkehr zur #1 **via Salinas** geht es von dort auf der Straße #68 nach Monterey. Landschaftlich weit attraktiver, aber etwas mühsam wäre eine Fahrt auf den Nebenstraßen **#G17/#G16** über das *Carmel Valley* nach Carmel. Auf ihr passiert man (ebenso wie bereits im Bereich Soledad) eine ganze Reihe von *Vineyards* und *Winerys*, die zum »***Monterey Wine Country***« gehören, einer weit weniger bekannten Anbauregion als etwa das *Napa Valley* (➢ Seite 221). Ebenso wie dort bieten auch im

Bereich Monterey die meisten Weingüter ein *Wine Tasting*. Wer sich dafür interessiert, sollte in den Touristeninformationen auf den ***Wine Tasting Guide*** mit *Visitor Map* achten. Eigene Infostellen der Weinerzeuger gibt es in Salinas (127 Main Stret) und in der *Cannery Row* von Monterey (#700, Suite KK). In beiden kann man regionale Weine kosten. Alle Details dazu auf dem Portal: www.atasteofmonterey.com/monterey-wine-store.

Salinas

In **Salinas** wurde ***John Steinbeck*** geboren (➤ *Cannery Row*, Seite 326). Teile seines Romans »Jenseits von Eden« mit *James Dean* hat man in und um Salinas verfilmt. Sein **Geburtshaus** steht in der 132 W Central Street zwei Blocks entfernt vom interessant gemachten ***John Steinbeck Center***; täglich 10-17 Uhr, Eintritt $15; Jugendliche 13-17 Uhr $8; www.steinbeck.org.

Equus

Ein anderer bekannter Bürger von Salinas ist ***Monty Roberts***, der Erfinder der Pferdesprache *Equus*, www.montyroberts.com.

Pfad hinunter in die »Balconies«, übereinandergefallene, höhlenbildende Felsbrocken, die man nur mit Lampe durchkraxeln kann.

Moss Landing

Auf etwa halber Strecke von Santa Cruz nach Monterey liegt beidseitig der Brücke über den tidenabhängigen »Kurzfluss« ***Elkhorn Slough*** die im Wesentlichen aus Bootsmarinas bestehende Siedlung **Moss Landing**. An dem langen Pier gleich nördlich der Brücke über den Fluss streiten sich Hunderte von Seelöwen lauthals um ein Plätzchen.

Idyllisch ist die Gegend wegen des Kraftwerks auf der Südseite des *Slough* nicht, dafür hat man unweit der Durchgangsstraße Gelegenheit, neben Seelöwen auch -otter und -hunde sowie Wasservögel aus nächster Nähe zu beobachten (Moss Landing Road und dann weiter Sandholdt Road). Im Hafen kann man Bootstouren (*Safari Tours*) auf dem *Slough* durch das *Elkhorn* Naturschutzgebiet buchen; www.elkhornslough.com.

Wer hier übernachten möchte, findet mit dem ***Captain's Inn at Moss Landing*** ein sehr schönes, aber nur in der Nebensaison bezahlbares *B&B*-Quartier (dann ab $150); www.captainsinn.com.

RV-Camper können den **KOA-Platz** am Hafen nicht verfehlen.

1

Bootstrip an dem mit Seelöwen vollgepackten Pier entlang

1.4.2 Die besten 100 Meilen der Highway #1: Von Monterey nach San Simeon

Monterey und Pacific Grove

Anfahrt und Info

Vom ***Freeway #1***, bei Monterey zugleich **Stadtumgehung,** gelangt man von Norden am besten über die Del Monte Ave (*Exit* 402B) oder die Fremont St (*Exit* 401A), von Süden auf der Munras Ave (*Exit* 399B) nach ***Downtown Monterey***. Vor dem zentralen Stadtbereich passiert die Fremont Street den Camino El Estero an dem sich auf der Höhe Franklin St eine große ***Visitor Information*** befindet (#401; © 1-888-221-1010). Dort gibt es auch sehr brauchbaren ***Monterey Official Travel Guide***; online zum Blättern am Monitor unter www.seemonterey.com/resources/visitors-guide.

Gratis Shuttle

Der kostenlose ***MST Trolley*** verkehrt im Sommer 10-19/20 Uhr zwischen *Downtown* Monterey, *Fisherman's Wharf* und Aquarium; http://monterey.org/Visitors/Transportation-and-Parking.

Unterkunft

Es gibt hier drei **Übernachtungsbereiche**. Das Preisniveau ist an Werktagen moderat, an Wochenden und in den Ferien relativ hoch:

- Eine auffällig gepflegte H/Motellerie befindet sich entlang der **Munras Ave**, einer der Haupteinfahrten in die Stadt hinein. Fast kein Name der mittleren Kettenkategorie, der dort fehlt. Diese Straße zeichnet sich durch viel Grün und eine auffällig gepflegtere H/Motellerie als andernorts aus. Werktags kommt man dort oft mit *Discount Coupons* günstig unter (➤ Seite 108).
- Etwas weiter außerhalb an der **Fremont Street** findet sich eine weitere Hotelballung östlich der Ausfahrt 401A von der #1.
- Im Bereich ***Cannery Row*** ist man im Herzen des touristischen Lebens und zahlt für die dort überwiegend zur gehobenen Kategorie gehörenden Hotels heftige Tarife.

Hostel

Die einfache Alternative ist das ***HI-Hostel Monterey*** auch im Bereich *Cannery Row* vier Blocks von der Uferpromenade und dem Aquarium entfernt, 778 Hawthorne St; Betten $32-$40, DZ $59-$199; © (831) 649-0375; www.montereyhostel.org.

Hinweis Übernachtung

Südlich von Monterey wird das Übernachten (von Carmel bis St. Simeon) teuer, auch deshalb, weil bis Cambria die Gelegenheiten dünn gesät sind. Auf diesen ca. 100 mi kommt man ohne Reservierung an Wochenenden und zur Ferienzeit nur mit Glück unter.

Camping

Stadtnah campt man im ***Veterans Memorial Park Campground*** (von der #1, Ausfahrt 399 A Holman Highway nach Westen und nach ca. 1 mi rechts auf den Skyline Forest Drive, dann links Skyline Drive bis zum Ende; aus der City Jefferson Street nach Norden und dann weiter auf dem Veterans Drive). Schöner bewaldeter Platz unweit von Zentrum und *Cannery Row*, aber RVs nur bis 21 Fuß; © (831) 646-3865. Duschen, keine *hook-ups*; $30.

Interessant für größere Campmobile sind wegen ihrer noch relativ zentralen Lage die Stellplätze (*hook-up*) beim ***Red Roof Inn*** an der 2227 Fremont St; © (831) 372-7586; Busverbindung zum Aquarium.

Weitere gute *Campgrounds* liegen im Carmel Valley, ➤ Seite 329.

Essen und Trinken

Im **Bereich *Cannery Row*** ballen sich Restaurants, darunter auch die Filiale der *Seafood*-Kette

- ***Bubba Gump Shrimp Co.*** in der 720 Cannery Row, eine Kombination von *Fast Food* und »richtigem« Restaurant.

Wer am Wasser sitzen möchte, findet außer an der *Cannery Row* weitere *Eateries* auf Montereys Pier ***Fisherman's Wharf***.

In ***Downtown*** ist ganz originell das

- ***Lallapalooza*** in der 474 Alvarado Street, © (831) 645-9036, eine Bier- und Cocktailbar mit Steakgerichten und *Seafood*.

Geschichte

Das heute 30.000 Einwohner zählende Monterey blickt auf eine für amerikanische Verhältnisse lange Geschichte zurück. Gegründet **1770 als Missionsstation** wurde sie bereits **1775 Hauptstadt** des spanischen, ab 1821 mexikanischen Kaliforniens und blieb es auch noch nach seiner Eroberung durch die Amerikaner 1846, bis 1854 Sacramento Kapitale des neuen US-Staates im Westen wurde. Die aus jener Zeit erhaltenen bzw. restaurierten Gebäude samt einiger frühamerikanischer Bauwerke wurden insgesamt zum ***Monterey State Historic Park*** erklärt und durch den ***Path of History*** (ca. 3 km) symbolisch miteinander verbunden.

Path of History

Ein in der ***Visitor Information*** gratis ausgegebenes **Faltblatt** erläutert den Verlauf dieses historischen Pfades und die Bedeutung der Gebäude im Einzelnen, von denen eine Reihe musealen Charakter besitzt. Für einen europäischen Besucher ist der *Path of History* nur punktuell interessant; zu nennen sind in erster Linie die hübsche ***Custom House Plaza*** und vor allem die ***Royal Presidio Chapel*** (rekonstruierte erste Missionsstation) etwas abseits östlich des Zentrums an der Church Street.

Fisherman's Wharf, Beaches und Coastal Trail

Wie San Francisco besitzt auch Monterey eine ***Fisherman's Wharf***. Sie besteht hier indessen nur aus einem einzigen Pier mit Frischfisch-Verkauf, *Fast-Food*-Ständen sowie ein paar *Giftshops* und Restaurants. Es gibt dort nichts, was man unbedingt gesehen haben müsste. Östlich der ***Municipal Wharf*** (Verlängerung der Figueroa Street) erstrecken sich schöne lange **Strände** mit dahinter liegenden Parks. Sehr beliebt ist der ***Coastal Trail***, ein Jogging- und Bike-Weg, der vom *Lovers Point Park* in Pacific Grove bis über die *Monterey State Beach* hinaus ufernah um die Bucht läuft.

Cannery Row

Der wichtigste Anziehungspunkt Montereys liegt eine gute Meile nordwestlich *Downtown* und der *Wharf* im ***Cannery Row*** genannten Bereich (gleichzeitig Straßenname): Vom Del Monte Blvd an der Ecke Washington Street halbrechts durch den Tunnel und weiter auf der Lighthouse Ave. Die ehemaligen *Canneries* (= Fischfabriken) zwischen David und Hoffman Ave, die einst ***John Steinbeck*** zum Titel seines weltbekannten Romans ***Cannery Row*** (»Straße der Ölsardinen«), inspirierten, wurden fürs touristische Shopping und die unvermeidliche Restauration schick umfunktioniert, soweit sie nicht Parkplätzen weichen mussten.

Steinbeck, der hier mit seinem Roman Pate stand, ist mit einer Büste anwesend; gleich daneben illustriert ein Wachsfigurenkabinett (***Steinbeck's Wax Museum***, 700 Cannery Row) mit einigen Effekten das Leben, das er hier beschrieb.

Bereits im Kasten zum *Pinnacles NP* wurde erwähnt, dass sich an der Cannery Row #700 eine Infostelle der lokalen und regionalen Weinerzeuger befindet mit ***Wine Tasting***; geöffnet im Sommer 11-18/19 Uhr; www.atasteofmonterey.com/monterey-wine-store.

Aquarium

Trotz der hübschen Lage am Wasser wäre die **»neue«** ***Cannery Row*** kaum einen längeren Zwischenstopp wert, beherbergte sie nicht das ***Monterey Bay Aquarium*** an ihrem Nordende, eines der besten seiner Art in Nordamerika. Sowohl die Vielzahl der dort

Besucher und Feuerquallen im Monterey Aquarium

zu sehenden Meerestierarten als auch die Imitation ihrer Lebensräume bieten gelungenen Anschauungsunterricht zur Fauna der kalifornischen Pazifikküste (Broschüre auch in deutscher Sprache).

Sommer-/Winterhalbjahr geöffnet täglich 10-18 Uhr/bis 17 Uhr. Im Hochsommer und an Wochenenden herrscht großer Andrang, zeitiges Kommen oder späte Ankunft (nach 15 Uhr) hilft, den Hauptbetrieb zu vermeiden. Etwa 2-3 Stunden benötigt man für eine gründliche Besichtigung. Dafür ist der Eintritt heftig: **$50**, Kinder zahlen $30-$40; www.montereybayaquarium.org.

Bike Rental

Wer bei schönem Wetter ein paar Extrastunden hat, könnte sich ein Fahrrad mieten und Monterey bzw. ganz speziell Pacific Grove per Bike erkunden; z.B. bei ***Bay Bikes*** an der 585 Cannery Row; $65/Tag; © (831) 655-2453; www.baybikes.com.

Scenic Drive Pacific Grove

Unverzichtbar in Monterey ist eine Rundfahrt im Stadtteil **Pacific Grove** an der pittoresken Küste entlang (Ocean View Blvd & Sunset Drive). Auch ein Fußweg für Spaziergänger wartet. **Seehunde und -löwen tummeln sich dort** auf den vorgelagerten Felsen. Vor allem entlang der sehr schönen Hauptstraße durch den Ort, der **Lighthouse Avenue**, finden sich viele hübsche **Restaurants** und **kleinere Motels** und **Hotels**.

PG Museum

Ein kurzer Halt könnte dem ***Pacific Grove Museum of Natural History*** gelten (165 Forest Avenue, Di-So 10-17 Uhr, $9/$6) mit zahlreichen ausgestopften Vögeln der Region und besonderem Gewicht auf den ***Monarch*-Schmetterlingen**, die sich Pacific Grove für ihren jährlichen Winterschlaf von Ende Oktober/Anfang November bis März ausgesucht haben. Ab 55° Fahrenheit (13°C) werden sie aktiv. Wer an einem sonnigen Tag zur »richtigen« Zeit dort ist, erlebt ein bemerkenswertes Schauspiel; www.pgmuseum.org.

Monarch Sanctuary

Die **Schmetterlingsbäume** sind auf der Karte der Touristeninformation (Ecke Forest Ave/Central Ave) eingezeichnet. Geballt findet man sie im ***Monarch Grove Sanctuary*** an der 250 Ridge Road (ab Lighthouse Avenue). Der Eintrit ist frei.

Point Pinos

In der äußersten Nordecke von Monterey steht das ***Point Pinos Lighthouse*** am Rand des *Pacific Grove Golf Course* (man folge einfach dem Ocean View Blvd/Sunset Drive. Der 150 Jahre alte Leuchtturm ist der älteste der ganzen Westküste und beherbergt ein kleines **Museum**. Etwas für Fans maritimer Objekte; im Sommer Do-Mo 10-16 Uhr; Eintritt $4/$2; www.pointpinoslighthouse.org.

Seventeen-Mile-Drive

Auf dem **Sunset Drive** passiert man, wieder landeinwärts, das ***Lighthouse*** oder ***Pacific Grove Gate***, eine der Zufahrten zum sog. ***17-Mile-Drive***, einer hochgespielten **Touristenattraktion** und Programmpunkt aller Monterey berührenden Busreisen. Die Straße führt durch den Privatbesitz der millionenschweren *Del Monte Forest Community*, welche für die Besichtigung ihres Areals **$10,25 pro Auto** kassiert, und läuft größtenteils am Ufer des Pazifik entlang.

Strände und Buchten bieten (an sonnigen Tagen) zwar Einiges fürs Auge, aber die eintrittsfreie Umgebung in Pacific Grove und Carmel kann durchaus konkurrieren. Seehunde und Seelöwen tummeln sich hier wie dort, aber eben um und auf dem ***Seal Rock*** in besonders großer Zahl. Und das bekannte Fotomotiv der ***Lone Cypress*** auf vorgelagertem Felsen ist ein »Muss« für jede Kamera. Die großenteils enormen **Anwesen** von Reichen und Prominenten liegen mehrheitlich abseits der Rundstrecke an schmalen Nebenstraßen und verbergen sich fast ausnahmslos hinter hügeligem Gelände, Wald und Hecken.

Zypressen am 17-Mile-Drive

Carmel-by-the-Sea und Point Lobos Reserve

Anfahrt Carmel

Folgt man dem ***17-Mile-Drive*** in Nord-Süd-Richtung, gelangt man am Südostende der Halbinsel an das ***Carmel Gate*** und befindet sich sogleich mitten im Städtchen. Wer die teure Rundstrecke auslässt, folgt vom Sunset Drive der Straße #68 (zunächst Forest Ave, dann Holman Highway) und gelangt von ihr automatisch auf die **Straße #1** und wenig weiter südlich nach Carmel.

Kennzeichnung

Carmel ist der mit Abstand hübscheste (und teuerste) Ort der ganzen Westküste. Er gilt als Künstlerkolonie und besaß mit dem Filmschauspieler ***Clint Eastwood*** für einige Jahre einen äußerst publicitywirksamen Bürgermeister. Seither kümmern sich noch mehr teure Galerien, Modeboutiquen und Restaurants um die zahlreichen Besucher Das kommerziell bestimmte Leben und Treiben spielt sich hauptsächlich in der (auf den Strand zulaufenden) **Ocean Ave** und Umgebung ab.

Touristinfo

Die ***Visitor Information*** befindet sich an der *Carmel Plaza* (Ocean Ave zwischen Junipero & Mission Street). Das Faltblatt für eine 60-minütige *Historic Walking Tour* gibt's auch im Internet unter www.carmelcalifornia.com/pdf/CarmelVisitorsGuide.pdf.

Unterkunft

Im dort erhältlichen ***Guide to Carmel*** werden viele attraktive, aber sagenhaft hochpreisige **Beach und Villen-Quartiere** als individuelle und feine Alternative zu den Kettenmotels und *Motor Inns* in Monterey angepriesen. Selbst ein *Comfort Inn* kostet in Carmel an der Ocean Ave schon mal $300. Ein gutes Preis-Leistungs-Verhältnis in ihrer Kategorie bieten im lokalen Rahmen:

- ***Best Western Bay View Inn***, Junipero Street, mit Tarifen ab ca. $200, www.carmelbayviewinn.com
- ***Sandpiper Inn***, 2408 Bay View Ave einen Block vom Strand entfernt; ab $155; kleines Haus im Grünen mit relativ günstigen Tarifen; © 1-800-590-6433, www.sandpiper-inn.com
- ***Sea View Inn***, Camino Real zw. 11th und 12th Ave; DZ ab $144 (ohne TV!), gemütliches kleines Haus drei Blocks vom Strand entfernt; © (831) 624-8778, www.seaviewinncarmel.com
- ***Tally Ho Inn***, Monte Verde/Ecke 6th Ave, © (831) 624-2232, www.tallyho-inn.com, kleines sehr feines Haus ab ca. $280
- ***Mission Ranch*** (Eigentümer ***Clint Eastwood***), 26270 Dolores Street, © 1-800-538-8221, www.missionranchcarmel.com, ab $140 bis über $300. Die *Mission Ranch* ist ein parkartiger Komplex aus mehreren Gebäuden in der Nähe der Missionskirche mit Mittelklassezimmern und Luxussuiten. Auch ein **Aussichtsrestaurant** gehört dazu.

Camping

In Ortsnähe kann man nicht campen, aber es gibt mit dem

- ***Carmel by the River RV Park***, nur RVs, keine Zelte; © (831) 624-9329; www.carmelrv.com

und dem hochgelegenen

- ***Saddle Mountain Ranch***, für Zelte und Wohnmobile; © (831) 624-1617; www.carmelcamping.com

zwei gute, aber teure *Campgrounds* im Carmel Valley ca. 5-6 mi östlich von Carmel (Straße #G16/Schulte Road); beide ca $80 für *full hook-up*, im Winter leicht reduzierte Tarife.

Carmel River Beach auf der Südseite des Ortes; im Hintergrund Point Lobos

Essen und Trinken

Gut bestückt ist Carmel mit besseren **Restaurants**. Viele verfügen über schöne **Open-air-Terrassen**.

- Das ***Mediterranean Restaurant***, Ocean Ave zwischen Lincoln und Monte Verde St, © (831) 624-5659; gute Küche.
- ***Jack London's Neighborhood Pub & Grill***, Dolores zwischen 5th und 6th Ave, © (831) 624-6223; Sportsbar und Restaurant mit *American Food*, Pizza, Pasta & *Mexican Items*, preiswert.
- ***Mission Ranch Restaurant***, Dolores Street hinter der Carmel Mission, erstklassige Lage im gleichnamigen Hotelkomplex (➤ oben), Terrasse mit Weitblick, amerikanische Küche, verfeinert und hochpreisig. Reservierung: © (831) 625-9040.
- Das ***Hogs Breath Inn*** in der San Carlos zwischen 5th und 6th Ave gehörte einst *Clint Eastwood* und kam deshalb zu Popularität, weil man den Bürgermeister und Schauspieler dort gelegentlich antraf. Aber auch ohne diesen Vorzug handelt es sich um eine gute Kneipe mit Speisekarte; © (831) 625-1044.

Ortsbild

Der überwiegende Teil des Ortes besteht nichtsdestoweniger aus beneidenswert gelegenen und gestalteten Privathäusern inmitten einer von Kiefern und Zypressen bewachsenen, leicht hügeligen Landschaft. Die weißen **Strände** entlang der ***Scenic Road*** gehören zu den schönsten im Westen der USA. Am Südende dieser Straße stößt man auf den wunderbaren **Strand** der ***Carmel River State Beach*** mit Vogelschutzgebiet und Süßwasserlagune, die nur durch einen **Dünenstreifen** vom Ozean getrennt ist. Mit ein wenig Glück sieht man dort possierliche **Seeotter** unweit des Strandes in den Wellen spielen. Vor Jahren schienen sie fast ausgerottet, heute sind sie oft wieder zahlreich zu finden.

Mission San Carlos Borromeo del Rio Carmelo

Carmel Mission

An der 3080 Rio Road, steht eine der attraktivsten der 21 spanischen Missionsstationen in Kalifornien. Die ***Mission San Carlos Borromeo del Rio Carmelo*** wurde 1770 erbaut. In ihr liegt der Gründervater der Missionen begraben, der Franziskanermönch ***Junipero Serra***. Zu besichtigen sind Kirche, Innenhof und Gärten und ein kleines Museum; Mo-Sa 9.30-19 Uhr; $6,50; www.carmelmission.org. Recht hübsch ist auch das benachbarte ***Arboretum*** (Hatton Rd).

Nach Disneyart verspielte typische Carmel-Villa

1

Point Lobos State Reserve

Etwa 4 mi südlich von Carmel liegt an der Straße #1 die Einfahrt in die ***Point Lobos Reserve***, ein äußerst populärer Naturschutzpark mit zerklüfteter Küste, vorgelagerten Inselchen, Buchten und kleinen sandigen Einsprengseln ($10/Auto). Wochenenden sollte man dort meiden oder sehr früh anreisen (die Schranken öffnen tägl. um 8 Uhr), denn die Parkplatzkapazitäten sind recht begrenzt. Wer sein Fahrzeug nur noch entlang der #1 abstellen kann, muss weit laufen!

Zahlreiche ***Nature Trails*** starten entlang der 1,7 mi langen Parkstraße. Sie durchziehen die felsige *Point Lobos* Halbinsel und verlaufen meist hoch über dem Ozean. Mit etwas Glück lassen sich während der Wanderung Seehunde, Seelöwen, zahlreiche Vogelarten sowie Wale beobachten. An der ***Weston Beach*** warten bei Niedrigwasser außerdem schöne Gezeitenbecken.

Das Minimalprogramm im Park sollte der Besuch der Info-Station beim *Sea Lion Point* Parkplatz sowie ein Spaziergang auf dem dort startenden ***Sand Hill/Sea Lion Point Loop Trail*** sein (ca. 45 min). Ebenfalls zu empfehlen ist der kurze Aufstieg zum ***Cannery Point*** auf der Nordseite der Halbinsel. In der *Whalers Cove* unterhalb dieses Aussichtspunktes tummeln sich neben Scuba-Tauchern manchmal auch Seeotter. Der ***Bird Island Trail*** führt ausgehend vom Ende der Parkstraße zu einem besonders schönen Küstenabschnitt sowie zum *Pelican Point* mit gutem Blick auf die meist mit Kormoranen vollbesetzte »Vogelinsel« (1,3 km retour).

Eine gute Übersichtskarte mit allen Wanderwegen findet sich auf der offiziellen Webseite des Parks www.pointlobos.org/planning-your-visit/trail-maps.

Abends schließen die Schranken wieder (Zeiten bei der Einfahrt erfragen!). Campen kann man in *Point Lobos* nicht.

Straße #1 ab Point Lobos

Garrapata State Park

Nur 3 mi südlich des Wanderparadieses *Point Lobos* präsentiert sich die grandiose Steilküste entlang der #1 schon durchs Autofenster. Besonders beeindruckend sind die felsigen Abschnitte rund um den ***Soberanes Point*** im ***Garrapata State Park*** (Parkplätze #8-11). Von Januar bis Mai lohnt sich auch ein kurzer Stopp beim *Parking Turnout* #18, wo es durch eine Senke mit prächtigen Calla-Lilien zum Strand hinunter geht; www.parks.ca.gov/?page_id=579.

Camping

> Wegen eines großflächigen Waldbrands zwischen Carmel und dem Julia Pfeiffer Burns SP sind voraussichtlich auch 2018 noch einige Trails und Campgrounds gesperrt!

Auch im *Garrapata SP* gibt es nur *Hiking Trails* und keine Campmöglichkeit. Die findet man dafür in großartiger Lage hoch in den Bergen des *Los Padres National Forest* im **Einfach-*Campground Bottchers Gap***, etwa 8 mi von der #1 entfernt; Zufahrt über die kurvenreiche und teilweise sehr steile *Palo Colorado Road* rund 13 Meilen südlich von *Point Lobos*. Die schattigen Plätzchen für **Zelte** liegen abseits im Wald ($15), der Parkraum für RVs ist begrenzt (nur für **3-4 *Van Camper***); *first-come, first-served*.

Eine Alternative (nur für **Zelte**) ist der ***Andrew Molera State Park*** nördlich von Big Sur mit *Walk-in Campground* in gut 500 m Entfernung vom Parkplatz; zum Strand sind es 1,6 km.

Campmobilfahrer können dort zur Not die Nacht überbrücken, falls im Sommer – wie häufig – alle anderen Plätze der Region belegt sein sollten. Auch im ***Pfeiffer Big Sur State Park*** dürfen **RVs** über Nacht den Parkplatz nutzen.

Hwy #1

Ab *Point Lobos* befindet man sich definitiv **auf dem schönsten und einsamsten Abschnitt des Hwy #1**, der erst 1937 nach 16 Jahren Arbeit (überwiegend durch Strafgefangene) fertiggestellt wurde. **Bis San Simeon** gibt es **keine echte Ortschaft** mehr (nur zwei teure Tankstellen). Die »Orte« in der Karte beziehen sich auf Mini-Siedlungen mit teilweise nur *Lodge* und *Coffee Shop*. Großartige Ausblicke auf Buchten und Steilküste sind garantiert.

Keine 9 mi südlich von *Point Lobos* steht etwas abseits der #1 hoch über dem Pazifik das edle ***Rocky Point Restaurant*** mit herrlicher Open-air-Terrasse (ohne die sonst üblichen Plastikstühle) und voll verglastem Gastraum! Besser als das *Nepenthe* Restaurant in Big

Highway #1 im Bereich der Bixby Bridge zwischen Carmel und Big Sur

Fototipp: Während der Wintermonate scheint die untergehende Sonne direkt durch dieses Felstor an der Pfeiffer Beach bei Big Sur; *➤ umseitig.*

Sur (➤ unten). Bei Reservierung um einen *Window Table* bitten. Bei Dunkelheit werden Meer und Küste mit Flutlicht ausgeleuchtet; ✆ (831) 624-2933, www.rockypointrestaurant.com.

Bixby Bridge

Nur 3 mi weiter überspannt die eindrucksvollste der 32 Brücken zwichen Carmel und San Simeon den vom Bixby Creek gebildeten Canyon in ca. 75 m Höhe über dem Pazifik. Zum Zeitpunkt ihrer Fertigstellung 1932 war die 200 m lange Bogenbrücke die größte ihrer Art in den Weststaaten. Die ***Bixby Bridge*** wirkt in ihrem in eine Straßenkurve eingefügten Verlauf immer noch spektakulär und ist ein beliebtes Fotomotiv.

Big Sur

Dies ist ***Big Sur Country***, das dank *Henry Millers* Buch »Big Sur oder die Orangen des Hieronymus Bosch« weltweit Bekanntheit erlangte. Auch **Big Sur** ist kein »echter«, von der Straße erkennbarer Ort. Ein paar halb versteckte ***Lodges***, zwei private ***Campgrounds*** (gut ist der *Big Sur Campground* $60-$85, auch *Cabins* $130-$175, ✆ (831) 667-2322, www.bigsurcamp.com), der ***State Park***, das legendäre ***Nepenthe Restaurant*** (mit Bistro für *Lunch* und Nachmittagskaffee) und gegenüber eine tolle Skulpturengalerie (www.hawthornegallery.com) sind einzig sichtbare Eckpunkte einer Ansammlung verstreuter Anwesen in den Bergen und an der Zufahrt zur ***Pfeiffer Beach***.

Pfeiffer SP

Der ***Pfeiffer Big Sur State Park*** (*Campground* $35-$50, gut, sehr groß, oft voll; www.parks.ca.gov/?page_id=570) liegt landeinwärts am Big Sur River. ***Trails*** führen zum pittoresken *Big Sur Canyon* mit Wasserfällen (1 km) und kleinen natürlichen Badepools.

Hinweis: Wegen Hangrutsch ist der Hwy #1 bei Meile 9 (nördlich von Piedras Blancas) voraussichtlich **noch bis Spätsommer 2018 gesperrt**! Wer nicht schon ab Monterey auf der Autobahn #101 nach Süden fährt, kann südlich des Julia Pfeiifer Burns SP die beim Kirk Creek Campground abzweigende – nicht als Alternativroute ausgeschilderte – Nacimiento-Fergusson Road (viele enge Serpentinen ohne Leitplanken) nehmen und jenseits der Santa Lucia Mountains weiter über die Jolon Road (#G14/G18) die #101 erreichen (Auf-/Abfahrt #252 bei Bradley). Aktuelle Infos unter www.bigsurcalifornia.org/highway_conditions.html.

Kleiner Wasserfall am Strand des Julia Pfeiffer Burns State Park

Pfeiffer Beach

Noch zu Big Sur gehört auch die erwähnte ***Pfeiffer Beach***, eine der **attraktivsten Sandbuchten** zwischen Carmel und San Diego. Zufahrt über ***Sycamore Canyon Road*** hinunter zur Küste (sie zweigt ca. 200 m nördlich der Brücke*) über den *Pfeiffer Canyon* ohne weitere Kennzeichnung von der Straße durch Big Sur ab – keine RVs (aufpassen: nicht die Pfeiffer Ridge Road 100 m weiter nördlich nehmen). Vom Parkplatz ($) sind es ca. 200 m zu Fuß bis zum malerischen, von Felsen eingerahmten Strand. Leider erreicht die Wassertemperatur selbst im Hochsommer erreicht nur max. 16°C.

*) Diese durch Erdrutsche 2016 beschädigte und lange gesperrte Brücke wurde im November 2017 wieder für den Verkehr freigegeben.

Keine Quartiere

Im weiteren Verlauf der Straße locken immer wieder neue Ausblicke und Fotomotive zum Anhalten. Spontane Entschlüsse zum Verweilen über Nacht fallen südlich von Big Sur schwer. M/Hotels gibt es gar nicht. Camper finden aber in den ***State Parks Julia Pfeiffer Burns*** ($30) und ***Limekiln*** ($35) sowie in den ***Nat'l Forest Campgrounds Kirk Creek (!)*** und ***Plaskett Creek*** ($25, ca. 35 mi bzw. 30 mi nördlich von San Simeon) sehr schöne Stellplätze. Deren attraktive Lage sorgt für oft komplette Belegung, zumal alle reserviert werden können, ➤ Seiten 122.

Julia Pfeiffer Burns SP

Unterwegs lohnt auch ohne Campabsicht der Stopp im ***Julia Pfeiffer Burns SP***: Der etwa 500 m lange ***Waterfall Trail*** läuft durch einen Tunnel unter der #1 hindurch bis zu einem Aussichtspunkt hoch über dem Pazifik. Tief unten befindet sich ein Strand, auf den sich malerisch ein Wasserfall ergießt. Der früher vorhandene steile Pfad hinunter von der Südseite der kleinen Bucht wurde nach einem Erdrutsch leider gesperrt. Auch das Foto auf ➤ Seite 308 wurde dort aufgenommen; www.parks.ca.gov/?page_id=578.

Piedras Blancas

Wenige Meilen nördlich des *Hearst Castle* Besucherkomplexes passiert man auf dem Cabrillo Hwy #1 die Zufahrt zur ***Piedras Blancas Light Station*** (www.piedrasblancas.gov) und das zum

See-Elefant bei Piedras Blancas

San Simeon State Park gehörende **Schutzgebiet *Piedras Blancas***. Wie auch in der bereits beschriebenen *Año Nuevo Preserve* dürfen sich dort neben Robben, Seelöwen und Seevögeln auch **See-Elefanten** weitgehend ungestört fühlen. Dennoch hat man ohne besondere Restriktionen Zugang zu Beobachtungspositionen. Oft trifft man in *Piedras Blancas* auf Mitglieder der Organisation »*Friends of the Elephant Seals*« (www.elephantseal.org), die wissbegierige Besucher gerne über den Lebensrhythmus der Tiere informieren, aber auch Störungen von den Robbenkolonien fern zu halten versuchen.

San Simeon und Cambria

Hearst Castle

Bei San Simeon ließ sich der Pressezar ***Randolph Hearst*** ab 1919 in 28-jähriger Bauzeit das Schloss seiner Träume errichten. Das enorme Bauwerk ist ein Verschnitt aus architcktonischer Phantasie und Nachbau europäischer Vorbilder. Teilelemente des Komplexes sind sogar echt; sie wurden eigens aus der Alten Welt herübergeschafft. *Hearst Castle* gehört heute als öffentliches ***Hearst San Simeon State Historical Monument*** dem Staat Kalifornien.

Ein **Kurzbesuch** des *Hearst Castle* ist nicht möglich, denn man kommt auf sich gestellt nur bis zum ***Visitor Center*** in respektvoller Entfernung. Es ist März-September täglich 9-18 Uhr geöffnet,

Eingangsportal in das prunkvolle Hearst Castle

1

im Winter 9-17, Sa+So bis 15 Uhr geöffnet; www.hearstcastle.org. Von dort aus starten unterschiedliche **Führungen durch Teilbereiche des Palastes** (**ab $25** pro Person, Kinder bis 5-12 Jahre $12 inkl. Transport per *Shuttle-Bus*. Wer mehr sehen möchte, kann dies nur über die Buchung einer weiteren Tour. Entstehungsgeschichte, Paläste, Prunk und Park machen *Hearst Castle* zwar attraktiv, für Europäer – die den Originalen näher sind – stellt sich aber die Frage, ob eine partielle Besichtigung des Schlosses das Eintrittsgeld und ggf. Wartezeiten lohnen.

Zur Geschichte des Hearst Castle

Ernst-Georg Richter

Als *William Randolph Hearst* (1863-1951) im Jahr 1919 mit dem Bau seines *Pleasure Dome* begann, konnte er nicht ahnen, dass die damals noch kaum erschlossene wilde Küste Kaliforniens lange vor der Fertigstellung seines grandiosen Palastes (1947), nämlich bereits 1937, durch eine von Los Angeles bis San Francisco durchgehende Küstenstraße von der automobilen Zivilisation erobert sein würde. Der Highway #1 bringt heute um 1 Mio. Besucher jährlich in dieses kalifornische Schloss. Es wurde bereits 1958, nur sieben Jahre nach dem Tod seines Erbauers, von den Erben an den kalifornischen Staat weitergereicht, der es als *Historical Monument* der Öffentlichkeit zugänglich machte.

Neptune Pool

Die konnte und kann bis heute nur staunen über die unüberschaubare Sammlung von Kunstwerken aus aller Herren Länder in den rund 160 Räumen des Anwesens und die Skulpturen im Außenbereich. Zu *Hearsts* Lebzeiten sahen die riesigen Säle statt schnöder Touristen in Gruppenführung ein stetes Kommen und Gehen eingeflogener prominenter Gäste, und im römischen Pool wurde zu jeder Tages- und Nachtzeit in verschiedensten Bekleidungsstadien geplanscht. In dieser Glitzerwelt feierten einst *Hearst*, seine Geliebte *Marion Davies* und ihre Hollywood-Freunde Parties, für die der Begriff »ausgelassen« stark untertrieben wäre. In den amüsanten Autobiografien des Schauspielers ***David Niven*** (»Stars, die nicht vom Himmel fielen« und »Vielleicht ist der Mond nur ein Luftballon«) findet sich eine ganze Reihe hübscher Anekdoten dazu. Ein anderer Filmschaffender setzte sich auf seine Weise mit der schillernden Figur *Hearsts* auseinander; der legendäre ***Orson Welles*** nahm ihn in ***Citizen Kane*** (1941) zum Vorbild des ***Charles Foster Kane***, der nach einem turbulenten Leben am Ende einsam in seinem Schloss stirbt.

Touren Hearst Castle

Nach der letzten reguläre Tour finden **Abendtouren** statt (100 min; $36/$18). Vor allen an Wochenenden sollte man unbedingt reservieren: ✆ 1-800-444-7275 bzw. http://hearstcastle.org/tour-hearst-castle/daily-tours/. An Wochentagen gibt es gelegentlich auch ohne langes Warten noch freie Plätze.

Die **ausgezeichnete (eintrittsfreie) Ausstellung im *Visitor Center*** mit Fotos vom Innenleben des Schlosses vermittelt bereits einen guten Eindruck und mag vielen genügen. Oder der Film »***Hearst Castle, Building a Dream***« im *National Geographic Theatre*, der jeweils zur halben Stunde läuft. Tickets erhält man vor Ort, für Tour-Bucher ist der Film inklusive.

Unterkunft

Im **Bereich San Simeon/Cambria** warten zahlreiche ***Lodges*** und ***Motels*** auf Gäste, darunter auch unabhängige Häuser, z.B.

- ***Creekside Inn***, 2618 Main St in Cambria, *free Wifi*, Sommer ab ca. $130, ✆ (805) 927-4021; www.creeksidecambria.com
- ***Cambria Palms Motel***, 2662 Main Street in Cambria, ansprechende Anlage, kleine Räume, in der Hochsaison ab ca. $220; ✆ 1-866-489-4485; www.cambriapalmsmotel.com
- ***Sands by the Sea Motel***, 9355 Hearst Drive in San Simeon, gutes Quartier in Strandnähe; im Sommer ab ca. $150; ✆ (805) 927-4668; www.sandsmotel.com.

Die Häuser der Ketten ***Best Western***, ***Quality Inn*** oder ***Motel 6*** sind an der Durchgangsstraße #1 und am parallelen Moonstone Beach Drive nicht zu übersehen.

Cayucos

15 mi südlich von Cambria lädt auch das hübsche **Cayucos** mit vielen Quartieren und schönem Strand (*State Beach*) zum Stopover ein; www.cayucosbythesea.com.

Ein guter *Campground* befindet sich im ***Hearst San Simeon State Park*** ($25), den man im Sommer tunlichst reserviert, ➢ Seite 122.

Restaurantterrasse in Morro Bay mit Blick über die gleichnamige Bucht auf den Morro Rock (➢ folgende Seite)

1.4.3 Noch 200 Meilen bis LA

Morro Bay

Ungefähr ab Morro Bay, das vor der Küste mit dem imposanten ***Morro Rock*** (176 m) ein weithin sichtbares Wahrzeichen besitzt, beginnt **Southern California**. Von Norden kommend passiert man schon weit vor der Stadt die ***Morro Strand State Beach*** mit breiten Stränden und **Campingplatz** ($35, mit *hook-up* $50).

Morro Bay

Morro Bay ist eine gute Station für einen Zwischenstopp und auch für eine Übernachtung. Vom Cabrillo Hwy #1 fährt man über die Main Street auf den Harbor Boulevard und ist dann rasch am – für amerikanische Verhältnisse – malerischen kleinen Hafen mit einer ganzen Reihe von **Fischrestaurants** und ***Fast Food Eateries***, teilweise mit Terrassen über dem Wasser. Die »Idylle« wird allerdings etwas getrübt durch einige hohe Schlote am Nordende der Bucht.

Im Zentrum von Morro Bay ist – so scheint es – fast jedes zweite Haus ein Motel, *Motor Inn*, Restaurant oder Souvenirladen. Einen Kurzbesuch lohnt dort z.B. ***The Shell Shop*** (590 Embarcadero) mit einer unglaublichen Auswahl an Muscheln zu noch relativ günstigen Preisen.

Unterkunft

Zu den guten, zentral gelegenen Quartieren zählen u.a. das

- ***Comfort Inn*** an der 590 Morro Ave; sehr gepflegt und mit Parkgarage unter den Hotelräumen; DZ ab ca. $130; © (805) 772-4483, www.comfortinnmorrobay.com
- ***Pleasant Inn*** an der 235 Harbor Street; Zimmer ab ca. $140; © (805) 772-8521; www.pleasantinnmotel.com.

Wunderbar am Wasser, ca. 1 mi südlich des Ortes, liegt das

- ***The Inn at Morro Bay*** , 60 State Park Road, schöne Zimmer ab ca. $170, © (805) 772-5651; www.innatmorrobay.com.

Der ***Morro Bay State Park*** (www.parks.ca.gov/?page_id=594) mit weit über 100 Stellplätzen liegt im Wald abseits der Küste (Reservierung der *Hook-up*-Stellplätze über www.reservecalifornia.com). Landschaftlich attraktiver und ruhiger ist der 12 mi entfernte einfache *Montaña de Oro State Park Campground*, ➢ unten. Wenn an der Küste alles voll sein sollte, gibt es außerdem noch den ***NF-Campground Cerro Alto*** 6 mi landeinwärts an der Straße #41.

Gut für einen **Strandspaziergang** eignet sich die ***Morro Rock Beach***. Vom Zentrum geht es parallel zum Ufer zunächst auf der Front Street, dann Embarcadero und Coleman Drive bis zum Strand-Parkplatz und Straßenende unterhalb des *Morro Rock*.

Montaña de Oro

Noch schönere Küstenwanderwege warten südlich der Morro Bay im ***Montaña de Oro State Park***. Vom Vorort Los Osos (Hwy #1 *Exit* #277) folgt man der Stichstraße Los Osos Valley Road, die in die Pedro Valley Road übergeht und ohne Eintritt in den Park hineinführt (www.parks.ca.gov/?page_id=592).

Besucherzentrum und *Campground* befinden sich an der schönen Strandbucht bei der ***Spooner's Cove*** (knapp 50 Stellplätze; weder Duschen noch *dump station*; RVs nur bis 27 Fuß; $25).

Der 6,5 km lange Rundwanderweg ***Bluff Trail*** startet gleich südlich davon und verläuft relativ eben entlang der stark zerklüfteten Küste vorbei an kleinen Sandbuchten, den Gezeitenbecken in der *Corallina* und *Quarry Cove* sowie an einigen natürlichen Felsbögen. Besonders lohnenswert ist der Abstecher zur ***Grotto Cove***, die man jedoch schneller vom *Coon Creek* Parkplatz aus – am südlichen Ende des *State Park* – erreicht (➢ Foto Seite 603).

Point Buchon

Dort beginnt ein ebenfalls leichter ***Trail*** in Richtung Süden durch die Sicherheitstore der ***PG&E*** (*Pacific Gas & Electric Company*), die nur **Do-Mo** den Zugang über ihr Gelände gestattet. Nicht etwa Goldfunden ist der Name »Montaña de Oro« (spanisch für »Goldberg«) zu verdanken, sondern den Wildblumenwiesen rund um *Point Buchon*. **Abertausende von goldenen *California Poppies*** (➢ auch Seite 426) leuchten alljährlich ab Ende Februar dort

Felstor an der Küste bei Point Buchon

um die Wette. In Küstennähe vorbeiziehende Wale sind eine zusätzliche Attraktion, ebenso wie Seehunde, -otter und allerhand Vogelarten. Durchaus sehenswert sind auch die zahlreichen Felsbögen unterhalb der steilen Klippen. Die schönste Ansammlung erreicht man nach ca. 3 Kilometern, noch gut 10 min südlich des ausgeschilderten ***Disney Lookout Point***.

Wer nach 5,5 km am *Windy Point* steht, dem Umkehrpunkt, kann aus der Ferne noch einen Blick auf die höchstumstrittene ***Diablo Canyon Power Plant*** werfen, einen betagten Atommeiler, der unmittelbar neben tektonischen Verwerfungen errichtet wurde. Laut Experten könnte er zwar einem Erdbeben der Stärke 7,5 standhalten, aber eher keinen seismischen Vorfällen mit Tsunamis.

Restriktion

Nur 275 Leute/Tag werden in das *PG&E*-Areal gelassen, ein Limit das zur Blütezeit und an Feiertagen oft voll ausgeschöpft wird. Im Sommer Do-Mo 8-17 Uhr, sonst bis 16 Uhr. Aktuelle Infos unter www.pge.com/en_US/residential/in-your-community/local-environment/diablo-canyon-trails/point-buchon-trail.page.

Restaurant im kuriosen Madonna Inn

Von Morro Bay nach Santa Barbara

San Luis Obispo

Hinter Morro Bay verlässt die #1 die Küste und vereinigt sich in San Luis Obispo für ein kurzes Stück gemeinsamen Verlaufs wieder mit dem ***Freeway* #101**. Als wichtigste Sehenswürdigkeit dieses insgesamt recht ansehnlichen Städtchens gilt die für die Stadt namensgebende **Missionsstation** im zentralen Bereich (Chorro/ Monterey Street); ➤ Kasten Seite 476. Der Besuch ist kein »Muss«.

Madonna Inn

Mindestens einen kurzen Blick geworfen haben sollten San Luis Obispo passierende Reisende auf das ungewöhnliche ***Madonna Inn*** an der gleichnamigen Road (unmittelbar westlich der Brücke über die #101), in dem die Zimmer »thematisch« unterschiedlich hergerichtet sind. Für **Dschungel, Steinzeithöhle, Ritterkemenate, roten Salon** u.a.m. zahlt man ab ca. $210/Nacht; Vorschau unter www.madonnainn.com/features.php. Auf der Website finden sich auch Sonderangebote und *Packages*, speziell So-Do; © 1-800-543-9666. Für Nicht-Hotelgäste gibt die skurrile Herrentoilette im Untergeschoss einen Vorgeschmack auf die Zimmer.

Im ***Vagabond Inn*** gleich nebenan darf man keinen Luxus erwarten, aber deutlich günstigere Preise; Zimmer ab ca. $80, auch *Online-Specials*; © 1-800-522-1555; www.vagabondinn.com.

Hostel

Noch deutlich günstiger schläft es sich im ***HI-Hostel*** am 1617 Santa Rosa Highway (Straße #1) in einer alten Villa; Betten $32-$39, DZ ab $65; © (805) 544-4678, www.hostelobispo.com.

Exkurs: Straßen #46/#41 und #58 in Richtung Osten

Zu den möglichen Routen

Ab San Luis Obispo besteht die Möglichkeit, sich Richtung Osten zur Route Los Angeles-*Sequoia+Yosemite National Parks* (Kapitel 2.2, ➢ Seiten 426 und 434f) oder ggf weiter zum *Death Valley* und/oder nach Las Vegas zu wenden, indem man der #101 zunächst ein kurzes Stück nach Norden folgt.

zum Sequoia Nat'l Park

Mit Ziel ***Sequoia Park*** wechselt man auf die Straße #41 Richtung Fresno, und ab **Lemoore** geht es dann auf der #198 weiter über Visalia zur Südeinfahrt des Parks. Die meilenmäßig etwas weitere, aber raschere Alternative dorthin wäre nach ca. 25 mi auf der #41 ab Shandon die #46 bis zur Autobahn #99 und auf ihr nach Visalia etc.

zum Yosemite Park

Bei Zielsetzung ***Yosemite Park*** bleibt man einfach weiter auf der #41, die ab Lemoore bestens und durch Fresno hindurch als Autobahn ausgebaut ist. Sie gilt für Besucher aus dem Süden Kaliforniens als »Rennstrecke« in den Park, ➢ Seiten 442f.

James Dean

Die **Straße #46** kam im Jahr 1955 zu trauriger Berühmtheit, als der ***Hollywood Shooting Star James Dean*** am Straßendreieck #46/#41 (25 mi östlich von Paso Robles, gleich östlich von Cholame) mit seinem nagelneuen *Porsche Spider* auf dem Weg zu einem Autorennen tödlich verunglückte. Ein Schild »***James Dean Memorial Junction***« weist auf den damals weltweit mit Bestürzung aufgenommenen Unfall hin.

Nach Las Vegas/ Death Valley über Bakersfield

Wer hinüber nach **Bakersfield** und weiter Richtung ***Death Valley*** und/oder **Las Vegas** fahren möchte, nimmt ab Santa Margarita die **Straße #58**, die in Bakersfield auf die #178 stößt (wichtig für *Death Valley*- bzw. Straße #395-Aspiranten, ➢ Kasten auf Seite 432) und nach zwei Meilen gemeinsamen Verlaufs mit der #99 als Autobahn weiter nach **Barstow** führt. Dort endet sie mit Erreichen der I-15, ➢ Seite 448.

Abkürzung

Wer San Luis Obispo auslässt, könnte bereits zwischen Cambria und Harmony die #46 oder ab Morro Bay die #41 nehmen.

Pismo Beach Butterfly Grove (Zugang vom Hwy #1)

Pismo Beach/ Oceano

Bei Pismo Beach trennt sich nach ca. 12 mi gemeinsamen Verlaufs die Straße #1 wieder von der Autobahn #101. Pismo Beach, Grover Beach und Oceano sind ineinander übergehende eher schlichte Seebäder mit hoher Motel- und Campingkapazität. Südlich von Oceano liegt das ausgedehnteste **Küstendünengebiet** Kaliforniens.

Monarchs

Die berühmten **Monarchfalter** kann man nicht nur in Pacific Grove (➤ Seite 327) bewundern, sondern von November bis Februar auch in einem Eukalyptushain am südlichen Ende des ***North Beach Campground*** der ***Pismo State Beach***, am besten um die Mittagszeit. Interessant sind die dann täglich dort stattfindenden *Monarch Talks* (jeweils um 11 und 14 Uhr); Parkmöglichkeiten beidseitig am Hwy #1; www.monarchbutterfly.org.

Outlet Mall

Für das kleine Shopping-Vergnügen zwischendurch warten in unmittelbarer Nähe (Abfahrt #190A der I-101) die ***Pismo Beach Premium Outlets*** mit 40 Shops von *Levi's*, *Nike* bis *Tommy Hilfiger*.

Oceano Dunes SVRA

Neben Komfortcamping entlang der #1 und im *State Park* gibt es dort (nirgendwo sonst an der Westküste) auch offiziell erlaubtes **Camping direkt am Strand** in der ***Oceano Dunes State Vehicular Recreation Area*** südlich des Ortes (keine Infrastruktur außer Chemietoiletten! Gebühr $10, © 1-800-444-7275; Reservierung bis zu 7 Monaten im Voraus möglich unter www.reservecalifornia.com). Von der Einfahrt auf den Strand am Ende der Pier Ave sind es bis zum gekennzeichneten Campbereich etwa 1000 m.

Jahrelang durften Wohnmobile und Pkws nicht mehr auf dem Strand fahren; erst 2010 wurde das Verbot wieder aufgehoben. Doch das Campen findet in Bereichen mit lockerem Sand statt, was mit Fahrzeugen ohne 4WD nicht unproblematisch ist. Abschlepper, die gerne und teuer helfen, pendeln mit ihren Fahrzeugen am Strand entlang und sind selten weit.

Motels

Wer nicht am Strand, sondern mangels Zelt oder RV in einem richtigen Bett schlafen möchte, findet im Bereich Pismo/Grover Beach und Oceano zahlreiche Unterkünfte, z.B.

- ***Sea Gypsy Motel***, 1020 Cypress Street; am Strand von Pismo Beach; Studios im Sommer mit Meerblickterrassen ca. $250, ohne $105); © 1-800-592-5923, www.seagypsymotel.com
- ***Motel 6***, 250 Main Street; eher einfaches Haus, EZ $65-$159, DZ $72-$165; © 1-800-899-9841, www.motel6.com.

Off Road Vergnügen

Nur ein Teil der Dünen ist für *All Terrain/Off-road Vehicles* freigegeben (südlich der Campingzone). Zu ihnen geht es nach Zahlung von **$5** von den Zufahrten in Oceano am Strand entlang (ca. 1 mi). In Strandnähe an der Grand Ave und Pier Ave findet man mehrere **ATV/ORV-Verleiher**. **Miete ab $60/2 Stunden**, z.B.

- ***Arnie's ATV***, 311 Pier Ave, www.pismoatvrentals.com
- ***Angello's ATV***, 307 Pier Ave, www.angellosatvinc.com.

An Wochenenden und zu Ferienzeiten stehen Verleiher mit Fahrzeugen praktischerweise auch im Campbereich bzw. am Strand. Indessen tummelt sich dann halb Kalifornien gleichzeitig dort.

Wer sich nicht selbst ans Steuer setzen, aber dennoch durch die Dünen brausen möchte, bucht für $55 ($52 *cash*) eine Stunde Strand- und Dünenspaß im Superjeep *Hummer*; © (805) 481-9330, www.xtremehummeradventures.net.

Aber auch **ohne ATV** ist der Besuch eine schöne Sache. In den geschützten Bereichen hinter der Campzone kann man ungestört herumwandern; von den Höhen hat man einen tollen Weitblick über die Dünen, Strand und Meer.

Weiter auf der #1

Von Oceano könnte man der schnelleren #101 folgen oder auf der #1 bleiben, die am Ostrand der *Vandenberg Air Force Base* durch eine (ebenfalls) wenig aufregende Landschaft führt.

Mission La Purisima

Am Wege liegt aber im Tal des Santa Ynez River an der Straße #246 unweit östlich von Lompoc eine weitere Missionsstation, der ***State Historic Park Mission La Purisima***, ein großer restaurierter Komplex mit authentisch wie um 1820 eingerichteten Gebäuden und Garten. Di-So 10-16 Uhr, Mo 11-15 Uhr; Gratis-Führungen um 13 Uhr; $6/Fahrzeug; www.lapurisimamission.org. Ganz interessant, aber kein unverzichtbarer Stopp, speziell nicht als Abstecher.

All Terrain Vehicle (ATV) in den Dünen bei Oceano

Camping

Die Jalama Road zweigt südlich **Lompoc** von der #1 ab und führt zur ***Jalama Beach*** mit prima **Camping** im *County Park* am Ozean; Zelte $30-$35, *electric hook-ups* $45-$50; © (805) 568-2460, www.countyofsb.org/parks. Ohne Lust auf den 20 mi-Abstecher an die Küste campt man nur wenig östlich der Mission, dann südlich auf der Sweeney Rd im ***River Park*** der Stadt Lompoc; © (805) 875-8100, www.cityoflompoc.com/parks_rec/river.htm.

Weiterfahrt

Bei Gaviota stößt die #1 wiederum auf die vierspurig ausgebaute #101 und bildet bis Ventura mit ihr zusammen eine **stark befahrene Küstenstraße**. Eine **Eisenbahnlinie** läuft ab Gaviota zwischen Straße und Meer. Die Küste ist hier nur noch über diverse ***State Beaches*** zugänglich, von denen sich nur ***Refugio Beach***, ein paar Meilen östlich Gaviota, auch als **Campingplatz** in Strandlage wirklich empfehlen lässt; Plätze erste Reihe $45, in der Sommersaison $55; www.parks.ca.gov/?page_id=603. Er ist aber ebenso wie die anderen straßen- und schienennah.

Solvang

Eine **Alternative zur Küstenroute** nach Santa Barbara ist ab Lompoc/*La Purissima* die **Straße #246** über **Solvang** und dann die **#154**. Mit Solvang, nur wenige Meilen westlich der #101, existiert mitten in Kalifornien **ein Städtchen** fast wie aus Dänemark importiert. Der Ort entstand erst Anfang des 20. Jahrhunderts als Gründung dänischer Einwanderer. Zwar ist kaum zu erkennen, welche Gebäude noch Originale und welche Nachbauten sind, aber es gibt in den USA kaum ein anderes »ethnisches« Städtchen, das dem europäischen Vorbild – zumindest im Kernbereich abseits der Hauptstraße – so nahe kommt. Klar, dass es dort in den *Giftshops* von »dänischen« Waren nur so wimmelt, und die Restaurants ***Danish Food*** auftischen. Einen kurzen Zwischenstop für eine Stunde samt Bummel ist das **»kalifornische Dänemark«** allemal wert; www.solvangusa.com.

Filmfreunde können in Solvang (z.B. im ***Solvang Restaurant***, 1672 Copenhagen Drive) und im Nachbarort **Buellton** auf den Spuren

Uriges Western Steakhouse A.J. Spurs mit großen Portionen Tex-Mex-Food in Buellton an der Straße #246 Richtung Solvang östlich der Kreuzung mit der #101

von *Paul Giamatti* und *Thomas Haden Church* wandeln, den Reisenden in Sachen Wein und Liebe im Spielfilm ***Sideways*** (2004), www.hitchingpost2.com/sideways.html.

Weingüter

Wer sich wie sie auf die Suche nach dem perfekten Pinot-Noir-Tropfen machen möchte, könnte Abstecher zu den Winzern des ***Santa Maria*** und des ***Santa Ynez Valley*** erwägen. Im erwähnten Film kommen vor die

- ***Kalyra Winery***, 343 North Refugio Road in Santa Ynez; im Sommer *wine tasting* ($10) Mo-Fr 11-17, Sa-So 10-17 Uhr; © (805) 693-8864, www.kalyrawinery.com
- ***Foxen Vineyard***, 7200 Foxen Canyon Road, Santa Maria; *tasting room* täglich 11-16 Uhr; © (805) 937-4251, www.foxenvineyard.com
- ***Firestone Vineyard***, 5017 Zaca Station Road, Los Olivos, Weinproben tägl. 10-17 Uhr; © (805) 688-3940, www.firestonewine.com.

Solvang nennt und fühlt sich als »Danish Capital of America«.

In **Buellton** gibt es tatsächlich die seit dem Film höchst populäre (und deshalb oft überlaufene) ***Hartley-Ostini Hitching Post Winery*** und das gleichnamige Restaurant (406 East Hwy 246, © (805) 688-8403, www.hitchingpost2.com/hitchingpostwinery.html).

Straße #154

Die #154 führt durch die *Santa Ynez Mountains* am ***Cachuma Reservoir*** vorbei (riesiges *Santa Barbara County Park* ***Massencamping*** auf engen RV-Stellplätzen, Baden *und* Bootsverleih) und kurvenreich durch den *Los Padres National Forest* nach Santa Barbara. Südöstlich des Sees, noch in der Höhe, passiert man die ***Paradise Road*** (*Forest Road* 5N18), an der drei gute ***Forest Campgrounds*** der Einfachkkategorie liegen (ca. 3-5 mi ab der #154); am besten ist der Platz ***Fremont*** ganz unten mit Zugang zum Fluss.

Santa Barbara

Kennzeichnung

Wirkte Santa Barbara (knapp 90.000 Einwohner) nicht so **makellos**, könnte es sich fast um eine mexikanische Stadt handeln. Alle historischen Gebäude im Zentrum präsentieren sich mit roten Ziegeldächern, weiß getünchten Fassaden, dazwischen üppiger Vegetation, Blumenpracht und Palmen. Dieser Stil setzt sich großflächig fort bis in zentrumsferne Wohn- und Geschäftsviertel, die sich hügelan in Richtung *Santa Ynez Mountains* ziehen. Santa Barbara ist Kaliforniens **schönste Stadt** mittlerer Größe.

Freeway #101

Selbst der überaus verkehrsbelastete ***Freeway* #101**, hier zugleich die #1, der die Altstadt von der ***Harborfront*** mit den zentralen Stränden trennt, ist im Citybereich derart begrünt, dass man seine Existenz von außen kaum wahrnimmt.

Harborfront/ Restaurants

Jenseits der Uferallee Cabrillo Blvd liegt die ***East Beach*** getrennt von der ***West Beach*** durch die ***Stearns Wharf***, einen langen ***Fishing Pier*** mit Restaurants (empfehlenswert: ***Shellfish Company***). Eine enorme Yachtmarina begrenzt die *Harborfront* nach Norden. Dahinter erstreckt sich die lange ***Leadbetter Beach***. Der Cabrillo Boulevard wird dort zum Shoreline Drive.

Blick vom Aussichtsturm (Clock Tower) im Zentrum über die roten Dächer Santa Barbaras in Richtung Pazifik. Im Vordergrund sieht man den Rundturm des Courthouse, ➤ *Seite 349.*

Maritimes Museum

Gleich hinter der Marina führt der **Harbor Way** auch zu den Serviceeinrichtungen des Yachthafens, bei der HausNr. #119 befindet sich das populäre ***Seafood*-Restaurant *Brophy Bros***, bei #113 der nostalgische weiße Bau des ***Maritime Museum*** direkt am Wasser. Schiffsmodelle und alles Mögliche, was mit dem Meer zu tun hat; täglich 10-17 Uhr, Sa 9-15 Uhr; Eintritt $8/$5; www.sbmm.org.

Channel Island NP

Im gleichen Gebäudekomplex ist im 4. Stock das ***Outdoors Visitor Center*** des *Channel Islands National Park* untergebracht (täglich 11-17 Uhr; www.nps.gov/chis), ein zweites Besucherzentrum steht in Ventura, ➤ Seite 351. Die Boote von *Truth Aquatics* zu den Inseln des Nationalparks und zu Tauchtrips in ihren Gewässern legen vom 301 West Cabrillo Blvd ab; https://truthaquatics.net.

Tourist Information

Ein städtisches ***Visitor Center*** liegt an der 1 Garden Street (Ecke Cabrillo Blvd) beim *Chase Palm Park*; täglich 9-17 Uhr, Sa ab 10 Uhr; © (805) 965-3021; www.santabarbaraca.com.

Sightseeing Tours

Wer Santa Barbara per geführter 90-min-Tour im Schnellgang kennenlernen möchte, sollte den ***Land Shark*** buchen, der um 12, 14 und 16 Uhr an der ***Stearns Wharf*** »ablegt« zum **Land- und Wassertrip**; $30, Kinder unter 10 Jahre $15; www.out2seeSB.com.

Hotellerie/ Gastronomie

Santa Barbara verfügt über **erhebliche Motel- und Hotelkapazitäten** und – in der Altstadt – eine Dichte an **Restaurants und Bistros mit *open-air* Terrassen**, wie man es sonst in den USA kaum kennt. Das Preisniveau der Hotellerie ist – besonders an Wochenenden – relativ hoch. Die meisten **Häuser** (vor allem der großen Mittelklasse-Ketten, von denen einige auch *Discount Coupons* akzeptieren) passiert man unübersehbar entlang der **State Street West** (Abfahrt 101B von der #101 nordwestlich von *Downtown*).

Viele Unterkünfte finden sich auch an der **State Street** im Bereich der Altstadt und unweit der ***Harborfront*** (West Cabrillo zwischen State und Castillo Streets sowie East Cabrillo, Straßen Corona und Orilla de Mar).

- Die preiswertere und einfache Alternative ist das ***Hostel IHSP Santa Barbara*** an der 111 N Milpas; Betten $25-$45, DZ ab ca. $110; © (805) 705-9195, www.ihspsantabarbara.com.

Tipp

- Ein gutes ***Ramada Limited*** wartet westlich von Santa Barbara auf Gäste (Ausfahrt 103 von der #101, Calle Real nördlich parallel zur #101). Alle Zimmer mit Balkon/Terrasse, viele mit Blick auf den begrünten Teichgarten, großer Pool, *Wifi*; Sommertarife ab ca. $170; © (805) 319-4314; www.sbramada.com.

Camping

Direkt in/bei Santa Barbara gibt es keine vernünftigen Campingplätze. Über die besten *Campgrounds* verfügen die ***State Beaches*** **der Umgebung**. Nicht fern sind die oben bereits genannten Plätze des *Forest Service* an der Straße #154 in Richtung Solvang.

Scenic Drive/ Downtown

Für eine **Besichtigung von Santa Barbara** macht es Sinn, dem ausgeschilderten ***Scenic Drive*** zu folgen. Von Nordwesten folgt man (ab *Exit* 99 von der #101) am besten der Mission Street bis zur **State Street** und fährt auf ihr rasch in die Innenstadt. Wer aus Richtung Los Angeles kommt, sollte zunächst von der **Abfahrt State Street** ins Zentrum fahren und sich damit automatisch auf dem *Scenic Drive* befinden. Zwischen **State** und **Santa Barbara Street** liegen im Bereich zwischen **Anapamu** und **Ortega Streets** alle sehenswerten Bauwerke der Altstadt.

Abgesehen von Besichtigungen ist ein Besuch der Altstadt einfach zum Bummeln und Ausspannen in einem der vielen **Straßencafés** eine gute Idee. Einzukaufen gibt es eine Menge. Attraktiv ist die ***Shopping Mall Paseo Nuevo*** an der State St; www.paseonuevoshopping.com.

Parken

Leider ist das Abstellen des Fahrzeugs in *Downtown* oft ein Problem; am einfachsten lässt es sich mit den Parkebenen unter dem ***Paseo Nuevo*** lösen, Einfahrt von der Chapala St aus (westlich parallel zur State St) zwischen Ortega und Canon Perdido.

Am Eingang der Shopping Mall Paseo Nuevo

Besichtigung

Als touristisches Minimalprogramm sollte man sich das historische ***Presidio of Santa Barbara*** vornehmen (ein Block an der Ecke Cañon Perdido und Santa Barbara Street), das auf den ersten militärischen Außenposten von 1782 zurückgeht, und das ***County Courthouse*** (1100 Anacapa Street). Dort geht's nach Besichtigung der Außen- und Innenarchitektur (tolle *Murals*) mitsamt *Sunken Gardens* per Lift in den 25 m hohen ***Clock Tower*** (Eintritt frei) mit Aussicht über Stadt und Meer, ➤ Foto Seite 346.

Ein ***Historical Museum*** für intensiver Interessierte befindet sich in der 136 E De la Guerra St, einen Block südöstlich des *Presidio*; Di-Sa 10-17, So ab 12; Eintritt »Spende«; www.santabarbaramuseum.com.

Mission Santa Barbara

Mission Santa Barbara

Das kulturhistorische Bonbon Santa Barbaras ist die *Mission* am Ende der Los Olivos/Laguna St. Wegen ihrer erhöhten Position mit früher vorhandenem Weitblick (heute zugewachsen) und der grandiosen Gesamtanlage wurde sie zu Recht als die *Queen of the Missions* bezeichnet. Die ***Mission Santa Barbara*** wurde erst 1786 ein paar Jahre später errichtet als einige ihrer »Nachbarn« und 1820 vollendet; ➤ Kasten Seite 476. Sowohl der Komplex als solcher als auch das darin vorhandene **Museum** (Touren 9-16.15 Uhr, $9) und die Gärten sind den Besuch wert; www.santabarbaramission.org.

Wer Zeit und Freude an botanischen Gärten hat, findet 3 km weiter an der *Mission Canyon Road* den ***Santa Barbara Botanic Garden*** voller typischer kalifornischer Flora. Ein ca. 9 km langer Pfad windet sich dort durch das hügelige Gelände. Geöffnet 9-18/17 Uhr Sommer/Winter; Eintritt $12, Kinder $6-$8, www.sbbg.org.

Fortsetzung Scenic Drive

Der *Scenic Drive* überquert weiter östlich die #101 (dort bei Anfahrt von LA die Rundfahrt beginnen) und passiert auf palmenbestandenen Alleen **Prachtvillen**, **Strände** und **Yachthäfen**. Am Cabrillo Boulevard am Hafen ist die ***Visitor Information*** (➤ oben) nicht zu übersehen. Weiter geht es durch bemerkenswerte Wohngebiete, bevor man auf dem ***Cliff Drive*** den einzigen öffentlichen Zugang zum Strand unterhalb der Steilküste zwischen Goleta und *Santa Barbara Harbor* erreicht:

Arroyo Burro Beach mit Restaurant »Boathouse« in optimaler Lage am Strand

Arroyo Burro

Die ***Arroyo Burro Beach*** hat den attraktivsten Strand im Großraum Santa Barbara. Dort gibt's sogar ein **Strandrestaurant** mit Niveau und einer windgeschützten Terrasse. Ideal auch für ein spätes Frühstück, viel besser als jede Motelabspeisung oder *Fast Food*: www.boathousesb.com.

Auf der #1 nach Malibu/Santa Monica

Surfen und Strände

Spätestens ab Santa Barbara wird klar, dass ***Surfing*** in Südkalifornien **Volkssport #1** ist. Was bis hinunter nach San Diego zahllose Könner auf ihren Brettern zeigen, fasziniert immer wieder. Aber viele Strände auf der verbleibenden Strecke bis Los Angeles sind für Nicht-Surfer nicht sonderlich einladend. Nur die ***State Beaches Carpinteria***, ***Emma Wood***, ***McGrath*** und ***Point Dume*** sowie die ***Zuma Beach (Regional Park***) sind generell zu empfehlen. **Parken** kostet überall ca. $10 (nur teilweise mit **Camping**, so in *Emma Wood* einige Stellplätze schön über der Küste mit Blick).

#1 = #101

Die #1 entspricht südöstlich von Santa Barbara noch einmal für ein Stück dem *Freeway* #101 und kann rasch durchfahren werden.

State Parks südlich von Santa Barbara

Bei **Carpinteria** laden die gleichnamige *State Beach* (www.parks.ca.gov/?page_id=599) und nur wenig weiter südlich die ***Emma Wood State Beach*** zum Campen ein. In *Emma Wood* liegen Stellplätze (nur RVs!) unmittelbar am Strand, aber ab Mitte Mai bis *Labor Day* muss reserviert werden, ➤ Seite 122. Vorher und nachher werden die Plätze auf *first-come, first-served*-Basis vergeben; $30, Hochsaison $40; www.parks.ca.gov/?page_id=604.

Beide *Campgrounds* liegen straßen-/schienennah und sind laut.

Verlauf Hwy#1 bis LA

Erst hinter Ventura separiert sich die #1 bei Oxnard weit landeinwärts von der #101. Nach wie vor bleibt aber auch sie weitgehend autobahnähnlich ausgebaut und trifft erst im Bereich *Point Mugu* wieder auf die Küste. Ab dort folgt sie ihr eng bis Santa Monica.

Küstenstraße Ventura/ Oxnard

Eine mögliche **Alternative zur #1/#101** im Bereich Ventura/Oxnard ist der **Harbor Blvd** (Straße #34), auf den man von der #101 über die Abfahrt 68 gelangt. Er läuft küstennah und ist Zubringer zum ***Ventura Harbo***r (mit dem hauptsächlichen *Visitor Center* des *Channel Islands National Park)* und gleichzeitig zur ***Mc Grath State Beach*** (2 mi weiter) mit dem besten Strand zwischen Santa Barbara und Los Angeles und einem guten ***Campground***; $35; www.parks.ca.gov/?page_id=607.

Ventura Harbor/ Channel Islands National Park

Auch wer das Naturschutzgebiet, der nahe vor der Küste liegenden – bis auf *Ranger* – unbewohnten Channel Islands nicht besuchen will, könnte hier (➤ auch unter Santa Barbara) einen Abstecher durch den *Ventura Harbor* bis zum Ende der Mole (Spinnacker Drive) zum **Besucherzentrum des Nationalparks** erwägen; www.nps.gov/chis. An derselben Mole und im Hafen von Oxnard legen die Boote zu den Inseln ab; ✆ (805) 642-1393; www.islandpackers.com.

Man darf auf den Inseln auch **campen** ($15); Transport inselabhängig $79-$147.

Whale Watching

Außerdem gibt es Juni-September Tagestrips zur **Walbeobachtung** für $68/$55, im Winter 3-Stunden Trips für $38/$28.

Open-air Terrassen des ***Ventura Harbor Village*** eingangs der Mole laden zum Pausemachen ein. An der Einfahrt in den Hafen stehen ein ***Holiday Inn Express*** und ***Four Points by Sheraton***. Preiswerter nächtigt man im ***Vagabond Inn*** oder ***Motel 6***, beide an der #101.

Von Ventura bis Santa Monica

Von Ventura Harbor nach Los Angeles/Santa Monica, sind es nur noch ca. 70 mi. Da man zunächst einmal auf dem Harbor Blvd nach Süden und über eine der West-Ost-Straßen durch Oxnard

Whale Watching im Bereich der Channel Islands. Touren dorthin werden von Juni bis März ab Ventura Harbor angeboten.

auf den Highway #1 zurück muss, dort meist relativ starker Verkehr herrscht und bis LA zahlreiche Ampeln den Verkehrsfluss hemmen, ist das unter zwei Stunden reiner Fahrtzeit kaum zu machen. Die meisten dürften weit länger unterwegs sein, da es auf der Strecke oft genug Anlass zu Zwischenstopps gibt.

Die letzten 40 Meilen

Denn sobald der ***Pacific Coast Highway*** (etwa ab *Point Mugu*) erneut zu einer echten Küstenstraße wird, von der der Ozean immer wieder ins Blickfeld kommt, ist ihr landschaftlicher Verlauf im Wechsel von felsigen Abschnitten und Stränden überaus reizvoll. Die letzten 25 mi führen – scheinbar endlos – durch ein langgestrecktes, in LA-Nähe immer dichter besiedeltes **Malibu** (➤ unter Los Angeles, Seite 384) mit – klar – auch schönen Stränden. Aber sie entsprechen nicht überall dem Fernsehbild, und das Parken wird schwieriger. Wer nicht umsonst entlang der Straße unterkommt, zahlt auf den Parkplätzen bis zu $15 Flatrate/Tag.

Camping

Entlang der Strecke bieten die ***State Parks Point Mugu*** (www.parks.ca.gov/?page_id=630) mit dem *Sycamore Canyon* und direkt am Strand dem *Thornhill Broom Campground* und ***Leo Carillo*** (www.parks.ca.gov/?page_id=616) gute Campmöglichkeiten.

Mit **Malibu** ist Metropolitan Los Angeles erreicht, ➤ ab Seite 384.

In Malibu stehen zahllose oft fantasievoll konstruierte Häuser in unmittelbarer Wassernähe über dem Strand. Wenn Sturmflut gegen die Küste brandet, von Tsunamis nicht zu reden, gibt es im wahrsten Sinne des Wortes »Kleinholz«, denn Beton wird zum Bau nur ausnahmsweise eingesetzt. Dennoch und trotz ihrer Dicht-an-dicht-Lage sind solche Strandvillen nahezu unbezahlbar teuer.

Presidential Center

Memorials zu Ehren ehemaliger Präsidenten befinden sich außer im Simi Valley für *Ronald Reagan* (➤ folgende Seite) auch noch im Süden von Los Angeles in der Vorstadt Yorba Linda mit der *Richard Nixon Presidential Library* (➤ Seite 424) und vor allem im Osten der USA (z.B. für *J.F. Kennedy* in Boston, *Jimmy Carter* in Atlanta, *Bill Clinton* in Little Rock) und in Texas (*L.B. Johnson & George Bush senior* und *junior*). Die aufwändigen Verehrungsstätten beleuchten den politischen Werdegang »ihres« Präsidenten und seine Präsidentschaft unter dem Blickwinkel nachträglicher Verklärung (beachtlich im Fall *Reagan*) und ggf. auch – wie im Fall *Nixon* – Auslassung und Rechtfertigung. Sie sind zugleich ergiebige historische Archive für den jeweiligen Abschnitt der Zeitgeschichte.

Ihre – trotz des recht hohen Eintritts – offensichtliche Anziehungskraft ist bemerkenswert. Sie sind auch für Schulklassen beliebte Ausflugsziele. Für ausländische Besucher im US-Westen bieten die *Reagan* und die *Nixon Library* gute Gelegenheiten, diese Spezialität amerikanischer Politkultur kennenzulernen, wobei nur die *Reagan Presidential Library* dank Ihrer Lage und der *Air Force One* und *Berlin Wall* auch für europäische Besucher ohne ausgeprägtes Interesse an Leben und Wirken dieses Präsidenten lohnenswert erscheint.

Nach LA über Ojai und die #101

Ojai/Lake Casitas

Ein Abstecher könnte dem Hinterland der ***Sierra Madre*** im Bereich des spanisch/mexikanisch »angehauchten« Städtchens Ojai gelten (von der #101 die Straßen #150 ab Carpinteria oder den Ojai Hwy #33 ab Ventura nehmen). In der Umgebung des Ortes warten **Wanderwege**, klare Bäche und versteckte **Wasserfälle**. Im Zentrum gibt es ein paar originelle Shops, viele gute Restaurants wie einfache *Eateries*, den ***Libbey Park*** mit Kinderspielplatz und Tennisplätzen. **Quartiere** sind teuer, denn Ojai ist bei Wochenendausflüglern aus dem nahen Los Angeles beliebt. Wer sich hier etwas gönnen und sich verwöhnen lassen möchte, bucht die »historischen« Luxushotels *The Oaks at Ojai* oder das *Ojai Valley Inn & Spa* zu Tarifen ab $300 aufwärts. Alle Unterkünfte und Restaurants unter www.ojaichamber.org.

- Noch einigermaßen im Rahmen hält sich das ***Casa Ojai Inn*** im Motel-Stil am östlichen Ortsende, www.ojaiinn.com, ab ca. $135.

Am oberen Ende des Stausees **Lake Casitas** befindet sich eine ausgedehnte **Camping- und Freizeitanlage**; www.lakecasitas.info, ohne *hook-up* $30-$35, mit $38-$66. Wegen niedrigen Wasserstandes und Algenbefall kann dort nicht mehr gebadet werden. Aber der Planschpark ***Casitas Water Adventure*** ist in Betrieb (eher für Kinder, nur Juni-*Labor Day* plus ein paar Wochenenden davor und danach 11-18/19 Uhr; $14.

- Ca. 8 mi nördlich von Ojai an der #33 Richtung Bakersfield liegt der ***Wheeler Gorge Campground*** des *Forest Service* ($25). Er ist zugleich Ausgangspunkt für einen ***Nature Trail*** mit Erläuterungen zu Flora und Fauna der Gebirgsregion *Sierra Madre*.

Von Ojai zurück zur #101 und von der #101 zur Reagan Library

Von Ojai zurück auf die #101 kann man ohne wesentlichen Umweg gut die *Ronald Reagan Library* »mitnehmen«: Am Ostende der #150 geht es ab **Santa Paula** auf der #126 noch ca. 10 mi weiter nach Osten bis **Fillmore** und auf dem ***Moorpark Freeway #23*** zur ***Ronald Reagan Presidential Library*** (Madera Road, ausgeschildert). Die Straße #23 stößt in ihrem weiteren Verlauf in Thousands Oaks auf den Freeway #101. Wer den Ojai Abstecher nicht macht und zunächst auf der #101 bleibt, nimmt entsprechend in Thousand Oaks die #23 nach Norden (*Exit* 43A) und verlässt den *Freeway* gemäß Ausschilderung auf der Madera Road.

Präsidentenboeing in der eigens dafür angelegten Riesenhalle

Ronald Reagan Presidential Library

Hinter Ventura verlässt die #101 die Küste. Dieser Route bzw. der vorstehend ab Ojai beschriebenen Route muss folgen, wer sich die ***Ronald Reagan Library*** ansehen möchte, ein sog. ***Presidential Center*** (➤ Kasten Seite 353) mit *Lincoln*-Verehrung und einem ordentlichen Stück Berliner Mauer. Der berühmte *Reagan*-Satz: »*Mr. Gorbatchow, tear this wall down …*«? auf einer Aussichtsplattform an der Berliner Mauer war bekanntlich erfolgreich und wird im musealen Teil des Komplexes in allen Details der seinerzeitigen Umstände inkl. Video präsentiert. Ebenso sind weitere Taten dieses außerordentlich beliebten Präsidenten und vormaligen Staatsoberhauptes von Kalifornien dokumentiert. Obwohl *Reagan* vor seiner relativ späten politischen Karriere langjährig Darsteller in allerhand *Western Movies* war und auch einige Hauptrollen spielte, ist davon in seiner *Library* nur am Rande die Rede.

In einer riesigen Halle hat man die ***Air Force One Boeing 707***, die 1973-2001 insgesamt acht Präsidenten auf weltweiten Missionen diente, so auf eine Empore gestellt, so als ob sie sich im Flug befindet. Dazu beherbergt die Halle auch noch den Helikopter ***Marine One*** und einen ganzen Korso gepanzerter Limousinen samt Begleitfahrzeugen. Wer hier Stärkung braucht, setzt sich ins aus Irland im

Original herbeigeschaffte und nach ***Ronald Reagan*** benannte ***Pub*** (*Reagan* war irischen Ursprungs) oder in die Cafeteria der Kneipe im Foyer. Von dort – wie überhaupt vom gesamten Gelände – hat man einen tollen Weitblick auf die Bergkette der *Sierra Madre* und hinüber zum Pazifik bis zu den *Channel Islands* (➤ Seite 351). Im Außenbereich kann man auch noch einen **Kampfjet** (F14) bewundern. Geöffnet täglich 10-17 Uhr, Eintritt $29, Kinder $16-$19; www.reaganfoundation.org.

Auf der #101 weiter nach LA oder besser auf der #1?

Mit **Thousands Oaks** erreicht man eine Vorstadt von Los Angeles. Die Verkehrsdichte nimmt ab dort sprunghaft zu. Sich nach 14/15 Uhr auf der #101 nach LA »durchzukämpfen« kann frustrierend sein. Denn die Route ist oft »dicht« und spätestens ab der Kreuzung mit der I-405 ein bekanntes Nadelöhr im LA-Autobahnnetz. Auch die I-405 ab Van Nuys hinunter in die west- und südlichen Vororte von LA wird nachmittags zur Problemstrecke. Wer nicht unbedingt in nördliche LA-Vorstädte will, wählt dann mit ***Highway* #1** die auch verkehrstechnisch bessere Alternative, ➤ Seite 352.

Exkurs: Von Ojai nach Bakersfield

Straße #33

Will man auf einer Inlandsroute – ggf. über die Nationalparks *Sequoia/Kings Canyon* und *Yosemite* – zurück nach Norden fahren oder sich unter Verzicht auf Los Angeles in Richtung Death Valley und/oder Las Vegas wenden, bietet die **Straße #33** eine wenig frequentierte, aber bestens ausgebaute und zudem reizvolle Route durch ein weitgehend menschenleeres Gebiet. Von Ojai geht es auf serpentinenreicher Strecke zunächst durch Orangenhaine und Wald und dann über Höhen mit nur noch spärlichster Vegetation nach Maricopa, einem »Kaff« in der zentralkalifornischen Tiefebene (ca. 80 mi, für die mindestens zwei reine Fahrstunden zu rechnen sind, kein Ort, keine Tankstelle unterwegs).

Weiter ab Bakersfield

Von Maricopa sind die *Freeways* I-5 und #99 südlich von **Bakersfield** auf der schnurgeraden #166 schnell erreicht (25 mi nach Osten) und damit die im Kapitel 2.2 behandelte Route ab LA zu den Nationalparks der Sierra Nevada (➤ hier ab Seite 430ff).

Ökologie und Öl

Bei Interesse für Probleme der Ölförderung bleibt man zunächst auf der Nordroute und lernt mit der Region rund um **Taft** und mehr noch bis hinauf nach **McKittrick** einen Landstrich kennen, der wegen seiner Ölvorkommen ökologisch komplett ruiniert wurde. Nickende und außer Betrieb gesetzte Förderpumpen (➤ Foto Seite 430) soweit das Auge reicht. Entlang der Straßen passiert man wüsten Gewerbewildwuchs, dazu verrottendes Gerät und verfallene Gebäude allerorten zwischen einer meist schmuddeligen Infrastruktur, ein Bild, das man im Fernsehen ähnlich nur in Entwicklungsländern gesehen hat. Aber in Kalifornien?

Die Straßen #119 ab Taft und #58 ab McKittrick führen ebenfalls zu den Autobahnen I-5 und #99 und nach Bakersfield.

STUDIO
SADDLE RANCH
CHOP HOUSE

GENERAL ADM ON
SECURITY CHECK
FREE!
ANNUAL PASS CENTER

2

Start in Los Angeles

2.1 Los Angeles

2.1.1 Allgemeine Informationen

Geschichte, Klima und Geographie

Geschichte

Das mit rund 18 Millionen Einwohnern nach *Metropolitan New York* zweitgrößte Ballungsgebiet der USA blickt auf eine nur 246-jährige Geschichte zurück. 1771 gründete der aus Mallorca stammenden Franziskanerpater ***Junípero Serra*** die ***Mission San Gabriel Arcángel***. Rund 10 Jahre später entstand eine Siedlung mit dem klangvollen Namen ***El Pueblo de Nuestra Señora la Reina de los Angeles del Rio Porciúncula***.

Zur Zeit der Eroberung durch die Amerikaner im mexikanisch-amerikanischen Krieg 1847 beherbergte das »Dorf der Engel« ganze 1500 Einwohner. Wie im Falle San Franciscos gab der kalifornische Goldrausch von 1848-1851 den Anstoß für die folgende Expansion. 1876, im Jahr der Anbindung von Los Angeles an das transkontinentale Schienennetz, zählte die Bevölkerung immerhin schon 40.000 Köpfe, um die Jahrhundertwende über 100.000. Die dadurch verursachten **Wasserprobleme** löste *William Mulholland*, Chef der städtischen Wasserwerke, 1913 mit dem gewinnträchtigen Bau eines ersten Aquädukts, das Wasser aus der 400 km entfernten Sierra Nevada nach Los Angeles transportierte. Er schuf damit die Voraussetzung der Entwicklung der einstigen Wüstenoase zur Industrie- und Dienstleistungsmetropole.

Heute wird LA über ein System von Kanälen versorgt, das bis Nordkalifornien und den Stauseen des Colorado reicht. Nichtsdestoweniger ist die **Wasserversorgung** trotz mittlerweile scharfer Verbrauchsrestriktionen neben dem fast täglichen »Verkehrsinfarkt« und hoher Kriminalität eines der größten Probleme der Stadt. ***Roman Polanski*** hat das Thema schon 1974 in seinem Klassiker ***Chinatown*** filmisch verarbeitet.

Klima

Wechselhaftigkeit kennzeichnet das Klima von Los Angeles. Dabei liegen die **Tagestemperaturen** im Sommer statistisch im Bereich 23°-28°C bei hoher, schweißtreibender **Luftfeuchte,** im Winter zwischen 15°C und 20°C. Vorausgesetzt, weder Smog, Bewölkung oder Seenebel hängen über der Stadt. In den letzten beiden Dekaden hat sich die Luftverschmutzung aber insgesamt deutlich verringert, so dass die noch in den 1980er-Jahren häufige Smogglocke über der Stadt heute eher selten ist. Indessen kommen erhebliche Abweichungen von den Mittelwerten innerhalb von nur wenigen Stunden relativ oft vor.

Klares Wetter herrscht vor allem in der Periode August bis November; **Regen** fällt überwiegend in den Wintermonaten. Aber auch dann gibt es Tage mit mildem, angenehmem Wetter.

Großraum LA

Metropolitan Los Angeles besitzt keinen natürlich gewachsenen Stadtkern wie etwa San Francisco, sondern verfügt über eine Vielzahl regionaler Zentren wie Pasadena, Santa Monica, Long Beach etc. Zwar existiert südlich des Kreuzungsbereichs der Autobahnen #110 (*Harbor Freeway*) und #101 (*Hollywood/Santa Ana Freeway)* unweit der historischen Ursprünge (*Pueblo de los Angeles*) ***Downtown Los Angeles***, ein Geschäftszentrum mit der für US-*Cities* typischen ***Skyline* aus Stahl und Glas** und ein zentraler Verwaltungsbezirk mit Rathaus und Gerichten, aber *Downtown LA* besitzt für den Großraum LA bei weitem nicht die Bedeutung der Zentren anderer Großstädte für deren Umgebung.

Als die älteste (weiße) Siedlung der Region lieferte der **Stadtteil *Los Angeles*** immerhin den Namen für die riesige heute aus allen Nähten platzende Megalopolis – über 100 km lang in nordwest-südöstlicher Ausdehnung (und immer noch wachsend) und bis zu 50 km breit zwischen Pazifik und *San Gabriel Mountains*.

Vororte

Während große Teile des Stadtgebietes einst wüstenartigen Ebenen abgetrotzt wurden, wachsen die Vororte entlang der nördlichen Tangente I-210 (*Foothill Freeway*) in die weitgehend menschenleeren San Gabriel Mountains hinein (*Angeles National Forest*). Kaum bekannt ist, dass dort – in Höhenlagen von 2.000 m bis 2.700 m nur rund 50 mi von *Downtown* Los Angeles entfernt – im Winter Ski gelaufen werden kann.

Im Nordwesten bildeten einst **Santa Monica** und **Verdugo Mountains**, zum Meer strebende Ausläufer des San Gabriel Gebirges, natürliche Grenzen für die Besiedelung. Heute ist der Moloch Los Angeles lange über sie hinausgewachsen in das jenseits der Berge liegende ***San Fernando Valley*** bis hinauf nach **Palmdale/Lancaster** entlang der zum *Freeway* ausgebauten Straße #14. Die Hügel wurden bis auf das Areal des ***Topanga State Park*** in Ozeannähe oberhalb Malibu und den populären *Griffith Park* weitgehend mit Nobelanwesen zugebaut: in Beverly Hills und Hollywood, aber auch in Glendale und Teilen von Burbank.

Letzte Freiräume zwischen **Anaheim/Santa Ana** und **Riverside/ San Bernardino** im (Nord-) Osten (*Riverside Freeway* #91) und entlang der Verkehrsachse I-15 (San Diego-Las Vegas) schließen sich immer weiter. Die **Küste von Malibu über Long Beach bis hinunter nach Laguna Beach** ist weitgehend zugesiedelt.

Freeways und Orientierung

Situation

Bekanntlich setzte Los Angeles noch stärker als andere amerikanische Cities auf das Auto und den Ausbau eines umfassenden **Schnellstraßennetzes**, ➢ Karte nächste Seite. Nachdem die zehn- und zwölfspurigen Autobahnen und bis zu vierstöckigen Kreuzungen und Abzweigungen lange als vorbildlich galten, sieht sich die Stadt schon seit über 20 Jahren an den Grenzen des Individualverkehrs: die ***Rush Hour*** dauert auf den *Freeways* häufig ganztägig, endloser *Stop-and-Go*-Verkehr nervt Pendler wie Besucher.

2

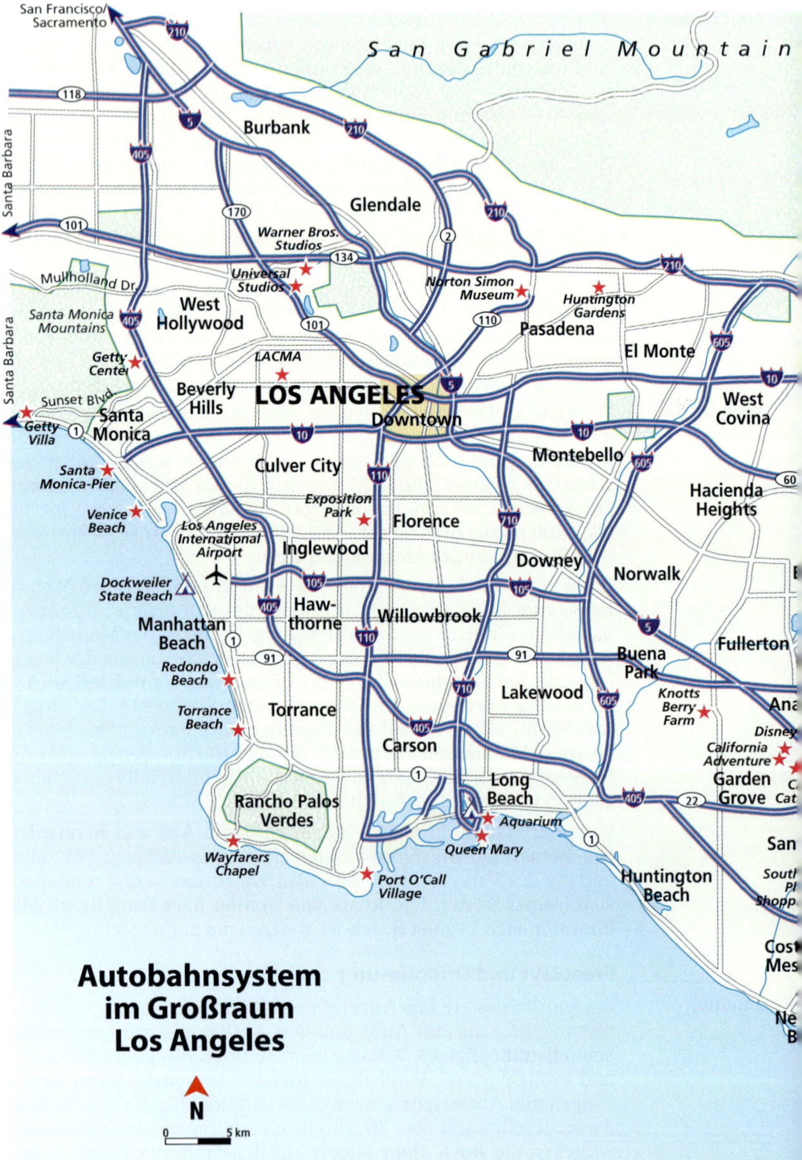

Autobahnsystem im Großraum Los Angeles

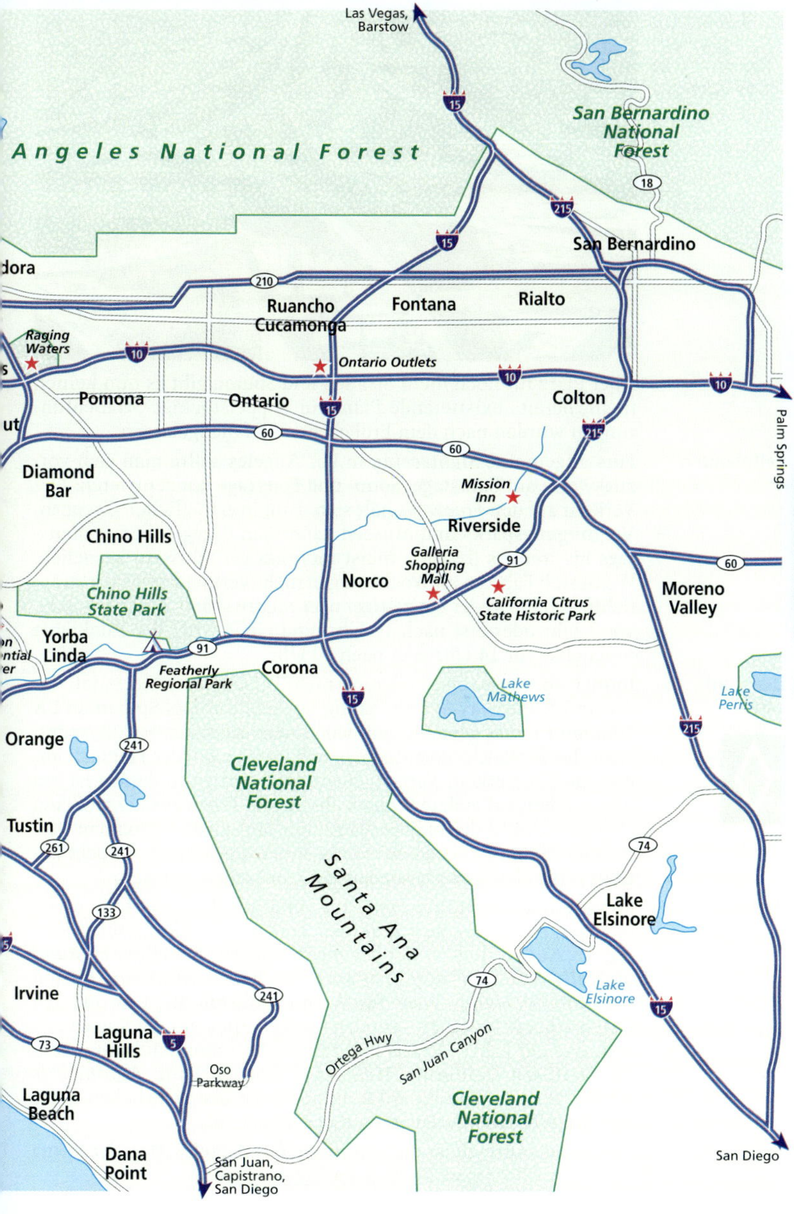
Las Vegas,
Barstow
15
San Bernardino
National
Forest
Angeles National Forest
18
215
15
San Bernardino
dora
210
Ruancho
Cucamonga
Fontana
Rialto
Raging
Waters
10
Ontario Outlets
10
10
Pomona
Ontario
Colton
15
215
60
60
Palm Springs
Diamond
Bar
Mission
Inn
Riverside
Chino Hills
Galleria
Shopping
Mall
91
60
Norco
Chino Hills
State Park
California Citrus
State Historic Park
Moreno
Valley
Yorba
Linda
91
Featherly
Regional Park
Corona
Lake
Mathews
15
Lake
Perris
215
Orange
241
Cleveland
National
Forest
Tustin
261
241
Santa Ana
Mountains
74
133
Lake
Elsinore
Irvine
241
74
Lake
Elsinore
15
Laguna
Hills
5
73
Oso
Parkway
Ortega Hwy
San Juan Canyon
Laguna
Beach
Cleveland
National
Forest
Dana
Point
San Juan,
Capistrano,
San Diego
San Diego

4-stöckige Freeway-Kreuzung in Los Angeles

Aber Platz für noch mehr Straßen und Spuren gibt es nun keinen mehr; bereits existierende Pläne für doppelstöckige Straßenführungen wurden nach dem Erdbeben 1993 fallengelassen.

Zeitplanung

Fürs allgemeine ***Sightseeing*** in Los Angeles sollte man sich vorzugsweise auf **Samstage, Sonn- und Feiertage** konzentrieren. Der Verkehr auf den *Freeways* hält sich dann in erträglichen Grenzen. **Vergnügungsparks** und **Museen** kann man dagegen besser **dienstags bis freitags** (letztere meist montags geschlossen) besuchen. Wenn sich Fahrten an Wochentagen nicht vermeiden lassen, empfiehlt sich entweder ein zeitiger oder relativ später Aufbruch, d.h., vor 7 Uhr oder erst nach 10 Uhr, und ein Antritt der Rückfahrt möglichst vor 14 Uhr oder nach 20 Uhr.

Diamond Lanes

Immerhin, wer zu zweit oder mit mehr Personen im Auto sitzt, findet im LA-Freeway-System häufig separate *Carpool* Spuren, in LA ***Diamond Lanes*** genannt, auf denen man schneller vorankommt. Aber das Einfädeln dort und das rechtzeitige wieder Herauskommen ist bei starkem Verkehr nicht ganz einfach. Indessen ist ein **Ausweichen auf andere Straßen abseits der *Freeways*** bei größeren Distanzen trotz der breit ausgebauten und nicht permanent verstopfter Hauptverkehrsboulevards wegen unzähliger Ampeln extrem zeitraubend und besonders bei Dunkelheit mühsam.

Karten

Möchte man überfüllte *Freeways* verlassen, benötigt man einen besseren Helfer als die nur auf den ersten Blick akzeptablen Karten der Autoverleiher oder der ansonsten sehr brauchbaren ***Rand McNally***-Atlanten (sie gibt es auch als »harte« laminierte Karten von *RandMcNally* – hier: ***Southern California*** mit LA- und San Diego-Übersicht, ca. $8 – für den raschen Blick auf die Karte auch während der Fahrt). **Gratis** bekommen Automobilclubmitglieder die ***Southern California Map*** der *California State Automobile Association* (➤ Seite 45, AAA) mit der sehr übersichtlichen Karte ***Los Angeles Area Freeways*** auf der Rückseite.

Besonders hilfreich ist die **laminierte *Los Angeles Map*** der Firma *Borch* für €8,90 bzw. $9,95 (www.borch.com).

Navi

Noch nützlicher in LA als in anderen großen Cities ist ein **Navi**, entweder mitgemietet (➤ Seite 66), billig in den USA gekauft (ab $100) oder mitgebracht und mit Nordamerika-Straßenprogramm gefüttert. **Eine LA-Karte zusätzlich darf nicht fehlen**.

Lage der Sehens würdigkeiten

Den Los Angeles *Freeways* ist hier deshalb soviel Raum gewidmet, weil sich manche der touristisch besonders interessanten Sehenswürdigkeiten in weit auseinander liegenden, mit Bus und/oder Metro nur schwer zu verbindenden Stadtteilen befinden:

Nordwesten

Für LA-Verhältnisse relativ nah beieinander und in kurzer Distanz zum *Int'l Airport* (LAX) liegen **Santa Monica, Beverly Hills, Hollywood, der *Wilshire District* und *Downtown*** im Nordwesten des Großraums. Von Santa Monica und den beliebtesten Stränden (*Venice Beach*) über die Villenviertel am Sunset Boulevard, Hollywood, das alte Zentrum der Filmindustrie, die Museen im *Hancock Park, Downtown, Old Town* und *Chinatown,* den *Griffith Park* bis zu den *Universal Studios* konzentriert sich dort die Mehrheit der populären Besucherattraktionen. Außerhalb davon liegt **Pasadena** mit dem beachtlichen *Norton Simon Museum*, der *Huntington Library* samt *Art Gallery* und *Botanical Gardens*.

Südwesten

Rund 22-30 mi südlich von Downtown LA (*Harbor* oder *Long Beach Freeway*) bilden die felsige Halbinsel **Rancho Palos Verdes, Long Beach** mit der *Queen Mary* und die **Strände** von Long und Huntington Beach einen weiteren Anlaufbereich.

Südosten

Im Südosten beherbergen die Nachbarstädte **Buena Park** und **Anaheim** die Vergnügungsparks ***Knott's Berry Farm, Disneyland*** mit ***California Adventure*** sowie weitere Touristenattraktionen, u.a. die ***Christ Cathedral*** und die ***South Coast Plaza***, eines der größten *Shopping Center* des US-Westens.

Information

Anlaufstellen

Die offizielle LA Touristen-Info (www.discoverlosangeles.com) hat zwei Anlaufstellen in U-Bahn-Nähe:

- ***Hollywood Visitor Information Center***, Mo-Sa 9-22, So 10-19 Uhr, 6801 Hollywood Blvd, © (323) 467-6412
- ***Union Station Visitor Center***
800 North Alameda Street

Wie üblich erhält man dort neben **Gratis-Stadtplänen** noch allerhand Werbematerial einschließlich *Discount-Coupons* für kommerzielle Attraktionen. Aber auch in den Teilstädten (Santa Monica, Long Beach, Anaheim etc.) gibt es **separate Infostellen**. An den Rezeptionen vieler Hotels sowie bei Autovermietern findet man großenteils die gleichen Unterlagen wie bei Touristinfos.

City Pässe

- Für **34 Sehenswürdigkeiten** lassen sich mit der ***Go LA Card*** bis zu 50% Rabatt gegenüber regulären Tickets realisieren. Der Tagespass ($85, Kinder $69) lohnt sich bereits, wenn man keine Einzel*coupons* für die *Universal Studios* hat. Details ➤ www.smartdestinations.com/los-angeles-attractions-and-tours/_d_Lax-p1.html. Diesen Pass gibt's auch fürs Smartphone über ***Go City Card-App***.

- Der ***Southern California City Pass*** (**$353/$324**) für *Disney/California Adventure/SeaWorld/Legoland* bringt bis zu $150 Ersparnis; ✆ 1-888-330-5008, www.citypass.com/southern-california.

AAA

Wie bereits erwähnt, sind die **Karten des AAA** für LA besonders hilfreich. AAA-Büros findet man in allen Stadtteilen – Adressen erhält man am einfachsten gratis über **✆ 1-800-AAA-HELP**.

Übersichtskarte der Tourist-Info

Eine interaktive Online-Karte der Tourist-Info zeigt die einzelnen Stadtteile verschiedenfarbig hervorgehoben und jeweils verbunden mit einem Einführungstext, Hotelempfehlungen und Sehenswürdigkeiten; http://neighborhoods.discoverlosangeles.com.

Öffentlicher Transport

Über die öffentlichen Verkehrsmittel im Bereich Metropolitan LA informiert aktuell www.discoverla.com/exploretransportation.

Bussystem

LA verfügt zwar über ein weitgespanntes Busnetz, aber die Busse sind – außer im Fall separater Spuren – langsamer als der Individualverkehr. Mitunter gibt es längere Wartezeiten als vorgesehen an Haltestellen in praller Sonne, zugleich sind die Busse oft unterkühlt. Andererseits ist Busfahren nicht teuer.

MTA

Der Großraum LA wird von diversen Busgesellschaften bedient, die wichtigste ist ***Metropolitan Transit Authority MTA*** (✆ (323) 466-3876, www.metro.net). MTA betreibt mit 3.000 Bussen ein Netz von 5.000 mi Streckenlänge (**$1,75 Einheitstarif**). Auskunft und Routenkarte in einem der ***Service Center***; die Zentrale steht an der *One Gateway Plaza* unweit der *Union Station*.

BigBlue

Im Großraum Santa Monica und *Downtown* fahren die Busse der ***BigBlue Line*** ($1,25; auch zahlbar über die ***Token Transit App*** fürs Smartphone), u.a. die **Route 3** wochentags von Santa Monica nach LAX; ✆ (310) 451-5444, www.bigbluebus.com.

DASH

In *Downtown LA* verkehren zusätzlich zu den Linien von *Big Blue* sog. **DASH-Busse** (***D****owntown* ***A****rea* ***S****hort* ***H****op*, ✆ (213) 808-2273). Mit ihnen erreicht man) alle wichtigen Hotels, *Shopping Malls* und Sehenswürdigkeiten. Es gibt **fünf Linien** (**A, B, D,E, F**), die Mo-Fr ca. 06-18/19 Uhr alle 5-20 min fahren; Einheitstarif **$0,50** pro Tour (*exact change!)*, Umsteigen kostenlos. Nur die Busse auf den **Routen E** und **F** verkehren auch Sa und So.

Übersichtskarte (*Route Map*) und aktuelle Infos zu DASH unter www.ladottransit.com/dash/routes/downtown/downtown.html.

LAX Fly Away, Culver City und Orange

Tagsüber verkehren ***LAX FlyAway***-Busse stündlich *non-stop* zwischen Flughafen und sechs zentralen Stationen, $8-$10, ✆ 1-866-435-9529, www.lawa.org/FlyAway. Im Airportbereich bedient zudem die ***Culver City Company*** ein paar Routen: www.culvercity.org/enjoy/culver-city-bus. Weiter südlich sind die Busse des ***Orange County*** unterwegs, ✆ (714) 636-7433, www.octa.net.

U-Bahn

LA verfügt über ein **U-/S-Bahn-Netz** mit **8 Linien**; www.metro. net:

- von ***Downtown Metro Center*** **nach Long Beach** (blau)
- von **Atlantic** über **Union Station** nach **Pasadena** (golden)

- entlang des ***Freeway #105*** von **Norwalk über den *Int'l Airport*** und **Manhattan Beach**/Marine Ave nach **Redondo Beach** (grün)
- am Wilshire Blvd entlang **bis *North Hollywood*** (rot) und
- als separate Linie nach **Wilshire** (violett)
- als Verlängerung der roten Linie **ab North Hollywood** (orange)
- Die grau markierte ***Silver Line*** ist eine **Expressbuslinie** mit freier Fahrt auf eigener Spur im Wesentlichen auf *Freeways*
- vom ***Metro Center*** (7th Street) nach **Santa Monica** (hellblau)

Frequenz/ Tarife Metro

Verkehrszeiten generell mit hoher Frequenz (reduziert 0-4 Uhr); **Basistarif $1,75 (Senior 62+ nur $0,75), *Silver Line* $2,50, *Day Pass* $7 (Senior 62+ nur $2,50)**; Umsteigen von Metro auf Busse +$0,50. Metronutzung nur mit einer sog. ***TAP-Card***; einmalig zunächst $1 am Automaten (*Vending Machine)*, dann aufladen.

TAP-Card

Taxis/ Uber/Lyft

Taxis sind in LA reichlich vorhanden, aber sehr teuer. Mit ***Uber/ Lyft*** lassen sich bis zu 70% sparen. Am **LAX Int'l Airport** gibt es dafür sogar ausgewiesene Punkte auf der oberen Ankunftsebene aller Terminals (www.uber.com; www.lyft.com).

Trip Planner

Unter www.metro.net findet sich auch ein ***Trip Planner***, der bei Start- und Zieleingabe die beste Verbindung im öffentlichen Netz inkl. voraussichtlicher Dauer auswirft. Noch geeigneter zur Verbindungssuche erscheint das Portal www.rome2rio.com/de, das neben den Zeiten auch die zu erwartenden Kosten nennt.

Rundfahrten

Standardtouren

Auch in Los Angeles zählen Stadtrundfahrten zum festen touristischen Basisprogramm. Es gibt sie für einzelne LA-Teilbereiche (*Downtown*, Hollywood, Beverly Hills, Santa Monica) und Kombinationen., die überwiegend die sog. Standardsehenswürdigkeiten anfahren. Diese Touren sind relativ teuer, bieten aber eine von Verkehrsstress befreite Schnellübersicht. Anbieter sind z.B.

- ***Starline Tours***, © 1-800-959-3131, www.starlinetours.com
- ***LA City Tours***, © 1-888-800-7878, www.lacitytours.com
- ***LA Sightseeing***, © 1-800-870-1886, www.lasightseeing.net

Die meisten Rundfahrten laufen mit englischsprachigen Erläuterungen, **deutschsprachige Rundfahrten** weniger, aber gute Angebote z.B. unter www.rent-a-guide.de.

Thematisch orientierte Touren

Neben klassischen Stadtrundfahrten gibt es viele Thementouren:

- ***Melting Pod***, © (424) 247-5190, www.meltingpottours.com, und ***Six Taste*** , © (213) 798-4749, www.sixtaste.com, bieten **Gourmetspaziergänge** durch Stadtviertel an
- Über die berüchtigtsten **Todesfälle und Skandale** Hollywoods weiß man nach einer ***Dearly Departed Tour*** alles: © 1-855-600-DEAD, http://dearlydepartedtours.com

Open-Air Sightseeing

- Die ***Sunset Ranch Hollywood*** ermöglicht Ausritte unter dem Hollywood-Schild mit Panoramablicken über LA; © (323) 469-5450, www.sunsetranchhollywood.com
- Das ***Museum of Neon Art*** offeriert ***Neon Cruises***, Abendfahrten im *Open-air*-Doppeldeckerbus zu augenfälligen Leuchtreklamen der Stadt: © (818) 696-2149, www.neonmona.org
- Häuser und Treffpunkte der Stars aus Film und Fernsehen sind Ziel von ***Hollywood & Movie Stars Homes***, © 212-852-4822, www.hollywoodtours.us, und ***Secrets & Celebrity Hot Spots***, © 1-844-TMZ-TOUR, www.tmz.com/tour
- ***Art Muse Los Angeles*** bietet kleinen Gruppen private und expertengeführte Kunstgenusstouren durch Museen und Galerien im Großraum LA: © (310) 307-4724, www.artmusela.com
- Auf einem umgerüstenen Truck mit erhöhten Sitzplätzen geht's bei ***Malibu Wine Safaris*** (© 818-497-2206, www.lasafaris.com) durch das Gelände der *Saddle Rock Ranch* auf einer Hochebene im *Malibu Wine Country* (inkl exotischer Tiere und Weinprobe)

Unterkunft

Hotels/Motels

Wenn keine anderen Präferenzen bestehen, sollte man die pazifik- und damit strandnahe Region **Santa Monica/West LA/Westwood/Hollywood** oder ***Downtown*** zum Ausgangspunkt für einen Besuch in Los Angeles machen. Von dort lässt sich die Mehrheit der Sehenswürdigkeiten gut per Auto erreichen und zur Not auch mit dem Bus-System ***MTA*** (➤ Seite 364), ab *Downtown* teilweise auch per Metro, ➤ Karte Seite 365. In den empfohlenen Bereichen stößt man entlang der Hauptstraßen (u.a. Wilshire Blvd, Santa Monica Blvd, Ocean Ave von Santa Monica bis Venice, Hollywood Blvd, Figueroa Street) auf **Hotels und Motels aller Preisklassen**.

Airport und Umgebung

In Los Angeles gehört auch der **Airportbereich** (**Inglewood**) zu den verkehrsmäßig noch »zumutbaren« Adressen für einen Citybesuch. Die Hotels in der Flughafenzone sind im Durchschnitt (speziell an Wochenenden) etwas günstiger als in touristisch interessanten Zonen der City. Das gilt auch für die **Angebote deutscher Veranstalter**. Bei ihnen kosten Häuser wie das ***Crowne Plaza, Westin*** o.ä. z.T. deutlich weniger als vor Ort zum Dollartarif.

Wer vor Ort direkt bucht, muss meist mehr bezahlen oder Abstriche beim Komfort machen. Bei Eigenbuchung bieten sich an:

- ***Travelodge Lax***, 5547 W Century Blvd, © 1-800-421-3939, ab $90; www.travelodgelax.com (gute Tarif-/Leistungsrelation)
- **Quality *Inn***, 4922 W Century Blvd., © 1-877-424-6423, ab $92
- ***Days Inn***, 901 West Manchester Blvd, © (310) 256-3917, ab $97

Noch flughafennah und auch ohne Auto (z.B. für die erste/letzte Nacht) akzeptabel, da eine *Westfield Shopping Mall* benachbart liegt, ist das ***Four Points by Sheraton*** in Culver City am 5990 Green Valley Circle; ab $160 (*non refundable internet rate*); © (310) 641-7740, www.fourpointslosangeleswestside.com.

Downtown

Nicht-Geschäftsreisende werden vermutlich nicht vorrangig im Bereich ***Downtown*** unterkommen wollen, aber ganz von der Hand zu weisen ist das Zentrum nicht. Auch deutsche Reiseveranstalter haben *Downtown*-Hotels im Angebot.

»The Georgian«, ein Hauch von Miami South Beach in Santa Monica; gute Zimmer ab $280; www.georgianhotel.com

- ***Millenium Biltmore***, 506 South Grand Ave; gediegener Luxus ab ca. $200 *AAA*-Tarif, $210 bei Vorabzahlung; © (213) 624-1011 oder © 1-866-866-8086, www.milleniumhotels.com
- ***Westin Bonaventure,*** 404 South Figueroa Street; ab ca. $220. Der Glaspalast ist ein architektonischer *Eyecatcher* draußen wie drinnen, der deshalb auch schon in diversen Hollywood-Produktionen zu sehen war; ➤ Foto Seite 403; © (213) 624-1000, www.thebonaventure.com
- ***Miyako Hotel***, 328 E First Street, © (213) 617-2000, ab ca. $170 *AAA-rate* in Little Tokyo; mit Sauna, www.miyakoinn.com
- ***Figueroa Hotel***, 939 South Figueroa Street, marokkanisches Ambiente in zentraler Lage beim *Staples Center*; ab $160; bei deutschen Reiseveranstaltern mitunter preiswerter; © (213) 627-8971 oder © 1-877-724-1973, www.hotelfigueroa.com

Ärgerlich sind die in größeren Städten oft heftigen Hotelgebühren fürs Parken. In Santa Monica fallen in folgenden Häusern keine Zusatzkosten an:

Santa Monica

- ***Gateway Hotel***, 1920 Santa Monica Blvd, modern renoviert, ab $225, © (310)-829-9100, www.gatewayhotel.com
- Preiswerter ist die ***Travelodge Santa Monica*** am 3102 Pico Blvd, ab $170 mit Frühstück und *Wifi*; © (310) 450-5766 oder © 1-800-525-4055, www.travelodgesantamonica.com

West LA/ Hollywood

Akzeptable Stadthotels mit relativ moderatenTarifen gibt es im **Fairfax District** nahe dem ***Farmers Market***, z.B.:

- ***Bevonshire Lodge Motel***, 7575 Beverly Blvd; ab $95; keine Parkgebühr, *Wifi*; © (323) 936-6154, www.bevonshire.com
- ***Park Plaza Lodge***, 6001 West 3rd Street; ab ca. $120; keine Parkgebühr; © (323) 931-1501, www.parkplazalodgehotel.com
- ***Ramada Plaza Hotel***, 8585 Santa Monica Blvd, ab ca. $190 © 1-800-845-8585, www.ramadaweho.com

- ***Beverly Laurel Hotel***, 8018 Beverly Blvd in West Hollywood; schöne DZ ab ca. $120, aber *Wifi* +$6/Tag; © 1-888-697-3791, http://beverly-laurel.hotel-rn.com

In Gehdistanz zum *Dolby Theatre* und *Walk of Fame* befindet sich:

- ***Best Western Hollywood Plaza Inn***, 2011 North Highland Ave DZ schon ab ca. $130 mit *AAA*-Rabatt; © (323) 851-180 und © 1-800-780-7234, www.bestwestern.com/hollywoodplazainn.

Koreatown

Zentral zwischen *Downtown*, Beverly Hills und Hollywood steht

- ***The LINE Hotel***; 3515 Wilshire Blvd; stylische Zimmer ab $300; der Ausblick z.B. von den *Hollywood Hills Rooms* ist toll; © (213) 381-7411, www.thelinehotel.com/los-angeles

Absolute Spitze in Hollywood ist das teure

- ***W Hollywood Hotel*** (6250 Hollywood Blvd), ein elegantes *Lifestyle Hotel*, stadtbekannt wegen seiner *Gala Events* und exklusiven Parties am palmenbestandenen Dachpool; ab $259 (*prepaid*) und viel teurer; © 1-888-625-4955, www.whollywoodhotel.com
- Das luxuriöse ***Boutique Hotel Dream Hollywood*** im modernen *Mid-Century Style* (6417 Selma Ave; ab $254, © (323) 844-6417, www.dreamhotels.com) öffnete erst 2017 seine Pforten

Long Beach

Ganz **originell** sind die nostalgischen Kabinen auf der ***Queen Mary*** in **Long Beach**; ab $109, © 1-877-342-0742, www.queenmary.com

Anaheim

Dank ***Disneyland*** befindet sich die dichteste Motel- und Hotelkonzentration des Großraums Los Angeles in Anaheim (***Harbor Boulevard*** beidseitig der I-5 und ***Katella Ave***). Eine **sagenhafte Kapazität** in sämtlichen Kategorien und fast aller bekannten Ketten sorgt bei niedriger Auslastung oft kurzfristig für **Sonderpreise** (➤ Buchungsportale im Internet). An Sommerwochenenden und an Feiertagen wird es trotz dann hoher Tarife aber schnell eng. Mit wachsendem Abstand zu *Disney* sinken die Preise rasch auf Normalniveau (i.e. in der Mittelklasse unter $100/Nacht).

Etwas andere »Hotelzimmer« gibt's an Bord der Queen Mary.

Preiswert

In LA gibt es viele **Billigunterkünfte** für junge Leute, z.B.:

- ***Santa Monica Int'l Hostel***, 1436, 2nd St, © (310) 393-9913; prima Lage; Betten ab $42, DZ $200; www.hilosangeles.org
- ***Hollywood USAHostel***, 1624 Schrader Blvd, © 1-800-524-6783, © (323) 462-3777, ab $40, EZ/DZ $129; www.usahostels.com
- ***Walk-of-Fame Hostel***, 6820 Hollywood Blvd, © (323) 463-2770; Bett ab $45; www.walkoffamehostel.com
- ***Melrose Hostel for Backpackers***, 646, North Western Ave, © (213) 382-5600, Bett ab $29, www.melrosehostel.com
- ***Samesun Backpackers Lodge***, 25 Windward Ave/Boardwalk; © 1-888-718-8287; ab $39, DZ ab $125, www.samesun.com
- ***Backpackers Paradise***, 4200 West Century Blvd, © (310) 419-0999; Betten ab $19, DZ ab $80; ganz in Airportnähe; www.backpackersparadise.com
- ***Surf City Hostel***, 26 Pier Ave, Hermosa Beach, tolle Lage an Strand und *Boardwalk*; © (310) 798-2323, Betten ab $32, EZ/DZ ab $85, www.surfcityhostel.com

Zwei empfehlenswerte ***HIs*** (www.hiusa.org) anderswo, die aber nur *Summer-only-Hostels* sind (Mitte Juni Ende September):

- ***HI South Bay***, 3601 South Gaffey St, © (310) 831-8109; tolle Lage über der Küste in San Pedro, Bett ab $38
- ***Fullerton HI***, 1700 N Harbor Blvd, © (714) 738-3721; prima Haus in Parklage, 5 mi bis *Disneyland*; ab $35

Camping

Camping am Strand

Der citynächste **öffentliche Campingplatz** (nur für RVs) ist die

- ***Dockweiler State Beach*** direkt am Strand unterhalb der Startbahn des *LA Int'l-Airpor*t (12001 Vista del Mar); Anfahrt am besten über Imperial Hwy, von dem man streckenweise alle Lande-/Startbahnen von LAX überblickt. *Full hook-up* in der 1. Reihe am Strand ab $70, die 2. und 3. Reihe minus je $5. Gute Sanitäranlagen. Trotz hoherTarife bedenkenswerte Alternative für LA, © 1-800-950-7275. Reservierung ($10) nicht wie *State Parks*, sondern unter http://reservations.lacounty.gov.

Wer nicht in der ersten Reihe steht (erhöhte 3. Reihe mit Rasen ohnehin besser), kann sich am Strand abends ein Plätzchen mit Feuerstelle suchen (Feuerholz ist mitzubringen).

RV-Camping an der Dockweiler Beach

SameSun Backpackers Hostel gleich hinter der Venice Strandpromenade im Zentrum des lokalen Geschehens. Der per Mural verschönte Bau dient seit Dekaden unter wechselnden Namen als Jugendherberge.

RV-Camping Malibu und Long Beach

Gute **privatwirtschaftlich betriebene Campingplätze** sind der

- ***Malibu Beach RV-Park*** (auch für **Zelte**), © 1-800-622-6052, tolle Lage direkt oberhalb des Pacific Coast Hwy, dessen Verkehrslärm aber kaum nach oben dringt. Extrem teuer vor allem Fr+Sa und mit *Premium-Ocean View*: Zelte $55-$80, RVs $70-$220 (!), Okt.-Mai günstiger; www.maliburv.com, ➤ Foto Seite 121
- ***Golden Shore RV-Resort*** in **Long Beach** zwischen dem *Freeway* Richtung *Queen Mary* und Shoreline Drive; 101 Golden Shore; © 1-800-668-3581; nur RVs, die dort ziemlich dicht an dicht auf Asphalt stehen; $60-$69; www.goldenshorerv.com.

Weitere **kommerziell betriebene Campingplätze** sind im Internet unter www.californiacampgrounds.org gelistet.

Santa Monica Mountains

Zelter finden acht Plätzchen im ***Musch Camp*** des ***Topanga State Park*** oberhalb von Santa Monica; www.parks.ca.gov/?page_id=629; Anfahrt über Topanga Canyon Blvd/#27 ab Küstenstraße #1 oder *Freeway* #101, dann Entrada Road. Vom Parkplatz bei der *Trippet Ranch Ranger Station* geht's zu Fuß weiter, ca. 1,5 km *one-way*, es gilt *first-come, first-served*; Campen: $10/Person.

Wer noch ein bisschen weiter westlich (**ab Malibu Beach**) auf der Malibu Canyon Road ca. 7 mi die *Santa Monica Mountains* hinauffährt, kann im ***Malibu Creek State Park*** auch mit RV sehr gut campen; www.parks.ca.gov/?page_id=614. Zufahrt ebenso vom *Freeway* #101, *Exit* #32 Las Virgenes Rd, ca. 5 mi. Tarif $45, egal ob Zelt oder RV, Duschen. Einer der schönsten Plätze im Umfeld von LA, aber noch weiter weg von LA-Attraktionen als Malibu RV.

Anaheim

Diverse Plätze warten in **Anaheim** auf Kunden. Am disneynächsten liegt der eine gute Meile vom Haupteingang entfernte (**zu Fuß** erreichbar oder per kostenpflichtigem *Shuttle*-Service) ***Anaheim Harbor RV Park***, 1009 South Harbor Blvd, © 1-888-835-6495; *Wifi*. Zelt $35, RV $45-$70 je nach Saison und Größe des Campmobils; www.anaheimharborrvpark.com.

2

1,2 mi bzw. 3 mi von *Disneyland* entfernt sind

- ***Anaheim Resort RV Park***, 200 West Midway Drive; guter Komfortplatz mit *Wifi*, Pool und *Disney-Shuttle*. Das allabendliche Disney-Feuerwerk ist von dort aus gut sichtbar. Nur RVs $62-$79; © (714) 774-3860, www.anaheimrvpark.com, und
- der sehr ordentliche ***Orangeland RV Park***, ab $70; 1600 West Struck Ave; © (714) 633-0414, www.orangeland.com

Yorba Linda

Gut 10 mi fährt man von Anaheim auf der **#91 East** bis zum *Exit #41* (Gypsum Canyon Rd). Der großzügig angelegte ***Canyon RV Park*** befindet sich zwischen *Freeway* und *Featherly Regional Park*; RVs $75, auch Cabins für $80 sind vorhanden, aber laut da straßennah; © (714) 637-0210, www.canyonrvpark.com.

NF und SP

National Forest Campgrounds befinden sich oberhalb Pasadena (Straße #2) und weitere *State Parks* mit Camping im Nordwesten (***Leo Carillo Beach/Point Mugu SP***) und Süden (***Doheny***, ***San Clemente*** und ***Onofre Beach SP***) recht weit entfernt für LA-Besuche.

Das Saddle Ranch Chop House, ein Western-Rock Restaurant mit Steaks und »Mechanical Bull Riding« zwischen Beverly Hills und Hollywood (8371 Sunset Blvd), www.thesaddleranch.com

Gastronomie

Restaurants und Fast Food

In Anbetracht der großen Entfernungen wird man in LA Restaurants meistens in der Nähe des eigenen Quartiers oder der besuchten Sehenswürdigkeiten suchen.

Malibu

In **Malibu** direkt an der Beach befinden sich

- ***Bob Morris' Paradise Cove Beach Café*** auch beliebt bei Film-Crews; 28128 Pacific Coast Hwy #1, © (310) 457-2503, www.paradisecovemalibu.com
- ***Malibu Inn Carbon Beach Club*** mit Terrasse; 22878 Pacific Coast Hwy #1, © (310) 651-7777, www.malibubeachinn.com

Weitere *Hot Spots* am *Pacific Coast Highway* sind

US-Jagdflugzeug des 2. Weltkriegs: P51 Mustang beim Restaurant »Proud Bird«

- ***Neptune's Net***; 42505 Pacific Coast Hwy #1; © (310) 457-3095, www.neptunesnet.com sowie
- ***Gladstone's Malibu***, 17300 Pacific Coast Hwy #1 in **Pacific Palisades** unweit des Sunset Blvd über dem Strand; teuer, dennoch bestens besucht; © (310)-454-3474, http://gladstones.com.

Santa Monica

In **Santa Monica** konzentrieren sich Restaurants in der autofreien ***3rd Street Promenade***, am Santa Monica Boulevard und der Ocean Ave. Auch auf der ***Santa Monica Pier*** verhungert man nicht. Nur ein paar Meilen sind es von dort nach **Westwood** im Umfeld der UCLA, wo sich im Bereich Wilshire/Westwood/Broxton Blvds jede Menge ***Eateries*** und **Kneipen für junge Leute** finden.

Venice

Nicht weit (ca. 2 mi) ist es von Santa Monica nach **Venice Beach** mit zahlreichen *Open-air* Lokalen vor allem am ***Ocean Front Walk***. Nicht ganz so touristisch und (oft) überlaufen wie entlang des zentralen *Venice Beach Park* ist es an der Strandpromenade weiter südlich, am besten jenseits des Washington Blvd in Richtung Kanal zur *Marina del Rey*.

Marina del Rey

Rund um den Yachthafen ***Marina del Rey*** (Admirality Way/Via Marina) findet man viele bessere Restaurants und Kneipen: www.visitmarinadelrey.com. Originell ist dort u.a. das ***Warehouse Restaurant*** am 4499 Admirality Way; vor allem Steaks und *Seafood*; © (310) 823-5451, www.mdrwarehouse.com.

Preiswerter geht es zu im ***Fisherman's Village*** an der Südostseite der Yachthafen-Einfahrt. Mehrere Open-air-Lokale; Zufahrt über Pacific Coast Hwy #1 (Lincoln Blvd) und Fiji Way.

LAX Airport

Flugzeugfans sind richtig im ***Proud Bird Restaurant*** unweit des *International Airport* am 11022 Aviation Blvd. mit ausrangierten Kampffliegern auf dem Gelände. Vom 1. Stock aus hat man den besten Blick darauf; © (310) 670-3093, www.theproudbird.com.

Manhattan/ Redondo Beaches

Sowohl in **Manhattan** als auch und vor allem in **Hermosa** und **Redondo Beach** findet man viele Lokale direkt hinter dem Strand am sich dort fortsetzenden ***Ocean Front Walk***, z.B. den

- ***Redondo Coffee Shop and Bait***, 141 Fisherman's Wharf mitten auf der Pier mit Blick über den Pazifik. Amerikanische Küche zu mittleren Preisen, © (310) 318-1044; www.redondopier.com

West LA/ Hollywood

Institutionen in West LA (Hollywood/Wilshire District) sind

- ***Barney's Beanery***, 8447 Santa Monica Blvd, Institution seit 1920, *Janis Joplin* und *Jimi Hendrix* waren Stammkunden; © (323) 654-2287, www.barneysbeanery.com
- ***Canter's Deli***, 419 N Fairfax Ave rühmt sich, seit Gründung 1931 über 4,5 Mio kg Steaks, 24 Mio *Bagels* und 24 Mio Tassen Hühnersuppe verkauft zu haben; Tag und Nacht geöffnet; © (323) 651-2030, www.cantersdeli.com

- ***Mel's Drive-In*** am 8585 Sunset Blvd und weiteren Standorten in LA. Zwar auch *Fast Food* auf die Schnelle, aber gleichzeitig **24-Stunden-Diner** mit Außenterrasse; © (310)-854-7201, www.melsdrive-in.com
- ***Ed's Coffee Shop***, 460 N Robertson Blvd, © (310) 659-8625, existiert seit über 50 Jahren; das will was heißen
- Auch die Erzeugnisse von ***Pink's Hot Dogs*** (30 Varianten) sind nicht zu verachten – dort sichtet man nicht selten Promis: 709 North La Brea Ave; www.pinkshollywood.com; von *Fox News* zum besten *Hot Dog*-Imbiss der USA gekürt!
- Die ***Pizzeria Mozza***, 641 North Highland Ave, © (323) 297-0101, www.la.pizzeriamozza.com, hat ofenfrische Pizzen ab $12 und glänzt mit einer eindrucksvollen Weinbar
- Im ***Rainbow Bar & Grill***, 9015 Sunset Blvd, hatte *Marilyn Monroe* einst ein *Blind Date* mit *Joe DiMaggio*. Das Lokal ist auch durchs Musikvideo »*November Rain*« von *Guns n' Roses* bekannt; © (310) 278-4232, www.rainbowbarandgrill.com
- ***Pig N' Whistle***, 6714 Hollywood Blvd, serviert Salate und Sandwiches, © (323) 463-0000, www.pignwhistlehollywood.com
- Im ***Musso & Frank Grill*** treffen sich die Stars schon seit 1919. Amerikanische Küche; 6667 Hollywood Blvd, © (323) 467-7788, www.mussoandfrank.com
- Japanische Küche und Aussicht warten auf die Gäste im architektonisch beachtlichen ***Yamashiro Hollywood*** (1999 N Sycamore Ave, © (323) 466-5125, www.yamashirohollywood.com)

Mehr als 100 *Food Stands* und Restaurants jeder Provenienz machen den ***Original Farmers Market*** (6333 West Third Street, www.farmersmarketla.com) zu einer generell geigneten Anlaufadresse, wenn der Magen knurrt und *open-air* reizt.

Beverley Hills

- ***Mastro`s*** hat *Seafood*, Steaks und *modern design*; 246 North Canyon Drive, © (310)-888-8782, www.mastrosrestaurants.com

- ***The Stinking Rose*** bietet kalifornische Gerichte mit viel Knoblauch ab ca. $15; 55 North La Cienega Blvd, © (310)-652-7673, www.thestinkingrose.com
- In ***Hubert Keller's Bar Bouchon*** blicken die Gäste auf die Beverly Canyon Gardens und das Hotel *Montage*. Das Lokal gilt als einer der schönsten *Lunch-Spots* in LA; © (310) 271-9910, www.thomaskeller.com. Leichte französische Küche.

Tipp

- Prima Küche und eine tolle Aussicht genießt man im ***Rooftop Grill*** des Hotels *Montage Beverly Hills* (225 N Canyon Drive, © 1-880-860-0788, www.montagehotels.com)
- Die 360-Grad Bilderbuchaussicht vom **Dachrestaurant** im 12. Stock des 2017 eröffneten ***Waldorf Astoria Hotel*** zieht Filmstars und *Celebrities* in Schwärmen an; 9850 Wilshire Blvd, © 1-800-774-1500, www.waldorfastoriabeverlyhills.com

Downtown LA

- In *Downtown* LA haben die Restaurants im ***Westin Bonaventure Hotel*** (➤ Seite 405) ein besonders attraktives Umfeld
- Seafood & Steaks haben der ***Water Grill*** (544 South Grand Ave, © (213) 891-0900, www.watergrill.com. Filiale in der 1401 Ocean Avenue in Santa Monica; © (310) 394-5669
- Legendär und über 100 Jahre im Geschäft ist ***Philippe, the Original*** in der 1001 North Alameda Street, © (213) 628-3781, www.philippes.com. Spezialität sind dort Roastbeef-Sandwiches mit Bratensaft (*French Dipped*).
- Ähnlich bekannt ist ***The Original Pantry***. 24 Stunden Steaks, Sandwiches und Backwaren, große Portionen. Zentral in der 877 S Figueroa Street, © (213) 972-9279, www.pantrycafe.com
- Das ***Café Pinot*** verwöhnt mit kalifornisch-französischer Küche, tollem Blick auf die LA-*Skyline* und Außenbereich; 700 W Fifth Street, © (213) 239-6500, www.patinagroup.com/cafe-pinot
- Moderne amerikanische Küche und spektakuläre Blicke aus fast 300 m Höhe bietet das ***Above 71*** im 71. Stock des *U.S. Bank Tower* in der 633 W 5th St; © 213-712-2683, www.71above.com
- ***Clifton's*** öffnete bereits 1935. In einem exotisch-kitschigen Interieur gibt's amerikanische Items unter Redwood Bäumen mit Blick auf Wasserfälle und Bären; 648 South Broadway, © 213-627-1673, www.cliftonsla.com
- ***Peking Tavern*** im *Fashion District* kombiniert authentische chinesische Küche mit Peking *Street-Food*; 806 South Spring Street, © (213) 988-8308, www.pekingtavern.com
- In der beliebten ***Wurstküche*** im *Arts District* gibt's Grillwurst und Bier; 800 E 3rd St, © (213) 687-4444, www.wurstkuche.com. Mit Filiale in Venice, 623 Lincoln Boulevard
- Gegenstück zum *Original Farmers Market* (➤ links) ist der überdachte ***Grand Central Market***; 317 South Broadway, © (213) 624-2378, www.grandcentralmarket.com.

»Erfunden« fürs Animal Kingdom in Floridas Disneyworld fand das Rainforest Café in den USA rasch Verbreitung; hier in Downtown Disney

San Pedro

Wer die lange Fahrt in Kauf nimmt oder die nahe *Queen Mary* besichtigt, findet im (künstlichen) Fischerdorf ***Ports o' Call*** in **San Pedro** (nordwestlich von Long Beach) einfache (mexikanische) **Fisch- und Krabben-Grilllokale** mit großen ***Open-air Decks***, ➤ auch Seite 415; www.sanpedro.com/panoramas/ports_ocall.htm.

Long Beach

In Long Beach bietet sich gleich am Yachthafen hinter dem Aquarium am Shoreline Drive (➤ Seite 416) das ***Shoreline Village*** an (www.shorelinevillage.com) mit *Eateries* von *Fast Food* bis zum feinen Steakrestaurant ***Parkers Lighthouse*** mit brillanter Aussicht auf die *Queen Mary* und prima leichter Küche; © (562) 432-6500, www.parkerslighthouse.com.

Downtown Disney

Zwischen ***Disneyland*** und ***California Adventure Park*** liegt ***Downtown Disney*** mit zahlreichen *Eateries* – vom *Fast Food Place* über das ***Rainforest Café*** bis zu ***Ralph Brennan's Jazz Kitchen*** mit *Louisiana Cajun*-Küche.

Für den Restaurantbesuch in *Downtown Disney* muss man kein *Disneyland*- oder *California Adventure*-Ticket buchen; man kann mit Validierung ab $20 Mindestumsatz zwei Stunden gratis parken, ➤ Seite 419. Reservierung aller Restaurants: © (714) 781-3463.

Bars

Für manchen dürfte ein Drink in einer typisch kalifornischen **Bar** erstrebenswerter Teil des *LA Experience* sein. In ihrer Art zu den besten gehören z.B. die

- ***Bar Nineteen 12*** im *Beverly Hills Hotel*, 9641 Sunset Blvd; © (310) 273-1912. *Indoor-outdoor Lounge* am Pool unter Palmen; www.dorchestercollection.com

- ***Bar* 1200** im »*Rock 'n Roll Hotel*« *Sunset Marquis* in West Hollywood. Manche Stars und *Models* gehen dort ein und aus; 1200 Alta Loma Rd; © (310) 657-1333; www.sunsetmarquis.com
- ***Bar Marmont*** am Chateau Marmont, in der schon *Leonardo di Caprio* und *Lindsay Lohan* feierten; 8171 Sunset Blvd, © (323) 650-0575, www.chateaumarmont.com
- ***Skybar*** im Trend-Hotel *Mondrian* (*Philippe Starck*) mit den Blick auf LA; 8440 Sunset Blvd, © (323) 650-8999, www.mondrianhotel.com
- ***Rooftop Bar*** und ***Biergarten*** im *Standard Downtown Hotel* mit Dachpool und sagenhaftem Blick auf die Wolkenkratzer ringsum; 550 South Flower at 6th Street, © (213) 892-8080, http://standardhotels.com/downtown-la
- Auch ein ***Rooftop Restaurant*** ist das ***Perch***, 448 South Hill St, © (213) 802-1770. Vom 16. Stock toller Blick über den Pershing Square und *Downtown*, speziell am Abend; www.perchla.com
- Angesagt ist derzeit ***The Highlight Room***, eine ca. 1000 m² Bar- und Pool-Landschaft auf dem Dach des *Dream Hollywood Hotel* mit Rundblick, u.a. auf das *Hollywood Sign* und LA Skyline; 6417 Selma Ave, © 323-844-6417, www.thehighlightroom.com

Immer eine gute Option für Bar- und Restaurantbesuch sind die HardRock Cafés, hier am 6801 Hollywood Blvd, © 323-464-7625, www.hardrock.com

Shop 'til you drop

Shopping Malls

Los Angeles ist das amerikanische **Mekka der *Malls*** und ***Shopping Center***. Die folgende Liste nennt nur die wichtigsten:

Santa Monica/ West LA

- ***Beverly Center*** (8500 Beverly Blvd), www.beverlycenter.com
- ***Westfield Century City*** (10250 Santa Monica Blvd), www.westfield.com/centurycity
- Nur wenige Meilen vom Airport entfernt befindet sich die mittelgroße ***Westfield Culver City Mall*** (6000 Sepulveda Blvd/I-405 und Fox Hills Drive), www.westfield.com/culvercity
- Und am südlichen Ende der Fußgängerzone ***3rd Street Promenade***, einer der besseren Einkaufsstraßen der Stadt, liegt die *Mall* ***Santa Monica Place***; www.santamonicaplace.com.

Highland Center an der Ecke Hollywood Blvd/Highland Ave

Der Bereich um die Kreuzung Hollywood Blvd und Highland Ave ist eine einzige Shopping-, Restaurant- und Entertainmentzone:

Hollywood

- ***Hollywood & Highland Center***, wo früher das bekannte *Hollywood Hotel* stand (6801 Hollywood Blvd; einzige *Mall* in LA mit U-Bahn-Anschluss: *Metro Red Line*; www.hollywoodandhighland.com). Zur **Melrose Ave** (zwischen Highland Ave und La Cienega Blvd) **mit richtig schrägen *Shops*** ist es nicht weit.
- ***The Grove*** liegt südwestlich von Hollywood und grenzt an den Pan Pacific Park (The Grove Dr/3rd St, www.thegrovela.com)
- Entlang des vornehmen, baumbestandenen ***Robertson Boulevard*** (zwischen Santa Monica Blvd & W 3rd Street) lassen sich unzählige Luxus-Designerläden entdecken. Dort tauchen häufig **Hollywood-Stars** auf.

Glendale

- Das ***Americana at Brand*** in Glendale unweit des Griffith Park (889 Americana Way; www.americanaatbrand.com), ist ein *Shopping Village* um eine grüne Plaza mit Fontänenbrunnen und Wohnungen über den Ladenpassagen für bessergestellte Residenten. Nördlich davon bietet die ***Glendale Gallery*** (100 W Broadway; www.glendalegalleria.com) noch mehr Shopping.

Canoga Park (San Fernando Valley)

- Eine weitere riesige Mall ist ***Westfield Topanga*** im Westen von LA oberhalb des *Topanga State Park* nördlich des *Freeway* 101 (6600 Topanga Canyon Blvd; www.westfield.com/topanga)

Rodeo Drive

Ein besonders dicke Brieftasche braucht man zum Einkauf auf dem **Rodeo Drive** von Beverly Hills mit Läden kostspieliger Luxusmarken zuhauf (North Rodeo Drive zwischen Santa Monica und Wilshire Blvd; www.rodeodrive-bh.com).

- Das angeblich teuerste Geschäft der Welt, ***Bijan*** (420 North Rodeo), wurde im Sommer 2016 von der Muttergesellschaft *Louis Vuittons* für $122 Mio (!) übernommen

Downtown

Auch das eher durch Bürohochhäuser gekennzeichnete ***Downtown*** bietet viele Einkaufsmöglichkeiten, z. B. ***Macy's Plaza*** (750 West 7th Street), den ***Grand Central Market*** für Lebensmittel und mehr (Broadway/3rd Street) und den ***Fashion District*** rund um die 9th Street östlich des Broadway mit günstiger Kleidung; www.fashiondistrict.org.

Orange County

- In **Costa Mesa** im Südosten von LA liegt unmittelbar an der I-405 der Riesenkomplex ***South Coast Plaza*** (*Exit* Bristol Street; www.southcoastplaza.com) mit allen bekannten Kaufhäusern und 250 Boutiquen (vor allem Nobelmarken). Diese *Mall* gehört seit Bestehen zu den *Top Ten* der USA-Einkaufszentren.

Outlet Center

- ***Ontario Mills*** ist mit rund 200 *Shops* eines der größten ***Outlet Center*** Kaliforniens. Es liegt im Kreuzungsbereich der *Freeways* I-10 und I-15 (*Exit* Milliken Ave; www.ontariomills.com)
- Eine weitere große *Outlet Mall* mit über 160 Markenläden und hohen Discounts ist ***Camarillo Premium Outlets***. Diese *Mall* befindet sich östlich von Los Angeles an der #101 (740 Ventura Blvd, www.premiumoutlets.com/camarillo)

Am North Rodeo Drive (Kreuzung mit dem Dayton Way) befindet sich die hochkarätigste Shopping Zone von LA

Sonstiges

Bücher/ E-Books

Am Sunset Strip findet man mit

- ***Book Soup*** einen der besten Buchläden der Stadt mit Autorenlesungen und vielen signierten Büchern (8818 West Sunset Blvd, www.booksoup.com)
- Die Kette ***Barnes & Noble*** betreibt mehrere Filialen im Großraum LA, u. a. im Einkaufscenter *The Grove* und im *Village Americana at Brand*, ➤ links

Taschen Verlag

Eine Fundgrube für Bibliophile sind die Filialen des Kölner Kunstbuchverlegers ***Benedikt Taschen*** (www.taschen.com) am 354 North Beverly Blvd und in der 6333 West 3rd Street (Hollywood). In der ***Taschen Gallery*** am 8070 Beverly Blvd sind Prints aus limitierten Serien zu sehen. Zur Eröffnung mit *Rolling-Stones*-Fotos kam viel Prominenz wie *Jack Nicholson, Pamela Anderson* und *Udo Kier*.

Musik/DVDs

Am 6400 Sunset Blvd residiert der Plattenspezialist (CD und Vinyl)

- ***Amoeba Music***, laut Eigenwerbung der **größte *Independent Record Store* der Welt**; www.amoeba.com)
- Seit 1985 bietet ***Record Surplus*** Ähnliches, überdies täglich neue Ware (12436 Santa Monica Blvd), www.recordsurplusla.com

In beiden Shops gibt's auch jede Menge Filme.

Filmsouvenirs

- Filmfans finden Poster, Fotos und Drehbücher für Filme und TV-Serien im Traditionsbuchladen ***Larry Edmunds*** (6644 Hollywood Blvd); www.larryedmunds.com
- Kleidung und Requisiten aus Film- und TV Produktionen gibt's exklusiv bei ***It's a Wrap***! (3315 West Magnolia Blvd), © 1-818-567-7366; www.itsawraphollywood.com
- Ein Geheimtipp ist ***Book Castle's-Movie World*** im nördlichen Burbank (212 North San Fernando Blvd). Poster, Filmliteratur, Magazine und Bücher bis unter die Decke; ➤ www.facebook.com/pages/Book-Castle-Movie- World/109650425738418

Entertainment

Information

Über alles, was aktuell in LA »los« ist, informiert das wöchentlich erscheinende in Touristenbüros, vielen Hotels und Shops ausliegende Gratis-Heft ***LA Weekly***, im Internet unter www.laweekly.com. Informativ ist auch das Magazin ***Where LA*** bzw. die Seite www.discoverlosangeles.com/what-to-do/where-magazine.

Das monatlich erscheinende ***Los Angeles Magazine*** informiert über Kunst, Kultur, Unterhaltung, Essen etc. in einer gekonnten Mischung aus längeren und kürzeren Beiträgen; www.lamag.com.

Konzerte

Kulturelles Aushängeschild von *Downtown* LA ist die ***Walt Disney Concert Hall*** (➤ mehr auf Seite 406), Heimat des ***Los Angeles Philharmonic Orchestra***; www.la phil.com. Der Konzertsaal gehört zum Komplex des *Music Center* mit dem ***Dorothy Chandler Pavilion***, dem ***Ahmanson Theatre*** und dem ***Mark Taper Forum*** (135 North Grand Ave, © (213) 972-7211), www.musiccenter.org.

Ein echtes Erlebnis ist ein Open-air Konzert in der ***Hollywood Bowl***, einem großen Amphitheater in den Hügeln nördlich von Hollywood (*Ventura Freeway* #101/2301North Highland Ave). Der Schwerpunkt liegt dort auf Klassik, aber es gab und gibt auch Auftritte von Rock-, Pop- und Jazzgrößen. Zu den Höhepunkten des Jahres 2017 zählte das Konzert ***La La Land***, zu dem bei Anwesenheit der Oscar-prämierten Hauptdarstellerin *Emma Stone* zeitgleich der Film über die Großmonitore lief.

Ein etwas kleinerer Open-Air-Veranstaltungsort in der Nähe ist das ***Greek Theatre*** im Griffith Park; www.lagreektheatre.com.

Musiklokale

Die Klassiker unter den **Clubs** mit **Live Music** liegen am **Sunset Strip**, dem Abschnitt des Sunset Boulevard zwischen Crescent Heights Blvd und Doheny Drive, und etwas östlich davon.

- Im ***Whisky a Go-Go*** (auch ***The Whisky***) wurden in den 1960er-Jahren Legenden geboren: ***Jim Morrison*** und seine ***Doors*** wurden hier entdeckt (8901 Sunset); www.whiskyagogo.com. Auch viele andere mit großen Namen traten dort auf.
- Auf keinen geringeren als »*Boss*« ***Bruce Springsteen*** wurde man einst im ***Roxy*** aufmerksam; www.theroxy.com
- Im ***Avalon Hollywood***, 1735 Vine Street, gegenüber dem *Capital Records Building* hatten die ***Beatles*** in den 1960er-Jahren ihren ersten Westküstenauftritt. Eine Dekade später feierten hier ***Prince***, ***Madonna*** und die ***Rolling Stones***. *Hip-Hop, Rock* und EDM; www.avalonhollywood.com
- Der ***Troubadour*** südlich des Sunset Strip (9081 Santa Monica Blvd); www.troubadour.com war Karrieresprungbrett für ***Elton John*** und ***Tom Waits***
- Im vornehmen historischen *Art-Deco* ***Cicada Club*** (*Pretty Woman*, Ein unmoralisches Angebot) begeistert der ikonische LA-Entertainer und Schlagersänger ***Johnny Holiday*** zu ausgewählten Terminen (online checken) die Dinnergäste mit großartigen 1930-/1940er-Jahre Musikstücken. Mit dabei ist auch der«Westküstensingvogel« ***Christine Nelson*** (617 South Olive Street); © 213-488-9488, www.cicadaclub.com.
- Das in der historischen Börse untergebrachte ***LA Exchange*** (618 South Spring Street, © 213-627-8070, www.exchangela.com) ist mit seinen 4 Etagen, 2.500 m² Fläche, EDM, Techno und Trance-DJs eine feste Institution von LA-Downtown
- Im ***Viper Room*** mit einer Einrichtung wie Jazzclubs aus dem Harlem der 1920er-Jahre treten angesagte Rockbands auf (8852 West Sunset Blvd), www.viperroom.com

Einfahrt ins Freilufttheater Hollywood Bowl nördlich von Hollywood, ➤ links

- Östlich des *Hollywood & Highland Center* liegt der trendige ***Playhouse Hollywood*** Nightclub (6506 Hollywood Blvd, www.playhousenightclub.com). Internationale Star-DJs, *Dance Music*, Go-Go Tänzerinnen und Luftakrobatik.

Für Jazz und Blues empfehlen sich in Hollywood (auch) der

- ***Catalina Jazz Club mit Bar & Grill*** (6725 West Sunset Blvd; www.catalinajazzclub.com) und die
- ***Jazz Bakery*** (www.jazzbakery.org) mit Konzerten in unterschiedlichen Theatern und Hallen

In Hermosa Beach (zwischen Manhattan und Redondo Beach) wurde

- im ***Lighthouse Café***, 30 Pier Ave, in den 1950er-Jahren der *West Coast Jazz* berühmt. Heute spielt man dort auch Reggae und Salsa; www.thelighthousecafe.net

Wenn eine Stadt kinobegeistert ist, dann Los Angeles. Hier einige der großen, häufig sehr ansehnlichen Uraufführungskinos für – natürlich vor allem – Hollywoodfilme:

- ***Arclight Hollywood***, 6360 Sunset Blvd; © (323) 464-1478, www.arclightcinemas.com
- ***El Capitan*** (Disneyfilme), 6838 Hollywood Blvd, © 1-800-DISNEY6; www.elcapitantheatre.com
- ***American Cinematheque at the Egyptian Theatre*** (Klassiker), 6712 Hollywood Blvd, © (323) 461-2020; www.americancinematheque.com/egyptian/egypt.htm
- ***Village Theatre***, 961 Broxton Ave in Westwood, © (310)-208-5576; www.regencymovies.com/main.php?theaterId=27
- ***Bruin Theatre***, 948 Broxton Ave in Westwood, © (310)-208-5576, www.regencymovies.com/main.php?theaterId=28

Das früher weltweit bekannte ***Grauman's*** Erstaufführungstheater nennt sich seit Umwandlung in ein riesiges IMAX-Kino

- ***TCL Chinese Theatre***, 6925 Hollywood Blvd, © (323) 461-3331; www.tclchinesetheatres.com

TCL Chinese Theatre in Hollywood am Hollywood Blvd

Open-air Bus für Touren zu den Villen der Stars

Stargazers - Stern(ch)engucker

Ernst-Georg Richter

In Los Angeles ist die Chance, einem Star aus Film, Fernsehen oder Entertainment in natura zu begegnen, größer als anderswo sonst. Es gibt dort auch genug Leute, die ganz bewusst zwecks ***Stargazing*** (Sternengucken) unterwegs sind, etwa beim Einkaufen in Beverly Hills, bei einem Match der Basketballer *LA Lakers* im *Staples Center* (*Downtown* LA, 1111 Figueroa Street) oder beim *Clubbing* an den Theken und auf den *Dancefloors* der Stadt.

Die Frage ist, wo einem die Stars am ehesten über den Weg laufen. Generell gilt, dass auch die Prominenten dieser Welt irgendwann mal 'was essen müssen und nicht immer Lust haben, sich dafür selbst ins Zeug zu legen. In LA gehen sie keineswegs nur in Nobelrestaurants – gerade in traditionsreichen *Fast Food Places* tauchen schon mal Darsteller vom Kaliber einer *Julia Roberts* oder eines *Bruce Willis* auf, ➤ z.B. bei ***Pink's Hot Dogs***, ➤ oben). Je untouristischer, desto besser, also trifft man sie eher in kaum von englischsprachigen Speisekarten eroberten Garküchen in Koreatown oder bei den fettigen Spezialitäten von ***Roscoe's Chicken n'Waffles*** (z.B. in Hollywood 1514 North Gower Street/Sunset Blvd; www.roscoeschickenandwaffles.com) mit sieben Filialen in Los Angeles.

Stars kaufen gern schicke Sachen und wollen nicht dauernd viel Geld nur am Rodeo Drive lassen. Die Boutiquen entlang der **Melrose Ave** sind auch für sie eine gute Alternative und selbst ohne einen Star in Sicht einen Bummel wert. Wer irgendwo sonst auf einen »abgedrehten« Shop stößt, sollte ruhig hineinschauen; mancher Star ist genauso neugierig wie man selbst.

Stars möchten auch gern wissen, was die Kollegen so treiben, also gehen sie gelegentlich ins Kino. Bei Premieren stehen sie sowieso auf dem roten Teppich, aber besuchen durchaus schon mal gewöhnliche Feld-, Wald- und Wiesenvorstellungen im Kinocenter um die Ecke.

Für Promijäger empfehlenswert ist das *Portal* www.seeing-stars.com mit vielen Hinweisen auf *Hot Spots* zum *Stargazing* und Promi-Adressen. Letztere findet man auch unter www.vpike.com/moviestars1.htm.

2.1.2 LA kreuz und quer

Besuchsplanung

Im Gegensatz zu anderen kompakteren Städten gibt es in Los Angeles selbst für Kurzaufenthalte **keine logische Reihenfolge im Besuchsablauf**, genaugenommen nicht einmal eine klare Liste dessen, was man einfach gesehen haben »muss«. Es kommt darauf an, wie die eigenen Interessen gelagert sind und wo – in Abhängigkeit davon – die Unterkunft gebucht wird.

Zur Beschreibung und Wertung der Sehenswürdigkeiten im Großraum Los Angeles wird hier deshalb im wesentlichen der im Kapitel 1.1.2 skizzierten »touristischen Geographie« gefolgt:

Zunächst geht es um ein **nordwestliches Dreieck** mit zahlreichen Museen und weiteren für Besucher attraktiven Anlaufpunkten, markiert durch Malibu/Beverly Hills/Hollywood/Griffith Park/Pasadena und Burbank (*Universal Studios*), dann um den **zentralen Westbereich** von *Downtown* bis Santa Monica/Venice und von dort hinunter über den *Pacific Coast Highway* #1 oder direkt an der Küste entlang über die Halbinsel Rancho Palos Verdes nach **San Pedro** und **Long Beach**. Das letzte LA-Kapitel bezieht sich auf die Stadtteile **Anaheim** (*Disneyland*), **Buena Park** und weitere ausgewählte Ziele im Südosten des Großraums LA.

Der Nordwesten von Malibu bis Pasadena

Malibu/ Getty Museum und Stiftung

In Malibu steht am Pacific Coast Highway – noch vor den *City-Limits* von LA/Santa Monica – ein scheinbar altrömischer Palast, der früher das *Jean Paul Getty Museum* beherbergte. Der über Dekaden bis zu seinem Tod 1976 reichste Mann der Welt hatte ihn nach einer in Herculaneum beim Vesuvausbruch im Jahr 79 v. Chr. versunkenen Villa speziell für seine kolossale Sammlung von Kunstgegenständen aller Epochen nachbauen lassen. Deren Verwaltung lag schon zu Gettys Lebzeiten in Händen der ***Jean Paul Getty Foundation***, einer Stiftung, die Gettys Sammelwut fortsetzte und die Bestände laufend erweiterte.

Lifeguard Häuschen an der Malibu Beach

Eintritt, Zeiten, Anfahrt und Parken Getty Center und Getty Villa

Information: © (310) 440-7300; www.getty.edu/visit; **Eintritt beide frei**

Öffnungszeiten:
Getty Center: Di-Fr+So 10-17.30 Uhr, Sa bis 21Uhr;
Getty Villa: Mi-Mo 10-17 Uhr

Für das Museum in der ***Getty Villa*** ist ein ***eintreffzeitgebundenes Vorabticket*** zwingend (per Internet oder Telefon 2 Monate im voraus möglich)

Keine Zugangsrestriktion fürs *Getty Center*.

- **Anfahrt zum *Getty Center*** mit Metro Rapid Line #734 (Mo-Fr) und #234 (Sa+So); Info dazu: © (323) 466-3876 und www.metro.net
- **Anfahrt zur *Getty Villa*** mit MTA-Bus #534; Info dazu wie oben. Wer die Villa per Bus anfährt und daher zu Fuß zum Eingang kommt, muss neben der Anmeldung das vom Busfahrer speziell gelochte Ticket vorweisen. In der Umgebung parken und zu Fuß ohne Busticket kommen, geht nicht.

Parkgebühr Pkw+Vans in beiden Standorten **$15**; bei Besuch von *Center* und *Villa* am selben Tag gilt: *Pay Once, Park Twice*.

Keine RV-Parkmöglichkeit, heißt es offiziell für beide Standorte.
Aber es gibt gegenüber der Einfahrt zum *Getty Center* einen Busparkplatz; RVs parken dort ebenfalls für $15.

Von den Millionenerträgen aus den anfangs $2,2 Mrd., mittlerweile an die $6 Mrd. Stiftungskapital muss jedes Jahr ein mindestens 4,2% der Summe entsprechender Betrag (also heute über $250 Mio) zum Ankauf zusätzlicher Stücke ausgegeben werden. Die Getty-Stiftung nimmt daher schon rein kaufkraftmäßig unter den Kunstmuseen der Welt eine Spitzenposition ein. Da mit der Akquisition immer neuer Schätze die Kollektion rasch umfangreicher wurde, platzten die vergleichsweise beengten Räumlichkeiten der alten Villa schon vor Jahren aus allen Nähten.

Man errichtete daher auf einem Hügel der Santa Monica Mountains am ***San Diego Freeway*** das schon rein architektonisch als Kunstwerk geltende riesige ***Getty Center*** und löste gleichzeitig damit auch alle Platz- und Parkprobleme des alten Standorts.

Besuchsplanung

Mit Eröffnung des *Getty Museums* im *Getty Center* im Jahr 1998 schloss man den alten Museumspalast für Umbauten. Erst 2006 wurde die pompöse ***Getty Villa*** als zusätzlicher Standort des *Jean Paul Getty Museum* in veränderter Konzeption wieder eröffnet. Dort geht es heute in erster Linie um Kunstwerke aus dem alten Griechenland, der Etrusker und aus römischer Zeit. Allein diese Sammlung lohnt eine weite Anreise.

Anfahrt

Zufahrt nur von Süden über **Pacific Coast Hwy** und Getty Villa Dr. Keine Linksabbieger auf das Gelände mit Hausnummer 17985. Voranmeldung wegen knapper Parkkapazität nötig, auch im Internet bis 2 Monate im Voraus möglich, ➤ Kasten.

2

Getty Center Der größere Teil der Schätze der *Getty*-Sammlung kann in den Räumlichkeiten des – bereits vom *Freeway* aus unübersehbaren – Getty-Komplexes bewundert werden. Dabei, so heißt es, seien nur jeweils gerade 3% des vorhandenen Gesamtinventars ausgestellt.

Anfahrt Man erreicht das ***Getty Center*** über die **I-405** (***San Diego Freeway***), ***Exit Jean Paul Getty*** nördlich des Sunset Blvd.

Parken Die Kapazität des Parkhauses auf dem Gelände (max. Höhe 12 Fuß) ist groß. RVs mit Gesamthöhe über 12 Fuß können auf dem Parkplatz gegenüber der Einfahrt abgestellt werden, ➤ Kasten.

Tramway Vom Eingang/von den Parkhäusern geht's per *Tramway* hinauf zum hochgelegenen Museumskomplex. Der mögliche Fußmarsch ist relativ steil und lang, bei Hitze reichlich anstrengend. Nach Ankunft am *Gate* benötigt man bei Andrang bis zu 30 min bis zum Betreten der – **eintrittsfreien** – Ausstellungen oben.

Ausstellung Getty Center Endlich angekommen, findet man Ausstellungen unterschiedlichster Kunstobjekte, verteilt auf diverse Gebäude, die sich um eine zentrale Plaza gruppieren: Mittelalterliche Buchillustrationen, Gefäße aus der Renaissance, barocke Bronzen, Gemälde aller Epochen, *Western Art* u.a.m. Da immer nur – wie gesagt – ein Bruchteil der Sammlung ausgestellt ist, finden häufiger als anderswo Wechsel- und Sonderausstellungen statt. Aktuelles Programm im Internet, ➤ Adresse im Kasten Seite 385. **Infobroschüren** und Dokumentationen gibt es sogar **auf Deutsch**.

Architektur und mehr Sehenswert sind allein schon Architektur, Anlage und Gärten des Komplexes hoch über Brentwood, die Café-Terrassen und das lichtdurchflutete Restaurant. Davon wird mancher beeindrukkter sein als von der Kunstpräsentation, die durchaus nicht allem anderen in der Kunstszene komplett den Rang abläuft.

Nicht auslassen sollte man den einführenden kurzen Film, der laufend in der *Entrance Hall* gezeigt wird.

Zeitbedarf Ein intensiver Besuch des *Getty Center* kann mit An- und Abfahrt und Pausen in der Cafeteria leicht einen vollen Tag kosten.

Eindrucksvolles Gebäudeensemble des Getty Center

Traumhaft gelegene Feuchtwanger Villa Aurora oberhalb des Sunset Boulevard. Von der Gartenseite fällt der Blick hügelabwärts auf den nahen Ozean

Exil am Pazifik

Ernst-Georg Richter

Als 1933 in Deutschland die Bücher »wider den undeutschen Geist« brannten, hatten Schriftsteller, die sich nicht mit dem Dritten Reich arrangieren wollten, nur noch die Wahl ins Exil zu gehen. Auf ihrer Flucht vor den Nazis gelangten viele von ihnen auch in die USA. **Pacific Palisades** im Nordwesten von Los Angeles wurde so für mehrere Jahre zur Heimat deutscher, vom Nationalsozialismus nicht verseuchter Kultur. ***Thomas Mann*** (1875-1955) und seine Familie wohnten nach ihrem Umzug von Princeton/New Jersey im April 1941 zunächst am 740 Amalfi Drive und zogen 1942 weiter an den 1550 San Remo Drive (beide nicht zu besichtigen). Ende 2016 erwarb die deutsche Bundesrepublik dieses Haus für etwa $13 Mio. Derzeit wird es renoviert und soll später zur Unterbringung von Stipendiaten dienen und die Erinnerung an den berühmten ehemaligen Hausherrn wachhalten. Auch *Thomas Manns* älterer Bruder ***Heinrich Mann*** verbrachte seine letzten Jahre an der Westküste. Er starb 1950 kurz vor seiner geplanten Rückkehr nach Deutschland in Santa Monica.

Andere namhafte Flüchtlinge aus der Alten Welt waren *Bertolt Brecht*, *Max Reinhardt*, *Franz Werfel* und der Romançier ***Lion Feuchtwanger*** (1884-1958). Nachdem sie erst 1941 mit knapper Not aus Europa entkommen waren, ließen sich *Marta* und *Lion Feuchtwanger* ebenfalls am Amalfi Drive nieder, erwarben aber 1943 die ***Villa Aurora*** am Paseo Miramar unweit des Sunset Blvd. Schon bald wurde die Villa zu einem Treffpunkt der Exilkultur – die ***Manns*** kamen zu Besuch, Komponisten wie ***Arnold Schönberg*** und ***Hanns Eisler***, aber auch englische Gäste wie ***Charles Laughton*** und ***Charlie Chaplin***.

Feuchtwanger wohnte bis zu seinem Lebensende 1958 in der Villa. Seine Witwe überlebte ihn noch um fast 30 Jahre. Zwar fiel das Haus nach ihrem Tod 1987 zunächst an die *University of Southern California*, aber der deutsch initiierte und finanzierte Förderverein »*Villa Aurora*« kaufte und renovierte das Anwesen und eröffnete darin 1995 ein internationales Kulturzentrum als deutsch-amerikanische Begegnungsstätte für Künstler. Teile der Bibliothek, Dokumente und Gegenstände aus Feuchtwangers Besitz erinnern bis heute an den Autor.

Die ***Villa Aurora*** kann nur nach Voranmeldung besucht werden: 520 Paseo Miramar, © (310) 454-4231, www.villa-aurora.org, Spende von ca. $10 erbeten.

Topanga State Park

Von der *Getty Villa* in Malibu sind es nur ein paar Meilen auf dem **Topanga Canyon Blvd** (Straße #27) durch die Santa Monica Mountains zum ***Topanga State Park***, von dessen Hügeln man **weite Aussichten** über den Ozean und das San Fernando Valley hat. Schon die kurvige Zufahrtstraße bietet gute Blicke. Auf der Entrada Road (ausgeschildert) geht es erst weiter oben in Richtung *State Park*. Die Straße endet am Parkplatz ($10, beinhaltet den Eintritt in den Park) bei der ***Trippet Ranch*** (*Ranger Station*). Von dort geht's auf diversen Wanderwegen nur zu Fuß weiter. Ca. 5 km sind es bis zum ***Eagle Rock*** (*Loop Trail*), dem höchsten Punkt des Parks, mit toller Übersicht und Höhlen unterhalb.

Der *State Park* ist nicht nur ein prima Ort zum Wandern und Picknicken, sondern besitzt auch einen Zeltplatz für *Biker* and *Hiker*, ➤ Seite 371; www.parks.ca.gov/?page_id=629.

Westside

Östlich der *Getty Villa* zweigt der **Sunset Boulevard** vom ***Pacific Coast Highway*** ab. Er führt kurvenreich durch die Ausläufer der *Santa Monica Mountains* an zahllosen Villen der *Upper Class* vorbei durch die feine ***Westside*** von LA. Dort wohnten früher u.a. auch deutsche Literaten und Künstler, die vor dem Dritten Reich ins Exil geflüchtet waren, darunter ***Thomas Mann*** und Familie sowie ***Lion*** und ***Marta Feuchtwanger***, ➤ Kasten Seite 387.

Lake Shrine Meditation Gardens

Die Grünoase rund um den einzigen quellwassergespeisten See in LA (*Lake Santa Ynez*) wurde 1950 von dem indischen Yoga-Meister *Paramahamsa Yogananda* eingeweiht. Zur Anlage gehören u.a. das ***Gandhi World Peace Memorial*** mit Teilen von *Gandhis* Asche in einem 1.000-jährigen chinesischen Steinsarkophag sowie ein fast 20 m hoher, etwa 400 m² großer **oktagonaler Tempel**, auf dessen Kuppel ein goldener Lotus thront.

Der allen Religionen gewidmete *Lake Shrine* ist einer von LA's schönsten Orten: 17190 Sunset Blvd; Di-Sa 9-16.30 Uhr, So ab 12 Uhr; Parken/Zutritt frei; © (310) 454-4114, www.lakeshrine.org.

Achteckiger Lake Shrine Temple am Lake Santa Ynez (der Sunset Blvd führt voll um den kleinen von Bäumen und Sträuchern komplett verdeckten See herum)

UCLA

Östlich der *Interstate* #405 schließt sich der zwischen Sunset und Wilshire Boulevard gelegene Stadtteil **Westwood** an. Einst ein abgelegenes Dorf ist er heute Sitz der *University of California Los Angeles*, kurz **UCLA**, mit einem bemerkenswerten Campus für über 40.000 Studenten; www.ucla.edu/maps-directions-parking/.

Westwood Village

Unterhalb (= südlich) des Universitätsgeländes hat sich das ***Westwood Village*** als **der *Nightspot*** für junge Leute etabliert (Westwood/Wilshire Blvd). Neben zahlreichen Kneipen, Restaurants und Discos sind es **Erstaufführungskinos**, die trotz ihrer hohen Eintrittspreise Publikum nach Westwood (außer nach Hollywood, etwa ins *TCL Theatre*, ➤ Seite 382) locken. Detailinfos im Netz unter www.westwoodvillageonline.com. Speziell an Wochenenden herrscht dort abends ein enormer Betrieb.

Bel Air

Nördlich von Westwood und oberhalb des Sunset Boulevards liegt der Nobelstadtteil **Bel-Air**, der gemeinsam mit **Holmby Hills** und **Beverly Hills** das ***Platinum Triangle*** bildet. Das hügelige Areal mit seinen Wohnpalästen auf überdimensionierten Grundstücken, eingefriedet durch hohe Sichthecken und von *Security* überwacht, ist touristisch zwar weitgehend uninteressant. Aber das verschachtelte **Hotel *Bel-Air*** mit seinen über 100 Zimmern und Suiten auf fast 5 ha in einem dicht bewaldeten Canyon nur etwa eine halbe Meile nördlich des Sunset Blvd ist immer einen Besuch wert. Mancher Hollywood-Star isst dort gerne im **Restaurant *Wolfgang Puck***, und am romantischen Swan Lake feiert seine Hochzeit, wer nicht auf den Dollar schaut: 701 Stone Canyon Road, © (310) 472-1211, www.dorchestercollection.com/en/los-angeles/hotel-bel-air.

Beverly Hills: Anwesen der Stars

In **Beverly Hills** wird der **Sunset Boulevard** zur mit Palmen gesäumten **Prachtallee**. An ihr und vielen Nebenstraßen des Stadtteils stehen – meist hinter Mauern, riesigen Hecken und verschlossenen Toreinfahrten versteckt – die Villen zahlreicher Film-, Fernseh- und Showstars. Wer sich dafür interessiert, findet die Adressen in Portalen wie www.vpike.com/moviestars1.htm oder www.seeing-stars.com/Live/index.shtml.

Los Angeles Nordwest
N
0
5 km
San Francisco/ Sacramento
zur I-5
Burbank
San Fernando Valley
Santa Barbara
Roscoe Blvd
North Hollywood
Glendale
Van Nuys
Ventura Fwy
Glen Oaks Blvd
Warner Bros. Studios
Woodland Hills
Zoo
Griffith Park
Universal Studios
Mullholland Drive
Norton Simon Museum
Pasadena
Santa Monica Mountains
BelAir
Beverly Park
Hollywood
Observatory
Benedict Canyon
Coldwater Canyon Ave
Holmby Hills
Chinese Theatre
Beverly Hills
Monica Blvd
Santa
Topanga State Park
Getty Center
Hollywood Cemetary
Palm Springs
Brentwood
Westwood
Rodeo Drive
Golden Triangle
LACMA
La Brea Tar Pits
China-town
Villa Aurora
Wilshire Blvd
Sunset
UCLA
Getty Villa
Sunset Blvd
San Vicente Blvd
Wilshire Blvd
Santa Monica Blvd
West LA
Petersen Automuseum
Riverside
Museum of Tolerance
DOWNTOWN
Malibu
Santa Monica Fwy
Pacific Palisades
Santa Monica
Venice Blvd
Culver City
Western Ave
Vermont Ave
South Los Angeles
Santa Monica Pier
Pacific Coast Hwy
Venice
Culver Blvd
Slauson Ave
Slauson Ave
Muscle Beach
Marina del Rey
Exposition Park
Harbor Fwy
Florence
Anaheim
Fisherman's Village
Los Angeles International Airport
Manchester Ave
Alameda St
Inglewood
Downey
Dockweiler State Beach
Imperial Hwy
Century Fwy
Hawthorne
San Bernardino
Riverside/ San Bernardino
Highland Ave
Rosecrans Ave
Willowbrook
Manhattan Beach
Hawthorne Blvd
Gardena Fwy
Artesia Blvd
Hermosa Beach
San Diego Fwy
Redondo Beach
Torrance
Lakewood
Sepulveda Blvd
Torrance Beach
Carson
Pacific Coast Hwy
Long Beach
San Diego
Rancho Palos Verdes
Western Ave
Hafen-anlagen
Aquarium
Ocean Blvd
Wayfarers Chapel
Palos Verdes Drive
USS Iowa
Ports O'Call Village
Queen Mary
Catalina Island
405
170
5
210
101
2
134
27
110
10
1
105
710
91

Aber **Achtung**, zu Fuß in den Wohnstraßen herumbummelnde Touristen sind nicht gern gesehen und erregen leicht das Misstrauen von *Security Guides.* Aber entsprechende Straßen gezielt per Auto abzufahren, ist unproblematisch (außer mit RV!) und dank Navi, so vorhanden) heute nicht einmal mehr mühsam.

Statt Eigeninitiative kommt auch eine **Tourbuchung** in Frage. In den Kleinbussen sitzt man schon mal höher und kriegt mehr zu sehen und zusätzlich zu hören als individuell im Pkw, am besten mit ***Open Bus Tours Hollywood***, www.openbustours.com.

Auch ohne es auf bestimmte Adressen abgesehen zu haben, lohnt sich eine Fahrt durch die Villenregion in Beverly Hills abseits der Hauptstraßen. Besonders ansehnlich sind nördlich des Sunset Blvd **Beverly Glen**, **Coldwater** und **Benedict Canyon Drive**, südlich **Beverly Drive** und **Cañon**:

Holmby Hills

Eingezwängt zwischen Bel-Air und Beverly Hills findet sich nördlich und südlich des Sunset Blvd rund um Delfern und Mapleton Drive der ultra-exklusive Stadtteil ***Holmby Hills*** mit allerhand großen Prachtanwesen nördlich des *Los Angeles Country Club.* Auch das ehemalige ***Playboy Mansion*** von *Hugh Hefner*, der 2017 verstarb, liegt in diesem Viertel.

Weisman Art Foundation

Die ***Weisman Art Foundation*** ist eines von LA's bestgehüteten Kunstgeheimnissen. In einer zweistöckigen mediterranen prachtvoll ausgestatteten Villa (u.a. handbemalte Decken) verbergen sich bedeutende moderne und zeitgenössische Kunstwerke, darunter Arbeiten von *Picasso, Cezanne, Miro* und *Warhol.* Unternehmer *Fredrick R. Weisman* wollte seinen Gästen zeigen, wie schön sich mit Kunst im Alltag leben lässt, anstatt seine Sammlung in einem förmlichen Museum auszustellen; www.weismanfoundation.org. **Kostenlose Führungen** (eine der besten »Kunsttouren« in ganz LA!) Mo-Fr 10.30 und 14 Uhr, aber nur nach vorheriger Anmeldung: © (310) 277-5321 bzw. E-Mail tours@weismanfoundation.org.

Man erhält eine förmliche *Tour Confirmation* mit Besucherinformationen, Anschrift und Karte. Die mitübersandte *Visitors Confirmation* muss umgehend an die Stiftung zurückgeschickt werden.

Skulpturen am und im Pool der Weisman-Villa

Case Study House #22

Hoch in den Hügeln Hollywoods hockt auf einem Felsvorsprung das 1959 erbaute ***Case Study House #22***. Der minimalitische Bungalow, eine Ikone der »klassischen Moderne« in der Architektur Kaliforniens, wurde immer wieder in Printmedien sowie unzähligen Filmaufnahmen und *Fashion Shoots* dokumentiert. Auch als »Normalo« kann man das Haus besichtigen; **Touren** nachmittags 13.30 Uhr und 15:30 Uhr ($60) und spätnachmittags 17.30 Uhr ($90), dann bis in die Dämmerung und Nachtlicht. Anmeldung unter www.stahlhouse.com (auch kommerzielle Nutzung).

Case Study House #22

Golden Triangle

Das Dreieck zwischen Santa Monica und Wilshire Boulevard bis etwa N. Rexford Drive bezeichnet man als ***Golden Triangle***, die exklusivste Shoppingzone von Los Angeles mit dem teuersten Kern am **Rodeo Drive** (➤ unter »Shopping«, Seite 378).

Holocaust Museum

Nur wenige Blocks südlich des Goldenen Dreiecks steht das meist als *Holocaust Museum* bezeichnete ***Museum of Tolerance***; 9786 West Pico Blvd, ✆ (310) 772-2505. Die Holocaust-Abteilung beansprucht breiten Raum. Sie beschreibt authentisch das Schicksal der Juden im Dritten Reich. Eine eigene Ausstellung ist dem Schicksal von *Anne Frank* gewidmet; www.museumoftolerance.com.

Die Besucher werden gruppenweise als kindliche Opfer der Judenvernichtung durch das Szenarium geführt. Da ein individueller Gang durch die Räume nicht möglich ist, muss man bei spontanem Besuch eventuell lange Wartezeiten bis zur nächsten freien Tour in Kauf nehmen. Eine telefonische **Voranmeldung** ist daher empfehlenswert. So-Fr 10-17 Uhr; Eintritt $15,50, Kinder ab 5 Jahre $11,50. Die Parkgarage unter dem Museum ist gratis.

Chateau Marmont

Das *Chateau Marmont* am 8221 Sunset Bloulevard, ein seinerzeit exklusives in Anlehnung an die französische *Villa d'Amboise* (an der Loire) erbautes Apartmenthaus, geht auf das Jahr 1927 zurück. Die klangvolle Namensgebung bezieht sich schlichtweg auf die unterhalb des Komplexes verlaufende Marmont Lane.

In der Depression nach dem »schwarzen Freitag« 1929 ließen sich die hohen Mieten nicht mehr halten und der Bau wurde verkauft. Ein neuer Eigentümer wandelte den Bau 1931 in ein **Luxushotel** um. Zahlreiche Hollywood-Stars gingen in diesem – 1976 zum ***LA***

Historical-Cultural Landmark erklärten – Hotel ein und aus, darunter *Marilyn Monroe, Billy Wilder, Roman Polanski* und *Sharon Tate, F. Scott Fitzgerald* u.v.a.m. *Blues Brother John Belushi* starb dort 1982 an einer Überdosis Drogen, Starfotograf *Helmut Newton* 83-jährig bei einem Autounfall an der Hotelzufahrt. Starlet *Lindsay Lohan* flog 2012 hochkant hinaus, nachdem sich unbezahlte Rechnungen in Höhe von über $46.000 aufgetürmt hatten. ✆ (323) 656-1010, www.chateaumarmont.com.

Sunset Strip

Ab Phyllis Street bis etwas zum Laurel Canyon Boulevard wird der Sunset Boulevard für rund zwei Meilen zum ***Sunset Strip*** mit einer Ansammlung aus *Rock Clubs, Night Clubs, Shops,* Restaurants und vielen markanten bunten Werbetafeln.

Über 18000 Rosen für Marilyn Monroe

Zwar war Baseball-Star ***Joe DiMaggio*** 1954 weniger als ein Jahr mit ***Marilyn Monroe*** verheiratet, seine Verbundenheit mit dem – späteren – Hollywood-Filmstar aber noch lange nicht beendet. *DiMaggio* beauftragte nach ihrem Tod 1962 *Louis Alhanati* vom Blumenladen ***Parisian Florist*** damit, »*forever*« drei Mal die Woche sechs frische, langstielige rote Rosen an ihrem Grab abzulegen (*Westwood Memorial Cemetery*, 1218 Glendon Ave). Gleich rechts daneben wurde der Ende 2017 verstorbene Playboy-Chef ***Hugh Hefner*** beigesetzt

Louis dürfte damals nicht geahnt haben, dass dieser Auftrag über 20 Jahre laufen würde. In diesem Zeitraum erhöhte er nicht einmal den Preis. Zuverlässig lieferte er anfangs montags, mittwochs und freitags, Jahre später nur noch mittwochs und samstags die sechs Baccara-Rosen ans Grab der berühmtesten Blondine aller Zeiten. Der *Parisian Florist* existiert an gleicher Stelle immer noch: 7528 Sunset Blvd, www.parisianflorist.net. Im Laden erinnern Prints und eine Texttafel an *DiMaggio's »never ending love«*.

Sunset Tower, ein Art-Deco Architekturjuwel

Der markante 15-stöckige *Sunset Tower*, ein typischer ***Art Deco***-Bau wurde 1929 von *Leland A. Bryant* errichtet. Er gilt als das erste erdbebensichere Apartment-Gebäude der Stadt. Während des »Goldenen Zeitalters« Hollywoods (1930er bis 1950er-Jahre) residierten in den seinerzeit hochmodernen Wohnungen Stars wie *Greta Garbo, Mae West, Marilyn Monroe, Frank Sinatra und Elisabeth Taylor*. *John Wayne* hielt sich sogar eine Milchkuh auf seinem Balkon. *Mobster Buysy Siegel* wurde des Hotels verwiesen, nachdem er in seinem Apartment (heute die *Tower Bar*) einen illegalen Spielring betrieben hatte. Tatsächlich war der *Sunset Tower* bis in die 1950er-Jahre hinein ähnlich berühmt wie heute der Hollywood-Schriftzug hoch in den Hollywood Hills.

Ab den 1960er-Jahren, als die Hollywood-Prominenz sich vom *Sunset Tower* abzuwenden begann, verfiel der Turm zusehends. *Werner Klemperer*, Sohn des deutschen Dirigenten *Otto Klemperer*, verhinderte mit einem verweigerten Auszug letztlich den Mitte der 1980er-Jahre bereits beschlossenen Abriss des Architekturjuwels. In der Folge wurde es in ein Hotel umgewandelt und ab 1992 unter der Bezeichnung ***The Argyle*** bekannt. Nach einem Besitzerwechsel 2004 erfolgte eine Modernisierung und Rückbenennung in ***Sunset Tower***.

Die elegante ***Tower Bar*** im Stil der Jahrhundertwende mit ihren walnusholzgetäfelten Wänden ist heute ein Hotspot für *Celebrities* wie *Jennifer Aniston, Penélope Cruz, Joaquin Phoenix, Jennifer Lopez* und *Tom Cruise*. Hoteleigentümer *Jeff Klein* machte Schlagzeilen, als er *Britney Spears* und *Sean Combs* Hausverbot erteilte. Auch auf der Terrasse der *Tower Bar* mit ihren schicken Cabanas am Pool und spektakulärem Blick über Los Angeles gilt bisweilen regelrechter Star-Alarm. Mit oder ohne Prominenz in Sichtweite ist ***The Terrace*** einer der attraktivsten Plätze in LA für den Nachmittagssnack und -drink.

Der *Sunset Tower* taucht auch in einigen Filmen auf, darunter »Schnappt Shorty« (1995) mit *John Travolta* und *Danny DeVito*. *Raymond Chandler* erwähnt ihn in seinem *Philip Marlowe*-Detektivroman »*Farewell, my Lovely*«.

8358 Sunset Blvd, © (323) 654-7100, www.sunsettowerhotel.com

Der 15 m hohe und 105 m lange Schriftzug in den Hügeln über Hollywood

Hollywood Boulevard

Am Laurel Canyon Blvd, östlich von dem der Sunset Blvd vom *Strip* wieder zur ganz normalen Geschäftsstraße wird, beginnt zwei Blocks nördlich der rund 6 mi nach Osten laufende **Hollywood Boulevard**, wobei sich das pralle – vor allem touristische – Leben auf den knappen Kilometer zwischen den Avenues La Brea und Argyle konzentriert.

Walk of Fame

In die Gehsteige des Hollywood Blvd wurden auf mittlerweile gut zwei Kilometern zwischen La Brea Ave und der Vine Street (und in diese noch ein Stück hinein) heute über 2.600 Sterne mit den Namen von Größen des Showgeschäfts in die Pflasterung eingelassen; der 2.500ste Stern wurde J-Lo, kurz für Jennifer Lopez, gewidmet. Allein dieser sog. ***Walk of Fame***, so heißt es, sei dafür verantwortlich, dass jährlich Millionen von Touristen nach Hollywood bzw. in den gleichnamigen Boulevard kommen.

Chinese Theatre

Eine ähnliche Attraktion sind vor dem ***TCL Chinese Theatre*** (heute ein IMAX-Kino zwischen La Brea/Highland Ave, ➤ Foto Seite 382) die in Zement verewigten **Hand- und Fußabdrücke** von

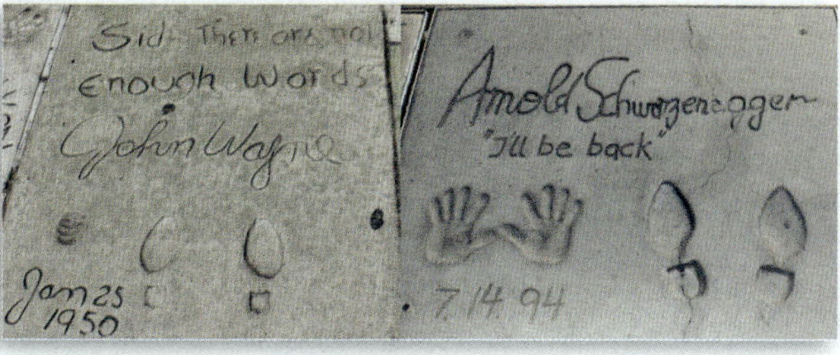

Verblüffend klein ist die Schuhgröße des Westernhelden John Wayne im Vergleich mit »Normalgrößen« wie der von Arnie Schwarzenegger

Stars und Sternchen samt Spruch für *Sid Grauman*, den einstigen Eigentümer des Theaters, ➤ Foto Seite 395 unten. Seit 2013 die chinesische Elektronikfirm *TCL* die Namensrechte für $5 Mio. gekauft hat, nennt sich das einstige Erstaufführungs-Filmtheater nun ***TCL Chinese Theatre***. Wer sich dafür und mehr näher interessiert, bucht die *TCL Chinese Theatre Tour* für $18/$8; www.tclchinesetheatres.com/about-vip-tours.

Situation in Hollywood heute und sonstige »Attraktionen«

Obwohl Hollywood heute nur noch relativ wenig mit Filmproduktion und TV zu tun hat, die großen Studios schon vor Dekaden ins San Fernando Valley (North Hollywood/Burbank) und sonstwohin verlagert wurden, steht der Name dieses Stadtteils nach wie vor als Synonym für die kalifornische Filmindustrie. Auch das spielt eine Rolle für die tagtäglich erstaunlichen Touristenscharen. Kein Wunder, dass sich dort typischerweise auch anderswo zu findende kommerzielle Attraktionen angesiedelt haben wie etwa die ***Guinness World of Records*** (www.guinnessmuseumhollywood.com), das ***Hollywood Wax Museum*** (www.hollywoodwaxmuseum.com), ***Ripley's Believe it or not*** (www.ripleys.com/hollywood), das ***Hollywood Museum*** (riesige Sammlung von Hollywood-Memorabilia auf vier Etagen im historischen *Max Factor Building* mit ***Marilyn-Monroe*-Dauerausstellung**; $15, Kinder bis zu 5 Jahren $5; www.thehollywoodmuseum.com), das ***Madame Tussaud's Hollywood*** (www.madametussauds.com/hollywood) und andere mehr. Antiquarische Buchläden, jede Menge Souvenirshops, *Fast Food* und »richtige« Restaurants und Kneipen ergänzen die überwiegend touristische Infrastruktur des Bereichs.

Dolby Theatre »Oscar«

An der Kreuzung Hollywood Blvd/Highland Ave steht das ***Highland Center*** mit dem ***Dolby*** (früher *Kodak*) ***Theatre***; www.dolbytheatre.com. Dort findet die Verleihung der *Academy Awards* (***Oscars)*** statt. Dann wird der Hollywood Boulevard abgesperrt und großflächig mit roten Teppichen ausgelegt. **Besichtigungstouren** täglich 10.30-16 Uhr alle 30 min; $23/$18.

Marilyn Monroe in Messing in der bekannten Position über der U-Bahn-Entlüftung (vorm Hollywood Museum in der 1660 Highland Ave)

Vom Standort des *Dolby Theatre* erkennt man gut den **Schriftzug »Hollywood«** hoch in den Hügeln von Griffith Park.

Hollywood Cemetery

Authentisch ist in Hollywood der Friedhof, auf dem man viele Namen einstiger Film- und Entertainmentstars entdecken kann. Der ***Hollywood Cemetery*** befindet sich am Santa Monica Blvd zwischen Gower Street und Van Ness Ave; www.hollywoodforever.com.

Mulholland Drive

Einen besonderen Ruf genießt der in vielen Filmen und TV-Serien »vorkommende« nach dem Vater der Aquädukte (➤ Seite 358) benannte **Mulholland Drive**. Diese kurvenreiche fast 40 km lange Straße schlängelt sich oberhalb von Beverly Hills und der Santa Monica Mountains durch die hügelige Landschaft. An ihr passiert man zahlreiche – stark abgeschirmte – Residenzen Prominenter und immer wieder Aussichtspunkte. Ihr Abfahren kostet indessen viel Zeit. Anfahrt vom *Freeway* #101 über *Exit* 11A oder von der I-405, *Exit* 61. Man kann auch westlich von Hollywood vom Hollywood Blvd oder bereits ab Sunset Blvd über den Laurel Canyon Blvd zum Mulholland Drive hinauf und dann – vorzugsweise – in westliche Richtung fahren.

Planetarium am Südrand des Griffith Park mit Aussicht über Teile von LA

Griffith Park

Nordöstlich Hollywood zwischen dem ***Freeway* #101** und dem ***Golden State Freeway*** (I-5) liegt der außergewöhnliche *Griffith Park*, den man am besten über die Vermont Ave ansteuert. Sie führt durch hügeliges Waldgelände (*Vermont Canyon*) mit enormer Picknickkapazität, Sportanlagen und Wanderwegen hinauf zum ***Planetarium & Observatory*** mit einer Aussichtsterrasse, von der man an Tagen mit guter Sicht große Bereiche von LA überblickt. Bei Dunkelheit schaut man auf ein Lichtermeer.

Derzeit gibt es drei verschiedene spektakuläre **Shows** mehrfach täglich (Di-Fr 12-22 Uhr; Sa+So ab 10 Uhr; Mo geschlossen; $7, Kinder $3-$5) unter der Kuppel des *Samuel Oschin Planetarium*. Da oben zu Showzeiten kaum zu parken ist, verkehrt täglich ein *Shuttle* zur Anlage. Eine eigene Haltezone ist speziell für *Uber/ Lyft*-Fahrzeuge ausgewiesen. Details zum aktuellen Programm, zur Anfahrt etc. findet man unter www.griffithobservatory.org.

Greek Theatre

Am Wege passiert man – noch im Eingangsbereich des Parks – das ***Greek Theatre***, ein Open-air Amphitheater, das von Ende Mai bis Oktober überwiegend für Konzerte genutzt wird (Rock bis Klassik). Große Namen der Musikszene sind dort keine Seltenheit; 2700 North Vermont Ave; www.lagreektheatre.com.

Zoo und Autry Center (»Wildwest Museum«)

Ein ebenfalls stark frequentierter Bereich des *Griffith Park* ist ein Streifen an seiner Ostseite parallel zur nahen I-5. Über Crystal Springs/Zoo Drive (Anfahrt über den Los Feliz Blvd oder die I-5) erreicht man unweit des ***Los Angeles Zoo*** (www.lazoo.org) das sehenswerte ***Autry National Center*** mit den zusammengelegten ***Museum of the American West*** und ***Southwest Museum of the American Indian*** (Di-Fr, 10-16 Uhr; Sa+So bis 17 Uhr, Eintritt $14/$10/$6). Insgesamt wartet eine brillante Kollektion zu den Themen Eroberung des Westens und dessen Glorifizierung in Cowboylegenden, Wildwest-Shows (vor allem durch *Buffalo Bill*), Film und TV wie auch zur Kultur und Situation der Indianer. Außerdem hat man dort viele Kunstwerke der Kategorie ***Western Art*** und wechselnde Sonderausstellungen; http://theautry.org.

Abstecher nach Pasadena/ Norton Simon Museum

Ein beachtliches Museum ganz anderer Art, das seltener auf dem Besuchsprogramm ausländischer Besucher steht, ist das ***Norton Simon Museum of Art*** in Pasadena (Mo/Mi+Do 10-17 Uhr, Fr-Sa 11-20 Uhr, So 11-17 Uhr; Eintritt $12, Kinder bis 18 Jahre frei), rund 8 mi östlich des *Griffith Park* an der Ecke Colorado/Orange Blvd, erreichbar über den *Ventura/Foothill Freeway* #134 oder *Freeway* #110 von anderen Richtungen aus.

Das Museum beherbergt u.a. eine **Sammlung alter Meister** (*Rembrandt, Brueghel, Goya, Rubens* und sogar *Lucas Cranach* mit dem Zweitafelgemälde **Adam und Eva**, das auf $24 Mio. geschätzt wird), dazu eine beachtliche Kollektion europäischer Im- und Expressionisten (*van Gogh, Renoir*, über 100 *Degas, Manet, Monet, Cezanne* u.a.) sowie indische und südostasiatische Kunstwerke. Im Skulpturengarten befindet sich eine **Cafeteria**; www.nortonsimon.org.

Huntington Library

Einmal in Pasadena sollten Kulturbeflissene die ***Huntington Library*** mit ***Art Gallery*** und ***Botanical Gardens*** nicht auslassen: 1151 Oxford Road; Mi-Mo 10-17 Uhr, Eintritt $25 bzw. $29 Sa+So; ermäßigte Tickets für Studenten+Senioren; © (626) 405-2100, www.huntington.org. Die **Anfahrt** über den **Colorado Blvd** und die Allen Ave ist gut ausgeschildert.

Die **Bücherei** beherbergt eine enorme Sammlung alter Schriften und Bücher (darunter eine **Gutenberg-Bibel**), die **Kunstgalerie** mit Werken des späten Mittelalters und *Gainsboroughs* berühmten ***»Blue Boy«*** von 1770. Der über 50 ha große **Botanische Garten**, eher ein Park, besteht aus 16 unterschiedlichen, wunderschönen Teilgärten.

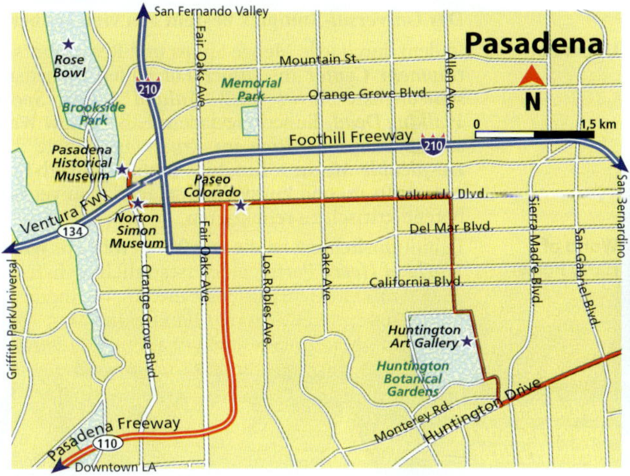

Universal Studios www.universalstudioshollywood.com

Lage

Von den diversen ***Amusementparks*** im Großraum Los Angeles sind die ***Universal Studios*** neben *Disneyland/California Adventure* die mit Abstand populärsten. Sie liegen einige Meilen nordwestlich von Hollywood am *Freeway* #101, *Exit* Universal City.

Tickets

Der Pauschaleintritt in die *Universal Studios* kostet datumsabhängig **$105-$120/Person** plus *tax*. Für nur $24 mehr gibt's bereits ein **2-Tage-Ticket** (zweiter Tag innerhalb von 7 Tagen nur für dieselbe Person!). Wer lange Wartezeiten vor den *Rides* in bisweilen endlosen Schlangen vermeiden möchte, kauft das ***ExpressTicket*** ab **$179** (günstigster Preis Winter) bis **$254** (Höchstpreis Sommer).

Das Ticket für die ***VIP Experience***, eine 5-6 stündige Studiotour ohne Wartezeiten inklusive *VIP-Gourmet-Lunch*, kostet **$329**.

Parken

Parken kostet $25 (*General Parking*) bzw. $35 (*Preferred Parking* mit dem Parkeingang näheren Stellplätzen) oder $50 fürs Autoabstellen am *Front Gate*. Ab 18 Uhr gilt $10/$20/$30; für RVs $20.

Öffentlicher Transport Man kommt auch **per U-Bahn** (*Red Line*) oder **MTA Bus** (www.metro.net) zu den Universal Studios. Denkbar ist auch die Anfahrt per ***Uber/Lyft*** (etwa von *Downtown* mit der Option ***Pool*** ab $10; hin- und zurück teils günstiger als die *General Parking Fee*.

Zeiten **Geöffnet** sind die Studios täglich ab 9/10 Uhr bis 18/19 Uhr, im Sommer ab Ende Juni bis Ende August bis 21/22 Uhr. Mit An- und Abfahrt entspricht der Besuch einem **vollen Tagesprogramm**.

App und Wifi Die ***Universal Studios App*** bietet eine interaktive Parkkarte sowie aktuelle Infos zu Show- und Wartezeiten. Dafür loggt man sich einfach auf dem Studiogelände ins Wifi **XFINITY** ein (gratis). Auch die Tickets kann man sich – digital – per App holen.

Der *Universal*-Komplex besteht aus vier Teilbereichen:

Upper Lot In dem durch jede Menge Shops und Restaurants ergänzten ***Entertainment Center*** im ***Upper Lot*** laufen mehrmals täglich unterschiedlichste Shows w.z.B. ***Animal Actors, Special Effects, The Walking Dead***, die actiongeladene Baller-Show ***Waterworld***, den rasanten ***Simpson's Ride*** im *Krustyland* sowie das 3D-Abenteuer ***Despicable Me*** zum Kinohit »Einfach unverbesserlich«. Alles ist unterhaltsam und kurzweilig, solange man vermeidet, das im Gebotene kritisch zu reflektieren.

World of Harry Potter Publikumsliebling ist die erst 2016 eröffnete ***Wizarding World of Harry Potter***, eine erstaunlich realistische 25.000 m^2-Themenlandschaft mit Kopfsteinpflaster, schneebedeckten Dächern, *Old England Shops*, skurrilen »Bewohnern« und vor allem ***Hogwarts Castle***. Mit ***Harry Potter and the Forbidden***

Das düster-fantastische Hogwarts Castle überragt die World of Harry Potter

Journey warten dort ein simulierter rasanter Besenstielritt voller Spezialeffekte und alkoholfreies *Butterbeer*. Besucher können auch gleich ihre Zauberkünste ausprobieren und mit *Ollivanders* (interaktive Zauberstäbe) in den Schaufenstern des Dorfes Schubladen öffnen, Bücher zum Leben erwecken, versteckte Botschaften erkennen und vieles mehr. In den Läden gibt's außerdem schreiende Yo-Yos (*Zonkos*) und Schokoladenfrösche (*Honeydukes*). Hohe Priorität neben der Studiotour. Der ***Flight of the Hippogriff*** (außerhalb des Schlosses) ist eine familienfreundliche Achterbahn.

Lower Lot

Unterhalb, im ***Lower Lot***, liegt das **Studio-Center**. Dort erwarten das Publikum u.a. der (nicht so aufregende) ***Raft Trip*** durch den ***Jurassic Park***, die ***Revenge of the Mummy*** (ein wilder *Rollercoaster* im Dunkeln) und der irre *3D-Ride* ***Transformers***.

Backlot

Durch das Gelände der Studios, das ***Backlot***, geht es per ***Studio Tram Tour*** (mit jeweils etwa 150 Personen). Während der 60 min-Tour gelten pausenlose Erläuterungen all den Filmen, die in den Stadtattrappen und an künstlichen Seen gedreht wurden, und den bewunderswerten Stars und Sternchen, deren Bekanntheit natürlich vorausgesetzt wird. Für Spaß und Schrecken ist gesorgt, wenn man die Vorstadtidylle aus ***Desperate Housewives*** passiert, eine gerade **abgestürzte Boeing** noch vor sich hinqualmt, eine Flutwelle anrollt, der **Weiße Hai** angreift, die **Erde bebt**, Beton bricht und Flammen lodern. Die Bahn passiert auch die Wahnsinnswelt von ***King Kong 360*** in 3D und ***Bates Motel***, bekannt aus *Alfred Hitchcock's* Film »*Psycho*«. Kürzlich ergänzte man die Studiotour um die Auto-Verfolgungsjagd ***Fast & Furious – Supercharged*** mit 3D-Videos, Sound- und Raucheffekten rund um die Besucherwagen.

Citywalk

Nach all dem kann man im ***Universal Citywalk*** mit Kinos, Shops, *Fast Food Places* und Restaurants wie (***Hard Rock Café***, ***Wolfgang Puck Bistro, Bubba Gump*** etc. hinter ***Art Deco*-Fassaden** weiter die aufregende Welt des *Entertainment* genießen. Ohne Eintritt zugänglich, aber um die hohen Parkgebühren kommt man nicht herum, ➤ Seite 399; www.citywalkhollywood.com.

Freeways um Universal

Ein besonderes Problem stellt die Abfahrt ab *Universal* dar. Die *Freeways* der Umgebung sind regelmäßig bis mindestens 19 Uhr mehr oder weniger verstopft. Also entweder früh morgens kommen und vor 14 Uhr »durch« sein, oder bis nach 19 Uhr warten und erst einmal shoppen und dinieren, wenn das Fahrtziel nicht gleich um die Ecke liegt.

Warner Brothers Studio

Studio Tour

Die Studios und das Gelände der ***Warner Brothers*** in nahen **Burbank** sind anders als im Fall *Universal* kein *Amusement Park* und daher eher etwas für eingefleischte Filmfans. *Warner* produzierte weltbekannte Filme wie *Casablanca, Superman, Batman, Harry Potter* und die Matrix-Reihe, außerdem Serien wie *Die Waltons, Gilmore Girls, Hart of Dixie* oder *Two and a Half Men*.

Ein Muss ist die 3-stündige ***Studio Tour*** in 12-Personen-Elektrovehikeln durch Studios wie Stadt- und Landschaftskulissen für *WB*-Filme. Sie wurde von *LA Weekly* zur besten Studiotour gekürt. Mit Glück erwischt man einen Tag mit Dreharbeiten und sieht das eine oder andere bekannte Gesicht. Die Tour beinhaltet auch eine Ausstellung zu ***DC Comics*** sowie eine Garage voller ***Batmobiles***. Sie endet an der ***Stage 48: Script to Screen***, einem interaktives Studio, das den Filmproduktionsprozess verständlich machen soll.

Anfahrt

Zum Startpunkt der Studio-Tour, Parkplatz am 3400 Warner Blvd, fährt man am besten über den *Freeway* #101 an, verlässt ihn an der Ausfahrt 11A südlich von *Universal* und fährt auf dem Barham Blvd nach Norden. Barham wird zur Olive Ave: von ihr biegt man noch vor dem *Freeway* #134 rechts ab auf den Riverside Drive und gleich wieder rechts auf die Avon Street.

Zeiten/Ticket

Touren täglich 8.30-16 Uhr (letzte Abfahrt); Kinder nur ab 8 Jahre! **Tickets $62**; Reservierung empfehlenswert unter © 1-877-492-8687 bzw. www.wbstudiotour.com. Superfans buchen die 5-stündige ***Deluxe Tour*** Mo-Fr 10 Uhr einschließlich Mittagessen mit der Chance, die WB-Helden in der Kantine persönlich zu treffen ($295!).

Weitere Studio Tours

Neben *Universal* und *Warner Brothers* bieten noch weitere Studios Touren durch ihre Gelände und Sets:

- ***Sony Pictures Studios*** mit den Sets zu *Jeopardy* und *Wheel of Fortune* und dem originalen *Fleetwood Bounder Breaking Bad RV*; 10202 West Washington Blvd, © (310)-244-8687; 2 Std-Tour $45, www.sonypicturesstudiostours.com.
- ***Paramount Studios*** sind die einzigen noch direkt in Hollywood verbliebenen; hier wurden Szenen der 5-fach oscargekrönten Tragikomödie *The Artist* (2011) gedreht, 5555 Melrose Ave, © (323) 956-1777; 2-Std-Tour ab $58, www.paramountstudiotour.com.
- Im ***Melody Ranch Motion Picture Studio*** (Santa Clarita Valley/ Nord LA) entstanden Szenen von *Tarantino's* Oscar gekröntem

Sklaverei-Western ***Django Unchained*** (nur Gruppentouren, ✆ (661) 286-1188; www.melodyranchstudio.com).

Wer als **Publikum in Fernsehshows** (gratis) dabei sein will, schaut unter http://tvtix.com/schedule.php oder www.tvtickets.com.

Blick auf Downtown Los Angeles. Mittig vorne die runden Glastürme des Westin Bonaventure Hotels, dahinter hoch aufragend der US Bank Tower mit dem OUE Skyspace (➢ *Seite 405*)

Downtown und Umgebung

Geographie Downtown

Wie eingangs im Abschnitt Geographie kurz erläutert, gibt es in Los Angeles keine »Innenstadt«, die von ihrer administrativen und wirtschaftlichen Bedeutung her mit der anderer großer Cities vergleichbar wäre. Nichtsdestoweniger existiert ein – dank seiner **Hochhauskulisse** – auch aus der Distanz deutlich erkennbares ***Downtown Los Angeles***. Zum Bereich *Downtown* zählt man neben dem Geschäfts- und Finanzzentrum den ***Civic Center*** Komplex mit Administrations-, Gerichts- und Kulturgebäuden, die heute als ***State Historical Park*** ausgewiesene kleine ***Old Town*** sowie – in Randlage – ***Chinatown*** und ***Little Tokyo***. Das Gebiet hat die Form eines Dreiecks und wird durch den *Pasadena/Harbor Freeway* #110/I-110) oberhalb und unterhalb der Kreuzung mit dem *Hollywood Fwy* #101, den *Santa Monica Fwy* I-10 und die Alameda bis hinauf zur College Street (*Chinatown*) begrenzt.

Parken/ Anfahrt

Die **Park- und Verkehrssituation** in *Downtown* ist werktags katastrophal. Es empfiehlt sich ein Abstellen des Wagens auf einem der zahlreichen (teuren) Parkplätze in den Randzonen des skizzierten Dreiecks oder in einem der Parkhäuser und eine **Erkundung von *Downtown LA*** – zumindest innerhalb der Teilbereiche – ***per pedes***. Dank des mittlerweile gut ausgebauten U-Bahn-Netzes ist auch eine Anfahrt mit der **Metro** keine schlechte Idee.

Transport in Downtown

Einmal dort eignen sich zur Überbrückung größerer Distanzen am besten die Busse des ***Downtown Area Short Hop* (DASH)**, die Mo-Fr 5.50-19.00 Uhr in 5- bis 20-min-Intervallen (Sa und So nur zwei Linien mit geringer Frequenz) zwischen allen wichtigen Hotels, *Shopping Malls*, markanten Gebäuden und Sehenswürdigkeiten

Pershing Plaza

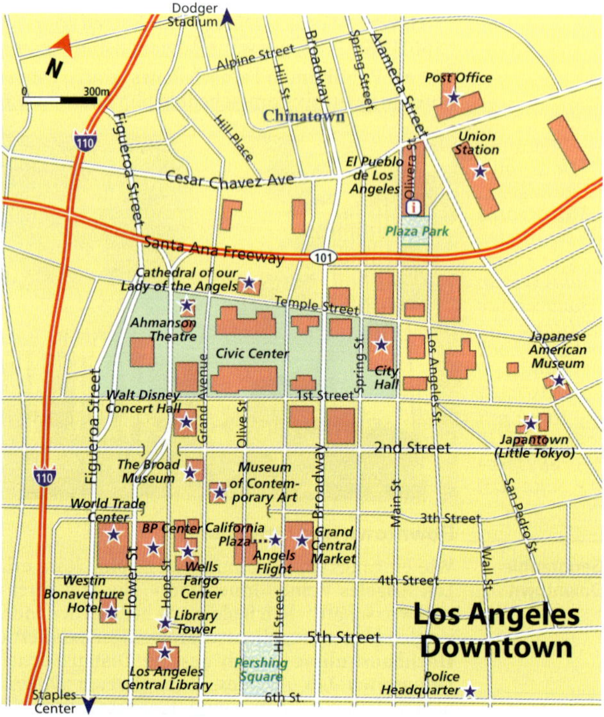

samt *Chinatown, Pueblo de los Angeles* und *Union Station* verkehren. Die zahlreichen Haltepunkte sind nicht zu übersehen. Das **Ticket** kostet einheitlich **$0,50**. DASH verkehrt auch zu Zielen außerhalb von *Downtown*; www.ladottransit.com/dash.

Seit August 2017 ist die nostalgische Zahnradbahn ***Angels Flight*** wieder in Betrieb. Die über 100 Jahre alte Bahn verkehrt auf einer Strecke von gerade mal 100 Metern zwischen South Hill und Olive Street. Die Fahrt lohnt schon allein wegen des Kontrastes zwischen diesem Relikt aus dem Jahr 1901 und den Glas- und Betonsilhouetten ringsum; täglich 6.45-22 Uhr, $1, mit Metro TAP-Card $0,50; www.angelsflight.org.

Beginn Rundgang

Zur näheren Inaugenscheinnahme der Paläste der Versicherungen, Banken und Luxushotels und der Kreationen postmoderner **Architektur** samt unübersehbarer Skulpturen zwischen den Hochhäusern beginnt man am besten am **Südende** (etwa 8th/7th Street) der **Figueroa Street**.

Das Wilshire Grand Center

An der Ecke South Figueroa/7th Street wurde 2017 der mit 335 m nach dem *US Bank Tower* (310 m) der nunmehr **höchste Wolkenkratzer** in LA und westlich des Mississippi eröffnet. Ein Glasgiebel und Spitzturm krönen das 73-stöckige ***Wilshire Grand Center***. Es beherbergt u.a. das *InterContinental Hotel Los Angeles Downtown* (http://dtla.intercontinental.com). Die Panoramafenster der ***Skylobby Lounge*** und des Restaurants ***La Boucherie*** im 70. bzw. 71. Stock bieten einen weiten Blick über LA und die ***Spire 73 Lounge*** in der Dachetage sogar 360° freie Rundumsicht.

The Westin Bonaventure

Das ***Westin Bonaventure Hotel*** in der 404 S Figueroa St ist mit seinen einst *Downtown* prägenden, heute von einigen Nachbarn überragten gläsernen Türmen nicht zu verfehlen. Sehenswert sind das lichte Atrium mit Wasserspielen auf versetzten Ebenen und die Boutique-/Restaurantarkaden; http://www.thebonaventure.com.

OUE Skyspace

Von dort könnte man der 5th Street bis zur Hope Street folgen. Vom ***OUE Skyspace*** oben auf dem ***US Bank Tower*** hat man sagenhafte 360°-Panoramablicke über LA (633 W 5th St, tägl. 10-22 Uhr, letzte Auffahrt 21 Uhr, $25, www.oue-skyspace.com). Eine transparente 13 m lange Aussenrutsche in 300 m Höhe, der ***Skyslide***, verbindet den 70. und 69. Stock und kostet $8 extra (*Combo-Ticket* $33).

Museum of Contemporary Art (MOCA)

Ein paar Blocks weiter nördlich an der 250 South Grand Ave steht abgesenkt der beeindruckende Bau des ***Museum of Contemporary Art***; Eintritt $15, Kinder ab 13 Jahre $7; Mo+Fr 11-18 Uhr, Do bis 20 Uhr (kostenlos ab 17 Uhr), Sa+So 11-17 Uhr; www.moca.org.

Die Sammlung bezieht sich auf – überwiegend – amerikanische Kunst seit den 1940er-Jahren bis heute. Viele große Namen (*Stella, Rauschenberg, Warhol, de Kooning, Pollock* etc.) sind mit Werken vertreten; zusätzlich gibt's wechselnde Sonderausstellungen.

Eine »Filiale« ist das ***MOCA Pacific Design Center*** in West Hollywood, 8687 Melrose Ave, Di-Fr 11-17 Uhr, Sa+So 11-18 Uhr.

Installation im Innenhof des MOCA

Neues Art Museum »The Broad«

Das nach seinen Stiftern *Eli* und *Edythe Broad* benannte ***Broad Museum*** öffnete erst 2015 seine Pforten. Es steht schräg gegenüber dem MOCA in der 221 South Grand Ave. Auf 5.000 m^2 sind zahlreiche Objekte zeitgenössischer Kunst (u.a. *Cindy Sherman, Roy Lichtenstein* und *Jeff Koons*) zu bewundern. Als architektonisches Highlight gilt ein durchlässiger »Schleier aus Honigwaben«, der sich um das dreistöckige Gebäude schlingt.

Der Eintritt ist frei, aber die Ticketzahl/Tag begrenzt; Vorausreservierung unter www.thebroad.org/visit/today. Das Parkhaus des Museums kostet $15/3 Std. Geöffnet Di-Fr ab 11Uhr, Sa+So ab 10 Uhr, Schluss Di+Mi 17 Uhr, Do-Sa 20 Uhr, So 18 Uhr.

Walt Disney Concert Hall/ Kathedrale

100 m nördlich des MOCA steht die avantgardistische ***Walt Disney Concert Hall***, Heimat des *Los Angeles Philharmonic Orchestra* (111 South Grand Ave), ➤ Foto unten; www.laphil.com.

Kathedrale

Ebenfalls an der Grand Avenue südlich des *Freeway* #101 nicht zu übersehen ist die ***Cathedral of our Lady of the Angels***, ein weiteres Meisterwerk der Architektur, www.olacathedral.org.

Broadway

Nach Osten bildet der **Broadway** eine Art Grenzlinie zwischen dem *Business*-Bezirk und der schäbigen, bei Dunkelheit besser zu meidenden *Eastside*. Dort findet man das ***Greyhound Bus Terminal*** (1716 East 7th nahe Alameda Street) und unweit davon passenderweise auch gleich das **Polizeihauptquartier** (251 East 6th St).

Market

Am Broadway zwischen 3rd und 4th Street nicht zu übersehen ist der ***Grand Central Public Market***; www.grandcentralmarket.com.

Für gute **Fotos** der ***Downtown Skyline*** eignen sich besonders gut Standpunkte auf dem **Pershing Square**, ➤ Karte Seite 404.

Japan Viertel

Zwar auch östlich des Broadway, aber außerhalb der Problemzonen liegt das japanische Miniviertel ***Little Tokyo*** (zwischen San Pedro St, Central Ave, 1st und 2nd St). Es handelt es sich im Wesentlichen um ein japanisch »angehauchtes«*Shopping Center* (*Japanese Village Plaza*), das man vielleicht zum Besuch eines der ***Sushi Restaurants*** aufsuchen könnte. Einen eigenen Besichtigungswert besitzt *Little Tokyo* kaum; www.visitlittletokyo.com.

Walt Disney Concert Hall

Japanese American Museum

Eine Ausnahme macht das schon durch seine Glasfront auffällige ***Japanese American National Museum*** in der 100 North Central Ave (Di+Mi und Fr-So 11-17 Uhr, Do 12-20 Uhr, Eintritt $15, Kinder 6-17 Jahre $6) mit einer Ausstellung zur Geschichte von japanischstämmigen Amerikanern und zu ihrer Zwangsinternierung während des Zweiten Weltkriegs, ➢ auch Seite 293. Wen das Thema näher interessiert, findet Einzelheiten unter www.janm.org.

Mexikanischer Totenaltar im Pueblo de los Angeles der Old Town

Old Town

Unmittelbar jenseits des tiefergelegten *Hollywood Freeway #101* zwischen Alameda (gegenüber der ***Union Station*** – Bahnhof für die Amtrak-Züge/U-Bahn und Baudenkmal) und Spring Street pflegt man im ***Pueblo de los Angeles State Historic Park*** die Reste spanisch/mexikanischer Vergangenheit, die sich dort in ein paar – eher mäßig sehenswerten – Gebäuden manifestiert.

Ein ***Visitor Center*** an der Main Street informiert über Einzelheiten. Im Mittelpunkt steht aber letztlich weniger die Historie als das kommerzielle Angebot auf der hübschen **Old Plaza** am Plaza Park und – daran anschließend – in der **Olvera Street** mit jeder Menge bunter ***Mexico Shops*** und *Eateries* mit ***Mexican Food***.

Chinatown

Wenige Blocks nördlich des Pueblo besitzt auch Los Angeles seine *Chinatown,* aber bei weitem nicht so groß und prächtig wie die San Franciscos. Ihr Zentrum ist ein **Fußgängerbereich** zwischen Hill Street und North Broadway oberhalb College Street. *Chinatown* schließt am frühen Abend, wenn die Tagestouristen verschwunden sind, weitgehend die Pforten; www.chinatownla.com.

Baseball Dodger Stadium

Nur wenig nördlich von Chinatown (z. B. Hill Street nach Norden fahren) liegt jenseits des Freeway #110 unterhalb der I-5 und des Elysian Park das gigantische ***Dodger Stadium*** (an die 60.000 Sitzplätze). Fast noch eindrucksvoller als dieses berühmte Baseball-Stadion ist die kolossale Ausdehnung der Parkplätze um das Rund. Wer die ***Los Angeles Dodgers*** live erleben möchte, erfährt alles unter www.mlb.com/dodgers.

Staples Center & L.A. Live

In der äußersten südwestlichen »Ecke« von *Downtown* LA steht das ***Staples Center*** (1111 South Figueroa Street/Höhe West 11th Street; ➤ Foto unten) neben dem *LA Convention Center*. In diesem Sportkomplex sind die Basketballriesen der ***Los Angeles Lakers***, ihre Rivalen von den ***Los Angeles Clippers***, die *Ladies* der ***LA Sparks*** und dazu die Eishockeycracks der ***Los Angeles Kings*** zuhause. An sportfreien Tagen finden dort auch Konzerte statt; aktuelle Details unter www.staplescenter.com.

Gegenüber liegt der Entertainment-, Sport- und Gastronomiekomplex ***L.A. Live*** auf 11 ha (www.lalive.com). Lohnend ist dort ggf. ein Besuch des ***Grammy Museum*** (800 W Olympic Blvd, Mo-Fr 10.30-18.30, Sa-So ab 10 Uhr, $13/$11, www.grammymuseum.org), das die Geschichte der Musik auf vier Etagen nachzeichnet.

Exposition Park

Nicht mehr zum Bereich *Downtown* gehört der ***Exposition Park*** (Figueroa Street/Exposition Blvd), dessen Anlage auf die Weltausstellung 1914 zurückgeht. Er liegt 4 mi südlich der City und ist via *Harbor Freeway* #110 leicht erreichbar; www.expositionpark.org.

Coliseum

Kernstück des Komplexes ist das nostalgische ***Coliseum***, Hauptschauplatz der Olympischen Spiele von 1984 und 1932.

Science Center

Immer stark besucht und bei Schulklassen beliebt ist das ***California Science Center***, ein enormes Technikmuseum mit IMAX und aktuellen Sonderpräsentationen; 10-17 Uhr, Eintritt frei (bis auf IMAX und *Dead Sea Scrolls* Ausstellung). Wer nur zum ***Space Shuttle Endeavour*** möchte, muss sein eintrittszeitgebundenes (!) Ticket ($2 Service-Gebühr) ausgedruckt mitbringen oder auf dem Smartphone vorzeigen; www.californiasciencecenter.org.

Naturkundemuseum

Das *LA County* ***Natural History Museum*** (täglich 9.30-17 Uhr; $15, Kinder $12/$7; www.nhm.org), in Breite und Präsentation ein gutes naturgeschichtliches Museum mit großer Dinosaurierabteilung, liegt in nächster Nähe des *Science Center*.

Rosengarten und USC

Erholung im Grünen bieten der ***Rose Garden*** nördlich der Museen und diverse kleine **Parks** im Campus der ***University of Southern California*** gleich nördlich des Exposition Blvd; www.usc.edu.

Wilshire District

Wishire Blvd/ Hancock Park/ Museum Row

Der *Santa Monica Freeway #10* bietet die rascheste Verbindung von *Downtown* zu den Stränden im Westen. Weitgehend parallel dazu läuft einige Blocks nördlich der **Wilshire Boulevard** durch den prosperierenden gleichnamigen Bezirk und später – zwischen Sunset und Santa Monica Blvd – als dritte Verkehrsachse durch die bereits beschriebene *Westside* (➤ Seite 388f). Noch im ***Wilshire District*** passiert diese breite Allee den ***Hancock Park***. Zwischen Fairfax und La Brea Ave, der ***Museum Row*** im *Miracle Mile District*, finden sich die folgenden drei Sehenswürdigkeiten:

Installation Urban Light aus über 200 gusseisernen Straßenlaternen der 1920er- und 1930er-Jahre auf dem Gelände des LACMA

LACMA

- In seiner Südwestecke befindet sich das ***Los Angeles County Museum of Art*** (**LACMA**, © (323) 857-6000, www.lacma.org), ein um eine zentrale Hofanlage angelegter Komplex aus Gebäuden und Skulpturengärten (Mo+Di+Do, 11-17 Uhr, Fr bis 20 Uhr, Sa+So 10-19 Uhr; $16/$10. Kinder bis 17 Jahre gratis.

  Parken in der Parkgarage unter dem LACMA (*Pritzker Parking $12*); Zufahrt von der 6th Street aus. **Freies *Wifi***-Netzwerk.

  Die Ausstellungen im *Art of the Americas, Ahmanson* und *Hammer Building* beziehen sich auf **Stil- und Kunstrichtungen zahlreicher Kulturen** vom Altertum bis zur Neuzeit. Im ***Art of the Americas Building*** findet man in erster Linie Kunstwerke aus Latein- und Nordamerika und im ***Hammer Building*** asiatische Kunst. Im ***Ahmanson Building*** beeindrucken alte Meister (u.a. *Rembrandt, Frans Hals*), eine Kollektion von *Rodin*-Skulpturen sowie Kunstwerke aus allen Teilen der Welt.

  Aus dem Rahmen fällt der ***Pavilion for Japanese Art***, dessen Architektur ganz andere Akzente setzt als die übrigen Gebäude.

  Der eingeschössige ***Lynda and Stewart Resnick Exhibition Pavilion*** des bekannten Architekten *Renzo Piano* erweiterte 2010 den LACMA-Campus um 4.000 m^2, die seither für Wechselausstellungen genutzt werden.

Das ***LACMA Café***, das ***C+M Coffeehouse*** und die eigenwillig eingerichtete ***Ray's & Stark Bar*** bieten den passenden Rahmen für eine Stärkung nach intensiven Stunden durch die Museen.

La Brea

- östlich neben dem Kunstmuseum befinden sich die ***La Brea Tar Pits***, mit einer teerigen Brühe gefüllte Teiche, in denen im Laufe der Erdgeschichte unzählige Tiere versanken. Hunderttausende von Knochen wurden aus den *Pits* geborgen und teilweise wieder zusammengesetzt, darunter auch das einer Frau, der ***La Brea Woman***. Erstaunlich gut konserviert sind die prähistorischen Fossilien. Ein Teil davon ist im ***La Brea Tar Pits Miseum*** zu sehen, geöffnet täglich 9.30-17 Uhr; $15/$7; www.tarpits.org. **Parken** $12.

Automobilmuseum The Petersen

Wer sich für nostalgische Automodelle interessiert, wird im ***The Petersen Automotive Museum*** mit jeweils 150 (von über 300 im Bestand) – teilweise sagenhaft gut erhaltenen bzw. restaurierten – Ausstellungsstücken mehr als fündig. Das Museum steht schräg gegenüber dem LACMA am 6060 Wilshire Blvd, Einfahrt über die Fairfax Ave; Parken im eigenen Parkhaus $10. Das Bild oben zeigt das Aussehen des Museums nach Renovierung 2016. Täglich 10-18 Uhr, Eintritt $16/$8, Parken $13; www.petersen.org.

Ab LACMA/ La Brea nach Venice Beach

Die Fairfax Ave stößt eine gute Meile südlich des LACMA auf den **Venice Blvd**, der in Verbindung mit dem **Venice Way** (die letzte halbe Meile) in den zentralen Bereich von **Venice Beach** führt. Nach **Santa Monica** nimmt man besser die I-10.

Santa Monica und Venice Beach

Kennzeichnung Santa Monica

Santa Monica ist gleich nach Hollywood der wohl bekannteste Stadtteil von LA. Unzählige Filme und TV-Serien haben dafür gesorgt. Dabei kommt es vor allem auf den Küstenstreifen mit der berühmten ***Santa Monica Pier*** an (plus 2-3 Blocks landeinwärts). Was Santa Monica entlang der unendlichen Strände von Malibu bis Newport Beach auszeichnet, ist die **Steilküste** hinter dem Strand. Zwar geht die Verlängerung der I-10 ab der Pier in den *Pacific Coast Highway* #1 über und läuft hinunter zum und am Strand entlang.

Aber unmittelbar hinter dieser hochfrequentierten Straße ragt eine ca. 20 m hohe Abbruchkante auf. Zwischen ihr und der palmenbestandenen Allee **Ocean Ave** erstreckt sich ab der Pier in Richtung Nordwesten der 40-80 m breite gepflegte ***Palisades Park*** mit von Joggern und (selteneren) Spaziergängern viel genutzten Wegen.

Strand und Pier

Unten auf dem Strand verläuft außerdem ab der *Will Rogers State Beach* in Pacific Palisades – weiter nördlich, speziell dort riesige **Parkplätze** am Strand – der asphaltierte ***Ocean Front Walk and Bike Path*** zweispurig (!) unter den Pylonen der Pier hindurch bis hinunter zur felsigen Halbinsel Rancho Palos Verdes.

Der in Werbebroschüren gern gezeigte und gelobte **Dauerjahrmarkt *Pacific Park*** auf der Pier ist samt den zahlreichen *Fast Food*-Ständen und einigen Restaurants über den Wellen des Pazifik bei weitem nicht so attraktiv, wie es auf bunten Fotos scheint.

Einkauf

An der Ocean Ave passiert man Hotels und teure Restaurants. Von der verkehrsfreien Einkaufsstraße, der **3rd Street Promenade**, war bereits auf ➤ Seite 377 die Rede; www.downtownsm.com.

Weiter nach Venice Beach

Südlich der Pier rücken mit der langsam abfallenden Küste die Villen näher an den Strand, und die Ocean Ave wird zum Barnard Way, an dem weitere Großparkplätze die Autos der Strandbesucher und des ***Dorothy Green Park*** aufnehmen.

Zu Fuß oder per Bike (am Strand entlang) erreicht man von dort rasch den als alternativ geltenden Santa-Monica-Ortsteil Venice auf Höhe der Rose Ave. **Mit dem Auto** gehts **von Santa Monica aus** dorthin nur über den hier zurückliegenden Pacific Coast Blvd.

Promenade und Bike Path

Am Nordende von Venice teilen sich der ***Ocean Front Walk*** und der ***Bike Path***. Ersterer wird zur breiten Promenade mit oft exzentrischem Leben und Treiben. Die sich über den Sand schlängelnde Radpiste ist nirgends so verkehrsreich wie an der Venice Beach. Ab der weit ins Wasser ragenden ***Fishing Pier***, ca. 1 km südlich des Zentralbereichs von Venice vereinigt sich der *Front Walk* wieder mit dem *Bike Path* und läuft bis zum Einfahrtkanal des Yachthafens *Marina del Rey* (ab der *Fishing Pier* ca. 2 km).

Ocean Front Bike Path hier in Venice Beach, ideal für eine kleine Radtour von Malibu bis mindestens zur Marina del Rey; Fahrradverleih in Venice Beach, ➤ Foto Seite 139

Kennzeichnung Venice

Das »**Venedig**« von LA hat zwar ein paar hübsche an Kanälen gelegene Wohnstraßen (*Linnie Canal Park* zwischen South Venice Blvd und 28th Ave sowie entlang Esplanade East), aber mit dem Namensvorbild ansonsten gar nichts gemein. Ein je 300 m langes und breites Quadrat über dem ***Venice Beach Park*** bis zur Main Street mit der Windward Ave als zentraler Achse beschreibt das **Kerngebiet von Venice**. Gerne wird auch der **Abbot Kinney Blvd** herausgestellt, eine Verbindung zwischen Main Street und Venice Blvd (auf der Windward Ave ca. 800 m vom Strand entfernt) mit 'zig Shops und *Eateries*, die lange eher »abgeblättert« wirkten und nur abends attraktiv erschienen. Mittlerweile ist dort teilweise ein Wandel hin zu mehr Exklusivität eingetreten.

Venice Beach

Für Besucher kommt es in ***Venice Beach*** vorrangig auf den Strand und die Promenade rund um den *Beach Park* an. An freien Tagen tummeln sich entlang der ***Open-air*-Restaurantzeile** und den bunten Verkaufsständen oft Tausende, um zu gucken bzw. gesehen zu werden oder um sich jüngst gänzlich freigegebenes ***Marihuana*** zu besorgen. Starke Männer stählen ihren Körper an der legendären ***Muscle Beach*** (zwischen 18th und 19th Ave), Volley- und Basketballer produzieren sich im ***Recreation Center***, und *Biker* wie *Skater* preschen auf ihrer hier exklusiven Betonspur den Strand 'rauf und 'runter. Pflastermaler, Pantomimen und Musikanten sorgen an guten Tagen für zusätzliche Unterhaltung.

Venice ist nebenbei berühmt für seine ***Murals*** (Wandbilder); individuelle Touren führen zu den 20 besten; Details unter www.venicebeach.com/self-guided-walking-tour-of-the-venice-murals.

Fazit Venice Beach

Venice lebt von seinem weltweiten Ruf. Massen von Kaliforniern und Touristen bevölkern die Promenade und Lokale vor allem an Gutwetter-Wochenenden und Feiertagen. Dann sind die Parkprobleme trotz hoher *Flatrates* groß, obwohl von Shops und *Eateries* entlang der zentralen Meile der »Lack« ziemlich ab ist. Eher schäbig zeigt sich auch die Infrastruktur der zweiten und dritten Reihe und der Querstraßen.

Ab Dämmerung sollte man Venice Beach besser meiden.

Sonntag Nachmittag auf der Venice Beach Promenade

Von Venice nach San Pedro

Marina del Rey

Wie erwähnt, schließt die ***Marina del Rey*** unmittelbar an Venice an. Dieser Hafen war einst Zentrum der olympischen Segelwettbewerbe (1984) und ist Heimat einer unglaublichen Armada von Booten der Luxusklasse. Anzahl und Größe der hier liegenden Segel- wie Motoryachten stellen so ziemlich alles in den Schatten, was wir aus Europa kennen. Hinzu kommt eine sagenhafte Infrastruktur rund um die Hafenanlage. Wer es sich leisten kann, hat sein teures Apartment gleich neben dem Bootsliegeplatz.

Fisherman's Village

Die Hafenbecken werden umrundet von der Via Marina (Westseite), dem Admirality Way und dem Fiji Way an der Südostseite. Auf ihm gelangt man vom Lincoln Blvd (Pacific Coast Hwy #1) zum ***Fisherman's Village***, einer Restaurantzeile mit einem hübschen *Boardwalk* am Wasser, von der man beste Sicht auf die in den Hafen ein- und auslaufenden Boote hat.

Manhattan Beach mit Pier, die ruhigere Alternative zur Venice Beach

Beaches südlich von Venice

Südlich der Marina kann man via Culver Blvd auf der Straße Vista del Mar am dort zunächst nicht zugebauten Strand unmittelbar der Küste folgen. Die Straße passiert die ***Dockweiler State Beach*** (mit RV-Camping, ➤ Seite 370), die Einflug-/Startschneise des *LA International Airport* und meilenweit Industrieanlagen, bevor sie als Highland Ave **Manhattan Beach** erreicht.

Manhattan Beach

Ab der 45th Street geht's von ihr an Strandparkplätze zwischen Sand und **Promenade *The Strand***. Parallel dazu läuft wieder der ***Ocean Bike Path***. Ununterbrochen einen Block vom Strand entfernt kommt man aber nur auf dem Ocean Drive weiter. Ein erstes Zentrum des ***Californian Beach Life*** fast ohne Touristen erlebt man auf Höhe des Manhattan Beach Blvd mit einer beliebten Pier, an dessen Ende ein Aquarium über dem Wasser steht.

Hermosa Beach

Die nächste Agglomeration am Wege heißt ***Hermosa Beach***, der Ocean Drive wird dort zur Hermosa Ave. Zentrale Bereiche sind

Beach Volleyball an einem Herbsttag an der Hermosa Beach

die Zugänge an den Strand am Ende der 22nd Street und vor allem an der palmenbestandenen Pier Ave, wo sich Kneipen und *Eateries* fürs Jungvolk ballen. Das *Surf City Hostel* (➤ Seite 370) steht dort direkt am Strand. **Hermosa Beach ist** – wenngleich weniger »bunt« als Venice Beach – alles in allem **der attraktivste Strandbereich** von LA, das Adjektiv »hübsch« passt daher 100%ig.

Redondo/ Torrance Beach

Weiter unten in **Redondo Beach** wird die Hermosa Ave an einer weiteren Megamarina zum Harbor Drive. Um weiter der Küstenlinie zu folgen, steuert man via Beryl Street von dort die Catalina Ave an und fährt nach ca. 0,7 mi die Esplanade nach rechts. Auf ihr geht es noch einmal ein Stück unmittelbar am Strand entlang. Die Straße endet am Miramar Park und setzt sich als Paseo de la Playa fort vorbei an Parkplätzen und Villen der **Torrance Beach**. Automatisch erreicht man so den **Palos Verdes Blvd** und **Drive**.

California Beach Life

Im Gegensatz zu Malibu, Santa Monica und Venice Beach gibt es im Bereich Manhattan, Hermosa und Redondo Beach – obwohl die Strände ebenso schön oder sogar besser sind – **nur wenige Touristen**. Draußen und in den Lokalen spielt sich das typische Leben junger *Los Angelitos* ab. Dort erkennt man, was die Qualität des ***Californian Way of Life*** zumindest für diejenigen bedeutet, die genügend Zeit und Dollars haben, es zu genießen.

Rancho Palos Verdes

Der **Palos Verdes Drive** läuft kurvenreich an beachtlichen Villen, Golfplätzen und schönen Aussichtspunkten vorbei. Breite Strände gibt es dort nicht, nur einige wenige Zugänge zu steinigen Sandstreifen unterhalb der Steilküste. Auf der Karte sieht die Entfernung von Redondo Beach bis San Pedro/Long Beach nicht sonderlich weit aus. Tatsächlich sind es via Rancho Palos Verdes bis zum Hafen von San Pedro rund 15 mi, die wegen der Kurverei ermüden und dauern. Mit ein paar Fotostopps ist man schnell eine Stunde und länger unterwegs.

Wayfarers Chapel

Einzige, dafür aber eindrucksvolle Sehenswürdigkeit auf der Halbinsel ist die ***Wayfarers Chapel***, eine von ***Frank Lloyd Wright Jr.*** gestaltete Kapelle aus Natursteinen, Holz und viel Glas auf etwa halber Strecke nach San Pedro in einem kleinen Park mit Aussicht auf den Ozean (5755 Palos Verdes Drive gegenüber *Abalon Cove Shoreline Park*). Ein *Visitor Center* mit *Gift Shop* wartet gleich daneben (9-17 Uhr); www.wayfarerschapel.org.

Pacific Coast Hwy #1

Bei Verzicht auf die Fahrt über den Palos Verdes Drive braucht man auf dem **Pacific Coast Highway #1** ab Redondo Beach bis Long Beach mitunter nicht einmal 30 min.

Ports o'Call

Das künstliche »Fischerdorf« ***Ports o'Call Village*** (11-20 Uhr) liegt in **San Pedro**, einige Meilen westlich Long Beach unterhalb des dort auslaufenden *Harbor Freeway* #110 (South Harbor Blvd/Sampson/Nagoya Way) am Ufer der Haupteinfahrt zum *Los Angeles Harbor*. Bei Anfahrt über den **Palos Verdes Drive**, der zur **25th Street** wird, auf der **Gaffey Street** nach links, dann **22nd Street** rechts bis **Sampson Way**. In der einst als Touristenattraktion konzipierten Anlage mit Shops, Restaurants und Grünflächen ringsum dominieren riesige ***Fish-Eateries*** rustikal-mexikanischen Anstrichs. Gebraten und gegrillt wird nach Auswahl am Tresen. Verzehr bei gutem Wetter auf *Open-air*-Terrassen. Besonders beliebt sind riesige Krabben- und Grillfischtabletts für die ganze Familie. Samstags/sonntags herrscht dort ausgelassene Latinoatmosphäre. Distinguierter geht's beim ***Waterfront Dining*** am Südende des »Dorfes« zu.

Darüber hinaus dient Ports o'Call als Anlegestelle für allerhand **Bootstouren** von der *Harbor Cruise* über *Fishing Trips* und *Sunset Cruise* bis zum Catalina Island-Besuch per Segelyacht.

CRAFTED

An der Zufahrt von Rancho Palos Verdes (112 East 22nd/Miner Street) fand in dortigen alten Lagerhallen der Kunstgewerbemarkt ***CRAFTED*** Unterschlupf (Fr-So 11-18 Uhr, frei). Über 100 Künstler präsentieren dort ihre Kreationen; http://craftedportla.com.

USS Iowa

In San Pedro liegt das fast 300 m lange Weltkrieg II-Schlachtschiff ***USS Iowa*** nördlich von Ports o'Call (250 South Harbor Blvd, täglich zu besichtigen 10-16 Uhr; $20/$12, www.pacificbattleship.com).

WW II-Battleship »Iowa« am Pier von San Pedro

2

Long Beach

Lage Über das Freewaynetz aus allen Richtungen gut erreichbar besetzt die selbständige **City of Long Beach** die kurze LA-Südküste an der *San Pedro Bay* rechts bzw. östlich der Halbinsel *Rancho Palos Verdes*. Zwischen den Hügeln von *Palos Verdes* und dem Zentrum von Long Beach im Bereich Ocean/Long Beach Blvd beherrschen ausgedehnte Hafen- und Industrieanlagen das Bild.

LA-Südküste Südlich der zentralen *Long Beach Marina* beginnen wieder breite, nahezu endlose, aber durchaus nicht immer besonders attraktive Strände bis hinunter nach San Diego, die nur von Yachthäfen und Steilküstenabschnitten unterbrochen werden. Fast überall kann man *Surfboards* leihen. Insbesondere **Huntington Beach** südlich von Long Beach gilt als *Surfer*-Hochburg mit dem selbstverliehenen Beinamen *»**Surf City USA**«*. Die durch *Rancho Palos Verdes* unterbrochene ***Bike-, Skate-*** und ***Jogging Road*** am Strand setzt sich ab Long Beach weiter bis über Huntington Beach hinaus fort.

Long Beach Direkt nach Long Beach hinein läuft der gleichnamige *Freeway* I-710. Die Ausfahrt Long Beach (1A) führt auf den **Shoreline Drive** in Richtung auf ein bombastisches *Convention Center.* Er passiert zunächst die Zufahrt zum ***Aquarium*** und danach eine Kette von **Restaurants** und das ***Shoreline Village*** mit Shops und weiteren Lokalen an einem *Boardwalk* über der dort für Ausflugsboote und Yachten angelegten künstlichen Lagune.

Aquarium Das ***Aquarium of the Pacific*** (offiziell 100 Aquarium Way, Anfahrt auch über Golden Shore) ist eines der größten und modernsten Aquarien der USA, im Westen nur erreicht vom *Monterey Aquarium*. Geöffnet täglich 9-18 Uhr; Eintritt $30, Kinder bis 11 Jahre $18; Parken $8. In summa ermäßigte **Kombitickets** (mit 4D-Film, *Behind-the-Scenes Tour*, Bootstrip oder *Queen Mary/Battle ship Iowa*-Besuch) gibt's unter www.aquariumofpacific.org.

Shoreline Aquatic Park Gleich hinter dem Aquarium schützt der ***Shoreline Aquatic Park*** die erwähnte Lagune. Von den erhöhten Punkten des Geländes überblickt man den Long Beach-Uferbereich und seeseitig die der Küste vorgelagerten mit Palmen und nächtlicher Illumination getarnten Ölförderinseln wie die gegenüberliegende *Queen Mary*.

Queen Mary Der nostalgische Luxusliner ***Queen Mary*** liegt als Touristenattraktion schon seit Dekaden an der Kaimauer von Long Beach. Später kam noch ein **russisches U-Boot** der sog. Foxtrottklasse dazu, das aber zur Zeit nicht besichtigt weren kann. Ein ***General Admission Ticket*** ($33/$25) aufs Schiff beinhaltet eine ***Self-guided Tour*** über alle Decks und einer 4D-Show mit Wind und Gerüchen. Mit einem **First Class Passport** ($39/$29darf man sich zwei von vier Sonderprogrammen wie z.B. die *Haunted Encounters Tour* (Spuk auf der *Queen Mary*) und *Diana, Legacy of a Princess* (Lady Di-Ausstellung). Noch mehr Programm gibt's für $46/$38, auch Kombitikkets mit Aquarium und *Battleship Iowa*, ➤ links. Täglich zugänglich 10-19 Uhr; www.queenmary.com.

Die *Queen Mary* dient mit ihren weitgehend im Originalzustand erhaltenen Salons und Kabinen zugleich als empfehlenswertes **Restaurant- und Hotelschiff**, ➤ Seite 369.

Anfahrt Queen Mary

Die **Anfahrt** ist über den ***Long Beach Fwy* I-710** direkt (ohne Umweg über die City of Long Beach) möglich und ausgeschildert. Man gelangt automatisch auf den *Queen Mary* Parkplatz ($18).

Santa Catalina Island *26 miles across the sea ...*

Hören Sie mal - oder kennen Sie? – diesen nostalgischen Hit der ***Four Preps*** von 1958: www.youtube.com/watch?v=ku9MDugbc5Q. Ein »Altersauftritt« der Gruppe findet sich unter www.youtube.com/watch?v=Owl80YixoM4.

Sowohl in ***San Pedro*** (*Terminal* unterhalb *Vincent Thomas Bridge*) als auch in **Long Beach** (nahe *Aquarium of the Pacific*, 320 Golden Shore) legen die Ausflugsboote zur ca. 26 mi vor der Küste liegenden ***Catalina Island*** ab, bei gutem Wetter ein sehr schöner **Ganztagestrip**. Die fast autolose Insel erkundet man per Fahrrad (ab $20/Tag) oder zu Fuß. Nur an Sommerwochenenden bringen Ausflügler und Yachtbesatzungen richtig Leben mit nach **Avalon**, der einzigen Inselstadt. Quartiere sind dort sehr teuer, aber man kann prima **campen**:
www.visitcatalinaisland.com/camping-and-boating,
Tarife saisonabhängig: Zelten $25-$28/Person, *Tent Cabins* $60-$80

Die Überfahrt mit dem ***Catalina Express*** dauert ca. 60-90 min je nach Abfahrtshafen (San Pedro, Long Beach, Dana Point) und Ziel (Avalon oder Two Harbors) und kostet um $75 retour, Kinder um $60. Fahrplan/Reservierung unter ✆ 1-800-613-1212 oder www.catalinaexpress.com. Der ***Catalina Flyer*** benötigt ab Newport Beach ca. 75 min, Tarife $70/$53; www.catalinainfo.com.

Hafenbucht von Avalon

Disneyland und California Adventure

http://disneyland.disney.go.com

Disneyland/ California Adventure: Anfahrt

Die Stadt **Anaheim** im Südosten von Metropolitan LA beherbergt die neben den *Universal Studios* meistbesuchte Touristenattraktion der Westküste: ***Disneyland*** mit ***Disney's California Adventure***. Von **Downtown LA** und anderen Ausgangspunkten weiter nördlich erreicht man Anaheim am schnellsten auf dem ***Santa Ana Freeway*** **(I-5)**, von **West LA** und **Long Beach** über den ***Redondo Beach Freeway*** **#91** oder die Kombination ***San Diego/Garden Grove Freeway*** **(I-405/#22)** und danach ebenso **I-5**.

Abfahrten von der I-5 sind von LA kommend Disneyland Drive und Ball Road/Harbor Blvd zum Haupteingang in die Parks oder auf Ball Road Richtung Westen bis Disneyland Drive. Einmal runter vom *Freeway* sind die **Disney-Parkplätze** westlich der Parks dank der Wegweisung ringsum kaum zu verfehlen.

Eintritt

Öffnungszeiten für beide Parks: generell täglich 10-20 Uhr, speziell *Disneyland* oft länger; im Sommer auch teilweise bis 24 Uhr. Viele saisonale, feiertägliche und ferienbedingte Abweichungen. **Eintritt $97-$124/Person** (Kinder bis 9 Jahre $91) für den Ganztagspass eines der beiden Parks inkl. Nutzung aller *Rides* und Besuch aller Attraktionen in (jeweils) einem der beiden Parks.

Wer seine ***Tickets online*** kauft, braucht nicht mehr am Schalter anzustehen. Wer beide Parks ausgiebig besuchen möchte, benötigt einen **2-Tage-Pass ($199/$187)** und ggf. ein sog. ***Hopper Ticket*** **(+$45)** zusätzlich, wer mehrfach hin und her wechselt. ***Discount Coupons*** **gibt es für** ***Disney*** **nicht**, wohl aber den *City Pass*:

SC City Pass

Der ***Southern California City Pass*** ab **$353**, Kinder (3-12) ab **$324** enthält Tickets für die *Disney Parks* (*Park Hopper* 3 Tage), *Legoland* und *SeaWorld* www.citypass.com/southern-california.

Fast Pass und Single Rider

Um Wartezeiten zu entgehen, kann man an vielen *Rides* in beiden Parks einen ***Fast Pass*** aus speziellen Automaten ziehen (**gratis**), der seit Sommer 2017 digital auf den Barcode des Parktickets aufgespielt wird. .

Der *Fast Pass* lässt sich als sog. ***MaxPass*** auch über die ***Disney-App*** (➤ rechts) ziehen. Er kostet indessen $10. Für den *MaxPass* spricht, dass man sich – je nach eigenem Standort im Park – ggf. lange Wege zu den Fast Pass-Ticketautomaten spart. Da die App dem Nutzer die jeweilige Zeitvorgabe für einen Ride sogleich mitteilt, kann man damit besser planen und Wartezeiten sinnvoller überbrücken. Zudem kann der MaxPass für den jeweils nächsten Ride bereits reserviert werden, sobald der jeweilige Barcode gescannt ist. Lohnen tut sich der *MaxPass* aber nur, wenn das (immer begrenzte!) *Fast Pass*-Kontingent am Besuchstag noch nicht stark in Anspruch genommen wurde (vor Buchung erkundigen). Alle Einzelheiten unter https://disneylanddaily.com/a-fastpass-guide-for-disneyland-and-california-adventure.

Wartezeiten abkürzen kann man an einigen Rides auch über die ***Single Rider Line***. Wer allein ist oder sich für einen Ride vom Partner oder Freunden trennen mag, wird in noch offene Einzelplätze bugsiert und ist damit oft schneller durch.

Disneyland App und Wifi

Die Disneyland App zeigt Warte- sowie Ridezeiten an und hilft anhand von interaktiven Karten bei der Parknavigation. Auch das Eintrittsticket lässt sich über die App kaufen und dann auf dem Smartphone vorzeigen. Für $10-Aufpreis gibt's den ***Disney MaxPass*** (➢ Kasten links). In beiden Parks funktioniert heute – wiewohl noch nicht ganz flächendeckend – **freies *Wifi***.

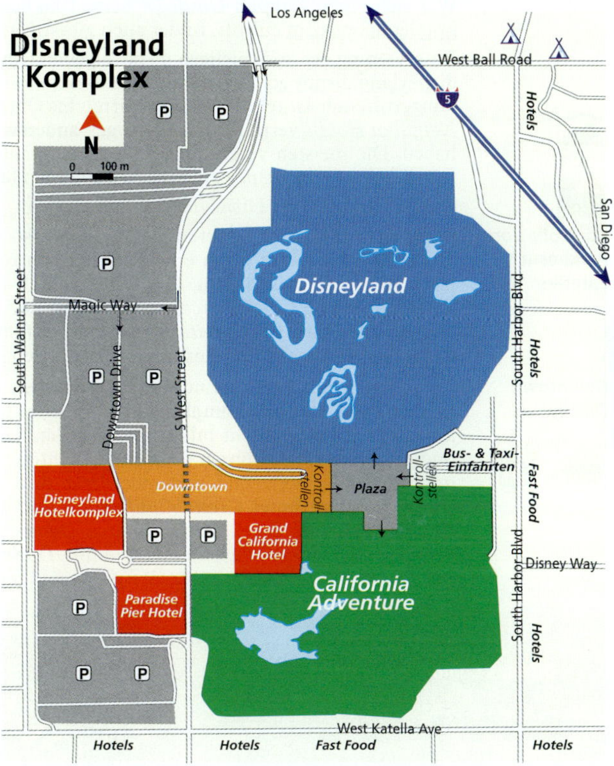

Parken

Parken kostet $20/RVs $30. Wer sparen möchte, sucht sich einen **Parkplatz im Umfeld** und läuft von dort zu Fuß zum Parkeingang (weit) oder nimmt die *Tram* ab *Disneyland Hotel*, was ein Disneyticket voraussetzt. Eine andere Möglichkeit ist, ***Downtown Disney Parking*** zu nutzen (ausgeschildert, aber man muss gut aufpassen, um den richtigen Platz zu erwischen. Früher war das mal 3 Stunden gratis, heute nur noch 2 Stunden mit $20-Validierung, 4 Stunden bei validiertem Restaurant- oder Kino-Besuch.

Uber/Lyft

Eine Anfahrt per ***Uber/Lyft*** nach Anaheim von Downtown Los Angeles kostet in der Option *Pool* ab $42.

Unterkunft im Bereich Disneyland

Zur **Hotelsituation generell** in Anaheim ➤ Ausführungen auf Seite 369. Untere Mittelklasse in einem akzeptablen Umfeld bei ca. 1,3 mi Entfernung zum *Disney*-Haupteingang und in Fußgängerdistanz zu Supermärkten und *Fast Food* bieten z.B. ***Days Inn*** und weiter südlich die ***Travelodge***, beide South Harbor Blvd (1111 bzw. 2060); beide ab ca. $115 an nachfrageärmeren Werktagen.

Wer sich einen ***Coupon Guide*** (➤ Seite 108) besorgt oder www.hotelcoupons.com aufruft, findet auch günstigere Angebote.

Reservierung der kostspieligen disneyeigenen Hotels unter http://disneyland.disney.go.com/hotels. Auf diesem Portal werden auch konzernfremde Hotels der oberen Mittel- bis Oberklasse als *Good Neighbor Hotels* vermittelt. Sie sind ggf. anderswo preiswerter zu haben. Die meisten vergleichbaren Quartiere außerhalb des Einflussbereichs von *Disney* sind im Allgemeinen billiger.

Zum **Camping** nahe Disneyland ➤ Seiten 371f.

Kontrolle vorm Parkbesuch/ Eateries

Bevor man die Parks betreten darf, erfolgt – so scheint es – ein Sicherheits Check in Form einer **Taschenkontrolle**. Tatsächlich handelt es sich aber darum, die – untersagte! – Mitnahme von Verpflegung und Getränken zu verhindern. Die Besucher sollen Hunger und Durst in den *Eateries* der Parks stillen. Die Preise für Cola, Bier (!), Snacks und Restaurantmahlzeiten sind exorbitant.

Downtown Disney

Zwischen beiden Parks befindet sich ***Downtown Disney***, ein **Restaurant- und Shoppingkomplex**, der seinesgleichen sucht. Alles künstlich attraktiv, nicht billig, aber populär, dazu ohne Eintritt und ggf. ohne Parkgebühren (➤ oben). *Downtown Disney* ist eine reine Fußgängerzone und verbunden mit dem auf rustikal getrimmten **Luxushotel *Grand Californian*** und dem ***Disneyland* Hotelkomplex**. In der schön gestalteten Disney'schen Hotelwelt befinden sich weitere Restaurants und mit ***Trader Sam's Enchanted Tiki Bar*** die einzige gute Kneipe weit und breit.

Disney's California Adventure

California Adventure

Disney's California Adventure ist alles in allem ein konventioneller *Amusementpark* mit **Riesenachterbahn**, typischen Jahrmarkt-*Rides* und viel Show.

Pixar-Filme

Fans von *Pixar*-Animationsfilmen werden im Park vielen ihrer Lieblingscharaktere begegnen, u.a. den Spielzeugen aus *Toy Story* oder den lustigen, bunten *Cars* im ***Cars Land***. Angesagt sind in dieser aufwendig gestalteten Westernstadt die ***Radiator Springs Racers***. In einem Rennauto geht es – mal gemütlich, mal rasant – durch eine (falsche) *Red Rocks*-Kulisse und in einen dunklen Bereich mit reichlich *Action* und voller »sprechender« *Cars*.

Eine tolle Sache ist auch der ***Guardians of the Galaxy – Mission Breakout – Tower***, wo die Freude an »5 min Schrecken« im abstürzenden Fahrstuhl indessen oft durch besonders lange Warteschlangen getrübt wird, sowie die **3D-Animation *»It's tough to be a bug«***, im eigentlich für Kinder konzipierten ***Bug's Land***. Dafür lohnt auch ein wenig Anstehen.

Von den *Rides* verdient außerdem noch die Schlauchbootfahrt auf dem ***Grizzly River*** Erwähnung. Außerdem lohnend ist ***Soarin' around the World*** (im Bereich *Grizzly Peak*), ein eindrucksvoller simulierter Schwebeflug über einige weltbekannte Attraktionen.

Darüber hinaus bietet *California Adventure* noch jede Menge kleinerer Attraktionen und »sehr amerikanische« überwiegend auf Kinder und Jugendliche zugeschnittene Shows. Um dabei mitzukommen und sich gut zu amüsieren, braucht man allerdings in dem Alter schon sehr gute Englischkenntnisse.

Disneyland: Bereiche und Prioritäten

Um möglichst viel von einem Tag in *Disneyland* zu haben, sollte man ein bisschen **gezielt vorgehen**. Der Park verfügt über fünf unterschiedliche miteinander verbundene Bereiche mit zahlreichen *Attractions* und *Rides*. Da sich bereits an Tagen mit mittlerem Andrang (alle Tage von Juni bis Anfang September, früher und später nur an Wochenenden) vor diesen lange Wartezeiten ergeben, kann man selbst bei früher Ankunft oft nicht alles an einem Tag wahrnehmen. Eine gewisse Erleichterung bietet ein ***Fast Pass***, ➢ Seite 418). **Folgende Prioritäten** zu setzen, macht daher Sinn:

- **Main Street USA**:
  Eisenbahnfahrt zur Übersicht über den Gesamtkomplex
- **Adventureland & New Orleans Square:**
  Pirates of the Caribbean (bester *Ride* des ganzen Parks!)
  The Haunted Mansion (fantasievolle Geisterbahn)
  Indiana Jones Adventure: Temple of the Forbidden Eye!!
  Jungle Cruise (Bootstrip durchs »gefährliche« Afrika)
  Tarzans Tree House (Baumhaus mit tollen Einfällen)
- **Frontierland & Critter Country**
  Big Thunder Mountain (Achterbahn im Wilden Westen)
  Splash Mountain (Nasses Vergnügen im »Baumstamm«)
  Mark Twain Riverboat (Raddampfer um Abenteuerinsel)

- **Fantasyland** (vorzugsweise für kleinere Kinder geeignet): *It's a Small World* und *Peter Pan's Flight*
- **Tomorrowland**:
  Star Tours (Simuliertes intergalaktisches Abenteuer)
  Space Mountain (Extrem-*Rollercoaste*r im »Weltall«)
  Buzz Lightyear Astro Blazers

Toontown

Etwas abseits, noch hinter *Fantasyland* befindet sich ***Mickey's Toontown***, das ganz auf Kleinkinder zugeschnittene Wohndorf der Disney-Charaktere, die dort auch »persönlich« zu treffen sind.

Paraden

Jeden Nachmittag finden zu jahreszeitabhängigen Stunden **Paraden durch die Main Street** vorbei am Märchenschloss und weiter in Richtung *Toontown* statt, ein unterhaltsamer, lustiger Zug, der knapp 40 Minuten dauert.

Feuerwerk

An ausgewählten Tagen (online checken!) gibt es nach Einbruch der Dunkelheit ein tolles **Feuerwerk** zum Abschluss. Alles übertrifft ***Fantasmic***, eine ***Lasershow*** auf dem **River of the Americas** vorm dunklen Nachthimmel, reservierbar mit *Fast* bzw. *MaxPass*.

Garden Grove, Buena Park, Yorba Linda

Christ Cathedral

Ein architektonisches Wunderwerk aus verspiegeltem Glas ist die ***Crist Cathedral*** in Garden Grove (Chapman Ave/Lewis Street) nur wenige Blocks südlich von *Disneyland*. Vor allem der Turm und der Inneneindruck bestechen. Stararchitekt ***Philip Johnson*** kreierte diesen modernen Gottestempel für die *Reformed Church of America*. Nach einer Gemeindeinsolvenz ist das Kirchengebäude zurzeit geschlossen; ab 2019 wird das römisch-katholische Bistum *Orange* die Kirche nutzen; www.christcathedralcalifornia.org

Disney'sches Märchenschloss

Christ Cathedral

Knott's Berry Farm

Knott's Berry Farm in Anaheims Nachbarstadt **Buena Park** (8039Beach Blvd = Straße #39) ist ein *US-Amusement Park* der Kategorie ***Super-Rollercoaster***. Im Hochsommer täglich 10-22 Uhr, Sa bis 22/23 Uhr; Rest des Jahres bis mindestens 17 Uhr. **Tagespass: $79**, online ab $43, für Kinder bis 11 Jahre $37; Parken $18, RVs $23. Wer lange Warteschlangen vermeiden möchte, kauft sich zusätzlich (!) einen ***Fast Lane Pass* ab $60**; www.knotts.com.

Die einstige Beerenfarm bietet neben seinen tollen **sechs Achterbahnen** zahlreiche weitere ***Rides*** mit Aufregefaktor und auch der typischen Jahrmarktkategorie für Kinder und Familien. Dazu gibt's ***Show*** und ***Entertainment*** in *Ghost Town, Fiesta Village, Wild Water Wilderness, Indian Trails* und *Camp Snoopy*. 2015 kam der interaktive 4D-*Ride* ***Voyage to the Iron Reef*** hinzu, 2017 ***Sol Spin***, dessen sechs Arme sich unabhängig voneinander um 360-Grad drehen. Ein weiterer *Amusement Park* mit *Super-Rollercoasters* ist ***Magic Mountain*** bei Santa Clarita, ➤ Seite 425.

Knott's Soak City

Gleich nebenan befindet sich ***Knott's Soak City*** im Nostalgielook der 1950er-Jahre, ein Wasserspaß für jung und alt mit jeder Menge Rutschen und Wellenstrandbad. **Tagespass** $45, online $31. Kinder bis 11 Jahre immer $27. Parken wie *Knott's Berry*. Im Sommer ab 10 Uhr; variable Schlusszeiten. Info: www.soakcityoc.com.

Für beide Knott's Parks gibt es auch ein **Kombiticket** ($70), es ist allerdings nur für denselben Tag gültig.

Ritterturnier

Ebenfalls am Beach Boulevard von Buena Park, nur wenig nördlich von Knott's Berry Farm, wird in ***Medieval Times, Dinner & Tournament***, das (europäische) Mittelalter wieder lebendig. Das große Abendessen in königlicher Gesellschaft des Schlossherrn kostet inklusive des ritterlichen Turnierspektakels zwar abends **$62/Person** (Kinder $37), dafür wird eine tolle Reitshow geboten. Die Anfangszeiten variieren, Auskunft und Reservierung unter © 1-888-935-6878; www.medievaltimes.com.

Piraten-dinner

Gleich neben dem Gemäuer von *Medieval Times* steht der Showpalast fürs ***Pirate's Dinner Adventure***, die Piratenschau mit Pyrotechnik, Akrobatik und Musicalanleihen. Mo-Fr um 19 Uhr, Saund So jeweils 17 und 20 Uhr. Beim Dinner gibt's Wahlmöglichkeiten. Es geht los mit $62 (Kinder bis 11 $37) für alles inkl. Bier, Wein oder *Soft Drinks* und kann über Upgrades aufgestockt werden; © (714) 690-149, www.piratesdinneradventureca.com.

Richard Nixon Library

Von Anaheim/Buena Park ist es nicht weit nach **Yorba Linda** zur ***Richard Nixon Library & Birthplace***, 18001 Yorba Linda Blvd (kreuzt *Orange Freeway* #57 oberhalb der #91, ca. 3 mi ab dort). Interessant für alle, die sich diese amerikanische Speziaĺiät der Verehrungsstätten für ehemalige Präsidenten 'mal ansehen wollen. Lohnender ist die *Reagan Library*, ➤ Seite 354. Mo-Sa 10-17 Uhr, So ab 11 Uhr, Eintritt $16, Kinder $10; Info unter © (714) 993-5075, www.nixonfoundation.org.

Weiterfahrt nach San Diego und/oder Las Vegas

Ab Anaheim und mehr noch Yorba Linda liegt es geographisch nahe, die Reise in Richtung Nordosten (Las Vegas), Osten (Palm Springs/ *Joshua Tree National Park*) oder Süden (San Diego) fortzusetzen. Wer das vorhat, interessiert sich nicht für das folgende Kapitel 2.2. Die genannten Alternativen werden in den Kapiteln 2.3 (➤ Seiten 445f) und 2.4 (➤ Seiten 470ff) behandelt.

Filigran und scheinbar jeder physikalischen Erkenntnis trotzend: einer von sechs Roller Coasters in Knott's Berry Farm

Präsidialer Hubschrauber aus den 1970er-Jahren auf dem Gelände der Nixon Library

Six Flags Magic Mountain & Hurricane Harbor

Am Nordwestrand der Metropolis befindet sich **bei Santa Clarita (I-5)** der neben *Knott's Berry Farm* und *Disney's California Adventure* dritte große *Amusement Park* konventioneller Art im Großraum LA. ***Rollercoaster*** sind die Attraktion im ***Six Flags Magic Mountain Park***: Noch relativ neu ist ***Twisted Colossus***, die längste Hybrid-Achterbahn der Welt und Nachfolger der legendären Holzachterbahn *Colossus*. Vom Nervenkitzel her wird der »Koloss« weit überboten durch die Looping-Bahn ***The New Revolution-Classic***, die physikalischen Gesetzen scheinbar trotzende ***Viper*** (eine der höchsten und schnellsten Looping-Achterbahnen der Welt), die »schwebende« Achterbahn ***Ninja*** und ***Riddler's Revenge,*** in der die Passagiere stehend »abstürzen«. Sagenhafte 78 m hoch ist dieAchterbahn ***Goliath***, schon ein paar Jahre alt ***Scream***, ein *Ride* ohne Aufsatzfläche für die Füße. **Batman** ist ein »umgekehrter« *Ride*, d.h., die Passagiere hängen unterhalb der Fahrtrasse hängend verläuft. Ein weiterer Irrsinn gegen die Physik ist ***X2*** (in sog. 5D), bei dem die Passagiere in einem Arm beidseitig der Führungsschiene sitzen. 2018 kommt ***CraZanity***, ein gigantisches Pendel, das mit Geschwindigkeiten bis 125km/h bis 17 Stockwerke hoch schwenkt.

Ein **Problem** auch dieses Parks sind die **Wartezeiten**. Eine Stunde und mehr für 5-10 min Spaß sind keine Seltenheit, es sei denn, man hat einen ***FLASH Pass*** extra gekauft: **plus $55-$150**. Aber auch dann sind die investierten Kosten (**$85 Eintritt an der Kasse, im Internet $65**) selbst mit *Discount Coupons* schwer »abzufahren«. Diese und andere Parks sind dennoch knallvoll, nicht zuletzt, weil Saisonpässe nur unwesentlich teurer sind als die normale Tageskarte. Wer den Besuch in Erwägung zieht, sollte den Parkplatz ($25) beachten: schon halb gefüllt werden drinnen die Schlangen lang.

Öffnungszeiten 10:30-21 Uhr, mit eingeschränktem Betrieb im November und Dezember; **© (661) 255-4100**; www.sixflags.com/magicmountain.

Wie *Knott's Berry* hat auch *Six Flags* nebenan einen **Planschpark**: ***Hurricane Harbor***, Eintritt $55; www.sixflags.com/hurricaneharborla.

2

2.2 Von Los Angeles zum Yosemite National Park über die Parks Sequoia & Kings Canyon

Wer seine Reise in Los Angeles beginnt/fortsetzt, hat bei Weiterfahrt in Richtung Norden drei touristisch sinnvolle Alternativen:

Küstenroute

- Die **Küstenroute** am Pazifik entlang, ggf. kombiniert mit Abschnitten durchs Hinterland, auf dem berühmten ***Highway #1*** und streckenweise der **Autobahn #101**. Sie wurde im vorstehenden Kapitel 1.4 (➢ Seite 308ff) in Gegenrichtung – San Francisco bis Los Angeles – ausführlich beschrieben.

Westlich und östlich der Sierra Nevada verlaufen zwei **Inlandsrouten** mit Ziel *Yosemite Park* und ggf. *Death Valley*:

Westroute

- Die **Westroute** führt schneller zum **Ziel *Yosemite Park*** und bietet die Möglichkeit, quasi auf halbem Weg noch den **Doppelpark *Sequoia/Kings Canyon*** »mitzunehmen«.

Ostroute

- Die **Ostroute** führt »hinter« den Gipfeln der *Sierra Nevada* entlang (Straßen #14 und #395 ohne Zugang zum *Sequoia National Park*). Der Abschnitt der #395 zwischen Lone Pine und dem *Yosemite Park* gehört zur Route San Francisco-Las Vegas über das *Death Valley*. Er wird in diesem Buch in Nord-Süd-Richtung beschrieben, ➢ Kapitel 1.3.3., Seiten 284f.

2.2.1 Anfahrten

Ostroute bis Lone Pine/Alabama Hills/Mount Whitney

I-14 und Straße #395

Wer sich für die Ostroute entscheidet, verlässt Los Angeles zunächst auf der I-5, setzt aber ab San Fernando die Fahrt auf der #14 fort (***Antelope Valley Freeway***), einer kurvenreichen Autobahn durch weitere Trabantenstädte der Metropole Los Angeles.

California Poppy

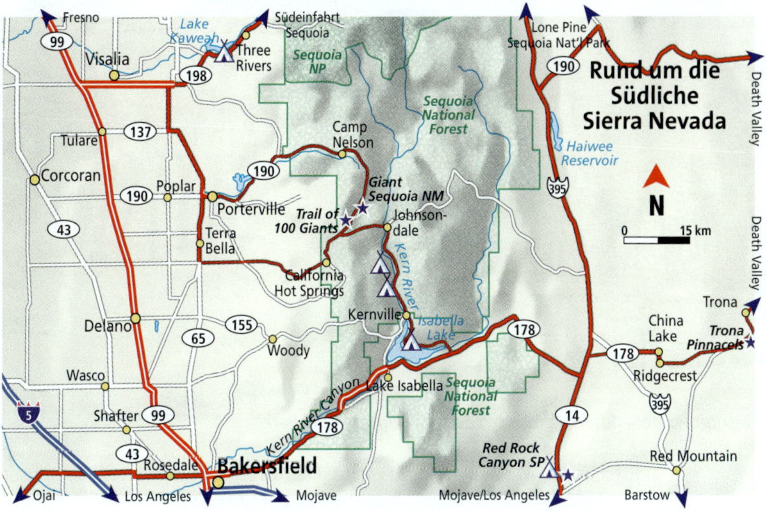

Antelope Valley Poppy Reserve

Nahe der Vorstadt **Lancaster** befindet sich ein Naturschutzgebiet, das ganz und gar der kalifornischen Staatsblume gewidmet wurde. Den Abstecher dorthin sollte man **zur Blütezeit in den Monaten März und April** auf keinen Fall auslassen. Ab dem *Freeway* #14 (*Exit* 44) sind es über die West Ave I, die über die 120th Street West in die Fairmont Neenach Road und dann in die Lancaster Road übergeht, ca. 16 mi bis zur ***Antelope Valley California Poppy Reserve*** (etwas unauffällig ausgeschildert). Ein Rundweg (3 km) führt dort über großflächige Wildblumenfelder. Wer den Höhepunkt der Blütezeit des **Kalifornischen Goldmohns** erwischt, findet wunderschöne Fotomotive – auch auf den umliegenden kostenlos zugänglichen *Rolling Hills*. Doch Vorsicht: Klapperschlangengefahr!

Parkgebühr: $10/Auto; www.parks.ca.gov/?page_id=627.

Movie Locations

Die menschenleere Gegend östlich von Lancaster/Palmdale ist beliebt bei Hollywoodregisseuren, Videoproduzenten und Modefotografen. Daher wurde die *Sanctuary Adventist Church* (Ecke 198th Street/East Ave G) mittlerweile wegen des gleichnamigen dreiteiligen Kultstreifen von *Quentin Tarantino* bekannt als ***Kill Bill Church***. Die Strukturen beim sog. ***Club Ed*** an der 150th Street East, ca. 3/4 mi südlich der East Avenue K, stammen aus dem Film »***Eye of the Storm***« mit *Dennis Hopper*. Zahlreiche weitere prominente Gäste wurden dort schon gesehen, darunter *Mick Jagger, Claudia Schiffer* und *Annie Leibovitz*. Der *Club Ed* taucht auch auf in »**Nix zu verlieren**« mit *Tim Robbins*. Einen ähnlich morbiden Charme weist das vielgebuchte ***Four Aces*** auf, das u.a. in Videos von *Lady Gaga* und *Lenny Kravitz* zu sehen ist (Ecke 145th Street East/Avenue Q); www.4-aces.com.

Die namensgebenden roten Felsen des Red Canyon State Park

Hinter Mojave wird aus dem *Freeway* #14 der weiter vierspurig ausgebaute *Aerospace Highway*, der 45 mi weiter nördlich auf die #395 stößt. Diese gern als ***East Sierra Scenic Byway*** bezeichnete Straße verläuft – der Name sagt es – östlich der Sierra Nevada und ist weiter oben eine wichtige Tourismusroute zwischen dem *Yosemite Park*, *Death Valley* und Las Vegas, ➤ Seite 287ff.

Red Rock Canyon SP

Rund 25 mi nördlich von Mojave liegt am Wege der ***Red Rock Canyon State Park*** beidseitig der Straße mit beachtlichen roten Fels- und grauen Sandsteinformationen. Zunächst passiert man dort den geologischen Aufschluss des Fotos oben (Picknickplatz). Etwas weiter wartet westlich der Straße das ***Visitor Center*** auf Besucher. Dahinter liegt der einfache ***Campground Ricardo*** in reizvoller Lage mit vielen *first-come, first-served*-Stellplätzen samt Feuerstellen vor und zwischen kuriosen Sandsteingebilden; weder Duschen noch *hook-ups*; $25; www.parks.ca.gov/?page_id=631.

Von der #14 nach Westen auf der #178/ Kern River Canyon

Noch vor Erreichen der #395 zweigt die **Straße #178** nach Westen ab in Richtung Lake Isabella/Bakersfield. Man kann auf ihr sehr schön die bis hierher beschriebene Route zum *Antelope Valley* und *Red Rock Canyon* mit den Routen des folgenden Kapitels verbinden. Umso mehr, als sie streckenweise attraktiv verläuft, zunächst überraschend durch fast waldartige Bestände an ***Joshua Trees*** und zwischen dem heute weitgehend trocken gefallenen Lake Isabella und Bakersfield fast 20 mi durch den pittoresken ***Kern River Canyon***. Wer sich für diese Route entschließt, findet alle Infos zu Bakersfield und weiterführenden Straßen ab Seite 430.

Den Lake Isabella, bzw. das, was davon übrig blieb, umgeht man südlich (#178) oder auch nördlich auf dem ***Sierra Way*** (Straße MT 99) und könnte ggf. ab Kernville – unter Auslassung von Bakersfield – in Richtung *Sequoia National Park* auch die *Kern River Route* wählen, mehr dazu im Kasten auf ➤ Seite 432.

Weiter zum Death Valley

Bis Lone Pine ist danach der Verlauf der Straße #395 überwiegend eintönig. In **Olanche** zweigt die **Straße #190** zum und durch den *Death Valley NP* ab. Sie führt in der Annäherung an den Nationalpark durch eine immer rauer werdende einsame Landschaft.

Diaz Lake

Wer auf der #395 bleibt, passiert östlich der Straße den in allen Karten groß eingezeichneten **Owens Lake**. Wasser findet man darin aber nur im Frühjahr. Etwa 3 mi vor (südlich) Lone Pine liegt der quellgespeiste, immer wasserführende **Diaz Lake**. Hinter dem See wartet ein großer einfacher ***Campground*** (keine Duschen oder *hook-ups*, $14). Mehr Komfort bietet ***Boulder Creek RV Resort*** direkt an der #395, ➤ Info für beide auf Seite 294.

Mit Erreichen von Lone Pine folgt man der **Routenbeschreibung San Francisco-*Yosemite Park-Death Valley***, ➤ Seite 293.

Straße #178 East mit Abstecher zu den Trona Pinnacles

Die nebenstehend in Westrichtung beschriebene Straße #178 führt in östliche Richtung am China-Lake-Lenkwaffenversuchsgelände der *US-Navy* vorbei nach Ridgecrest. Dahinter wird sie zur ***Trona*** und später zur ***Panamint Valley Road*** in Richtung **Panamint Springs**, die einsamste aller asphaltierten Anfahrten in den *Death Valley Nat'l Park*. Die paar Nester am Wege wie auch der Ort Trona sind arg heruntergekommen. Eine abenteuerliche Schotterstraße führt außerdem von der *Panamint Valley Road* in den *Wildrose Canyon*, von wo es weitergeht nach Stovepipe Wells an der Straße #190.

Etwa 20 mi östlich von **Ridgecrest** stehen die ***Trona Pinnacles***, eigenartige **Tuffsteingebilde** wie am Mono Lake, jedoch in der Wüste. Die Region war Drehort u.a. von Szenen der Serie »*Star Trek*« und ebenso von »Planet der Affen«. Man erreicht sie ab der #178 (ausgeschildert) auf einer auch mit Pkw befahrbaren *Dirt Road* (5 mi). Den Zustand der Zufahrt sollte man vor Antritt der Fahrt aber besser beim BLM in Ridgecrest (300 South Richmond Road) erfragen; © (760) 384-5400; www.blm.gov/visit/trona-pinnacles.

Man darf bei den *Pinnacles* »wild« im Gelände **campen**. Ansichten und weitere Details unter www.synnatschke.de/trona/trona-pinnacles.html. Einen größeren Umweg lohnen die *Trona Pinnacles* bei begrenzter Reisezeit nicht.

Achtung: mit Mietwagen gehört diese wie auch andere Wüstenpisten zu den nicht erlaubten Straßen. Wer es dennoch riskiert und ausgerechnet dort eine Panne oder einen Unfall hat, muss alle daraus resultierenden Kosten selbst tragen.

Trona Pinnacles

Westroute über Bakersfield bis zum Sequoia Park

Interstate #5/ Freeway #99

Die schnellste Route ab LA zu den Sierra Nevada Parks entspricht zunächst dem Verlauf der ***Interstate* #5**. Sie durchquert die **Berge der *Sierra Madre*** mit dem *Angeles National Forest* und passiert dabei u. a. das schön gelegene ***Castaic Reservoir*** (Baden und Windsurfen) mit *first-come, first-served* **Camping** in der gleichnamigen *State Recreation Area;* www. parks.ca.gov/?page_id=628).

Jenseits des *Tejon*-Passes geht es relativ rasch rund 1000 m (!) hinunter in das ***San Joaquin Valley*** und bei Mettler weiter auf den ***Freeway* #99**. Ein raffiniertes – heute notleidendes – Bewässerungssystem hat aus der Wüste zwischen Küstengebirge und Sierra Nevada zwar den größten Obst- und Gemüsegarten der USA gemacht, die Fahrt durch diese Ebenen ist aber ziemlich eintönig.

Bakersfield/ Kennzeichnung

Mit Bakersfield erreicht man das kommerzielle Zentrum des südlichen *San Joaquin Valley* und zugleich **Ölkapitale** Kaliforniens. Im ***Visitor Center*** beim *Amtrak*-Bahnhof in der 515 Truxtun Ave gibt's jede Menge Karten und Infos; www.visitbakersfield.com. Der grüne **Zentralbereich** mit ein paar Glaspalästen und modernen Gebäuden entlang der Truxtun Ave und ein paar Blocks nach Norden westlich und östlich der Chester Ave wirkt recht freundlich. Ansonsten überwiegt im Stadtbild unattraktiver baulicher Wildwuchs. Außer zur Versorgung oder ggf. zum Übernachten muss man dort die *Freeways* nicht unbedingt verlassen.

Regionalmuseum

Durchaus sehenswert ist indessen das ***Kern County Museum*** an der 3801 Chester Ave. Es besteht vor allem aus dem ***Pioneer Village*** mit rund 50 hierher verbrachten Originalstrukturen aus der Zeit vor/um 1900 und dem interessanten **Öl-Museum**. Mo-Sa 10-17 Uhr, So ab 12 Uhr; $10/$5; www.kerncountymuseum.org.

Fox Theater

Einmal in der Stadt könnte man noch am alten ***Fox Theater*** von 1930 vorbeifahren (Kreuzung H Street/20th Street). Der nostalgische Bau erinnert entfernt an *Art Deco* und ist Bakersfields architektonische Sehenswürdigkeit. Ursprünglich konzipiert als Filmtheater dient er heute als Konzertsaal und nur noch bisweilen als Kino; aktuelles Programm unter www.thebakersfieldfox.com.

Country & Western

Für Übernachter in Bakersfield ist der ***Buck Owens Crystal Palace*** am gleichnamigen Blvd (östlich parallel zur #99 oberhalb der #178/ Rosedale Hwy) eine gute Abendadresse. An einen »Kristallpalast« erinnert das unverfehlbare Gebäudeensemble aus Museum, Shop, Restaurant, Tanzhalle und *Saloon* zwar mitnichten, doch die Chancen stehen gut, dort zum Dinner oder Drink auch noch ***Live Music*** geboten zu bekommen. ***Buck Owens*** war zu Lebzeiten der lokale *Country Western Star* und einer der wenigen Söhne der Stadt, die über die Region hinaus bekannt wurden. Restaurant geöffnet Di-Do 17-22 Uhr, Fr+Sa bis 23 Uhr, So Brunch 9.30-14 Uhr. © (661) 328-7560, www.buckowens.com.

Unterkunft

In Bakersfield findet man vor allem **Motel-Mittelklasse** zu relativ moderaten Tarifen rund um die **Ausfahrt 26** (von der #99), wo die Straßen #58 und #178 zusammentreffen (Nähe *Crystal Palace*).

Weitere Unterkünfte konzentrieren sich im **Bereich *Downtown***. Die Uniformität der Ketten umgeht, wer im altamerikanischen Oberklasse-***Hotel El Padre*** absteigt (1702 18th Street; Zimmer ab ca. $150); © (661) 427-4900; www.thepadrehotel.com.

Camping

Mit dem ***Kern River Campground*** hat Bakersfield neben diversen privat geführten RV-Resorts einen schönen **Campplatz** in der Parkanlage am **Lake Ming** ca. 10 mi östlich der Stadt (Straße #178, dann Alfred Harrell Hwy; ab *Freeway* #58 Ausfahrt 121/Comanche Dr). *First-come, first-served*, $24; sanitär grenzwertig; www.kerncounty.com/gsd/parks/kern-river-camp.aspx.

Über Visalia zum Sequoia Nat'l Park

Von Bakersfield nach Visalia, einem weiteren wenig attraktiven Zentralort zur Versorgung der Agrarwirtschaft in der Ebene, sind es auf der #99 nur rund 70 mi. Ein Abweichen auf die parallele #65 lohnt sich nicht und kostet lediglich Zeit. Ab Visalia geht es auf der Straße #198 zur Südeinfahrt des *Sequoia National Park*.

Südeinfahrt: Achtung: Restriktion für RVs

Für welche Anfahrt man sich auch entscheidet, am Ende erreicht man die Straße #198, die hinter Three Rivers steil bergauf zu den ***Sequoia* & *Kings Canyon National Parks*** führt. **Diese Einfahrt darf nur von Fahrzeugen bis 22 Fuß Länge genutzt werden** und zwar wegen der Breite längerer Fahrzeuge von ca. 2,60 m.

Alternative

RVs über 22 Fuß fahren **ab Visalia** (sofern man dort nicht in den ***Sequoia Shuttle*** umsteigt; $15 retour; © 1-877-287-4453, www.nps.gov/seki/planyourvisit/parktransit.htm) auf der #63 bis zur Straße #180, die zur Westeinfahrt führt. Die auf der Karte kürzer erscheinende Route über die Straße #245 ist teilweise sehr schmal und kurvenreich. Mit einem Wohnmobil sollte man sich diese Strecke nicht unbedingt antun.

Straße #198

Auf der Straße #198 lässt man mit Erreichen des (im Sommer oft schon fast leeren) ***Kaweah Reservoir*** die Ebene des *San Joaquin Valley* endgültig hinter sich. Das Landschaftsbild ändert sich völlig; im Sommer bestimmt Trockenheit die Szenerie. Die Straße folgt danach dem Lauf des immer Wasser führenden **Kaweah River**, der in den Höhen der Sierra Nevada entspringt.

Three Rivers

Eine bei Hitze willkommene **Badestelle** zwischen Felsen ist die ***Slick Rock Recreation Area***, ca. 1 mi westlich vom Ortsschild *Three Rivers*. Kurz davor passiert man den ***Horse Creek Campground*** des BLM (mit Duschen), von dem man weit übers Tal und den (Rest-) See schaut; \$20-\$25; Reservierungen: www.reservecalifornia.com.

Wer vorm Nationalpark noch einmal rasten möchte, findet in **Three Rivers** die letzten Quartiere, u.a. ein gutes ***Comfort Inn*** (ab \$160, © 1-877-424-6423) plus Tankstelle und hinter der Brücke über den Fluss die *Lodge* ***The Gateway*** (ab ca. \$170, © (559) 561-4133, www.gateway-sequoia.com) mit **Restaurant** und wunderbarer Terrasse. Eine weitere **Badestelle** liegt unterhalb des Parkplatzes an der Einfahrt zum Park (200 m Trampelpfad).

Mineral King

Dort zweigt auch die Stichstraße nach **Mineral King** ab. Die Zufahrt in diesen Teil des *Sequoia Park* ist eng, schlagloch- und serpentinenreich; sie abzufahren lohnt für die meisten nicht.

Exkurs: Kern River Route und Giant Sequoia Nat'l Monument

Anfahrt

Reisende mit genügend Zeit und Lust auf weniger ausgetretene Pfade lassen in **Richtung *Sequoia Park*** die *Freeways* links liegen und folgen ab Bakersfield der ganz wunderbar am gleichnamigen Fluss durch die Schlucht geführten ***Kern River Canyon Road*** (Teilstück der #178). Der Fluss eignet sich in diesem Teilstück wie auch weiter oben – je nach Wasserführung – fürs ***River Rafting***; Anbieter solcher Touren ist z.B. *Mountain & River Adventures* in Kernville; www.mtnriver.com.

Lake Isabella

Der Stausee **Lake Isabella** hat dank minimaler Wasserstände in den letzten Jahren allen Reiz verloren. Dennoch: wer in der Gegend einen Platz für die Nacht sucht, findet oberhalb des *Auxiliary Dam* einen großen einfachen ***Campground*** (\$10) mit Aussicht (Zufahrt von der #178) und ein etwas komfortableres Areal westlich des Hauptdamms am *Pioneer Point* (\$25), Zufahrt über die #155; www.kernvalley.com/news/lakecamp.htm.

Ausrüstungsverleih und River Rafting bei Mountain & River in Kernville

Letztere Straße zweigt kurz vorm Ort Lake Isabella von der #178 ab und stößt bei Kernville auf den *Sierra Way* (MT 99), der sich ein paar Meilen weiter oben ***Kern River Highway*** nennt.

Kernville

Kernville ist ein hübscher Ort beidseitig des Flusses mit einer ganzen Reihe von Motels (ordentlich u.a. das ***Kernville Inn*** am Park; www.kernvilleinn.com), Restaurants und Kneipen samt der ***Kern River Brewing Company*** mit hervorragendem Bier. Kernville eignet sich bestens als Etappenziel, sofern man nicht die ***Campgrounds*** des ***Nat'l Forest*** nördlich des Ortes vorzieht.

Campen und Baden am Kern River

Auf rund 15 mi passiert man am aufsteigenden *Kern River Hwy* (MT 99) gleich sechs am Ufer des idyllischen Flusses angelegte (leider seit Jahren etwas vernachlässigte) Plätze ($22-$27) und zusätzlich *Picnic Sites* an den Flussstränden. Außerhalb angelegter Plätze darf man mit RV auch kostenfrei campen. Bei hohen Wasserständen im Frühsommer ist dort *River Rafting* angesagt, im Sommer und Herbst Baden und *Inner Tubing*. Die ***Ranger Station*** in Kernville (105 Whitney Road) hat aktuelle Infos: www.kernvalley.com/news/kerncamp.htm

Kern River Falls

Giant Sequoia NM

Die MT 99 führt mit vielen Kehren auf rund 2000 m Höhe und an Johnsondale vorbei weiter bis zur MT 50, der *Parker Pass Road*. Weiter geht's nach Norden auf der *County Route* #107 (*Great Western Divide Hwy*) ins Zentrum des ***Giant Sequoia Nat'l Monument*** (ca. 2 mi ab MT 50, ca. 45 mi ab Kernville, aber bis zu 2 Stunden Fahrt). Auf dem ***Trail of 100 Giants*** in Nachbarschaft des ***Redwood Meadow Campground*** sind zahlreiche, wiewohl nicht ganz so mächtige *Sequoias* wie im Nationalpark zu bewundern; www.fs.usda.gov/sequoia, Trailkarte unter www.fs.fed.us/r5/sequoia/gsnm/gsnm-long-meadow-grove.html.

Weiter zum Sequoia NP

Von dort geht es entweder auf dem ***Great Western Divide Highway*** und der #190 über Camp Nelson und Springville auf endlosen Serpentinen oder via **California Hot Springs** (sehr schöne und weniger anstrengende Route) nach **Porterville** und von dort weiter zur #198 in Richtung ***Sequoia National Park***.

2.2.2 Sequoia & Kings Canyon Nat'l Parks www.nps.gov/seki

Die **Sequoia** genannten Mammutbäume sind verwandt mit den Küsten-***Redwoods*** (➤ Seite 217). Sie wachsen aber nicht ganz so hoch. Ihr Durchmesser erreicht dafür bis zu 12 m am Boden.

Von Süden in den Sequoia Park

Eintritt $30/Auto $15/Person oder Interagency Jahrespass

Kurz hinter der Parkeinfahrt befindet sich das ***Foothills Visitor Center*** (geöffnet täglich 8-16.30 Uhr) für erste Informationen und ggf. Reservierung einer Tour in die *Crystal Cave*. Die #198 führt ab dort über 25 Meilen in endlosen Kehren auf **über 2.000 m Höhe**. In regelmäßigen Abständen entlang der Straße verteilte Wasserstellen sichern die »Beruhigung« eventuell kochender Kühler.

Achtung! Restriktionen für RVs länger als 22 Fuß (➤ Seite 431) und November-März kann im Park Schneekettenpflicht bestehen.

»Kristallhöhle«

Ca. 2 mi bevor man die Höhe erreicht, zweigt die Zufahrt zur Tropfsteinhöhle ***Crystal Cave*** nach Westen ab (7 mi steile Abfahrt 600 m hinunter). Vom Parkplatz sind es noch 800 m zu Fuß. Zutritt nur mit gebuchter Tour (stündl. für 45 min, Startzeiten saisonabhängig, Tickets im *Lodgepole* oder *Foothill Visitor Center*); $16, Kinder $5-$8; ✆ (559) 565-4212; www.explorecrystalcave.com.

Fototipp

Fast oben passiert man mit den ***Four Guardsmen*** die ersten beachtlichen **Mammutbäume**. Durch diese vier in wenigen Metern Abstand passen gerade die dort separierten Fahrspuren. So schön eng fährt man kein zweites Mal zwischen zwei *Sequoias* hindurch: also Kamera 'raus, zurücksetzen und noch 'mal das Ganze!

Giant Forest Museum

An der Abzweigung der Straße zum *Moro Rock* befindet sich das ***Giant Forest Museum*** (im Sommer tägl. 9-18 Uhr, sonst bis 16.30 Uhr), das alles Wissenswerte über die *Sequoias* vermittelt.

Big Trees Trail

Gegenüber dem Museum beginnt der ***Big Trees Trail*** (ca. 1 km), ein Rundweg entlang einer grünen Lichtung vorbei an Sequoia-Exemplaren der Extraklasse. Auf keinen Fall diesen kleinen Spaziergang auslassen (maximal 30 min). Dieser Bestand ist ebenso sehenswert wie *Grant Grove* und *Giant Forest*.

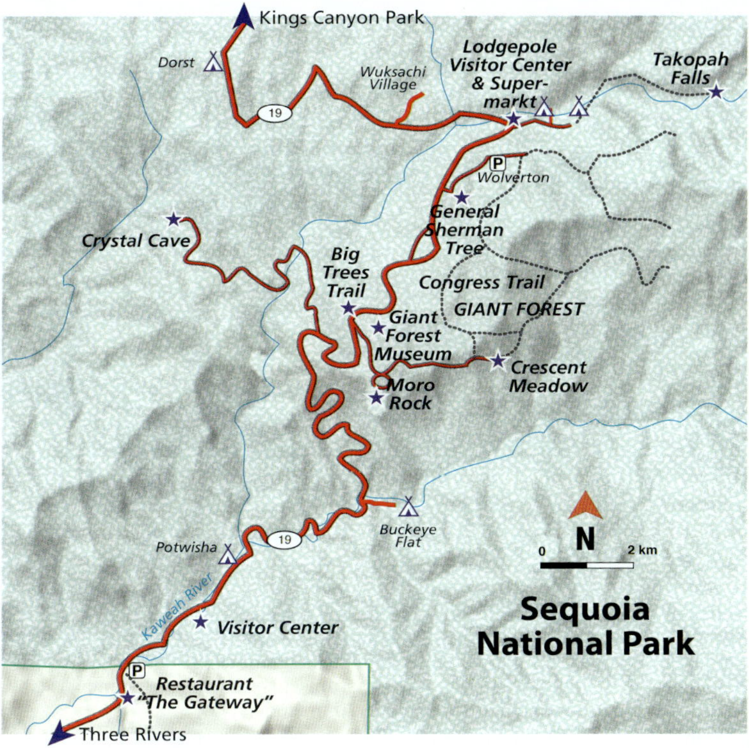

Zum Moro Rock

Ein weiteres »Muss« im *Sequoia Park* ist der **Abstecher zum *Moro Rock***, am Museum rechts ab (2 mi). Die schmale Straße bildet die südliche Begrenzung des *Giant Forest*, ➢ Seite 436. An ihr liegt u.a. der ***Auto Log***, ein umgestürzter Stamm, auf dem sich früher Autos hinaufrangieren ließen.

Der 300 m hohe **Granitmonolith *Moro Rock*** mit einer 400 m langen Stiege bietet einen spektakulären Blick über die Felslandschaft der Sierra Nevada. Für den steilen Auf- und Abstieg und ein wenig Verweilzeit oben benötigt man mindestens 30 min.

Tunnel Log

Folgt man der Straße bis zum Ende (*Picnic Area Crescent Meadow*), dürfen kurz hinter dem *Moro Rock* Pkw den ***Tunnel Log*** durchqueren. Der 3 km lange ***Log Meadow Loop*** hat den ***Tharps Log*** zum Ziel, dessen vom Feuer geschaffener Hohlraum einst den ersten Siedlern als Unterkunft diente.

Mit ca. 2,30m Durchfahrtshöhe passen sogar noch kleine Vans unter dieser schon 1937 umgestürzten Sequoia hindurch

General Sherman Tree und Giant Forest

Etwa 2 Meilen nördlich des Museums steht unweit des ***Generals Highway***, der grandios geführten Höhenstraße durch den Park, der ***General Sherman Tree***. Dieser gewaltigste aller Mammutbäume hat einen Bodendurchmesser von 12 m und eine Höhe von 84 m; sein Alter schätzt man auf ca. 2.500 Jahre. Sein jährliches zusätzliches Wachstum entspricht der Holzmenge eines »normalen« Baumes von 20 m Höhe.

Parken

An einem Platz unterhalb des Standorts können Buspassagiere und Mitfahrer »entladen« werden und Behindertenfahrzeuge parken. Alle anderen müssen noch eine Meile weiter fahren (Abzweig Wolverton Road) zu einem großen Besucherparkplatz (Toilettenservice), von dem ein **asphaltierter Weg** leicht bergab hinunter zum *Sherman Tree* und den dort beginnenden ***Giant Forest*** führt. Die beste Zeit für ein Foto des Baumes liegt vor 11 Uhr.

Congress Trail und mehr

General Sherman ist der ideale Ausgangspunkt für eine **Wanderung durch den *Giant Forest*** mit vielen dicht stehenden *Sequoias* unterschiedlichster »Formate«. Für die Rundwanderung auf dem grandiosen ***Congress Trail*** (weitgehend ein Spaziergang ohne besondere Steigungen, Gesamtlänge 3,2 km) benötigt man je nach Verweildauer an den Baumriesen und Schritttempo 1-2 Stunden. Wer sich mehr zutraut, kann bis zum *Moro Rock* (6 km) laufen und auf anderen Wegen zurückkehren, z.B. über den ***Pine Trail*** und den ***Trail of the Sequoias***, einer Erweiterung des ***Congress Loop*** (*Sequoia/Circle Meadow Loop Trail* 10 km Gesamtlänge). Eine genaue **Karte des *Giant Forest*** mit allen *Trails* gibt es im *Museum* und in den *Visitor Centers*.

Am Fuß des General Sherman Tree mit 12 m Durchmesser am Boden

Lodgepole

Das größte **Besucherzentrum** beider Parks mit allen **Serviceeinrichtungen** ist ***Lodgepole***, etwa 3 Meilen nördlich des *Sherman Tree* (7-16.30 Uhr, nur im Sommer).

Nur wenig östlich des *Visitor Center* beginnt der großflächige gleichnamige ***Campground*** mit zahlreichen herrlichen Stellplätzen für RVs und Zelte ($22) in der bewaldeten Felslandschaft beidseitig des Oberlaufs des bereits unter der Ortschaft Three Rivers erwähnten Kaweah River, ➤ Seite 432.

Sozusagen »um die Ecke« steht die einzige Unterkunft im *Sequoia Park*, ➤ Seite 442 (***Wuksachi Lodge***).

Ein schöner, eher einfacher ***Trail*** führt ausgehend vom oberen *Lodgepole*-Areal – am Fluss entlang zu den ***Tokopah Falls*** (3 km).

Lost Grove

Auf der Weiterfahrt passiert man auch noch den weniger sensationellen, dennoch einen Stopp werten ***Lost Grove***. Der Campingplatz ***Dorst*** an der Zufahrt zum *Muir Grove* ist nicht so gut angelegt wie *Lodgepole* oder *Azalea* im Bereich *Grant Grove*.

NF-Camping

Im angrenzenden ***Sequoia National Forest*** bieten einfache ***NF-Campgrounds*** Ausweichquartiere, wenn *Lodgepole* besetzt sein sollte. Zwei davon – *Tenmile* ($18; *first-come, first-served*) und *Landslide* ($22; reservierbar) – liegen am abkürzenden Weg zum *Kings Canyon Park* über Hume Lake. Übersicht unter: www.fs.usda.gov/activity/sequoia/recreation/camping-cabins.

Hume Lake

Der hübsch gelegene See ist erstaunlich warm und daher beliebte Sommerfrische mit Stränden, Bootsverleih und einer (begrenzten) touristischen Infrastruktur im kleinen **Dorf Hume Lake**. ***Sandy Cove*** ist ein schöner **Badestrand** am Südausläufer.

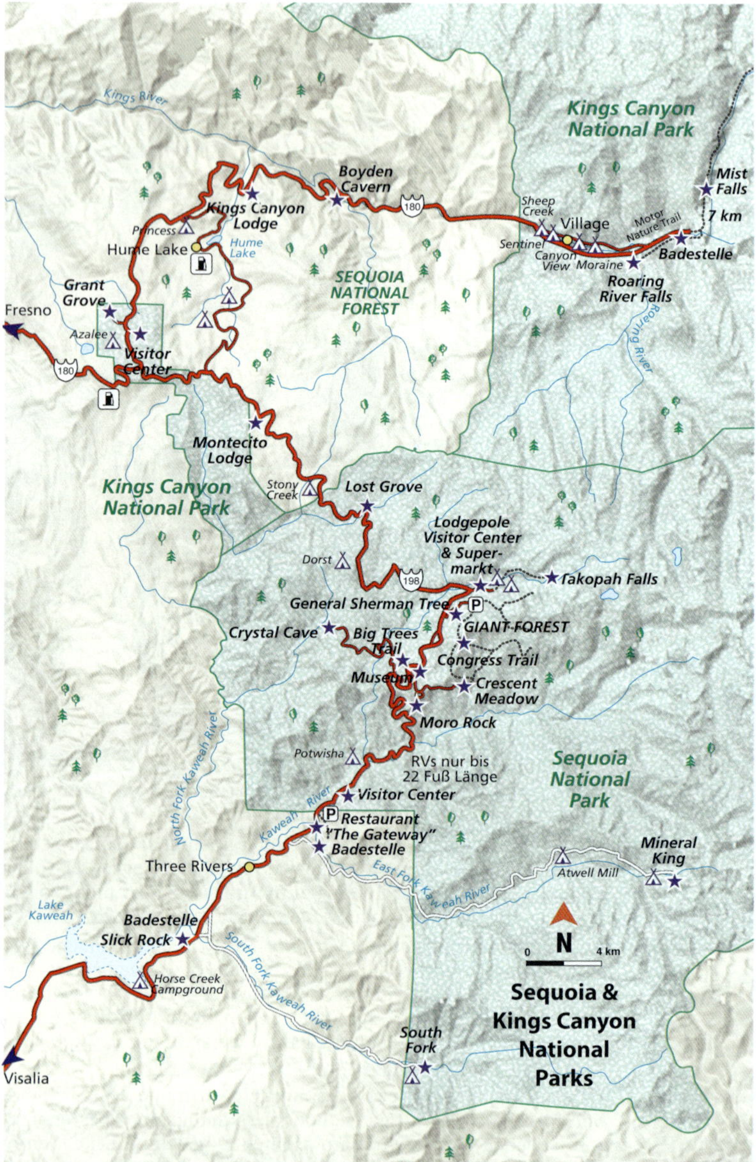
Kings River
Kings Canyon National Park
Mist Falls
7 km
Boyden Cavern
Kings Canyon Lodge
180
Sheep Creek
Village
Motor Nature Trail
Sentinel
Canyon View
Moraine
Badestelle
Roaring River Falls
Roaring River
Princess
Hume Lake
Hume Lake
SEQUOIA NATIONAL FOREST
Grant Grove
Fresno
Azalee
Visitor Center
180
Montecito Lodge
Kings Canyon National Park
Stony Creek
Lost Grove
Lodgepole Visitor Center & Supermarkt
Dorst
198
Tokopah Falls
General Sherman Tree
P
GIANT FOREST
Crystal Cave
Big Trees Trail
Congress Trail
Museum
Crescent Meadow
Moro Rock
Potwisha
RVs nur bis 22 Fuß Länge
Sequoia National Park
North Fork Kaweah River
Kaweah River
Visitor Center
P
Restaurant "The Gateway"
Badestelle
Three Rivers
East Fork Kaweah River
Atwell Mill
Mineral King
Lake Kaweah
Badestelle
Slick Rock
Horse Creek Campground
South Fork Kaweah River
N
0
4 km
South Fork
Visalia
Sequoia & Kings Canyon National Parks

Kings Canyon Park

In den Kings Canyon NP?

Spätestens in Hume Lake, aber auch ganz generell stellt sich die Frage »Lohnt sich die lange Strecke hinunter in den *Kings Canyon*?« Im Vergleich zum *Sequoia Park* gibt es dort nichts Sensationelles zu sehen, vielmehr »nur« großartige Landschaft vor allem entlang der Abfahrt ins Tal des Kings River. Am Ende der Straße starten **Weitwanderwege**, die tief ins Hinterland der Sierra Nevada eindringen und in der Höhe auf den berühmten ***Pacific Crest Trail*** treffen, der von Mexiko bis Kanada läuft.

Meinung

Bei knapper Reisezeit und mit dem *Yosemite NP* im Programm sollte man für Zeitgewinn anderswo auf die ermüdende Hin- und Rückfahrt verzichten, speziell mit einem RV. Die gut ausgebaute Straße macht auch für große Campmobile keine Probleme, aber die Kurbelei ist anstrengend. Davon hat man noch genug beim Durchfahren/Verlassen des *Sequoia*, gleich in welche Richtung.

Kings Canyon Highway

Einige Meilen nördlich von Hume Lake stößt man auf den breit ausgebauten ***Kings Canyon Highway*** (#180), der am *Grant Grove* weiter oben beginnt. In kurvenreichem Verlauf führt er hinunter in das ***Kings River Valley***. Umwerfende Aussichten hinab in das Tal und auf gewaltige graue Granitwände ringsum begleiten die Fahrt. Für die ca. 30 mi ab *Grant Grove* (ab Hume Lake ca. 5 mi weniger) durch den *Sequoia National Forest* sollte man bis zum *Cedar Grove Visitor Center* im *Kings Canyon* ohne Stopps für Fotopausen etc. mit rund **90 min reiner Fahrtzeit** rechnen.

Boyden Caverns

Kurz nach der Einfahrt in den *Canyon* passiert man den Parkplatz für die ***Boyden Caverns***, ein Höhlensystem mit Zugang hoch über dem Fluss. Touren Mai-Sept; © 1-888-965-8243; www.visitsequoia.com/Tours-Boyden-Cave.aspx. Die Höhle wurde nach einem Waldbrand 2017 wegen Infrastrukturschäden gesperrt; ein Datum für die Wiedereröffnung war Anfang 2018 noch nicht bekannt.

Braunfelliger Schwarzbär im Kings Canyon Park, fotografiert am populären Zumwait Meadow Trail (ca. 2,5 km Rundkurs); Einstieg etwa 4,5 mi östlich von Cedar Grove

Infrastruktur Kings Canyon

Der *Canyon* erweitert sich nach Überquerung einer Brücke über den Fluss zu einem breiten Tal ähnlich dem *Yosemite Valley*. In kurzer Folge passiert man **vier ausgedehnte Campingplätze** (einfach) zwischen Straße und Kings River ($22). Im Sommer sind sie bisweilen am frühen Nachmittag voll; keine Reservierung.

Unterkunft nur in der ***Cedar Grove Lodge*** (ab ca. $150 im Sommer, ✆ 1-866-807-3598, www.visitsequoia.com/Cedar-Grove-Lodge.aspx) oder außerhalb des Parks, ➤ Seite 442.

Tanken

Innerhalb der Nationalparkgrenzen gibt's **keine Tankstellen**. Die letzten auf der Fahrt in den *Sequoia* oder *Kings Canyon Park* befinden sich in Three Rivers oder an der #180 im Ort Hume Lake bzw. bei der *Kings Canyon* und *Stony Creek Lodge*.

Trails

Die Stichstraße endet etwa 6 mi hinter dem Campingbereich. Am Parkplatz ***Roads End*** beginnen mehrere *Trails*.

Nur gut 100 m in südliche Richtung sind es zur **Badestelle *John Muir Rock*** am (**eiskalten**) Kings River.

Eine Brücke führt dort über den Fluss zum ***River Trail***. Nach Westen (also zurück) geht's auf ihm zu den pittoresken ***Roaring River Falls*** (3 km, aber die erreicht man ebenso auf kurzem Weg von der Straße aus, für Kurzbesucher das Minimum an Aktivitäten im Canyon).

Richtung Osten geht es auf schönem Pfad zur nächsten Brücke (3 km). Von dort kehrt man auf einem guten Weg auf der anderen Flussseite (*Paradise Valley Trail*) zum Parkplatz zurück (in 90 min locker zu machen). Wer noch Reserven hat, setzt die Wanderung zu den ***Mist Falls*** fort (bester längerer Tagestrip über ca. 15 km retour ab dem Parkplatz *Road's End*).

Für die Rückfahrt bis Cedar Grove kann man die rechtsseitig des Kings River verlaufende raue Einbahnstraße ***River Road*** wählen.

Idylle am Kings River

Grant Grove

Zwischen den Hauptarealen des *Sequoia* und *Kings Canyon Park* befindet sich im äußersten Westen der zu letzterem gehörende *Grant Grove* mit dem – im Sinne des Wortes – herausragenden ***General Grant Tree***. Er ist ein wenig mächtiger, dafür aber rund 2 m kürzer als der *Sherman Tree* und gilt nach diesem und der *General Lee Sequoia* (beide im *Giant Forest*, ➤ oben) als **Nummer 3** unter den größten Mammutbäumen.

Der ***Grant Grove*** liegt an der Straße #180 nördlich des ***Kings Canyon Visitor Center*** (bei Anfahrt von Fresno auf der #180 ist dies der erste wichtige Anlaufpunkt im Doppelpark). Vom Parkplatz führt ein ansteigender Rundweg (500 m) vorbei an weiteren alten *Sequoias* zum *General Grant Tree*. Immerhin lässt der sich in ganzer Höhe besser aufs Bild bannen als der verdeckter stehende *General Sherman*, man muss aber fürs richtig gute Foto möglichst vor 12 Uhr zur Stelle sein.

General Grant Tree, die drittgrößte Sequoia

Unterkunft und Camping im Sequoia/Kings Canyon Park

Am ***Grant Grove*** gibt es **drei *Campgrounds*** (*Azalea, Sunset, Crystal Springs*; ***Azalea*** ist der beste; alle $22). Andere empfehlenswerte Campingplätze wurden bereits vorstehend genannt.

Beim ***Visitor Center Grant Grove*** steht die

- ***John Muir Lodge*** (Sommer ca. $220; zusätzlich zu den Zimmern auch ***Tent*** und ***Rustic Cabins*** ($70 bzw. $98); © 1-877-436-9615; www.visitsequoia.com/John-Muir-Lodge.aspx.

Neben der

- ***Wuksachi Lodge*** bei Lodgepole (im Sommer ab $220, sonst ab $130; © 1-866-807-3598, www.visitsequoia.com/lodging.aspx)

ist einzige Hotelunterkunft am *Generals Highway* die

- ***Montecito-Sequoia Lodge***, 10 mi südöstlich des *Grant Grove*; in der Hauptsaison ab $200 mit Vollpension, sonst weniger; © 1-800-227-9900; www.mslodge.com. Eher was für Familien mit Kindern, die 4- oder 6-Tage-*Packages* buchen.

Außerhalb der Parkgrenzen gibt es noch

- ***Stony Creek Lodge*** in toller Lage an der Straße zwischen *Sequoia* und *Kings Canyon Park* (ca $220, Reservierung auch unter © 1-877-828-1440 und www.sequoia-kingscanyon.com)
- ***Cyndi's Snowline Lodge*** in Dunlap an der #180 ca. 8 mi entfernt von der Einfahrt in den westlichen Teilbereich des *Kings Canyon*; rustikal und preislich bislang moderat ab ca. $90; © (559) 336-2300, www.cyndissnowlinelodge.com.

2.2.3 Weiter zum Yosemite National Park

Hauptroute über Fresno

Der schnellste Weg vom *Sequoia* zum *Yosemite Park* führt über **Fresno**, einem agrarwirtschaftlichen Zentrum ohne touristische Attraktion und selbsternannte ***Turkey Capital of the US***, und die (zunächst) Autobahn #41. Dabei sind ein paar Kilometer mehr zu bewältigen (ab *Grant Grove* bis zur *Yosemite*-Einfahrt Fish Camp ca. 110 mi) als auf den verbundenen kleinen Landstraßen durch die Vorgebirge der Sierra Nevada. Aber diese Abkürzung kostet Zeit.

Backroads

Die Mühe einer Fahrt auf den kurvenreichen ***Backroads*** über Tollhouse nach Oakhurst/Bass Lake wird aber nicht bereuen, wem es auf die zusätzliche gute Stunde Fahrt nicht ankommt – aber besser nur mit regionaler Straßenkarte oder Navi! **Campingplätze** gibt es am ***Pine Flat Lake*** (Stausee mit oft sehr biedrigem Wasserstand) und westlich des ***Bass Lake*** (*Forest Service*). Zwischen Auberry und North Fork liegt das immer volle (!) ***Kerckhoff Reservoir***, dessen kühles, klares Wasser bei Hitze zum Baden einlädt.

Millerton Lake

Wer die Route über Fresno wählt, passiert nördlich die ***Millerton Lake Recreation Area*** mit einem **Campingplatz in toller Lage zwischen Felsen und Bäumen** über dem Stausee; Anfahrt über die (hier) Autobahn #41, Ausfahrt Millerton, dann geradeaus, vorm *Friant Dam* nach links, $30/$40; www.parks.ca.gov/?page_id=587.

Oakhurst

Letzter gut sortierter **Versorgungsort** (Supermarktcenter *Vons*) vorm *Yosemite Park* mit einem noch »normalen« bis leicht angehobenen Preisniveau (im Park gelten bei begrenztem Angebot extreme Preise!) ist **Oakhurst**. Der Ort ist noch vor Mariposa an der Straße #49 (➤ Seite 268f) die wichtigste Touristenetappe außerhalb des Parks. Zahlreiche **Motels**, ***Fast Food Places*** und ***Restaurants*** warten in Oakhurst und – etwas südlicher – im Dorf ***Coarsegold*** auf Gäste. Vor allem Häuser der unteren bis höheren Mittelklasse sind stark vertreten und von Mai bis Anfang Oktober ganz schön teuer.

Empfehlenswert in der gehobenen Klasse ist das ***Best Western Plus Yosemite Gateway*** an der #41 Richtung Nationalpark. Etwas schlichter, aber häufig kaum billiger ist das schlichte ***Days Inn*** ganz in der Nähe ebenfalls an der #41. Preiswerter ist nur die untere Mittelklasse, z.B. das ***Americas Best Value Inn*** südlich des zentralen Bereichs.

Es gibt zudem ein paar B&Bs, zum Beispiel im nahen Ahwannee (#49) das kitschig nostalgische ***Apple Blossom Inn***, ✆ 1-888-687-4281; www.appleblossombb.com. In den beachtlichen Tarifen von $155-$250 ist der »*Yosemite*-Zuschlag« enthalten.

Wer in Oakhurst innerörtlich campen möchte, findet mit dem ***High Sierra RV Park*** einen grünen Platz am Fluss (Zelte $23-$35; *Hook-ups* ab $41); ✆ (559) 683-7662, www.highsierrarv.com.

Railroad

Etwa 2 mi südlich von Fish Camp passiert man die nostalgische ***Yosemite Mountain-Sugar Pine Railroad***, die auf einem kleinen Rundkurs von Mai bis Oktober durch die Landschaft dampft; eher etwas für Familien mit Kindern, aber den Spaß gönnen sich durchaus auch Erwachsene ohne Anhang. Im Sommer gibt es dort abendliche *Moonlight Specials*; www.ymsprr.com.

Fish Camp

Das Dorf unmittelbar vorm Südeingang des Nationalparks besteht nur aus Tankstelle mit Minishop und einer Handvoll *Lodges und* B&B-*Places*; akzeptabel ist dort die – einzig noch tariflich halbwegs moderate – ***White Chief Mountain Lodge***, © (209) 742-7777; www.whitechiefmountainlodge.com, ab ca. $150.

Wer nicht auf den Dollar schaut, findet mit der ***Tenaya Lodge*** gut 2 mi südlich des *Yosemite* eine Unterkunft für höhere Ansprüche; im Sommer Zimmer ab $360, sonst ab ca. $170, © 1-866-771-9629, www.tenayalodge.com. Sie kann auch über Veranstalter gebucht werden. Ganz gemütlich, aber kaum billiger als die Hotelzimmer sind die ***Tenaya Lodge Cottage Rooms*** in Nebengebäuden etwas abseits des Hauptkomplexes.

Preislich nur wenig niedriger (im Sommer ca. $300, in der Nebensaison ab $200) liegt das kleine ***B&B Big Creek Inn*** an der #41 gleich nördlich von Fish Camp. Zumindest ist dort ein Frühstücksbuffet inbegriffen; © (559) 641-2828; www.yosemiteinn.com.

Das Dorf Fish Camp besteht aus diesem »tollen« und teuren Laden, einer Tankstelle und dem Postamt plus einer Handvoll Häuser, die sich überwiegend im Wald verstecken

Der ***NF-Campground Summerdale***, eine gute Meile vor den Toren des Parks bietet schönere Stellplätze als ***Wawona***, der nächste, generell überbeanspruchte Platz innerhalb des *Yosemite Park*.

Mariposa Grove

Von der Südeinfahrt zum beeindruckenden ***Mariposa Sequoia* Hain** sind es nur wenige Meilen. Wegen des ausschließlich per *Shuttle Bus* möglichen Zugangs dauert der Abstecher mit Parken, Wartezeiten etc. alles in allem nicht unter 3 Stunden, ➤ Restriktionen bis 2018 ➤ auf Seite 277. **Wer bereits im *Sequoia/Kings Canyon NP* war, muss den *Mariposa Grove* nicht gesehen haben**.

Für die rund 40 mi in das Zentrum des *Yosemite*-Tals (*Curry* oder *Yosemite Village*) benötigt man oft 90 min und mehr.

Alles weitere zum *Yosemite Park* und weiterführende Routen von dort nach Norden, Westen und Osten ➤ ab Seiten 272 & 247.

2.3 Von Los Angeles nach Las Vegas

2.3.1 Die direkte Route auf der Autobahn I-15

Zur Route

Von Los Angeles nach Las Vegas sind es je nach Startpunkt **270-320 mi**. Man verlässt Los Angeles in Richtung Riverside/San Bernardino entweder auf dem ***Freeway* #91** oder der **I-10**. Beide stoßen auf die stark befahrene **I-#15** San Diego-Las Vegas-Salt Lake City. Nach Überquerung der San Gabriel Mountains bei San Bernardino führt diese Autobahn durch die südkalifornische Wüste, einen Landstrich, der mit seinen Felsformationen, Sanddünen und verkrusteten Salzseen eine überraschend abwechslungsreiche Fahrt bietet.

Wegen der oft hohen **Verkehrsdichte** auf den ersten 130-150 mi **bis Barstow** und der vielen Steigungen sollte man für die Strecke bis Las Vegas nicht unter **6 Stunden Fahrzeit** kalkulieren, auch wenn das *speed limit* großenteils bei 70 mph liegt.

Riverside

Am Wege – an der #91 nordöstlich der Kreuzung mit der I-15 etwa 10 mi südlich von San Bernadino – liegt **Riverside**, eine Schlafstadt für LA-Pendler, aber zugleich ein historischer Ort. Noch vor 100 Jahren war Riverside als Zentrum des Orangenanbaus größte und reichste Stadt Südkaliforniens. Der ***California Citrus State Historical Park*** einige Meilen südlich der #91 am Van Buren Blvd/Dufferin Ave würdigt den Segen der Zitrusfrüchte für die Gegend; täglich 8-17 Uhr, im Sommer Sa+So bis 19 Uhr; $5/Fahrzeug; kostenlose geführte Probiertouren; www.parks.ca.gov/?page_id=649.

Zeugen des auf ihnen basierenden Wohlstands sind im Zentrum zu besichtigen (Mission Inn Ave): Vor der ***City Hall*** und dem ***Municipal Museum*** ist das in erster Linie das ***Mission Inn***, ein enormer, stilistisch schwer definierbarer, mexikanisch angehauchter Komplex zwischen gleichnamiger Avenue, Main und 6th Street. Die Außenbesichtigung allein ist schon lohnenswert, noch besser ein Blick hinein. Zum Komplex gehört ein Museum mit Eingang in der Main St (#3696); täglich 9.30-16.30 Uhr, $2; Führungen nach Anmeldung ($13): © (951) 788-9556, www.missioninnmuseum.org/visit/museum.

Hotel Mission Inn in Riverside

Südkalifornien West
Las Vegas
Victorville
Lucerne Valley
Silverwood Lake SP
Lake Arrowhead
Big Bear Lake
Big Bear Citry
San Bernardino National Forest
Joshua Tree
Yucca Valley
Joshua Tree National Park
San Bernardino
Mission Inn
Riverside
Desert Hill Outlet
Banning
Palm Springs
California Citrus SHP
Mt. San Jacinto SP
2600 m
3300 m
Cathedral City
Rancho Mirage
Los Angeles
Idyllwild
Palm Desert
Phoenix/Arizona, Indio
Lake Hemet
Cleveland National Forest
Laguna Beach
Capistrano
Cahuilla Casino
Temecula
Aguanga
Anza Borrego Desert State Park
Doheny State Beach
San Clemente
San Clemente State Beach
San Onofre State Beach
Palomar Mountain SP
Borrego Springs
Oceanside
Carlsbad
Legoland USA
Escondido
Santa Ysabel
Brawley
Encinitas
Flower Fields
Safari Park
Julian
San Elijo State Beach
Torrey Pines State Beach Black's Beach
Cuyamaca Rancho SP
Lake Jennings
Santee
Viejas Outlet Center
La Jolla
Pacific Beach
Mission Beach
El Cajon
N
0 10 km
San Diego
Sweetwater
Corondolo
Otay Lakes
Yuma/Arizona
Chula Vista
Imperial Beach
San Ysidro
USA
Mexiko
Tijuana

Nostalgische Eleganz im Mission Inn

Wer sich zu Beginn oder am Ende der Reise etwas ganz Besonderes gönnen möchte, findet im **Hotel *Mission Inn*** – in dem gerne Berühmtheiten abstiegen und *Ronald Reagan* lange vor seiner Präsidentschaft noch als Wildwest-Filmheld den *Honeymoon* verbrachte – eine originelle, wiewohl nicht ganz billige Unterkunft; Zimmer ab $200/Nacht; Reservierung unter © (951) 784-0300 oder www.missioninn.com.

Unterkunft

Mittelklasse-Motels sind in Riverside sehr günstig. ***Days Inn*** und ***Riverside Inn*** kosten ab ca. $70 (beide an der Magnolia Ave 92505 bzw. 10705 parallel zur #91) unweit des *Citrus State Park* und der ***Galleria at Tyler Shopping Mall***; www.galleriatyler.com.

San Bernardino und Mountains (Nat'l Forest)

Ein bekannterer Name ist **San Bernadino** wegen eines alten Ohrwurms von 1970. Aber die 200.000-Einwohner-City an der I-215 nördlich von Riverside hat im sehr weitläufigen Stadtgebiet für Touristen so gut wie nichts zu bieten, was einen Zwischenstopp und erst recht einen Umweg lohnt.

Unmittelbar östlich der Stadt erstreckt sich aber die attraktive Gebirgs- und Waldlandschaft des Nordteils des ***San Bernardino National Forest*** (Südareal ➤ Seite 451). Wer hier Zeit genug hat, könnte eine große Schleife auf der Straße #38 nach Big Bear City am Big Bear Lake vorbei und zurück auf der Straße #18 zum Lake Arrowhead fahren; ggf. auch weiter über den Silverwood Lake nach Norden und bei Cajon Junction wieder auf die I-15.

Wegen der kurvenreichen Strecke und im Sommer und an Wochenenden viel Verkehr kostet das aber leicht einen Tag extra für die mindestens 100 Zusatzmeilen samt ein paar Stopps am Wege.

Speziell an der Straße #38 entlang der ***San Gorgionio Wilderness Area*** passiert man schön gelegene (einfache) Campingplätze des ***Forest Service***. Weiter oben am **Big Bear Lake** geht die Ursprünglichkeit verloren und macht einer lokaltouristischen Infrastruktur mit zahllosen Wochenendhäusern Platz. Das gilt auch für den Bereich um den **Lake Arrowhead**.

Lake Silverwood

Ganz anders der **Lake Silverwood**. Die Ufer dieses Stausees sind weitgehend unberührt und gehören zur gleichnamigen ***State Recreation Area*** (www.parks.ca.gov/?page_id=650). Der See ist besonders beliebt bei Wassersportlern und Anglern. Zudem verfügt er über Badestrand und einen schön gelegenen *Campground*.

Da der Park nur ca. 12 mi östlich der I-15 an der Straße #138 liegt, eignet er sich ggf. gut für eine erste Übernachtung nach Verlassen des Großraums Los Angeles auf dem Weg nach Las Vegas. Ebenso bei entgegengesetzter Richtung für eine letzte Nacht vor Erreichen von LA; www.reservecalifornia.com. Von Süden bzw. San Bernardino aus kann man dorthin (zunächst) auch auf der breit ausgebauten Gebirgsstrecke #18 gelangen, den ***Rim of the World Highway***, der nur wenig östlich von San Bernardino vom *Foothill Freeway* #210 abzweigt (*Exit* 76). Ab Crestwood geht's dann auf der #138 weiter (ca. 35 mi ab San Bernardino bis *Silverwood SRA*).

Mojave Desert

Die I-15 beginnt nach Passieren der San Gabriel Mountains nördlich von Los Angeles hinter *Cajon Junction* ihren Abstieg in die kalifornische Halbwüste. Das dichtbesiedelte Victor Valley mit Zentrum Victorville bietet dem Autotouristen auf der *Interstate* keinerlei Reiz. Das wird zwar nördlich von Victorville langsam anders, aber der erwähnte Abwechslungsreichtum der Strecke durch die ***Mojave Desert*** kommt erst östlich von Barstow zum Tragen.

Barstow

Barstow ist ein zentraler Verkehrsknotenpunkt zwischen Los Angeles und Las Vegas. Dort separiert sich die bis an die Atlantikküste laufende I-40 von der I-15, und gleichzeitig führt ab dort die wichtige Querverbindung #58 (weitgehend Autobahn) hinüber nach Bakersfield ins Zentrum der kalifornischen Obst-, Gemüse- und Weinkulturen im San Joaquin Valley. Südlich der Abzweigung der #58 von der I-15 passiert man die vergleichsweise kleinen ***Outlets at Barstow*** mit ca. 40 *Factory Stores* bekannter US-Marken und *free Wifi* (Abfahrt #178). In ihrer Umgebung stehen mehrere Häuser der **Mittelklasse-Motelketten**.

Unterkunft

Wer ausgerechnet in Barstow vor Erreichen von Las Vegas bzw. Los Angeles noch eine Nacht verbringen möchte, findet das Gros der Motels (einfach und untere Mittelklasse) an der I-15 *Business*/East Main Street/*National Trails Highway – Exit* #184B).

Fashion Outlet in Primm an der CA/NV-Grenze, ➤ Seite 450

Guterhaltener Goldgräber in der »Ghost Town« Calico

Calico Ghost Town

Außer zum Tanken und zur Versorgung oder ggf. auch für eine Übernachtung gibt es keinen Grund, in oder bei Barstow die *Interstate* zu verlassen. Ein empfehlenswerter Zwischenstopp (eher zu Beginn einer Reise als mit ein paar Wochen USA-Südwest-Erfahrung auf dem Buckel) ließe sich indessen 10 mi östlich von Barstow einlegen, um die ***Calico Ghost Town*** zu besuchen.

Dabei handelt es sich um eine rekonstruierte **Silberminenstadt** des 19. Jahrhunderts mit teilweise hierher verbrachten Originalstrukturen in malerischer Umgebung (Ausfahrten Yermo oder Calico Road von der I-15). Dieser sog. *Regional Park* ist eine Art »Zwitter« zwischen historischem Erhaltungsanliegen und kommerzieller Touristenattraktion, die kein Reisebus auslässt. Geöffnet täglich 9-17 Uhr, Eintritt $8/$5; www.calicotown.com.

Der eigentlich gut zwischen Felsen angelegte ***Calico Campground*** (mit und ohne *hook-up*) ist nicht der schönste seiner Art. Immerhin aber hat er ordentliche Sanitäranlagen, und der Tarif ($30, mit *hook-up* ab $35) schließt den Zutritt zur *Ghost Town* mit ein; Reservierung: © 1-800-TO-CALICO bzw. www.sbcountyparks.com.

Umweg übers Death Valley

Eine Fahrt von LA nach Las Vegas bietet die Gelegenheit zum Besuch des ***Death Valley*** noch vor Erreichen der Spielerstadt. Die Straße **#127 ab Baker** führt über Shoshone (dann #178) zur Oase *Furnace Creek* mitten im Tal des Todes. Dieser Abstecher mit Weiterfahrt nach Las Vegas kostet gegenüber der direkten Fahrt auf der I-15 mindestens 160 mi zusätzlich. Die Gesamtstrecke bis Las Vegas beträgt dann ab Baker kaum unter 270 mi. Dafür sollte inkl. Zwischenstopps ein voller Tag kalkuliert werden (zum Vergleich: Las Vegas ist von Baker noch etwa 90 *Interstate*-Meilen entfernt, die inklusive kurzem Stopp in **Primm Valley/Nevada** leicht in 2 Stunden zu machen sind).

Alle Details zum ***Death Valley NP*** ➤ auf den Seiten 298ff.

Blick über die I-15 aufs Spielkasino »Buffalo Bill's« mit einer den Komplex umrundenden Achterbahn

Abstecher in die Mojave Nat'l Preserve

Ab Baker ließe sich auch eine – je nach Routenwahl – 80-100 mi lange Schleife in die Lava- und Vulkanlandschaft der *Mojave Nat'l Preserve* einbauen. Ab der I-15 geht es zunächst auf der *Kelbaker Road* bis Kelso (35 mi) und dann wieder Richtung Osten via Cima zurück auf die I-15, ggf. bis zum *Nipton Exit*, ➤ unten und weitere Details zur Route auf Seiten 463f.

Nipton

Gerade noch in Kalifornien liegt 10 mi westlich der I-15 an der Straße #164 (und Bahnlinie) das Nest Nipton. Das urig-primitive ***Hotel Nipton*** hat preiswerte **B&B-Zimmer** und vermietet sog. ***Eco-Lodge Tented Cabins*** (bis zu 4 Personen). Eine recht rustikale ***Eatery*** gehört auch dazu; © (760) 856-2335; www.nipton.com.

Grenze Nevada

Unmittelbar vor der Grenze California/Nevada (*State Line*) steht **das größte Solarkraftwerk der Welt *Ivanpah*** und gleich dahinter warten beidseitig der I-15 in **Primm Valley** die ersten **Spielkasinos** samt **Hotels** (*Whiskey Pete's, Primm Valley Resort, Buffalo Bill's*) und ein ***Amusementpark*** mit riesigem *Rollercoaster*. Doch dort sollte man lieber keine Zeit verschwenden: der *Strip* in Las Vegas ist viel spannender. Einen Stopp wert sind aber für manche sicher die über 50 Shops des ***Fashion Outlet*** (*Guess, Polo Ralph Lauren, Hollister* u.a.m., ➤ Foto Seite 448). Die ***Premium Outlets*** in Las Vegas stehen der Konkurrenz an der Grenze indessen in nichts nach.

Für **Las Vegas** weiterblättern bis ➤ zur **Seite 522**.

2.3.2 Nach Las Vegas via Palm Springs und Joshua Tree NP

Anfahrt

Routen

Eines der attraktivsten Ziele in der Wüste Südkaliforniens ist der ***Joshua Tree National Park***, der wegen seiner etwas abseitigen Lage von ausländischen Touristen weniger besucht wird. Von Los Angeles fährt man zunächst in Richtung Riverside – je nach Ausgangspunkt auf den ***Freeways* #60** oder **#91** bzw. der ***Interstate* #10**. Ab Beaumont, östlich von Riverside, bildet die I-10 nach Phoenix die einzige direkte Route nach Osten.

Eine zeitaufwändigere **Alternativroute** für das erste Teilstück der I-10, die u.a. den urbanisierten und dank Bewässerung grünen Wüstenbereich von Palm Springs bis Indio (zunächst) nördlich liegen lässt, wäre die **Straße #74** ab der I-215 südlich von Riverside durch die Südausläufer der **San Jacinto** und **Santa Rosa Mountains**, ➤ den Kasten unten.

Esperanza Firefighters Panoramic Highway

Bei Banning, 6 mi östlich von Beaumont, beginnt der ***Esperanza Firefighters Panoramic Highway #243***, eine kurvenreiche ***Scenic Road*** durch die San Jacinto Mountains (Südareal des ***San Bernardino National Forest***, ➤ oben).

Besonders **die ersten 30 mi** dieser pittoresken Straße bis Idyllwild führen durch eine Gebirgslandschaft mit in dieser Region kaum erwarteten Höhen bis 3.300 m mit dichtem Hochwald und milden Sommertemperaturen, wenn in der Ebene auf 150 m die Hitze kaum zu ertragen ist. Kein Wunder, dass Idyllwild und Umgebung beliebte Sommer-Wochenend- und Ferienziele sind, und dort erstaunliche Preise selbst noch für die »letzte Hütte« verlangt und offenbar auch akzeptiert werden. Eine Reihe schön gelegener ***Campgrounds*** im *National Forest*, im *State Park Mt. San Jacinto* und im *County Park* bei Idyllwild und am Lake Hemet (*NF* weiter östlich an der #74) laden zum Übernachten, Picknick oder als Ausgang für Wanderungen ein.

Idyllwild gilt als **Künstlerdorf** und schickes Resort mit vielen (ziemlich teuren) Motels, *Inns* und guten Restaurants. An Wochenenden kommt man dort von Mai bis September ohne Reservierung nur mit Glück unter, egal ob im Motel oder auf einem Campingplatz der Umgebung (Reservierung *National Forest* ➤ Seite 123); www.idyllwildchamber.com.

Wer sich zwischendurch 'mal abseits der üblichen touristischen Pfade bewegen möchte, wird eine Fahrt über Idyllwild und weiter auf dem (ab Mountain Center) – nicht mehr ganz so grandiosen – *Palms to Pines Highway #74* (➤ Foto Seite 505) nach Palm Desert/Palm Springs und/oder direkt zum *Joshua Tree Park* als lohnend empfinden. Früher oder später im Jahr muss bedacht werden, dass es oben sehr kühl werden kann. Nachtfröste im Mai oder schon im Oktober sind nicht selten.

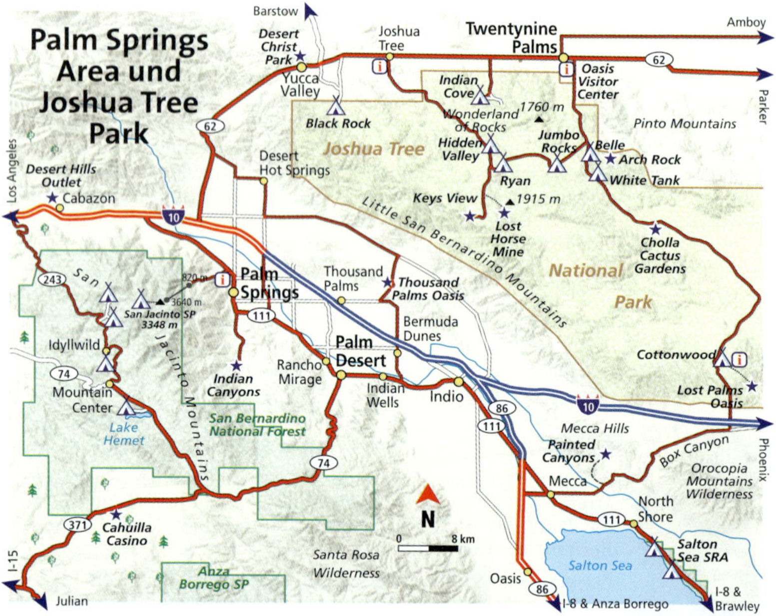

Auf der I-10 nach Palm Springs

Ohne Umweg über Idyllwild sind es von Beaumont auf der I-10 nur 20 mi bis zur Abfahrt nach Palm Springs, das immer einen Abstecher wert ist. Am Wege liegt **Cabazon** mit der extragroßen ***Premium Outlet Mall Desert Hills*** (120 Shops, www.premiumoutlets.com) in Nachbarschaft zum ebenfalls enormen ***Morongo Casino Resort*** (www.morongocasinoresort.com) unübersehbar direkt an der I-10, Ausfahrten 103 und 104.

Mit dem »Eintauchen« der I-10 in die östlichen Wüstenebenen geraten beidseitig der Autobahn vor Palm Springs zahllose **Windkraftanlagen** ins Blickfeld.

Nur einer von zahllosen Golfplätzen zwischen Palm Springs und Indio

Palm Springs mit Palm Desert

Kennzeichnung, Information, Unterkunft und Gastronomie

Kennzeichnung der Region

Die Städte von Palm Springs bis Indio sind künstlich in der an sich lebensfeindlichen Halbwüste angelegte riesige Urbanisationen vor allem für Bevölkerungkreise, die ihren Wohnort mit den wechselnden klimatischen Bedingungen der Jahreszeiten verlegen können und möchten. Richtig zu Leben erwachen sie nur ab Spätherbst bis Mai, dann besonders an Wochenenden. Im Sommer ist es erstaunlich ruhig dort. Kein Wunder, denn die Ausdehnung der Ortschaften und Zahl der Golfresorts steht dann in einem krassen Missverhältnis zur Zahl der anwesenden Immobilieneigner und Besucher.

Palm Springs ist von Herbst bis Frühjahr aber nicht nur Wohnort für flexible Besserverdiener und wohlhabende Rentner, sondern dann auch beliebtes **Wochenendziel** für *Los Angelitos* und **Urlaubsort** mit mondänem Touch vor allem für US-Touristen aus Staaten, die von winterlicher Kälte und Schnee geplagt werden. Dabei steht **Palm Springs** für viele als **Synonym** der Urbanisationen, die sich mehr oder weniger übergangslos über fast 30 mi in östliche Richtung aneinanderreihen (Cathedral City, Rancho Mirage, Palm Desert, Indian Wells, La Quinta u.a.m.) und mit insgesamt rund 400.000 Einwohnern eine ausufernde Zone voller Wohnsiedlungen und Resortanlagen mit Golfplätzen bilden. Hinzu kommt eine beachtliche Serviceindustrie entlang der Hauptstraßen.

Obwohl der Wohlstand etwa in **Rancho Mirage**, **Palm Desert** oder ***La Quinta*** – oberflächlich betrachtet – kaum geringer zu sein scheint, gilt Palm Springs als die beste Adresse. Mit größerer Entfernung zu Palm Springs sinkt das soziale Standing des Wohnorts.

Palm Springs in Zeiten der Wasserknappheit

Der schnurgerade nach Palm Springs und durch das Zentrum führende Palm Canyon Drive (#111) unterscheidet sich deutlich von den Ein- und Ausfallstraßen anderer Mittelstädte. Zwar säumen H/Motels, Tankstellen, *Fast Food Eateries*, Supermärkte und *Shopping Center* den Straßenverlauf wie überall, aber kaum irgendwo sonst findet man Ortsanlagen dieser Größe (ca. 45.000 Einwohner bei starker saisonaler Schwankung) über Meilen derart gepflegt. Nach wie vor ist die Wüstenoase trotz anhaltender Wasserknappheit und -sparmaßnahmen noch erstaunlich grün. Ausgedehnte Grasflächen und Blumenschmuck allerorten. Subtropisch üppige Vegetation und grüne Rasen überwiegen – bislang immer noch – nicht nur in Villen-, sondern auch in »normalen« Wohnlagen.

Dabei hat die **langanhaltende Dürre** der letzten Jahre durchaus schon zum Umdenken geführt. Selbst die »Reichen und Schönen« bleiben heute von ihren Folgen nicht verschont. Eine drastische Reduktion des Wasserverbrauchs hat seit einigen Jahren höchste Prioriät, und die Stadt investiert mittlerweile erhebliche Mittel in die Rückführung öffentlicher Flächen in ihren Ursprungszustand durch Ersatz aufwändiger und – auch wassertechnisch – pflegeintensiver Rasen und Blumenrabatte durch anspruchslose einheimische Vegetation, also vor allem durch Sukkulenten wie Kakteen.

Beurteilung

Mit oder ohne dem immer noch grünen Stadtbild: Palm Springs und seine Nachbarn waren und sind für den touristischen Besucher aus Europa, sofern er nicht gerade zum Golfen anreist, genaugenommen ein wenig langweilig. Ein Tag oder maximal zwei Tage bei Besuch mehrerer der im Folgenden genannten Einzelziele lassen sich dort durchaus sinnvoll füllen, aber zu viel Zeit sollte man in und um Palm Springs nicht »vertändeln«.

Information

Das ***Official Palm Springs Visitors Center*** erwartet von Westen anreisende Autofahrer am Abzweig der Zufahrt zur Seilbahn von der Straße #111. Geöffnet täglich 9-17 Uhr; 2901 North Palm Canyon Drive, © 1-800-347-7746, www.visitpalmsprings.com.

Knapp 11 mi weiter östlich an der #111 betreibt der Nachbarort Rancho Mirage das ***Greater Palm Springs Convention & Visitors Bureau***; geöffnet Mo-Fr 8-17 Uhr; 70100 Highway 111; © 1-800-967-3767; www.visitgreaterpalmsprings.com.

Transport

Der farbenfrohe, kostenlose ***Buzz Trolley*** verkehrt auf einer 10 mi langen Route durch Palm Springs: www.new.buzzps.com.

H/Motels

Fast alles ist ziemlich teuer in der Wüste, nur H/Motels nicht in der »Saure-Gurken-Zeit« des langen Sommers Mai bis Oktober. Die Leerstände großer Kapazitäten führen **dann** zu Angeboten **von $80 und weniger** für Zimmer der guten Mittelklasse, die in der Hochsaison im Winter das Dreifache und mehr kosten. So-Do nützlich sind dort die *Coupon Guides* (➤ Seite 108).

Die Häuser bekannter Ketten und viele unabhängige Motels sind entlang des endlosen Palm Canyon Drive (Straßen #111 und #111B) nicht zu übersehen. Sie stehen dicht an dicht nördlich des Zentrums, im zentralen Bereich der Stadt zwischen Tahquitz Canyon Way und East Ramon Road und etwa eine halbe Meile weiter südlich, wo die #111B nach Osten abknickt (geradeaus geht's dort zu den *Indian Canyons*, ➤ Seite 456). Einen guten Eindruck machen an dieser Ecke das ***Vagabond Inn*** und das ***Best Western plus*** sowie das ***Quality Inn*** am 1269 East Palm Canyon Drive.

Besonders zu empfehlen: ***Marriott Courtyard*** am Tahquitz Canyon Way und das stylische ***The Saguaro*** (www.thesaguaro.com).

Wohnungen und Villen

Überall stehen zahlreiche **Ferienhäuser- und -wohnungen** zur Vermietung, darunter die tollsten **Villen** in sog. *Resort Communities* rund um Golfplätze. Nur im Winter sind sie richtig teuer, im Sommer die Leerstände hoch; www.vacationpalmsprings.com.

Camping

Der Bereich Palm Springs bietet neben der Möglichkeit, im *Mount San Jacinto State Park* in der Wildnis in 2.500 m Höhe zu übernachten (➤ unten), auch Zeltcampern geeignete Plätze, wiewohl die meisten auf den Vollkomfort für RVs zugeschnitten sind, z.B.

- ***Cathedral Palms RV Resort*** am 35901 Cathedral Canyon Drive in Cathedral City, günstige Lage mittendrin nur eine 1/2 Meile nördlich der #111, ca. 7 mi südöstlich von Palm Springs. Rustikaler Komfortplatz mit Buschwerk; inkl. *hook-ups* ab ca. $48; © (760) 324-8244; http://aarvparks.com/cathedral-palms.

Etwas günstiger und schön gelegen am Trinkwasser-Reservoir mit Hochgebirge im Hintergrund, aber weitab vom Schuss, ist der

- ***Lake Cahuilla County Park*** südöstlich Palm Desert in **La Quinta** am Südende des Lake Cahuilla (Cahuilla Park Road/ Jefferson St, Anfahrt über Ave 52/Madison/58th St); RVs ab $39; ✆ 1-800-234-7275; www.rivcoparks.org/parks/lake-cahuilla.

Gastronomie

Auch mit *Eateries* jedweder Provenienz sind die Wüstenorte extrem versorgt. In **Palm Springs** hat der **North Palm Canyon Drive** (Straße #111B) zwischen Tahquitz Canyon Way und East Ramon Road fast südeuropäisches Flair mit zahlreichen ***Open-Air*-Restaurantterrassen**. Ruhig am Wasser sitzt man in einigen Restaurants beim *Shopping Center* »***The River***« in **Rancho Mirage** (➤ Seite 457). Auch die Gastronomie in der **Flaniermeile *El Paseo*** in **Palm Desert** ist attraktiv und hat viele **Open-Air-Lokale** (➤ Seite 458).

Die Bergstation der Seilbahn hinauf zum Mount San Jacinto liegt in 2.597 m Höhe. Der namensgebende Gipfel des Gebirgsparks hat eine Höhe von 3.300 m

Besucherattraktionen

Seilbahn

Bei der Anfahrt von Westen, passiert man noch vor dem Ortsbeginn die steile 5-mi-Zubringerstraße zu einer der populärsten (ganzjährigen) Attraktionen von Palm Springs, der Fahrt mit der ***Aerial Tramway*** in die Gebirgswelt des ***Mount San Jacinto State Park***. Die Bahn überbrückt 1800 m Höhendifferenz.

Mount San Jacinto State Park

Die Temperaturunterschiede zwischen oben und unten betragen bis zu 30°C. Aktive können dort in die Wildnis wandern (mit *Permit* auch zelten, www.parks.ca.gov/?page_id=636) und im Winter sogar Loipen (!) befahren. Auffahrten im 30-min-Takt Mo-Fr 10-20, Sa+So ab 8 Uhr; Ende September wegen Jahreswartung geschlossen. Tickets $26, Kinder 3-10 Jahre $17; mit Buffet ***Ride n'Dine*** $36/$23,50 ab 16 Uhr; ✆ 1-888-515-8726, www.pstramway.com.

Kunstmuseum

Unbedingt einen Besuch verdient das ***Palm Springs Art Museum*** in einem architektonisch eindrucksvollen Bau am Museum Drive parallel (westlich) des Palm Canyon Drive hinter der *Desert Fashion Plaza Mall*. Die permanente brillant-originelle Ausstellung bezieht sich stark auf Werke mit Bezug zum US-Südwesten; kleiner Skulpturengarten und **Café mit Open-Air-Terrasse** im Untergeschoss. Di+Mi, Fr-So 10-17 Uhr, Do 12-20 Uhr; Eintritt $12, bis 18 Jahre frei, ebenso für alle Do nach 16 Uhr; www.psmuseum.org.

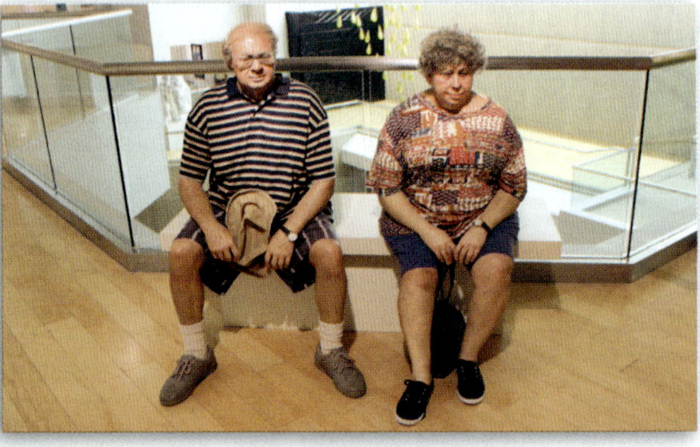

Müde Besucher im Art Museum von Palm Springs? Nein, Installation in Wachs als Kunstwerk.

Indian Canyons

Die ***Agua Caliente Indian Reservation*** ist für ihre Palmenbestände sowie **Schluchten** mit ungewöhnlichen Felsformationen (***Andreas*** und ***Murray Canyon***) bekannt. Am Ende der Zufahrtstraße stehen neben einem *Trading Post* etliche Picknicktische mit herrlichem Blick auf den ***Palm Canyon***, eine Oase voller mächtiger Kalifornischer Fächerpalmen. Dem kleinen Bach folgt dort ein einfacher Weg, der auf seinen ersten 1,5 km am schönsten ist und Zugang schafft zu weiteren *picnic tables* im Schatten der Palmen. In die zahlreichen weiteren Canyons gelangt man auf ruhigeren, aber teils etwas anspruchsvolleren Pfaden.

Zufahrt zu den *Indian Canyons*: Von Nordwesten die Hauptstraße Palm Canyon Drive durch die Stadt; wenn die Straße abknickt (*Vagabond Inn* gleich hinterm Straßendreieck), der Kurve nicht folgen, sondern geradeaus; Navi-Adresse: 38520 South Palm Canyon Drive. Geöffnet Oktober-Juni täglich 8-17 Uhr, Rest des Jahres nur Fr-So; Eintritt $9 pro Person, Kinder 6-12 Jahre zahlen $5; www.indian-canyons.com.

Wasserplanschen/ Klettern

Im Einklang mit den klimatischen Gegebenheiten fehlt auch ein Planschpark mit fünf Superrutschen und harmloserem Wasserspaß für kleinere Besucher nicht. ***Wet'n Wild Park*** liegt unübersehbar am Gene Autry Trail, der Straße von/nach Desert Hot Springs. Geöffnet im Sommer täglich 10-19 Uhr; Eintritt $37, Kinder 3-11 Jahre zahlen $30. Parken kostet extra, Pkws $10-$15, RVs $20; www.wetnwildpalmsprings.com.

Veteranen der US Airforce halten die Flugzeuge im Air Museum in Schuss und sorgen für ihren blitzblanken Zustand

Militär-Flugzeug-Museum

Bunt bemalte Jagdflugzeuge und Bomber aus dem 2. Weltkrieg, ein Großteil davon in einem sagenhaft gepflegten – in vielen Fällen sogar einsatzbereiten – Zustand, außerdem Schiffsmodelle und Auto-Oldtimer stehen im sehenswerten ***Palm Springs Air Museum***, 745 North Gene Autry Trail (Straße nach Desert Hot Springs hinter den Rollbahnen des Flughafens von Palm Springs). Täglich 10-17 Uhr; $17, Kinder $10-$15; www.palmspringsairmuseum.org.

Rancho Mirage/ The River

Folgt man von Palm Springs der Straße #111 weiter in südöstliche Richtung, erreicht man zunächst **Cathedral City** und nach Meilen kaum reduzierter Bebauung mit jeder Menge *Golf Clubs*, Resorthotels, Motels und *Shopping* als nächste Konglomeration **Rancho Mirage**. An der Ecke Straße #111/Bob Hope Drive steht der Shopping- und Kino-Komplex ***The River*** mit Open-Air-Cafés am künstlichen »Fluss«; www.theriveratranchomirage.com.

Palm Desert/ »El Paseo«

Eine Meile weiter zweigt ***»El Paseo«*** südlich von der #111 ab und läuft über zwei Meilen in einem Block Abstand parallel zu ihr. Entlang der mit vielen beachtlichen Skulpturen auf Mittelstreifen und *Walkways* verschönerten Straße residieren in hoher Dichte an die 300 Boutiquen, Galerien und Restaurants. *El Paseo* gilt als die größte und beste, aber auch teuerste Shoppingadresse der Region. Trotzdem ist die Straße nicht nur für *Hardcore Shopper* ein erwägenswertes *Stopover*-Ziel; www.palmsprings.com/elpaseo.

Living Desert Reserve

El Paseo kreuzt an seinem östlichen Ende die **Portola Ave**, an der etwa 1,5 mi weiter südlich die ***Living Desert Reserve*** liegt. Wer sich für die Natur in der Wüste interessiert, wird von dieser Parkanlage, einer Mischung aus botanischem Garten und Zoo, nicht enttäuscht sein. Geöffnet Oktober-Mai 9-17 Uhr, sonst 8-13.30 Uhr, Eintritt $20; Kinder 3-12 Jahre $10; www.livingdesert.org.

1000 Palms Oasis

Einen schönen Bestand der auch in der *Living Desert* vertretenen besonderen ***California Fan Palms*** kann man **eintrittsfrei** in der ***1000 Palms Oasis*** besichtigen, einem Ort absoluter Ruhe, und auch noch unter den Palmen picknicken (Ramon Rd nördlich der I-10, dann 1000 Palms Canyon Rd; bei Anfahrt über die I-10 *Exit* 131 und dann Monterey Ave nach Norden bis zur Ramon Road, dann rechts). Geöffnet Oktober-April 7-18 Uhr, sonst 6-20 Uhr; http://coachellavalleypreserve.org.

Eingang zur Living Desert Reserve durch alte für die Gegend typische Fan Palms. Sie stehen dicht an dicht auch in der 1000 Palms Oasis

Von Palm Springs zum Joshua Tree Park

Zwei Routen zur Auswahl

Südeinfahrt

Bei Weiterfahrt von Palm Springs über den *Joshua Tree National Park* stehen zwei Routen zur Auswahl. **Auf der I-10 zur Südeinfahrt** in den Park sind es ca. 45 mi, ab Palm Desert ca. 35 mi. Die mit Abstand interessantesten Bereiche des Parks liegen indessen im Nordwesten (*Wonderland of Rocks* und *Keys-View*-Stichstraße). Ab der Südeinfahrt ist es zu den Felsen bzw. bis zum *Keys View* dann noch einmal genauso weit wie von Palm Springs dorthin auf der Route übers *Yucca Valley* und die Nordwesteinfahrt.

Aber man spart via I-10/Südeinfahrt trotz der Mehrmeilen voraussichtlich Zeit (insbesondere ab Palm Desert, sollte man bis dorthin vorgedrungen sein). Denn auf der Wilson Canyon Road von Süden durch den Park ist nicht viel los, und die Fahrt »oben rum« wird im Bereich der langgestreckten Orte Yucca Valley und Joshua Tree durch viel Verkehr und zahlreiche Ampeln stark gebremst. Für die Anfahrt von der Südeinfahrt spricht speziell für Wanderenthusiasten ggf. der ***Trail*** zur Oase ***Lost Palms*** (13 km retour) gleich ab *Ranger Station Cottonwood*. Der Straßenverlauf nach Norden ist eher langweilig. Nur ein paar mittelgroße Bestände an *Joshua Trees* sorgen für Abwechslung.

Nord-einfahrten

Für die – hier favorisierte – **Nordroute** (ab Palm Springs über den *Gene Autry Trail* auf die I-10 und nach 7 mi in Westrichtung weiter auf der Straße #62) sprechen neben 40 bzw. 30 gesparten Meilen die Möglichkeit zum Stopp in Desert Hot Springs mit seinen Mineralwasserpools und ggf. die preiswerten Motels in Yucca Valley und Joshua Tree. Wer einen Campingplatz benötigt – egal, ob für Zelt oder RV – sollte im Nationalpark übernachten, ➢ unten.

Desert Hot Springs

Man kann auch zunächst auf dem *Gene Autry Trail* (wird zum Palm Drive) bleiben und über **Desert Hot Springs** fahren, einen an sich eher uninteressanten Ort rund 15 mi nördlich von Palm Springs. Er entstand – der Name sagt es – wegen warmer Quellen.

Über die populärsten öffentlichen Pools verfügt dort das

- ***Desert Hot Springs Spa Center*** am 10805 Palm Drive. Von Oktober bis Mai ist die nur mäßig attraktive Anlage oft ziemlich voll; Eintritt wochentagabhängig: $3-$10; geöffnet 8-22 Uhr, für Gäste im angeschlossenen Hotel 24 Stunden (Zimmer ab ca. $100; © (760) 329-6000, www.dhsspa.com)

Gleich nördlich davon liegt das

- ***Miracle Springs Hot Mineral Resort & Spa***, 10625 Palm Drive; im Sommer ab $90; © (760) 251-6000; www.miraclesprings.com

Straße #62 nach Joshua Tree

Der ***Joshua Tree National Park*** verfügt ab dem ***Twentynine Palms Highway*** (Straße #62) über vier Einfahrten:

- zwei miteinander verbundene Eingänge ab den Orten Joshua Tree und Twentynine Palms und dazwischen noch die
- Zufahrt zum Kletterparadies und ***Campground Indian Cove***
- Stichstraße ab Yucca Valley zum *Black Rock Nature Center* (dort gibt es nicht viel zu sehen, und der *Black Rock* Campingplatz ist der schlechteste des ganzen Parks).

Aus keiner Karte geht hervor, wie dicht (vor allem) der Abschnitt der #62 zwischen Yucca Valley und Joshua Tree besiedelt ist. Fast ohne Unterbrechung wird diese Strecke (ca. 12 mi) von der USA-

Joshua Trees, in Wahrheit keine Bäume, sondern eigenartig geformte Yuccagewächse, bedecken nur relativ kleine Areale des 3200 km² großen gleichnamigen Nationalparks; diese stehen an der Keys View Road

typischen Kommerz-Infrastruktur gesäumt. Wer dort eine Bleibe für die Nacht sucht, hat im Sommer und auch sonst wochentags die Auswahl unter zahlreichen oft moderat gepreisten Motels.

Pioneertown

Wer sich für urige Wild-West-Kulissen begeistern kann, sollte in Yucca Valley den Abstecher nach ***Pioneertown*** nicht auslassen (4 mi ab der Straße #62; westlich der #247 ausgeschildert). Die alten Holzhütten waren in den 1940er/50er Jahren in allerhand Western und Fernsehserien zu sehen, heute bergen sie Souvenirshops, den beliebten *Saloon Pappy & Harriet's Palace* mit *Live*-Musik (Do-So 11-2 Uhr, Mo erst ab 17 Uhr, Di+Mi geschlossen; www.pappyandharriets.com) und ein gutes, aber nicht ganz billiges Quartier mit Zimmern im Westernstil für ca. $180; © (760) 365-7001, www.pioneertown-motel.com.

Beim *Corral* wartet zudem ein Einfachstcampground; $10/Person in bar (im Zelt oder RV); http://pioneertowncorrals.biz.

Desert Christ Park

Zu einem weiteren Zwischenstopp lädt ein ungewöhnlicher Skulpturenpark ein: Im ***Desert Christ Park*** wurden biblische Gestalten und bekannte Szenen in Beton gegossen und auf dem das Tal überschauenden Kirchengelände gestellt. Zufahrt über den Sunnyslope Drive, der von der Pioneertown Road abzweigt, oder ab der #62 den Mohawk Trail bis zum Ende folgen.

Twentynine Palms

Mit dem **Ort Joshua Tree** erreicht man die **Hauptzufahrt** in den Nationalpark und eines der beiden ***Visitor Centers***, hier eher eine Informationsstelle mitsamt teurem Shop. Für bessere Parkinfos (Flora, Fauna, Geologie, Historie, Ausstellung) empfiehlt sich die Weiterfahrt zum ***Oasis Visitor Center*** in **Twentynine Palms**. In der kleinen, eher öden Ortschaft findet man außerdem etliche Unterkünfte (u.a. *Motel 6*, *Fairfield Inn* und *Best Western*) sowie zahlreiche, teils schöne Fassadengemälde (***Murals***). Eine gute *PDF*-Broschüre mit näheren Infos und Übersichtskarte gibt es online unter www.ci.twentynine-palms.ca.us/oasisofmurals.

Shop an der Einfahrt in den Joshua Tree Park

Reste der früher im Parkbereich betriebenen Keys Ranch. Das trockene Wüstenklima verhindert, dass die Objekte schnell verrotten.

Joshua Tree National Park www.nps.gov/jotr

Joshua Tree National Park

Eintritt $25/Auto $12/Person oder Interagency Jahrespass

Der Name dieses ausgedehnten Parks (ca. 2.300 km^2) bezieht sich auf den baumartigen ***Joshua Tree***, der an einigen Stellen der hier bereits wieder höher liegenden Halbwüste (ab 300 m in der Ebene mit Erhebungen bis zu 1.700 m) große Areale bedeckt. Das Zusammenspiel der oft bizarren »vielarmigen« Joshuabäumen mit einer ungewöhnlich attraktiven Felslandschaft drumherum verleiht diesem Nationalpark einen unverwechselbaren Reiz.

Die Straße ab Joshua Tree führt nach etwa 12 mi mit zunächst weniger sensationellen Formationen durch das zu Recht so bezeichnete ***Wonderland of Rocks***. Für kurze **Wanderungen** (z.B. ins ***Hidden Valley*** und auf den ***Ryan Mountain***) und Geländeerkundungen bestehen zahlreiche Gelegenheiten, sofern einem danach vor lauter Hitze zumute ist (im Sommer bis 50° C). Einen weiten Überblick bis hinüber zur I-10 und Palm Springs bietet der Aussichtspunkt ***Keys View*** am Ende einer 5-mi-Stichstraße (asphaltiert).

Wanderempfehlung

Auch wenn es die mächtigen Granitfelsen nicht vermuten lassen, im Gebiet des heutigen Nationalparks wurde einst mehr oder weniger erfolgreich nach Gold geschürft. An der Straße zum *Keys View* passiert man den Abzweig zum Ausgangspunkt für den ***Trail*** zur ***Lost Horse Goldmine***. An dessen Ende stehen noch erhaltene Holzstrukturen der alten Anlage (ca. 6 km retour).

Einen Einblick in das Leben der Goldsucher Anfang des 20. Jahrhunderts liefert die 90 minütige ***Keys Ranch Guided Walking Tour***; im Winter mehrfach pro Woche, sonst seltener; Kosten: $10, Kinder 6-11 Jahre $5. Geheimtipp für Fans von *Ghost Towns* (kein Zugang ohne Rangerführung!).

Unübertroffen ist das Campen in diesem Park, auch wenn es auf den Plätzen überwiegend weder Komfort noch Wasser gibt. Am schönsten sind ***Jumbo Rocks***, ***Ryan*** und ***Hidden Valley*** ($15).

Camping

Die Stellplätze dort wurden liebevoll zwischen Felsen und Wüstenvegetation plaziert und animieren zu leichten »Kletterwanderungen«. Etwas abseits des Kerngebietes des *Wonderland of Rocks* liegen die *Campgrounds* ***Belle*** und ***White Tank*** an der Wilson Canyon Road südlich der Nordroute durch den Park; beide $15 und ebenfalls in Felsen und *Joshua-Tree*-Bestände eingebettet. Auch der etwas isolierte ***Indian Cove*** ($20) ist ein guter Platz, speziell für Kletterfreaks (nur kurze Anfahrt von der #62).

Weniger reizvoll präsentieren sich die beiden *Campgrounds* mit Wasser ***Black Rock*** (ungepflegt, Zufahrt in schlechtem Zustand) und ***Cottonwood*** weit außerhalb des Felswunderlands ($20).

Alle Plätze *first-come, first-served*; von Oktober bis Mai Reservierungen bei *Black Rock* und *Indian Cove* möglich, ➢ Seite 123. Zu der Zeit sind die *Campgrounds* **an Wochenenden meist knallvoll**, So-Do jedoch ist Unterkommen im Normalfall kein Problem. **Feuerholz** ist im Park **nicht vorhanden**. In Anbetracht der vielen romantischen, felsgeschützten Feuerstellen sollte man auf keinen Fall vergessen, es vor der Einfahrt zu beschaffen.

Klima

Die hohen **Tagestemperaturen** in den Sommermonaten sollten nicht vom Besuch abhalten. Selbst 40°C im Schatten sind bei der dort vorherrschenden Trockenheit noch zu ertragen. Die **Nachttemperaturen** sinken auch im Hochsommer in der Regel auf ein erträgliches Niveau, früher oder später im Jahr kann es recht kühl werden. Nachtfröste gibt es noch im Mai und schon im Oktober wieder. Sogar Schneefall ist im Winterhalbjahr möglich.

Strecke nach Cottonwood

Zwei weitere Sehenswürdigkeiten befinden sich an der Parkstraße, die nach Südosten in Richtung Cottonwood führt. Vor allem den natürlichen Granitfelsbogen mit dem nicht sehr originellen Namen ***Arch Rock*** gleich zu Beginn der Strecke darf man sich nicht entgehen lassen. Der 800 m lange Rundweg startet beim Stellplatz #9 des *White Tank Campground*.

Arch Rock im Nachmittagslicht

Etwa auf halber Strecke zwischen Twentynine Palms und Cottonwood liegt außerdem der ***Cholla Cactus Garden*** mit einem Lehrpfad und einer beeindruckenden Ansammlung an *Teddy-Bear Cholla*-Kakteen (Aussprache: »*dschoi-ja*«). Wer ohnehin nach Süden fährt oder von dort kommt, sollte hier einen Zwischenstopp einlegen. Eine »Notwendigkeit«, der Straße bis nach Cottonwood zu folgen, besteht ansonsten nicht.

Südeinfahrt

Cottonwood an der Südeinfahrt ist nur eine Rangerstation mit Auskunftsfunktion und *Trailhead* für eine Wanderung zu den ***Lost Palms***, einer pittoresk am Hang zwischen Felsen »eingeklemmten« Oase (ca. 12 km retour). Der *Cottonwood Campground* kann mit den übrigen Plätzen nicht »konkurrieren«, ➢ oben.

Mitten in der Einsamkeit der Mojave Wüste steht dieser restaurierte alte Bahnhof in Kelso. Er dient heute als Besucherzentrum der National Preserve

Vom Joshua Tree National Park nach Las Vegas

Route 1

Durch die Mojave National Preserve

Amboy

Die **kürzeste Verbindung nach Las Vegas** läuft ab Twentynine Palms auf großartiger Wüstenstrecke über **Amboy**, einer angeblichen *Ghost Town*. Tatsächlich handelt es sich um eine gottverlassene Straßenkreuzung an der – in diesem Bereich eher witzlosen – alten ***Route 66*** mit einer Handvoll Häusern und einer **Tankstelle** samt *Minimart* und ***Roy's Café*** (➢ überkandideltes *You-Tube-Video* unter https://www.youtube.com/watch?v=MUyadl-8boc).

Auf der Strecke danach gibt's bis zur I-15 kein Benzin mehr.

Mojave Nat'l Preserve

Eintritt frei

Nördlich von Amboy erreicht man auf der **Kelbaker Road** ca. 12 mi nach Querung der I-40 die kurze Stichstraße zu den gelblichen ***Kelso Dunes***, dem größten Dünenfeld der Mojave-Wüste. Eine ca. 5 km lange Wanderung führt vom gekennzeichneten *Trailhead* bis zum höchsten Dünenkamm (200 m) und zurück.

Weiter auf der Kelbaker Road gelangt man schon bald nach **Kelso**, einer *Ghost Town*, stünde dort nicht an den Schienen der *Union Pacific Railroad* die restaurierte alte Bahnstation mit dem ***Kelso***

Südkalifornien Ost
N
0 20 km
Death Valley
Las Vegas
Las Vegas
Barstow Los Angeles
Barstow Los Angeles
Flagstaff/Grand Canyon
Phoenix
Tucson
Nipton
Cima Road
Cima
Kelso-Cima Rd.
Kelbacker Road
Baker
Aiken Mine
Hole in the Wall
Black Canyon
Kelso
Kelso Dunes
Mojave National Preserve
Cottonwood Cove
Searchlight
Lake Mead NRA
Lake Mohave
Nevada Telephone Cove
Katherine Landing
NEVADA
KALIFORNIEN
Laughlin
Bullhead City
Big Bend
Kingman
Oatman
Black Mountains
Needles
Topock
Sacramento Mountains
Ludlow
Amboy
Lake Havasu City
Buckskin Mountain SP
Lake Havasu
Colorado
Bullion Mountains
Vidal Junction
Parker
Joshua Tree
Twentynine Palms
Joshua Tree National Park
Keys View
Lost Horse Mountain 1915 m
Cholla Cactus Gardens
General Patton Museum
Lake Tamarisk
Lost Palms Oasis
Indio
Box Canyon
Blythe
Ehrenberg
Quartzsite
Mecca
Chocolate Mountains
North Shore
Salton Sea SRA
Salton Sea
Salton City
Bombay Beach
Salvation Mountain
Niland
Calipatria
Sonny Bono NRW
KALIFORNIEN
ARIZONA
Colorado
Palm Canyon
Kofa NWR
Font's Point
17 Palms Oasis
Borrego Springs
The Slot
Ocotillo Wells
Anza Borrego Desert State Park
Westmorland
Brawley
Algodones Sand Dunes
Glamis
Ogilby Road
Coachella Canal
Picacho SRA
Castle Dome Museum
Imperial
El Centro
Holtville
Center of the World
Proving Grounds
Felicity
Desert View Tower
Calexico
Old Plank Road
Yuma
USA
Mexiko
Mexiko
USA
Mexicali
127
15
164
93
68
163
95
95
66
66
40
40
66
66
95
62
62
177
93
95
111
10
86
10
86
111
S22
78
78
86
115
78
S34
95
86
111
S2
8
8
98
98

Depot Visitor Center der *Mojave National Preserve*, dem nach dem *Death Valley* zweitgrößten vom *National Park Service* in Kalifornien verwalteten, aber eher selten besuchten Gebiet; Details und Karte unter www.nps.gov/moja.

Zur I-15 in Richtung Baker/ Lavahöhle

Von Kelso führt die Kelbaker Road durch eine Vulkanlandschaft voller Aschekegel weiter in Richtung **Baker** an der I-15. Auf halber Strecke verschafft die unbefestigte ***Aiken Mine Road*** Zugang zu einer **Lavahöhle** (gute Bodenfreiheit erforderlich; Straßenzustand vorher im Besucherzentrum erfragen!). Die nicht ausgeschilderte Piste zweigt 15 mi nordwestlich von Kelso bzw. 19 mi südöstlich von Baker in östliche Richtung von der Kelbaker Road ab. Nach 4,4 mi hält man sich links und erreicht nach 300 m den ***Lava Tube Trailhead***. Von dort geht es noch 300 m leicht bergauf bis zum Höhlenzugang rechter Hand auf einer Anhöhe. Eine Metallleiter hilft beim Abstieg. Taschenlampe mitnehmen, denn nur so schafft man es in die Hauptkammer. Ein wenig Licht fällt darin durch drei Löcher in der Decke auf den Boden, an dem sich – je nach Tageszeit – manchmal bis zu drei verschiedene Lichtkegel ausbilden.

Zur I-15 über Cima

Nach Las Vegas fährt man am besten über die **Kelso-Cima Road** entlang der Bahnlinie und der *Providence Mountains* im Hintergrund. Bis zur I-15 sind es via Cima (ein gottverlassenes Nest mit verfallenen Strukturen) ca. 38 mi. Am Wege passiert man schöne *Joshua-Tree*-Bestände, im hoch gelegenen *Shadow Valley* (an der Cima Road von Cima zur I-15) sogar einen ***Joshua Tree Forest*** mit besonders großen Exemplaren. Wählt man stattdessen die Morning Star Road, spart man bis zum *Nipton Exit* der I-15 (➤ Seite 450) zwar insgesamt 12 mi, nimmt aber eintönigeren Verlauf in Kauf.

Hole-in-the-Wall/ Black Canyon

Wer mehr Zeit und Lust auf einsame felsige Wildnis hat, könnte auch dem ***Hole-in-the-Wall***-Bereich und ***Black Canyon*** der *Nat'l Preserve* einen Besuch abstatten. Zufahrt ab der Kelso-Cima Road (ungeteert, meist aber Pkw-tauglich) oder ab Essex (I-40 *Exit* #100,

Abstieg in die Aiken-Mine-Road-Lavahöhle im Nordwesten der Mojave National Preserve

dann auf der geteerten *Black Canyon Road* 19 mi nach Norden). Neben einem stark durchlöcherten Tuffsteinlabyrinth (***Hole-in-the-Wall***) warten dort ein kleines *Information Center* sowie ein toll gelegener **Camp- und Picknickplatz** ($12; *first-come, first-served*; keine *hook-ups*, aber Trinkwasser und *Dump Station*).

Abenteuerlustige Kinder werden ihre Freude haben an den kurzen und relativ einfachen Kletterpartien entlang des 2,5 km langen ***Rings Loop Trail***, der beim Besucherzentrum beginnt.

Der spannendste Teil des mit eisernen Halteringen ausgestatten »Rings Loop Trail« in der Mojave National Preserve

Route 2

Straßenkombination #62 und #95

Wer gut ausgebaute breite Straßen bevorzugt und bei ungefähr gleichen Meilen schneller ans Ziel möchte, nimmt zunächst die **Straße #62** nach Osten (ebenfalls kaum Verkehr und landschaftlich großartiger Verlauf durch fast menschenleere Regionen) und – ab Vidal Junction – die Straße **#95**. Sie verläuft weiter nördlich 13 mi identisch mit der I-40 und löst sich dann wieder von der Autobahn (Auffahrt bei Needles bis Ausfahrt #133). Bei Boulder City stößt sie auf die I-515, von der man via I-215 direkt auf den Las Vegas Boulevard gelangt.

Abstecher nach Oatman

Auch auf dieser Route sind Varianten und Abstecher möglich. Besonders erwägenswert wäre ein Umweg **über die alte *Route 66* nach Oatman**. Dann die I-15 nicht in Needles, sondern erst jenseits des Colorado River am *Exit* 1 (bereits Arizona) verlassen und den **Oatman-Topock *Highway*** nehmen (*Old Route 66*).

Diese ca. 50 mi zwischen den Arizona-Ausfahrten 1 und 44 (Kingman) der I-40 bilden den **landschaftlich reizvollsten Abschnitt** der gesamten noch intakten Teilstrecken der *Route 66* bis Chicago.

Das **Wildwest-Dorf Oatman** inmitten der rauen Black Mountains ist einer der wenigen verbliebenen, noch besuchenswerten Orte der

Burros in Oatman

einstigen Transkontinentalstraße und ein originelles Überbleibsel aus der Zeit ohne Autobahnen. Ein Hauch von Nostalgie weht durch die vielleicht gerade mal 200 m lange Main Street, auch wenn sich hinter fast jeder noch so modrig aussehenden Holzfassade ein moderner Souvenirshop versteckt. Unbedingt einen Blick hineinwerfen sollte man in die Bar des ehemaligen ***Oatman Hotel***, deren Wände von oben bis unten mit $1-Scheinen »tapeziert« sind.

Wildesel, Nachfahren der Goldgräber-Lasttiere, stehen bettelnd mitten auf der Straße und schauen auch schon mal neugierig in Autos hinein. Für noch mehr »Stau« sorgen die täglich dort stattfindenden ***Shoot-Outs*** (12 und 14.30 Uhr *Arizona! Time*); www.oatmangoldroad.org.

Einmal in Oatman könnte man auch bis **Kingman** weiterfahren (ggf. mit Abstecher zum *Grand Canyon*) und von dort der #93 nach Norden Richtung *Hoover Dam* folgen, ➢ Seite 579.

Laughlin/ Bullhead City

Ohnedem macht es nach einem Besuch in Oatman Sinn, ein Stück zurück zu fahren und via Oatman Road (#153) die Straße #95 *Spur* anzusteuern und sich auf ihr bis Bullhead City in Richtung Norden zu halten. Dort geht es über den Colorado ins Dreistaateneck mit dem drittwichtigsten Spielkasinostandort Nevadas: **Laughlin** (Aussprache: »*loff lin*«) besteht im Wesentlichen aus **Kasino-Hotelkomplexen** und riesigen Parkplätzen. In **Bullhead City** am Arizona-Ufer gegenüber stehen kleinere Motels, deutlich billigere Tankstellen, große Supermärkte und die Lokale der üblichen Restaurantketten.

Man kann in Laughlin – außer dem Glücksspiel zu erliegen – zu oft erstaunlich günstigen Preisen übernachten. Die Kasinozimmer sind zwar meist älteren Datums und nicht so luxuriös wie in Vegas, aber wo sonst gibt's **»Suiten« mit Blick auf den Colorado für $30**? So-Do locken die großen Häuser im Zentrum mit solchen *Specials*, und – anders als in Vegas – in der Regel ohne überrraschende Zusatzkosten (*Resort Fees*, Parkplatzgebühren etc.); www.visitlaughlin.com.

Hauptstraße (Route 66) durch das Nostalgiestädtchen Oatman, die hier gerade von der täglichen Gunfight-Show block iert wird

Als Mississippidampfer getarntes stationäres Kasino am Ufer des Colorado in Laughlin. Drinnen sieht's aus wie in allen Spielsälen

Wenn Essenfassen in Laughlin, dann auf der Terrasse des ***Bubba Gump*** an der Uferpromenade hinter dem *Golden Nugget Casino*. Für den Drink am Abend empfiehlt sich der als ***Brew Pub*** konzipierte »Maschinenraum« des *Colorado Belle Casino.*

Baden am Colorado

Der (dort meist klare) Fluss lädt durchaus zum Baden ein. Im Hochsommer ist das eine willkommene Erfrischung und im Frühjahr und Spätherbst werden Besucher des tiefer gelegenen *Colorado River Valley* mit dem dort **besonders warmen Klima verwöhnt**. Wer in dieser Zeit vor/nach einer Fahrt in kühlere, hochgelegene Gebiete noch eine Pause am Wasser einlegen will, ist hier richtig. **Kleine Sandstrände** findet man z.B. hinter dem ***Pioneer Hotel & Gambling Hall*** oder schöner in der ***Big Bend of the Colorado State Recreation Area*** (dort auch ein großzügiger komfortabler ***Campground***). Noch etwas südlicher findet man in der äußersten Ecke von Nevada/California/Arizona beim ***Avi Resort & Casino*** einen weiteren Strand am Fluss. Die Gäste des nahen ***KOA-Campground*** dürfen diesen sowie alle Einrichtungen des Hotels mitbenutzen.

Lake Mohave

Schattige Plätzchen bieten auch die *NPS-Campgrounds* direkt am **Lake Mohave** oberhalb von Bullhead City: ***Katherine Landing*** mit Badebucht *South Telephone Cove* am Ostufer (Zufahrt über die #68, Davis Dam Road und Katherine Drive) und ***Cottonwood Cove*** auf der Nevada-Seite (15 mi Stichstraße ab Searchlight/#95). Der Stausee ist Teil der ***Lake Mead National Recreation Area***; Eintritt $20/Fahrzeug bzw. kostenfrei mit *Interagency* Jahrespass; www.nps.gov/lake.

In *Katherine Landing* gibt es sogar ein Motel in bester seenaher Lage: Zimmer ab $95 im Sommer, sonst bereits ab $60; www.canyon-country.com/mohave/katherine_landing.html.

Noch ruhiger ist es am Strand der Bucht ***Nevada Telephone Cove***, einer kleinen »Oase in der Wüste«, die man nur über eine holprige Staubpiste erreicht. Sie zweigt 4,4 mi westlich der Colorado-Brücke in Laughlin von der #163 nach Norden ab und endet 4,2 mi weiter an der Bucht (bei gutem Wetter mit allen Fahrzeugen machbar). RVs dürfen dort (gratis) direkt am Strand stehen.

Nelson

Fans von ***Ghost Towns*** und »altem Gerümpel« könnte auch noch ein Abstecher von der #95 weiter nördlich interessieren: **Nelson** im *El Dorado Canyon*, ca. 11 mi von der #95 entfernt an der #165, war einst Schauplatz des größten Bergbau-Booms in der Geschichte Nevadas und dient heute immer mal wieder als Filmkulisse. Bis 1945 wurden dort Gold, Silber, Kupfer und Blei gewonnen. Die ***Historical Techatticup Mine*** kann für $10/$5 nach Anmeldung besichtigt werden: © (702) 291-0026, www.eldoradocanyonminetours.com.

Route 3

Wie Route 2, aber mit Umweg über den Lake Havasu

Mit etwas mehr Zeit könnte man **ab Vidal Junction** – statt die #95 nach Norden zu nehmen – **weiter auf der Straße #62** bleiben und bei **Parker/Arizona** den Colorado River überqueren. Dort wendet man sich auf der **Straße #72** nördlich und fährt über **Lake Havasu City** in Richtung *Interstate* #40. Für diese Strecke braucht man einen **Extratag**, der sich aber lohnt bei Lust auf einen entspannten Tag oder Abend am Wasser.

Buckskin Mountain SP

Zahlreiche Camp- und Motelresorts warten beidseitig des Flusses auf Gäste. Einen der besten Campingplätze am Fluss hat bezüglich Lage, Anlage und Komfort der ***Buckskin Mountain State Park*** ($40 mit *hook-up*), www.azstateparks.com/buckskin.

Lake Havasu City

Lake Havasu City, Standort der Stein für Stein über den Atlantik geschafften ***London Bridge***, die früher die Themse überspannte, verfügt über eine enorme touristische Infrastruktur und jede Menge Wassersportangebote auf dem Stausee. **Mindestprogramm dort**: *Stopover* im Bereich der London Bridge Road (Anfahrt zur *Visitor Information*, dort auch Parkplätze) und Erkundung des zentralen Fußgängerbereichs beidseitig der Brücke auf dem ***Shoreline Trail***, einer Promenade am Wasser vorbei an Lokalen, *Boat Rentals* und Anlegern für Ausflüge.

Zurück zur Route 2

Nördlich von Lake Havasu City stößt man auf die I-40 und kehrt auf ihr zur #95 zurück bzw. folgt zunächst dem Vorschlag zum Oatman-Abstecher auf der alten *Route 66* (ab *Exit* 1/Topock von der I-40). Dann geht's weiter wie unter Route 2 beschrieben.

London Bridge in Arizona

2.4 Von Los Angeles nach San Diego

2.4.1 Die Küstenroute

Interstates #5 und #405/ Toll Road #73

Der Blick auf die Karte zeigt: Die schnellste Verbindung von LA nach San Diego ist die I-5. Sie gehört indessen zu den Autobahnen mit dem höchsten Verkehrsaufkommen Kaliforniens. Für die – je nach Ausgangs- und Endpunkt – 100-130 mi kommt man daher nur in den seltensten Fällen mit der rechnerisch scheinbar leicht möglichen **Fahrzeit** von zwei Stunden aus. Das gilt ebenso für Fahrten aus dem Westen von LA nach Süden auf der **I-405**, die in Lake Forest auf die I-5 stößt. Weniger verkehrsbelastet ist der gebührenpflichtige ***Freeway* #73** (*Joaquin Hills Corridor*) zwischen Costa Mesa und San Juan Capistrano, auf dem man aber nur etwa 30 mi der I-405/I-5 umgeht und kaum Zeit spart.

Pacific Coast Highway #1

Der berühmte ***Highway #1*** läuft auch südlich von LA weiter an der Pazifikküste entlang, innerhalb des Großraums LA bis zu seinem Ende an der I-5 bei Capistrano Beach unter der Bezeichnung ***Pacific Coast Highway***, obwohl die Straße durchaus nicht überwiegend unmittelbar am Ozean entlang läuft. Die durch diese Straße verbundenen LA-Vorstädte von Malibu über Santa Monica, Manhattan Beach und Long Beach wurden bis Huntington Beach bereits im Kapitel Los Angeles behandelt, ➤ Seiten 410ff. Erst hinter Newport Beach, einem kalifornischen »Venedig«, verlässt die Straße langsam den Großraum Los Angeles.

Newport Beach

So attraktiv Newport Beach für Tausende von glücklichen Bewohnern sein mag, deren Yachten in den Buchten und Kanälen an Steg und Tonne vor der Haustür festgemacht sind, für Touristen ist nicht einmal der Strand dort sonderlich hervorhebenswert. Er bildet das Ende der ab Malibu durchgehend flachen hellsandigen, aber alles in allem nicht wirklich reizvollen Strände. Allemal hübscher sind die *Beaches* und kleinen Sandbuchten unter der kurz hinter Newport Beach beginnenden Steilküste.

Laguna Beach

Bei **Crystal Cove** wendet sich die #1 endgültig von der Küste ab und verläuft bis auf ein paar Meter (in Laguna Beach) wasserfern. An diesem letzten Teilstück liegt mit **Laguna Beach** der – neben La Jolla (San Diego) – attraktivste Küstenort Südkaliforniens. Er zieht sich über drei Meilen hin und verfügt über einen fast 2 km langen Hauptstrand und diverse hübsche Sandbuchten unter Felshängen und Uferparks, die der Cliff Drive miteinander verbindet. Der Zentralbereich liegt rund um die Einmündung der Laguna Canyon Road (#133 – im Ort Broadway) in den Hwy #1.

Eine besonders schöne Aussicht hat man vom ***Crescent Bay Point Park*** mit oft vielen Kolibris (gleichnamiger Drive ist Zufahrt ab der #1). Nur ein wenig weiter südlich zweigt der **Cliff Drive** ab, der durch beneidenswerte Wohnlagen am ***Heisler Park*** vorbei wieder zurück auf die #1 führt. Auf ganzer Länge dieses Parks verläuft ein wunderbar angelegter **Spazierweg bis zur *Main Beach***.

Laguna Beach entwickelte sich aus einer Künstlerkolonie und veranstaltet im Juli bis einschließlich August ein großes ***Arts Festival*** in den Kunstzentren und Galerien. Das Kulturleben manifestiert sich auch außerhalb der Festivalzeit in den zahlreichen ***Art Galleries*** und einem anspruchsvollen Veranstaltungskalender.

Unterkunft

Dem Seebad-Charakter von Laguna Beach entspricht die große Zahl höherpreisiger Motels und Hotels:

- Das ***Inn at Laguna Beach*** liegt optimal über dem felsigen Ende des Hauptstrands mit meerseitigen Terrassen und Balkons; ab ca. $290; © 1-800-544-4479, www.innatlagunabeach.com.
- Ein noch relativ günstiges Angebot für die zentrale Lage ist das ***The Tides***, 460 Pacific Coast Hwy, im Sommer Zimmer ab ca. $220; © 1-888-777-2107, www.tideslaguna.com.

Eine Übersicht aller Quartiere in Laguna Beach findet man unter www.visitlagunabeach.com/hotels.

Restaurants

Die gastronomische Szene in Laguna Beach gehört zum Besten, was Südkalifornien in dieser Beziehung zu bieten hat; unter den zahllosen Restaurants zwischen *Fast Food* und *Gourmet* fallen unter Berücksichtigung ihrer Lage und *Outdoor Decks* auf

- das »***C'est la Vie***« gleich hinter der *Main Beach* an der #1 mit Terrasse nach hinten 'raus, www.cestlavierestaurant.com
- das »***The Cliff***« mit Terrasse hoch über der *Main Beach* an der #1 weiter südlich (Ecke Legion Street); www.thecliffrestaurant.com
- das stimmungsvolle *Steak-* und *Seafoodhouse* »***Mozambique***« mit einer Dachterrasse an der #1 eine gute Meile südlich des Zentralbereichs, mit *Live Music* abends; www.mozambiqueoc.com.

Information

Infos dazu im ***Visitor Center*** in der 318 Forest Ave unweit des Hauptstrands. Ein ausführlicher *Visitors Guide* lässt sich im Internet herunterladen unter www.visitlagunabeach.com.

Am Hauptstrand von Laguna Beach, im Hintergrund auf der Anhöhe sieht man den Heisler Park

2

State Beaches Doheny und San Clemente

Von Laguna Beach bis zur I-5 in Richtung San Diego bei Dana Point sind es noch 20 mi. Noch vor Erreichen der I-5 passiert man mit dem Dana Point Harbor Drive die Zufahrt zur ***Doheny State Beach*** mit einem schön angelegten ***Campground*** am Strand; *Beachside Plätze* kosten $60, sonst $40; www.parks.ca.gov/?page_id=645.

Auf einer Hochfläche durch Schienen unterhalb der Steilküste vom Strand getrennt liegt der weniger attraktive ***Campground*** der ***San Clemente State Beach*** ein paar Meilen weiter (I-5, *Exit* 73). Die Zeltplätze kosten dort ebenfalls stolze $40 und auch die *RV Sites* mit *hook-up* sogar $65. Die Einfahrtstore bleiben nachts (22-6 Uhr) geschlossen; www.parks.ca.gov/?page_id=646.

San Juan Capistrano

Ein kurzer Abstecher nach Norden (4 mi) führt via I-5 nach San Juan Capistrano. Vom *Exit* 82/Ortega Hwy ist es nur eine Viertelmeile bis zur alten ***Mission San Juan Capistrano***, dem vielleicht schönsten Missionskomplex Kaliforniens (➤ Seite 476). Im Zentrum der rund 4 ha großen abgeschlossenen Parkanlage stehen die gut erhaltenen Missionsgebäude rund um eine quadratische Plaza. Ein Anziehungspunkt sind die jeden Morgen um 9 Uhr zu Ehren des Gründers der Station, *Junípero Serra*, geläuteten Glocken beim Blumengarten vor der restaurierten Ruine der *Great Stone Church*. Die Geschichte der kalifornischen Missionsstationen wird im ***Irvine Museum*** erläutert; weitere Ausstellungen gelten den Indianern der Region und lokaler Kunst rund um die *Mission San Juan Capistrano*. Ein Souvenirshop fehlt natürlich auch nicht. Hinter dem Parkgelände steht der in seiner Schlichtheit eindrucksvolle Bau einer neuen Basilika.

Ruine der Great Stone Church, Glocken und Statue des Junipero Serra

Eingang zur Mission an der Ecke Ortega Hwy/Camino Capistrano, **Eintritt $9/$6** inkl. Audio-Führung (auch Deutsch),täglich 9-17 Uhr; www.missionsjc.com. *Free Wifi* auf dem ganzen Gelände.

Schwalben-Phänomen

Ein ungeklärtes Phänomen der Mission sind die dort im Sommer überwinternden Schwalben aus Argentinien, die jedes Jahr um den 19. März herum in San Juan Capistrano eintreffen. Täglich um 13 Uhr findet ein 45 min ***Swallows Walk & Talk*** statt ($3).

Shopping und Gastronomie

In den Straßen südlich der Mission wartet eine dichte auf den Tourismus ausgerichtete Infrastruktur auf Kunden. Nur ein paar Schritte den Camino Capistrano hinunter sind es bis zum ***Franciscan Plaza Shopping Center*** gleich hinter der Bahnstation.

Setzt man die Fahrt auf derselben Straße fort, passiert man weitere Shoppingzentren und sogar ein ***Café Mozart***, ein Edelrestaurant im spanischen Stil (http://cafemozart.net), bevor man nach nicht einmal einer Meile die Auffahrt #81 zur I-5 erreicht.

San Clemente

Die Küstenvorstadt **San Clemente** zwischen Autobahn und Pazfik hat touristisch kaum etwas zu bieten. Von der ***State Beach*** war oben bereits die Rede. Sie eignet sich zum Campen, aber der Strand hinter Steilküste und Schienen ist dort nicht attraktiv.

Interstate #5

Zur I-5 gibt es hinter San Clemente **keine Alternative** mehr für die Weiterfahrt nach Süden. Sie durchquert ein riesiges Sperrgebiet des *US Marine Corps*. Das Gelände rund um ein Atomkraftwerk sorgt zusätzlich für kilometerweite Absperrungen der Küste.

Oceanside

Im einst mondänen, aber heute nicht mehr so überzeugenden Seebad **Oceanside** (endlose Strände, ein weit ins Meer reichender Pier und riesige Parkkapazitäten) beginnt parallel zur I-5 der – streckenweise unmittelbar an der Küste verlaufende – ***County Highway* S21**, die **historische #101** (www.drivethe101.com), wie sie heute gerne wieder bezeichnet wird. Am Wege liegen kleine verbundene **Seebäder** mit jeder Menge **Motels/Hotels** und eine Vielzahl kommerzieller Wohnmobil-Campingplätze.

Camping

Wegen der Lage direkt am Strand sind die ***Campgrounds*** der ***State Beaches South Carlsbad*** und ***San Elijo*** (Cardiff gleich südlich von Encinitas) unübertroffen und daher immer voll. Reservierung ist angezeigt: www.parks.ca.gov/?page_id=660 bzw. =662.

Legoland

Bei Carlsbad befindet sich das kalifornische ***Legoland***: Dorthin geht's von der S21 oder I-5, *Exit* 48, auf die Cannon Road und von dort auf den Legoland Drive. Der Besuch ist erheblich teurer als bei uns: $95, Kinder 3-12 Jahre $85. Parken $20-$30. Online findet man auch Kombitickets mit dem zum Lego-Komplex gehörenden ***Water Park*** und dem ***SEA LIFE Aquarium***; www.legoland.com. Auch der sog. ***City Pass*** schließt *Legoland* mit ein, ➤ Seite 480.

Flower Fields

Wer **im März bis Anfang Mai** unterwegs ist, könnte in Carlsbad auch den Besuch der ***Flower Fields*** mit dann blühenden bunten Ranunkeln erwägen. Von der Cannon Road zweigt gleich östlich der I-5 der Paseo del Norte Drive nach Süden ab. Gleich hinter einer ***Premium Outlet Mall*** liegt das 20 ha große »Blumenfeld« (ca. 1 mi ab I-5). Im Grunde handelt es sich dabei um einen Pflanzenmarkt mit Eigenanbau der Ranunkeln und anderer Blumen samt Souvenirshop. Dafür $16/$8 Eintritt zu nehmen und dennoch viele Besucher anzuziehen, spricht fürs beachtliche Marketinggeschick der Betreiber. Geöffnet nur in der max. 3-monatigen Saison 9-18 Uhr; genaue Daten unter www.theflowerfields.com.

Badeorte

Von den Ortschaften entlang der S21 lohnen in erster Linie **Carlsbad** und **Del Mar** ggf. eine Fahrtunterbrechung.

Torrey Pines Road

Die S21 geht noch vor San Diego in die ***Torrey Pines Road*** über, auf der man automatisch auf den ***La Jolla Shores Drive*** stößt, der zum *San Diego Scenic Drive* gehört, ➤ unter San Diego, Seite 491.

Genaue Karte notwendig

Zur Orientierung im Küstenbereich und für die in den nächsten Absätzen beschriebene Route benötigt man wegen der Vielzahl und Dichte kleiner Straßen bei gleichzeitig keiner oder schlechten Beschilderung eine genaue **Südkalifornien-Karte** (z.B. des AAA). Ein **Navi** ist nur bedingt hilfreich, weil es zwar zum gewünschten Ziel führt, jedoch keine Gesamtübersicht bietet.

2.4.2 Die ruhige Inlandsroute ab Oceanside

Alternative Route #76/ Palomar Observatory

Eine hübsche, aber zeitraubende Alternativroute zur Küstenstrecke ist ab Oceanside die **Straße #76** nach Osten durch den *Cleveland National Forest* (auch denkbar bei Anfahrt auf der I-15, dann von dort *Exit* 46).

Etwas abseits, aber letztlich noch am Wege liegt das berühmte ***Mount Palomar Observatory*** – etwa 11 mi Zufahrt über zahlreiche Kehren der **Straße S6** – mit Riesenteleskopen und einem kleinen Museum (Besichtigung gratis, geführte Touren $5; täglich 9-15/16 Uhr; www.astro.caltech.edu/palomar). Ein 400 m Fußweg führt vom Parkplatz zum Observatorium. Besonders ergiebig ist der Besuch aber nicht.

Auf der Anfahrt passiert man zwei ***NF-Campgrounds***. Der bessere von beiden ist ***Palomar Observatory*** (ab $15, Duschen).

Straße #79

Nach San Diego geht es von dort am besten über die Straßenkombination **S7** (bis *Lake Henshaw*), dann **#76** und **#79** über Santa Isabel und Julian zur **I-8**.

Julian

Das Dorf **Julian** im künstlichen Wildwest-Look hat mehrere in Dörfern dieser Größe sonst nicht zu findende Restaurantterrassen und ***Bed & Breakfast Places***, z.B. das ***Gold Rush B&B***; Zimmer ab $105; © 1-800-734-5854; www.julianhotel.com.

Dank der gemäßigten Temperaturen in 1.300 m Höhe, der attraktiv-hügeligen Umgebung und des nahen Lake Cuyamaca ist Julian beliebtes Sommer-Ausflugsziel für hitzegeplagte Talbewohner.

Die #79 zwischen Julian und der Autobahn läuft kurvenreich durch eine Landschaft mit klaren Bächen (im Frühjahr; später im Jahr meist ausgetrocknet) und Hochwald. Sehr schön übernachtet man im ***Green Valley*** des ***Cuyamaca Rancho State Park***; Camping $30 (keine *hook-ups*), www.parks.ca.gov/?page_id=667.

Straßen #S6/#67/#S4

Man könnte sich – statt hinunter zur I-8 zu fahren – schon vor Julian westwärts wenden und über den *County Highway* S6 oder ab Santa Ysabel #78/#67/*County Highway* S4 die **I-15** ansteuern. Damit gelangt man noch etwas rascher nach San Diego (speziell auf der S6 ab dem Bereich *Mount Palomar*).

San Diego Safari Park

Ein weiteres Motiv für diese Routen liefert ggf. der ***San Diego Safari Park*** an der #78, 5 mi östlich von Escondido. Viele asiatische und afrikanische Tiere lassen sich auf einer »Safaritour« oder von Aussichtspunkten aus beobachten. Tierfreunde dürften dort allerdings wenig begeistert sein. Der Park ist überdies extrem kommerzialisiert (u.a. ***Nairobi Village*** voller *Eateries* und Souvenirshops). Trotz hohen Eintritts kosten viele Attraktionen wie die Safaris oder *Ziplines* extra; **Eintritt $54, Kinder 3-11 Jahre $44**; Parken $15, RVs $20; www.sdzsafaripark.org. Der Zoo in *San Diego* (➤ Seite 498) ist die bessere Alternative für einen Tierparkbesuch.

Museum der Creationists in Santee

Die ***Life and Light Foundation*** betreibt in **Santee** (10946 North Woodside Ave), einem nordöstlichen (Fast-)Vorort von San Diego (dorthin über I-15 und *Freeway* #52 oder über I-8, *Exit* 18, auf den *Freeway* #67, von dort Abfahrt 3) das auf seine Art sehenswerte ***Creation & Earth History Museum***, Mo-Sa 10-17 Uhr, So ab 13 Uhr; $8; www.creationsd.org.

Es geht im Museum um die Schöpfungsgeschichte aus der in den USA verbreiteten Sicht der ***Creationists***, derzufolge die Bibel naturwissenschaftlich exakt die Entstehung der Erde beschreibt.

Davon und von weiteren erstaunlichen, in anderen Teilen der Welt bislang kaum beachteten Erkenntnissen erfährt, wer sich die Mühe des Abstechers macht; mehr unter www.lifeandlightfoundation.org.

2.5 San Diego

2.5.1 Allgemeine Informationen

Geschichte, Klima und Geographie

San Diego – und nicht etwa San Francisco – ist heute mit rund 1,3 Mio. Einwohnern nach Los Angeles **Kaliforniens zweitgrößte City**. Die Stadt verfügt jedoch über keinen vergleichbaren Gürtel von Trabanten- und Nachbarstädten. Der **Großraum San Diego** (ca. 3 Mio) ist daher bei weitem nicht so bevölkerungsstark wie *Metropolitan* San Francisco, andererseits aber touristisch ähnlich bedeutsam mit aktuell rund 35 Mio. Besuchern jährlich, von denen die Hälfte für eine oder mehrere Nächte in San Diego bleibt.

Geschichte

Nach der Entdeckung Amerikas ließ auch die Erkundung der Westküste nicht lange auf sich warten. Schon 1542 setzte der Seefahrer ***Juan Rodriguez Cabrillo*** seinen Fuß auf die der San Diego Bay vorgelagerte Halbinsel. Mit der Landung am Point Loma, wo heute ein *National Monument* an ihn erinnert, reklamierte er sogleich ganze Landstriche im Westen Nordamerikas – das heutige Kalifornien – für die spanische Krone. Aber erst 227 Jahre später begann die Kolonisierung Kaliforniens durch die Spanier.

Nach der Eroberung Kaliforniens 1848 durch die USA als Folge des mexikanisch-amerikanischen Krieges ging die Entwicklung lange Zeit an San Diego in der Südwestecke des Staates vorbei. Erst um die Jahrhundertwende entstanden mit der Anbindung der Stadt an das Eisenbahnnetz ein nennenswerter Hafen und Industrie.

Spanische Missionen in Kalifornien

Ernst-Georg Richter

http://californias-missions.org www.parks.ca.gov/?page_id=22722

http://de.wikipedia.org/wiki/Spanische_Missionen_in_Kalifornien

Zwar war nach damaligem Rechtsverständnis das heutige Kalifornien neben weiteren riesigen Flächen im Süden Nordamerikas schon im 16. Jahrhundert an Spanien gefallen, aber »gesichert« war dieser Besitz bei weitem nicht.

Und so sorgte sich der spanische Hof unter seiner katholischen Majestät *Juan Carlos III* in der zweiten Hälfte des 18. Jahrhunderts um eine beginnende russische Besiedlung Nordkaliforniens und den aufkommenden Einfluss Russlands, das bereits Handelsposten in Alaska unterhielt. Da bereits einhundert Jahre zuvor spanische Jesuiten in der heute mexikanischen *Baja California* ein Netz von Missionen und Siedlungen aufgebaut und damit die Halbinsel erfolgreich kolonisiert hatten, beschloss man 1767, dasselbe für ***Alta California*** in Angriff zu nehmen. Eine Expedition unter dem Offizier *Gaspar de Portola* und dem Franziskanerpater ***Junípero Serra*** wurde vorbereitet mit dem Auftrag, *Presidios* (Festungen) zu errichten, um Kalifornien militärisch abzusichern und Missionen zu gründen. Der Zweck letzterer war, die Indianer zunächst zum Christentum zu bekehren und dann mit ihrer Hilfe die kalifornische Kolonie im Machtbereich der spanischen Krone zu verankern.

Die Expedition erreichte 1769 die Bucht von San Diego und errichtete als erste Mission ***San Diego de Alcalá***. Zwei Jahre darauf folgte *San Carlos Borromeo del Rio Carmelo* im heutigen Carmel. Bis 1823 wurden daraus insgesamt **21 Missionen**, die durch den ***Camino Real*** (Königsweg) verbunden waren. Sie lagen jeweils eine Tagesreise auseinander und hatten damit u.a. die Funktion von Etappen für Reisende. Neben der Missionskirche entstand regelmäßig auch eine Siedlung mit Landwirtschaft nach europäischem Vorbild.

Die härteste Arbeit mussten dort – wie sich denken lässt – diejenigen leisten, die »bekehrt« bzw. kolonisiert worden waren. Die nach ihrer Christianisierung »Neophyten« genannten Indianer schufteten auf den Feldern und wurden streng und oft genug brutal behandelt. Den eingeschleppten Krankheiten aus der alten Welt hatten sie außerdem nichts entgegenzusetzen, was die neuen Siedlungen dauerhaft schwächte. Statt *California* zu sichern und auszubauen, konnten sich die Missionen nur mit Mühe selbst erhalten. Nachdem sich dann Mexiko 1821 auch noch von Spanien losgesagt hatte, endete nach und nach die Unterstützung aus dem Süden, und 1834 wurden die Missionen säkularisiert.

Dic *Missions* sind heute ausnahmslos Baudenkmäler. Zugleich transportieren sie eine durchweg romantisierende Erinnerung an die spanische Zeit, in der das in den Vordergrund gestellte religiöse Ziel der Missionierung mit handfesten imperialistischen Interessen einherging. Trotz allem unterschied sich der Umgang der Spanier mit den Ureinwohnern des Kontinents deutlich vom Vorgehen der Engländer an der Ostküste: Dort wurden die Indianerstämme bekriegt und weitgehend ausgelöscht, im günstigsten Fall »nur« vertrieben.

Keimzelle der Stadt: Mission San Diego de Alcalá

Mit dem Überfall der Japaner auf Pearl Harbor und einer dadurch bedingten Verlegung des pazifischen Oberkommandos der US-Streitkräfte von Hawaii nach San Diego wurde der zweite Weltkrieg zum entscheidenden Anstoß für die seither erlebte Expansion. Die Marine- und *Airforce*-Gelände belegen nach wie vor gewaltige Areale rund um die Bay, und die pazifische Kriegsflotte dominiert die Hafenanlagen.

Klima

Nun sind nicht allein militärische Aktivitäten, Industrie, Handel und Wandel verantwortlich für den anhaltenden Boom San Diegos. Die **Freizeitgesellschaft** der Nachkriegsära entdeckte – ganz besonders seit den 1980er-Jahren – die hervorragende klimatische und geographische Eignung der Stadt fürs ganzjährige ***Outdoor Living*** zwischen Strand, *Pool*, Tennis- und Golfplatz.

In San Diego herrschen **jahraus, jahrein angenehme Temperaturen**. Wie im benachbarten Los Angeles erreichen sie selbst im Januar im Tagesdurchschnitt 18°C und sinken nachts kaum unter 6°C bis 10°C, aber im Sommer klettern sie selten so hoch wie dort, sondern verharren im Allgemeinen deutlich unter 30°C. Und das bei maximaler Sonneneinstrahlung und wenigen Regentagen.

Der heute wegen der Drogenkriegsproblematik in Mexiko reduzierte, aber lange Jahre florierende **Grenztourismus** nach Tijuana, wo manches erlaubt, was in den USA verboten ist, tat ein übriges für San Diegos Prosperität.

Geographie

Die Geographie San Diegos lässt sich unter touristischem Blickwinkel wie folgt unterteilen (➤ Karten Seiten 479 und 493):

- Die nördlichen Vororte (**La Jolla, Muirlands, Pacific** und **Mission Beach**) liegen zwischen der *Interstate* #5 und dem Ozean. Dort findet man die reizvollsten Strände, das unter jungen Amerikanern legendäre *San Diego Beach Highlife* und ausgedehnte Villenviertel. Sie werden nach Süden durch die **Mission Bay** begrenzt, frühere Brackwassersümpfe, die zu einer Seen- und Parklandschaft umgestaltet wurden – mit Stränden, Marinas und dem ***Sea-World*-Komplex** auf der Südseite.
- Die Stadtteile **Ocean Beach** und **Point Loma** unterhalb der Mission Bay und des San Diego River bilden die westlichen

Von Wasser umgebener Embarcadero Marina Park in der Südwestecke von Downtown San Diego

Vororte auf der weit nach Süden reichenden, großenteils von der US-Marine besetzten Point-Loma-Halbinsel. Die North San Diego Bay, der *Lindbergh International Airport* und die *Interstate* #5 begrenzen diesen Bereich nach Osten.

- Die langgestreckte, am Kopf inselartige ***Coronado Peninsula*** bildet die westlichen Ufer der San Diego Bay. Sie ist mit *Downtown* über eine 4 km lange Brücke verbunden.
- ***Downtown*** San Diego ist ein überschaubares Stadtzentrum am Nordende der Bay unterhalb des höhergelegenen ***Balboa Park***.
- Zwischen I-5 und I-8 in unmittelbarer Nähe ihres Kreuzungsbereichs liegt die ***Old Town***, östlich davon das sog. ***El Presidio***, Keimzelle San Diegos hoch über der Stadt.
- Das ***San Diego River Valley*** mit der nach Osten führenden *Interstate* #8. Auf ihr erreicht man die 1774 vom ursprünglichen Standort verlegte ***Mission San Diego*** und die größte **Hotel- und Motelkonzentration** der Stadt, ➤ *Hotel Circle*, Seite 484.

Die weiter südlichen, bereits **mexikanisch geprägten Stadtteile** haben Touristen kaum etwas zu bieten. Man durchfährt sie auf den *Freeways* in Richtung Grenze.

Stadtrundfahrt im Amphibienfahrzeug ist auch in San Diego eine Option, ➤ *Seite 482*

Information, Orientierung und Transport

Besucher-information

Das ***Visitor Information Center*** befindet sich am 996-B N Harbor Drive/Broadway; täglich ab 9 Uhr geöffnet; © (619) 737-2999; www.sandiego.org bzw. www.sandiegovisit.org. Noch mehr Infos zu Gastronomie, Hotels und Attraktionen unter www.sandiego.com

Die ***Old Town San Diego*** hat ein eigenes Besucherzentrum an der 2415 San Diego Ave, © (619) 291-4903, tägl. 11-17 Uhr; www.oldtownsandiego.org und www.oldtownsandiegoguide.com.

City Pass

Wer in San Diego ***SeaWorld***, in LA ***Disneyland*** und ***California Adventure*** und in Carlsbad ***Legoland*** besuchen möchte, könnte den Kauf des ***Southern California CityPass*** erwägen. Damit spart man gegenüber dem Einzelkauf der Tickets in summa erheblich: **$353/ Kinder $324** (gegen Aufpreis um *San Diego Zoo/Safari Park* erweiterbar); © 1-888-330-5008; www.citypass.com/southern-california.

Ähnlich wie in LA gibt es auch hier die ***Go San Diego Card*** mit *Discount* für über 35 Attraktionen; ab **$89/$85**; © 1-800-887-9103, www.smartdestinations.com/san-diego-attractions-and-tours.

Karte notwendig

Vor allem, wer zunächst die nördlichen Stadtteile (ohne Navi) besucht, sollte sich bei der *Tourist Information* oder beim AAA einen Stadtplan besorgt haben. In San Diego ist die **Orientierung** nicht einfach, da wegen wechselnder Topographie das sonst in Amerika übliche Schachbrettmuster – außer in *Downtown* – in vielen Stadtteilen nicht durchgehalten werden konnte.

Scenic Drive

Erreicht man San Diego auf der Straße #S 21 (oder auf der I-5, *Exit* Genessee Ave) und über die **North Torrey Pines Road**, lässt sich der ausgeschilderte (blau-gelb mit einer Möwe) ***Scenic Drive*** nicht verfehlen. Dessen Verlauf kann man gut als Leitlinie durch die Stadt nutzen, ohne sich in allen Einzelheiten daran zu halten.

Am besten folgt man ihm seeseitig auf dem **La Jolla Blvd**. Nach Passieren der Mission Bay geht es zu den ***Sunset Cliffs*** und von dort zum ***Point Loma*** bzw. (ohne den Abstecher) über den North Harbor Drive direkt nach ***Downtown***, zum ***Balboa Park*** und ggf. weiter zur ***Old Town***. Mit Ausnahme der *Coronado Peninsula* und der *Mission San Diego* erfasst diese Route die Mehrheit der in Frage kommenden Anlaufpunkte.

Eine detaillierte Streckenbeschreibung des ***59-Mile Scenic Drive*** findet sich unter: www.sandiego.org/articles/tours-sightseeing/san-diegos-59-mile-scenic-drive.aspx.

Bus und Straßenbahn

Öffentlicher Transport funktioniert in San Diego gut. Neben dem Bussystem existieren drei **Trolley-Linien** (Straßenbahnen). Die ***Orange Line*** fährt von der *America Plaza* nach **El Cajon** im Nordosten der City, die ***Green Line*** von *Downtown* (Imperial & 12th Street) nach **Santee** und die ***Blue Line*** von der *America Plaza* durch *Downtown* nach **Ysidro** an der Grenze.

Die **einfache Fahrt kostet $2,50**, Kombi-Bus/Trolley-Tagespässe $5, 2 Tage $9 usw., www.sdmts.com/fares-passes. Beim ersten Kauf ist zunächst für $2 eine ***Compass Card*** zu erwerben, auf die man den *Day Pass* lädt; http://511sd.com/compass/compass.

Bus-App

In der ***OneBusAway App*** gibt es aktuelle Fahrpläne und *Maps* mit den einzelnen Haltestellen. Neuerdings lassen sich mit ***Compass Cloud*** 1-30 Tagestickets bequem mobil auf's Smartphone ziehen. Infos dazu erhält man Mo-Fr ab 8 Uhr auch im ***Transit Store*** hinter dem *Petco Park* an der 1255 Imperial Avenue.

Sogenannte Trolleys dienen in San Diego wie in anderen Großstädten als Rundfahrtvehikel. Hier steht der Trolley in der Nähe des Old Town Historical Park

Hop-on-hop-off-Trolley

Wer sich weder mit der Parkplatzsuche noch mit öffentlichen Verkehrsmittel auseinandersetzen möchte, bucht den ***Old Town Trolley***, der alle 30 min eine weite Runde durch San Diego dreht – von der *Old Town* nach *Downtown* und *Coronado* und weiter nach *Balboa Park* und *Little Italy*. An 10 Haltepunkten kann beliebig zu- und ausgestiegen werden. Eine volle Runde lässt sich auch gut für eine erste Gesamtübersicht nutzen. Tagestickets kosten $40/$25 vor Ort, online etwas weniger. Auch **La Jolla & Mission Beach** Touren stehen im Programm ($33/$25). Für Information und Unterhaltung sorgen die Fahrer; www.trolleytours.com/san-diego.

Scenic Tours

Ähnliches bietet ***San Diego Scenic Tours***: Kommentierte Halb- oder Volltagestouren, die die Highlights von San Diego inklusive La Jolla umfassen und wahlweise um eine Bootsfahrt im Hafen und einen Ausflug nach Tijuana aufgestockt werden können. Abfahrten ab 8.30 Uhr; $38-$98, Kinder $19-$49; www.san diegoscenictours.com.

Seal/Duck Tours

Einmal rund um den Hafen fahren die **Amphibienfahrzeuge** (alte Landungsboote der Marine) ab dem *Seaport Village* und tuckern dann ab Shelter Island auf der *San Diego Bay* herum; 90 min; $42, Kinder 4-12 $25, etwas billiger im Internet; www.sealtours.com.

Hafenrundfahrt

San Diego ist prädestiniert dazu, auch vom Wasser aus entdeckt zu werden. 60-minütige Rundtouren durch den nördlichen oder südlichen Teil der Bucht bieten dort nicht nur die üblichen Ausblicke auf Hafenanlagen, Skyline und Brücken, sondern im Norden eine Vorbeifahrt an der Atom-U-Boot-Basis und im Süden an den Anlagen, Docks und Überwasserschiffen der US-Pazifikflotte (darunter oft Flugzeugträger). Abfahrten der Boote von ***Flagship Cruises Harbor Tours*** am 990 North Harbor Drive, © 1-800-442-7847; 60-min-Touren kosten $25/$12,50 und für beide Runden (Norden + Süden) mit 120 min $30/$15; www.flagshipsd.com/harbor-tours. Der Veranstalter bietet in Kooperation mit Experten des *Birch Aquarium* auch ***Whale Watching***-Touren an ($47/$24).

Besondere Touren

Touren vom allgemeinen Sightseeing über Brauereibesichtigungen, Ballon- und Segwayfahrten, Reitausflüge und Weinverkostungen gibt's bei ***Another Side of San Diego Tours***; ab $75; © (619) 239-2111, www.anothersideofsandiegotours.com.

The Gaslamp Walking Tour ist ein 1,5-stündiger Architekturspaziergang durchs historische *Gaslamp Quarter* ab dem *Davis-Horton House* in der 410 Island Ave. Neuerdings auch *»Ghost-Tours«* und *»Paranormal Investigations«*; $20-$40; © (619) 233-4692, www.gaslampfoundation.org/book-a-tour.

Brewery Tours of San Diego chauffiert täglich Gäste zu heiteren Bierproben bei preisgekrönten regionalen Brauereien; ab $75; © (619) 961-7999, www.brewerytoursofsandiego.com.

Per Bike unterwegs

Große Bereiche von San Diego einschließlich *Downtown* sind eben und damit ideal für eine Stadt- und Stranderkundung per Rad. Ein cityweites Netz mit über 100 Mietstationen bietet ***DecoBike***, www.decobike.com. Bei der Mission Beach befinden sich zudem die Vermieter ***Cheap Rentals***, www.cheap-rentals.com und ***Ray's Rentals***, www.rays-rentals.com (3689 bzw. 3221 Mission Blvd). Dort werden auch **Surfboards** verliehen!

Anleger für San Diego Bay Tourboote

Individuell-historische Alternative fürs Unterkommen in San Diego ist das Cosmopolitan Hotel in der Old Town, Nostalgie ab $149, auch Suiten; http://oldtowncosmopolitan.com

Unterkunft

Situation

San Diego verfügt als Touristenziel über zahllose Hotels und Motels überwiegend in der mittleren bis gehobenen Klasse. Trotz der großen Konkurrenz sind die Tarife heute ziemlich hoch. Im hier besonders citynahen **Flughafen** (www.san.org) gibt's das übliche Direkttelefon für an der Hotel-Leuchtwand vertretene Häuser.

Airportnähe/ Downtown

- ***Motel 6 Downtown***, 1546 2nd Ave, ab $109; gutes Preis-Leistungs-Verhältnis für die Lage; © (619) 236-9292
- ***HI Express Airport at Old Town***, 1955 San Diego Ave, ab $154; © (619) 543-1130, www.hiesandiego.com
- ***Hampton Inn San Diego-Downtown***, 1531 Pacific Hwy, ab $149; © (619) 233-8408, www.hamptoninn3.hilton.com
- ***Holiday Inn San Diego Bayside***, 4875 North Harbor Drive, ab $160; prima Lage mit preisgekröntem Erweiterungsbau; © 1-800-662-8899, www.holinnbayside.com
- ***Best Western Island Palms Hotel***, 2051 Shelter Island Drive, ab $160; sehr gute Zimmer und schöne Lage am Yachthafen; © 1-800-922-2336; www.islandpalms.com
- ***Ramada Limited SeaWorld***, 3747 Midway Dr, ab $119; preiswertes Haus zwischen *Downtown* und Mission Bay in Nachbarschaft zu *Fast Food* und *Shopping Center*; © (619) 225-1295, www.wyndhamhotels.com/ramada/san-diego-california/ramada-limited-sea-world/overview
- ***Ramada Gaslamp/Convention Center***, 830 6th Ave, ab $109; Nostalgiebau von 1913 im *Gaslamp Quarter*; mit 11 Stockwerken damals höchstes Gebäude der Stadt. Dachterrasse mit Blick über *Downtown*, Standardzimmer relativ klein, aber gute Lage; © (619) 531-8877, http://stjameshotel.com
- ***The Bristol***, 1055 First Ave, ab $172; Boutiquehotel in modernem Design im Herzen von *Downtown*; © 1-800-662-4477, www.thebristolsandiego.com

Wyndham Bayside Hotel zwischen Hafen und Downtown in optimaler Lage. Alle Zimmer mit Balkon; im Sommer ab ca. $190 (Bayview mit Aufpreis); www.wyndhamsandiegobay.com

Hotel Circle

Der ***Hotel Circle*** ist eine San Diego Spezialität: Nur wenig östlich des Kreuzungsbereichs I-8/I-5 ballen sich an einer Rundstraße über 20 Hotels/Motels ab unterer Mittelklasse (ab ca. $100 *AAA*). Viele liegen in gepflegten Gärten. Dort findet sich leicht ein passendes Zimmer. Die Restaurantdichte ist dort ebenfalls hoch.

- ***Days Inn***, 543 Hotel Circle, ab $115 *AAA*; © (619) 297-8800, www.dayshotelhc.com
- ***Double Tree by Hilton***, 1515 Hotel Circle S, ab $149; © (619) 881-6900, www.doubletree3.hilton.com
- ***Hampton Inn Mission Valley***, 2151 Hotel Circle, ab $149; © (619) 295-7600, www.hamptoninnmv.com
- ***Kings Inn***, 1333 Hotel Circle South, ab $150; © (619) 297-2231, www.kingsinnsandiego.com

Mission Bay

In Strandnähe an der Mission Bay wird es im Allgemeinen teurer:

- ***The Dana on Mission Bay***, 1710 W Mission Bay Drive, an der Mission Bay Nähe *SeaWorld*, ab $130 *AAA*; © 1-800-445-3339, www.thedana.com

La Jolla

Ebenso in La Jolla, dort zahlt man fürs Zimmer ab ca. $175, so im

- ***Inn by the Sea at La Jolla***, 7830 Fay Ave, © (858) 459-4461; www.innbytheseaatlajolla.com oder
- ***HI Express La Jolla***, 6705 La Jolla Blvd, schöne *Poolside*-Zimmer, ca. 300 m vom Strand entfernt, © 1-800-465-4329.

Mission Blvd

Preiswerter sind Motels der Einfachklasse am Mission Blvd:

- ***Red Roof In Pacific Beach***, 4545 Mission Bay Drive, ab $109; © 1-800-733-7663, www.innatpacificbeach.com

Die bessere Mittelklasse am Strand kostet erheblich mehr:

- ***Blue Sea Beach Hotel***, 707 Pacific Beach Drive, sehr gute Zimmer ab ca. $175; © (858) 488-4700, www.blueseabeachhotel.com

- ***Ocean Park Inn***, 710 Grand Ave, ab $175; sehr gut gelegen in Pacific Beach; © (858) 483-5858, www.oceanparkinn.com

Preiswert

San Diego verfügt über relativ wenige, oft ausgebuchte HI- und freie *Hostels*, zeitige Reservierung ist notwendig:

- ***SD Downtown Hostel (HI)***, 521 Market Street im *Gaslamp Quarter*; Bett ab $35, Zimmer ab ca. $95; © (619) 525-1531, www.hihostels.com/de/hostels/hi-san-diego-downtown
- ***Point Loma Hostel (HI)***, 3790 Udall Street, Point Loma, im Meerbettzimmer ab $27; schöne Lage; © (619) 223-4778, www.hiusa.org/hostels/california/san-diego/point-loma
- ***Ocean Beach San Diego Hostel***, 4961 Newport Ave, ab $33; am Strand, Lesermeinung: »***Spitze***«; © 1-800-339-7263, www.usahostels.com/locations/san-diego-ocean-beach

B & B

- ***Hillcrest House***, 3845 Front St, ab $159; sieben renovierte Gästezimmer, günstige Lage zwischen *Balboa Park* und *Old Town*; © (619) 990-2441, www.hillcresthousebandb.com
- ***Keating House***, 2331 2nd Ave. (nahe der Balboa Park-Museen) ab ca. $110; © (619) 239-8585, www.keatinghouse.com

Spitzenklasse

- ***Hotel del Coronado***, 1500 Orange Ave, Coronado Island, ab ca. $300; © 1-800-468-3533, www.hoteldel.com. Eleganter, weißer Holzbau von 1888 am Strand auf der gleichnamigen Halbinsel, das bekannteste Hotel der Stadt; ➤ Foto Seite 497.
- ***Marriott Marquis & Marina***, 333 West Harbor Drive in *Downtown*; ab $290; moderner verspiegelter Riesenkomplex mit 1355 Zimmern und eigenem Yachthafen; © 1-888-236-2427, www.marriott.com/hotels/travel/sandt-san-diego-marriott-marquis-and-marina
- ***Crystal Pier Cottages*** (Holzhäuschen auf dem Pier mit 1-2 SZ, Bad+Küche+Sonnenterrasse; ➤ Foto unten), 4500 Ocean Blvd, © 1-800-748-5894, www.crystalpier.com. Sehr teuer, Tarife (auf Anfrage!) weit jenseits der $300-Marke, aber das Nonplusultra an der Mission Beach. Normalerweise ist **Reservierung Monate im Voraus notwendig.**

Zimmervermittlung

Eine Übersicht freier Kapazitäten gibt's auf dem Portal www.sandiego.com/hotels oder auf der offiziellen Tourismusseite der Stadt: www.sandiego.org/stay.aspx.

Zentrale Reservierungsnummer: © 1-800-350-6205

Crystal Pier Cottages, Superlage und superteuer

Camping

Komfortcamping

Die stadt- bzw. beachnahen privaten *Campgrounds* zeichnen sich in San Diego durch **exorbitante Tarife** aus:

- ***Campland-on-the-Bay***, 2211 Pacific Beach Dr, am Nordufer der Mission Bay bietet Zeltplätze für $60 und *RV Sites* ab ca. $65, dazu saubere Sanitäranlagen, *Whirlpool* und einen eigenen Badestrand; © (858) 581-4260, www.campland.com
- Nahezu perfekt ist auf etwa halber Strecke zwischen Tijuana und San Diego der Superkomfortplatz ***Chula Vista RV Resort*** mit viel Grün (an Parkanlage mit Strand an der San Diego Bay, I-5 Ausfahrt 7B; 460 Sandpiper Way), die Tarife sind aber entsprechend hoch: $91-$123/pro Nacht; keine Zeltplätze; © 1-800-741-6878, www.chulavistarv.com
- Der auch gute ***KOA-Campground*** an der 111 North 2nd Ave unweit I-805, *Exit* 8, liegt in der City, hat daher nicht den Vorzug von Strandnähe; Zelte $44, RVs ab ca. $80, *Cabins* ab $68; © 1-800-562-9877; www.sandiegokoa.com

Am Strand

- Wunderbar direkt am Ozean campt man in Stadtnähe für $50-$65 bei der ***Silver Strand State Beach*** auf der Coronado Halbinsel (www.parks.ca.gov/?page_id=654). Am asphaltierten Parkplatz stehen dort die Wohnmobile mit Strom- und Wasseranschluss bisweilen dicht an dicht, *dump station* kostet $10 extra. Der Platz verfügt nur über einfachste Sanitärgebäude und kalte Duschen. Langfristige Reservierung unter © 1-800-444-7275 bzw. www.reservecalifornia.com angeraten!

Camping am Silver Strand auf der Coronado Halbinsel

County Parks

Ziemlich weit von der City entfernt, aber gut am See liegt der

- ***Lake Jennings County Park***, I-8 East, östlich von El Cajon ausgeschildert, © (619) 390-1623 und © 1-877-565-3600; Reservierung online unter www.lakejennings.org/camping; RVs $33-$42, Zelte $28-$30; gratis *Wifi*, Reservierungsgebühr $8

Ein weiterer (bei Reitern beliebter und dafür teilweise speziell hergerichteter) ***County Park*** ist

- ***Sweetwater Summit***, südöstlich der Stadt. Anfahrt über I-805, dann Bonita Road und weiter auf Summit Meadow Road; nur RVs $29-$33, Reservierung ($5) unter © (619) 472-7572 oder online unter http://reservations.sdparks.org

Beide Parks verfügen über Stellplätze mit *hook-up.*

Mexican Food dekorativ serviert in der Old Town

Restaurants, Kneipen und Nightlife

Regionen

Das **Restaurantangebot** in San Diego ist in allen Bereichen nahezu **überwältigend**. Ob Mission Bay, Zentrum, *Old Town* oder *Balboa Park*, die nächste *Eatery* oder Kneipe findet sich in der Nähe.

Downtown

In ***Downtown*** konzentrieren sich Lokale aller Art rund um den Bereich ***Gaslamp Quarter*** und ***Seaport Village***. In der architektonisch auffälligen *Westfield Horton Plaza Shopping Mall* befindet sich auf der oberen Ebene (*Level* 4) ein großer ***Food Court***.

Im ***Gaslamp Quarter*** sind eine gute Wahl:

- ***Werewolf*** an der Ecke 4th Ave/Market Street, Frühstück bis 13 Uhr; www.thewerewolf.net
- ***Brian's 24*** mit *Mahagony-Bar* hat als einziges Restaurant in *Downtown* 24 Stunden geöffnet; www.brians24.com
- ***Café 21*** an der Ecke 5th Ave/F Street hat Sandwiches, Omelettes, Pfannkuchen zu moderaten Preise; www.cafe-21.com

Ein guter Tipp für Live-Musik ist das

- ***House of Blues*** in der 1055 5th Ave mit amerikanischer und internationaler Küche. An vielen Sonntagen gibt's dort ein *Gospel Brunch*; © (619) 299-2583, www.houseofblues.com/sandiego

Seaport-Bereich

Die Lokale im ***Seaport Village***, einem künstlichen Schnuckeldorf in der südwestlichen Ecke von *Downtown*, sind im Wesentlichen auf ***Fast Food*** spezialisiert, das man dort mit Blick über die San-Diego-*Skyline* und die Bucht genießen und mit einem kleinen Spaziergang durch den anschließenden ***Embarcadero Marina Park*** verbinden kann; www.seaportvillage.com.

Nur ein Riesenparkplatz trennt das *Seaport Village* von ***The Headquarters at Seaport District***, einem weiteren Shopping- und Restaurantcenter in historischen Gemäuern des früheren Polizeihauptquartiers mit Open-Air-Innenhof; www.theheadquarters.com.

Fish Market

In bester Lage direkt am Wasser auf dem *G Street Pier*/Tuna Lane neben dem Flugzeugträger *Midway* befinden sich die ***Fish Market Restaurants*** (*Family Eatery* und *Sushi-/Cocktail Bar* im Untergeschoss, teures Edelrestaurant mit Aussichtsterrasse oben) – SD's *Top-Seafood*-Lokale; www.thefishmarket.com/locations.aspx?id= 6.

Old Town

Für ein mexikanisches Dinner empfiehlt sich – trotz des dort sehr touristischen Ambientes – eines der Restaurants der ***Old Town***, zumal dort wegen großer Konkurrenz die Preise moderat sind, z.B.

- ***Café Coyote***, 2461 San Diego Ave, vielleicht das beste von allen; © (619) 291-4695, www.cafecoyoteoldtown.com oder
- ***Casa Guadalajara***, 4105 Taylor/Juan Street, abends Mariachi-Musik; © (619) 295-5111, www.casaguadalajara.com

Kneipen

- Fast 40 Biersorten und Frisches vom Grill gibt's im ***Iron Pig Alehouse***, einem alten, renovierten Warenhaus im Herzen von Pacific Beach (1520 Garnet Ave); www.ironpigalehouse.com

Große Portionen im Braurestaurant und frisches Bier verbinden sich besonders erfreulich in

- ***Stone Brewing World Bistro*** an der 2816 Historic Decatur Road oder in 795 J Street nahe dem *Petco-Park*-Stadion und 1999 Citracado Pkwy in Escondido; Hausmarke »*Arrogant Bastard Ale*«; www.stonebrewing.com
- ***Karl Strauss' Micro Brewery*** in der 1157 Columbia St, wo 15 Biersorten gebraut und gezapft werden; www.karlstrauss.com

Balboa Park

Wer den ***Balboa Park*** besucht, findet ordentliche **Cafeterias** in den Museen. Kalifornische Fusionsküche in attraktivem Umfeld bietet das preisgekrönte ***Prado***-Restaurant an der 1549 El Prado, www.cohnrestaurants.com/theprado.

Mission Beach

Kaum zu übertreffen für *Breakfast* und *Lunch* ist das Restaurant

- ***The Mission*** am gleichnamigen Boulevard (#3795); © (858) 488-9060; www.themissionsd.com

La Jolla

- In La Jolla geht von der Lage her – schon zum Frühstück drinnen wie draußen – nichts über das ***Brockton Villa Restaurant*** erhöht an der Küstenpromenade beim *Ellen Browning Scripps Park* ober-

Café »Fantail« auf dem Achterdeck des Flugzeugträgers »Midway«, nur für zahlende Besucher des Museumsschiffs

halb der Seehundfelsen (1235 Coast Blvd). Verfeinerte amerikanische Karte, nicht ganz billig, aber dennoch rustikal-legere Atmosphäre; Reservierung: © (858) 454-7393, www.brocktonvilla.com.

- Sehr lecker sind die *Filet Mignon Tacos* im ***Puesto*** (1026 Wall St)

Coronado

Auf der Coronado Peninsula gibt es rund um den **Ferry Landing Park** eine gute Restaurantauswahl; Tipp: ***Peohes***, ➤ Seite 497.

Nightlife

Nachtleben spielt natürlich auch in San Diego eine Rolle:

- ***FLUXX*** in der 500 4th Ave; innovative Sound- und Lichteffekte, 500 m² Tanzfläche mit Riesenkronleuchter, *Hotspot* der Stars wie *Bruno Mars* und *Snoop Dogg*; www.fluxxsd.com
- ***Bang Bang***, 526 Market Street, lockt Tanzwütige mit Star-DJs; www.bangbangsd.com
- ***Altitude Sky Lounge*** im 22. Stock des *Marriott* (660 K St) mit ***Open-Air-Bar*** (Blick auf *Downtown*+Bay); beliebt bei Einheimischen; www.sandiegogaslamphotel.com/altitude-sky-lounge
- ***Omnia*** in der 454 Sixth Ave mit 650 m² Dachterrasse; www.omniaclubs.com/san-diego
- ***Parq Nightclub*** am 615 Broadway, riesiger Nachtclub mit Restaurant und aufwendigem Innendesign; www.parqsd.com

Promenade auf der Südostseite des Seaport Village, ein künstliches »Dorf« voller Fast Food Places, Cafés und Shops

Shopping

Downtown

Bereits im Vorkapitel erwähnt wurden

- die ***Westfield Horton Plaza*** in *Downtown*, eine farbenfroh gestaltete, mehrgeschossige teilweise *Open-Air-Mall* mit über 120 Läden und *Food Court*; www.westfield.com/hortonplaza
- das – auf den ersten Blick – malerische ***Seaport Village***, eine lockere Ansammlung von Holzhäuschen mit über 50 Shops, Galerien und *Eateries* in parkartiger Anlage, ➤ Seite 496. Dort werden in erster Linie Souvenirsucher fündig; © (619) 235-4014, www.seaportvillage.com

- das ***The Headquarters at Seaport District*** gleich nördlich des *Seaport Village*. Vier Gebäudetrakte mit Läden und Restaurants gruppieren sich dort um eine zentrale Plaza. Der Komplex diente früher als Polizeihauptquartier und steht im *Nati'l Register of Historic Places*; www.the headquarters.com.

Coronado Vor allem hochpreisige Kleidung und Bademode samt Accessoires für den gehobenen Lebensstandard findet man in den exklusiven ***Shops at the Del*** im ***Hotel Coronado***, ➢ Seite 497, www.hoteldel.com/activities/coronado-shopping.

Old Town Exotisches aus aller Welt, besonders aus Lateinamerika, gibt es in

- der ***Old Town Esplanade***, 2461 San Diego Ave, sowie im
- ***Bazaar del Mundo***, 4133 Taylor St; www.bazaardelmundo.com.

Mission Valley

- Die größte *Shopping Mall* im Raum San Diego ist ***Fashion Valley*** im Stadtteil Mission Valley östlich der *Old Town* an der zur I-8 parallelen Friars Road. In der dreistöckigen Anlage warten 200 Geschäfte & Restaurants, 5 Kaufhäuser und 18 Kinos auf Kunden; www.simon.com/mall/fashion-valley

La Jolla

- Das ***Westfield UTC*** ist eine *Outdoor-Mall* mit über 150 *Shops* und Restaurants samt *Foodcourt* ganz im Norden der Stadt östlich oberhalb von La Jolla zwischen I-5 und I-805 am La Jolla Village Drive; www.westfield.com/utc.

Outlet Malls Designer-Ware zu »Schnäppchen«-Preisen findet man hier:

- ***Las Americas Premium Outlets*** mit über 100 *Shops* unweit westlich der Grenzübergänge nach Mexiko am Camino de la Plaza; www.premiumoutlets.com/lasamericas
- ***Viejas Outlet Center*** an der Willows Road, Ausfahrt 33 oder 36 von der I-8, gut 30 mi von *Downtown* San Diego entfernt; attraktiv gestaltet mit integrietem Kasino.

Outlet Mall »Viejas«

2.5.2 Stadtbesichtigung

Die Strände www.a-zsandiegobeaches.com, www.beachcalifornia.com

Strände und Strandleben sind in keiner anderen Stadt Kaliforniens so bestimmend wie in San Diego. Neben dem Klima ist dafür sicher auch die **tolle Vielfalt** verantwortlich: Lange flache Sandstrände (***Mission Beach***), felsige Ufer mit Einsprengseln von Sandbuchten (***Windansea Beach*** und ***La Jolla Cove Beach***), Strände unter Steilküsten ideal zum Surfen oder zum Nacktbaden (*Torrey Pines Reserve*) sowie gepflegte Anlagen mit Duschen, Snackbars und Spielrasen unter Palmen (***La Jolla Shores***) treffen jeden Geschmack.

Torrey Pines

Die ***Torrey Pines Reserve*** erreicht man über die North Torrey Pines Road (#21 ab I-5 *Exit* 29). Von den Parkarealen hoch über dem Meer führen Pfade hinunter zum inoffiziellen Nudistenstrand der ***Black's Beach***. Die Steilhänge dienen Drachenfliegern wie Paraglidern als Absprungkante; www.parks.ca.gov/?page_id=657.

La Jolla

Folgt man im Anschluss vorerst nicht dem ***59 Mile Scenic Drive*** (➤ Seite 480) durch San Diego sondern dem La Jolla Shores Drive, gelangt man zum ***Kellogg Park*** und dem langen familienfreundlichen Badestrand ***La Jolla Shores***. Wenig später passiert die Küstenstraße den attraktiven ***Ellen Browning Scripps Park*** mit Picknick- und Grillplätzen sowie die von Felsen eingerahmte ***La Jolla Cove Beach***. Seehunde haben diese Bucht und die noch etwas weiter südlich gelegene ***Children's Pool Beach*** (Ecke Coast Blvd/Jenner Street) für sich eingenommen, ziehen dort zwischen Dezember und Mai ihren Nachwuchs auf und lassen sich von Menschen nicht stören.

Ein toller Platz, um die **Surfer** früh morgens oder abends beim Wellenreiten zu beobachten, befindet sich noch weiter südlich an der Ecke Coast Blvd/Coast Blvd South. Bei Niedrigwasser werden dort hübsche Gezeitenbecken freigelegt ➤ Foto Seite 492. Dort verlässt der offizielle *Scenic Drive* die Küste. Zur Badebeach ***Windansea*** gelangt man vom La Jolla Blvd über die Nautilus Street oder Palomar Ave, zur noch südlicheren ***Tourmaline Surfing Beach*** über die letzten 200 m der gleichnamigen Straße.

Die Seehunde an der La Jolla Cove Beach sind von Touristen nicht aus der Ruhe zu bringen (im April).

Mission Beach

Der Mission Blvd verläuft parallel zur ***Mission Beach*** mit kilometerlanger Strandpromenade (***Ocean Front Walk***, der nördlich vom *Crystal Pier* beim *Palisades Park* beginnt). An der *Beach* und den Haupt- und Nebenstraßen gibt es dort jede Menge Motels, *Fast Food* und richtige Restaurants, Kneipen, Boutiquen, *Surfboard-, Skating-* und Fahrrad-*Rental-Shops* und überhaupt alles, was zum prallen Strandleben gehört.

Ein Haupanziehungspunkt ist ***Belmont Park*** (3146 Mission Blvd), ein Freizeitpark mit Achterbahn, Minigolf, Kletterwänden und typischen Kirmes-Attraktionen. Auf der anderen Seite der schmalen Landzunge zwischen Ozean und Mission Bay trifft man auf künstlich angelegte Halbinseln, Marinas und Strände ohne Brandung.

Ocean Beach

Flacher Sandstrand (***Ocean Beach Park***) und eine Infrastruktur vom Typ *Mission Beach* setzen sich südlich des *Mission Bay Canal* im Stadtteil Ocean Beach fort. Die Gegend ist hier weniger fein als Muirlands und La Jolla nördlich der Bay. Der *Scenic Drive* läuft, ohne Neues zu bieten, nur kurz am felsigen Ufer der *Sunset Cliffs* entlang und entfernt sich über die Hill Street von der Küste. Ein kurzer Abstecher könnte dem ***Sunset Cliffs Natural Park*** mit hübschem Strand gelten (südlich Ladera Street); das lohnt sich vor allem am frühen Abend vorm Sonnenuntergang.

Point Loma, Cabrillo NM

Auf dem Catalina Blvd/Cabrillo Memorial Drive geht es durch ein Marinegelände bis zum ***Cabrillo Nat'l Monument*** im *Point Loma Park*. Die Fahrt wird nur Dezember bis Februar so recht belohnt, wenn vor der Küste Grauwale vorbeiziehen, die sich – mit Glück – von einer hochgelegenen Plattform aus beobachten lassen. Zu anderen Zeiten ist Point Loma einen besonderen Umweg kaum wert, zumal auch das *Visitor Center* mit seiner kleinen historischen Ausstellung eher enttäuscht; $15/Auto oder *Interagency Pass*.

Südliche Strände

Ein breiter und weitläufiger Badestrand ist die ***Coronado Beach***. Die **weiter südlich gelegenen Strände** zwischen der Coronado Halbinsel und der mexikanischen Grenze muss man nicht besucht haben. An der ***Silver Strand State Beach*** kann man aber campen, ➤ Seite 486.

Surfer Hot Spot in La Jolla (Ecke Coast Blvd/Coast Blvd South)

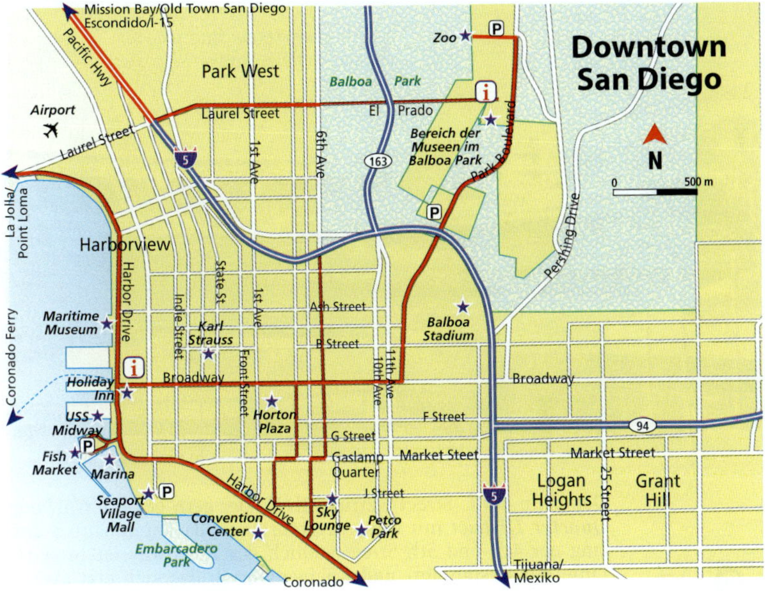

Downtown

Harbor Drive

Die **interessanteste Route** ins Zentrum San Diegos führt über den North Harbor Drive. Wer nicht via *Scenic Drive* automatisch auf diese Uferallee an der North San Diego Bay gerät, sollte mit Ziel Innenstadt die *Freeways* I-8 bzw. I-5 im Kreuzungsbereich verlassen (*Exit* #2 bzw. #20) und der **Rosecrans Street** nach Südwesten bis zum Nimitz Blvd folgen; dann links auf diesen und wieder links auf den **Harbor Drive**, der ganz um die Bucht herum läuft. Auf ihm passiert man zahlreiche **Yachthäfen** und den **Flughafen** und blickt über die Bucht auf die *Skyline* von *Downtown*. Uferparks laden zu Zwischenstopps ein.

Auf Höhe *Downtown* lassen sich die **Parkplätze** südlich des *Maritime Museum*, auf der ***Navy Pier*** beim Flugzeugträger *Midway*, beim ***Fish Market*** auf dem *G Street Pier* (Parkuhren für kürzere Parkzeiten) und beim ***Seaport Village*** nicht verfehlen. Von dort sind es jeweils nur ein paar Schritte ins Zentrum.

Downtown & Gaslamp Quarter

Rund um die ***Horton Plaza*** hat sich das Stadtbild in den letzten beiden Dekaden erheblich verändert. *Downtown* San Diego präsentiert sich heute attraktiv, ohne besonders hervorhebenswerte »Besucherbonbons« zu besitzen. Auffällig sind die Architektur einiger Hochhäuser, das bombastische Kongresszentrum an der Südseite von *Downtown* unterhalb des *Seaport Village*, die ***Horton Plaza Shopping Mall*** und das einstige ***Santa Fe Railroad***

Eindrucksvolles zur Stadtseite hin (K Street) offenes Stadion Petco Park

Depot (in der C Street/Kettner Blvd). Der gern gelobte ***Gaslamp Quarter District*** mit seinen restaurierten Backsteinbauten entlang der 4th und 5th Street südlich des Broadway ist in erster Linie ein **Restaurant- und Kneipenviertel**, das sich erst abends richtig belebt und tagsüber eher enttäuscht; www.gaslamp.org.

Baseball-Stadion

Selten befindet sich ein Stadion so nah an der Innenstadt wie in San Diego. Der ***Petco Park*** steht unübersehbar zwischen *Gaslamp Quarter* und dem *Convention Center* am Harbor Drive. Das *Baseball Stadium* ist Heimat der ***San Diego Padres***. Geführte Besichtigungen täglich 10.30 Uhr, 12.30 Uhr und 15 Uhr, Kostenpunkt $17/$12; Hotline: © (619) 795-5000; www.mlb.com/padres. Wer einen Spieltermin erwischt und mal 'reinschnuppern möchte, kauft Tickets ab $17 (für die hintersten Reihen). Bessere Plätze kosten ein Mehrfaches. Und die Preise für Speisen, Getränke und Souvenirs im Stadion sind auch nicht von Pappe.

New Central Library

Nordöstlich des *Petco Park* (330 Park Blvd) steht die ***Central Library*** mit einer architektonisch beachtlichen Kuppel über dem dreistöckigen Lesesaal (dort *free Wifi*). Ein weiteres Highlight der Bibliothek sind **Kunstwerke** allerorten, darunter eine Wand aus recycelten aufgeschlagenen Büchern (im Auditorium). Zur Kunst wie zur Architektur gibt's jeweils spezielle Führungen: www.sandiego.gov/public-library/central-library/tours/art.

Schiffs-museen

Der Harbor Drive westlich der *Downtown* wird dominiert vom **Flugzeugträger *Midway***, www.midway.org, und den Schiffen des ***Maritime Museum***, www.sdmaritime.org.

Midway

Die ***Midway*** liegt am *Navy Pier* etwas südlich der Ost-West-Achse Broadway durch *Downtown*. Der noch im Golfkrieg 1991 eingesetzte Flugzeugträger aus dem 2. Weltkrieg wurde 2004 hierher verlegt und ist seitdem eine der größten Attraktionen San Diegos. Einlass täglich 10-17 Uhr, **Eintritt $20**, Jugendliche 13-17 $15, Kinder 6-12 Jahre $10 (Online Discount minus $2/Ticket).

Die Besichtigung erfolgt per ***self-guided tour*** durch und über alle Decks. Neben dem Schiff als solchem sind fast 30 Kampfflugzeuge und -hubschrauber aus der Nähe zu bewundern. Und wer immer schon mal auf einem Flugzeugträger Kaffee und Kuchen genießen wollte, kann das wunderbar auf dessen Heckterrasse im ***Fantail Café*** mit Blick auf die Baumkronen über der Promenade.

Maritime Museum

Während die *Midway* eine eigenständige Sehenswürdigkeit aus dem Bestand der in San Diego stationierten pazifischen Kriegsflotte der USA ist, umfasst das ***Maritime Museum*** diverse nostalgische Schiffe, darunter das Segelschiff ***Star of India***, ein Tee-Clipper aus dem 19. Jahrhundert, die ***HMS Surprise***, Replika einer Fregatte aus Nelsons Zeiten, sowie ein akribischer Nachbau der ***San Salvador***, das Schiff mit dem *Juan Cabrillo* 1542 das heutige San Diego »entdeckte«. Auch zwei **U-Boote** liegen dort vor Anker: die *USS Dolphin* und ein Exemplar der sowjetischen Foxtrottklasse. **Eintritt $18**, Kinder $8-$13.

Täglich 9-20 Uhr, im Sommer bis 21 Uhr

»HMS Surprise«, Nachbau (1970) einer Fregatte aus dem 18. Jahrhundert. Wurde bekannt durch den Film »Master and Commander«

Ausflugs-boote

Die dritte Attraktion in diesem Bereich des Harbor Drive sind die Ausflugsboote ab *Broadway Pier* (weitere Boote am Pier gegenüber dem *Waterfront Park* weiter nördlich). Vor allem geht es hier um Touren unter der enormen ***Coronado Bridge*** hindurch, um – aus der Distanz – die Kriegsschiffe der US-Pazifikflotte zu bestaunen. Von Dezember bis April laufen auch Boote zur **Walbeobachtung** aus; mehr Details zu solchen Bootstouren stehen auf ➤ Seite 482.

Fähre nach Coronado

Eine **Fähre** verkehrt jeweils zur vollen Stunde ebenfalls ab dem *Broadway Pier* zum gegenüberliegenden Stadtteil Coronado (*Ferry Landing Park;* zurück jeweils zur halben Stunde). Eine weitere Verbindung nach Coronado existiert ab dem *Convention Center* (5th Ave) alle 30 min. In beiden Fällen eine lohnenswerte Tour mit prima Blick auf die *Skyline* von San Diego und die *Coronado Bridge*. Einfache Fahrt $4,75; Fahrräder und *Segways* frei.

Riesenskulptur »Unconditional Surrender« im Tuna Park mit dem Flugzeugträger »Midway« im Hintergrund

G Street Pier

In der Südwestecke von *Downtown* liegen an den Stegen der Marina des ***G Street Pier*** die erstaunlich kleinen Schiffe der Thunfischfänger. Auf der anderen Seite, dem Flugzeugträger zugewandt, steht im *Tuna Park* die überlebensgroße Skulptur »***Unconditional Surrender***« nach einem weltberühmten Foto von der Siegesfeier nach Ende des 2. Weltkriegs: Marinesoldat küsst Unbekannte. Ein paar Schritte weiter applaudieren lebensecht in Bronze gegossene Vietnam-GIs dem Entertainer ***Bob Hope*** für seine Truppenbespaßung.

Seaport Village/ Embarcadero Park

Gleich südlich des Hafenbeckens an der *G Street Pier* liegt das bereits unter »Gastronomie« und »Shopping« erwähnte ***Seaport Village***, dahinter halb versteckt der kleine *Embarcadero Marina Park* auf einer aufgeschütteten Landzunge.

Hafen-promenade

Zwischen Harbor Drive und Wasser läuft ab dem *Seaport Village/ Embarcadero Park* eine **Fußgänger- und Bikerpromenade**, die im Norden auf Höhe des *Waterfront Park* endet.

Coronado Peninsula

Coronado Halbinsel

Schon wegen der immensen Brückenkonstruktion, die das Durchfahren auch größter Schiffe (Flugzeugträger) ermöglicht, sollte man einen Abstecher nach **Coronado** machen. Das einst mondäne, immer noch als solches beliebte **Seebad** Coronado liegt am Ende einer die *South San Diego Bay* vom Festland trennenden Halbinsel, die für die Marineflieger in die Bay hinein erweitert wurde.

H/Motels und **Freizeit-Infrastruktur** säumen die **Durchgangsstraße Orange Ave**. Die populäre, breite ***Coronado Beach*** am Ocean Boulevard versteckt sich ein wenig hinter den Villen westlich der Hauptstraße. Sie beginnt am *Hotel del Coronado* und läuft bis zum militärischen Sperrgebiet am Kopf der Halbinsel.

Ferry Landing

Wer **per Boot** hinüber nach Coronado fährt, findet gleich hinter dem Anleger den *Ferry Landing Marketplace* mit *Bistros* (*open-air*) und *Shops* (www.coronadoferrylandingshops.com), die sich um einen Minipark gruppieren. Dort kann man auch Fahrräder, E-Bikes und Kayaks zur Erkundung der Halbinsel mieten.

Unmittelbar am Wasser dominiert dort der unübersehbare Komplex des *Charthouse*-Restaurants ***Peohes*** mit eigenem Anleger für per Boot kommende Gäste. Dem gehobenem Niveau der Ausstatung samt Rundumblick auf Wasser, Stadt und Brücke entsprechen dort die Kosten fürs *Dinner* (online gibt es aber ein 3-Gang Menü mit Rabatt). Zum ***Lunch*** gelten zivile Preise; www.peohes.com.

Hotel del Coronado

Zwar sind die Villen und der Wohlstand der Coronado-Halbinsel, die Yachten in der Glorietta Bay und die Strände ***Dog*** und ***Central Beach*** durchaus ansehenswert, aber die einzige »echte« Sehenswürdigkeit dort ist das nostalgische ***Hotel del Coronado*** am südlichen Ortsende unmittelbar an der Orange Avenue.

Das Hotel wurde weltweit bekannt durch den *Marilyn-Monroe*-Film »Manche mögen's heiß« (*Some like it hot*), ➤ Hotelempfehlungen, Seite 485. Auch Nicht-Gäste dürfen heute – bei Verzehr – die Hotelterrassen über dem Strand, Pool und Liegen benutzen. Alles zum Hotel unter www.hoteldel.com.

Silver Strand

Nur wenig südlich des Hotels endet die Bebauung der Halbinsel. Ein endloser, nicht überall einladender Strand zieht sich bis nach Mexiko. Ein überwachter Strandabschnitt findet sich im Areal der auch zum RV-Campen genutzten ***Silver Strand State Beach***; www.parks.ca.gov/?page_id=654.

Hotel del Coronado

Visitor Center im Balboa Park

Balboa Park

Balboa Park

Der hügelige, im Wesentlichen östlich des *Leo Cabrillo Freeway* (#163) gelegene **Balboa Park** ist Heimat der landesweit zweitgrößten Ansammlung von Museen (nach Washington DC) und einem der größten Zoos der USA. Die subtropische Vegetation des Parks, die Gestaltung und architektonischen Details des Museums- und Veranstaltungskomplexes sind einen ausgedehnten **Bummel** wert (mit kleinen Pausen leicht 2 Stunden). Von *Downtown* fährt man am besten über die 12th Ave, die in den **Park Boulevard** übergeht, und parkt zentral im Bereich des *Village Place* (südlich des Zoos), es sei denn, man fährt zunächst zum Zoo. Eine Karte mit Erläuterungen und Veranstaltungsprogramm erhält man im **Besucherzentrum** im ***House of Hospitality*** am ***Prado*** (Fußgängerzone).

Zoo

Der ***San Diego Zoo*** ist nicht nur einer der größten, sondern vor allem der beste Zoo der USA. Alles passt dort zusammen: die wechselnde Topographie, die üppige Flora, Tiere in Freigehegen oder großzügigen Käfigen und die gut gemachten Tiervorführungen. Innovativ ist ein neues 4D-Theater (gegenüber *Skyfari West*) mit nur 50 Sitzplätzen, in dem die 3-D-Filmtechnik mit sensorischen Effekten wie Wind, Schnee, Nebel, Gerüchen und Vibrationen »angereichert« wird ($6 zusätzlich zum Eintritt). Geöffnet Ende Juni-*Labor Day* im September **9-21 Uhr**, Rest des Jahres bis 17/18 Uhr. **Eintritt $54,** Kinder 3-11 Jahre $44; http://zoo.sandiegozoo.org.

Mit dem Zoo kooperiert der bei weitem nicht so überzeugende ***San Diego Safari Park***, etwa 30 mi entfernt an der Straße #78 zwischen Escondido und San Pasqual, ➤ Seite 475.

Ermäßigte **Kombinationstickets** für Zoo und Park $86/$76 (an zwei beliebigen Tagen, die nicht zusammenhängen müssen) oder Rabatt mit der ***Go San Diego Card*** (➤ Seite 480).

Zeitbedarf für den Zoo

Man benötigt zum Besuch inkl. der diversen *Animal Shows* und Verschnaufpausen leicht **einen vollen Tag**. Es macht Sinn, sich mit der kommentierten **Bustour** (➤ Foto unten) und der illustrierten Karte (am Eingang erhältlich) erst einmal einen Überblick zu verschaffen. Aber erst aus der Vogelperspektive, die man aus der auf keinen Fall auszulassenden ***Skyfari*-Gondelbahn** hat, wird dessen Ausdehnung deutlich. Wer gut zu Fuß ist, kann die einzelnen Parkbereiche dennoch auch per pedes erreichen und ablaufen. Die kontinuierlich zwischen den Bereichen verkehrenden Busse sind zur Überwindung größerer Distanzen nützlich.

Museen im Balboa Park

Unter den vielen Museen im Balboa Park ragt keines durch eine übermäßige Brillanz der Kollektionen heraus. Aber die spanisch/mexikanisch beeinflusste **Architektur** der Gebäude beidseitig des *Prado* zwischen ***Plaza de Balboa*** (*Science Center/Natural History Museum*) und ***Museum of Man*** verdient umso mehr Beachtung. Die Öffnungszeiten (meist 10-17/18 Uhr) variieren leicht, so auch der jeweilige Einzeleintritt; www.balboapark.org.

7-Tage-Pass/ Tagespass

Möchte man mehrere Museen besuchen, spart man ggf. Geld mit einem **$57-Passport** (Kinder $30) für bis zu 17 Museen und Ausstellungen, der 7 Tage lang gültig bleibt.Wem der Besuch von 5 **Museen ausreicht, kauft einen regulären Tagespass** ($46/$27).

Museen im Einzelnen

- Sehenswert sind immer ***IMAX*-Filme**, hier im ***R.H. Fleet Science Center***. Eintritt $20, Kinder 3-12 Jahre $17. Im Ticket für das *Science Center* ist der Eintritt ins *IMAX*-Filmtheater enthalten. Aktuelles Programm online unter www.rhfleet.org.
- Für das anthropologisch/ethnologisch ausgerichtete ***Museum of Man*** benötigt man spezifisches Interesse, ebenso wie für die etwas unsortierte permanente Kollektion des ***Museum of Art***.

Im großflächigen San Diego Zoo verbinden kontinuierlich verkehrende Busse die verschiedenen Bereiche

2

Dessen Stärke liegt eher in (wechselnden) Sonderausstellungen. Recht nützlich ist die ***The San Diego Museum of Art App*** mit Videos, Audiotouren und mehr. Das stilvolle Restaurant mit Bar ***Panama 66*** im *Open-air*-Bereich des Museums hat neben *Food Items* kreative Cocktails, lokale Biere und Live-Music.

- Nicht nur für Modelleisenbahnfans ist das ***Model Railroad Museum*** ansehenswert; $11, bis 5 Jahre frei; www.sdmrm.org
- Etwas abseits im *Ford-Building* an der *Pan American Plaza* dokumentiert das ***Aerospace Museum*** die Geschichte der Luftfahrt aus amerikanischer Sicht; www.sandiegoairandspace.org. Die Flugzeugsammlung dort wie auch
- die *Oldtimer* im ***Automotive Museum*** können sich sehen lassen; www.sdautomuseum.org.

Ein Spaziergang durch den ***Japanese Friendship Garden*** und das ***Botanical Building*** runden den Besuch im Balboa Park ab.

Konzerte im Balboa Park

Speziell im Sommer finden im Balboa Park **Konzerte** und sonstige **Veranstaltungen** statt, die in diesem Rahmen besonderen Reiz besitzen. Die abendliche und sonntägliche ***Open-Air-Musik*** – u.a. auf einer voluminösen *Spreckels*-Orgel – ist meist eintrittsfrei.

Mexikanische Musikanten als Blickfang vor einem Restaurant in der Old Town

Old Town San Diego

Verbindung Balboa Park Old Town

Vom Balboa Park gelangt man auf schnellem Weg via *Freeway* #163 (Nordrichtung) und dann I-8 (nach Westen, *Exit Hotel Circle South*, aber rechts auf die Taylor Street, auf ihr geradeaus am *Presidio Park* entlang) zur ***Old Town San Diego*** und den ***Presidio Hill*** im Dreieck zwischen den beiden *Interstates* #5 und #8.

Fahrt via Presidio Park

Der **schönere, aber zeitraubendere Weg** führt gegen die Richtung des *San Diego Scenic Drive*: Man verlässt den Balboa Park auf dem zentralen Park Boulevard nach Norden und fährt dann links auf die **University Ave** (wer aus dem Zentralbereich des Parks diesen über den El Prado/Laurel Street verlässt, fährt auf der 5th oder 6th Ave bis zur University Ave), diese dann bis zur **Goldfinch St**, auf der kurz rechts und nach zwei Blocks auf den **Fort Stockton Drive** bis **Arista Street**, dort links und wieder rechts auf den **Presidio Drive**.

Durch schöne Wohnviertel geht es auf dieser Route zum hoch über der Stadt gelegenen ***Presidio Park*** mit herrlicher Aussicht und schattigen Picknicktischen am besuchenswerten ***Junípero Serra Museum***. Das schlichte Kirchengebäude, ein Nachbau des Originals von 1769, markiert den ursprünglichen Standort der ersten Mission in Kalifornien; $10 »Spende«; im Sommer meist Fr-So 10-17 Uhr; www.sandiegohistory.org/serra_museum.

Old Town State Park

Ausgelassene mexikanische Atmosphäre herrscht unterhalb des *Presidio Park* im autofreien Kerngeländes des ***Old Town San Diego State Historical Park***. Obwohl die Erhaltung einiger historischer Bauten aus der Gründerzeit San Diegos (Anfang bis Mitte des 19. Jahrhunderts) theoretisch im Vordergrund steht und *Old Town* Freilichtmuseumscharakter hat, so ist sie doch in erster Linie ein kommerziell betriebener Besuchermagnet mit zahlreichen ***Shops*** und mexikanischen **Restaurants** mit Live-Musik und folkloristischen Tanzaufführungen; 4002 Wallace Street, Ausfahrt 20 von der I-5; kein Eintritt; www.parks.ca.gov/?page_id=663.

Das ***Visitor Information Center*** (mit einem historischen Modell von San Diego um 1872; täglich 10-17/16 Uhr) ist im *Robinson Rose House* direkt am Washington Square (Plaza de las Armas) untergebracht. Dort erfährt man auch alles über dieses gerne als »*Birthplace of California*« betitelte Areal.

Parkplätze in der Umgebung können abends und an den Wochenenden knapp werden. Der Platz direkt bei der *Old Town* ist gratis (hilfreiche »Parking Map« unter www.oldtownsandiego.org).

Heritage Park

Wenige Schritte östlich der *Old Town* (Juan Street) bilden sechs viktorianische Häuser aus den 1880er-Jahren den **Heritage Park**. Besonders ansehnlich sind das ***Sherman-Gilbert House*** von 1887 sowie das ***Christian House*** von 1889; 2454 Heritage Park Row.

Weitere Infos zum Park und Details zu den einzelnen Häusern unter www.sdparks.org/content/sdparks/en/park-pages/Heritage.html.

Historische Holzvillen im Heritage Park

2

Mission San Diego/ Camino Real

Die hervorragend konservierte, in Nachfolge der ersten Gründung 1774 errichtete und bei Erdbeben 2x zerstörte, aber wiederaufgebaute ***Mission Basilica San Diego de Alcalá*** ist die wertvollste kulturhistorische Sehenswürdigkeit der Stadt. Ausgehend von dieser Station wurden im Abstand von jeweils einer Tagesreise weitere 20 Missionen gebaut, die zusammen die Stationen des ***Camino Real***, des Königsweges, bis San Francisco bildeten, ➤ Kasten und **Foto Seite 477**. In der schönen Anlage an der 10818 San Diego Mission Road (parallel zur I-8, *Exit* Mission Gorge Road, links und Twain Ave wieder links) gibt es keinen touristischen Rummel. Zu besichtigen sind Kirche, Garten und das schlichte Museum täglich 9-16.30 Uhr; www.missionsandiego.org.

Orca mit Trainerin im SeaWorld-Becken. Seit 2017 gehören aber die über Dekaden populären Killerwalshows vor vollbesetzten Tribünen der Vergangenheit an. Tierrechtsaktivisten, TV-Dokus, der Boykott durch Prominente, kalifornische Gesetze und nicht zuletzt der Tod eines Trainers hatten ein Umdenken bewirkt.

SeaWorld und Birch Aquarium

In totalem kulturellen Gegensatz zur Historie und den Missionsstationen steht der ***Aqua Marine Park SeaWorld*** am Südrand der Mission Bay, Anfahrt über die I-8 oder auf dem zur *Interstate* parallel verlaufenden SeaWorld Drive; www.seaworld.com.

Zeiten und Eintritt

Täglich geöffnet im Sommer 10-22 Uhr oder bis Sonnenuntergang, im Winter meist bis 17 Uhr; **Eintritt $90**, Kinder bis 9 Jahre $85; hin und wieder aber auch Online-Spezialangebote ab $70.

Für *SeaWorld* gibt es allerorten ***Discount Coupons***. Manche Hotels verkaufen ihren Gästen auch gleich ermäßigte Tickets. Von der *Go San Diego Card* sowie dem ***Southern California Citypass*** für *SeaWorld* und *Disney* sowie den Kombitickets mit *Zoo/Safari Park* war bereits weiter oben die Rede, ➤ Seite 480 bzw. 498.

Attraktionen

SeaWorld San Diego ist Prototyp der amerikanischen *Amusementparks* dieser Art. Zum happigen Eintritt bietet *SeaWorld* als Höhepunkte **Delfin- und Seelöwenshows**, Begegnungen mit **Killerwalen**, ***Wild Arctic*** (eine simulierte Fahrt durch die Eiswelt des Nordpolarmeers), ***Journey to Atlantis*** (eine Art Kombination zwischen *Rollercoaster* und Wildwassertrip) sowie weitere jahrmarktübliche *Rides*. Im Sommer 2018 kommt ***Electric Eel*** hinzu, eine wüste Achterbahn bis 45 m hoch und 100 km/h schnell. Eine tolle Sache ist auch die Gondelfahrt über die Bay (***Skyride***) sowie die scheinbar endlose Aussicht vom fast 100 m hohen ***Skytower***.

Sehr erfolgreich ist auch das Aktivprogramm mit Tieren wie ***Dolphin Interaction*** (+$215) oder ***Dolphin Encounter*** (+$65).

Vor dem Besuch sollte man unbedingt (am besten im Internet, ➤ oben) checken, welche Shows gerade nicht stattfinden bzw. welche *Rides* wegen Wartung/Reparatur o.ä. außer Betrieb sind.

Vergleich zum Zoo

Trotz des Nervenkitzels einiger *Rides*, der Shows und Aquarien mit bemerkenswerter **Pinguin-** und **Haifischhalle** (*Penguin* und *Shark Encounter*) ist der Besuch im Zoo zu geringeren Ticketkosten alles in allem nicht weniger spannend.

Beurteilung SeaWorld

Immerhin aber: auch nach Abzug der zu kommerziellen Komponenten und von *Entertainment* & *Fun* auf oft mäßigem Niveau sowie manchmal ärgerlich langer Wartezeiten lassen sich in *SeaWorld* 4-5 Stunden abwechslungsreich gestalten.

Birch Aquarium

Über Flora und Fauna des Pazifik erfährt man alles im ***Birch Aquarium*** im *Scripps* Ozeanographischen Institut nördlich von La Jolla, 2300 Expedition Way; täglich 9-17 Uhr; $18,50, Kinder 3-17 Jahre $14; http://aquarium.ucsd.edu.

SeaWorld's Aquatica

Fast 25 mi und ca. 30 min Fahrtzeit von *SeaWorld* entfernt (südlich über die I-8 in Chula Vista, 2052 Entertainment Circle) liegt ***Aquatica***, der dazugehörige »Planschpark« mit langen Rutschen, Wellenbad, üppiger Vegetation und exotischen Tieren; $46/$40, online günstiger, Parken $15; http://aquaticabyseaworld.com/en/sandiego.

Vielleicht das Beste an SeaWorld sind die Begegnungen mit Delfinen (auch am sog. Touchpool)

Exkurs Abstecher nach Tijuana/Mexiko www.tijuana.com

In San Diego liegt es nahe, an einen Abstecher nach Mexiko zu denken, obwohl der Drogenkrieg in Mexiko gerade in den grenznahen Städten ein Risiko sein kann. Von einem Besuch in die Dunkelheit hinein ist abzuraten.

Mit Fahrzeug Da Autovermieter Fahrten nach Mexiko überwiegend nicht oder nur mit hohem Aufschlag gestatten, kommt für die meisten Touristen ein Grenzübertritt nur ohne Fahrzeug in Frage. Wer im eigenen Auto hinüber möchte, benötigt eine **Zusatzversicherung** (Policen bei einer mexikanischen Gesellschaft an der Grenze oder beim ***AAA***, 2440 Hotel Circle N. bzw. 569 Telegraph Canyon Rd). Für Kurzaufenthalte lohnt sich die Fahrt per Auto auch kaum, weil sich retour oft lange Staus vor der ***US-Immigration*** aufbauen.

Papiere Die Einreise nach Mexiko für weniger als 72 Stunden ist unproblematisch. Man benötigt nur den Pass, der in der Regel zunächst weder auf amerikanischer noch auf mexikanischer Seite kontrolliert wird. Bei der Rückkehr möchten die US-Grenzbeamten aber immer den Pass sehen (➤ Seite 88). Für **längere Aufenthalte** in Mexiko braucht man eine sog. ***Tourist Card***.

Parken vor der Grenze Sein Auto kann man in San Ysidro auf großen Parkarealen grenznah abstellen. Mit dieser Absicht folgt man ab der *Interstate* dem Schild ***Turn right to US***, um nicht plötzlich doch vor der Abfertigung zu stehen. Der (teuerste) grenznächste Parkplatz ist oft voll. Dann ist die beste Alternative ***Border Station Parking*** (ca. $25/Tag, 4570 Camino de la Plaza, borderstationparking.com) beim ***Las Americas Premium Outlet Center***. Weiter nach Tijuana geht es zu Fuß oder mit dem ***Tourismo Express Bus***; $10 eine Strecke, ➤ www.sandiegan.com/ach-mexico-travel.

Zu Fuß nach Tijuana Der **Weg** hinüber nach Tijuana über eine Fußgängerbrücke ist kurz. Mexikanisches Leben und Treiben beginnt schon 100 m hinter der Grenze in der Shopping-Zone ***Viva Tijuana***.

Zentrum Tijuana Über die *Tijuana River Bridge* erreicht man die zentrale Laden-, Restaurant- und Kneipenzone entlang der ***Avenida de Revolución*** und Nebenstraßen (ca. 800 m von der Grenze entfernt). Bei Hitze kommt dafür ggf. ein **Taxi** in Frage. Der Trip ab Grenze nach *Downtown* kostet ca. $8. Es gibt teure ***Yellow Cabs*** ohne Taxameter meist mit englisch sprechenden Fahrern (*gringo-friendly*) und günstigere weiße ***Taxis Libre*** mit Taxameter, deren Fahrer aber oft ausschließlich spanisch sprechen.

Mit Bussen/ Straßenbahn (Trolley) ab San Diego Man könnte das Auto auch in San Diego lassen. Zum Grenzstädtchen **San Ysidro** verkehren ***Transit*-Busse** (relativ umständlich: ab *Downtown* mit **Bus #901** bis Iris Ave, dann mit **#906/#907** bis San Ysidro bzw. zur Grenze). Komfortabler sind ***San Diego Scenic Tours-Busse*** (➤ Seite 481). Das einfachste ist indessen die Fahrt mit der Straßenbahn, dem ***San Diego Trolley*** (*Blue Line*), bis in unmittelbare Nähe der Grenze.

2.6 Von San Diego zurück nach LA/Las Vegas und durch die Wüsten Südkaliforniens

2.6.1 Mögliche Routen nach LA/Las Vegas

Wer bis San Diego fährt, hat mehrere Alternativen für die Rückreise in Richtung LA oder für die Fahrt nach Las Vegas, sofern die Spielerstadt noch auf der Wunschliste steht und nicht ein enger Zeitplan die Autobahndirektroute I-15 erfordert (ca. 350 mi).

Straße #79 über Julian oder #67/#78/#79

Entscheidet man sich bei knapper Zeit für die Küstenroute (I-5/S21) wäre zumindest ein kleiner Schlenker – wie schon im Kapitel 2.4.2 als Alternative der Hinfahrt beschrieben – zu erwägen. En route könnte man bei großem Interesse auch **Santee** oder den ***Safari Park*** bei Escondido einbauen (➤ dazu Seite 475).

Auf schnellstem Weg nach Palm Desert

Wer von San Diego noch in den Bereich von Palm Springs und/oder den *Joshua Tree National Park* möchte, nimmt als schnellsten Weg die I-15 und verlässt sie bei Temecula (*Exit* 58). Auf der #79 geht es bis Aguanga und dann weiter auf der **Cahuilla Road #371** durch das namensgebende Indianerreservat (dort befindet sich ein Spielkasino: www.cahuillacasino.com). Nach einer guten Stunde Fahrtzeit ab der I-15 (Meilenangaben der Karte sagen hier nur wenig über den tatsächlichen Zeitbedarf) durch eine hübsche Hügellandschaft stößt man südlich des **Lake Hemet** (mit kleinem Wasserpark; http://lakehemetrecreation.com) auf den ***Palms to Pines Hwy* #74** und erreicht bald Palm Desert.

Weiter ab Palm Desert

Weitere Informationen zum Verlauf der #74 ➤ Kasten Seite 451 (unten) und zur Weiterfahrt ab Palm Desert Richtung *Joshua Tree Park* ➤ Seite 458ff. Zur Fahrt von Palm Springs nach LA ➤ Seiten 451 bis 445 (also in umgekehrter Richtung).

Am Palms to Pines Hwy #74 liegt ein paar Meilen südlich von Idyllwild der Lake Hemet mit Badestränden, Picknick- und Campingplätzen

Umweg über die Anza-Borrego Wüste

Ein größerer Umweg führt über den ***Anza-Borrego Desert State Park***, der allerdings aufgrund seiner extremen Temperaturen **kein Sommerziel (!)** ist und sich nur im späten Winter zur Blütezeit von seiner attraktivsten Seite zeigt. Für Kurzbesucher ist diese Wüste generell weniger spannend als die in den beiden Nationalparks *Joshua Tree* und *Death Valley*.

Wer über Borrego Springs fährt, hat es nicht mehr weit zum **Salton Sea**, einem riesigen Binnengewässer, das sich nur auf der Karte gut macht (die Realität ist ernüchternd!). Für manche Besucher könnte aber östlich des Sees der kuriose ***Salvation Mountain*** und die riesigen ***Algodones Dunes*** (mit ATV-Areal) von Interesse sein (ca. 80 mi *one-way*). Von dort aus lässt es sich dann in nahezu gerader Linie auf verkehrsarmer Strecke bis nach Las Vegas durchpreschen, #78/#95 ➤ Karte Seite 464. Alternative ab Vidal Junction auf ➤ Seite 469.

Rundtour im Winter

Von den *Algodones Dunes* ist man aber auch über die *Interstate* #8 schnell wieder in San Diego zurück, eine abwechslungsreiche und durchaus reizvolle **Rundtour** während der **kühleren Wintermonate**. Zeitbedarf: mindestens 3 Tage ab San Diego.

Frühjahrswüstenblüte im Anza-Borrego Park

2.6.2 Rundfahrt durch die Wüsten im äußersten Süden

Outlet Mall an der I-8

Wer sich für die letzte, oben beschriebene Variante entscheidet, folgt ab San Diego zunächst der I-8 in Richtung Osten. Am Wege liegt gut 30 mi von *Downtown* entfernt das ***Viejas Outlet Center*** an der Willows Rd (*Exit* #33 oder #36 von der I-8). Diese kinderfreundliche und architektonisch ansprechende mittelgroße *Shopping Mall* mit 28-*Discount*-Geschäften wird von Indianern vom Stamm der *Kumeyaay* betrieben. Ein **Spielkasino** darf da natürlich nicht fehlen; www.viejas.com/san-diegos-premier-outlet-mall.

#79/#78 über Julian

Mit der Ausfahrt 40 erreicht man die bereits beschriebene **#79** (➤ Seite 475) mit dem schönen *Campground* im *Cuyamaca Rancho SP*. Bis **Julian** sind es ab der I-8 zwar nur 22 mi, aber dank kurvenreicher Straßenführung in ständigem Auf und Ab benötigt man bis zu einer Stunde für die Strecke durch den *Cleveland Nat'l Forest*. Und so geht es auch weiter ab Julian auf der gut ausgebauten **#78** nach Osten bis zum 500 m tiefer gelegenen Banner und danach in nahezu gerader Linie in eine komplett andere Klima- und Vegetationszone.

Statt – wie im Folgenden beschrieben – über die S3 nach Borrego Springs könnte man ab Julian auch die S22 wählen, eine ebenfalls attraktive Route, aber bei Anfahrt von Süden weiter.

Anza-Borrego Desert State Park und Borrego Springs

Anza-Borrego Desert State Park

Entlang der #78 stößt man ca. 30 mi östlich von Julian auf die S3, auf der es über den *Yaqui Pass* in den ***Anza-Borrego Desert State Park*** hinunter geht, wo neben Kakteen und anspruchslosen Wüstengewächsen scheinbar nur wenig gedeiht. Neben der **Straße S3** führt die **Borrego Springs Road** von Südosten in dessen Zentralgebiet; die **S22** läuft in West-Ost-Richtung durch den ganzen Park bis Salton City. Ansonsten wird dieser nur von 4WD-Pisten und Wanderpfaden erschlossen.

Wüstenblüte

Anza Borrego ist berühmt für prächtige **Wildblumenteppiche**, die von Mitte Februar bis Ende März für kurze Zeit die kargen Ebenen der ansonsten knochentrockenen Wüste großflächig überziehen können. Ob die Wildblumen blühen oder nicht, hängt von einer Vielzahl an Faktoren ab. So spielen neben den Niederschlägen im Herbst und Winter auch die Temperaturen eine wichtige Rolle. Passt einer dieser Faktoren nicht, sieht der Park Mitte März schon fast so dürr aus wie im Hochsommer. Immerhin beginnt die **Kaktusblüte** (verlässlich) im April und dauert arten- und jahresabhängig bis Ende Mai. ***Up-to-date*** hält man sich dann am besten über die regelmäßig aktualisierte Website www.desertusa.com/wildflo/ca_abdsp.html bzw. die offizielle Seite www.parks.ca.gov/?page_id=638 oder über die ***Wildflower Hotline***: © (760) 767-4684.

Borrego Springs

Während der Wildblumenblüte erwacht auch das sonst verschlafene **Borrego Springs** zum Leben. Dann sind *Spa*-Hotels wie das ***Borrego Springs Resort*** (1112 Tilting T Dr; im Winter ab $160; © 1-888-826-7734, www.borregospringsresort.com) oder das ***Palm Canyon Hotel*** im auffälligen Wildwest-*Look* (221 Palm Canyon Dr; ab $120; © 1-800-242-0044; www.palmcanyonrvresort.com) meist langfristig ausgebucht. Für beide gibt's oft *Specials* auf booking.com!

Das *Palm Canyon Hotel* verfügt zudem über einen *RV-Park* (ca. $50/Nacht). Preiswerter campt man beim ***Oasis Inn*** (366 Palm Canyon Drive; © (760) 767-5409; www.oasisinnborrego.com) oder im ***State Park Campground*** (➤ umseitig). Frei von Gebühen oder Annehmlichkeiten steht man beim *Clark Dry Lake*; Zufahrt auch ohne 4WD über die *Rockhouse Canyon Road* ab der S22 ca. 7 mi östlich von Borrego Springs (GPS: 33°17'39''N, 116°17'25''W).

Kaum zu toppen ist die weitläufige und erstklassige Anlage des *RV-Resort* ***The Springs at Borrego*** mit Tennisplatz, *Pool, Hot Tube* und eigenem Golfplatz. Einige der *Premium*-Stellplätze liegen an einem kleinen Angelsee. Sie sind im Winter immer gut gebucht und kosten dann bis über $100; im Sommer gibt es *hook-ups* ab $40; 2255 DiGiorgio Rd; © (760) 767-0004, www.springsatborrego.com.

Versorgung

Beim Essengehen darf man sich in Borrego Springs nicht auf *Tripadvisor* verlassen. Weit hinten im Ranking liegt das ***Pablito's***, aber völlig zu Unrecht. Es versteckt sich im Gebäudekomplex neben dem **Supermarkt** und ist leicht zu übersehen (590 Palm Canyon Drive). Serviert wird im Innenhof mit Springbrunnen einfache, mexikanische Kost, aber für so ein kleines Nest durchaus o.k.

Temperaturen

Im Sommer wirkt Borrego Springs meist wie augestorben, kein Wunder, denn es gilt als einer der **heißesten Orte der USA**. Ab April klettert das Thermometer regelmäßig über die 40°C-Marke und im Juni wurden dort auch schon **50°C** gemessen.

Anza-Borrego Desert SP

Das umliegende Ödland und die raue Wildnis steht als ***State Park*** unter Naturschutz (ca. 2400 km^2). Das **Besucherzentrum** mit einer Ausstellung zu Flora und Fauna, *Nature Trail* und Picknickplatz unter Palmen liegt eine gute Meile westlich des Ortskerns; täglich 9-17 Uhr Oktober-Mai, sonst nur an Wochenenden und Feiertagen (Parken $10). Der großzügig angelegte und komfortable **Campingplatz *Palm Canyon*** wartet 2 mi weiter nördlich ($25; mit *hook-up* $35). Reservierung (www.reservecalifornia.com) nur von Januar bis April möglich, da sonst immer reichlich Platz.

Dort startet auch der populäre ***Borrego Palm Canyon Trail*** (5 km retour; 180 Höhenmeter). Der Fächerpalmenhain in den nahen Bergen verlor vor Jahren durch eine »*Flash Flood*« einen Teil seines Bestandes, gehört aber immer noch zu den schönsten in Kalifornien.

Palm Canyon, Wanderziel ab dem gleichnamigen Campground

So golden leuchten die Badlands unterhalb des Font's Point nur bei tiefstehender Sonne

Weitere Sehenswürdigkeiten im Park

Die meisten anderen Sehenswürdigkeiten des *State Park* liegen verborgen im Hinterland und sind nur über **4WD-Pisten** zugänglich. Ausgehend von der Straße mit dem klangvollen Namen *Borrego Salton Seaway* (S22) gelangt man östlich von Borrego Springs über sandige, ausgetrocknete Flussbetten zu zwei schönen Aussichtspunkten: ***Font's Point***, 4 mi ab der S22, ist populär zum Sonnenuntergang. Unterhalb der Abbruchkante erstrecken sich die kargen und stark zerfurchten grauen Lehmhügel der *Borrego Badlands* bis an den Horizont, ähnlich wie bei ***Vista del Malpais*** noch weiter östlich (Zufahrt nicht ausgeschildert und recht abenteuerlich).

Folgt man der S22 ein Stück noch in Richtung Salton Sea verschafft der *Arroyo Salado Wash* (mit Hinweisschild und Einfachstcampsite) Zugang zu der hübschen ***17 Palm Oasis*** (3,6 mi *one-way*) mit verstecktem Postfass (und »Gästebuch«) sowie zu einer kuriosen Ansammlung von Riesensteinkugeln, dem ***Pumpkin Patch*** (8,5 mi von der S22). Die einsame *Una Palma* am Weg ist zwar auf der offiziellen Karte noch eingezeichnet, fiel aber einem Sturm im Winter 2015/16 zum Opfer. Auch hier wird ein Allradfahrzeug benötigt. Längere Wanderungen durch die ausgedörrte Landschaft sind nicht spannend und sollten – selbst im Winter – eher nicht in Betracht gezogen werden!

Anders ist es weiter östlich an der S22 bei den (graubeigen) ***Slot Canyons*** unweit der *Calcite Mine*. Dort startet man am besten von der Parkbucht südlich der Straße (bei Meile #38), aber nur mit Beschreibung, Karte und/oder GPS-Gerät. Infos: www.synnatschke.com/news/the-slot-canyons-of-anza-borrego-desert-state-park.

Der mit Abstand populärste Canyon im Park ist ***The Slot***, den man ab dem Kreisverkehr im Ort über die Borrego Springs Road in Richtung Südosten erreicht. 1,5 mi nachdem man auf die #78 *East* abgebogen ist, geht cs nach links auf eine meist gut gewartete *Gravel Road* (Schild »*Buttes Pass*«) und nach 1 mi abermals nach links für weitere 0,8 mi. Vom *Trailhead* läuft man hinunter in den *Wash* und nach links hinein in den *Canyon*. Am schönsten sind die Lichtbedingungen am frühen Nachmittag.

Geführte/ Private Touren

Wer mit dem Wohnmobil oder Pkw unterwegs ist, kann sich **geführten Touren ab Borrego Spring**s anschließen. *California Overland* bringt Besucher in ausrangierten Militär-Trucks sicher und schnell an die schönsten Stellen des Parks. Die **5-stündige *Three-Terrains Tour*** mit *Slot Canyon* Besuch und *Fonts Point* Abstecher kostet z.B. $145 pro Person (Kinder $90). Auch **private Touren**, bei denen man sich das Programm selber zusammenstellen kann, sind möglich. 1233 Palm Canyon Drive; © (760) 767-1232, www.californiaoverland.com/anza-borrego-desert-tours.

Metall-skulpturen

Borrego Springs ist mittlerweile nicht mehr nur ausschließlich Basislager für die *State-Park*-Touristen. **Weit über 100 teils überdimensionale Metallskulpturen** wurden in und rund um die Ortschaft aufgestellt. Zu sehen gibt es einige historische Persönlichkeiten (u.a. den Indianerhäuptling, der einst dem spanischen Eroberer *Juan Bautista de Anza* bei der Wüstendurchquerung behilflich war) sowie die unterschiedlichsten Tiere, vom furchteinflössenden Riesenskorpion bis hin zu kämpfenden Dickhornschafen oder ausgestorbenen Arten wie dem Riesenfaultier, das aus den *La Brea Tar Pits* in Los Angeles geborgen wurde (➤ Seite 410).

Sie sind bereits eine Attraktion für sich und durchaus sehenswert. Einige wurden gut eingebettet in die Natur, so dass man unbedingt einen Übersichtsplan zur Hand haben sollte. Dieser liegt im ***Borrego Springs Visitor Center*** aus (200 Palm Canyon Drive; täglich 9-17 Uhr Oktober-Mai, sonst nur an Wochenenden und Feiertagen). Man findet ihn aber auch online unter www.borregosprings chamber.com/villageguide (einfach die Broschüre anklicken!).

Wer in Borrego Springs auf »Safari« geht, ist locker ein paar Stunden beschäftigt!

Dinosaurier-Skulptur und Ocotillo-Strauch bei Borrego Springs

Am Ostufer des Salton Sea

Rund um den Salton Sea

Von Borrego Springs zum Salton Sea

Zwei Straßen führen ab Borrego Springs durch eine nahezu völlig vegetationsfreie, staubige Gebirgswüste in Richtung Salton Sea, dessen blau leuchtende Wasserfläche aus der Ferne wie eine Fata Morgana wirkt: Der nördliche ***Borrego Salton Seaway*** (S22) endet nach ca. 30 mi in **Salton City** an der Straße #86, einer unattraktiven Mini-Siedlung (mit Tankstelle!) nahe des morastigen Westufers.

Ocotillo Wells ATV-Gebiet

Nach Südwesten geht es auf der **Borrego Springs Road** zur Straße #78, die 40 mi weiter östlich die #86 und das Südwestufer des Salton Sea erreicht. An der Strecke liegt die ***Ocotillo Wells State Vehicular Recreation Area***. Sie ist von zahllosen *Off-Road*-Pisten durchzogen. Vermieter für ATVs (*All Terrain Vehicles*) warten beim gleichnamigen Ort und *Airfield* an der #78 und in Salton City auf Kunden.

Salton Sea

Der Salton Sea verdankt seine Entstehung einem Missgeschick, nämlich einem Dammbruch bei Yuma im Jahr 1905, bei dem der Colorado River die Tiefebene *Salton Sink* nahezu zwei Jahre lang mit seinem Wasser überflutete. Zu Beginn freute man sich über das vielversprechende neue »Freizeitparadies« inmitten der südkalifornischen Wüste und noch in den 1960er-Jahren zogen mit hellem Sand verschönte Strände und prächtige Yachtclubs Badegäste und Wassersportler aus nah und fern an, darunter viele illustre Namen wie die *Beach Boys*, *Sonny & Cher* oder *Jerry Lewis*.

Seither hat sich viel getan: Heute liegt der abflusslose See mit **71 m unter NN** ungefähr auf dem Niveau des *Death Valley*. Der Pegel ist stark gefallen und die Wasserqualität (»braune Brühe«) lässt mehr als zu wünschen übrig. Die Ufer sind schlammig-steinig oder verschilft, hinzu kommen Unmengen verendeter Fische, die allerorten im wahrsten Sinne des Wortes »zum Himmel stinken«.

An Baden mag hier – selbst bei größter Hitze – kaum einer denken. Der Salton Sea zählt mittlerweile zu den salzigsten Gewässern auf dieser Erde. Die verbliebenen, postapokalyptisch wirkenden Strukturen rund um Bombay Beach am Ostufer und elende Nester wie Salton Sea Beach oder Desert Shores im Westen tun ihr Übriges.

Dennoch gibt es rund um den Salton Sea ein paar attraktive Zielpunkte, dazu gehören der kuriose *Salvation Mountain* bei Niland und (für Interessierte) ein Vogelschutzgebiet im Südosteck des Sees.

Sonny Bono Wildlife Refuge

Die meisten Tiere und Zugvögel sind im ***Sonny Bono Salton Sea National Wildlife Refuge*** zwischen November und Mai anzutreffen (gelegentlich sogar Blaufußtölpel!). Die unterschiedlichsten Gänse- und Reiherarten bevölkern dann auch die endlosen **Agrarflächen** rund um das Dorf **Calipatria**. Eine Besonderheit stellen dabei die ulkigen Kaninchenkäuze (***Burrowing Owls***; ➤ Foto) dar, die sich gern am Rande der Felder oder bei alten Bewässerungsrohren aufhalten und dabei ihre Köpfe in alle Richtungen drehen und wenden oder zu neugierige Besucher wild anfauchen. Ihre Nistplätze werden oft mit Fahnen markiert.

Bestens informiert wird man im kleinen Besucherzentrum am westlichen Ende der West Sinclair Road; Abzweig von der #111 etwa 3 mi nördlich von Calipatria; www.fws.gov/refuge/sonny_bono_salton_sea.

Dort beginnt auch der – leider meist nicht sehr spannende – ***Rock Hill Trail***, manchmal halten sich bei den Picknicktischen am Parkplatz mehr Tiere auf.

Mud Volcanos

Was nur wenige wissen: Im Süden des Salton Sea erstreckt sich ein großes **Geothermalgebiet**. Davon zeugen nicht nur die Kraftwerke, die unübersehbar zwischen den Feldern stehen, sondern auch an die 50 kleine ***Mud Volcanos***, die westlich der #111 zwischen Calipatria und Niland munter vor sich hinblubbern. Anders als im berühmten *Yellowstone Nat'l Park* werden sie hier von aufsteigendem Kohlendioxid angetrieben und »spucken« meist (kalten!) Schlamm. Eine größere, aber nur bedingt sehenswerte Ansammlung befindet sich auf dem ***Davis-Schrimpf Seep Field***; 499 West Schrimpf Road/Ecke Wister Road (beide nicht asphaltiert).

Salvation Mountain

Ca. 4,5 mi nördlich des Straßendreiecks #111/West Sinclair Road liegt das Kaff Niland und 3 mi östlich davon der ***Salvation Mountain*** (Main Street, dann Beal Road). Der »Berg der Erlösung« (15 m hoch, 45 m breit) in Nachbarschaft zur Hippie- und Aussteiger-Wohnmobilsiedlung ***Slab City*** ist das Lebenswerk eines Kriegsveteranen. Aus Stroh, Lehm und Autoreifen errichtet, mit Höhlenzimmern untertunnelt und verziert mit farbenfrohen Gemälden, einem Kunterbunt aus biblischen Zitaten und dem übergroßen Schriftzug »*God is love*«, lockt der Berg Schaulustige und Kamerateams aus aller Welt in diese sonst eher »gottverlassene« Ecke Kaliforniens; Eintritt frei; www.salvationmountain.us.

Übernachten

Wer in der Gegend eine Bleibe für die Nacht sucht, findet in **Brawley** u.a. ein ***Best Western Plus*** sowie ein auffällig gutes *Motel 6*.

Großzügig angelegte und meist ziemlich leere ***Campgrounds*** am nordöstlichen Ufer des Sees sind *Mecca Beach* und *Headquarters* in der Nähe des *Visitor Center* der ***Salton Sea State Recreation Area*** an der #111; www.parks.ca.gov/?page_id=639.

Weiterfahrt in Richtung Norden

Von dort ist es nicht mehr weit bis nach **Mecca** und zur 4-spurig ausgebauten **#86**, die östlich von Indio in die I-10 einmündet, und somit eine schnelle Verbindung nach Palm Springs (50 mi) oder nach LA (160 mi) schafft. Für Eilige: Auch ab Brawley kommt man auf der #86 rascher voran als auf der #111, die streckenweise ufernah am See entlang läuft.

Abstecher durch den Box Canyon

Eine **reizvolle Alternative** für alle, die ohne Umweg die Südeinfahrt des *Joshua Tree Nat'l Park* ansteuern wollen, bietet ab Mecca die ***Box Canyon Road*** (im Ort 66th Ave) durch die ***Mecca Hills Wilderness***. Sie führt durch eine Felslandschaft mit schräg aufgefaltetem, stellenweise pittoresk gefärbtem Gestein.

Am buntesten ist es entlang der ***Painted Canyon Road***. Diese ausgeschilderte, sandige Stichstraße (lieber nur mit 4WD!) zweigt 15 mi südlich der I-10 nach Westen ab und endet nach 4,7 mi am ***Trailhead*** des ***Ladder Canyon***. Leitern erleichtern den Weg durch diesen *Slot*. Seine Wände sind zwar nicht ganz so glattpoliert wie bei anderen Schluchten im Südwesten der USA, können aber im indirekten Licht dennoch herrlich leuchten. Ein Ausflug besonders für Abenteuerlustige, denn die **8-km-Rundwanderung** (3-4 Stunden) ist selbst während der kühleren Monate anspruchsvoll. Vom Parkplatz folgt man zunächst dem ausgewaschenen Flussbett nach rechts und darf nach ca. 650 m das recht unauffällige Schild oder die Steinpyramiden/-pfeile nicht verpassen, die auf den spannendsten Bereich bzw. den Canyoneingang verweisen (linker Hand versteckt oberhalb eines größeren Steinhaufens). Andernfalls läuft man automatisch die volle *Loop* gegen den Uhrzeigersinn aus. Karte und *GPX*-File: www.ushikes.com/htm_hikes_painted_ladder_canyon.htm.

Kostenloses *Dispersed Camping* ist an der *Box Canyon Road* erlaubt, die meisten Plätzchen liegen allerdings abseits des Asphalts.

Jenseits der I-10 wird die *Box Canyon* zur *Cottonwood Springs Road* durch den *Joshua Tree National Park* (➤ Seite 460f).

Salvation Mountain mit Besuchern

Weiterfahrt zu den Algodones/Imperial Sand Dunes

OHV-/ATV Tummelplatz

Folgt man vom Salton Sea bzw. Brawley der #78 gut 20 mi weiter Richtung Osten, gelangt man zu den ***Algodones Dunes***. Sie sind für manche sicher ein spannendes Ziel für einen Abstecher. Ein bis zu 90 m hoher und 10 km breiter Sanddünenstreifen erstreckt sich von der mexikanischen Grenze in nordwestliche Richtung bis zu den Chocolate Mountains. Es ist das größte Dünengebiet Kaliforniens und zu über Zweidritteln der Fläche als Tummelplatz für alle Arten von ***Off-Highway Vehicles*** (**OHV**) freigegeben. Nur ein kleines Areal nördlich der #78 steht als *North Algodones Dunes Wilderness Area* unter strengem Naturschutz.

Entlang der #78 ist das Halten/Parken auf einer Strecke von etwa 7 mi verboten, so dass sich als primärer Anlaufpunkt für Besucher der ***Osborne Overlook*** anbietet. Nördlich der Straße lädt die dort »unberührte« Dünenlandschaft zu kurzen oder längeren Spaziergängen ein. Auf der Südseite heißt es aber Obacht: In der ***Imperial Sand Dunes Recreation Area*** dominieren die *All Terrain Vehicles* das Gelände. An Wochenenden ist in den Dünen oft der Teufel los; selbst nachts rasen unerschrockene OHV-Lenker *full-speed* über die Kämme. Dem Fußvolk bleibt dort nur die Zuschauerrolle.

ATV-Rental/ Glamis

Wer selber die Dünen bezwingen möchte, besorgt sich ein ***Permit*** (unter www.isdpermits.net oder in der *Ranger Station* ➤ rechts) und mietet ein passendes Gefährt bei mobilen *ATV-Rentals* eingangs der Dünen (Westseite). Der »Ort« **Glamis** östlich der Dünen besteht nur aus *OHV-Service Shop Glamis Beach* und einem RV Stellplatz.

Algodones Dunes – Sand, nichts als Sand, soweit das Auge reicht

Selbst ohne *Off-Road*-Ambitionen lohnt sich der Besuch allein schon wegen der beeindruckenden Bilder, die diese fast völlig vegetationslose Landschaft bietet. Nach besonders feuchten Wintern können Randbereiche im späten Februar sogar von Wildblumenteppichen überzogen sein. Aktuelle Infos dazu gibt's dann in der ***Cahuilla Ranger Station*** am Westrand der *Algodones Dunes*; geöffnet Fr-So 9-17.30 Uhr; © (760)-344-3919.

Gratis campen

Boondocking ist abseits der #78 an mehreren Stellen wie auch im Südbereich unweit der I-8 erlaubt. Zu den Camparealen führen befestigte Stichstraßen. Aber es gibt dort lediglich Chemietoiletten, kein Wasser oder sonst üblichen »Komfort« wie Picknicktische oder Grillroste – nur Sand, so weit das Auge reicht.

Eine gute **Übersichtskarte** für diese Dünen mit allen offiziellen *Campsites* findet sich in dem *PDF*-Dokument unter »External Map«: www.blm.gov/visit/imperial-sand-dunes.

Weiterfahrt nach Vegas

Einmal in dieser Ecke angekommen, liegt das Ziel Las Vegas gar nicht mal sonderlich fern. Die **#78** läuft bis hinauf nach Blythe an der I-10, und von dort geht's auf der **#95** weiter zur *Sin City*. Die insgesamt ca. 270 mi sind auf diesen Straßen dank geringen Verkehrs bis Nevada inkl. ein paar Stopps unterwegs als Tagestrip gut zu bewältigen, mit Besuch der Wild-West-*Towns* Oatman oder Nelson und Übernachtung in Laughlin oder am Lake Mohave auch leicht zu einer 2-Tage-Etappe erweiterbar, ➤ Seite 466f.

Südwärts zur I-8

Der kürzeste Weg zurück nach San Diego (ca. 150 mi) führt von den *Algodones Dunes* zunächst nach **Brawley** und von dort über die Straßen **#111** oder #86 zur *Interstate* #8 (bei El Centro).

Wer aber auch die südlichen Ausläufer der *Algodones Dunes* an der I-8 und einiges mehr an der Autobahn (➤ umseitig) sehen möchte, folgt der ***Ogilby Road*** (#S34), die 12 mi östlich von Glamis von der #78 abzweigt. Landschaftliche Höhepunkte gibt es entlang dieser 25 mi langen, asphaltierten Strecke bis zur I-8 nicht, dafür ist sie in punkto Einsamkeit kaum zu toppen. Außerdem darf man dort auf *BLM*-Land kostenlos über Nacht stehen bleiben, am besten an den Schotter-Seitenstraßen *American Girl Mine* und *Sidewinder Road*, gekennzeichnet mit »*14-day-limit*« Camping-Schildern. Bei Auf-/Abfahrt #159 mündet die *Ogilby Road* schließlich in die grenznahe *Interstate* #8.

Old Plank Road

Mehr eine Kuriosität als Sehenswürdigkeit ist im Südteil der *Algodones Dunes* die ***Old Plank Road***, ein Teilstück der alten »Plankenstraße« über die ausgedehnte Sandlandschaft. Bis zur Asphaltierung der damaligen Straße #80 im Jahr 1926 führte zwischen dem südlichsten Kalifornien und Arizona kein Weg an der 7 mi langen Holzbretter-Strecke über die Dünen vorbei. Erreichbar von der I-8 ab *Exit* #156 und dann ca. 3 mi nach Westen auf der Grays Well Road. Historische Fotos und mehr über die abenteuerliche Route unter: www.desertusa.com/sandhills/plankrd.html. Das nahe *Buttercup Valley* diente einst als Kulisse für das Filmepos »*Star Wars: Return of the Jedi*«.

Sehenswertes entlang der Interstate #8

Das Abfahren der I-8, die im äußersten Süden die Städte San Diego und Yuma/Arizona miteinander verbindet und streckenweise sehr nah an der mexikanischen Grenze verläuft, ist keinesfalls ein touristisches »Muss«. Not macht aber bekanntlich erfinderisch und so hat man auch in dieser eher uninteressanten Gegend »Attraktionen« geschaffen, um Besucher anzulocken.

Center of the World

Bestes Beispiel dafür ist eine echte »Sensation« ca. 5 mi östlich der *Ogilby Road* bei der Siedlung **Felicity** (*Exit* #164 von der I-8 und dann auf den Center-of-the-World Drive). Man fand nämlich heraus, dass sich dort das **Zentrum der Welt** befindet und legte großflächig um dieses herum das ***Open-air-Museum of History in Granite*** an, ein bombastisches Monument. Verantwortlich dafür zeichnet ein Franko-Amerikaner, der in den 1980er-Jahren mitten im Niemandsland die Gründung Felicitys veranlasste. Zentraler Bau der *Center-of-the-World Plaza* ist eine kleine Pyramide. Und damit keine Zweifel aufkommen, deutet auch noch der Zeiger einer Sonnenuhr in Form eines *Michelangelo* nachempfundenen »Arms des Schöpfers« in deren Richtung. Die Pyramide erhebt sich über einer Metallscheibe, dem »***Official Center of the World***«.

Center of the World Pyramid bei Felicity. Dahinter US- und Weltgeschichte auf polierten Triangeln in Granit gemeißelt und eine Kapelle auf der abschließenden Anhöhe

Für ein paar Dollar dürfen Besucher sich draufstellen, Beurkundung mit Zertifikat inklusive. Führungen über das Gelände (ca. 15 min) *Thanksgiving* bis Ostern; www.felicity.us.

Picacho SRA/ Colorado River

Von Felicity sind es knapp 8 mi bis Winterhaven unweit der Grenze zu Arizona (*Exit* 172). Von dort führt eine 24 mi lange Stichstraße (S24) zur ***Picacho State Recreation Area***, einer kleinen grünen Oase am Ufer des Colorado River. Sie ist nur auf ihren ersten 6 mi asphaltiert, aber die restlichen 18 mi *Gravel* sind – außer nach Regenfällen – meist gut in Schuss und 2WD-tauglich. **Picacho** war Schauplatz eines kleinen Goldrausches im späten 19. Jahrhundert. Ca. 5 mi vor dem Ziel sieht man am Hang linker Hand der Piste die Mine, aus der Ende des 20. Jahrhundert erneut jede Menge Gold gewonnen wurde.

Heute laden am Ufer des Flusses **Grill- und Campingplätze** zum Verweilen ein (*day-use* $10). Anders als in der Gegend rund um Yuma, wo *Boondocking* ohne jeglichen Komfort oder reine *RV Resorts* dominieren, kann man hier auch gut sein Zelt aufschlagen. Wasser, Toiletten und solarbetriebene Duschen sind vorhanden.

Dieses abgeschiedene Naturschutzgebiet ist beliebt zur kühleren Jahreszeit bei Bootsfahrern, Anglern sowie Ornithologen. Zugvögel legen dort gerne eine Rast ein; www.parks.ca.gov/?page_id=641.

Valley of the Names

Den aktuellen Straßenzustand erfragt man am besten vorab beim *Bureau of Land Management* in Yuma; 7341 East 30th Street; © (928) 317-3200. Von den Rangern erhält man auch Karten und Infos zum ***Valley of the Names***, das sich ein paar Kilometer westlich der *Picacho Road* erstreckt (4WD erforderlich). Anderswo verpönt, ist es dort Kult geworden, sich in der Landschaft namentlich zu verewigen. Seit über 60 Jahren platzieren Besucher sorgfältig ihre Steinchen auf den ariden Hügel und sorgten für mittlerweile Zehntausende von Schriftzügen. Man erkennt sie sogar auf *Google Earth*!

Yuma

Jenseits der Grenze wartet **Yuma**, die bereits 1540 von den Spaniern gegründete, heute drittgrößte Stadt Arizonas (knapp 95.000 Einwohner). Zu zweifelhaftem Ruhm verhalf ihr der »ausbruchsichere« Knast für Schwerverbrecher aus ganz Arizona, der zwar nur 33 Jahre in Betrieb war (1876-1909), aber dank vieler Western-Filme nicht in Vergessenheit geriet.

Territorial Prison

Für durchreisende Touristen ist die ***Yuma Territorial Prison State Historic Park*** auch die einzige wirklich nennenswerte Sehenswürdigkeit der Stadt. Das Gefängnis liegt am Ende der Prison Hill Road und ist verbunden mit den Uferparks am Colorado River (von der I-8 Ausfahrt #1). Geöffnet Oktober-Mai täglich 9-17 Uhr, Juni-September nur Do-Mo; Eintritt $8/$4; www.yumaprison.org.

Winterziel

Yuma bezeichnet sich gerne als die »**sonnigste Stadt der USA**«. Auch wegen des Verkehrs auf der I-8 und dank des Wassers des Colorado River überlebte sie in dieser extrem abgeschiedenen Ecke in enger Nachbarschaft zu Mexiko. Neben der Agrarproduktion spielen heute Wintertourismus und eine Handvoll – mäßig attraktiver – **Spielkasinos** eine wichtige wirtschaftliche Rolle.

Beim Bau des Hochsicherheits-«Knasts« in Yuma mussten 1875 auch Gefangene helfen und damit teilweise ihre eigenen Zellen errichten

Auf der Ostseite der In-Ko-Pah Mountains steht der Desert View Aussichtsturm

Die auffallend vielen *RV Parks* und großen *Mobile Home-Resorts* in Yuma sind speziell von weniger betuchten ***Snowbirds*** belegt, in erster Linie Rentner, die im Winterhalbjahr die Wärme suchen, denen aber die Ortschaften rund um Palm Springs oder die Großräume Phoenix und Tucson zu kostspielig sind.

Übernachten

Nur zwei der RV-Parks liegen zentrumsnah am Fluss: am Nordufer der ***River's Edge Park*** (www.riversedgervresort.com) und auf der Südseite der ***Riverfront RV Park***. Beide eignen sich eher »zur Not«. Über diesen und anderen Plätzen liegt zudem ein Lärmteppich von der nahen I-8 und den endlosen Güterzügen.

Yuma hat dafür relativ günstige Übernachtungstarife: das Gros der H/Motels (überwiegend bekannte Ketten) findet man östlich der I-8 beim *Exit* 2. Einfache Motels stehen außerdem an der 4th Ave South südlich der 16th Street (#95); *Exit* 2 von der I-8 nach Westen.

Exkurs: Straße #95 von Yuma nach Norden

Die über Las Vegas bis Kanada laufende Straße #95 passiert zunächst nordöstlich von Yuma die Zufahrt zu einer kleinen Militärausstellung. Rund 20 mi vom *Exit* 2 der I-8 entfernt zweigt die East Imperial Dam Road zu den ***Yuma Proving Grounds*** von der #95 ab. Dort warten frei zugängliche Raketen, Haubitzen und Panzer in vielen Varianten und mit ausführlichen Erläuterungen auf interessierte Besucher, ein *Cobra*-Kampfhubschrauber noch eine halbe Meile weiter.

Zurück auf der #95 sind es noch 11 mi bis zum Abzweig zur Geisterstadt ***Castle Dome City*** mit zwei Dutzend von Wind und Wetter gezeichneten, aber liebevoll restaurierten Strukturen. Sie vermittelt einen Eindruck von den Entbehrungen der dort früher lebenden Minenarbeiter, eine Art Bodie (➤ Seite 286) in Klein vor einer besonders malerischen Kulisse. Zufahrt ab Meile 55 (2 mi asphaltiert, ca. 7,5 mi Schotter, nicht mit RVs!); geöffnet täglich Nov-April 10-17 Uhr und Oktober nur Di-So; $10/$5; © (928) 920-3062, www.castledomemuseum.org.

Weiter nördlich läuft die #95 entlang der ***Kofa Mountains Wildlife Refuge*** mit Wanderwegen in die raue Wildnis sowie etlichen Schotter- und 4WD-Pisten.

Mit **Quartzsite** nördlich der I-10 erreicht die #95 ein weiteres beliebtes *Snowbird*-Quartier. Tausende Campmobilisten überwintern dort alljährlich in der Wüste.

El Centro

Von Yuma sind es 170 mi zurück zum Ausgangspunkt der Rundfahrt San Diego, wobei **El Centro** der einzig nennenswerte größere Ort an der Autobahn ist. Die dort moderat gepreisten Unterkünfte gruppieren sich rund um die I-8-Abfahrten 115 und 114 sowie etwas nördlich an der Ecke North 4th Street/#86.

Desert View Tower

Sobald die I-8 westlich von Ocotillo langsam die Bergketten vor San Diego erklimmt, bietet sich ein kurzer Zwischenstopp beim ***Desert View Tower*** an (*Exit* 77 und dann der Ausschilderung »*In-Ko-Pah Park Road*« folgen). Vom Turm aus den 1920er-Jahren auf 910 m Höhe überblickt man zerklüftete Felsformationen und die Ebenen weiter östlich. Für Kinder gedacht ist der dazugehörige ***Boulder Park*** mit zahlreichen aus Granitstein gehauenen Gesichtern, Tieren und Fabelwesen. Eintritt: $6,50/$3,50; geöffnet täglich ab 8.30 bis zur Dämmerung; www.desertviewtower.com.

Wem bei der Anfahrt zum *Desert View Tower* Außerirdische oder fliegende Untertassen begegnen, sollte sich nicht wundern. Denn dort befindet sich auch eine **Reparaturwerkstatt für *Flying Saucers***. Die UFOs kommen beim *Burning Man Festival* oder ähnlichen Veranstaltungen zum Einsatz.

Jacumba Hot Springs

Über die nächste Autobahnausfahrt und den *Old Hwy* #80 erreicht man Jacumba Hot Springs unmittelbar an der Grenze zu Mexiko. Dort warten im ***Jacumba Hot Springs Spa & Resort*** heiße Mineralquellen (Eintritt $25), Zimmer ($99-$129) sowie ein Restaurant mit Bar auf Gäste; © (619) 766-4333, www.jacumbaresort.com.

weiter nach San Diego

Folgt man von Jacumba zunächst weiter dem *Old Hwy #80* in Richtung Westen, erreicht man nach ca. 8 mi die Auf-/Abfahrt 65 der I-8. Von dort sind es noch rund 60 mi bis San Diego.

An dieser Stelle sei noch einmal auf den *Green Valley Campground* im ***Cuyamaca Rancho State Park*** hingewiesen (an der #79 ca. 7 mi von der I-8, *Exit* 40) sowie auf das ***Viejas Outlet Center*** bei den *Exits* 33 bzw. 36 (➤ Seite 490).

Südkalifornien macht es möglich: Eislaufen in kurzer Hose oder T-Shirt zur Weihnachtszeit beim Viejas Outlet Center

2

TO
LAS VE
NEVAD

3
Las Vegas und Umgebung

3

Las Vegas und Umgebung

3.1 Las Vegas

Las Vegas im Südostzipfel von Nevada liegt in einer vegetationsarmen, flachen **Wüstenlandschaft** 600 m über NN. Im Osten der Stadt erstreckt sich der durch den Colorado River gebildete riesige Stausee ***Lake Mead***, im Westen erheben sich Gebirgsformationen bis 3.600 m Höhe, in denen im Winter sogar Ski gelaufen wird.

Auch wer keine besondere Lust verspürt, *Slot Machines* zu füttern, bei Black Jack oder Roulette auf den großen Dollarsegen zu hoffen oder sich ins pralle Nachtleben voller Shows und Discos zu stürzen, sollte mindestens zwei Tage und zwei Abende für Las Vegas einplanen. Denn einen Besuch wert ist die Wüstenstadt allemal, gleich wie am Ende das eigene Urteil ausfällt.

3.1.1 Allgemeine Informationen

Geschichte

Las Vegas, entstanden um eine Oase an einem der *Immigration Trails* von Osten nach Kalifornien, war bis Beginn der 1930er-Jahre nur ein kleines Mormonenstädtchen mit Bahnstation an der Strecke Los Angeles–Salt Lake City. Als im Jahr **1931** in Nevada die **Aufhebung des** sonst landesweit geltenden **Glücksspielverbots** beschlossen wurde, begannen zufällig auch die Arbeiten für den Bau des ***Hoover Dam***. Scharen von Arbeitskräften strömten in die Las Vegas-Region und kamen gerade recht, um an den Segnungen der liberalisierten Gesetzgebung zu partizipieren. Kein Wunder, dass dort die Kasinos besonders schnell aus dem Wüstensand wuchsen und – kaum vorhanden – mehr Spieler anzogen als jede andere Stadt. Die Fertigstellung der *Hoover*-Kraftwerke sorgte zudem für preiswerten elektrischen Strom, Voraussetzung für den Betrieb der stromfressenden Klimaanlagen, Leuchtreklamen, Fassaden und Spielsäle.

Las Vegas hat heute über 640.000 Einwohner. Hinzu kommen fast 1 Mio in Vororten in scheinbar endloser Ausdehnung rund um die Stadt. Zusammen mit den mit Las Vegas bereits verbundenen Städten Henderson, North Las Vegas und dem kleineren Boulder City leben im Großraum (*Clark County*) über 2 Mio Menschen.

Wachstum, bis die Krise kam

Nach Dekaden der ununterbrochenen Expansion sorgte die globale Wirtschaftskrise 2008-11 erstmalig nach dem 2. Weltkrieg für einen Rückgang der Besucherzahlen. Und das, obwohl selbst in jenen Jahren neue Kasinos entstanden und bekannte Anlagen mit immer größeren Hoteltrakten, Show- und Amusementkomplexen der Superlative expandierten. So hatte das *Venetian* sein ***Hotel Palazzo*** um 50 zusätzliche Etagen für 3.000 (!) Luxussuiten aufgestockt, und das ***CityCenter*** mit über 6.000 Zimmern wurde erst Ende 2009 eingeweiht (➤ Seite 542). Gleich daneben stehen die Türme des 2011 fertiggestellten ***Cosmopolitan Resort***, eines Luxustempels

Der ganz normale tägliche Wahnsinn beim Schild »Welcome to Fabulous Las Vegas« am Las Vegas Boulevard südlich des Kasinos Mandalay Bay: Besucher aus aller Welt bilden dort häufig Warteschlangen für ein (Gruppen-)Selfie

mit Südseestrand. Damit erhöhte sich schon bis 2013 die Zahl der Hotelzimmer in Las Vegas auf über 150.000. Die durchschnittlichen Übernachtungspreise (2007: $132) sanken in den Krisenjahren zunächst deutlich (2010: $95), zogen aber bereits seit 2011 wieder an. Heute zahlt man für die Zimmer und Suiten im Schnitt $129 pro Nacht ($139 am *Strip* und $86 in *Downtown*).

Besucherzahlen

Die neuen oder noch im Bau befindlichen Komplexe wurden in einer Zeit geplant, in der man glaubte, dass zusätzliche Kapazitäten automatisch mehr Gäste generieren würden. Denn deren Zahl stieg jahrelang. Waren es 2004 noch 36 Mio, zählte man 2006 schon fast 39 Mio. 2007 stagnierte der gewohnte Zuwachs, aber man erreichte mit 39,2 Mio dennoch die bis dato höchste Besucherzahl. 2008/09 fiel diese zurück auf den Stand von 2004. Seit 2010 steigt sie nun aber erneut, **überschritt 2014 die 40-Mio- und 2017 die 42-Mio-Marke**. Die sich schon früher abzeichnende Wasserknappheit und Engpässe bei der Stromversorgung (➤ Seite 583) schweben daher wieder wie ein Damoklesschwert über *Sin City*.

Zwar sind die Besucher zurück, aber sie wurden sparsamer und die Umsätze der Kasinos sanken dramatisch. Dem Einbruch folgten Insolvenzen und Stellenabbau auch außerhalb der Glücksspielindustrie bei nachgeordneten von ihr abhängigen Lieferanten und Dienstleistern. In den vergangenen Jahren hat sich daran kaum etwas geändert. Näheres zu den Folgen an den Glitzermeilen des *Las Vegas Strip* im ➤ Kasten auf Seite 556.

Die Immobilienblase von 2007 bis 2017

Ähnlich wie die Kasinos war auch die Bauindustrie auf Wachstum programmiert. Wohnhäuser von der Stange wurden geplant und in die Wüste gesetzt, ohne dass Käufer in Sicht waren. Die kamen früher automatisch und sorgten über Jahre für sagenhafte Preissteigerungen. Als 2007 die Immobilienblase platzte, reduzierte sich die Nachfrage dramatisch mit der Folge hoher Leerstände. Zugleich kamen massenhaft Altimmobilien klammer Eigner auf den Markt, die – speziell in Las Vegas – bis zu 100% fremdfinanziert worden waren. Gefährlich, denn wenn der vermutete Marktwert einer Immobilie unter die Restschuld sinkt, verlangen die Hypobanken in den USA einen entsprechenden Schuldenabbau, und zwar kurzfristig. Wer dazu nicht in der Lage war, gab den Schlüssel der Bank und suchte das Weite, ohne auf die Zwangsvollstreckung (***Foreclosure***) zu warten. In Anbetracht weiter sinkender Preise versuchten die Banken seinerzeit, die ihnen derart »zugefallenen« Objekte so schnell wie möglich wieder loszuschlagen. Das beschleunigte den Preisverfall weiter. Die Situation hat sich in den USA zwischenzeitlich zwar beruhigt, jedoch regional sehr unterschiedlich. In Las Vegas stiegen nach dem Tiefstand 2012 die Immobilienwerte, blieben aber im Schnitt bis 2017 noch deutlich unter Vorkrisenniveau.

Klima

Nahezu unerträgliche Hitze über 40°C ist in Las Vegas zwischen Juni und Mitte September keine Seltenheit. Wegen der geringen Luftfeuchte lassen sich Temperaturen bis 30°C aber noch gut aushalten. Abends bleibt es aufgrund der aufgeheizten Asphalt- und Betonflächen, aber auch wegen der Abluft aus unzähligen Klimaanlagen in Las Vegas erheblich wärmer als außerhalb. Die Wochen ab ca. Ende Juli bis Mitte September gelten als ***Monsoon Season*** mit aus heftigen Schauern resultierenden *Flash Floods*, Starkwinden und sogar Hagel. Frühjahr (April und Mai) und Herbst (Oktober und November) sind klimatisch am angenehmsten.

In den kühleren Monaten **Dezember bis April herrscht am meisten Betrieb**. Absolute Hochsaison sind die Weihnachtstage bis Neujahr und Ostern. Da die Wüste von Nevada im Durchschnitt kaum mehr als 10 cm Niederschlag jährlich erhält, stehen an windigen Tagen mitunter riesige Sandwolken über der Stadt.

Einen Großteil des Jahres erlauben die angenehmen Abendtemperaturen in Las Vegas Open-air-Bustouren über den Strip sogar bei Nacht.

Überblick und Orientierung

Freeways

Durch Las Vegas läuft in Nord-Süd-Richtung die im Stadtbereich extrem belastete *Interstate* #15 (LA–Salt Lake City). Nördlich des Zentrums kreuzt die Autobahn #95/I-515 die I-15. In südliche Richtung führt sie nach Boulder City und an den Lake Mead. In Henderson, südöstlich von Las Vegas, zweigt die I-215 von der I-515 ab, überquert unterhalb des *Airports* den Las Vegas Blvd samt I-15 und bildet eine weit nach Westen ausholende Umgehungsstraße, über die man 8 mi nördlich des Zentrums wieder auf die I-15 stößt.

Zentrum und »Strip«

Innerhalb des Dreiecks (I-15/ I-515/Boulder Hwy), das nach unten durch die Tropicana Ave und den Airport begrenzt wird, befindet sich der Kernbereich von Las Vegas mit dem alten Zentrum um die Fremont Street (= verlängerter Boulder Highway) und dem Las Vegas Blvd, besser bekannt unter der Bezeichnung ***Las Vegas Strip***. Der verläuft **parallel zur *Interstate* #15** und ist nicht zu verfehlen, speziell nicht bei Nacht dank gleißender Helligkeit auf 3 mi Länge. Die »*Action*« konzentriert sich vor allem darauf.

Attraktionen

Die Kasinos in ***Downtown*** unter der ca. 300 m langen Überdachung der Fremont Street sind zwar mit ihrer lückenlosen Ballung von Leuchtreklamen und sehenswerten ***Lasershows*** nachts zweifellos ein prima Motiv für die Kamera und auch die Revitalisierungsmaßnahmen (➢ Kasten zu »*Oscar Goodman*«, Seite 568) können sich sehen lassen, aber **mehr los ist am Las Vegas Blvd weiter südlich**. Dort befinden sich mit Ausnahme von ***SlotZilla*** (➢ Seite 569) alle echten Attraktionen der Stadt und besonders die in den letzten Jahren neu entstandenen bzw. ausgebauten Paläste mit Resortcharakter, die Hotelluxus samt Gastronomie, Glücksspiel, Shows, Disco, Shopping u.a.m unter einem Dach bieten.

Kriminalität

Gewaltkriminalität ist in Vegas im Gegensatz zu manch anderer US-City normalerweise kein Problem, zumindest nicht für Touristen. Überfälle, Mord und Totschlag würden die Millionen fernhalten, ohne die die Stadt nicht existieren kann. Es ist dennoch keine schlechte Idee, die Brief-/Handtasche gut im Auge zu behalten und schäbig wirkende Bereiche wie z.B. den Las Vegas Blvd **zwischen *Stratosphere Tower* und Fremont Street** bei Dunkelheit zu meiden. Weiter südlich gibt es dagegen etwa ab dem Elvis Presley Blvd (Höhe *Circus Circus*) selbst nachts keine Probleme.

Massaker im Oktober 2017

Im Oktober 2017 kam es am Südende der Kasinomeile bekanntlich zu einem Massaker, bei dem 59 Menschen starben und über 500 verletzt wurden. Der Amokläufer hatte mehrere automatische Gewehre in eine Suite im 32. Stock des *Mandalay Bay Resort* verbracht und die Gäste eines Musikfestivals auf der anderen Seite des Las Vegas Blvd von dort mit Dauerfeuer belegt.

Information und Besuchsplanung

Vorüberlegungen

In Las Vegas kommt ohne weiteres ohne Vorinformation aus, wer sich einfach am *Strip* »treiben« lässt. Aber mehr vom Besuch hat man mit einer **Karte in der Tasche**, in der alle **Kasinokomplexe** aktuell verzeichnet sind, und einer Vorstellung davon, was einen wo erwartet. Nur so kann man bei begrenzter Zeit das Beste aus seinem Aufenthalt machen. Ohnedem besteht die Gefahr, mit weniger spannenden Attraktionen Stunden zu »vertändeln«, die später fehlen. Unabdingbar für eine aktuelle Vorinformation und grobe Besuchsplanung mit Prioritäten, was man unbedingt sehen/machen möchte, ist – neben diesem Buch – der Blick ins **Internet**.

Internetportale

Gerade für Las Vegas gibt es **jede Menge Internet-Portale**, darunter auch **deutschsprachige Websites**. Aktuelle Informationen über fast alles und jedes wie auch zur Buchung (Shows, Hotels, Flüge und mehr) liefern u.a. folgende Webadressen:

www.vegas-online.de, www.vegas4you.de, www.lasvegas-city.de, www.smartervegas.com, www.lvcva.com oder downtown.vegas.

»Kunst am Bau« findet sich in Las Vegas überall. Sogar in der Parkgarage des Kasinos Cosmopolitan erfreuen Murals bekannter Spraykünstler das Auge der Besucher

- Informativ und originell ist die offizielle Seite der ***Las Vegas Convention and Visitors Authority***: www.lasvegas.com mit digitalem Las Vegas-Prospekt zum Blättern.
- **Die deutschsprachige Version der Website ist** www.visitlasvegas.com/de, aber nicht ganz dasselbe und auch wegen des geringeren Umfangs nicht so gut wie das Original.
- Mit diversen Schnäppchen lockt das Portal: www.vegas.com/deals.

Shows vorab online buchen

Insbesondere, wer die eine oder andere Show besuchen möchte, sollte sich im Vorfeld zu Hause im Internet orientieren und ggf. zeitig online buchen. Für die besten Shows gibt es kurzfristig vor Ort oft keine Tickets mehr, und selbst wenn, dann bedeutet die Beschaffung häufig Stress: der Favorit ist ausverkauft, die Alternative vielleicht zu teuer oder unpassend mit den Zeiten, man muss anstehen, telefonieren u.a.m.

Wer seinen Aufenthalt in Las Vegas ohnehin übers **Reisebüro** in der Heimat bucht, kann seine favorisierten Shows ebenfalls auf diesem Weg reservieren lassen. Mehr zu den **Showtickets** und deren **Besorgung vor Ort** ➢ Seite 539.

Wifi

Wer sein auch in den USA internetfähiges Smartphone, iPad oder einen Laptop dabei hat, findet freie *Wifi*-Hot Spots nicht nur in allen Kasinos, Hotels und auf dem Campingplatz, sondern speziell in Las Vegas allerorten, z.B. in *Shopping Malls* und Lokalen.

Info Center

So der so, ganz ohne **Gedrucktes** kommt man selten aus. Und das gibt's am besten im offiziellen Büro der ***Visitor*** oder ***Tourist Information*** (*Convention and Visitors Authority,* ➢ oben)

- im ***Las Vegas Convention Center*** in der 3150 South Paradise Road, Mo-Fr 8-17.30 Uhr; © 1-877-847-4858

Neben einem LasVegas-**Stadtplan** sollte man sich mindestens eines der verschiedenen Info-Magazine besorgen, die alle aktuellen *Events* und Programme listen und meistens eine Karte vom *Strip* und mehr beinhalten, z.B.:

- ***Las Vegas Magazine*** (www.lasvegasmagazine.com)
- ***24/7 Magazine*** (www.247vegas.com)
- ***What's on in Las Vegas*** (www.whats-on.com)
- ***Scene Vegas*** (www.vegasscenemagazine.com).

Sie liegen auch in den Foyers der meisten Hotels, bei den Autovermietern und in *Fast Food Places* wie *McDonald's* aus.

Unterwegs im Untergrund

Trotz groß angelegter enger Abriegelung blieb vor einigen Jahren der Täter in einem Mordfall wie vom Erdboden verschluckt. Erst Wochen später kam heraus: Er war in die Entwässerungskanäle von Las Vegas entwischt und konnte sich so beinahe 5 km vom Tatort entfernen.

Was kaum jemand weiß: LasVegas verfügt über ein unterirdisches Tunnelnetz von 480 km Länge. Es schützt die in einem weiten Talbecken angelegte Stadt vor Überflutungen bei starkem Regen. Auch in Trockenzeiten sorgen Sprinkleranlagen und Abwässer der Kasinos für einen stetigen Wasserfluss. Dennoch leben in diesem Entwässerungsuntergrund mehrere hundert Menschen, Aussteiger, Obdachlose, Prostituierte, Drogen- und Spielsüchtige. Es gibt dort regelrechte Camps, wo bis zu ein Dutzend Personen quasi Wohngemeinschaften bilden. Einige Bewohner gehen sogar einer regulären Arbeit nach und bewältigen größere Entfernungen *underground* per Fahrrad. Auch Künstler zieht es ab und an hinunter in die kühlen Katakomben; Graffities auf den Betonwänden verraten es.

Interessant ist die Lage einiger Kanäle des Systems: so führt einer unter *Caesars Palace* hindurch bis in das *LINQ*-Kasino; ein anderer endet ausgerechnet nahe an der Start- und Landebahn auf dem Gelände des *International Airport*. Ob das dem sonst so nervösen *Department of Homeland Security* klar ist? Logisch aber erscheint, dass der Einstieg in das Tunnelsystem schon aus Sicherheitsgründen an sich illegal ist, Bewohner ausgenommen?

Weitgehend konstante 20°C machen das Leben im Untergrund zwar klimatisch erträglich, aber letztlich offenbart das Schicksal der Menschen dort auf krasse Weise die elende Kehrseite der Stadt jenseits von Glitzer und Glamour.

Viele weitere Details zum unterirdischen Las Vegas finden sich im ungewöhnlichen Buch von *Matt O'Brien* »***Beneath the Neon***« (2007), www.beneaththeneon.com. Ebenfalls empfehlenswert ist auch *O'Briens* zweites Buch »***My Week at the Blue Angel***« (2010) voller Kurzgeschichten über Orte abseits ausgetretener Pfade. Eine eindrucksvolle Bilderserie über *Underground* Las Vegas gibt's unter www.flickr.com/photos/dannymollohanphotography/sets/72157594389196166.

Las Vegas Boulevard, der »Strip«, die sechsspurige Hauptverkehrsader von Sin City ist nicht selten total verstopft, vor allem zur allabendlichen »Rush Hour«

Transport & Sightseeing

Selbst fahren und parken

Wer per Mietwagen nach Las Vegas kommt, hat kein Transportproblem, auch Parkplätze und Parkhäuser sind reichlich vorhanden. Logiergäste der Hotelkasinos am *Strip* lassen ihr Fahrzeug am besten im Parkhaus bzw. auf dem Parkplatz der Unterkunft stehen. *Self-Parking* ist allerdings seit 2016 bei den meisten *Strip*-Kasinos nicht mehr kostenfrei (➢ Tipps im Kasten Seite 533), bei *Valet Parking* sind zusätzliche $2-$3 *Tip* bei Abgabe und neuerlicher Übernahme fällig.

Mit einem **Campmobil** größer als *Van Camper* sollte man sich nicht unbedingt in den dichten Verkehr am *Strip* stürzen. Wer schrammenfrei durchkommt, hat es mit RV obendrein schwerer beim Parken. Denn RVs passen nicht in die stripnahen Parkhäuser, sondern nur auf die **Plätze für *Oversized Vehicles***, die immer ein ganzes Stück zurück liegen und daher viel Lauferei bedingen.

Ab Airport

Vom ***McCarran Int'l Airport*** kann man per ***Shuttle Bus*** zum ***Strip*** (ab $7) und nach ***Downtown*** fahren (ab $16) oder man wartet auf die **Busse #108** bzw. **#109** des ***RTC***, ➢ unten.

Das **Taxi** ist zu zweit nicht viel teurer: zum südlichen Ende des Las Vegas Blvd (*Mandalay Bay/MGM/Luxor/Excalibur*) ca. $13-$17, in den zentralen Bereich (*CityCenter/Cosmopolitan/Paris/Bellagio/Caesar's/Mirage*) ca. $20, zum *Stratosphere Tower* ca. $25 und nach *Downtown* ab $30, jeweils plus 15% *Tip*.

Mit ***Uber/Lyft*** lassen sich 30%-40% einsparen (Terminal 1, *Parking Garage, 2M*-Ebene; Terminal 3, *Parking Garage, Valet*-Ebene).

Öffentlicher Nahverkehr

Für den öffentlichen Nahverkehr ist ***RTC*** zuständig. Die Vorortlinien kosten einheitlich $2 pro Strecke. Den **Las Vegas Boulevard** 'rauf und 'runter fahren die **Busse *Deuce*** (alle 15-20 min rund um die Uhr) und der ***Strip & Downtown Express SDX*** (➤ Foto Seite 98) mit weniger Haltestellen am *Strip* (alle 15 min 9-24 Uhr).

Deuce und SDX-Busse

Beide Busse verkaufen **keine Einzelfahrttickets**, für sie gibt es nur noch ***All Access*-Pässe** für 2-Stunden (**$6**), 24 Stunden (**$8**) oder 3 Tage (**$20**) bzw. 30 Tage (**$65**). Sie gelten für den *Strip & Downtown Express* und den Doppeldeckerbus *Deuce* sowie für alle *RTC*-Vorortlinien. Tickets kauft man an ***TVMs*** (***T**icket **V**ending **M**achines* am Las Vegas Blvd oder in den großen Kasinohotels), alternativ über die ***rideRTC Smartphone App***. Nur die ***Deuce***-Doppeldeckerbussen haben ***Onboard Fareboxes***; Infos: ✆ 1-800-228-3911, www.rtcsnv.com/touristms/index.html.

Monorail

Eine **Monorailbahn** fährt vom ***MGM Grand*** bis hinauf zur ***Sahara Ave*** (unweit ***Stratosphere Tower***) teilweise in großem (!) Abstand zum *Strip*; täglich 7-2 Uhr alle 4-9 min (Fr-So bis 3 Uhr, Mo nur bis 24 Uhr); $5, Tagespässe $12; www.lvmonorail.com. Neueste Pläne sehen vor, die Monorail an den *Airport* anzuschließen.

Gratis Trams

Drei weitere separate Hochbahnen verbinden **gratis**:

- *Excalibur – Luxor – Mandalay Bay*
- *Mirage* und *Treasure Island Casino*
- *Bellagio* via *City Center* mit dem *Park MGM*.

Stadtrundfahrten

Die ***Big Bus Tours*** bieten eine kommentierte *Hop-on-Hop-Off*-Rundschleife entlang der *Strip*- und/oder *Downtown*-Sehenswürdigkeiten ($47/$38). Bei Sitzplatz im offenen Oberdeck ist die 3-Std *Night Tour* durch die Neonpracht der Stadt eine tolle Sache ($41/$27, ab *Circus Circus* 19 Uhr, ab *High Roller* 19 Uhr oder ab *Excalibur* 19.30 Uhr); Kombitickets unter: www.bigbustours.com.

Per Pedes Zum Kennenlernen kann man aber den zentralen Bereich des *Strip* bei durchschnittlicher Kondition gut zu Fuß ablaufen, sofern es nicht zu heiß ist: **Desert Inn Road** (ggf. auch schon ab **Elvis Presley Blvd**, also ab *Wynn* bzw. *Circus Circus*) bis **Tropicana Ave** (*MGM/NewYork/Excalibur*, von dort bis *Mandalay Bay* besser die Bahn).

Thrill-Adventures

SPEEDVEGAS Etwa 20 km südlich von Las Vegas an der I-15 (*Exit* 25) geht's nach einer Einführung zur Sicherheit, Fahrzeugbedienung und Streckenführung in einem Supersportwagen nach Wahl (*Ferrari 458 Italia, Lamborghini Gallardo LP 550-2* oder *Mercedes AMG GT-S*) über die 2,5 km lange Rennstrecke ***SPEEDVEGAS*** mit 12 Kurven. Der Preis (ab $250/5 Runden) liegt durchaus im amerikanischen Rahmen für derartige »Abenteuer«; www.speedvegas.com.

Las Vegas von oben Ebenfalls ein recht kurzes Vergnügen sind **Helikopterrundflüge**. Für $99 wird man mit der Stretchlimousine vom Hotel abgeholt und schwebt dann 12 min lang über dem nächtlichen Las Vegas; www.sundancehelicopters.com/tours/lasvegas.

Skydiving Südlich der Stadt wird ab Boulder City ***Skydiving*** angeboten (Tandem-Sprung ab $250 inkl. Abholung am *Strip*; www.skydivelasvegas.com). ***Indoor* »fliegen«** kann man beim ***Convention Center*** unweit des *Wynn* Kasinos (www.vegasindoorskydiving.com).

Top Gun Experience Mit der ***Top Gun Experience*** bucht man den ultimativen Nervenkitzel. Vom Hangar am *Henderson Airport* (1420 Jet Stream Drive) geht es mit 400 km/h in Richtung Wüste für Kunstflugmanöver. Nach einer Vorab-Demonstration ist der Teilnehmer selbst dran, nur per Funk mit dem (dahinter sitzenden) Piloten verbunden; 2,5 Stunden $699; auch weitere Flugpakete; www.skycombatace.com.

Battlefield Vegas Selbst nach dem Vegas-Massaker im Oktober 2017 hieß es schnell wieder »*Business as usual*« auf der ***Ultimate Shooting Range*** an der 2771 Industrial Road mit kostenloser Abholung im Hotel (am *Strip* oder in der Fremont Street). Ganztägig 8.30-19.30 Uhr dürfen Gäste dort mit den unterschiedlichsten Waffen herumballern, darunter viele vollautomatische und bereits in Kriegen eingesetzte. Sogar Kindern ab 10 (!) Jahren ist das erlaubt, wiewohl bis 14 Jahren nicht mit allen Waffen; www.battlefieldvegas.com.

Im »Humvee« oder anderen Militär-Fahrzeugen werden die Gäste vom Kasinohotel abgeholt und zum »Schlachtfeld« an der Industrial Road chauffiert.

Allein das MGM Grand Casino verfügt heute inkl. Signature Towers über 6.500 Zimmer und Suiten.

Unterkunft

Las Vegas verfügt über enorme 150.000 Hotelzimmer, da aber zu den üblichen Besucherscharen auch noch über 5 Mio Kongressteilnehmer jährlich kommen, wird selbst diese Kapazität schon mal knapp. Generell sind an Wochenenden Zimmer durchweg erheblich teurer als ab Sonntag bis Donnerstag Abend und in den populäreren Kasinos dann häufig sogar ausgebucht.

Unterkünfte sind grundsätzlich wie folgt zu unterscheiden:

Tarife Kasinohotels

Die **Kasinos** sind zwar daran interessiert, Spieler übers Hotel ins Haus zu locken. Aber das bringt in den attraktiveren Kasinopalästen durchaus keine Niedrigpreise für die Übernachtung mit sich, doch bei Nutzung bestimmter Termine ist dort das Preis-/Leistungsverhältnis sehr o.k. Richtig billige Betten um $30 gibt's nur in kaum bekannten, eher veralteten Kasinos, speziell im Bereich *Downtown*. Auch in Kasinos abseits des *Strip* kommt man oft erstaunlich günstig unter, insbesondere bei **Internetbuchung**. Außerhalb kurzer Perioden in der Wintersaison und ohne Großkongress in der Stadt kosten dann selbst Zimmer in Häusern wie ***Luxor***, ***Mirage*** oder ***Stratosphere Tower*** nur um die $50-$70 (zzgl. *Resort Fee*, ➤ Kasten rechts). Manchmal sind kurzfristige Buchungen sogar preiswerter als längerfristige Vorabreservierung.

Hier eine **Auswahl beliebter Kasinohotels am *Strip***, die generell für die Nächte **So-Do** günstige Tarife bieten:

- ***Circus Circus,*** © (702) 734-0410, © 1-800-634-3450
- ***Excalibur,*** © (702) 597-7777, © 1-877-750-5464
- ***Luxor,*** © (702) 262-4000, © 1-877-386-4658
- ***MGM Grand,*** © (702) 891-1111, © 1-877-880-0880
- ***Mirage,*** © (702) 791-7444, © 1-800-374-9000
- ***NewYork, New York,*** © 1-800-689-1797, © 1-866-815-4365.
- ***Treasure Island,*** © (702) 894-7111, © 1-800-944-7444

Freitag und Samstag verdoppeln bis verdreifachen sich üblicherweise die So-Do geltenden Tarife. Hinzu kommen ***Hotel Taxes* in Höhe von 13,38%** (*Strip*) bzw. **13%** (*Downtown*) und mittlerweile in den allermeisten Kasinos noch die sog. ***Resort Fees*** sowie Parkplatzgebühren, ➤ Kasten unten.

»Normale« Hotels

Zahlreiche Hotels ohne Kasinobezug liegen preislich innerhalb ihres auch sonst üblichen Rahmens, passen aber die Effektivpreise der jeweiligen Buchungssituation flexibel an. **Preiswerte Motels der Einfachkategorie** gibt es vor allem am Südende des *Strip* und zwischen Sahara Ave und *Downtown*. Die sollte man aber nur nach persönlicher Inaugenscheinnahme der Zimmer buchen!

Das ***Ellis Island Casino*** an der 4178 Koval Lane (nur einen Block hinter den Kasinos *Bally's* und *Paris*) gehört zur Motelkette *Super 8* und hat einfache Zimmer zu moderaten Preisen auch an Wochenenden (ggf. mit *Coupon*, ➤ Seite 108). Eine hauseigene **Minibrauerei** und ein preiswertes Restaurant sind ebenfalls vorhanden; ✆ (702) 794-0888, www.ellisislandcasino.com.

Jugendherbergen

Östlich von *Downtown* 1322 Fremont Street liegt das ***Las Vegas Hostel*** in einem ehemaligen Motel mit Pool, Klimaanlagen, *Wifi* etc. Das Bett kostet saison-/ tagesabhängig ab $14, DZ ab $65 (Online günstiger); ✆ (702) 385-1150; www.lasvegashostel.net.

Etwa 1 mi weiter südlich steht das ***SinCity Hostel*** (1208 South Las Vegas Blvd); gutes Leser-*Feedback*; Betten ab $21/Person; EZ/DZ ab $40; ✆ (702) 868-0222, www.sincityhostel.com.

Resort Fees und Parkgebühren

Seit einigen Jahren erheben Kasinohotels zusätzlich zum Zimmertarif eine sog. ***Resort Fee* ($8-$40 pro Tag)**, die der Finanzierung von zusätzlichen Serviceleistungen wie *Wifi*, Tageszeitung, *Fitness Center/Spa*, Flughafen-Shuttle, »Gratis«-Telefonaten etc. dienen soll. Unterkünfte ohne diese Gebühr sind rar geworden: www.lasvegasjaunt.com/las-vegas-resort-fees-2018-guide (Angaben ohne *tax*).

In Wahrheit haben die Hotels damit nur eine weitere (versteckte) Einnahmequelle für sich aufgetan. Dasselbe gilt für die **Parkplatzgebühren**, die neuerdings von vielen Häusern eingeführt wurden. Sie gelten auch für Hotelgäste und schlagen mit bis zu $15 pro Tag zu Buche. Für das *Valet Parking* durch Hotelpersonal muss man naturgemäß noch tiefer in die Tasche greifen. Immerhin sind Parkzeiten unter einer Stunde meist gebührenfrei.

Tipp: Am **zentralen *Strip*** gibt es nur wenige **Kasinos**, bei denen man derzeit (Stand: Anfang 2018) noch **kostenlos parken** kann, so im *Tropicana*, *Planet Hollywood*, *Treasure Island*, *Venetian* und *Palazzo* sowie – etwas weiter nördlich – in den Kasinos *Circus Circus*, *SLS* und *Stratosphere Tower*. Ihr Fahrzeug gebührenfrei abstellen dürfen auch Kunden der **Einkaufszentren** *Fashion Show Mall*, *Shops at Crystals* sowie *Shoppes at Mandalay Place*.

Weitere Infos: www.lasvegasjaunt.com/las-vegas-paid-parking-fees-2017-guide. Unter https://en.parkopedia.com/parking/las_vegas kann man sich außerdem einen Überblick über die Parkplätze am *Strip* (inkl. Kosten) verschaffen.

Clever unterkommen in Remodelled Rooms

Von Zeit zu Zeit renovieren die Kasinohotels gezwungenermaßen ihre Zimmer. Dabei wird in regelmäßigen Abständen immer nur ein Teil der Räume aufpoliert. Die bieten dem Gast besseren Komfort und kosten nicht unbedingt viel mehr als Zimmer, die noch nicht mit der Aufhübschung dran waren. Ende 2017 sah es in bekannten Resorts wie folgt aus:

Treasure Island*/DeLuxe Rooms*: Für diese Bezeichnung mit 37 m^2 nicht eben groß, dafür aber zahlreiche Extras: *Hightech*-Betten, 42-Zoll-Flachbildfernseher, Ganzraumfenster, Marmorbad, Zimmersafe, Radiowecker und kräftige *Wifi*-Signale.

Excalibur*/Royal Tower King*: *Pillow-Top*-Betten, 40-Zoll-Flachbildfernseher, modernere Bäder, Radiowecker, elektronischer Safe, Fön und Bügelbrett.

Mirage*/Resort Tower King*: *Pillow-Top*-Betten,42-Zoll-Flachbildfernseher, Badewanne und separate Duschzelle, private Aufzüge in den 24. und 25. Stock. In der »Stay Well«-Variante mit Wellness-Extras wie Raumluftreinigung und Duftstreuer.

Circus Circus*/West Tower Rooms*: Alle über 3700 Zimmer wurden komplett überholt: 32-Zoll-Flachbildfernseher, *Pillow-Top*-Betten, geschmackvolles Design, helle Farbtöne und *Wifi*. Ähnliche Ausstattung in den *Skyrise Tower Rooms*. Beide nahe *Adventuredome*, wenngleich zum zentralen Strip relativ weit. Sehr günstiges Preis-Leistungs-Verhältnis.

Cromwell*/DeLuxe Rooms*: Pariser Apartmentstil, dunkle Holzfußböden, dekorativ ornamentierte Wandtapete, gerahmter, raumhoher Spiegel, lila-violette Farbpalette, Duschzelle (keine Wanne) mit Mosaiken und aufgedruckten Sprüchen verkleidet. *Strip-View* für nur $13 Aufpreis.

Flamingo*/GO Rooms*: Jetzt mit technischen Raffinessen wie Stereoanlage, iPod-Andockstation, 42-Zoll-Flachbildfernseher, elektronische Vorhängen, Chaiselongue und Kühlschrank. Badezimmerwände aus Milchglas, Wanne sowie separate Dusche und in den Badezimmerspiegel integrierter Fernsehbildschirm. Hotelflure und Aufzüge ebenfalls im neuen Design.

Flamingo*/FAB Rooms*: Alle über 2000 Standardzimmer wurden auf einen zeitgemäßen Stand gebracht. Besser: *GO DeLuxe Rooms* für $10-$20 mehr.

MGM Grand*/Rooms & Suites*: Alle Zimmer und Suiten wurden aufgefrischt. **Tipp**: Die über 170 *Stay Well Rooms* bieten *Wellness Gimmicks*, darunter Lichtwecker und Vitamin-C-Duschen ($30 Aufpreis).

Bellagio*/Rooms*: In die 2500 Gästezimmer im Hauptturm wurden über $50 Mio gesteckt: Verbessertes Licht, 40-Zoll-Flachbildfernseher, *i-Home Docking-Station* und eine Zentralsteuerung für Elektronikgeräte, separate Badewanne und verglaste Duschzelle. **Tipp**: *Fountain View Rooms* im *Spa Tower* (15.-26. Stock; $30 extra).

Tropicana*/Rooms*: $120 Mio kostete die längst überfällige Auffrischung des Hotels: Rattan- und Bambusmöbel, Holzrolläden, neue Matratzen, 42-Zoll-Flachbildschirm. Von den *Sky Villa Suites* (20. Stock/*Paradise Tower*) hat man Top-Aussicht und Whirlpoolbadewanne für 2 Personen.

Ein bisschen weiter unten am 1236 Las Vegas Blvd in unübersehbarer Nachbarschaft zum *Stratosphere Tower* liegt das ***Hostel Cat*** mit knapp 20 Zimmern (Drehort des Films »*The Hangover*«, 2009); im Mehrbettzimmer ab $21/Person; Einzel-/Doppelzimmer ab $40; © (702) 380-6902, www.hostelcat.com.

Camping

RV Park Circus Circus

Der einzige *Campground* im *Strip*-Bereich ist der große und technisch komfortable ***RV Park at Circus Circus*** (Einfahrt über Las Vegas Blvd, dann Circus Circus Drive oder Industrial ROad). Die meisten Stellplätze sind nicht schön bzw. laut und liegen eng beinander auf einer riesigen Asphaltfläche (einer der besten ist die **#52** an einer kleinen Rasenfläche nahe der Einfahrt). Karte mal anschauen und dazu auf der Webseite den Link »*View Map*« anklicken. Wegen seiner Nähe zum *Strip* ist es der **optimale *Campground*** für einen Vegas-Besuch, vor allem spät abends, wenn zu den anderen Plätzen nur noch sporadisch – wenn überhaupt – *Shuttle*-Busse verkehren oder man wegen der großen Entfernung ein teures Taxi nehmen muss. Prima Sanitäranlagen, Schwimmbecken und Whirlpool; *full hook-up* $24-$89; Reservierung unter © 1-800-444-2472 bzw. www.circuscircus.com/en/hotel/rv-park.html.

RV Park beim Circus Circus

Folgende drei Plätze befinden sich in der Nähe des **Boulder Highway** auf Höhe Flamingo Road:

- ***KOA at Sam's Town***, 5225 Boulder Hwy, günstige RV-Tarife ab $25 für *full hook-up*; © 1-800-562-7270, www.koa.com.
- ***Arizona Charlie's***, 4575 Boulder Hwy (I-515/ #95/#93 *Exit* #70), Einheitstarif $32, Platz für gut 200 RVs; © 1-800-970-7280, www.arizonacharliesboulder.com/RV-Park
- ***Las Vegas RV Resort***, 3890 South Nellis Blvd, © 1-866-846-5432, gute Stellplätze, *full-hook-up* ab $32, www.lasvegasrvresort.com.

Das riesige ***Oasis RV Resort*** mit allen Schikanen samt Golfplatz und palmengesäumtem Pool liegt südlich des *Strip* an der 2711 West Windmill Lane (*Exit* 33 von der I-15); ab $47; © 1-800-566-4707; www.oasislasvegasrvresort.com.

Red Rocks

Etwa 20 mi vom *Strip* entfernt liegt ein einfacher ***Campground*** des *BLM* in der ***Red Rock Canyon National Conservation Area***, ➤ Seite 576. Wegen der höheren offenen Lage abends kühler als in der Stadt, aber im Sommer zu heiß, dann geschlossen; $15.

Lake Mead

Ebenfalls ruhig, aber mit viel schattigem Grün campt man am **Lake Mead** auf dem ***Boulder Beach Campground***; www.riverlakes.com/boulder_beach_campground.htm oder nebenan im ***RV Village***; www.lakemeadrvvillage.com. Weitere Details dazu ➤ auf Seite 583.

3.1.2 Kasinos und was dazu gehört

In den Kasinos

Achtung: Kinder/Jugendliche unter 21 haben offiziell keinen Zutritt!

Neben den Kasinos und den mit ihnen verbundenen Attraktionen findet man in Las Vegas nicht so ganz viel Sehenswertes. Glücksspiel, *Show* und *Entertainment* dominieren die Stadt. Spielen darf indessen erst, wer das 21. Lebensjahr vollendet hat. In den weitläufigen Spielhallen überwiegen ***Slot Machines*** (»einarmige Banditen«, wobei der »Arm« lange vom Druckschalter ersetzt ist). Außerdem werden ***Poker***, ***Blackjack*** (17 und 4) ***Keno*** (Zahlenlotto), ***Bingo, Baccarat*** und ***Roulette*** gespielt. Für die meisten undurchschaubar ist das Würfelspiel ***Craps*** an langen, wannenartigen Tischen mit einer Mannschaft von gleich **4 Croupiers**.

Für (erkennbar aktive!) Spieler sind die **Getränke gratis**, die Bedienung erwartet aber wenigstens $1 *Tip* bei jeder Order. »Nur-Zuschauer« warten vergeblich auf den Drink: »***You must be playing***!«

Einmal **im Inneren der Kasinos** wird man feststellen, dass sich die riesigen Spielsäle im Prinzip kaum voneinander unterscheiden, nur Architektur und Dekoration werden immer aufwendiger. Die ***Slot Machines*** dominieren jede Etage. ***Roulette, Black Jack*** und ***Craps*** sind überall identisch. Nur die Anordnung der **Pokertische** und der Stuhlreihen für ***Keno*** – eine Art Lotto mit laufenden Ziehungen und schlechten Chancen – und ***Bingo*** differiert. Kurz, für Spieler und Zaungäste ist es letztlich gleich, wo sie spielen bzw. anderen über die Schulter schauen.

Gutscheine/ Coupons

Manche Kasinos locken Besucher mit Gutscheinen für kostenlose Spielchips, Bier oder Cocktails für $1 und manches mehr in ihre Häuser. Preiswerte Mahlzeiten oder freie *Drinks* bekommt man oft auch ohne *Coupons*, und der mitunter gebotene Gratisgriff an spezielle *Slots* für Coupon-Inhaber lohnt selten das Anstehen.

Leibliches Wohl

Ob es nun ein *Steak Dinner* oder eher gesunde Kost von der *Salad Bar* sein soll, in Las Vegas ist das Sattwerden eines der geringsten Probleme. Werbehefte der *Tourist Information*, Leuchtreklamen und Handzettel weisen den Weg. Zahl- und variantenreich sind die ***Cafeterias*** und ***Food Courts*** in den Spielkasinos und Shopping Arkaden; von *McDonald's* bis zu schicken Bistros ist alles vertreten.

Buffets

Viele Kasinos werben mit überbordenden **Buffetmahlzeiten**. Bekannt für preiswerte ***All-you-can-eat*-Buffets** sind u.a. ***Excalibur*** und ***Golden Nugget***. Aber höhere Qualität bieten heute die Buffets im ***Cosmopolitan***, ***Bellagio***, ***Paris***, ***Mirage*** und ***Aria*** (*CityCenter*), kosten aber auch mehr. Exzellent, aber nicht ganz billig ist das ***Seafood Buffet*** im ***Rio*** an der Flamingo Road abseits des *Strip* unweit der I-15. Eine Gesamtübersicht der Las Vegas-*Buffets* liefert u.a. das Portal www.vegas-online.de/buffets.

Heiraten in Nevada

Das Gesetz verlangt, dass beide Partner mindestens 18 Jahre alt sein und dies durch eine ***Identification***, also bei USA-Besuchern den Reisepass, unter Beweis stellen müssen. Dann steht der umgehenden Ausfertigung einer ***Nevada Marriage License*** für $77 in bar oder $80 mit Kreditkarte nichts entgegen. Sie ist täglich 8-24 Uhr erhältlich im ***Clark County Marriage Bureau***, 201 Clark Ave, © (702) 671-0600; Infos unter: www.clarkcountynv.gov/Depts/clerk/Services/pages/MarriageLicenses.aspx. Die *License* lässt sich auch online beantragen: www.clarkcountynv.gov/clerk/Pages/PreApp.aspx. Beide Partner müssen aber dennoch persönlich erscheinen und unterschreiben.

Mit der »Heiratslizenz« geht man zu einer beliebigen ***Wedding Chapel*** (einige sind sogar in Kasinos integriert oder sogar ins *Family Restaurant Denny's* in *Downtown*, 450 Fremont Street), wo der Bund fürs Leben je nach Ausstattung ab $50 (***Drive-Thru***, sonst teurer) aufwärts plus Spende für den *Reverend*, den Pfarrer, besiegelt wird. Ein Trauzeuge wird bei Bedarf mitgeliefert – einer genügt, der Pfarrer gilt auch als Zeuge. **Tipp**: ***Little Church of the West***, www.littlechurch lv.com. Begründung ➤ Blogadresse unten.

Wer die Gültigkeit der Eheschließung zu Hause anerkannt wissen möchte, muss zunächst eine Beglaubigung der erfolgten Eheschließung (sog. *Certification* für $15) durch das ***Clark County Recorder's Office*** besorgen (500 South Grand Central Parkway). Die ***Certification*** schicken Österreicher und Deutsche zusammen mit dem **Apostille-Antrag** und einer ***Money Order*** **über $20** (beim Postamt) an den ***Nevada Secretary of State*** und erhalten nach ein paar Wochen eine **Beglaubigung der rechtmäßigen Heirat**, die sog. ***Apostille***. Für Schweizer Staatsbürger erledigt angeblich das Konsulat in San Francisco diese Formalität.

Viele Standesämter in Deutschland und Österreich verlangen zusätzlich eine (wiederum) beglaubigte Übersetzung von Heiratsurkunde und *Apostille* durch einen vereidigten Dolmetscher. Im Internet findet man alle Details auch in deutscher Sprache auf vielen Websites: einfach »*Las Vegas Wedding*«, »*Las Vegas Marriage License*« o.ä. googeln. *Up-to-date* kann man sich u.a. informieren unter http://blog.synnatschke.de/usa/heiraten-in-las-vegas.

Wer sich Bürokratie und eigene Organisation ersparen möchte, bucht das Las Vegas-Hochzeitspaket bei deutschen Profis wie zum Beispiel www.heirateninlasvegas.com.

Round Table Buffet im Excalibur

Publikumsrenner sind das ***Wicked Spoon*** (*Cosmopolitan*) und das ***Bacchanal Buffet*** (*Caesar's Palace*). Letzteres ist eines der teuersten der Stadt und das Angebot entsprechend – von Austern, Krabben, feinem Sushi bis hin zum *Wagyu*-Rind-Burger.

Die Preise können stark variieren, an Wochenenden besonders zu Ferien- oder Messezeiten schnellen sie schon 'mal gewaltig in die Höhe. Dann zahlt man z.B. beim *Bacchanal Buffet* mitunter über $70/Person (exkl. Steuern!) und für dieses kostspielige Vergnügen muss man auch noch stundenlang auf den Einlass warten, denn ab 18/19 Uhr bilden sich gerne lange Schlangen vor den Buffets. **Tipp**: Generell **billiger** als *Dinner Buffets* sind ***Lunch Buffets***.

Mit dem *Caesar's* ***Buffet-of-Buffets-Pass*** lässt sich 24 Stunden an 6 Buffets schlemmen (ab $59); Upgrade für *Rios Village Seafood*- und *Caesars Bacchanal-Buffet* möglich: $15-$30.

Restaurants

Angesichts dieser Buffetpreise ist man in so manchem guten (und teuren) Kasino-Restaurant keinesfalls schlechter aufgehoben. Sie überzeugen mit oft origineller Ausstattung, vor allem in den Resorts der neuen Generation wie ***CityCenter***, ***Cosmopolitan***, ***Wynn***, ***Venetian***, ***Bellagio*** oder ***Paris***. Attraktiv ist immer noch ***Caesar's Palace***, Pflichtprogramm für viele das ***Hard Rock Café*** am 3771 South Las Vegas Boulevard. Auf dem ***Stratosphere Tower*** gibt es in 250 m Höhe das ***Top-of-the-World-Restaurant***.

Abgefahrenes

In den Info-Magazinen findet man jede Menge Werbung auch für Lokale außerhalb der Spielkasinos. Originell und beliebt ist u.a. das **Hofbrauhaus** an der Ecke Paradise Road/Harmon Ave (*It's Oktoberfest every day*; www.hofbrauhauslasvegas.com) und verrückt das ***Dinner in the Sky*** an der 2800 West Sahara Ave. Eine Restaurantplattform wird per Krankabel in 55 m Höhe geliftet. Dort *open-air* baumelnd und am Sitz festgeschnallt, genießt man 25 min lang *Drinks & Dinner*: © (702) 257-7303, www.dinnerintheskylv.com.

Beim sonntäglichen ***House of Blues Gospel Brunch*** im *Mandalay Bay* lauscht man einem Gospel-Chor beim *all-you-can-eat* Buffet; Tickets unter www.houseofblues.com/lasvegas/gospelbrunch.

Besondere Tipps

Das 1958 gegründete, elegante ***Golden Steer Steakhouse*** (308 W Sahara Ave) ist seit jeher bei Einheimischen beliebt und versprüht nostalgisches ***Good Old Days-Flair***. *Frank Sinatra, Elvis Presley, Muhammed Ali, Natalie Wood*: sie alle waren schon dort.

Das ***Retro Diner Roxy*** des *Stratosphere Tower* im 1950er-Jahre Look serviert *Burger* und *Shakes*. Es ist 24/7 geöffnet und unterhält seine Gäste von 2PM-2AM mit singenden Kellnern.

Im Zentrum des ***Chart House Seafood Restaurant*** im *Golden Nugget Casino (*Fremont Street in *Downtown*) steht ein über 280.000 Liter fassendes Aquarium voller exotischer Fische.

Bars

Zu jedem Kasino gehört zumindest eine Bar, oft sind es auch mehrere. Dort kann man sich seinen Drink bestellen und bezahlen oder als aktiver Spieler darauf warten, dass der **Drink auf Kosten des Hauses** kredenzt wird. Ähnlich wie mit Billigbuffets werben manche Kasinos auch mit preiswerten Drinks!

Las Vegas-Shows

Zu Las Vegas und zu seinen Kasinos gehören ***Show*** und ***Entertainment***. Für **bekannte Shows** wie *David Copperfield* & Nachfolger, ***Cirque du Soleil-Produktionen*** *(»Zumanity«, »Love«* und diverse andere), *Rod Stewart, Elton John, Blue Man Group* oder *Donny & Marie* muss man tief in die Tasche greifen und lange im Voraus buchen – im Internet, beim Reiseveranstalter oder auf *Last-Minute*-Chancen bei *Tix4Tonight* hoffen, ➢ unten.

Vorstellungen ohne Reputation und illustre Namen kosten ab $25 als ***Cocktail Show*** (später Nachmittag) oder ***Late Night Performance*** (Beginn ab 22 Uhr). Hauptshows (19/21 Uhr) sind teurer. Die einstige ***Diner Show*** gehört weitgehend der Vergangenheit an. Es gibt sie kaum noch; eine Ausnahme ist das ***Tournament of Kings*** im *Excalibur* (18 und 20.30 Uhr, Mo+Fr nur 18 Uhr). **Wichtig**: die Platzanweiser erwarten und erhalten fürstliche **Trinkgelder**: ab **$5 *per Party***.

Vor Ort gibt's Showtickets zu manchmal bis zu 50% herabgesetzten Preisen täglich ab 10 Uhr bei ***Tix4Tonight*** (✆ 1-877-849-4868, www.tix4tonight.com) mit etlichen Standorten am *Strip* und *Downtown*, u.a. in der *Fashion Show Mall* gegenüber dem *Wynn Resort*. Für *Special Deals* und aktuelle Sonderangebote lohnt sich ein Blick auf das Internetportal www.vegas.com/deals.

Show des Cirque du Soleil im Bellagio

Casino Nachtclubs

Auch in Las Vegas ist die Nacht nicht nur zum Spielen da. Jedes bessere Kasino hat einen ***Night Club*** bzw. eine ***Disco***, wo es erst nach den letzten Abendshows richtig abgeht, z.B.:

- ***The Bank*** im *Bellagio*, Fr-So ab 22:30 Uhr; © (702) 693-8383 oder © 1-888-987-6667, www.bellagio.com/en/nightlife.html
- ***ROSE.RABBIT.LIE*** im *Cosmopolitan* (*Social Club* mit Live-Entertainment), Mi-Sa ab 18 Uhr; www.cosmopolitanlasvegas.com/restaurants/rose-rabbit-lie
- ***Sayers Club*** im *SLS*; Holzfußböden, braune Chesterfield-Sofas, Industrie-Chic und intime Größe, einzelne Events, Do-So ab 22:30 Uhr; © (702) 761-7618, www.slslasvegas.com/entertainment/the-sayers-club/
- ***1 OAK*** im *Mirage*, Mi, Fr-Sa ab 22.30 Uhr; © (702) 693-8300, http://1oaklasvegas.com/home
- ***Chateau*** im *Paris* (Außendeck unter Eiffelturm), Mi-Sa ab 22:30 Uhr; © (702) 776-7770, www.chateaunights.com
- ***Omnia*** im *Caesars Palace* ist ein Edel-Nightclub der *Hakkasan*-Gruppe; ➢ Kasten rechts; © (702) 785-6200, www.omniaclubs.com/las-vegas/
- ***TAO*** im *Venetian*, Do-Sa ab 22.30 Uhr; © (702) 388-8588 oder © 1-877-283-6423, www.taolasvegas.com
- ***Marquee*** im *Cosmopolitan*, Mo, Fr-Sa ab 22.30 Uhr; © (702) 333-9000, www.marqueelasvegas.com
- ***XS Nightclub*** im *Encore* (das 5-Jahres-Jubiläum wurde mit einem $5000 *Five Star Cocktail* inkl. Tropfen aus der *Black Monk 500th Anniversary Ltd Edition* gefeiert), Fr-Sa ab 22 Uhr, So ab 22.30 Uhr; © (702) 770-0097, www.xslasvegas.com

Nacht- & Beachclub Drai's mit 80-seitiger LED-Discokugel

Hakkasan im MGM – Megaclub 2.0

Hakkasan zählt zur neueren Generation der sog. Mega-Clubs mit einer Kapazität für fast 4.000 Gäste, die sich hier auf über 5.500 m² und fünf Etagen verteilen. Schon im 1. Jahr seines Bestehens stieg *Hakkasan* auf Platz 2 der US-*Nightclub & Bar* Top 100-Liste ein – bei einem Jahresumsatz von über $100 Mio. Los geht's im Restaurant auf ***Level 1***, das durch dunkles gitterartiges Eichenholz in private Essbereiche unterteilt wurde (*Cage*), ohne die Gäste zu isolieren. Zu späterer Stunde lässt sich alternativ auch gut an der rückwärtigen blau beleuchteten Bar starten, etwa mit schwarzen Sesam- und Schokoladenklößen in *Yuzu*-Tee, gepaart mit einem *Haka*-Cocktail aus Wodka, Kokosnuss, Litschi und Passionsfrucht. Auf ***Level 2*** bietet der private Speisesaal weitere Rückzugsmöglichkeiten.

Der wie die Bar in blau gehüllte ca. 1.000 m² große *Ling Ling Club* auf ***Level 3*** bietet über 20 separate Sitzbereiche mit DJ-Pult und zwei Bars. Entspannter geht's in der *Ling Ling Lounge* nebenan zu (für besondere Gäste). Der eigentliche Nachtclub mit übergroßen VIP-Sitzgruppen, DJ-Pult und LED-Wand findet sich erst auf ***Level 4***. Der angrenzende Pavillon im Chinoiserie-Design mit Bar, vertikalen Gärten und 2-stöckigem Wasserfall bietet mehr Privatheit. Vom erhöhten ***Level 5,*** einem Zwischengeschoss, fällt der Blick über den ganzen Tanzsaal; Do-So ab 22.30 Uhr; © (702) 891-7888; www.hakkasannightclub.com.

- ***Surrender Nightclub*** im *Encore*, Mi+Fr-Sa ab 22.30 Uhr; © (702) 770-7300, www.surrendernightclub.com
- ***Light Nightclub*** im *Mandalay Bay* (mit erstklassigem Licht- und Soundsystem), Mi+Fr-Sa ab 22:30 Uhr; © (702) 632-4700, www.thelightvegas.com

Geldmaschine Nightclub

Die ***Nightclub & Bar* Top 100 Liste** der USA mit jeweils rekordbrechenden Jahreseinnahmen führt *XS/Encore* ($103-$105 Mio) vor *Hakkasan/MGM Grand* ($100-$103 Mio) an. Insgesamt sechs Las Vegas-Nachtclubs finden sich in den US-Top 10: so auch *Marquee/Cosmopolitan* ($80-$85 Mio), *TAO/Venetian* ($50-$55 Mio), *Surrender/Encore* ($40-$45 Mio), *Hyde/Bellagio* ($25-$30 Mio).

Day Clubs

In den letzten Jahren haben sich außerdem ***Day Clubs*** etabliert. Was man früher nur aus Nachtclubs kannte, findet seither schon tagsüber rund um die Hotelpools statt. Solche Poolpartys werden oft durch *Celebrities* wie die *Kardashians, Rihanna, Holly Madison, Jay-Z* u.a.m. gehostet. Zu den besten zählen:

- ***Ditch Fridays*** & ***Ditch Saturdays*** im *Palms* – Fr-Sa
- ***Tao Beach Club*** im *Venetian* – täglich
- ***Wet Republic*** im *MGM Grand* – Do-Mo
- ***Encore Beach Club*** im *Encore at Wynn* – Fr-So
- ***Daylight Beach Club*** im *Mandalay Bay* – Do-So

Top-Neuzugänge:

- ***Drai's Beachclub*** im *Cromwell* – Fr-So
- ***Foxtail Poolclub*** im *SLS* – Fr-Sa.

Das CityCenter, ein neuer Typ der Casino Resorts

Seit 2009 fließt der Colorado River auch in Las Vegas in Form von *Maya Lins* 26 m langem Abguss aus regeneriertem Silber im ***Aria Resort & Casino***. Den 61-stöckigen Komplex konzipierte der Argentinier *César Pelli* (*Petronas Towers*/Kuala Lumpur). Er ist das Herzstück der $9 Mrd teuren **Hotel- und Kasinokomposition *CityCenter*** zwischen *Bellagio* und *Monte Carlo*. Zum größten privat finanzierten Bauprojekt in der Geschichte der USA gehören aber noch fünf weitere spektakuläre Gebäude:

- das sichelförmige mit Ornamentglas überzogene 57-stöckige mit dem *Aria* verbundene ***Vdara* Hotel** (1495 Suiten)
- das nur für Las Vegas-Verhältnisse ***Boutiquehotel Harmon*** (*Norman Foster*; 400 Zimmer) an der Nordostecke des *CityCenter* mit einer stark gebogenen Außenfassade in unterschiedlichsten Blautönen. Nachdem man bereits kurz nach dem Bau Konstruktionsfehler festgestellt hatte, wurde das daher ohnehin niedriger als geplant ausgefallene Hotel 2015 für über $11 Mio. abgerissen. *MGM* ersparte sich einen Schadensersatzprozess mit dem Versicherer über $400 Mio durch Zahlung einer Vergleichssumme in Höhe von $173 Mio.
- südlich des *Harmon* die ***Veer Towers*** (*Helmut Jahn*), Zwillingstürme mit Luxusapartments, die sich um 5° in entgegengesetzte Richtungen neigen
- das ***Mandarin Oriental Hotel*** gleich nebenan als fast L-förmiger Wolkenkratzer. Die *Sky-Lobby* im 23. Stock spaltet den Turm in zwei Hälften: die untere beherbergt 400 Gästezimmer, die obere 227 Wohnungen.
- die Luxus-***Shopping Mall The Crystals*** (46.000 m^2, *Daniel Libeskind*); sie ist über die Hochbahn mit den Kasinos *Bellagio* und *Monte Carlo* verbunden.

Ökologische Bauweise und Ausstattung machen dieses Gebäudeensemble zu einem der »grünsten« weltweit. Ein eigenes energieeffizientes Kraftwerk sorgt für Wärme und Licht. Überschüssige Hitze wird gespeichert, um heißes Wasser zu generieren. Die Limousinenflotte der Hotels ist erdgasbetrieben, die Klimatisierung erfolgt vom Bodenniveau nach oben, und die Wasserkonservierung erspart 190 Mio Liter pro Jahr. Nachdem man das zuvor dort stehende *Boardwalk Hotel* abgerissen hatte, verwendete man 80% des Schutts beim Bau des *CityCenter* und verschickte die alten Badezimmerobjekte in Drittweltländer, wobei Vorhänge und Teppichböden als Packmaterial dienten.

Ein **Highlight** ist die **Kunst im öffentlichen Raum**, die allein sich Bauherr *MGM-Mirage* damals $40 Mio kosten ließ. Nicht nur auf den ***Silver River*** in der Rezeption des *Aria* (➤ oben), überall im *CityCenter* stößt man auf Kunstwerke.

Besonders heraushebenswert sind

- ***Jenny Holzers*** 76 m lange **LED-Leuchttafel** an der Nordzufahrt des *Aria*
- ***Nancy Rubins »Big Pleasure Point«***, eine 15x25 m große Skulptur aus zahlreichen zu einem Knäuel verwobenen Kanus, Kajaks und Ruderbooten
- ***Frank Stellas »Damascus Gate Variation I«*** hinter der Rezeption des *Vdara*. Das Gemälde zählt zu den bekanntesten Arbeiten des Künstlers.
- ***Isa Genzkens »Rose II«*** außerhalb der *Crystals Shopping-Mall* eine Rose in voller Blüte, 8 m hoch und 450 kg schwer; 75% wurden aus Recyclingmaterial erstellt. *Isa Genzkens* ist der einzige hier vertretene deutsche Künstler.
- ***Richard Longs »Circle of Life«*** und ***»Earth«***, 24 m hohe und 15 m breite Schlammgemälde. Sie sind in den Lobbies der *Veer Towers* zu bewundern.
- ***Claes Oldenburgs & Coosje van Bruggens* »Typewriter Eraser, Scale«**, eine gigantische »Schreibmaschinenlöscheinrichtung« aus Stahl und Glasfaser (6 m hoch und 4 t schwer). Sie steht am *Mandarin Oriental Hotel*.
- ***Henry Moores »Reclining Connected Forms«*** im *Pocket Park* zwischen *The Crystals* und *Aria*.

Mitten in die Bauphase platzte seinerzeit die **Immobilienkrise** (➤ Seite 524). Apartments im *CityCenter* mussten drastisch im Preis reduziert werden, um sie los zu werden. Am Ende veräußerte Bauherr *MGM-Mirage* das zum Konzern gehörende Kasino *Treasure Island*, um die Fertigstellung zu finanzieren.

Wer sich intensiver für die Details der Architektur des *CityCenter*, seiner Baukosten etc. interessiert, erfährt noch mehr unter der Webadresse www.vegastodayandtomorrow.com/citycenter.htm. Das Buch *Creating City Center* (2013) mit Hintergrundinformationen und hervorragenden großformatigen Fotos war 2017 im Internet für Preise ab €34 zu finden.

Lobby des Aria Resort & Casino

The Cosmopolitan www.cosmopolitanlasvegas.com

In unmittelbarer nördlicher Nachbarschaft zum ***CityCenter*** eröffnete Ende 2010 das 183 m hohe ***Cosmopolitan of Las Vegas***. Fast 4 Mrd. Euro (!) waren verbaut worden. Eigentümer wurde nach dem Konkurs des eigentlichen Investors noch in der Bauphase die Deutsche Bank, die das Kasino weiterbauen ließ, statt die bereits gewährten Kreditmilliarden abzuschreiben. Dass damit die Bank unbeabsichtigt selbst zum Kasinobetreiber wurde, entbehrte in Zeiten des Zockerimage von Banken nicht einer gewissen Komik. Der Bank gelang es erst 2014, das *Cosmopolitan* zu verkaufen. Erwerber für $1,73 Mrd war die *Blackstone Group*. Dieser US-Finanzinvestor besitzt allein in Nevada etwa 1.000 Immobilien und ist Eigentümer der *Hilton*-Hotelkette.

Die ungewöhnliche vertikale Struktur des *Cosmo* erklärt sich aus der mit nur 35.000 m^2 vergleichsweise bescheidenen und zugleich recht schmalen Grundfläche. Folge der Vertikalität und Besonderheit des *Cosmo* ist, dass vieles, was in anderen Kasinohotels ebenerdig untergebracht ist, auf mehrere Etagen verteilt werden musste. Eingänge liegen ebenerdig an der schmalen Stripfront und in der 1. Etage, die man über Fußgängerbrücken vom *CityCenter* aus (*Crystals*) und über den Las Vegas Boulevard erreicht. Wer über die Tiefgarage anfährt, wird schon mal durch Kunst erfreut, Wandbilder auf allen Ebenen.

Apropos Kunst: Im *Cosmopolitan* gibt es sog. *»Art-o-mat-Units«*, umfunktionierte Zigarettenautomaten, aus denen man kleine Kunstwerke ziehen kann ($5). ***Artists-in-Residence*** sind immer kreativ tätig und stellen frisch geschaffene Werke aus. Auf einem 20 m hohen LED-Außendisplay präsentiert das *Cosmo* berühmte Gemälde und Objekte im Wechsel. In der Rezeption sind die LED-Säulen mit aktuellen Arbeiten von Video- und Animationskünstlern unübersehbar. Als weiteres *Highlight* gelten **Objekte** im Obergeschoss und auf Kasinoebene, darunter auch die besonders populären ***Giant High Heels*** und die ***Large Dogs***.

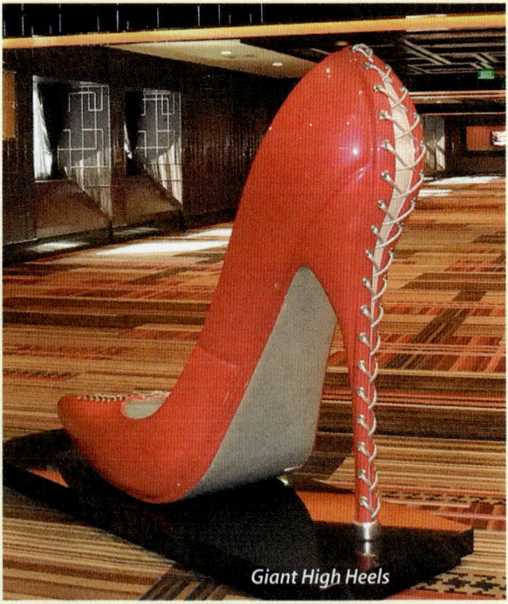
Giant High Heels

Die vertikale Silhouette des *Cosmo* wird vom ***Boulevard Tower*** (53 Stockwerke) und ***Chelsea Tower*** akzentuiert. Unter den fast 3000 Zimmern ist der »kleinste«, der *City Room* (ab $150) mit knapp 42 m². **Tipp**: Zimmer vorzugsweise in den oberen Etagen an der Nordseite des Ost-Turms buchen und von dort den freien Blick auf die tanzenden Fontainen des *Bellagio* genießen.

Herzstück des Ost-Turms ist die spektakuläre dreistöckige ***Chandelier Bar***, in der sich die Gäste unter zwei Millionen perlschnurförmig herabhängenden schimmernden Kristallen amüsieren. Auf derselben Ebene befinden sich auch das 10.000 m² große ***Casino***, dessen Glaswände sich zum *Strip* hin öffnen, und die ***Vesper Bar***, in der die 1950er-Jahre zelebriert werden (im *Chelsea Tower*).

Im Obergeschoss warten **Luxus-Boutiquen** auf zahlungskräftige Kundschaft. Im *Stitched* lässt sich Kleidung mit dem eigenen Namen personalisieren. Ein Publikumsrenner ist das ***Wicked Spoon Buffet*** (multi-ethnische Küche). Noch eine Etage höher gibt es gleich **acht Restaurants**, darunter das griechische ***Milos*** für Leute, denen nach Meeresfrüchten der Sinn steht. Von der Restaurantterrasse überblickt man den *Strip*. **Tipp**: Ein unauffälliger schmaler Korridor mit italienischen Vintage-Plattencovern (zwischen *Jaleo* und *Blue Ribbon*) führt zum ***Secret Pizza***, wo antike Barhocker und leckere Pizzastücke warten (ab $5,50).

Neben Kinoabenden unter freiem Himmel gibt's auf der Open-air-Bühne des *Cosmo* Konzerte. **Tipp**: *Live-Entertainment* im *Rose.Rabbit.Lie Social Club.*

Ähnlich wie ***XS*** (➤ Seite 540) ist auch der ***Marquee Night & Dayclub*** im *Boulevard Tower* ein *Hotspot* fürs Partyvolk (www.marqueelasvegas.com). Oberhalb davon gibt's noch die gediegene ***Library***, eine intime, edle Lounge mit Bar, Kamin, Billardtisch und rundum Bücherwänden voller Las Vegas-Titel.

Die Casinos Resorts Wynn & Encore www.wynnlasvegas.com

Das *Wynn Resort Casino* (2.700 Zimmer, mittlerweile erweitert um den »Bruder« *Encore* mit 2.000 Suiten) wurde nach dem Investor *Steve Wynn* benannt. Es setzte mit verschwenderischem Luxus selbst im nicht leicht zu beeindruckenden Las Vegas 2005 – also noch vor der großen Krise – ganz neue Maßstäbe. Dabei hatten Anlagen wie das *Venetian*, das *Bellagio* und andere in den Jahren davor das Anspruchsniveau schon ziemlich hoch gehängt.

Was ist so grandios an diesem Komplex, von dem man vom Strip aus fast nur die beiden geschwungenen hohen Hotelquader mit den braungoldenen Glasfassaden sieht?

- Zunächst ist da die fulminante **Innenarchitektur** in Kombination mit Edeleinrichtung und Dekoration: Kronleuchter, Gemälde, Marmor, Bodenmosaike, teure Teppiche und die Pracht exotischer Blüten und Pflanzen. In der Rezeption hing sogar das $50-Mio-Gemälde »*Le Rêve*« (Der Traum) von *Pablo Picasso*. Nachdem *Wynn* selbst es bei einer Präsentation mit dem Ellbogen rammte und beschädigte, scheiterte dessen Verkauf zum anvisierten Rekordpreis von $139 Mio.
- Aufwändig gestaltete **Zimmer und Suiten** unterstreichen den Luxusflair.
- Den Hotelgästen, und nur ihnen, steht eine **sagenhafte Poollandschaft** mit privaten *Cabanas* (ab $550) zur Verfügung.
- Eine geschwungene (!) Rolltreppe führt zur ***Parasol Down Bar***, von wo der Blick auf den ***Lake of Dreams*** mit Wandwasserfall fällt, über den abends eine spektakuläre Lasershow projiziert wird. Ein 43 m hoher »Berg«, auf dem über 1.500 Bäume bis 15 m Höhe sprießen, trennt diesen »See« vom Las Vegas Boulevard.
- Die **11 Restaurants und 3 Bars** des Hauses sind alle vom Feinsten. Das ***SW Steakhouse*** am *Lake of Dreams* und ***Costa di Mare*** mit täglich frisch eingeflogenenem Fisch und Meeresfrüchten werden von sog. *Four Diamond*-Chefköchen betreut. Das ***Wynn Buffet*** mit 15 Live-Kochstationen und einer überbordenden Auswahl ist bei Einheimischen wie Touristen beliebt. **Tipp**: *Champagne Brunch* Sa+So 7.30-21.30 Uhr (ab $36).

Parasol Down Bar

3

- Die Abendshow ***Le Reve*** im *Wynn Theater* glänzt mit Luftakrobatik, eindrucksvoller Artistik und dramatischer Musik; Fr-Di 19 und 21.30 Uhr; Reservierung unter © (702) 770-WYNN; www.wynnlasvegas.com.
- Der Nachtclub ***Intrigue*** liegt an einer »Lagune«, in die sich ein 30 m hoher Wasserfall ergießt; $30-$50; Do-Sa 22.30-4 Uhr, www.intriguevegas.com.
- Nicht nur Hotelgästen steht der von Stararchitekt *Tom Fazio* gestaltete **Golfplatz** mit 36 *Fairway Villas* für VIPs gleich hinterm zentralen Gebäudekomplex offen. Der Par-70-Parcours ist fast 7 km lang. Mehr als 600.000 m³ Erdmasse wurden dafür bewegt, über 100.000 Büsche und 1.200 Bäume neu angepflanzt, 1,4 km Bachläufe und zwei Marschflächen geschaffen. Ein Wasserfall am *Country Club* markiert das 18. Loch. Eine Runde kostet daher – versteht sich – ein wenig mehr als üblich ($500/18 Löcher). Laut *Golf Digest Magazine* gehört der Platz zu den 75 besten Golf Resorts in Nordamerika.

Und dann gibt's da noch die ***Esplanade Shops*** (*Chanel, Dior, Alexander McQueen, Prada, Rolex* etc.) sowie ***Salvatore Ferragamo***, einst Hollywoods berühmtester Schuhdesigner, und nicht zuletzt natürlich auch die Kasinosäle – hier in besonders luxuriöser Gestaltung. Die neue ***Wynn Shopping Plaza*** und der ***Wynn Paradise Park***, der einen Teil des Golfplatzes durch einen Wasserpark ersetzt, werden voraussichtlich 2018 eröffnet.

Über die ***Encore Esplanade*** unweit des *Wynn*-Haupteingangs geht's rüber ins $1,6 Mrd. teure Resort ***Encore***. Dessen geschwungen-bronzegoldener Hotelturm folgt demselben Design bis hin zum Logo wie der Nachbar *Wynn* und sieht fast aus wie dessen Spiegelbild. Im Innern wurden neben der detailversessenen Innengestaltung und -ausstattung alles vom Service über die Hotelzimmer bis hin zum Lichtkonzept weiter perfektioniert. Goldene bis fein nuancierte dunkelrote Beleuchtung ist ein ebenso wiederkehrendes Motiv wie die allgegenwärtigen Schmetterlingsbilder und eher unscheinbaren Lorbeergirlanden als drittes Leitthema. Besondere Extras sind Tischplatten aus rotem Tigerauge, Wandgewebe aus Bananenfasern und ein großer asiatischer Drachen aus 90.000 *Swarovski*-Kristallen. Design-Guru *Roger Thomas* hatte sich einst eigens fürs *Encore* auf eine weltweite Suche nach Ausstattungsideen und -objekten begeben und war mit 29 (!) Containern zurückgekehrt.

Das Encore verfügt über ein 7.000 m²-Kasino, einen sagenhaften Wellnessbereich (4.600 m²), exklusive Boutiquen in der *Encore Esplanade* (u.a. *Hermès; Louis Vuitton Men's, IWC Schaffhausen* und den einzigen *Chanel Ultra-Luxe Shop* abseits von Los Angeles), natürlich auch Bars und Restaurants:

- Im ***Sinatra*** (italienische Küche) ist der *Oscar* zu bewundern, den *Frankieboy* für seine Rolle im 1953er-Kriegsfilm »Verdammt in alle Ewigkeit« erhielt.
- ***Andrea's*** ist ein 600 m² großes asiatisches Restaurant, das als erstes in Las Vegas überhaupt voll in einen Nachtclub (*Surrender*) integriert wurde (So-Do 18-22.30 Uhr, Fr-Sa bis 23.30 Uhr). Zur Eröffnung bestellte *Steve Wynn* 16.000 Rosen und gab dafür $30.000 aus.
- Im 1.490 Sitzplätze fassenden ***Encore Theatre*** treten in unregelmäßigen Abständen jeweils online angekündigte Musikgrößen für eine begrenzte Reihe von Konzerten auf. ***Beyoncé's*** vier Showtermine waren blitzschnell ausverkauft; © (702) 770-9966, www.wynnlasvegas.com/Entertainment..

Als Herzstück des *Encore* gelten zwei – insbesondere unter Nachtschwärmern beliebte – Bereiche:

- Die **Außenpoollandschaft** mit dem **Restaurant *Jardin*, *Island Bar* & *Casino*** und ***XS Nightclub*** (➤ Seite 540, www.xslasvegas.com). Dieser seit Jahren ziemlich angesagte Club definierte *Nightlife* auf einer variablen Fläche von bis zu 4.000 m^2 mit Extravaganz und Dekadenz völlig neu. Die Konstruktionskosten lagen angeblich bei $80 Mio. Da sind dann die Getränke etwas kostspieliger: Nur dort gibt es den »***Ono***«, ein Mischgetränk aus 1981er-Champagner und Louis XIII Cognac zum Preis von $10.000. Über der Tanzfläche dreht sich ein drei Meter hoher Kronleuchter. Um Partylärm von den Gästezimmern fernzuhalten, wurde die komplette Südfassade des Hotelturms für zusätzliche $3,5 Mio mit schalldichtem *New York Glas* verkleidet (auch als »*Wynn-dows*« bezeichnet). Ein Nebeneffekt ist, das man abends aus den Zimmern ungestört von Lichtreflektionen auf die Poollandschaft schaut.
- Der zweite *Hotspot* wurde zum *Strip* hin als innovativer Kombikomplex konzipiert (***Night- and Dayclub***). Dazu gehören der sinnliche ***Surrender Nightclub*** ($25-$45, Mi+Fr-Sa ab 22.30 Uhr, www.surrendernightclub.com) mit gelb plüschigen VIP-Tischen und einer 27 m langen Schlange aus Metall sowie der einer tropischen Oase nachempfundene ***Encore Beach Club*** (Eintritt $20/$30, saisonal geöffnet, www.encorebeachclub.com). Dessen Poollandschaft mit 26 *Cabanas* und 8 Luxus-Bungalows ist von 12 m hohen Palmen umstanden. Eine Spezialität sind dort überdimensionierte künstliche Seerosen (*Lily Pads*; ab $700), die zum Faulenzen im flachen Wasser einladen.

In den ***Encore Tower Suites*** logierte Prinz *Harry* 2012 während einer öffentlich bekannt gewordenen Spaßorgie. Um 3 Uhr morgens gab es damals ein Wettschwimmen mit Olympia-Goldmedaillengewinner *Ryan Lochte* im *XS-Pool*, später Nacktfotos beim Strip-Billard mit attraktiven jungen Damen.

Die tatsächlich vergoldeten Stangen der Lampen im Vordergrund sind 3 m hoch und für Tanzeinlagen inkl. Striptease ausgelegt. Das weibliche Publikum wird animiert, sie zu nutzen und tut es auch.

»Wynn Art«, Kunst oder Deko?

Diese beiden Installationen des berühmten Event-Designers *Preston Bailey* ***Hot Air Balloon*** (6 m hoch, 2 t schwer) und ***Carousel*** (4 m hoch, 3 t) stehen im *Wynn* Atrium. In ihren Aufbau und die Dekorierung mit 110.000 Blumen in leuchtenden Farbtönen flossen allein 3.500 Arbeitsstunden. Eine theatralische Beleuchtung und Musik ergänzen das stimmungsvolle Ambiente.

Rund um Caesars Palace www.caesarspalace.com

Auf einer Fläche von über 340.000 m^2 zelebriert man seit eh und je im klassisch-eleganten Luxusresort *Caesars Palace* die Pracht und Herrlichkeit des alten Rom. In seinen sechs Hochhäusern sind 3.900 Zimmer und Suiten untergebracht. Am 4. Februar 2013 öffnete das welterste ***Nobu Hotel*** – benannt nach dem japanischen Star-Koch – im früheren *Centurion Tower* mit 181 Zimmern, 18 Suiten und einem über 1000 m^2 großen Restaurant mit Lounge. Das Innendesign von *David Rockwell* kombiniert japanischen Stil mit Vegas-Flair. Zu den Investoren zählt Filmstar *Robert De Niro*; www.nobucaesarspalace.com.

Bereits ein Jahr vorher hatte der *Octavius Tower* mit 728 Zimmern und Suiten eröffnet. Eine von drei 800 m^2 großen Luxus-Villen stand seinerzeit US-Präsident *Barack Obama* bei einem Auftritt in Las Vegas zur Verfügung.

- Ein Besuchermagnet sind die ***Forum Shops***, ein teilweise dreistöckiges Einkaufszentrum der Luxusklasse.
- Das antiken Landschaften nachempfundene Poolgelände ***Garden of the Gods Pools & Gardens*** erlaubt sogar *»European« topless bathing* und ist mit seinen 20.000 m^2 ebenso beeindruckend wie das ***Qua Baths & Spa*** im *Augustus-Tower* (täglich 6-20 Uhr; www.caesars.com/caesars-palace/things-to-do/qua).

  Wer Zeit für einen Tag ***Wellness*** hat, sollte ihn dort verbringen. Innendesign, Atmosphäre und Angebot sind außergewöhnlich: 51 Behandlungsräume, Kräuter- und Zedernholzsauna, Whirlpool, arktischer Eisraum mit Schneefall (!), ein Lakonium und die römischen Ritualbäder *»Roman Baths«* (*Tepidarium, Caldarium* und *Frigidarium*) warten darauf, entdeckt zu werden.

  Zu den Ritualbädern hat nur Zugang, wer auch eine (teure) Anwendung bucht. **Tipp**: *Signature Hourglass Treatment*, das den *SpaFinder Award* für die beste Wellnessanwendung gewonnen hat (ab $235). **Ideal-Kombination**: *Raindrop*

Therapy (1. Phase), *Hawaiian Lomi-Lomi-Massage* oder *Hot Stone Massage* (2. Phase) und ein *Facial* zum Abschluss (3. Phase). Und dann noch vom »*Tea Somelier*« (!) *Earl Grey* oder *Bombay Chai* mit Eis und Honig!

- Im gigantischen ***Colosseum***, einer Konzerthalle mit 4.300 Plätzen, treten musikalische Größen wie *Rod Stewart* (auch noch 2018!) und *Celine Dion* auf. In der bombastischen Show ***The Million Dollar Piano*** präsentiert *Elton John* seine größten Hits aus fünf Dekaden; www.thecolosseum.com.
- Opulent-klassisches Design und höchstmoderne Soundtechnik auf knapp 7.000 m^2 und mehreren Ebenen sowie Außenterrasse mit atemberaubenden Panoramablicken über den *Strip* kennzeichnen das 2015 als »*Best New Nightclub*« bewertete ***Omnia***. Elektronische Tanzmusik, Top 40 und Hip-Hop. Di, Do-So ab 22.30 Uhr; www.omniaclubs.com/las-vegas.
- *Serendipity 3* schloss im Frühjahr 2017, nachdem der Betreiber der amerikanischen Finanzbehörde Einnahmen von über $1 Mio verschwiegen hatte. Ende 2017 öffnete im Außenbereich am *Strip* die ***Hell's Kitchen*** des Starkochs *Gordon Ramsay's* mit Rezepten und Gerichten aus der gleichnamigen TV-Show; www.caesars.com/caesars-palace/restaurants/hells-kitchen.
- Gleich nebenan steht unübersehbar das 26 m hohe ***Salon Marlene »Spiegeltent«*** mit nur 650 Sitzen nah an der zentralen Bühne. Darauf wird dem Publikum von den schrägen Charakteren *Gazillionaire* und *Penny Pibbets* die bizarre *Show* ***Absinthe*** (ab $99), eine kongeniale Mischung aus Circus, Kabarett, Varieté, *Burlesque* und *Stand-up Comedy* mit teils schmierig-schmutzigem und in Europa so nie denkbarem Humor präsentiert. Hohe Priorität selbst bei LV-Kurzbesuch; www.absinthevegas.com.
- Auf der gegenüberliegenden Seite des *Strip* betreibt *Caesars* den 20.000 m^2 großen Unterhaltungs-, Shopping- und Restaurant-Komplex ***The LINQ***. An dessen Ostende steht das mit 168 m derzeit welthöchste **Riesenrad *High Roller***. Tickets kosten tagsüber $25, abends/nachts $37 (Foto ➤ Seite 560). Die 28 Glaskabinen für jeweils 40 Personen schaffen eine volle Umdrehung in ca. 30 min; www.caesars.com/linq/high-roller.

The Cromwell, Drai's und Kochprinzessin Giada de Laurentiis

www.caesars.com/cromwell

Die vor sich hindämmernde *Bill's Gamblin' Hall* & *Saloon* an der Nordostecke der (laut Behörden) stadtweit geschäftigsten Kreuzung *Strip*/Flamingo wurde für $140 Mio. in das moderne *Lifestyle*-Hotel ***The Cromwell*** umgewandelt. Beim Design der rund 200 Gästezimmer (ab $150) und Suiten orientierte man sich am Pariser Apartment-Stil. Die besondere Gebäudestatik erlaubte es, das Dach über dem 11. Stockwerk stark zu belasten. Dort zieht der ***Victor Drai's Rooftop Beach- & Nightclub*** auf 6.000 m² mit Poolluxus und Postkarten-Panoramaaussicht jede Menge Besucher an ($30, Fr-So 11-18 Uhr, Di 10-4 Uhr und Do-So 22.30-4 Uhr morgens; www.draisgroup.com/las-vegas).

Rund um zwei erhöhte palmengesäumte Hauptpools gruppieren sich die VIP-Bungalows und *Cabanas* mit eigenem Badebecken, zahlreiche Couches und Liegen. Darüber gibt's weitere *Cabanas*, Bungalows und Privatpool – allesamt mit Strip-Blick. Unter dem mit Vorhängen verzierten Torbogen befindet sich das Außen-DJ-Pult. Zu Nightlife-Guru *Victor Drai's* neuem Nachtclubkonzept zählen auch die bizarren *VIP-Bottle-Service* Pakete: Champagner in Strömen und Lichtshow (ab $5.000), mit Dachfeuerwerk (ab $20.000) und ggf. inklusive Anreise in hauseigener Boeing 737 für $737.000! Wegen seiner exponierten Lage scheint einzig auf diesen Club die Sonne von morgens bis abends.

Im zweiten Obergeschoss zelebriert ***Giada***, die nach Ansicht vieler attraktivste TV-Köchin der USA italienische Küche mit kalifornischem Einfluss. Der berühmte *Food Network*-Star, *Emmy*-Preisträger und Autor von 7 Kochbüchern, ist Enkeltochter des berühmten Filmproduzenten *Dino de Laurentiis*. Im 300-Sitzplätze-Restaurant hängen daher neben gerahmten Familienportraits auch Filmposter ihres Großvaters. Ihm zu Ehren gibt's den ***Barbarella*-Cocktail**, benannt nach dem von Dino produzierten 1968er Science-Fiction-Film mit *Jane Fonda*. Im Menü werden auch vegane und glutenfreie Gerichte ausgewiesen, ebenso wie *Giada*s Klassiker und Favoriten von Dino. Ein Clou sind die Freiluft-Bilderbuchblicke über die *Bellagio*-Fontänen, *Caesars Palace* und die neuen *Bally's Grand Bazaar Shops*; www.caesars.com/cromwell/giada.

Hotel »Cromwell«, das etwas andere Resort, für Las Vegas-Maßstäbe eher ein Boutique Hotel

Holly Madison, vom Showgirl zur Vegas-Ikone

www.hollymadison.com

Holly Madison, in Las Vegas über Jahre ein Star

Sie war der große Star einer der mit 4,5 Jahren Gesamtlaufzeit erfolgreichsten *Shows* von Las Vegas. In der burlesken »*Peepshow*« entdeckte sie als *Bo Peep* unter dem Einfluss einer sogenannten *Peep Diva* ihre Sexualität neu.

Holly Madison, eine Ex-Freundin des verstorbenen *Playboy*-Verlegers *Hugh Hefner*, war zwischenzeitlich eine Art inoffizielle Markenbotschafterin der Stadt, Dauerpräsenz auf roten Teppichen und Premierenfeiern inklusive.

Die in Astoria im US-Bundesstaat Oregon 1979 geborene *Hollin Sue Cullen* zog 1999 eigentlich zum Studieren nach Los Angeles, arbeitete aber nebenbei auch bei *Hooters*, einer Restaurantkette, die sich durch leicht bekleidetes weibliches Personal auszeichnet. In den Jahren 2005-2010 wurde sie durch die TV-Serie »*Girls Next Door*« über das Leben im *Playboy Mansion* bekannt. Mit ihren Kolleginnen zierte sie einst die Cover von gleich vier Ausgaben des amerikanischen »*Playboy*«.

Nach der Trennung von *Hefner* 2008 stellte sie bei »*Dancing with the Stars*« 2009 ihr Tanzkönnen unter Beweis und dokumentierte in der *Reality TV-Show* »*Holly's World*« über ein Jahr lang ihren Alltag in Las Vegas. 2013 heiratete sie in *Disneyland* (Los Angeles) den Musikfestival-Organisator *Pasquale Rotella* und hat mit ihm die Tochter *Rainbow*. Nach einjähriger Bühnenpause trat *Holly* Ende 2013 im »*Million Dollar Quartett*« im Kasino *Harrah's* auf, wo sie unter dem Jubel des Publikums mit einem Elvis-Imitator u.a. »*The Lady Loves Me*« aus dem *Elvis*-Film »*Viva Las Vegas*« sang.

Bereits 2011 hatte die vielseitige *Holly* einen Vegas-Reiseführer mit viel Insiderwissen und allerhand Verrücktheiten publiziert: ***The Showgirl Next Door*** (Verlag *Stephens Press*; E-Book $7,50). 2015 folgte Titel #2 ***Down the Rabbit Hole*** (Verlag *Harper Collins*), der es sogleich zum *NY Times Bestseller* brachte. Darin verrät sie erstmals Pikantes aus dem *Playboy Mansion* (die Mädchen hatten dort Sex mit *Hefner*, bekamen wöchentlich $1.000 Taschengeld, freie Kost, Logis und plastische OPs.; alle mussten bis 21 Uhr im Haus sein und durften auf keinen Fall roten Lippenstift auftragen). 2016 legte sie mit ***Vegas Diaries*** (Verlag *Harper Collins*) über ihre Abenteuer in der Spielermetropole ihren drittenTitel nach.

Planet Hollywood

www.caesars.com/planet-hollywood

Südlich des *Paris* und gegenüber dem *Cosmopolitan* liegt das aus dem Umbau des ehemaligen *New Aladdin Hotel* entstandene ***Planet Hollywood Hotel & Casino***. Nach 9/11 war das arabisch-islamische Motto des Vorgängers, in dem 1966 *Elvis* und *Priscilla Presley* geheiratet hatten, nicht mehr gut angekommen. Der Gesamtkomplex wurde an der Ecke Audrie Street/Harmon Ave um den *PH-Westgate Tower* ergänzt. Dieser einst von *Hilton* übernommene und seither ***Elara Tower*** (52 Stockwerke) genannte Turm in blauer Verglasung mit einer markanten »Nase« in Rotglas ist ein leicht übersehenes Architekturjuwel. In der remodellierten Design-Lobby gibt eine rahmenlose Verglasung den Blick auf den Pool frei. Den *Elara Tower* erreicht man über die Harmon Ave oder durch einen Korridor auf der Südseite der *Miracle Mile Shopping Mall*.

Planet Hollywood war oft Drehort von Filmen wie etwa »21« (2008), »*What happens in Vegas*« (2008, deutscher Titel »Love Vegas« mit *Cameron Diaz* und *Ashton Kutcher*) und »*Knocked up*« (2007, deutscher Titel »Beim ersten Mal« mit *Katherine Heigl*). Außerdem fanden im *PH* die Premieren von »*Rambo*« (2008), »*The Expandables*« (2010) u.a. statt.

Jennifer Lopez

Obwohl die Erfolgsshow ***Piece of Me*** der Pop-Prinzessin *Britney Spears* im ***Planet Hollywood Axis Theater*** Ende 2017 offiziell auslief, wird sie höchstwahrscheinlich 2018 in überarbeiteter Form im neu renovierten ***Park Theatre*** des *Park MGM Casino* weitergehen. Im ***Axis Theater*** **präsentiert** dafür die Latino-Diva ***Jennifer Lopez* 2018** in der Show *All I Have* ihre größten Hits (➤ Foto rechts). Tickets kosten $109-$586.

3.1.3 Am Las Vegas Strip

Distanzen/Transport

Der spannende Bereich des heute ansehnlich mit Palmen »aufgeforsteten« 6-8-spurigen **Las Vegas Boulevard** ist gute **3 km lang**. Rechnet man noch den etwas außerhalb der größten Ballung stehenden *Stratosphere Tower* dazu, sind es von dort bis zum *Mandalay Bay*-Komplex ganz im Süden **an die 5 km**. Die wird man – speziell bei Hitze – nicht immer ganz zu Fuß abklappern wollen. Wer pflastermüde wird, hat die Wahl zwischen Bus, Trolley, Taxi, *Monorail* oder Stadtrundfahrt, ➤ Seite 530.

Stratosphere Tower

www.stratospherehotel.com

Das obere Ende des *Strip* markiert der über 300 m hohe ***Stratosphere Tower***, dessen ***Observation Deck*** ($20) einen weiten Blick über die Stadt bis Lake Mead und die Fels- und Wüstenlandschaften der Umgebung bietet. Toll zum **Sonnenuntergang**! Ein Nervenkitzel dort oben in 250 m Höhe war schon die mittlerweile stillgelegte Achterbahn, aber sie wurde ersetzt durch »Schlimmeres«, nämlich ***Insanity***, eine Art Karussell mit Schwenkarmen, an denen die Fahrgäste weit über dem Rand der Plattform baumeln. Man kann sich außerdem für den ***Big Shot*** auch noch 45 m höher katapultieren lassen und für Sekunden den freien Fall erleben oder sich mit ***X-Scream***, einer »Rutschbahn«, die 12 m über den Rand des *Observation Deck* hinausragt und dann abgesenkt wird, schräg abwärts in die Tiefe rasen. Den Tod bereits vor Augen werden sie am Ende der Schiene wieder abgefangen.

Einzelne *Rides* auf allen drei Attraktionen kosten $25. Da kann man besser gleich das **Kombiticket** für die **Auffahrt auf den Turm** und eine **unbegrenzte Nutzung dieser drei *Thrills* für $40** kaufen plus ggf. $10 für ein *front-of-the-line-Ticket*.

Noch Wagemutigere springen per ***Skyjump*** an einem Kabel befestigt aus über 250 m Höhe vom Turm. Dieser weltweit höchste gesicherte Sprung funktioniert wie eine vertikale *Zipline* ($120).

Stratosphere X-Scream lässt die Passagiere in 250 m Höhe an einem Ausleger über den Rand der Plattform rollen und nach unten und oben schwenken

Der Nord-Strip nach dem Ende der Wirtschaftskrise

Nachdem am 16. Mai 2011 das *Sahara Casino* nach 59 Jahren seine Pforten geschlossen hatte, eröffnete dort im August 2014 das vom französischen Designer *Philippe Starck* entworfene ***Resort Hotel SLS***. Unweit südlich davon verschandelt die Bauruine des *Fontainebleau* das glamouröse Bild des *Las Vegas Strip* immer noch. Eine Fertigstellung ist offenbar in absehbarer Zeit nicht zu erwarten. Zumal nicht, da die bereits angeschaffte Ausstattung der Hotelzimmer verkauft wurde – hauptsächlich ans *Plaza* in *Downtown*, das damit kostengünstig ein *Remodelling* bestritt.

Noch etwas weiter südlich wurde der Nachfolgebau des altbekannten *Stardust*, ***The Echelon***, schon kurz nach Baubeginn gestoppt. In der Nachbarschaft stand früher das *New Frontier*, dessen geplanter Nachfolgebau, ***The Plaza***, erst gar nicht begonnen wurde. Und auch der auf demselben Areal angekündigte **zweite *Trump Tower* wurde nicht realisiert.**

Damit liegt der ***Stratosphere Tower*** nach wie vor eine Meile vom eigentlichen Stripbeginn entfernt, sieht man vom *SLS*, *Hilton Grand* und *Circus Circus* ab, die zusammen so etwas wie eine nördliche Vorhut der Glitzermeilen bilden, bevor es mit den verbundenen Resorts *Encore* und *Wynn* sowie gegenüber der *Fashion Show Mall* so »richtig« losgeht.

Ein Hoffnungsschimmer ist, dass die malaysische *Genting Group* die vom einstigen *Stardust Casino* hinterlassene Baulücke bis 2019 mit einer gigantischen asiatisch inspirierten ***Resorts World Las Vegas*** füllen möchte. Das ***Riviera Casino*** (aus dem Jahr 1955 mit über 2.000 Zimmern) schloss 2015 und wurde 2016 in zwei Sprengungen abgerissen, um u.a. einer Erweiterung des Kongresszentrums Platz zu machen. Im Zuge dessen wurde auch der Riviera Boulevard zu Ehren des *King of Rock'n Roll* in **Elvis Presley Boulevard** umbenannt.

Mit der 2016 eröffneten Open-Air-Konzertstätte ***Las Vegas Festival Grounds*** auf einem 16 Hektar großen Gelände nördlich des *Circus Circus* sowie den mittlerweile deutlich sichtbaren Baufortschritten an der erwähnten *Resorts World Las Vegas* wurde – zumindest vorläufig – das Ende der Krise eingeläutet.

Lucky Dragon

Ende 2016 eröffnete das 9-stöckige ***Lucky Dragon Hotel & Casino*** mit über 200 Zimmern und 23 Suiten an der 300 West Sahara Avenue. Der auffällig rundum rötlich verglaste 2.500 m² Komplex mit gelb-goldenen Elementen ist drinnen modern, zugleich unverkennbar ostasiatisch gestylt (Zimmer ab $80 Mo-Do). Sehenswert sind dort u.a. die Deckenlampions im Restaurant ***Dragons Alley***. Ein Teegarten unter freiem Himmel lädt zum Verweilen ein; © (702) 889-8018, www.luckydragonlv.com.

Wynn/ Encore

www.wynnlasvegas.com

Wynn und ***Encore*** sind zwei miteinander verbundene Kasinos der Luxus-Superlative (Baukosten $4,6 Mrd) zwischen dem *Venetian* und der Desert Inn Road schräg gegenüber der ***Fashion Show Mall***, ➤ Seite 573. Eine Fußgängerbrücke über den *Strip* verbindet beide Komplexe. Einzelheiten zu den Resorts *Wynn* und *Encore*, beide in den »Top 5« der höchsten Hotelbauten von Las Vegas, und Zimmertarifen ab $280 pro Nacht) stehen auf den Seiten 546ff.

Las Vegas Strip
Monorailbahn
Charleston Blvd
Old Nevada/ Red Rock Canyon
Utah/ Zion Park
Premium Outlets
Lou Ruvo Center
Downtown/ Fremont Experience
Stratosphere Tower
Las Vegas Blvd
599
Sahara Ave
Circus Circus RV Camping
Hilton Grand Suites
SLS Casino
Sahara Ave
Valley View Blvd
Circus Circus
Industrial Road
Hilton Grand
15
Convention Center
Desert Inn Road
The Strip
Trump Tower
Desert Inn Road
Fashion Show Mall
Encore
Spring Mtn. Road
Wynn
Treasure Island
Palazzo
Sands Ave
Venetian
Mirage
Madame Tussauds
Paradise Road
Harrah's
Gold Coast
Rio
The LINQ
Riesenrad
Caesars Palace
Flamingo
The Cromwell
Palms
Flamingo Road
Bally's
Flamingo Road
Bellagio
Paris
Hard Rock Café, Hotel & Casino
Cosmopolitan
Planet Hollywood
City Center
Harmon Ave
Koval Lane
Monte Carlo
Hard Rock Cafe
Hofbräuhaus Las Vegas
New York-New York
MGM
Tropicana Ave
Excalibur
Tropicana
Tropicana Ave
Luxor
Mandalay Bay
15
Dean Martin Drive
The Strip
Airport
N
0
1 km
Los Angeles
Las Vegas Outlet Center

Treasure Island
www.treasureisland.com

20 Jahre lang zählte die täglich gelaufene »Seeschlacht« zwischen Piraten, später Sirenen, vor dem ***Treasure Island***, einer »Schatzinsel« im karibischen Stil, zu den beliebtesten Gratisshows der Stadt. Entsprechend groß war die Enttäuschung, als dieses allabendliche Spektakel vor einigen Jahren eingestellt und durch eine *Shopping Mall* mit *Pharmacy Superstore* ersetzt wurde. Die Piratenschiffe in der hoteleigenen *Buccaneer Bay* am *Strip* blieben vorerst als nostalgische Relikte erhalten.

Mirage
www.mirage.com

Nachbar von *Treasure Island* ist das ***Mirage***, ehemalige Showheimat der deutschen Magier *Siegfried & Roy* und ihrer weißen Tiger. Seit einem Unfall 2003 gibt es die Show nicht mehr.

Ein Bummel durch die parkartig begrünten und blumenprächtigen Fluchten des Kasinos (*Tropical Rainforest*) gehört unbedingt aufs Las Vegas-Programm. Der beste Teil davon ist der nun nach den Magiern benannte *Secret Garden & Dolphin Habitat* – das kostet indessen $22 Eintritt, Kinder 4-12 Jahre $17.

Vor dem riesigen Komplex des *Mirage* bricht – Fr+Sa um 20, 21 und 22 Uhr, So-Do 20 und 21 Uhr – ein **Minivulkan** rotglühend aus. Meterhohe Flammen schießen in den Himmel und flüssige Lava ergießt sich zum donnernden Sound aus 60 Lautsprechern in den umgebenden ebenfalls pyrotechnisch aufbereiteten See.

Venetian
www.venetian.com

Gegenüber den Kasinos *Treasure Island/Mirage* gleiten Gondeln auf den Kanälen des ***Venetian*** unter der Rialtobrücke hindurch in einen stilechten italienischen Palast hinein. Ohne ***Campanile*** geht's da natürlich nicht, und die Shops gehören zum Feinsten. ***The Venetian*** und ***The Palazzo*** sind nicht nur durch den »Gondelsee« verbundene Nachbarn, sondern auch kapitalverflochten und

Venetian Casino links dahinter das Treasure Island und rechts das Palazzo

Vulkanausbruch vor dem Mirage

teilen das Showprogramm weitgehend miteinander. Der Gesamtkomplex bringt es auf über 7.000 Gästezimmer und -suiten.

Madame Tussauds

Beim *Venetian* steht auch ***Madame Tussauds***, ein alles andere als langweiliges Wachsfigurenkabinett. Seit der umfassenden Multi-Mio-Dollar-Generalüberholung gibt es das interaktive ***Marvel 4D Theater***. Darin müssen die Comic-Superhelden Las Vegas vor der Zerstörung bewahren, Spezialeffekte, Wasser und Wind inklusive.

Bond-Girl Halle Berry in Wachs

Beliebte Motive für Souvenirfotos sind die auf einer schwingenden Abrisskugel sitzende Sängerin *Miley Cyrus*, die in Abendgarderobe gekleideten und dicht nebeneinander stehenden Filmstars *Brad Pitt & Angelina Jolie* und die im funkelnden Goldkleid ihr Mikrofon in die Höhe streckende Vegas-Ikone *Céline Dion*. Sieben Themenwelten beziehen sich u.a. auf Hollywood-, Musik-, Film-, TV- und Sport-Stars. Eine eigene Vegas-Abteilung würdigt ***Elvis*** und ***Wayne Newton***. Ein neuerer Zu»wachs« ist Teenieschwarm ***Justin Bieber***. Speziell in Vegas hat das Unternehmen mit dem immer jüngeren Durchschnittsalter der Stadtbesucher zu kämpfen, aber das aktuelle Figurensortiment entspricht derart dem »Puls der Zeit«, dass auch 25-Jährige alle Figuren erkennen. Geöffnet täglich 10-21 Uhr; Eintritt $32, Kinder 4-12 Jahre $22; günstiger nach 17 Uhr oder mit *Coupon* bzw. Online-Rabatt: www.madametussauds.com/lasvegas.

Caesars Palace
caesars.com/caesars-palace

Obschon in die Jahre gekommen, kann der – römischen Palästen nachempfundene – Bau von ***Caesars*** immer noch innen wie außen ohne weiteres mit neueren Attraktionen mithalten. Insbesondere die pompösen hauseigenen ***Forum Shops*** mit 160 Läden und 10 Restaurants erfreuen sich großer Beliebtheit. Ebenfalls zur *Caesars*-Gruppe gehört gleich gegenüber die Shopping- und Vergnügungsmeile ***The LINQ*** samt dem 168 m hohen Riesenrad ***High Roller***; ➤ Kasten zu *Caesars* auf Seite 550f. Die bei Oldtimerfans beliebte ***Auto Collection*** hat im Dezember 2017 ihre Tore für immer geschlossen.

THE LINQ mit dem Riesenrad High Roller

Bellagio
www.bellagio.com

Südlich der Flamingo Road steht das ***Bellagio*** mit einer geräuschärmeren Variante der Spielsäle. Der Wintergarten im Kasino quillt über vor Blütenpracht und auf dem See direkt am *Strip* gibt's alle 15-30 min bis Mitternacht ein »Wasserballett« – anmutig wechselnde Fontänen von \`zig Metern Höhe zu meist klassischen Klängen. Wer im (nicht ganz billigen) *Bellagio* absteigt, sollte sich einen *Premier Fountain View Room* gönnen. Von diesem überblickt man die Wasserspiele und einen Teil des *Strip* – grandios bei Nacht!

Der schönste Blick auf die Glitzermetropole

Eine Stadt wie Las Vegas muss man auch »von oben« gesehen haben – vorzugsweise mit Einbruch der Dunkelheit, wenn die Kasinos nach und nach ihre Leuchtreklamen anknipsen und das funkelnde Lichtermeer sich über die City ausbreitet. Empfehlenswert ist dann gleich eine ganze Reihe von Aussichtspunkten:

- Der ***Eiffel Tower*** (140 m) für alle die zum Sonnenuntergang die *Bellagio*-Fontänen und einen Rundumblick auf den zentralen *Strip* genießen möchten; Gästen des ***Cosmopolitan*** mit *Strip*-Balkon bietet sich ein ähnliches Bild (➤ Seite 548).
- Noch höher hinauf als im ***High Roller*** (168 m) geht es beim ***Stratosphere Tower*** (250 m) mit 360°-Panorama über Stadt und umliegende Wüste (➤ Seite 555).
- Bars wie die ***Voodoo Lounge*** im *Rio*, der ***Foundation Room*** im *Mandalay Bay* oder die ***Mandarin Bar*** im *Mandarin Oriental Hotel* bieten auch eine sagenhafte Aussicht, ebenso die **Restaurants** des ***Palms Casino Resort*** (➤ Seite 570).
- Wer das nötige Kleingeld mitbringt und schwindelfrei ist, kann außerdem zu einer **nächtlichen Helikopter-Tour** abheben (➤ Seite 531).
- Völlig kostenlos hingegen ist der weitläufge Blick, der sich von der Anhöhe hinter dem ***Nevada Temple*** am östlichen Stadtrand eröffnet (827 Temple View Dr).

Das Design des riesigen ***Bellagio Spa*** (über 6.000 m²) im 2. OG basiert auf Erkenntnissen der Zen-Philosophie. Hinter einer schmalen Tür im Herrenpflegebereich verbirgt sich ein eindrucksvoller neoklassizistischer Ruhebalkon mit Blick über die Pool-Landschaft.

In der ***Jean Philippe Patisserie*** (*Spa Tower*) kann man die welthöchste »**Schokoladenfontäne**« bestaunen. In der freistehenden, verglasten gut 8 m hohen Skulptur ergießt sich kaskadenförmig flüssige Schokolade tonnenweise.

Bally's
www.caesars.com/ballys-las-vegas

Südlich des *Lifestyle*-Hotels ***The Cromwell*** (➤ Seite 552) breiten sich vor dem ***Bally's*** die ***Grand Bazaar Shops*** aus mit wellenförmigen Dächern voller bunter Mosaike und über 120 Shops, Restaurants und Bars. Prachtstück ist der ***Swarovski Crystal Starburst***, ein Turm über dem gleichnamigen *Shop* mit greller *Sound- & Lightshow* um 21 Uhr und Mitternacht; www.grandbazaarshops.com.

Ein Tipp ist dort die Show ***Wayne Newton – Up Close and Personal***, in der »Mr. Las Vegas« (➤ Seite 567) seine Hits kombiniert mit Videoausschnitten und historischen Fotos charmant-amüsant präsentiert; Tickets ab $70.

Paris
www.caesars.com/paris-las-vegas

Gleich nebenan ragt beim ***Paris*** der Eiffelturm empor, zwar nur in einer 50%-Version, aber dennoch ziemlich eindrucksvoll. Vom **Aussichtsdeck** ($16, abends $22; mit *Coupon* billiger) oder vom etwas weiter unten angesiedelten **Gourmet-Restaurant** hat man einen herrlichen Blick auf den *Strip* und die tanzenden *Bellagio*-Fontänen. Es ist einer der besten Plätze um den **Sonnenuntergang** zu erleben (und obendrein preiswerter als der *High Roller*, ➤ links).

Blick vom »Eiffelturm« übers Wasserballett auf Bellagio und Caesars Palace

Planet Hollywood

Unmittelbar neben dem *Paris* steht heute auf dem Gelände des ehemaligen *Aladdin Hotel* das ***Planet Hollywood Hotel & Casino*** mitsamt trendigen ***Miracle Mile Shops***; ➤ Kasten Seite 554.

CityCenter/ Cosmopolitan

Architektonisch komplett aus dem gewohnten Rahmen fallen das ***CityCenter*** (➤ Kasten Seite 542f) und nebenan das nur kurz danach errichtete ***The Cosmopolitan***, ➤ Seite 544.

Park MGM

www.parkmgm.com

Das *Monte Carlo* wird derzeit generalüberholt. 2.700 Zimmer sollen ab Frühjahr 2018 zum neuen ***Park MGM*** gehören und knapp 300 zu einem zweiten Kasinohotel (***NoMad***). Das Herzstück der Luxus-Anlagen ist die seit 2016 zugängliche acht Hektar große, **grüne Parkanlage** mit nachts toll beleuchteten Kunstinstallationen und einem ***Beerhaus*** mit über 20 Biersorten *on tap* (vom Fass), darunter auch *craft beer* von kleineren lokalen Brauereien.

Die ***T-Mobile Arena*** mit 20.000 Sitzplätzen am westlichen Ende des Parks dient als Austragungsort von Sport-Events (Boxkämpfen, etc.), Misswahlen sowie Rock-, Pop- und Country-Konzerten.

14 Jahre war Super-Magier Lance Burton das Aushängeschild des Casinos. Heute sorgen im neu renovierten ***Park Theater*** Musikgrößen wie *Lady Gaga*, *Cher* oder *Bruno Mars* für Unterhaltung, www.theparkvegas.com/en/entertainment.html.

New York New York

www.newyorknewyork.com

Der Komplex ***New York New York*** an der Ecke Tropicana Ave wird von einer feingliedrigen steilen **Achterbahn** umrundet ($15 für 3 min). Eine 75%-Replika der **Freiheitsstatue** und eine 100 m lange ***Brooklyn Bridge*** sind die Zutaten zur *Skyscraper*-Kulisse. Die Gäste übernachten im *Empire State Building* und anderen bekannten Hochhäusern. Eine Fußgängerbrücke über den *Strip* verbindet *NYNY* mit dem *MGM*, eine zweite mit dem *Excalibur*.

New York-New York Hotel & Casino mit einer den Komplex umrundenden Achterbahn

Märchenschloss des Excalibur an der Ecke Las Vegas Blvd/ Tropicana Ave

Excalibur

www.excalibur.com

Ebensowenig wie *Treasure Island* verheimlicht das burgartige ***Excalibur*** die Anleihen bei *Disneyland*, so das ***Fun Dungeon***, ein kleiner, eher auf Kinder zugeschnittener *Indoor Amusementpark* im Tiefgeschoss. Beim ***Tournament of Kings*** sind in erster Linie die reiterischen Leistungen sehenswert, das mittelalterliche ***Dinner*** eher Nebensache; Zeiten: Mo+Fr 18 Uhr, Mi-Do + Sa-So 18 und 20.30 Uhr; Tickets ab $42, mit Abendessen $67; Reservierung online oder © (702) 597-7600.

MGM

www.mgmgrand.com

Diagonal gegenüber dem *Excalibur* sitzt der ***MGM*-Goldlöwe** vor einem grünen Palast enormen Ausmaßes, ➤ Foto Seite 532. Der frühere *Amusementpark* im Außengelände hinter dem Hotelkomplex wich u.a. dem ***Wet Republic Pool***, einem *Day Club* mit Planschparkelementen und teurer Gastronomie. Angesagt ist im *MGM* vor allem der **Megaclub *Hakkasan***, ➤ Kasten Seite 541.

Ein weiterer Publikumsmagnet ist die Show ***CSI: The Experience***, die auf der auch bei uns laufenden TV-Serie basiert. Gäste übernehmen darin die Rolle eines Ermittlers, der eins von drei Verbrechen lösen muss. Dabei stehen ihm perfekt ausgestattete *Hightech*-Labors zur Verfügung. Bei Erfolg erhält er/sie am Ende ein *CSI Diploma*. Täglich 9-21 Uhr; Dauer 60-90 min; Eintritt $28; www.mgmgrand.com/en/entertainment/csi-the-experience.html.

Neben der ***Cirque du Soleil*** Show ***»KA«*** sind im *MGM* speziell die bei uns kaum bekannten Performance-Künstler ***Jabbawockeez*** sehenswert. Markenzeichen sind weiße Handschuhe und Masken. Keine andere Combo lässt Bewegung und Musik, *Breakdance* und *Hip Hop* besser miteinander harmonieren; Tickets und weitere Infos unter www.mgmgrand.com/en/entertainment.html.

Vintage Fernsehserien-Tipp: VEGA$

Seinen roten 1957er *Ford Thunderbird* parkt *Dan Tanna* (*Robert Urich*) keck in seinem Wohnzimmer. Der stadtbekannte Serien-Privatdetektiv in Jeans und Jackett betreibt seine Ermittlungen aus einem umgewandelten Requisitenwarenlager des früheren Kasinos *Desert Inn* heraus. Unterstützt wird er dabei von seinen Assistentinnen *Beatrice Travis* (*Phyllis Davis*) und der einfältigen *Angie* (*Judy Landers*), beides Showgirls. Der tollpatschige, jedoch zuverlässige *Sidekick »Binzer«* (*Bart Bravermann*), ein *Desert Inn Poolboy*, erledigt die nötige Laufarbeit. *Dan's* Autotelefon und automatischer Anrufbeantworter waren in der damaligen Zeit höchst moderne, gar futuristische *Gadgets*. Das Warenlager mit Büro wurde mittlerweile leider abgerissen; es befand sich unmittelbar südwestlich des *Hilton Grand Vacations*, einzig getrennt vom *Strip* durch eine ebenfalls abgerissene Filiale der *Bank of America*.

Die insgesamt 69 Folgen gelten insgesamt als erste vollständig in Las Vegas produzierte Fernsehserie (sieht man mal von Ausnahmefolgen in Hawaii und San Francisco ab). Sie wurde ab Ende der 1970er-Jahre in den USA auf *ABC* und bei uns Anfang der 1980er-Jahre im ZDF ausgestrahlt.

Diese Serie liefert uns heute einen einzigartigen faszinierend unverfälschten *Live*-Einblick in ein längst vergangenes Vegas und sorgt dank der überwiegend guten Drehbücher für spannende Unterhaltung. Die DVD-Boxen der drei Staffeln mit deutscher Synchronisation sind bei uns im Handel erhältlich.

Tropicana
www.troplv.com

Im gegenüberliegenden ***Tropicana*** (Fußgängerbrücke über den *Strip*) hat sich dank einer erheblichen Auffrischung viel getan: schwer zu erahnen ist die von den Gebäuden des Resorts umgebene 16.000 m² große tropische Poollandschaft ***Havana Room & Beach Club***, ein schicker *Day Club* mit Wasser-*Blackjack*.

Nach einem Eigentümerwechsel wurde das zuvor groß angekündigte Einkaufszentrum *The Shops at the New Tropicana* nicht errichtet. Dadurch blieb zum Glück die unbedingt sehenswerte fast 400 m² große Buntglasdecke des Kasinos im *Art Nouveau* Redesign erhalten. Sie war 1979 zur damals noch horrenden Summe von über $1 Mio. installiert worden.

Luxor
www.luxor.com

Die 110 m hohe Pyramide von ***Luxor*** mit der ***Sphinx*** am Eingang und nächtlichem Laserstrahl aus der Spitze heraus ist nach wie vor eines der eindrucksvollsten Bauwerke am *Strip* und ein prima Fotomotiv obendrein. Hinter der verspiegelten Fassade verbergen sich die »schiefen« Hotelzimmer und *Inclinators* (schräg fahrende Aufzüge). Der ***Luxor Sky Beam*** ist so stark, dass er selbst von Piloten, die über der 400 km entfernten Metropole von Los Angeles kreisen, noch wahrgenommen wird.

Körperwelten

Bis 2018 ist im *Luxor* die Ausstellung der ***Bodies*** zu sehen, mittels sog. Plastination »haltbar gemachte« Leichen. Diese in Deutschland unter dem Namen »Körperwelten« durch *Gunter von Hagen* bekannt gewordene Präsentation ist für manche faszinierend, für viele eher ein Gruselkabinett; $32/$24, täglich 10-22 Uhr.

»Innenleben« der Luxor Pyramide

Sehenswerte *Showacts* im *Luxor* sind zum einen die Vorführungen der ***Blue Man Group***, einer heute weltweit bekannten Gruppe komplett blau »eingefärbter« stummer Performancekünstler und Musiker, und zum anderen die Zaubershow ***MindFreak*** des amerikanische Illusionisten ***Chris Angel***, der durch seine gleichnamige Fernsehshow bekannt wurde.

Auch die Shows der ***Fantasy* Girls**, fast schon eine Institution des Hauses, sind ansehenswert.

Eine Fläche von fast 1.000 m² hat das Restaurant ***Rice & Company*** mit chinesischer und japanischer Küche inkl. *Sushi* und *Sake* (ab 17 Uhr, 2. Etage Nähe Zugang zu *The Shoppes at Mandalay Bay*).

Von den schrägen Strip-Zimmern des Luxor fällt der Blick auf Sphinx und Flughafen

Mandalay Bay/Delano
www.mandalaybay.com

Das ***Mandalay Bay*** südlich des *Luxor* ist mit ihm und dem *Excalibur* über eine Monorail-Bahn verbunden. Kennzeichen des Komplexes ist eine Strand-/Badelandschaft in einem tropischen Park mit *Open-air Casino* und Oben-ohne-Bereich (!). Hinter den Spielsälen versteckt sich das ***Shark Reef***, ein tolles **Aquarium** ($25/$19).

Über einen Verbindungsgang gelangt man ins trendige ***Delano*** mit 1.000 luxuriösen Zimmern, 50 Penthäusern und jeder Menge ansprechender Kunstinstallationen; www.delanolasvegas.com.

Im ***Aureole Restaurant*** werden Weinflaschen nicht aus dem Keller, sondern von am Seilzug hängenden Damen aus einem 15 m hohen »Weinturm« geholt.

Harley Davidson

Südlich des *Mandalay Bay* und unweit des ***»Welcome to Faboulus Las Vegas«* Schildes** (➤ Foto Seite 523) hat der Motorradhersteller ***Harley Davidson*** auf fast 5.000 m² eine repräsentive Handelsvertretung mit Verkauf, Verleih und Präsentationsflächen für die Motorräder, Kleidung und Accessoires der legendären Marke; 5191 S Las Vegas Blvd; www.lasvegasharleydavidson.com.

Shelby Sportwagen

Über die nächste Querstraße (Sunset Rd) gelangt man in Richtung I-15 zum US-Automobilhersteller ***Shelby America***. Das Unternehmen, 1962 von Rennfahrer und Geschäftsmann *Carroll Shelby* gegründet, baut dort bis zu 75 Fahrzeuge pro Jahr und tunt mehr als die fünffache Menge. Die **Supersportwagen** sind in einer Wechselausstellung zu sehen, darunter der erste *Cobra Shelby CSX2000* und das bis zu 500 PS starke *Muscle-Car GT500 King of the Road*. Für Fans gibt es kostenlose Touren (ohne Voranmeldung) durch die Autosammlung und Produktion; Mo-Fr 10.30 und 13.30 Uhr sowie Sa 10.30 Uhr; 6405 Ensworth Street, www.shelbyamerican.com.

Circus Circus

Die Vorzüge **anderer Kasinos** verblassen im Licht all dieser Attraktionen. Von ihnen ist noch das ***Circus Circus*** (www.circuscircus.com) mit dem ***Adventure Dome***, einem Jahrmarkt unter einer rotviolett glänzenden Riesenkuppel erwähnenswert. Für dessen ***El-Loco*-Achterbahn** waren 2.000 Testfahrten nötig! Der *All Day Ride Pass* kostet dort $33, Kinder unter 1,22 m zahlen $19; www.adventuredome.com.

Hausbesuch bei »Mr. Las Vegas« Wayne Newton

Etwa 4 mi östlich des *Strip* öffnete Ende 2015 nach langen Jahren der Planung die Vegas-Ikone ***Wayne Newton*** (Show-Tipp ➤ *Bally's*, Seite 561) sein herrschaftliches Anwesen – überregional bekannt als ***Casa de Shenandoah*** – für Besuchertouren. *Mr. Las Vegas* blickt auf eine über 50-jährige Karriere im *Showbiz* zurück. Seinem Erstauftritt im Jahr 1958 im *Fremont Casino* folgten bis 1994 insgesamt 25.000 Shows in Las Vegas, dann ab 1999 ein 10 Jahres-Vertrag mit dem damaligen *Stardust Casino*, seine Show »*Once before I go*« im *Tropicana* sowie das Comeback 2016 im *Bally's*. Bis dato hat *Newton* allein in Las Vegas über 30.000 Shows absolviert. Nebenbei spielte er in unzähligen Filmproduktionen mit, darunter *Vegas Vacation* (1997) und *The Hangover* (2009), sowie in TV-Serien wie *Bonanza*, *Fackeln im Sturm* oder *Vega$*.

Besonders geschätzt wird der Entertainer mit indianischen Wurzeln wegen seiner Auftritte für US-Truppen im Ausland, seiner ausgeprägten Tierliebe (besonders für Pferde) und seinem Markenzeichen, einer stets galant-charmanten Art alter Schule. Hits wie *Danke Schoen* (1963) oder *Red Roses for a Blue Lady* (1965) bleiben unvergessen. Zu den illustren Gästen des Hauses zählten bereits Präsidenten, Könige und zahllose Prominente. *Michael Jackson* etwa soll nach einem Besuch bei seinem *Show*-Kollegen total begeistert gewesen sein.

Wayne Newton hatte bereits 1966 begonnen, Parzellen für das heute 21 Hektar große Anwesen im damals noch völlig unbesiedelten Niemandsland zu erwerben. Während der Bauarbeiten an der Villa 1976 entdeckte man Quellen unter dem Grundstück, die bis heute auch den nahen *Sunset Park* grün halten.

Den Besuchern, die mit einem *Shuttle*-Bus vom gegenüberliegenden *Visitor Center* (Mo-Sa 9:30-17 Uhr) die weiß-goldenen Tore zum Anwesen passieren, bietet sich ein – in Anbetracht der hier an sich vorherrschenden Wüstenvegetation – erstaunlich grünes Bild: ausgedehnte Rasenflächen mit geschickt verteiltem Baumbestand einschließlich in Las Vegas unabdingbarer Palmen, unterbrochen durch Teiche samt Fontänen. Eine schattige Allee führt direkt zur bombastischen Villa des Stars. Und dann wären da noch die Stallungen mit reinrassigen Araberpferden, ein Freiluftzoo voller exotischer Tiere, *Newtons* Kunstsammlung, Privatjet und ein Wagenpark voller *Rolls Royce*, *Bentleys* u.a.; Mo-Sa 9.30-16 Uhr; letzte Besichtigung 15 Uhr, Touren $25-$79, Kinder bis 12 $5-$15; © (702) 547-4811, www.casadeshenandoah.com.

Autor Markus Hundt mit Wayne Newton im Shenandoah Mansion

Oscar Goodman: vom Mafia-Anwalt zum Bürgermeister

Ein gepflegter Nadelstreifenanzug, Showgirls an beiden Armen und ein Glas *Bombay Sapphire Gin Martini* in der Hand waren seine Markenzeichen. Bereits im Jahr 1964 war der damalige Junganwalt *Oscar Goodman* zusammen mit seiner Frau *Carolyn* von Philadelphia nach Las Vegas gezogen. Die erfolgreiche Strafverteidigung des Stiefbruders, einer damals bekannten Unterweltgröße, und *Goodmans* detaillierte Kenntnis der Abhörgesetze machten ihn zum favorisierten ***»Mob-Lawyer«*** (Mafia-Anwalt).

In der Folge vertrat er schillernde Figuren des organisierten Verbrechens wie *Meyer Lansky*, *Frank »Lefty« Rosenthal* und den gewalttätigen Chicagoer Mafia-Hitman *Anthony Spilotro (»Tony the Ant«)*. Letztere beiden wurden im halbfiktionellen **Mafiaepos *Casino*** (1995) von Martin Scorsese durch *Robert de Niro* und *Joe Pesci* portraitiert.

Im Fall des Drogenkönigs *Jimmy Chagra*, dem die Anordnung der Ermordung des Bundesrichters *John Wood Jr.* vorgeworfen wurde, bewirkte *Goodman* einen Freispruch. Viel zu oft versuchten, so *Goodman*, die Strafverfolgungsbehörden selbst, das Recht zu »biegen«. Als *Mike Tyson* 1997 *Evander Holyfield* beim Boxkampf in der *MGM Grand Arena* ein Stück vom Ohr abgebissen hatte, rettete *Goodman* dessen Sportkarriere: Tyson kam mit nur einem Jahr Boxverbot und $3 Mio Geldstrafe davon.

Nach über 35 Jahren als Strafverteidiger wurde *Goodman* 1999 mit über 60% der Wählerstimmen zum **Bürgermeister von Las Vegas** gewählt. Nach zwei Wiederwahlen und der Höchstgrenze von 12 Jahren im Amt, wurde **2011 seine Frau *Carolyn* neues Stadtoberhaupt**. Sein wichtigstes Anliegen war die Revitalisierung der seinerzeit `runtergekommenen *Downtown*, was ihm einigermaßen gelang. Der von *Goodman* verantwortete Zuzug von Online-Händler *Zappos* ins alte Rathaus mit weit über 1.000 Angestellten gilt als Meilenstein in der *Downtown*-Renaissance. Nicht mehrheitsfähig war *Goodmans* Wunsch, Drogen und Prostitution zu legalisieren. Zu nationaler Bekanntheit brachte er es durch eine Auseinandersetzung mit Präsident *Barack Obama*, nachdem dieser in einer Rede verächtlich über Abstecher nach Las Vegas gesprochen hatte.

Im markanten *Dome* des *Plaza Hotel & Casino* am Ende der Fremont Street in *Downtown* gibt's in ***Goodman's Steakhouse*** mit Bar ***»Oscar's«*** auch Erinnerungsstücke aus seiner Dienstzeit und historische Stadtaufnahmen.

Die Autobiografie *»Being Oscar«* (*Perseus Books Group*) ist prall gefüllt mit strafrechtlichen und stadthistorischen Anekdoten (ca. €14, als E-Book €8).

3

3.1.4 Abseits des »Strip«

Downtown

Fremont Street Experience

Die Kasinos in ***Downtown*** (vor allem in der Fußgängerzone der Fremont Street) sind durchweg weniger spektakulär als die Konkurrenz am *Strip*, liegen aber dicht an dicht und bilden im abendlichen Lichterglanz ein attraktives **Fotomotiv**. Bei Dunkelheit werden jeweils zur vollen Stunde tolle ***Light & Sound Shows*** (mal ansehen unter »*YouTube*«) unter die ganze Dachlänge von ca. 300 m projiziert. Dieses Spektakel wurde schon in den 1990er-Jahren installiert, um Las Vegas-Besucher nicht völlig an die Superpaläste der Konkurrenz am *Las Vegas Strip* zu verlieren, und seither kontinuierlich technisch »aufgerüstet«; ➤ www.vegasexperience.com.

In der Fußgängerzone unter dem Fremont Street Canopy

Am Seil über die Fremont Mall

Das gleiche Ziel verfolgte auch die schon vor Jahren errichtete und rasch populär gewordene ***Downtown Zipline***. Aber die Stadt wollte das Geschäft lieber selbst machen, ließ die temporäre Genehmigung des Betreibers auslaufen, ließ eine eigene *Zipline* bauen und gab ihr die schöne Bezeichnung ***SlotZilla***.

Der mit fast 40 m Höhe »weltgrößte Spielautomat« steht in der Fremont Street östlich der 4th St und spuckt seine »Fluggäste« auf zwei Ebenen aus. An den unteren Seilen (in 20 m Höhe) gleitet man in Sitzposition ca. 260 m weit zur Zwischenlandeplattform ($20-$25).

Mutige starten in ausgestreckter Supermann-Position von der oberen Ebene (35 m) und fliegen nur wenig unterhalb des *Fremont Street Canopy* mit bis zu 60 km/h 520 m weit ($40-$45).

www.vegasexperience.com/slotzilla-zip-line/.

The Palms Casino Resort www.palms.com

Das ***Palms Casino Resort*** liegt knapp 3 km westlich des *Strip* (Anfahrt per Taxi $15, mit *Uber Pool* ab $7). Weltweit berühmt wurde es, speziell sein (erster) *Tower*, dank der *MTV*-Serie »*The Real World*«. Das *Palms* gehört zu den wenigen Resorts, die trotz ihrer Lage abseits des Las Vegas Blvd bei Prominenten, Touristen und Einheimischen gleichermaßen populär sind. Dort begann der »Nachtclubtrend«. Die *Ghostbar* im 55. Stock bestach durch einen 360°-Rundumblick auf Las Vegas und im Außenbereich durch den Glasboden in die Tiefe. Im Herbst 2017 schlossen überraschend sowohl die **Bar** als auch das speziell bei *Celebrities* beliebte ***Steakhouse N9NE***. Es ist damit zu rechnen, dass beide Örtlichkeiten 2018 wieder – in welcher Form auch immer – reaktiviert werden. Die einschneidenden Änderungen im *Palms* (zu denen auch verschlechterte Parkbedingungen für Nicht-Mitglieder des *Playerclub* in der *East Parking Garage* zählen), hängen mit einem Eigentümerwechsel zusammen.

Das französische Gourmetrestaurant ***Alizé*** bietet seinen Gästen weiterhin eine spektakuläre Aussicht über Las Vegas. ***Nove Italiano*** zelebriert gehobene italienische Küche in minimalistisch-elegantem Ambiente mit ebenfalls tollem Blick. Beide Lokale landeten 2016 in der Top 100 der romantischsten US-Restaurants. Am ***Palms Pool*** öffnete jüngst die weltgrößte ***Hooters*-Filiale**. Die direkt an den rund um die Uhr (!) geöffneten *Palms Foodcourt* »***The Eatery***« angrenzenden ***Brenden Theatres*** bestehen aus 14 hauseigenen Kinos mit *IMAX* und *IMAX 3D*.

Wer richtig luxuriös unterkommen möchte, mietet im zweiten Hotelturm (*Fantasy Tower*) für $20.000/Nacht die ***Two Story Sky Villa***, Quartiere mit eigenem Basketballplatz oder Bowlingbahn oder die pinkfarbene ***Barbie Suite***.

Tipp: Die *Premier Rooms* (ab $129) gehören zu den besten Gästezimmern in Vegas.

Das hauseigene ***Recording Studio*** diente u.a. schon *Celine Dion* und *Michael Jackson* für die Produktion ihrer Hits.

Der ***PalmsPlace Tower*** birgt 599 Suiten auf 58 Stockwerken. Vom ***Palms Place Café 6*** im 6. OG hat man eine Bilderbuchaussicht durch raumhohe Fenster auf die Poollandschaft des Resorts. **Tipp**: die intime ***Rojo-Lounge*** (*Lobby*).

Container Park

Die Verlängerung der Fremont Street östlich des Las Vegas Blvd führt zum ***Downtown Container Park*** (an der Ecke 7th Street, keine 150 m entfernt). Dort warten Geschäfte (u.a. Kunsthandwerk), Bars und Cafés in einer *Open-Air-Mall* aus übereinandergestapelten Containern, die normalerweise bei Baustellen oder Umzügen Einsatz finden. Während die Eltern shoppen, können sich die Kinder auf dem Baumhaus-Abenteuer-Spielplatz austoben; www.downtowncontainerpark.com.

Arts District Zwischen *Downtown* und dem *Stratosphere Tower* erstreckt sich beidseitig des West Charleston Blvd der ***Arts District*** mit auffällig bunt bemalten Hausfassaden und zahlreichen alternativen Läden sowie Kunstgalerien. Seit ein paar Jahren findet dort jeweils Ende September der mehrtägige Musik-, Art- und Kulinarik-Event »***Live is Beautiful***« statt mit großem Staraufgebot aus der *Pop, Rock, Electronic Dance* und *Hip Hop*-Szene; www.lifeisbeautiful.com.

Burlesque Museum Dort präsentiert an der 1027 South Main St auch ***The Burlesque Hall of Fame*** die Historie dieser speziellen Form erotischer Shows mit ihrem nur angedeuteten Striptease. Dieses Museum wurde bis zu ihrem Tod im Jahre 2013 von ***Dixie Evans***, einst berühmt als *Marilyn Monroe of Burlesque*, höchstpersönlich betrieben. Es hat geöffnet Di-Sa 10-18 Uhr und am ersten Freitag des Monats bis 21 Uhr (So+Mo geschlossen). Es wird kein Eintritt verlangt, aber $5 Spende erwartet; www.burlesquehall.com.

Smith Center Auf der Westseite der Eisenbahngleise in *Downtown* (361 Symphony Park) steht das ***Smith Center for the Performing Arts*** (www.thesmithcenter.com). Das Gebäude im Art-Deco-Stil aus Kalkstein mit markantem 16-stöckigem Glockenturm ist neues Stammhaus der **Las Vegas Philharmoniker** (!) und des Nevada Balletts.

Lou Ruvo Center Das auffällige Gebäude ganz in der Nähe (888 W Bonneville Ave/ Grand Central Parkway schräg gegenüber den *Premium Outlets*, ➤ Seite 573) mit seinen für Star-Architekt ***Frank Gehry*** typischen silbrig-schimmernden geschwungenen Außenfassaden (➤ Seite 406, Foto der *Disney Concert Hall*) beherbergt das *Cleveland Clinic Lou Ruvo Center for Brain Health*; www.keepmemoryalive.org.

Mob Museum In einem neoklassizistischen Bau von 1933 an der 300 Stewart Ave (zwei Blocks nördlich der Fremont Street) wird im ***Museum of Organized Crime and Law Enforcement*** – kurz ***Mob*** – die Geschichte

Lou Ruvo Center for Brain Health

der Mafia anhand von multimedialen Präsentationen und zahlreichen Artefakten lebendig. Dazu zählen Waffen, Schmuck, historische Fotografien und martialische Memorabilia wie etwa der Friseurstuhl, auf dem 1957 in New York *Albert Anastasia* ermordert wurde. Außerdem geht es dort um bekannte Gangster wie *Bugsy Siegel* oder *Al Capone* ebenso wie um ihre Gegenspieler, sonst weniger gewürdigte Strafverfolger wie z.B. *Edgar Hoover* oder *Joe Pistone*. Geöffnet täglich 9-21 Uhr; $24, Kinder $16, online etwas günstiger; www.themobmuseum.org.

Neon Museum

Über 150 ausgedienten Reklametafeln und Hotelbeleuchtungen wird im ***Boneyard Park***, dem »**Neonfriedhof**« von Las Vegas nördlich der #95, die letzte Ehre erwiesen. Viele einst bekannte Motive wie beispielsweise der Schuh des *Silver Slipper* oder die Teelampe des *Aladdin* zählen zum Fundus. Einstündige Führungen durch das Gelände mehrfach täglich $15-$19, Abendtouren $22-$28; keine Rucksäcke oder Fototaschen erlaubt. Mit Stativ darf nur bei den deutlich teureren *Photo Walks* ($50) fotografiert werden. Alle Touren sind sehr beliebt, daher ist eine Vorab-Reservierung angeraten, am besten online unter www.neonmuseum.org.

La Concha Visitor Center des Neon Boneyard Park

Das dazugehörige Besucherzentrum am 770 Las Vegas Blvd North (Ecke Mc Williams Ave) wurde in der architektonisch ungewöhnlichen Lobby des früheren ***La Concha*** *Motel* untergebracht.

Kasinos abseits von Strip und Fremont Street

Von der I-15 erkennt man gut, dass auch abseits des *Strip* weitere, in einigen Fällen durchaus ansehnliche Kasinos stehen, darunter das ***The Orleans*** mit einem ***French Quarter*** an der Tropicana Ave und das ***Rio Hotel*** an der Flamingo Rd unweit der Autobahn.

Empfehlenswert ist die ***Voodoo Lounge*** im 51. Stock des ***Rio*** mit grandiosem Weitblick (Eintritt; Auffahrt im gläsernen Außenaufzug). Eine verrückte Sache ist dort die ***Voodoo Zipline***, die jeweils zwei Gäste mit über 50 km/h vom Dach des 51-stöckigen *Masquerade Tower* (150 m hoch) hinunter zum 20-stöckigen *Ipanema Tower* katapultiert. Danach geht's per motorisiertem Seilzug mit 30 km/h die 500 m wieder zurück. Der kurze Spaß kostet $28. Speziell der »Abflug« von der Hochhauskante ist nur was für Schwindelfreie; www.voodoozipline.com.

Fashion Show Mall in Las Vegas mit UFO-artigem Vordach

Sonstiges

Shopping Malls

Wie überall in den USA findet man auch in Vegas große Einkaufszentren an den Ausfallstraßen. Am *Strip,* 3200 South Las Vegas Blvd, liegt in Ergänzung der diversen Einkaufspassagen in den Kasinos die enorme ***Fashion Show Mall***: 250 Läden inkl. 25 Restaurants und 8 Kaufhäusern mit Modenschau an ausgewählten Wochenenden; www.thefashion show.com.

Immer schon etwas ganz Besonderes waren die ***Forum Shops*** im *Caesars* (www.simon.com/mall/the-forum-shops-at-caesars).

Architektonisch interessant sind auch die *Shopping Mall* ***The Crystals*** im *CityCenter* (www.theshopsatcrystals.com) sowie der bereits erwähnte ***Container Park*** (➤ Seite 570) in *Downtown.*

Outlet Malls

Eine gute Meile südlich des letzten Großkasinos am South Las Vegas Boulevard stehen die ***Premium Outlets South*** mit rund 140 Rabatt-Geschäften. Noch mehr Shops haben die ***Premium Outlets North*** am 875 South Grand Central Pkwy (Abfahrt #41 bzw. #41B/West Charleston Blvd von der I-15). Beide findet man im Internet unter www.premiumoutlets.com.

»Nachtleben«

Überraschend für eine Stadt wie Las Vegas ist das Schattendasein »härterer« Abendunterhaltung. Zwar gaukeln Werbung und gratis allerorten ausliegende einschlägige Magazine ein erotisch aufregendes Nachtleben vor, aber lediglich eine Handvoll sogenannter ***Gentlemen's Clubs*** existiert in der engeren Umgebung des »sauberen« *Strip,* wo in den spätabendlichen Shows der Kasinos »schlimmstenfalls« auf einigen Bühnen oben ohne oder in hautfarbenen Trikots getanzt wird. Die meisten *Gentlemen's Clubs* liegen an der Industrial Road zwischen *Strip* und *Interstate* #15.

Buchtipp: »Lost in Las Vegas« – Immigration, Mode und Lokales

Die attraktive dunkelhaarige Frau im cremefarbenen durchsichtigen Tüllkleid mit Militärfallschirm und Vintage-Handschuhen mitten in der Wüste ist eine zeitgemäße Neuinterpretation der *Miss Atomic Bomb*, zu der einst *Lee Merlin* gekürt worden war. In ihrem **Bildband »Lost in Las Vegas«** verknüpft die Modedesignerin ***Ermelinda Manos*** gekonnt die Lieblingsdesigns ihrer vergangenen Kollektionen mit Retro-Accessoires sowie bekannten und weniger bekannten Orten der Lokalgeschichte. Dabei überlässt sie die visuelle Hauptrolle dem Topmodel *Alicia Hall*.

Ermelinda Manos wurde in Albanien geboren und wuchs in Griechenland auf, bevor sie mit ihren Eltern in Hoffnung auf größeren Wohlstand im Alter von 12 Jahren nach Las Vegas zog. Dort wohnte die Familie zunächst eine Zeitlang im *Circus Circus*, bis sie sich einen Umzug in den vornehmen Vorort Summerlin leisten konnte. Doch ein Gericht entzog ihrer Mutter und damit auch ihr den rechtmäßigen Einwanderungsstatus. Damit unterlag *Manos* dem *DACA*-Programm (*Deferred Action for Childhood Arrivals*), nach dem die Abschiebung illegaler Immigranten, die noch nicht älter als 16 Jahre waren, zwei Jahre aufgeschoben werden konnte, wenn sie sich für eine Arbeitserlaubnis qualifizierten. Dieser Schutzstatus ließ sich jedoch nur dann aufrechterhalten, wenn regelmäßig neu gestellte Anträge jeweils positiv beschieden wurden. 2017 ordnete Präsident *Trump* jedoch die Beendigung dieses Programmes an. Findet der amerikanische Kongress bis März 2018 keine Regelung, wären dann geschätzt hunderttausende Migranten von der Abschiebung betroffen.

Manos erwarb einen Bachelor im Bereich Kunst und Modedesign sowie einen Master in Philosophie. Sie arbeitete für *Chanel*, *Teen Vogue* und *Miss Universe* bevor sie 2009 auf der *LA Fashion Week* offiziell ihr neues **Modelabel *»Ermelinda Manos Designs«*** mit festlicher Abendkleidung für die »Frau von Welt« einer breiteren Öffentlichkeit vorstellte.

Das Buch ist betroffenen Immigranten (auch ***Dreamers*** genannt) gewidmet und soll ihnen Mut machen, an ihren Träumen festzuhalten. Denn es sind – so die Autorin – gerade die verletzlichen Momente, »die unseren Charakter formen und uns klüger machen. Schwächen werden zu Stärken, Fehler zu Lebenslektionen.« Insofern ist es nicht wirklich verwunderlich, wenn am Ende offen bleibt, ob die bildschöne Protagonistin Las Vegas nach ihrem modischen Streifzug verlässt oder eben nicht. Schicksale ereignen sich ohnehin zumeist individuell.

Lost in Las Vegas präsentiert neben optisch reizvollen Modeaufnahmen von *Anthony Mair* noch eine Reihe unterhaltsamer Lokalanekdoten und kostet $39,98; www.lostinlasvegasbook.com. Das Buch kann – nach vorheriger Anmeldung per E-Mail unter info@lostinlasvegasbook.com – auch portofrei im Studio der Künstlerin in Las Vegas abgeholt werden.

Gentlemen's Clubs

Ein wichtige Unterscheidung ist in den *Gentlemen's Clubs*: *Topless* oder *Nude*. Von den insgesamt etwa 30 Stripclubs stadtweit sind etwa 2/3 *topless* und 1/3 auch *bottomless*. Die Gemeindeordnung erlaubt den Ausschank von Alkohol nur in *Topless*-Etablissements.

Offenkundig war man der Meinung, Alkohol und komplette Nacktheit vertrügen sich gar nicht. Die einzige Ausnahme ist der *Palomino Club* im Stadtnorden (1848 Las Vegas Blvd North; www.palominolv.com), der bereits im Jahr 1969 eröffnet worden war und *Nude Dancers* auftreten ließ, bevor einschränkende Vorschriften erlassen wurden. Ein weiterer Unterschied besteht darin, dass die Damen der *Stripshows* in *Topless-Clubs* mindestens 21 Jahre alt sein müssen, aber seltsamerweise in den *Nude Clubs* nur mindestens 18 Jahre wegen der dort verordneten Abwesenheit von Alkohol. Außerdem ist genau definiert, wie der in Varianten ausgeführte sog. ***Lap Dance*** – eine weitere amerikanische Besonderheit – gesetzeskonform zu gestalten ist.

Der mit 6.500 m^2 weltgrößte *Topless Stripclub* ist ***Sapphire*** – mit Pool und *Day Club* – in der 3025 Industrial Road (www.sapphirelasvegas.com), populär auch ***Spearmint Rhino*** (3340 South Highland Drive; www.spearmintrhinolv.com). *Nude Clubs* sind u.a. ***Little Darlings*** (1514 Western Ave; www.littledarlingsvegas.com) und der schon erwähnte ***Palomino Club***.

3.2 Ziele in der Umgebung

Auch im Umfeld der Stadt hat Las Vegas einiges zu bieten:

Water Parks

Nach einer fast 10-jährigen planschparklosen Zeit hat Las Vegas seit 2013 ein neues ***Wet 'n' Wild***. Es liegt im südwestlichen Vorort Spring Valley (7055 South Fort Apache Road nahe I-215 und Sunset Road). Über 25 Rutschen und Wasserspiele verteilen sich dort auf fast 16 ha. Witzig ist *Desert Racers*: Aus 13 m Höhe rutschen 6 Personen gleichzeitig um die Bestzeit. Unter den Investoren sind *Andre Agassi* und *Steffi Graf*. Im Hochsommer meist 10.30-20 Uhr, Fr+Sa bis 22 Uhr, sonst kürzer oder geschlossen; ca. $40, Kinder unter 1 m Größe $30; online und abends günstiger; Parken kostet extra; © (702) 979-1600, www.wetnwildlasvegas.com.

Ein zweiter Wasserpark, ***Cowabunga Bay***, lockt seit 2014 mit ähnlichen Attraktionen und Preisen. Er steht in Henderson (900 Galleria Drive). Tickets: Erwachsene ca. $40, Kinder unter 1,22 m $30; Nachmittagseinlass meist günstiger; Parken kostet extra. Geöffnet im Hochsommer täglich 10.30-19 Uhr, Fr+Sa bis 22 Uhr; sonst kürzer oder geschlossen. Aktuelle Zeiten unter © (702) 850-9000 bzw. online: www.cowabungabayvegas.com.

Red Rock Canyon

Red Rock Canyon

Die ***Red Rock Canyon National Conservation Area***, gute 20 mi westlich von Las Vegas, erreicht man über Straße #159 (Charleston Blvd) oder von Süden über die #160, auf der man zunächst die Ranch *Bonnie Springs* passiert. Ein 13 mi langer ***Scenic Loop Drive*** führt ab der #159 als Einbahn vorbei an hohen Sandsteinklippen und weiß-dunkelrot-geschichteten Hügeln, den ***Calico Hills*** (➤ Foto rechts); geöffnet Nov-Feb 6-17 Uhr, sonst 6-19/20 Uhr.

Eine Wild-West-Kulisse wie aus dem Film in unmittelbarer Großstadtnähe! Das beste Licht hat man dort vormittags, dann werden die Felsen und Berghänge schön von der Sonne angeleuchtet.

Wer allerdings ohnehin das *Valley of Fire* (➤ Seite 584) auf dem Programm hat, für den ist der *Red Rock Canyon* kein absolutes »*Must See*« (*Day-use Fee* $15/Fahrzeug; Inhaber von *Interagency*-Jahrespässen haben freien Zutritt). Das **Besucherzentrum** (geöffnet 8-16.30 Uhr) am Beginn der Rundfahrt hat Karten und informiert über das Naturschutzgebiet. Eine gute Broschüre gibt es auch online unter www.redrockcanyonlv.org.

Kühle, schattige Schluchten mit vereinzelten Wasserläufen laden zum Wandern ein (auf dem *Icebox Canyon Trail* gelangt man z.B. nach ca. 1,5 km zu einigen – nur im Frühjahr schön fließenden – Wasserfällen). Auch Kletterfelsen und *Mountain Bike Trails* sorgen für eine rege Frequentierung des Gebiets.

Östlich des *Visitor Center* liegt im hügelig rauen Gelände außerdem ein einfacher und baumloser **Campingplatz** eine gute Meile abseits der Hauptstraße. Die Zufahrt ist ausgeschildert. Platzvergabe auf *first-come, first-served*-Basis. Zelte und RVs kosten einheitlich $20/Nacht; meist nur September bis Mai geöffnet.

Bonnie Springs

Folgt man der #159 einige Meilen weiter nach Süden, gelangt man zur ***Bonnie Springs Ranch***, einem Ausflugsziel auf amerikanisch mit Schienentransport vom Parkplatz zur künstlichen ***Western Town Old Nevada***. Es warten dort ein Restaurant, Saloon sowie ein Motel (Zimmer ab $85, mit Küche ab $125). Eintritt inkl. Streichelzoo $10, Kinder unter 12 Jahre $7; www.bonniesprings.com.

Mit Kindern o.k. oder bei Interesse an **Ausritten in die Umgebung** ab den *Red Rock Stables* ($60 pro Stunde), sonst lohnt sich der Abstecher eher nicht. Es gibt weitaus authenthischere Wild-West-Städtchen in Kalifornien und im US-Südwesten.

Scenic Loop Drive durch den Red Rock Canyon vor den Toren von Las Vegas

ZIPLINING – der ultimative Outdoor-Kick

Ziplines (»Seilrutschen«) sind keine neue Erfindung. In bergigen oder abgelegenen Regionen dieser Welt sind sie als Brückenersatz Transportmittel für Material und Menschen. In den reichen Ländern hat sich ***Ziplining*** in den letzten Jahren zu einer Art *Outdoor*-Sport entwickelt und wird oft in einem Atemzug mit *Bungee Jumping* und *Paragliding* genannt.

Wer das auch mal ausprobieren möchte und zwar intensiver als in der »Miniversion« in Las Vegas (➤ Seite 569) oder immer schon mal wissen wollte, wie sich »Fliegen« hautnah anfühlt, ist in Boulder City richtig. Bei ***Bootleg Canyon Flighlinez*** treffen sich stündlich 8-17 Uhr bis zu 12 »Flugaspiranten«, die am Stahlseil vom nahen ***Red Mountain*** zu Tal rasen möchten. Auch ***Full-Moon-Tours*** und ***Sunset-Tours*** sind buchbar, jeweils nachfrageabhängig.

Alle Teilnehmer werden zunächst gewogen (min. 34 kg; max. 113 kg) und müssen nach ihrer Zulassung einen Haftungsverzicht unterschreiben; dann folgt eine praktische Einweisung mit Sicherheitstraining (Anlegen des »Kabelgeschirrs« und Funktionsweise des Karabinerhakens). Anschließend geht's mit Bus und *Guides* zum Straßenende im hochgelegenen *Bootleg Canyon Park* und 15 min zu Fuß weiter bergauf bis zum Startplateau der *Zipline* auf einer Höhe von 1.160 m über NN.

Die Rundumsicht bis hinüber zum Las Vegas-*Strip* und Lake Mead ist von dort schon mal atemberaubend. Vier Flugetappen zwischen 350 m und 780 m Länge warten. Die jeweiligen End- und Startpunkte liegen nah beieinander. Jeder Abschnitt besteht aus vier parallel gespannten Stahlseilen, so dass bis zu vier Personen zeitgleich starten können. Die jeweils erreichbaren Geschwindigkeiten werden von der unterschiedlichen Höhendifferenz der Etappen, vom Gewicht der Teilnehmer sowie Windrichtung und -stärke beeinflusst: möglich sind Tempi bis zu ca. 90 km/h.

Zipline-Abenteuer mit tollem Blick bis hinüber zum Lake Mead in den Bergen südlich von Las Vegas

Die Angelegenheit ist ein Hauptspaß, kostet aber auch **$99-$179/Person**. Das ist nicht wenig, liegt aber in Anbetracht des hohen Sicherheitsstandards sowie des Zeitaufwands samt Transport im amerikanischen Rahmen.

Alle weiteren Informationen zu körperlichen Voraussetzungen etc. pp. unter www.flightlinezbootleg.com. Anmeldung auch telefonisch unter © (702) 293-6885. Das Büro von ***Flightlinez*** am 1644 Nevada Hwy lässt sich kaum verfehlen: auf der Straße #93 von Las Vegas kommend ab der ersten Ampel in **Boulder City** noch eine gute halbe Meile. Das Büro liegt auf der linken Seite.

3

Zum Death Valley National Park

Von Las Vegas aus könnte man ggf. auch einen langen **Tagesausflug** zum ***Death Valley*** Nationalpark in Betracht ziehen (+350 mi retour), besser aber als **2-Tages-Tour** vorzugsweise in kühleren Monaten. Bei Anfahrt direkt ab Las Vegas orientiert man sich an der I-15 in Richtung Los Angeles, *Exit* #33, oder aber am Las Vegas Blvd South, passiert den *Airport* und die I-215 und folgt dann der **Blue Diamond Road**, wie die #160 zunächst heißt. Diese Strecke führt über **Pahrump** und ist die **Hauptroute** zum *Death Valley.* Auch die #159 beim *Red Rock Canyon* stößt nur wenige Meilen südöstlich der *Bonnie Springs Ranch* auf die Straße #160. Beschreibung der Route in umgekehrter Richtung ➢ Seiten 306f.

Wer ab Las Vegas den Besuch von *Scotty's Castle* (➢ Seite 303) im Norden des Nationalparks beabsichtigt, gelangt schneller auf der verkehrsärmeren **Straße #95** über **Beatty** (➢ Seite 305) dorthin.

Organisierte Touren

Bei knapp bemessener Zeit und ab 3 Personen bieten die ***Big Horn Wild West Tours*** eine gute Möglichkeit, das *Death Valley* innerhalb nur eines Tages zu besichtigen. Ein »*Hummer*« mit unübersehbar auflackierter US-Flagge holt die Gäste am frühen Morgen im Hotel in Las Vegas ab (Rückkehr ca. 16 Uhr); $269 pro Person plus 15%-20% Trinkgeld.

Die Tour beinhaltet viele Park-*Highlight*s wie eine Fahrt durch den *Artist's Drive*, einen *Dirt Road*-Abstecher durch den *Twenty Mule Team Canyon*, Stopps am *Zabriskie Point* sowie bei *Badwater*. Zur Draufgabe gibt es noch ein *All-You-Can-Eat* Buffet in der *Furnace Creek* Oase. Die Fahrer sorgen für Unterhaltung, u.a. mit interessanten Anekdoten; 2657 Windmill Pkwy/#357, Henderson; © (702) 385-4676, www.bighornwildwesttours.com.

Zum Hoover Dam und zur Lake Mead NRA

Kennzeichnung

Der bereits 1936 fertiggestellte 223 m hohe ***Hoover Dam***, der den Colorado River zum Lake Mead aufstaut, ist die #1-Touristenattraktion außerhalb von Las Vegas.

Boulder City

Gute 25 mi sind es vom zentralen Las Vegas (*Downtown*) auf der I-515 und ab deren Ende südlich von Henderson weiter auf der Straße #93 nach Boulder City, die mit dem Bau des nahen *Hoover*

Dam erst seit den 1930er-Jahren entstand. Wer nicht von *Downtown* aus anfährt, sondern vom Las Vegas Blvd, nimmt nach Passieren der Landebahnen des *Airport* zunächst die I-215 in östliche Richtung, die in Henderson auf die I-515 trifft. Bei hohem Verkehrsaufkommen kann die Fahrt dorthin trotz der geringen Entfernung leicht schon mal 45 min dauern.

Boulder City (heute ca. 15.000 Einwohner) ist die einzige Stadt in Nevada ohne Spielsalons. Jedes Glücksspiel ist dort verboten.

Boulder Dam Hotel

Hoover Dam Museum

Im Obergeschoss des historischen ***Boulder Dam Hotel*** in der 1305 Arizona Street im alten Stadtzentrum (schöner, für die USA nostalgischer Bau mit moderaten Tarifen, © (702) 293-3510; www.boulderdamhotel.com), benannt nach der ursprünglichen Bezeichnung des Staudamms, befindet sich das ***Boulder City/Hoover-Dam-Museum***. Anhand zahlreicher Gegenstände, Dokumente und vor allem Fotos präsentiert das Museum die Geschichte des *Hoover Dam* von der Planung bis über die Fertigstellung hinaus einschließlich der wirtschaftlichen und sozialen Umstände der Arbeitskräfte, die unter schwierigsten Bedingungen mitten in der Wüste den Bau erst möglich machten; www.bcmha.org.

Der Besuch lohnt sich für alle, die noch mehr über dieses enorme Bauwerk wissen wollen, als im *Hoover Dam Visitor Center* (➤ weiter unten) vermittelt wird. Geöffnet täglich 10-17 Uhr; Eintritt $2/$1. Wer im *Boulder Dam Hotel* übernachtet, erhält nicht nur ein Gratis-Ticket fürs Museum, sondern auch noch 25%-Preisnachlass auf die *Boulder City Zipline*, ➤ Kasten Seite 578.

Zum Hoover Dam

Von Boulder City sind es nur noch ca. 5 mi bis zum *Hoover Dam* bzw. zur erst vor ein paar Jahren eröffneten **Hochbrücke über den *Black Canyon* des Colorado River**.

Blick über die nördlichen Wohnviertel von Boulder City (Nevada Way) auf den – heute weit entfernten – Bereich Boulder Beach des Lake Mead

Wer seine Fahrt nicht in Boulder City unterbrechen möchte, lässt auf der vierspurigen #93 die Stadt rechts liegen. Ca. 3 mi östlich passiert man die Zufahrt hinunter zum Lake Mead und das *Visitor Center* der *National Recreation Area*, danach das Spielkasino *Dotty's* in Alleinlage und erreicht kurz darauf den *Exit* 2 auf die ***Hoover Dam Access Road*** (#172). Wer hier die #93 nicht verlässt, muss zunächst die Brücke überqueren und noch eine gute weitere Meile bis zur ersten Ausfahrt in Arizona fahren, bis ein Umkehren oder Abfahren möglich ist.

Security

Die Fahrt zum Damm hinunter wird durch einen ***Security Checkpoint*** unterbrochen. Denn wegen seiner exponierten Lage und Bedeutung für die Strom- und Wasserversorgung gilt der *Hoover Dam* als ein durch Anschläge potenziell gefährdetes Objekt. Bei höherem Verkehrsaufkommen treten dort Wartezeiten auf.

Blick auf die Bypass Bridge vom Parkplatz hinter dem Damm, der mit Fahrzeugen überquert werden darf. Eine Zufahrt von der Arizona-Seite zum Hoover Dam ist nicht mehr möglich.

Bypass Bridge

Eine halbe Meile hinter der Kontrolle passiert man den Besucherparkplatz des offiziell als ***Mike O'Callaghan-Pat Tillman Memorial Bridge*** bezeichneten Bauwerks. Von dort führt ein Serpentinenweg auf die Sonderspur zur Brückenquerung zu Fuß und damit bestem Blick auf *Hoover Dam* und Lake Mead.

Parken

Weiter geht's kurz bergab durch raues Felsgelände, bevor man hoch über dem Flusscanyon die »Zielgerade« zum und über den Damm erreicht. Das **Parkhaus** auf der Nevada-Seite ist kostenpflichtig; auf der Arizona-Seite parkt man auf mehreren Ebenen teilweise gratis.

Hoover Dam

Vor allem die Einbettung des Damms zwischen steil aufragenden Canyonwänden macht ihn zur viel fotografierten Sehenswürdigkeit. Der für den Bau des Damms notwendige Beton hätte für eine Straße von San Francisco nach New York gereicht.

Besichtigung

Hochinteressante, 30-minütige **Führungen** ($15, Kinder $12) durch die Katakomben von Staumauer und Kraftwerk finden laufend statt: 9-15.45 Uhr. Auch ohne eine Teilnahme an derartigen *Power Plant Tours* lohnt der Besuch, denn allein schon das Bauwerk als solches und dazu das Umfeld sind sehenswert.

Blick von der Brücke auf den Hoover Dam. Man erkennt hier deutlich den (seit Jahren) reduzierten Wasserstand des Lake Mead. Ganz links im Bild die Zufahrt zum Parkhaus. Parken kann man auch jenseits (X) *des Damms (Wohnmobile nur dort).*

Im ***Visitor Center***, in dem man alles von der Planung des Damms über den Bau bis zur Situation heute erfährt, steht ein aufschlussreiches Modell, das auch dessen Innenleben zeigt. Täglich geöffnet ab 9 bis17 Uhr, Einheitseintritt $10 (der sonst in Besucherzentren selten üblich ist; ➤ auch *Boulder City Museum* oben). Details unter www.usbr.gov/lc/hooverdam.

Hinweis: Sowohl die Teilnahme an den Führungen wie auch der Zutritt zum Besucherzentrum unterliegen **Sicherheitskontrollen** wie vor Flugreisen am *Airport*.

Lake Mead NRA

Eintritt $20/Auto $10/Person oder Interagency Jahrespass

Der durch den Bau des *Hoover Dam* entstandene 185 km lange Stausee ist die ***National Recreation Area Lake Mead***, zugleich Las Vegas' Wasserreservoir. Sie bietet mitten im heißen Wüstenklima ein riesiges Bade- und Wassersportrevier. Oder sollte man sagen »bot«? Denn der Wasserstand sank dermaßen, dass frühere Marinas komplett trockengelegt wurden und ganze Seearme nicht mehr existieren. Ein Schwimmen im See an Stränden ist deshalb weitgehend vorbei. Bereits seit der Jahrtausendwende hält mit nur einer Unterbrechung 2011 eine Periode weit unterdurchschnittlicher Schneeschmelze an. Der Wasserzufluss durch den Colorado River war daher in dieser Zeit alljährlich viel geringer als im Durchschnitt der letzten 100 Jahre.

Eine **Stromerzeugung** in den Turbinen des *Hoover Dam* ist nur möglich bis zu einem Pegelstand des Sees von minimal 1050 Fuß über NN. Bereits ab 1075 Fuß treten automatisch drastische **Wassersparmaßnahmen** in Nevada und Arizona in Kraft. Wegen der anhaltenden Dürre näherte sich der Wasserstand in den letzten Jahren mehrfach diesem Tiefstwert, im Sommer 2017 konnte er nur ganz knapp darüber gehalten werden.

Dass wegen der Großwetterlage über dem Pazifik derzeit im Südwesten der USA sog. ***La Niña***-Verhältnisse herrschen und Jahre mit stärkeren Niederschlägen voraussichtlich nicht zu erwarten sind, ist beunruhigend. Denn vom Wasser des Sees hängt das Wohlergehen von heute rund 30 Mio Menschen ab (in den 1950er-Jahren nur ca. 10 Mio), von der Stromversorgung durch den *Hoover Dam* nicht zu reden; http://lakemead.water-data.com.

Northshore Road

Zwischen *Visitor Center des National Park Service* (Straße #93 ca. 4 mi östlich von Boulder City; geöffnet im Sommer bis 16.30 Uhr, www.nps.gov/lake) und Overton am Nordende des Sees läuft die **Northshore Road** (#167) durch eine ausgedörrte Landschaft. Felsformationen und -farben wechseln mit jedem Kilometer. Eine (langwierige) Fahrt wie streckenweise durchs *Death Valley*. Stichstraßen führen zu Marinas, wo breite, immer wieder verlängerte Betonpisten als ***Boat Ramp*** den sinkenden Wasserständen folgten. **Motorboote** und **Badeplattformen** gibt es in der *Lake Mead Marina* und Calville Bay zu hohen Miettarifen; Mindestalter von Mietern 21 Jahre plus Pkw-Führerschein.

Camping Lake Mead

Das größte, wiewohl gar nicht mehr einladende Strandgebiet und ein akzeptabler heute weit hinter der Wasserlinie liegender ***NRA-Campground*** (weder *hook-ups* noch Duschen) heißt ***Boulder Beach***. Komfortabler ist ***Lake Mead RV Village*** gleich nebenan; beide unverfehlbar an der Lakeshore Road, 2,5 mi von der #93 entfernt; © (702) 293-2540, www.lakemeadrvvillage.com.

Wegen der niedrigen Wasserstände liegen seit langem mehrere Campingplätze so weit weg vom Wasser, dass sie aufgegeben wurden. Noch existieren einfache *Campgrounds* bei der ***Las Vegas Bay*** (unweit Lake Las Vegas), ***Calville*** und ***Echo Bay***, zu erreichen über die Northshore Road plus 5-6 mi Zufahrt. Alle kosten $20-$30.

Atlatl Campground im Valley of Fire State Park

Felswunder »Fire Wave« im Licht der späten Nachmittagssonne

Valley of Fire

Anfahrt

Eintritt $10/Auto und /Tag

Die North Shore Road stößt 46 mi nach der Einfahrt in die *Lake Mead NRA* beim *Visitor Center* auf die Straße #169, den *Valley of Fire Highway*, der von der I-15 (*Exit* 75) in einem weiten östlichen Bogen bis in die Nähe der Ausläufer des Lake Mead und dann über das Nest Overton zurück auf die *Interstate* (Ab-/Auffahrt #93). Dabei läuft sie in kurvenreichem Auf und Ab durch den sagenhaften ***Valley of Fire State Park***. Pittoreske Gesteinsformationen, die das frühe und späte Sonnenlicht leuchtend rot reflektieren, gaben diesem Gebiet seinen Namen, einer Sehenswürdigkeit, für die allein sich schon die Anfahrt von Las Vegas lohnt (ca. 55 mi auf direktem Weg auf der I-15). Wer ohnehin auf der I-15 in Richtung *Zion NP* unterwegs ist, sollte den Abstecher dorthin auf gar keinen Fall auslassen; http://parks.nv.gov/parks/valley-of-fire.

Super-Camping

Die fantastisch zwischen Felsen platzierten ***Campgrounds*** (sogar mit solarbeheizten Duschen) beim *Arch* und *Atlatl Rock* gehören außerdem zu den nachdrücklichsten Campingempfehlungen dieses Buches (➤ Foto umseitig). Die Plätze sind sehr populär und können nicht reserviert werden, füllen sich daher oft früh; *first-come, first-served*; $20, mit *hook-up* $30.

Information

Ein wenig östlich davon informiert das **Besucherzentrum** über Geologie, Flora/Fauna und die (präkolumbische) Besiedelung des »Feuertals«; geöffnet täglich 8.30-16.30 Uhr; © (702) 397-2088.

Scenic Drive und White Domes Trail

Noch beeindruckender als die feuerroten, stark verwitterten Felsformationen entlang der Hauptstraße und im Bereich der Campplätze ist eine Fahrt entlang des ***Scenic Drive***. Diese Stichstraße beginnt am Besucherzentrum und führt durch eine der farbenprächtigsten Regionen im Südwesten der USA. Zu Recht trägt bereits der erste Aussichtspunkt den Namen ***Rainbow Vista***. Aber es kommt noch bunter. Auf den nächsten Meilen übertrifft sich die Natur dort wieder einmal selbst, fast alle Farbtöne sind auf den Steinen vertreten: Gelb vermischt sich mit Rosarot, Weiß mit Violett, Dunkelrot oder Orange.

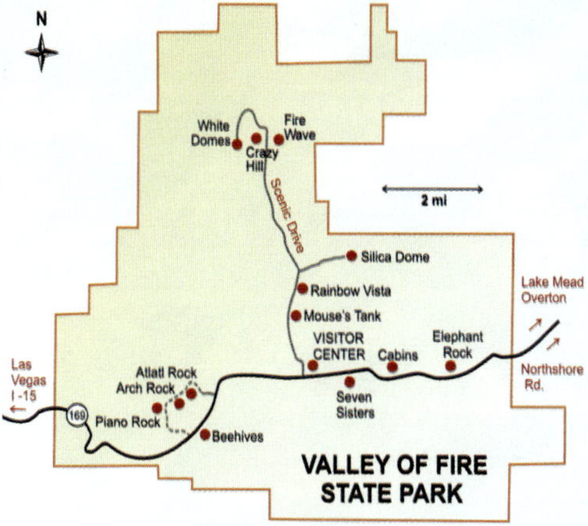

Lohnenswert sind ab ***Rainbow Vista*** immer wieder kurze Wanderungen querfeldein und ab dem Straßenende der ***White Domes*** **Rundweg** (knapp 2 km). Die gestreifte ***Fire Wave*** (➤ Foto links) befindet sich nur ca. 20-30 min vom *Scenic Drive* entfernt. Dafür stellt man das Fahrzeug auf dem vorletzten Parkplatz ab (*Parking #3*) und folgt von der gegenüberliegenden Straßenseite der Ausschilderung; ebenfalls rund 2 km hin und zurück. Bei Hitze unbedingt genügend Getränke mitnehmen!

Ausweich-Camping

Wer eigentlich im *Valley of Fire* campen möchte und keinen Platz mehr findet, könnte zum ***Stewarts Point***, einem nicht sonderlich einladenden ehemaligen Ufercampplatz am Lake Mead fahren, der heute weit weg vom Wasser liegt: ab Einmündung *Northshore Road* in die #169 ca. 4 mi nach Süden, dann 3 mi Zufahrt. Noch 10 mi weiter ist es zur **Echo Bay**, wo man mit der Marina und der *Boat Ramp* dem Wasser gefolgt ist. Der einstige Uferplatz liegt eine Meile weiter oben.

Overton

Eine Gratis-Alternative speziell für RVs sind große Freiflächen beidseitig der Straße #169, bevor diese hinab nach Overton führt. Das Gelände wird als ***Poverty Hills*** bezeichnet und lässt sich wegen der oft zahlreichen gut sichtbar in der Landschaft verteilten Campmobile nicht verfehlen. Ebenfalls gebührenfrei steht man am südlichen Ortseingang von Overton auf einem ziemlich vernachlässigten Primitivplatz am Rande der ***Wildlife Area***.

Die nächstgelegenen Unterkünfte, *Eateries* und Läden stehen in **Overton**. Empfehlenswert ist dort in erster Linie das ***North Shore Inn*** (520 North Moapa Valley Blvd.; Zimmer ab $90, 10%-Rabatt gibt's für Leser dieses Buchs bei Online-Buchung mit dem Code »SVOF«; © (702) 397-6000; www.northshoreinnatlakemead.com.

Ab ➤ Seite 590 geht's weiter in Richtung ***Zion National Park*** und ***Bryce Canyon***.

3

Abstecher von Las Vegas zu den Nationalparks Zion, Bryce und Grand Canyon

4 Von Las Vegas zu den Nationalparks Zion, Bryce und Grand Canyon

Distanzen ab Las Vegas

Nur eine Auto-Tagesetappe entfernt von Las Vegas liegen die beiden Nationalparks ***Zion*** (162 mi, Fahrtzeit minimal 3 Stunden) und ***Grand Canyon*** (275 mi, Fahrtzeit minimal 5 Stunden).

Zur Route zum Zion NP

Während der *Grand Canyon* von vielen Las Vegas-Besuchern, die keine längere Rundtour durch den Südwesten planen, als Ziel für einen Abstecher ins Auge gefasst wird, ist nur wenigen bewusst, dass der nicht minder, aber anders sensationelle ***Zion Park* in Tagesreichweite sogar für eine Hin- und Rückfahrt** liegt. Er hat obendrein den Vorzug der reizvolleren Anfahrt, wenn die ersten 85 mi durch die Wüste von Nevada erst einmal überwunden sind. Wer ohnehin plant, das vorstehend beschriebene ***Valley of Fire*** zu besuchen, unterbricht noch die Eintönigkeit der Wüste und spart unter Berücksichtigung des Umwegs ca. 35 mi der Anfahrt. Allerdings sollte man dann unbedingt eine **2-Tagestour** daraus machen und am besten in/bei Springdale vor den Toren des Parks oder im Bereich des nahen St. George eine Übernachtung einlegen. Dort sind auch die Unterkunftstarife deutlich moderater, ➤ unten.

Weiter zum Bryce Canyon

Wer mindestens 2 Tage, besser 3 Tage Zeit hat, könnte obendrein erwägen, auch noch den ***Bryce Canyon National Park*** zu besuchen, der wiederum ganz anders als *Zion* und *Grand Canyon* ist. Die Distanz vom *Zion* zum *Bryce Canyon* beträgt ca. 90 mi.

Zur Route zum Grand Canyon NP

Mit dem Auto an einem Tag von Las Vegas zum ***Grand Canyon National Park*** und zurück zu jagen, verbietet sich eigentlich von selbst, auch dann, wenn man ab dem »Besuchsmuss« *Hoover Dam* 30 mi spart. Wer wirklich nur einen Tag zur Verfügung hat und die USA nicht ohne einen Blick in den *Grand Canyon* verlassen möchte, sollte vielleicht besser einen Flug buchen, der für das Geld nicht nur Zeitersparnis, sondern durch den Überflug der Schlucht auf langer paralleler Strecke (Las Vegas-Tusayan 170 mi, ca. 45 min, ab $370 inkl. Bustransport im Nationalpark) ein tolles Erlebnis bietet; ➤ z.B. www.grandcanyonairlines.com/tours oder http://grandcanyontourcompany.com/airsouth.html. Man kann alle Flüge auch bei www.treasuretours.net mit deutschsprachiger Beratung buchen.

Per Bus zum Grand Canyon?

Tagesbustouren zu beiden Zielen gibt es ebenfalls. Sie kosten ab $80 (u.a. www.canyontours.com/grand-canyon-south-rim-bus-tour) und sind anstrengende Angelegenheiten in zufällig zusammengewürfelten Passagiergruppen. Wer sich dafür erwärmt, findet vor Ort jederzeit passende Angebote. Aber ab 2 Personen lohnt sich ggf. sogar schon eine kurzfristige Automiete, wenn man nicht ohnehin per *Rental Car* unterwegs ist.

3-Tage-Rundfahrt

Wer mindestens drei Tage zur Verfügung hat, könnte auch eine Rundtour über die **Südseite des *Grand Canyon*** und weiter über die **Nordseite** zum ***Zion Park*** zurück nach Las Vegas erwägen. Wem die vielen Stunden am Steuer nichts ausmachen, schafft in drei Tagen auch noch den Umweg über den ***Bryce Canyon***, aber nur mit Minimalaufenthalten in den Nationalparks.

Grand Canyon West (Skywalk)

Ein Hinweis zum Bereich ***Grand Canyon West*** mit dem ***Skywalk***, der ca. 90 Straßenmeilen vom *Hoover Dam* entfernt ist und nicht zum Nationalpark gehört: Den sollte man nicht mit dem ***South Rim*** des ***Grand Canyon Nat'l Park*** verwechseln, ➤ Seite 605.

An der Straße #93 auf dem Wege nach Kingman/Grand Canyon lädt Rambo martialisch zu einer Runde Maschinengewehrballern ein (Abzweig zum Skywalk)

4.1 Die Nationalparks in Utah

Anfahrt zum Zion Park

Mögliche Abweichung

Zwischen Las Vegas und dem Südwesten Utahs ist die ***Interstate* #15 einzige Straßenverbindung**. Sie führt in Nevada durch die Wüste, bietet aber rund 35 mi nördlich von Las Vegas die Möglichkeit zu einer Umgehung über das ***Valley of Fire***, ➤ Seite 584f.

Mesquite

In **Mesquite** locken in der letzten Nevada-Wüstenoase vor der »Grenze« zu Arizona noch einmal **Kasinos** und eine komplette touristische Infrastruktur. So kann man dort in den Kasinohotels günstig übernachten; an den »richtigen« Tagen findet man im ***Virgin River Casino Resort*** gute Zimmer für $30-$50. Die an sich moderaten Motels außerhalb der Spielpaläste sind dann teurer. Am besten, man schaut für den besten Tarif vor Ankunft erst mal ins Internet unter www.mesquitegaming.com.

Nordwestecke von Arizona

Noch im kurzen Verlauf der *Interstate* durch Arizonas Nordwestecke beginnt der Anstieg aus der Wüstenebene auf eine Höhe von rund 800 m über NN (St. George). Auf den letzten Meilen durch Arizona läuft die Autobahn auf kurviger Strecke meilenweit eindrucksvoll durch den ***Virgin River Canyon*** am Fluss entlang.

St. George

Der grenznahe Bereich **St. George** mit den Orten Washington und Hurricane ist mit 150.000 Einwohnern das einzige Ballunggebiet im Südwesten von Utah. Besorgungen lassen sich dort noch erledigen, bevor man Springdale erreicht, den teuren Touristenort vorm *Zion National Park*.

In St. George und Hurricane ist die Dichte an M/Hotels besonders groß mit erfreulichen Folgen für das **Preisniveau**. Man kommt dort selbst im Sommer schon ab $60 unter (z.B. *EconoLodge*), in der besseren Mittelklasse (*Comfort Inn, Best Western*) für $80-$100. Das Gros der Quartiere befindet sich gleich westlich der I-15 an den Straßen #18 und #34 (Ausfahrten 6 und 8) im Umfeld von vielen Restaurants und *Fast Food*.

Beim *Exit* 8 steht außerdem die kleine ***Outlet Mall »The Shoppes at Zion«*** (*Levi's, Van Heusen* usw.); www.theshoppesatzion.com.

Camping

In den Ausläufern der *Pine Valley Mountains* bei St. George laden die ***State Parks Snow Canyon*** (Straße #18, ca. 7 mi) und ***Gunlock*** (ca. 25 mi, Schwimmen) zum Campen ein. Der ***Quail Creek*** und der ***Sand Hollow State Park*** mit guten Stellplätzen an den gleichnamigen Stauseen nördlich bzw. südlich der Straße #9 kurz vor Hurricane, sind bei Fahrt über die I-15 unverfehlbar (*Exit* 16).

Zum Zion National Park

Zum ***Zion Canyon***, der wichtigsten Sektion des *Zion National Park*, führt die Straße #9 über Hurricane, wo es noch einmal deutlich preisgünstigere **Motels** als in Springdale gibt. Von dort sind es noch ca. 25 mi auf schöner Strecke am Virgin River entlang.

Bereits weit vor Springdale mit einer voll auf den Zion-Tourismus eingestellten Infrastruktur, fallen ***Bed* and *Breakfast*-Angebote** in *Ranches* und kleinen *Inns* ins Auge.

Straße #9 in Richtung Zion National Park

Eine andere Route vermeidet die Ortsdurchfahrt in Hurricane und läuft nur durch schöne Landschaft: Ausfahrt 27 von der I-15 auf Straße #17 (nach Süden/La Verkin) und dann erst Straße #9.

Springdale

Das langgestreckte Springdale ist ein besonders hübsches »**Einfallstor**« zu einem Nationalpark. Diverse Cafes, Restaurants, Musikkneipen und originelle Shops entlang der grünen Zufahrt laden nach dem Parkbesuch am Abend ein. Man kann dort sogar problemlos zu Fuß unterwegs sein. Während der Sommersaison (Mai bis September) ist im kleinen Springdale erstaunlich viel Betrieb. Zum Nationalpark verkehrt von dort ein **gratis *Shuttle*-Bus**.

Das ***Kings Landing Bistro*** punktet mit sehr gutem Essen und einem traumhaften Blick im Außenbereich. Sehr beliebt ist auch ***Oscars's Café*** (mexikanisch-amerikanische Küche und diverse Zapfbiere). Beide liegen am Zion Park Blvd (#1515 bzw. #948).

Quartiere

Springdale bietet viele attraktive Quartiere vor allem in der oberen Preisklasse, aber nur wenige Kettenmotels.

- Das ***Quality Inn*** punktet mit seiner günstigen Lage an der nördlichen Ortsausfahrt in der Nähe des Parkeingangs; dazu zählt es zu den preiswerteren Hotels (ab $150)
- Im sehr guten ***Holiday Inn Express Zion Park Inn*** starten die Sommer-Tarife bei $200, ✆ 1-800-181-6068
- ***Driftwood Lodge***, ausgesprochen schöne Anlage mit Zimmern ab ca. $170; ✆ 1-800-801-8811, www.driftwoodlodge.net
- ***Flanigan's Inn***; ebenfalls sehr gute Zimmer ab $230; ✆ 800-765-7787; www.flanigans.com

Einen guten Eindruck machen auch die ***B&B Inns***:

- ***Bumbleberry***, ab $140, ✆ 1-800-828-1534, www.bumbleberry.com
- ***Desert Pearl***, ab $240, ✆ 1-888-828-0898, www.desertpearl.com

Shuttle Busse am Ende der Stichstraße in den Zion Canyon hinein vor den Zion-typischen steil aufragenden roten Felswänden

Die Unterkünfte liegen alle an der in den Park führenden Straße #9. Die Preisangaben gelten grob für April-Oktober für Standardzimmer mit starken Ausschlägen nach oben an Wochenenden/Feiertagen. Bessere als Standardzimmer kosten rasch über $200. **Gesamtübersicht** unter www.utah.com/lodging/zion.phtml.

Zion Lodge

Für stilvolles Übernachten **im Nationalpark** empfiehlt sich die ***Zion Lodge*** im Blockhaus-Look. Die Zimmer ($220) und *Cabins* ($210) sind preiswerter als viele Quartiere in Springdale, aber man muss sie normalerweise etliche Monate im Voraus reservieren: © 1-888-297-2757 oder online unter www.zionlodge.com.

Camping

Erste Wahl für Camper sind die gleich nördlich von Springdale gelegenen Nationalparkplätze ***Watchman*** (Zelte $20, RVs $30) und ***South*** ($20; keine *hook-ups*). Beide Plätze sind reservierbar und von April bis Oktober immer voll ausgebucht.

Im sanitär akzeptablen, aber engen ***Zion Canyon Campground*** beim *Quality Inn* gibt es Ausweich-Zeltplätze ($39). RVs zahlen dort $49 pro Nacht; © (435) 772-3237; www.zioncamp.com.

Campmobile sind besser auf dem Komfortplatz ***Zion River Resort*** ca. 10 mi südwestlich des Ortes aufgehoben; im Sommer ab ca. $50; © 1-888-822-8594; www.zionriverresort.com.

Zion National Park www.nps.gov/zion

Eintritt $30/Auto $15/Person oder Interagency Jahrespass

Gleich hinter der **Einfahrt** in den Nationalpark liegt rechter Hand das **Besucherzentrum**. Wer in den ***Zion Canyon*** möchte, den zentralen Teil des Parks, muss dort März-November sowie an ausgewählten Wochenenden im Februar in den im Eintritt enthaltenen ***Shuttle*-Bus** umsteigen, zu Fuß gehen oder radfahren.

Trotz des relativ großen Parkplatzes wird es dort sehr häufig eng. Eine möglichst frühe Anreise ist daher angeraten. **Tipp:** Wer in Springdale logiert, kann im Ort (9 Stopps) den Zubringer zum Park nutzen (ebenfalls gratis). Diese Busse verkehren von Mitte März bis Ende Oktober 7.10-22.15 Uhr in kurzen Abständen, im Frühling/Herbst 8.10-21.15/20.15 Uhr.

»Zwangs-Shuttle«

Der ***Park Shuttle*** hat 9 Haltepunkte entlang des ***Zion Canyon Scenic Drive*** und benötigt für die Strecke ca. 40 min bei hoher Frequenz. Erster Haltepunkt ist das frühere Besucherzentrum, heute ein nur mäßig spannendes **Museum**. Am ersten oder auch

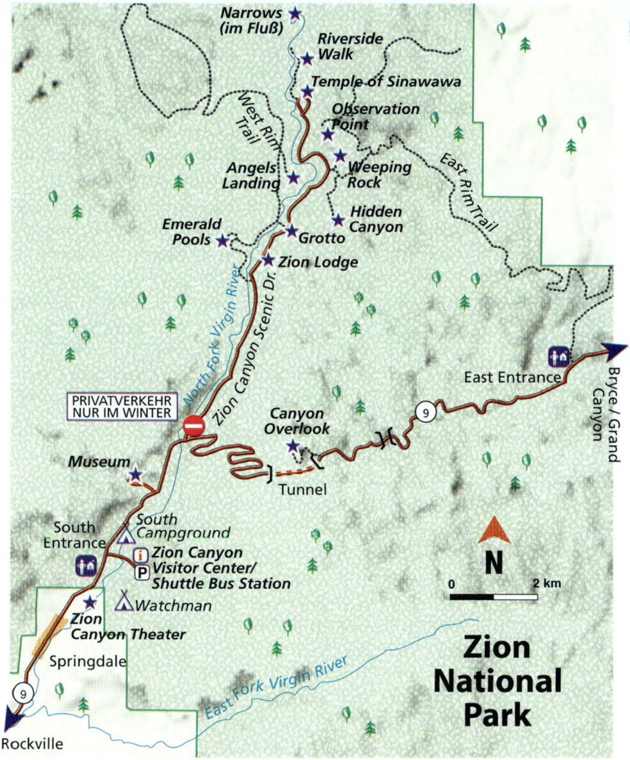

einzigen Tag des Besuchs im Zion fährt man besser zunächst bis zum Straßenendpunkt und entscheidet während der Tour wetter-, informations- und beobachtungsabhängig, wo man die Rücktour ggf. unterbrechen möchte. Speziell, wer relativ früh hin-/retour fährt, vermeidet damit längere Wartezeiten an den Haltestellen, die sich oft für die späteren Rückfahrten ergeben.

Die ca. 7 mi lange Stichstraße folgt dem Virgin River in das enger werdende, üppig grüne Flusstal. Beidseitig beeindrucken gewaltige, hoch aufstrebende Felswände in allen Rot- und Brauntönen. Am Umkehrpunkt des *Shuttles* beginnt der ***Riverside Walk***. Der befestigte Teil des Weges endet nach etwa 1,5 km, wo zwischen Felsen und Virgin River kein Raum mehr bleibt. Bei niedrigem Wasserstand kann man den Fluss leicht überqueren und noch ein Stück weiter in die enge Schlucht hinein wandern.

Zion Canyon Narrows

Die fantastischen ***Zion Canyon Narrows***, wie sie oft auf Fotos zu sehen sind, liegen noch eine gute Meile entfernt. Dorthin gelangt man nur durch mühsames Waten und Kraxeln. Der Lohn der kaum unter 45 min zu bewältigenden Distanz sind bis **600 m hohe Sandsteinwände**, deren Abstand stellenweise auf nur ein paar Meter zusammenschrumpft. Zu empfehlen nur für Leute mit guter Kondition und Balance im fließenden Wasser (nur selten kann man seitlich ausweichen). Voraussetzung für dieses kleine Abenteuer ist gutes Wetter rundum! Regen in der Umgebung lässt den Wasserstand steigen und **stärkere Schauer machen aus dem Flüsschen in kürzester Zeit ein reißendes Gewässer**.

Weitere Trails

Zwei weitere Herausforderungen für sportliche Wanderer sind der Aufstieg zur ***Angels Landing,*** 450 m über der *Grotto Picnic Area,* oder zum ***Observation Point*** gegenüber und noch einmal 200 m höher (*East Rim Trail* durch den *Echo Canyon),* beide mit sagenhaftem Blick in das Tal hinein und über die Parklandschaft. Bei 8 km bzw. 12 km Gesamtstrecke beträgt der minimale Zeitbedarf 3 bzw. 4,5 Stunden. Weniger anstrengende, aber ebenfalls schöne Wanderungen führen zu den ***Emerald Pools*** (60 min) oder am ***Weeping Rock*** vorbei (10 min) zum ***Hidden Canyon*** (2 Std. retour).

Östlich des kilometerlangen Tunnels des *Zion-Mt.Carmel Highway* beginnt ein kurzer *Trail* (1,5 km retour) zum ***Zion Canyon Overlook*** mit fantastischem Blick über das Tal. Zum bogenförmigen Felsabbruch ***Great Arch*** ist es von dort nah, allerdings bestehen nur sehr begrenzt Parkmöglichkeiten.

Kolob Canyons

Neben dem *Zion Canyon* existiert im Parkwesten eine für Autos nicht gesperrte Parkeinfahrt, die ***Kolob Canyons Road*** mit eigener Abfahrt (40) von der I-15. Diese Stichstraße windet sich 5 mi hinauf zum ***Kolob Canyons Viewpoint*** mit Weitblick auf mächtige Massive. Eine 11 km lange Wanderung (retour 22 km, mindestens 6 Stunden reine Gehzeit) führt dort vom Ausgangspunkt ***Lee Pass*** auf abschüssigem Weg (213 m Höhendifferenz) zum ***Kolob Arch***. Er gilt nach dem *Landscape Arch* im *Arches National Park* als der weltgrößte Felsbogen.

Vom Zion zum Bryce Canyon National Park

Ostausfahrt

Achtung Restriktion: Fahrzeuge über 2,40 m Breite (7 Fuß 10 Inches) einschließlich Spiegel und/oder über 3,40 m Höhe (11 Fuß 4 Inches) können den Tunnel auf der Ostausfahrt nur 8-20 Uhr im Konvoi passieren. Praktisch bedeutet dies für alle ***Full-size Motorhomes*** ggf. Wartezeit vorm Tunnel und **$15 Gebühren**. Die müssen schon an der Einfahrt in den Park entrichtet werden und gelten innerhalb von 7 Tagen auch für eine Rückfahrt.

Ostareal des Zion

Im weiteren Verlauf führt die Straße mitten durch die **Wunderwelt der Farben und Formationen** des *Zion*-Hinterlandes. Man sollte unbedingt ein wenig Extrazeit für diesen Bereich einplanen. Die besten **Fotomotive** liegen einige Schritte abseits der Straße. Auch andere Nationalparks sind sensationell, aber auf eine solch variantenreiche Felslandschaft stößt man nicht wieder. Das Problem auf dieser Strecke sind wiederum die kaum vorhandenen Möglichkeiten, das Auto abzustellen; besonders schwierig ist das für RVs. Die meisten kleinen Buchten an der Straßen eignen sich selten für größere Fahrzeuge oder sind schon besetzt.

Straßen #89 und #12

Zum *Bryce Canyon* geht es ab ***Mount Carmel Junction*** (Touristenetappe mit Tankstellen, originell sortierten Souvenirshops, **Motels** und ***B&B***), zunächst auf der Straße #89 nach Norden. Die Strecke ist hübsch, wenngleich nicht sensationell. Unterwegs passiert man eine Reihe von B&B-Angeboten und relativ preiswerte RV-Parks, darunter der ***Bryce Zion Campground*** mit Pool ca. 5 mi nördlich von Glendale; © (436) 648-2490, www.brycezioncampground.net.

Motels sind erst in Panguitch bzw. an der #12 in Nationalparknähe wieder zahlreich. Das ***Smith Hotel*** in Glendale hat Zimmer ab ca. $90, © 1-800-528-3558; www.historicsmithhotel.com.

Red Canyon

Von Mount Carmel sind es ca. 45 mi bis zur Abzweigung der #12, die durch den attraktiven ***Red Canyon*** führt. Mit seinen roten Felsformationen liefert er bereits einen guten Vorgeschmack auf

Auf der Fahrt zum Bryce Canyon Park vermitteln kurz davor die pittoresken Felsen im Red Canyon bereits einen Eindruck von den Formationen, des Nationalparks

den *Bryce Canyon*. Man passiert dort auch diverse *Trailheads*, Ausgangspunkte für Wanderungen in die Sandsteinwelt. Am Weg liegt der ***NF-Campground Red Canyon*** ($18).

Nach Durchquerung des *Red Canyon* findet man sich bald in der flachen Prärie eines Hochplateaus wieder. Der *Bryce Park* kündigt sich durch eine dichter werdende touristische Infrastruktur an. Die #63 ist Zubringer und Stichstraße in den Park hinein. **Zentraler Anlaufpunkt** vor den Toren des Parks ist nach Erreichen des Abzweigs der Straße #63 ***Ruby's Inn*** **&** ***Campground*** mit großen Parkplätzen; www.rubysinn.com.

Bryce Shuttle-Bus

Der dort startende ***Bryce Shuttle*** ist im Parkeintritt inbegriffen und für RV-Fahrer im Sommer »Pflicht«, da man mit dem Wohnmobil dann an den allermeisten **Aussichtspunkten/*Trailheads*** nicht parken darf. Aber auch sonst ist es keine schlechte Idee in den *Shuttle*-Bus umzusteigen, denn bereits an mäßig gut besuchten Tagen reicht die Parkplatzkapazität im Nationalpark vorn und hinten nicht.

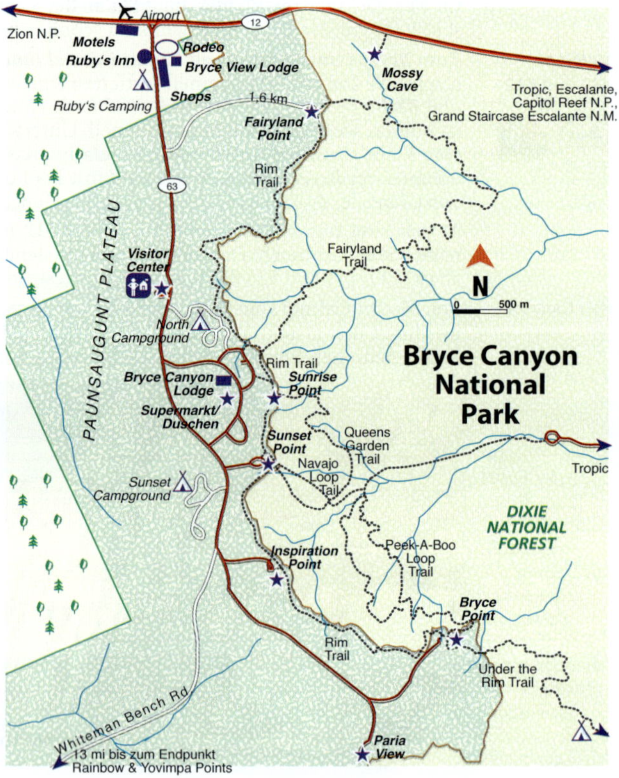

Bryce Canyon National Park www.nps.gov/brca

Eintritt $30/Auto $15/Person oder Interagency Jahrespass

Nach der Einfahrt erreicht man bald das große ***Visitor Center*** im Rustikalstil. Dort gibt's den informativen Einstieg in Natur und Geschichte des Nationalparks u.a. mit einem Filmprogramm. Sogar Parkinfos in deutscher Sprache sind erhältlich.

Zu Recht gilt der ***Bryce Canyon National Park* neben dem *Grand Canyon*** als ***der spektakulärste Park*** des Südwestens. Die Bezeichnung »*Canyon*« erzeugt indessen leicht falsche Vorstellungen. Es handelt sich keineswegs um eine Schlucht im üblichen Wortsinn. Der Begriff bezieht sich hier auf die östliche Abbruchkante des ***Paunsaugunt Plateaus***, das sich einige hundert Meter über das östliche *Tropic Valley* und sich daran anschließende Tallandschaften erhebt. Zwischen dem Rand der Hochebene und dem tiefer gelegenen Gelände erstreckt sich auf etwa 40 km Länge ein **Gebiet bizarr-skurriler Formationen erodierten Sandsteins**.

Im Laufe vieler Jahrtausende entstanden im rot-gelb-rostbraunen Gestein höchst eigenartige Säulen, Türme und Skulpturen. Besonders bei tiefstehender Sonne am frühen Morgen und am späten Nachmittag bietet dieser Park ein faszinierendes, mit den Lichtverhältnissen wechselndes Farbspiel.

Bryce Amphitheater

Von der ***Whiteman Bench Road***, einer kurvigen 17-mi-Straße bis zum Südrand des Plateaus, zweigen Stichstraßen zu *Viewpoints* und Ausgangspunkten für Wanderungen in die Tiefe ab. Das attraktivste, dicht mit Skulpturen »bevölkerte« Parkareal ist das ***Bryce Amphitheater*** (➤ Fotos Seiten 31 und 600) südlich des Besucherzentrums. Oberhalb dieses Bereichs befinden sich die parkinternen **Versorgungseinrichtungen** vom **Campingplatz** über die ***Bryce Lodge*** und den Shop bis hin zu öffentlichen Duschen.

Trails

Das ***Bryce*-Kurzprogramm** (etwa 1 Stunde) besteht aus einem Spaziergang am ***Rim Trail*** zwischen ***Sunrise, Sunset*** und ***Inspiration Point***. Zum großen Erlebnis wird der Besuch des *Bryce Park* erst auf einer Wanderung mitten hinein in die geologische Wunderwelt. Der kürzeste (rund 2,5 km), ziemlich steile Pfad hinunter in das Felslabyrinth ist der ***Navajo Loop Trail*** ab *Sunset Point*.

Wer sich mehr als die dafür nötige Stunde Zeit lassen mag, dem sei der fantastische ***Peek-A-Boo Trail*** (an sich ein *Loop Trail*, wobei der obere, dem Plateau zugewandte Abschnitt des Pfades gewählt werden sollte) vom *Sunset* bis zum *Bryce Point* empfohlen (7 km plus 3 km Rückweg auf dem *Rim Trail*; insgesamt kaum unter 3 Stunden). Der ***Peek-A-Boo Loop*** kann auch gut mit ***Queens Garden*** und/oder ***Navajo Trail*** kombiniert werden (alles zusammen dann ca. 4 Std; der Blick auf die gratis an alle Besucher verteilte genaue Karte des Parks zeigt, was hier gemeint ist).

Noch ein wenig länger (5-6 Std.) ist der ebenfalls schöne ***Fairyland Trail*** durch wieder andersartige Formationen vom gleichnamigen zum *Sunrise Point* (mit Rückweg am Rand entlang insgesamt ca. 13 km).

Von der Ortschaft **Tropic** weiter östlich an der Straße #12 besteht zudem die Möglichkeit, in das *Bryce Amphitheater* »von unten« hineinzuwandern. Man folge (bei Fahrt von Westen, also vom *Bryce Park* kommend) gleich der ersten Straße rechts durch das Dorf an der Schule vorbei (*Bryce Way*). Vom *Trailhead* am Straßenendpunkt bis zum *Sunset Point* sind es in etwa 4 km.

Eine besondere Erfahrung macht, wer am Fuß der erodierten Felsen übernachtet (*Permit* erforderlich). In bequemen Abständen existieren mehrere *Campsites* am ***Under-the-Rim-Trail*** zwischen *Sunset Point* und *Rainbow Point* am Straßenende.

Unterkunft im Park

Die ***Bryce Canyon Lodge*** im Park hat nur die Lage als Vorzug; DZ/Cabins ab $200; © 1-877-386-4383, www.brycecanyonforever.com.

Die beiden ***Campgrounds North*** und ***Sunset*** sind guter Nationalparkdurchschnitt, bieten aber wenig Komfort und keine *hookups*. Wegen der Höhe (ca. 2.500 m) ist es nachts ziemlich kalt auf dem Plateau (bis Juni und ab Mitte September Nachtfröste). Die Mehrheit der Stellplätze wird auf *first-come, first-served*-Basis vergeben, nur ein Bruchteil ist reservierbar ($20-$30).

Quartiere um Bryce

- ***Ruby's Inn*** (***Best Western***), ein Riesenbesucherkomplex vor der Parkeinfahrt, kostet in der Hochsaison ab $150, sonst ab $75, und bietet eher den Standard der unteren Mittelklasse, © 1-866-866-6616; www.rubysinn.com. Gegenüber steht das
- ***Best Western Bryce Canyon Grand Hotel***; im Sommer ab $200, sonst ab $90; © 1-866-866-6634, www.brycecanyongrand.com.
  - Die ansehnliche ***Bryce View Lodge*** hinter der Shopping-Zeile hat ordentliche Zimmer für $120 im Sommer, sonst ab $70, © 1-888-279-2304; www.bryceviewlodge.com

Wenn es in Vegas und Umgebung schon glühend heiß ist, können die Hoodoos im Bryce Canyon noch zauberhaft verschneit sein (meist von Oktober bis April); links ein Wanderer auf dem Weg hinunter in das Amphitheater.

- Eine ganze Reihe von **Motels** findet man an der Straße #12 westlich des *Bryce Park*, in größerer Zahl und preiswerter (ab $70) z.B. das ***Blue Pine Motel***, © (435) 676-8197, oder das ***Purple Sage Motel***, © (435) 676-2659, beide in **Panguitch**
- Neben einer Handvoll *Motels* und *Inns* gibt es in **Tropic** auch viele ***Bed & Breakfast***-Angebote, Ausschilderung im Ort. Empfehlenswert sind z.B. das ***Bullberry Inn*** (Zimmer ab $135; © (949) 275-1959, www.bullberryinn.com) und das ***Bryce Trails B&B***, (ab $170; © (435) 231-4436, www.brycetrail.com)
- Sehr hübsch sind auch die ***Bryce Canyon Log Cabins*** für ca. $140 im Sommer, © (435) 679-8800, www.brycecanyonlogcabins.com

Gesamtübersicht unter www.utah.com/lodging/brycecanyon.htm

Infrastruktur bei Bryce

Der erwähnte ***Ruby's*-Komplex** ist auf fast alle Bedürfnisse der Nationalparkbesucher vom Tanken und der Autoreparatur über den Waschsalon bis zum abendlichen *Entertainment* eingestellt.

Klar, dass auch ein **Campingplatz** dazugehört, der zwar riesengroß, aber komfortabel und gut organisiert ist. Wer will, kann im ***Teepee*** schlafen. Reservierung ist dort angezeigt: © 1-866-878-9373 oder www.brycecanyoncampgrounds.com.

Zur Infrastruktur gehören natürlich auch Restaurants (o.k. ist das ***Steakhouse***) und einige Souvenirläden. Im Sommer findet Mi-Sa abends ein **Rodeo** statt. Große reiterische Leistungen darf man dort nicht erwarten, dafür aber von der Tribüne die Aussicht auf einen grandiosen Sonnenuntergang.

Dem touristischen Massenandrang entgeht, wer einige Meilen weiter bis **Tropic** fährt. Dort gibt es mehrere kleine Restaurants.

Von Zion/Bryce zum Grand Canyon National Park

Coral Sand Pink Dunes

Ein **Abstecher** nach Verlassen des *Zion* könnte dem ***State Park Coral Pink Sand Dunes*** gelten. Die 12-mi-Zufahrt zweigt südlich der ***Mount Carmel Junction*** von der #89 ab. Der Park mit seinen rötlichen Sanddünen ist ein **Eldorado der ORV-Fans**. In der Sommersaison und an Wochenenden ist der **Campingplatz** ($20) knallvoll; https://stateparks.utah.gov/parks/coral-pink.

Kanab

Kanab am Straßendreieck #89/#89A mit vielen Motels ab $110 (***Comfort Suites***, ***Best Western*** und gute Unabhängige wie z.B. die ***Canyons Lodge***) und Supermarkt ist eine typische »Etappe« am Wege für *Grand Canyon*- und *Bryce Canyon*-Touristen. Motelübernachter, die dort in der Saison abends noch *Vacancy*-Schilder entdecken, sollten nicht weiterfahren. Denn die Kapazitäten in der Umgebung sind – gleich in welche Richtung es noch gehen soll – begrenzt.

Zum Grand Canyon

Wer sich entscheidet, ab Kanab weiter zum ***Grand Canyon NP*** zu fahren, nimmt die #89A, überquert in Marble Canyon den Colorado River und fährt von Osten in den Park, ➤ Seite 607.

Grand Canyon Skywalk www.grandcanyonwest.com

Der hufeisenförmige, weit über den Rand der Schlucht ragende Glasbogen (aus Deutschland) wurde nicht – wie man vielleicht annehmen könnte – im Nationalpark installiert, sondern am ***Grand Canyon West*** auf *Hualapai*-Indianer-Gebiet weitab bekannter Regionen. Wer 1.200 m Nichts zwischen sich und dem Boden des *Colorado River Canyon* sehen möchte (den Fluss selbst sieht man vom *Skywalk* nicht unter sich liegen), muss ca. 40 mi südlich des *Hoover Dam Bypass* in die *Pierce Ferry Road* nach Nordosten abbiegen. Nach 28 mi geht's nach rechts auf die *Diamond Bar Road* und weitere 21 mi durch ein Gebiet voller *Joshua Trees* bis zum Parkplatz beim *Grand Canyon West Airport*.

Ab Las Vegas werden Flüge dorthin ab ca. $400 angeboten (z.B. http://de.papillon.com/las-vegas-tours) und ganztägige Bustouren ab $230 (www.grandcanyontourcompany.com/busskywalk.html). Aber auch wer im Auto anreist, zahlt immer noch $82/Person für das Betreten des *Skywalk*. Fotoapparate oder andere persönliche Gegenstände darf man auf die Glasbrücke nicht mitnehmen.

Skywalk über einer Seitenschlucht des Grand Canyon; man sieht den Colorado River nur in der Ferne

4.2 Zum Grand Canyon National Park

Anfahrt

Straße #93

Die naheliegende und kürzeste Route von Las Vegas zum *Grand Canyon* entspricht zunächst der in Arizona landschaftlich abwechslungsreichen **Straße #93** über Boulder City, den *Hoover Dam*, den *Black Canyon* nach Kingman und dann die I-40 bis Williams.

Straße #95

Eine andere Möglichkeit wäre, auf den **Straßen #95/#163** über Nevadas Spielerparadies No. 4 Laughlin (nach Las Vegas, Reno und Lake Tahoe) unterhalb des dritten Colorado Stausees ***Lake Mohave*** im Drei-Staaten-Eck Arizona/California/Nevada zu fahren (➤ Seite 463). Von dort geht es auf der **Schnellstraße #68** oder über die ***Route 66*** und **Oatman** (➤ Seite 447) nach Kingman. Diese Alternative wäre 30 mi bzw. 45 mi länger bei leicht dem doppelten Zeitbedarf wegen der Straßenverläufe und des im Bereich Laughlin/Bullhead City oft hohen Verkehrsaufkommens.

Kingman

Mit rund 28.000 Einwohnern ist Kingman für Arizona-Verhältnisse eine der größeren Städte. Es bietet aber außer zahlreichen preiswerten **Motels** touristisch wenig. Wer noch eine Arizona-Straßenkarte und Information braucht, fährt erst einmal nicht auf die *Interstate,* sondern folgt der #93 (Beale Street) durch den Ort und stößt fast automatisch aufs ***Powerhouse Visitor Center*** mit gratis *Wifi*, 120 W Andy Devine Ave. Das Gebäude beherbergt außerdem ein ***Route 66 Museum***; täglich 9-17 Uhr, Eintritt $4, Kinder bis 12 Jahre $3; © 1-866-427-7866; www.gokingman.com.

I-40/ Route 66

Die **I-40** nach Williams läuft streckenweise durch attraktive Felsformationen, die alte hier noch erhaltene ***Route 66*** nördlich der *Interstate* hat landschaftlich weniger zu bieten. Östlich von Seligman vereinigt sie sich wieder mit der I-40. Der zusätzliche Meilen- und Zeitbedarf dafür lohnt sich nur für Leute, die zu den ***Havasu Falls*** wandern (plus zwei Tage !; www.nps.gov/grca/planyourvisit/havasupai.htm), den Nostalgieladen ***Hackberry General Store*** oder die (heute trockenen) Tropfsteinhöhlen ***Grand Canyon Caverns*** (www.gccaverns.com) besuchen wollen.

Seligman

Das Originellste an der Strecke ist das nur noch 1 mi von der I-40 entfernte (Auffahrt #123), auf Westerndorf getrimmte **Seligman** mit echten und reproduzierten Überbleibseln aus der guten alten *Route 66*-Zeit und einer Handvoll witziger Shops und Bars. Kultstatus hat dort ***Angels Barbershop***. Ein paar Häuserecken weiter serviert eine deutsche Auswanderin im ***Westside Lilo's Cafe*** Schnitzel und Spätzle.

Williams

Das kleine Williams 120 mi östlich von Kingman fungiert mit zahlreichen ***Motels***, ***Inns*** und ***Campgrounds*** als *Grand Canyon*-Touristenetappe. Ein Zwischenstopp lohnt sich nur zum Tanken, Versorgen und ggf. Quartierklärung; www.experiencewilliams.com.

Shop in Seligman

Williams

Einfache Motels kosten im Sommer ab $80; die Mittelklasse ab $100 je nach Auslastung; in der Vor- und Nachsaison fallen Tarife auch schon mal bis unter $70. Die meisten Häuser liegen unverfehlbar aufgereiht an den Hauptstraßen durch den Ort (*one-way* jede Richtung). Viele der bekannten **Ketten** sind dort vertreten.

Der an sich gute ***KOA-Platz*** unmittelbar beim *Exit* #167 von der I-40 ist »lärmverseucht«. Ganz o.k. ist der große ***NF-Campground Kaibab Lake*** abseits der Straße #64; geöffnet nur Mai-September; $24-$40, weder *hook-ups* noch Duschen.

Tusayan

Vor den Toren des Nationalparks liegt ca. 50 mi nördlich von Williams (Straße #64) **Tusayan**, ein reines **Hotel- und Restaurantdorf** zur Ergänzung der Parkinfrastruktur. Wer dort unterkommen will, sollte reservieren, was auch für Quartiere im *Grand Canyon Village* im Nationalpark gilt. Noch halbwegs bezahlbar ist die ***Red Feather Lodge*** mit Sommertarifen ab $175; ✆ 1-800-538-2345, www.redfeatherlodge.com. Teurer (meist deutlich über $200), aber auch komfortabler sind das ***BW Squire Inn*** und ***HI Express***.

Camping

Mitten in Tusayan befindet sich das ausgedehnte ***Camper Village*** mit zwar allen üblichen Komfortdaten und mit *Steakhouse, Store* und *IMAX*- Kino in Fußgängerdistanz, aber dennoch alles andere als ein schöner Campingplatz; Zelte $32, RVs ab $51; Reservierungen: ✆ (928) 638-2887; bzw. www.grandcanyoncampervillage.com.

Die rustikale Alternative ist der ***Campground Ten-X*** keine Meile südlich von Tusayan, ein großer, *National Forest* Standardplatz mit Minimalkomfort (Plumpstoiletten und nur wenige Wasserpumpen), $10. ***Dispersed Camping*** im Wald ist gebührenfrei möglich, aber nur mit einem Mindestabstand zur Straße von 400 m.

Flüge über den Canyon

Vom *Airport* in Tusayan unmittelbar südlich des Ortes direkt an der Straße starten die **Hubschrauber** zu Flügen über den *Canyon* in kurzen Abständen (ab ca. $220 für 30 min; ✆ 1-888-635-7272 www.papillon.com. ***Sightseeing*** **per Flugzeug** ist etwas billiger.

IMAX-Kino

Mitten in Tusayan liegt das große ***National Geographic Visitor Center*** (März-Okt. 8-22 Uhr, sonst 9-20 Uhr). Im angeschlossenen ***IMAX*-Kino** wird seit vielen Jahren täglich der tolle **Film *»Grand Canyon - The Hidden Secrets«*** gezeigt (35 min, Tickets $14/$10); www.explorethecanyon.com.

Hubschrauberrundflüge über den Grand Canyon starten gleich südlich von Tusayan

Grand Canyon National Park www.nps.gov/grca

Im *Grand Canyon* und beidseitig der Schlucht gibt es zahlreiche Spuren vorkolumbischer Indianerbesiedelung. Als aber eine erste spanische Expedition im Jahr 1540 die Schlucht erreichte, war sie bereits menschenleer. Weitere Gruppen folgten und berichteten enthusiastisch vom *Grand Canyon*. Unsterblichen Ruhm erwarb sich der einarmige *Major* ***John Wesley Powell***, als er es 1869 fertigbrachte, mit 4 Booten und einer Handvoll Leuten den Colorado River zu »bezwingen« (➤ *IMAX*-Kino).

1876 erkannte ein *Fred Harvey* die touristische Attraktivität des *Grand Canyon* und errichtete 1882 das erste Hotel am *Grand View Point*. 1893 wurden Schlucht und Umfeld zur *Forest Preserve*, **1908** zum ***National Monument*** erklärt. **1919** erfolgte die Aufwertung zum ***National Park***, dessen Gebiet 1975 auf die heutige Ausdehnung erweitert wurde.

Busse ab Tusayan

Seit einigen Jahren versucht man den Autoverkehr in den Park mit **kostenlosen *Shuttle*-Bussen** zu reduzieren, die 8-21.30 Uhr zwischen den Großparkplätzen in Tusayan und der *Information Plaza* verkehren (**lila Route**; Dauer der Fahrt ca. 20 min). Das Gros der Parkbesucher soll so das *Grand Canyon Village* und dann die meisten Aussichtspunkte ab *Information Plaza* vorzugsweise zu Fuß bzw. mit dem *Park Shuttle* anlaufen. Zur Nutzung der Busse muss man einen ***Park Pass*** vorweisen. Wer den noch nicht hat und auch keinen *Interagency Pass* besitzt, kann ihn im *National Geographic Visitors Center* von Tusayan (➤ links) erwerben.

Busse im Nat'l Park

Es ist aber nach wie vor auch erlaubt mit eigenem Fahrzeug ins *Grand Canyon Village* hinein zu fahren. Lediglich die ***West Rim Road*** (zum Straßenendpunkt *Hermits Rest*) ist **von März bis November** für den Individualverkehr **gesperrt**. Außerdem sind die Parkkapazitäten in Schluchtnähe westlich des Besucherzentrums begrenzt. Wer bis dorthin fährt, gleich ob mit *Tusayan Shuttle* oder als Selbstfahrer, kann am *Visitor Center* umsteigen in die

- ***Village*** **Busse** (**blaue Route**), die eine volle Runde durch das *Grand Canyon Village* drehen mit Umkehrpunkt ***Backcountry Information Center*** und Stopp u. a. am ***Hermits Rest Transfer*** (ganz in der Nähe des *Bright Angel Trailhead*)
- Von dort geht's ggf. mit der ***Hermits Rest*** **Bussen** (**rote Route**) weiter. Die Haltestellen befinden sich z.T. unmittelbar an den Aussichtspunkten oder sind nur einen kurzen Fußweg davon entfernt. Dieser Service ermöglicht ein Ablaufen des ***Rim Trail*** von *Viewpoint* zu *Viewpoint* bis ***Hermits Rest*** und die **Rückfahrt per Bus**. Die Entfernung vom Besucherzentrum/*Mather Point* bis zum Straßenendpunkt beträgt etwa 13 km.
- Die ***Kaibab Trail*** **Busse** (**orange Route**) verbinden das *Visitor Center* mit dem ***South Kaibab Trailhead***; Stopps an den Punkten *Yaki, Pipe Creek Vista, Mather* und *Yavapai*. Von der *Bridge Angel Lodge* fährt zusätzlich ein spezieller ***Hiker's Express*** dorthin.

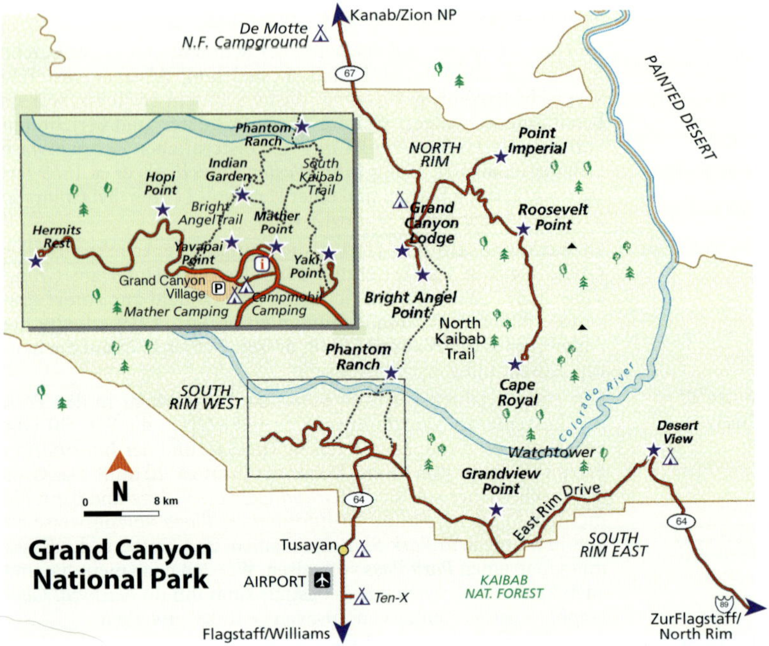

Eintritt $30/Auto $15/Person oder Interagency Jahrespass

An der Parkeinfahrt erhält man die ***Park Map*** und ***The Guide***, die aktuelle zeitungsartige Informationsschrift der Parkverwaltung mit allen Veranstaltungen, Regelungen, Hinweisen für Wanderungen, Öffnungszeiten etc.

Von der Südeinfahrt erreicht man zunächst das **Haupt-Besucherzentrum** des Parks mit großen Parkplätzen. Auf der sog. ***Information Plaza*** des *Visitor Center* wie auch im Gebäude selbst werden Historie, Geologie und andere Parkphänomene nicht mehr in Dia- und Videoshows in endloser Wiederholung abgespult, sondern durch sich selbst erklärende eingängige Darstellungen, Karten und Fotos mit Texten im Großformat. Auf typische Besucherfragen gibt es dort »prophylaktisch« Antwort.

Aussichtspunkte

Von dort sind es zum ersten Aussichtspunkt am Rand des *Grand Canyon*, dem ***Mather Point***, nur ein paar hundert Meter zu Fuß. Wie auch von fast allen anderen *Viewpoints* ist der Blick über die hier rund 16 km breite und 1.350 m tiefe Schlucht überwältigend, sind die vielfältigen Farben und Formationen faszinierend.

Rim Trail

Alle ausgebauten Aussichtspunkte im zentralen Bereich des Parks sind vom *Yaki Point* östlich des *Mather Point* bis zum westlichen Ende der *Hermit Road* durch den sog. ***Rim Trail***, den Randwanderweg, miteinander verbunden.

Greenway Bike Trail

Ein Netz aus asphaltierten Wander- und Radwegen, der ***Grand Canyon Greenway***, erstreckt sich parallel zur *Hermit Road* sowie zwischen *Grand Canyon Village* und dem *Yaki Point*.

Marsch in die Tiefe

Allein mit den grandiosen Aussichten mögen sich viele nicht zufrieden geben. Der Abstieg zum von hoch oben kaum sichtbaren Colorado River ist schon hart, aber der Aufstieg gerät rasch zur Tortur. Im Sommer herrscht selbst bei moderaten Temperaturen am Rand (2.100 m über NN beim *Village*) weiter unten eine erhebliche Hitze. Bis Mai und ab Mitte September, wenn es oben noch schon recht kühl sein kann, sind die Temperaturen im *Canyon* indessen erträglich. Dann bezwingen Leute mit guter Kondition den Canyon sogar an einem Tag. Die *Ranger* raten indessen zu jeder Jahreszeit davon ab und weisen auf die **Problematik von *one-day-hikes*** hin: Wer schlapp macht, muss die Rettung per Hubschrauber teuer bezahlen.

Trails

Vom Südrand existieren ***zwei Wege*** nach unten:

- Auf dem populären, etwas weniger steilen ***Bright Angel Trail*** mit drei **Wasserstellen** (*Resthouses)* ist im ersten Abschnitt das Blickfeld eingeschränkt, da er in einer Seitenschlucht beginnt. Auf diesem schmalpfadigen staubigen Teilstück stören oft die Muli-Trips bzw. die Gerüche und Pfützen, die die Mulis hinterlassen. Auf halber Höhe befinden sich die ***Indian Gardens*** mit Wasserstelle und Zeltplatz (9 km retour). Der ***Plateau Point*** (6 km vom *Trailhead* entfernt) bietet eine erste Aussicht auf den Colorado River.

  Gesamtdistanz: 15 km über 1.335 m Höhe. Abstieg machbar in 3-5 Stunden. Aufstieg je nach Kondition 5-8 Stunden.

Blick in den Grand Canyon und auf den Colorado River vom Desert View aus an der östlichen Parkeinfahrt (den Fluss kann man von Aussichtspunkten am Canyonrand weiter westlich kaum sehen)

- Auf dem steileren ***South Kaibab Trail*** gibt es keine Wasserstelle, dafür aber die Weite des Blicks von Anfang an. Die Distanz ist mit 11 km geringer und Muli-Karawanen stören dort weniger. Der Abstieg ist in 3 Stunden möglich, in 3,5-4 Stunden üblich, der Aufstieg bei 13% durchschnittlicher Steigung aber eine Schinderei; Zeitbedarf ab 5 Stunden. Hier noch wichtiger: salzhaltige Verpflegung (Erdnüsse u. ä.) und **jede Menge zu trinken mitnehmen**, Minimum drei Liter, besser mehr.

Rundwanderung

Man kann beide Wege zu einer Rundwanderung kombinieren; man wählt am besten den *South Kaibab Trail* für den Abstieg und den *Bright Angel Trail* für den Aufstieg (am Folgetag).

Permit fürs Zelten im Canyon

Fürs Zelten – sei es in den *Indian Gardens* oder auf dem *Bright Angel Campground* ganz unten – benötigt man ein ***Permit*** ($10 pro Gruppe + $8/Person). Darum muss man sich schon **ca. fünf Monate vor dem Wunschdatum** kümmern: zuerst die PDF-Datei ***Backcountry Permit Request Form*** von www.nps.gov/grca/planyourvisit/backcountry-permit.htm herunterladen und dann ausgefüllt an **001-928-638-2125 faxen**. Dafür hat man knapp zwei Wochen Zeit und zwar immer ab dem 20. des Monats bis zum ersten Tag des Folgemonats (17 Uhr *Mountain Standard Time*), also z.B. vom 20.12 bis 1.1. für einen Termin im Mai oder 20.1-1.2. für Juni usw. Die Gebühr wird per Kreditkarte gezahlt.

Zum Versuch vor Ort (Vergabe von *Permits*, die bis 8 Uhr nicht abgeholt wurden): das ***Backcountry Information Center*** befindet sich bei der *Maswik Lodge* im *Village*.

Phantom Ranch

Mit einer Reservierung für die ***Phantom Ranch*** (jenseits der Hängebrücke über den Colorado) in der Hand, benötigt man kein *Backcountry Permit* mehr. Die Übernachtungskosten in der *Phantom Ranch* betragen $51 pro Person im Schlafsaal (***Cabins*** für 1-2 Leute $149). Hinzu kommen ggf. Verpflegungskosten (extrem hoch). Möglichst schon ein Jahr im voraus buchen, sonst besteht kaum eine Chance unterzukommen. **Langfrist-Reservierungs-Service** wie oben rechts. Aber am frühen Morgen werden in der ***Bright Angel Lodge*** die Reservierungen von ***No-Shows*** vergeben. Das Vergabesystem unterliegt Veränderungen. Mal liegt eine Liste zum Eintrag bereits am Vortag aus, mal muss man sich um 6 Uhr morgens beim ***Bright Angel Transport Desk*** anstellen.

Per pedes zum Nordrand

Wer den **Trip von Rand zu Rand** machen möchte (33 km auf dem *South* und *North Kaibab Trail*), kann einen Rücktransport bei ***Transcanyon Shuttle*** reservieren, $90 pro Person (Fahrtzeit 4,5 Stunden), © (928) 638-2820, www.trans-canyonshuttle.com.

Muli-Trips

Die Alternative zu Schusters Rappen sind ***Muli-Trips***. Bei diesen 2-Tage-Trips ist ein **Schlafplatz auf der *Phantom Ranch*** garantiert. Bevor man jedoch $590 (inkl. Verpflegung/EZ) oder $1030 (bei 2 Personen im DZ) ausgibt, sollte man wissen, worauf man sich einlässt: Für Reitunkundige ist der Ritt ein strapaziöses Abenteuer. Zudem muss man den Trip schon 13 Monate im Voraus reservieren: © (303) 297-2757 bzw. © 1-888-297-2757.

Unterkunft im Nationalpark

Wie gesagt, darf man im Bereich *Grand Canyon* ohne Reservierung zwischen Mai und Oktober nicht auf ein Quartier hoffen. Sämtliche Unterkünfte innerhalb des Nationalparks (*Grand Canyon Village*) können über © **1-888-297-2757**, www.grandcanyonlodges.com, gebucht werden. Unmittelbar am Rand liegen

- ***Kachina*** und ***Thunderbird Lodge***
- ***El Tovar Hotel*** (sehr teuer, aber auch sehr schön)
- ***Maswik Lodge*** (etwas billiger, hat aber auch keine derart exklusive Lage wie die drei vorstehenden Häuser.

Camping

- Der ***Campground Mather*** ($18) und ***Trailer Village*** ($45) beim *Grand Canyon Village* sind Mai-September spätestens mittags voll belegt. Ohne Reservierung hat man selbst bei früherer Ankunft schlechte Karten. **Reservierungen** für ***Mather*** © 1-877-444-6777 oder www.recreation.gov, für ***Trailer Village*** © 1-877-404-4611 bzw. www.visitgrandcanyon.com/trailer-village-rv-park.
- Der sehr schön gelegene ***Desert View Campground*** am Ostausgang operiert auf *first-come, first-served* Basis ($12).

Zum Nordrand Grand Canyon und zu den Parks Zion und Bryce Canyon (zur Fahrt in umgekehrter Richtung ➢ Kasten Seite 599)

Vom *Grand Canyon South Rim* auch noch zum ***North Rim*** sollte nur fahren, wer weitere Parks im südwestlichen Utah im Reiseprogramm hat, also z.B. den ***Zion*** und/oder den ***Bryce Canyon Park***. Ohne dem erscheint der Umweg zu weit (4-5 Stunden Fahrt eine Strecke). Der fast 400 m höhere Nordrand bietet trotz einer gewissen Andersartigkeit im Prinzip nichts Neues. Bis April, gelegentlich bis in den Mai hinein und nicht selten bereits im Oktober erfolgt wegen Schneefalls eine Sperrung der Zufahrt.

Zion und ***Bryce Canyon*** sind durchgehend geöffnet mit nur gelegentlichen Sperrungen wegen Schnees (Ausnahme: Zion Osteinfahrt). Vom Südrand des ***Grand Canyon*** führt der schnellste Weg dorthin zunächst über die Straße #64, dann weiter auf der Straße #89 und dann auf der streckenweise sehr reizvollen Route #89Alt(ernative) mit der einzigen Brücke über den Fluss weit und breit. Den Anschluss an die vorstehende Beschreibung der beiden Utah-Parks erreicht man in Kanab, ➢ Seite 599.

Open-air-Bereich des Flugzeug-Museums »Planes of Fame« in Valle an der Straße #64 auf halbem Weg von Williams zum Grand Canyon. Details dazu unter www.planesoffame.org

Vorschläge für Reiserouten durch Kalifornien

5

Vorschläge für Reiserouten

Generelles zu Routenplanung und -vorschlägen

Zusammenstellung der optimalen Tour

Angesichts der Fülle an attraktiven Zielen und Strecken zwischen den per Transatlantikflug direkt ereichbaren Eckpunkten San Francisco, Los Angeles, ggf. auch San Diego und Las Vegas bietet sich eine Vielzahl an Möglichkeiten zur Gestaltung einer individuellen Tour durch Kalifornien. Die Reisekapitel sind so aufgebaut, dass sich die beschriebenen Routen über die vorhandenen Berührpunkte und Verbindungsstrecken – je nach Jahreszeit und Interessen – zur persönlich optimalen Tour kombinieren lassen. Die Streckenübersicht in der Umschlagklappe vorne leistet dafür zusätzlich Hilfe.

Zeitbedarf

Reisewünsche und Zeitbedarf unter »einen Hut« zu bekommen, ist indessen gar nicht so einfach. Man kann zwar für verschiedene Routen die Kilometer berechnen und damit in etwa abchecken, ob das, was man sich vorstellt, in der zur Verfügung stehenden Zeit einigermaßen machbar ist. Aber Fahrzeiten und Aufenthaltsdauer an persönlich als wichtig eingestuften Zielen so hinzukriegen, dass die Tour optimal wird, ist ein Puzzle eigener Art. Das gilt speziell für alle, die das erste Mal eine Reise in die USA bzw. durch Kalifornien planen.

Basisroute für 3 Wochen

In **Ergänzung zu den Reisekapiteln** und ihren darin beschriebenen Teilstrecken ist im Folgenden zunächst eine **Basisroute** ab Los Angeles, San Francisco oder Las Vegas für Erstbesucher vorgeschlagen, die **drei Wochen Zeit** mitbringen und Nationalparks sowie andere Naturwunder nicht nur »abgehacken« wollen, sondern sie auch aktiv genießen möchten. Aufenthalte in den Großstädten sind ebenfalls angemessen berücksichtigt. Auf Interessen- oder jahreszeitlich/klimatisch bedingte Abweichungen von der Basisroute wird ebenfalls eingegangen.

Was gibt es nach einem Fahr- und Wandertag in Kalifornien für den Abend Besseres als eine richtige Western-Kneipe? Hier der historische Iron Door Saloon in Groveland (westlich des Yosemite Nat'l Park)

14-Tage-Tour

Für alle, die eine Woche weniger Zeit zur Verfügung haben, gibt es zusätzlich noch eine etwas straffere **2-Wochen-Tour**.

Kurzreise für 8 Tage

Die **8-tägige Route**, sei es als Rundreise oder als *One-way-Trip* wie auf Seite 621 beschrieben, empfiehlt sich in Anbetracht der weiten Anreise kaum als eigenständige Tour ab/bis Europa, sondern eher im Anschluss an eine Geschäftsreise/Kongressteilnahme oder als Teil eines längeren Aufenthaltes in den USA, zu dem auch ein Paar Tage Kalifornien gehören sollen.

Tägliche Fahrleistung

Bei der Zusammenstellung der Routen wurde berücksichtigt, dass die meisten »Rundreiser« möglichst viel sehen möchten. Daher beinhalten alle Vorschläge nach Abzug von Tagen in Citys und Nationalparks mit weniger Kilometern eine im Schnitt relativ hohe tägliche Fahrleistung. Die angegebenen Distanzen entsprechen Erfahrungswerten, die zusätzlich zur reinen Straßenentfernung Pauschalen für Stadt- und Nationalparkfahrten, Motel- bzw. Campingplatzsuche und kleinere Umwege berücksichtigen.

3-Wochen durch Kalifornien inklusive Las Vegas

Start in L.A., San Francisco oder Las Vegas

Die **3-wöchige Basisroute** durch Kalifornien wird hier **ab Los Angeles** beschrieben. Sie kann aber ohne weiteres auch mit identischen Tagesetappen in **San Francisco** oder **Las Vegas** beginnen. Diese Route führt ohne »Hetze« auf attraktiven Strecken zu den bekanntesten Sehenswürdigkeiten in Süd- und Zentralkalifornien. Dabei lässt sie ausreichend Zeit für Wanderungen oder sonstige Aktivitäten, die Besichtigung historischer wie kultureller Ziele vor allem in den drei Metropolen Los Angeles, Las Vegas und San Francisco.

5

Die jeweiligen Kurzhinweise auf Quartiere oder Campingmöglichkeiten, ohne dass man zunächst die entsprechenden Seiten genauer studieren muss, sollen die Reiseplanung erleichtern.

Zu den Distanzen

Die Meilen-/Kilometerangaben zu den einzelnen Tagesetappen (im Schnitt ca. **145 mi** bzw. **233 km/Tag**) sind ebenso wie die **Gesamtdistanz von ca. 2.750 mi** bzw. **4.425 km** keine verbindlichen Entfernungsangaben, ➢ oben unter »Tägliche Fahrleistung«.

Tagesetappen

Tag 1

Ankunft Los Angeles (eventuell 20 mi bis Hotel/Erkundung)
Aktivitäten: Flug, Übernahme des Mietwagens am Airport
Unterkunft: Hotel in LA Airport-Bereich/Santa Monica

Tag 2

Aufenthalt in Los Angeles; 50 mi Stadtfahrten
Aktivitäten: Akklimatisieren (ggf. erst heute Übernahme eines Wohnmobils) und Sightseeing in LA (Hollywood, Beverly Hills, Santa Monica, West LA mit *Getty Center*, ggf. auch *Downtown*); mehr LA bei Reisende als Zeitpuffer, ➢ Tag 19.
Unterkunft: LA Airport-Bereich/Santa Monica
Camping: *Dockweiler Beach* oder *Malibu RV-Park*

Tag 3

Tageszziel: Bereich Palm Springs/*Joshua Tree NP*; 200 mi
Aktivitäten: Besichtigung Palm Springs, eventuell *1000 Palms* oder *Indian Canyons* oder Seilbahn, Zwischenstopp in Yucca Valley und ggf. am späten Nachmittag erste Anlaufpunkte im *Joshua Tree National Park*
Unterkunft: in den Orten Joshua Tree oder Twentynine Palms
Camping: *Joshua Tree NP* wenn möglich *Campgrounds Jumbo Rocks*, *Ryan* oder *Hidden Valley*

Tag 4

Tagesziel: Needles/Laughlin/Bullhead City; 200 mi
Aktivitäten: kurze Wanderungen im *Joshua Tree NP* (*Hidden Valley*, *Arch Rock* und *Cholla Cactus Garden*) mit Ausflug zum *Keys View*, Weiterfahrt über Amboy nach Laughlin, ggf. mit Abstecher in den *Hole-in-the-Wall*-Bereich der *Mojave National Preserve* (*Rings Loop Trail*)
Unterkunft: Needles oder Kasino in Laughlin
Camping: am Colorado River z.B. *Davis Camp Park*
Tipp: Tanken in Arizona ist deutlich billiger als in Kalifornien

Tag 5

Tagesziel: Las Vegas; 200 mi
Aktivitäten: Fahrt über die alte *Route 66* zum Wildwest-Städtchen Oatman (dort mittags *Shoot-Out*), weiter über Kingman zum *Hoover Dam* (ggf. Tour) und abends Las Vegas *Strip*
Unterkunft/Camping: Kasino oder RV-Park in Las Vegas

Alternativ könnte man auch über Kingman und die I-40 Richtung ***Grand Canyon NP*** fahren, dort übernachten und dann am nächsten Tag erst nach Las Vegas. So würde »Tag 7« bzw. die dritte Nacht in Vegas entfallen. Am Weg Stopp in Seligman.

Tag 6

Aufenthalt in Las Vegas; 30 mi Stadtfahrten
Aktivitäten: Sightseeing in Las Vegas; Sonnenuntergang am Eiffelturm oder *Stratosphere Tower* mit Besuch der Fremont Street und erneut Abendprogramm am Las Vegas-*Strip*
Unterkunft/Camping: Kasino oder RV-Park in Las Vegas

Tag 7

Aufenthalt in Las Vegas; 150 mi
Aktivitäten: Sightseeing in Las Vegas, nachmittags zum *Valley of Fire SP* mit Erkundung oder ggf. Flug zum *Grand Canyon*
Unterkunft/Camping: Kasino oder RV-Park in Las Vegas, eventuell auch am einmaligen *Valley of Fire Campground*

Tag 8

Tagesziel: *Death Valley NP*; 200 mi
Aktivitäten: über Pahrump und Shoshone (Straßen #160/#178) ins *Death Valley*; am Wege Stopps, Kurzwanderungen bei *Badwater* und beim *Artist Drive* sowie in den *Golden Canyon* hinein; Abstecher zum *Zabriskie Point*
Unterkunft/Essen: *The Oasis at Death Valley* im bei Furnace Creek im Nationalpark (muss unbedingt reserviert werden!)
Camping: *Nat'l Park Campgrounds* bei Furnace Creek
Tipp: Tank sowie Lebensmittel-/Getränkevorräte spätestens in Pahrump auffüllen (im Nationalpark ist es meist teurer).

Tag 9

Tagesziel: Lone Pine oder Bishop; 150 mi oder 200 mi
Aktivitäten: weitere Ausflüge im *Death Valley* (*Mesquite Dunes, Mosaic Canyon*, ggf. *Scotty's Castle/+75 mi retour*), Besuch *Alabama Hills*, mit Zeit *Mount Whitney Portal Road*
Unterkunft: in Lone Pine oder Bishop
Camping: *NF-Campgrounds* bei Lone Pine und Plätze en route
Tipp: In Bishop noch einmal volltanken; im weiteren Verlauf der Straße #395 und im *Yosemite NP* wird's teurer.

Tag 10

Tagesziel: Lee Vining; 220 mi oder 170 mi (inkl. Bodie)
Aktivitäten: je nach Interesse Abstecher zu den *Bristlecone Pines* in den White Mountains oder zum *Devils Postpile NM*; Höhepunkte des Tages sind der *South Tufa* Bereich des Mono Lake sowie der etwas zeitaufwändigere Besuch der *Ghost Town* Bodie mit ggf. einem Badestopp bei den *Travertine Hot Springs* (bis Mai kann dort oben auf 2.500 m noch Schnee liegen!)
Unterkunft: in Lee Vining, ggf. vorher in June Lake
Camping: Lee Vining oder *NF*-Plätze an der Tioga Pass Road

Tag 11

Tageszi el: *Yosemite NP*; 220 mi (inkl. Durchfahrt bis Groveland bzw. Mariposa zur Übernachtung und Rückkehr am Tag 12)
Aktivitäten: Besuch des *Yosemite National Park* mit etlichen Stopps bereits an der Tioga Pass Road und im Anschluss kleine Wanderung/ Radfahrt/Baden im *Yosemite Valley* (zum Sonnenuntergang ist es am *Glacier Point* besonders schön)
Unterkunft: Mariposa oder Groveland (unbedingt reservieren; im Park selbst lange Vorausbuchung nötig und extrem teuer)
Camping: Schönste Plätze liegen an der Tioga Pass Road
Hinweis: Die Tioga Pass Road ist nicht ganzjährig befahrbar, alternative Streckenführung ➤ nächste Doppelseite.

Tag 12

Tagesziel: *Yosemite NP*; 160 mi im Park bzw. für An- und Ausfahrten, wenn man nur außerhalb unterkommt
Aktivitäten: Frühaufsteher können den Sonnenaufgang am *Glacier Point* genießen und anschließend dort gleich ihre Wanderung starten; alternativ unten im *Valley* zu den *Vernal* und *Nevada Falls* laufen; Abstecher zu den Sequoiabäumen bei dem *Mariposa Grove*
Unterkunft: wie Tag 11
Camping: Strecke nach/bei Groveland oder Mariposa

Tag 13

Tagesziel: Sutter Creek oder Sacramento; 170 mi oder 200 mi
Aktivitäten: Weiterfahrt entlang des *49ers-Highway* mit Stopps, so im *Columbia State Historic Park* und Murphys, ggf. mit Abstecher zu den *Sequoias* im *Calaveras Big Trees State Park* (kostet zusätzliche 100 mi)
Unterkunft: Sutter Creek oder Umfeld (B&B, oder Nostalgiehotel) bzw. in/bei Sacramento
Camping: im *Calaveras Big Trees SP*, am Wege ggf. Folsom Lake oder in Sacramento

Tag 14

Tagesziel: San Francisco; 100 mi
Aktivitäten: Besuch Sacramento (*Old Town, State Capitol*) und erste Anlaufpunkte in San Francisco (z.B. *Golden Gate Bridge* oder Fahrt mit den *Cable Cars, Fisherman's Wharf*)
Unterkunft: *Downtown* San Francisco/*Fisherman's Wharf*
Camping: *RV Park* im SFO, mit Zelt jenseits des *Golden Gate*

Tag 15

Tagesziel: San Francisco; 60 mi Stadtfahrten
Aktivitäten: Sightseeing San Francisco; *49-Mile-Drive* inkl. *Golden Gate Bridge*, Bootstrip zur Gefängnisinsel *Alcatraz*, Sonnenuntergang an *Baker/Marshall Beach*
Unterkunft/Camping: wie Tag 14

Tag 16

Tagesziel: Monterey; 150 mi
Aktivitäten: entlang der Küste in Richtung Süden (alternativ über San José, ggf. in Milpitas zur riesigen *Outlet Mall*) nach Zwischenstopp in Santa Cruz weiter nach Monterey
Unterkunft/Camping: in/bei Monterey

Tag 17

Tagesziel: Morro Bay; 150 mi
Aktivitäten: Fahrt entlang der Küstenstraße #1 mit Besuch von Carmel, Kurzwanderungen im *Point Lobos* oder *Garrapata SP*, Fahrtunterbrechung u.a. beim *Julia Pfeiffer Burns SP* und den See-Elefanten von *Piedras Blancas* und ggf. Besuch des *Hearst Castle* bei San Simeon
Unterkunft/Camping: Bereich Cambia/Morro Bay

Tag 18

Tagesziel: Los Angeles; 220 mi
Aktivitäten: weiter entlang der Küstenstraße #1 mit Stopps in Pismo Beach (Dünen am Meer), Solvang, Santa Barbara oder – alternativ –erst einmal ab Morro Bay Abstecher nach *Montaña de Oro/Point Buchon* und dann weiter nach Pismo Beach
Unterkunft: in LA Santa Monica, West LA oder Airport-Bereich
Camping: in Malibu oder *Dockweiler Beach*

Tag 19

Aufenthalt Los Angeles; 70 mi Stadtfahrten
Aktivitäten: Sightseeing in LA in Ergänzung zu Tag 2 (Venice Beach und Strände weiter südlich) oder Besuch der *Universal Studios* oder von *Disneyland*)
Unterkunft: LA wie Tag 18, oder Anaheim bei Besuch *Disney*
Camping: *Dockweiler Beach* (in Airport-Nähe) oder Anaheim

Tag 20+21

Aktivitäten: ggf. am Vormittag Rückgabe des WoMo bzw. später am Tag des Miet-Pkw; bis dahin eventuell Shopping; am Spätnachmittag/Abend **Heimflug** mit Ankunft am 21.Tag

Küste im Montana de Oro State Park bei Morro Bay

Beste Reisezeit und mögliche klimatische Probleme

Frühsommer und Herbst

Die Rundfahrt ist im Frühling, Sommer oder Herbst durchführbar. Die **besten Zeiten sind ab Mitte Mai in den Juni hinein und Mitte September in den Oktober hinein**, da die Sommerhitze im Landesinneren problematisch ist. Eine Rundreise im beschriebenen Verlauf früher oder später im Jahr scheitert leicht am ***Tioga Pass*** des *Yosemite National Park*, der in der Regel bis Mitte Mai bzw. ab Mitte Oktober wegen Schnee gesperrt ist. Bis Juni und ab Oktober muss man selbst bei offizieller *Tioga Pass*-Freimeldung die aktuellen Straßeninfos im Auge behalten, da neue Schneefälle in den Höhenlagen wieder für Sperrungen sorgen können.

Umweg bei gesperrtem Tioga Pass (Tag 10+11)

Sollte der Pass unpassierbar sein, kann die Sierra Nevada nur weiter nördlich überquert werden, soweit die Straßen dort frei sind. Eventuell muss man sogar bis zum **Lake Tahoe** fahren und von dort auf der Straße #50 in Richtung *49ers-Highway*/Sacramento. In Bezug auf die beschriebene Route sollte man einen anstrengenden »Fahrtag 10« über Gardnerville bis Lake Tahoe einlegen (ca. 200 mi ab Bishop inkl. Abstecher Mammoth Lakes plus weitere 30 mi retour nach Bodie), ggf. in South Lake Tahoe übernachten und dann am »Tag 11« über Placerville, Jackson, Sonora und Groveland das *Yosemite Valley* ansteuern, sofern man nicht ganz umdisponiert.

RVs im Death Valley

Etwas problematisch kann bei einer **Rundreise im Wohnmobil** der Besuch des ***Death Valley National Park*** sein. Die meisten Campmobil-Vermieter untersagen dies von Mitte Juni bis Mitte September. Wer es dennoch wagt, geht das Risiko ein, keine Versicherungsansprüche zu haben, wenn ausgerechnet im »Tal des Todes« irgendetwas schiefläuft.

Mit WoMo ist also »richtiges« Timing nötig, damit man außerhalb der Verbotszeitspanne durch das *Death Vealley* kommt und gleichzeitig eine *Tioga Pass*-Sperre vermeidet. Das gelingt in der Regel z.B. bei Start Anfang Juni in Los Angeles/Las Vegas oder bei einer Rundfahrt ab Mitte September.

Im Fall eines notwendigen Umwegs über den Lake Tahoe wegen verschneiter Pässe lässt sich dort auch ein Tag Wintersport einlegen

Routenvariante unter Einschluss von San Diego

Wer auch einen Besuch San Diegos ins Auge fasst, benötigt dafür minimal zwei, besser drei zusätzliche Urlaubstage. Die könnte man auf der Strecke von Las Vegas nach San Francisco einsparen. z.B. durch eine Nacht weniger in Las Vegas und Verzicht auf den *49ers-Highway* und Sacramento. Man würde dann also bereits am »Tag 12« in San Francisco ankommen. Die so gewonnenen Tage ließen sich gleich zu Beginn der Reise wie folgt einbauen:

San Diego Bay mit Downtown im Hintergrund

Tag 3 (mit San Diego)

Tagesziel: San Diego; 150 mi
Aktivitäten: Fahrt ab LA in Richtung Süden entlang der Küste über Long Beach, Newport Beach, Laguna Beach od schneller auf I-405 und/oder I-5 über Capistrano, Carlsbad, Sightseeing La Jolla und Mission Bay, ggf. noch *Downtown* mit Harbor Drive
Unterkunft: in San Diego am *Hotel Circle*, *Downtown*-Bereich oder schöner/teurer in La Jolla/Coronado Peninsula
Camping: *Chula Vista* oder an der *Silver Strand State Beach*

Tag 4 (mit San Diego)

Tagesziel: San Diego; 50 mi
Aktivitäten: Sightseeing San Diego Hafenbereich, eventuell Coronado, *Balboa Park/Zoo* oder alternativ *SeaWorld*, *Old Town* oder *Gastown* abends.
Unterkunft: in San Diego am *Hotel Circle*, *Downtown*-Bereich oder schöner/teurer in La Jolla/Coronado Peninsula
Camping: *Chula Vista* oder an der *Silver Strand State Beach*

Tag 5 (mit San Diego)

Tagesziel: *Joshua Tree NP*; 250 mi
Aktivitäten: Weiterfahrt über Julian, Borrego Springs, Salton Sea, *Box Canyon* über Südeingang *Cottonwood* in den Nationalpark (alternativ über Palm Springs)
Unterkunft: in den Orten Joshua Tree oder Twentynine Palms
Camping: *Joshua Tree NP*, wenn möglich auf dem *Campground Jumbo Rocks*, *Ryan* oder *Hidden Valley*

Tag 6 wie Tag 4 der Basisroute

5

Zusätzlicher Tag in San Diego

Die Zeit für San Diego ist reichlich **knapp bemessen**, da man auf keinen Fall an einem Tag all die unter Tag 4 genannten Punkte »abhacken« kann und für die Strände auch keine Zeit bleibt. Für einen zusätzlichen Tag in San Diego könnte man ab dem *Joshua Tree NP* ohne Umwege direkt nach Las Vegas fahren (z.B. über die *Mojave National Preserve*) oder auf den »Wandertag« im *Yosemite National Park* verzichten.

Winter in Kalifornien

Temperaturen

Die Wintermonate sind zumindest für Touren durch Südkalifornien durchaus interessant. Wenn sich zu Hause Schneeberge türmen und ein trüber Tag auf den nächsten folgt, kann die kalifornische Sonne eine willkommene Abwechslung bieten. Die Tagestemperaturen an der Pazifikküste liegen dort auch dann noch bei angenehmen 20°C und mehr im Schatten. Sogar nördlich von Santa Barbara bis hinauf nach San Francisco darf man im Winter tagsüber noch mit Durchschnittstemperaturen von etwa 15°C rechnen. Im Hinterland kann es – in Abhängigkeit von der Höhenlage – sogar noch wärmer sein.

Besonders erfreulich ist die **Blütenpracht** z.B. in den Gärten und Parks in San Diego zu Weihnachten/Neujahr und ab Mitte Februar in den Wüsten Südkaliforniens, wenn sich dort in feuchten Jahren bunte **Wildblumenteppiche** breit machen.

Routenabweichung

Im Winter sind bei der zuvor beschriebenen Route jedoch etliche Anpassungen nötig. Hierfür wählt man am besten die Variante mit San Diego und verbringt dann auch noch den fünften Reisetag in dieser Stadt. Am Tag 6 geht es über Julian nur bis nach **Borrego Springs**, so dass etwas Zeit bleibt für die Erkundung des *Anza-Borrego Desert State Park*. Erst am Tag 7 nimmt man dann die Weiterfahrt nach Palm Springs oder in den ***Joshua Tree NP*** in Angriff. Hinweis vor allem für Zeltcamper: In diesem Nationalpark

Crescent Bay in Laguna Beach Anfang Januar

Wintercamping im Joshua Tree National Park bei strahlendem Wetter

ist im Winterhalbjahr mit ordentlichem Nachtfrost und gelegentlichen Schneefällen zu rechnen. Anderseits kann das Thermometer dort schon im Februar/März weit über 20°C klettern, in der *Anza-Borrego* Wüste und im Bereich der Salton Sea durchaus sogar über die 30°C-Marke.

Statt East Sierra Scenic Byway über Bakersfield

Es folgen die auf Seite 612f beschriebenen Tage 4-8 (bei dieser Variante sind es dann die Tage 8-12). Im Anschluss an die Nacht im *Death Valley* stehen zwei längere Fahrtage am Programm. Am ersten geht es vom »Todestal« über die #190 nach Olancha und von dort nach Süden zum *Red Rock Canyon SP* mit Unterkunft in **Bakersfield** (ca. 270 mi) und am Reisetag #13 über die (nicht sehr spannende) Autobahn I-5 weiter in Richtung San Francisco.

3 Tage Highway #1 von San Francisco nach LA

Dort übernachtet man jetzt einen Tag früher als während der dreiwöchigen Sommertour, so dass auf der Strecke zwischen San Francisco und LA ein Tag mehr zur Verfügung steht, an dem man z.B. in *Point Lobos* wandern oder im *Año Nuevo State Park* an einer Rangertour teilnehmen könnte. Auch etwas mehr Zeit für Santa Cruz, Monterey und/oder Carmel stünde zur Verfügung. Eine gute Idee wäre eventuell auch ein Abstecher ins Binnenland zum *Pinnacles National Park* mit wunderbaren Wanderwegen. Zu dieser Jahreszeit lohnt sich auch die Wartezeit bis zum Sonnenuntergang an der *Pfeiffer Beach* in Big Sur oder ein Besuch der Monarchfalterhaine in Pacific Grove und Pismo Beach.

Yosemite im Schnee

Variante: Der durch den Wegfall der Strecke im Osten der Sierra Nevada gewonnene Tag kann alternativ ab Bakersfield auch für eine Stipvisite des winterlichen *Yosemite Valley* vom Westen aus genutzt werden mit Unterkunft in Mariposa oder Groveland, sofern der Straßenzustand das zulässt.

Nachteil im Winter

Einen **Nachteil** darf man für Reisen während der Wintermonate nicht verschweigen: Eine Sonnengarantie gibt es dann selbst in Südkalifornien nicht. Der wenige Niederschlag fällt in den Halbwüsten meist zu dieser Jahreszeit, auch in Big Sur sind Dezember, Januar und Februar die regenreichsten Monate.

Die 2-Wochen-Tour

Mit ein paar anstrengenderen Fahrtagen und etwas weniger Zeit in einzelnen Parks und Cities lässt sich die eingangs beschriebene Route auch in eine 2-Wochen-Tour umwandeln (**ca. 2000 mi**).

Ein Tag »Ersparnis« in Südkalifornien

Einen ersten Tag spart bereits, wer im Anschluss an den Abstecher nach Palm Springs/zum *Joshua Tree NP* Las Vegas direkt über die *Mojave National Preserve* ansteuert (von Joshua Tree über Amboy und Kelso, dann auf der Interstate #15 zum Ziel; ca. 200 mi), statt den Umweg über Bullhead City/Laughlin und ggf. Oatman an der *Route 66* zu nehmen.

Nur zwei Nächte in Vegas

Nach nur zwei (statt drei) Nächten in Las Vegas führt die Route, wie gehabt, ins *Death Valley*; bei dieser Variante bereits am sechsten Tag. Die Nacht verbringt man dann am besten schon außerhalb des Nationalparks im (kühleren) Lone Pine (300 mi), von wo es am nächsten Tag weiter bis Lee Vining geht (ca. 200 mi inkl. Abstecher nach Bodie und ggf. zu den Travertine Hot Springs).

Drei Tage weniger für Yosemite NP, San Francisco und Hwy #1

Für den *Yosemite NP* bleibt in diesem Fall nur ein Tag. Von dort geht's dann ohne Umwege über den *49ers-Highway* und Sacramento in Richtung San Francisco. Nach zwei Nächten in SFO steuert man das nächste Quartier nicht in Monterey sondern weiter südlich in Cambria/ San Simeon an (ca. 220 mi). Tags darauf erreicht man über Santa Barbara/Malibu wieder den Ausgangspunkt LA (ca. 250 mi) und ist jetzt 6 Tage weniger unterwegs.

Ein Tag kürzer in LA oder direkt nach Vegas zu Beginn

Als 7. noch einzusparender Tag bietet sich ggf. der ursprüngliche »Tag 19« mit reichlich Zeit in LA an. Wer aber darauf nicht verzichten möchte, könnte am »Tag 3« Palm Springs und den *Joshua Tree National Park* streichen und von LA direkt über die I-15 nach Las Vegas fahren (ca. 280 mi).

Auch bei dieser Tour gelten die Hinweise zum eventuell wegen Schnees gesperrten *Tioga Pass* sowie zu den Beschränkungen der *Death Valley*-Durchfahrt für Wohnmobile ➤ Seite 616.

Eine Woche Kurztrip

Acht Tage Kalifornien im Schnelldurchlauf sind zwar – wie eingangs angedeutet – von »vorne bis hinten« zu wenig, aber unter bestimmten Umständen für den einen oder anderen eine Option.

Rundreise (ca. 1200 mi) LA-LA oder auch Vegas-Vegas

So wäre eine **Rundreise durch Südkalifornien bis Las Vegas** unter »Mitnahme« des ***Death Valley*** in 8 Tagen machbar. Von LA ginge es zunächst nach San Diego und von dort auf bereits oben beschriebenen Tagesetappen direkt oder über den *Joshua Tree NP* bis Las Vegas. Für beide Varianten reicht die Zeit für zwei Nächte Vegas und außerdem noch für den schnellen Umweg übers Death Valley via Pahrump und die Straße #190. Zurück geht's dann über Shoshone (Straße #178) und die I-15. Für LA wird die Zeit ziemlich knapp. Nachteil ist, dass die Küste/Hwy #1 und San Francisco dabei nicht vorkommen. Eher im Winter bis Frühsommer zu erwägen.

One-way-Trip (ca. 1000 mi) SFO-Vegas

Eine ***One-way-Tour*** ist für viele Besucher vielleicht reizvoller als die skizzierte Rundstrecke, zumal bei einigen Autovermietern innerhalb von Kalifornien und zwischen San Francisco/LA/San Diego und Las Vegas keine Einweggebühr anfällt und Gabelflüge bei Linienfluggesellschaften kein Problem mehr darstellen.

Denkbar wäre also ein Start in **San Francisco** mit Weiterfahrt **über den Highway #1**. Drei Tage benötigt man für die Ankunft in SFO, Sightseeing-Tag in SFO (60 mi) und Fahrtag über Monterey/Big Sur (*Hwy #1*) bis Cambria/San Simeon (ca. 220 mi). Am 4. Reisetag geht es über Santa Barbara/Malibu nach LA (ca. 250 mi), dort ein Tag Aufenthalt (ca. 50 mi). Am 6. Tag folgt die Fahrt **über die I-15** direkt ins Spielerparadies **Las Vegas** (ca. 280 mi), wo man auch noch eine zweite Nacht einplanen kann. Am 7. oder 8. Tag geht es dann schon wieder zum Flughafen und zurück in Richtung Heimat.

Ebenfalls erwägenswert wäre die stärker naturbetonende Strecke **von San Francisco über den *Yosemite NP* nach Las Vegas**, die vorzugsweise dem Verlauf der magentafarbenen Route folgen könnte.

ANHANG

Kalifornien Wissen

Kalifornien Wissen

Geschichte

Ureinwohner

Die ersten Menschen kamen nach heutigen Erkenntnissen vor 15.000-16.000 Jahren über eine Landbrücke auf den nordamerikanischen Kontinent, die bis etwa 10.000 Jahre vor unserer Zeitrechnung Sibirien und Alaska miteinander verband. Über die Jahre erreichten unterschiedlichste Siedlergruppen auch den Südwesten. Bei Ankunft der ersten Europäer siedelten in der Region etwa 30 Stämme, die zu sechs Sprachgruppen gehörten. Insgesamt lebten damals dennoch nur ca. 300.000 Menschen im heutigen Kalifornien. Trotz dieser kleinen Zahl auf der riesigen Fläche kam es auch unter ihnen schon zu kriegerischen Auseinandersetzungen.

Baja und Alta California

Wahrscheinlich der erste Europäer, der mit seiner Mannschaft an der heutigen San Diego Bay kalifornischen Boden betrat, war der Portugiese ***Juan Rodriguez Cabrillo***. Er befand sich im Sommer 1542 im Auftrag der spanischen Krone auf einer Erkundungsfahrt entlang der Pazifikküste. Als *Cabrillo* im Jahr darauf starb, hatte er aber weder Gold noch die damals vermutete Verbindung zwischen Pazifik und Atlantik gefunden. Daher erlosch zunächst das Interesse Spaniens an der Westküste Nordamerikas, obwohl man ***Baja*** und ***Alta California***, die langgestreckte Halbinsel im äußersten Südwesten Nordamerikas und in etwa das Gebiet des späteren Kaliforniens als spanischen »Besitz« deklariert hatte. Auch weitere Expeditionen und eine erste Missionsstation in der Region *Baja California* Ende des 17. Jahrhunderts änderten daran nichts. Erst als die Schiffe anderer Nationen der Alten Welt Mitte des 18. Jahrhunderts häufiger im Nordpazifik Flagge zeigten und Trapper und Abenteurer auf dem Landweg bis zur Westküste vordrangen, besann sich Spanien auf seinen alten Vormachtsanspruch.

Wandbild, das den Zug der Entdecker um Gaspar de Portola und Junipero Serra 1769/70 von der San Diego Bay in Richtung San Francisco Bay skizziert

Missionierung

Mit der Bekehrung der Indianer zum Katholizismus und der Errichtung von Militärposten hoffte man, das bislang nur per Dekret in Beschlag genommene Land im Westen dauerhaft vereinnahmen und für Spanien sichern zu können. Zunächst waren es Jesuiten, die weitere Missionsstationen in *Baja California* gründeten. Als sie in Ungnade fielen, nahmen Franziskaner ihren Platz ein.

Spanisch-mexikanische Periode

Eine offizielle größere Expedition um den militärischen Befehlshaber ***Gaspar de Portola*** und den Franziskanerpater ***Junipero Serra*** machte sich Anfang 1769 von La Paz an der Südspitze von *Baja California* auf den Weg nach Norden, landete in der Bucht von San Diego im April und begann mit dem Bau einer Befestigung, eines ***Presidio***. *Serra* ließ bereits im Juli 1769 den Grundstein für die Mission ***San Diego de Alcalá*** legen, die erste von 21 dieser Art in *Alta California* (➤ Seite 476). Um die meisten entwickelten sich Siedlungen, Keimzellen bekannter kalifornischer Städte. Die letzte Mission, ***San Francisco de Solano*** in Sonoma nördlich der San Francisco Bay wurde erst 1823 gegründet, als die einstige Kolonie Mexico – nach einem 11-jährigen Kampf 1821 – bereits die Unabhängigkeit erstritten und die nordamerikanischen Besitzungen von Spanien übernommen hatte.

Von San Diego zogen *Portola* und *Serra* im Juli 1869 weiter mit Ziel Monterey Bay, die seeseitig von Schiffen bereits entdeckt worden war, verpassten diese aber und entdeckten 1770 die weit ins Land reichende Bucht von San Francisco und das schmale *Golden Gate*. Die endgültige Erschließung und Ausbeutung Kaliforniens hatte damit begonnen. Wie so oft zum Schaden der Urbevölkerung, die sich schlechter missionieren ließ als erhofft. Zudem schleppten die Spanier Krankheiten ein, gegen die am Pazifik noch kein Kraut gewachsen war. Dass die Indianer als Menschen zweiter Klasse behandelt wurden, versteht sich von selbst.

Erste Hälfte 19. Jahrhundert

Die erste Hälfte des 19. Jahrhunderts läutete das Ende der spanisch-mexikanischen Einflussnahme in Nordamerika ein. Nach der Loslösung von Spanien eigneten sich mexikanische Großgrundbesitzer riesige Gebiete in Kalifornien an und etablierten auf ihren *Ranchos* die Rinderzucht. Gleichzeitig drängten Händler, Trapper und Abenteurer nach Kalifornien, in ein Land, von dem es schon damals hieß, dort könne jeder sein Glück machen.

Bear Flag Republic

Aber nach der texanischen Unabhängigkeit 1845 befahl Mexico die Ausweisung aller Ausländer einschließlich dort verbliebener Spanier aus Kalifornien, was zum Aufstand führte. Eine Gruppe amerikanischer Siedler unter ***John C. Fremont*** rief bereits 1846 in Sonoma die Unabhängigkeit Kaliforniens als sog. ***Bear Flag Republic*** aus. Die existierte zwar nur einen Monat, aber der namensgebende Grizzlybär blieb bis heute in der Staatsflagge, ➤ Innentitel des Buches ganz vorne und Seite 227.

US-Staat seit 1850

Mit dem amerikanisch-mexikanischen Krieg von 1847/48 fielen New Mexico, Arizona und Kalifornien an die USA. Und bereits **1850 wurde Kalifornien – der 31. – Staat der Union**.

Goldrausch 1849/50

In dieser turbulente Zeit fand man 1848 in der Sierra Nevada östlich von Sacramento Gold, ➤ Seite 242. Und bald machten sich Tausende Glücksritter zur Goldsuche ins ***Sacramento Valley*** am Fuße der Sierra auf. Als der Goldrausch von 1849/50 abgeebbt war, gab es 1860 den nächsten *Run* auf Edelmetall. Dieses Mal begann es mit der Entdeckung der ***Comstock Lode***, einer Silberader, die Virginia City (➤ Seite 253f) im heutigen, damals noch nicht definierten Nevada zeitweise zur Großstadt machte.

Zweite Hälfte des 19. Jahrhunderts

Die Aktivitäten im Hinterland und der enorme Zuzug nach Kalifornien, der auch über die wenigen Häfen der Pazifikküste aus Asien wie auch von der Ostküste aus auf dem langen gefahrvollem Seeweg um Kap Horn erfolgte, führte zu einer boomenden Wirtschaft im nahen San Francisco.

Bürgerkrieg, Eisenbahn, Ölboom

Der **Bürgerkrieg** im Osten von **1861 bis 1865** führte lediglich zu einer zeitweisen Unterbrechung der stürmischen Entwicklung. Kalifornien, in dem es keine Sklaverei gab, stand den Nordstaaten nahe und zählte sich damit zu den Kriegsgewinnern, obwohl nur eine Brigade kalifornischer Freiwilliger im Osten mitgekämpft hatte. Nach dem Krieg ging es weiter wirtschaftlich bergauf. Ab **1869** brachten die **transkontinentalen Eisenbahnen** einen dramatischen Fortschritt. Sie verkürzten das monatelange Trekking und Seereisen nach Kalifornien auf wenige Tage und reduzierten die Kosten enorm. Immer mehr Siedler zog es daher nach Westen. Zigtausend Chinesen, die man als billige Arbeitskräfte für den Eisenbahnbau ins Land geholt hatte, blieben außerdem in Kalifornien. Ende des 19. Jahrhunderts kam es auch noch zu einem **Ölboom**. Und so zählten San Francisco, Los Angeles und San Diego schon **1900** 320.000, 100.000 und 20.000 Einwohner.

Erste Hälfte des 20. Jahrhunderts

Kalifornien wuchs in der ersten Hälfte des 20. Jahrhunderts rapide weiter. Bereits ab **1913** verband der ***Lincoln Highway***, eine erste transkontinentale Autostraße, San Francisco mit New York. Das Autozeitalter war angebrochen und der Tourismus eingeläutet. Die Eröffnung des **Panamakanals** 1914 beschleunigte und verbilligte den Waren- und Personentransport zwischen Ost- und Westküste weiter. Der Weltkrieg 1914-18, in den die USA erst am Ende eingriffen, wirkte sich so weit entfernt von den Schauplätzen kaum aus. In die wirtschaftlich schwierigere Zeit der **1920er- und 1930er-**Jahre fallen die Eröffnung der ***Route 66*** als zweiter Transkontinentalstraße, eine riesige Arbeitsbeschaffungsmaßnahme, ebenso wie zeitgleich der Bau der ***Golden Gate*** und der kaum minder spektakulären ***Bay Bridge*** (➤ Seiten 205 und 230).

Hollywood

In dieselbe Zeit fällt der Aufstieg der amerikanischen, sprich kalifornischen **Filmindustrie** mit den weltbekannten Studios in **Hollywood** (*MGM, Universal, Warner Brothers*, ➤ Seiten 399ff).

2. Weltkrieg

Der folgende **Zweite Weltkrieg** bescherte dem Staat an der Pazifikküste kriegswirtschaftsbedingte Vollbeschäftigung. **San Diego** wurde wichtigster Hafen der US-Marine und das ***Presidio* von San Francisco** Hauptquartier des Generalstabs. In Südkalifornen entstanden Trainingscamps und Manövergelände der Armee und des *Marine Corps* und riesige Luftwaffenstützpunkte, die man im neuen Jahrtausend sogar noch weiter ausbaute. Kriegsschiff- und militärischer Flugzeugbau boomten.

Zweite Hälfte 20. Jahrhundert

In der zweiten Hälfte des 20. Jahrhunderts stand Kalifornien für technologische Innovation und gesellschaftlich progressive Impulse: Von der ***Beat Generation*** der 1950er-Jahre über ***Flower Power*** in der Hippie-Dekade bis zur ***Gay Pride*** homosexueller Bürger vor allem in San Francisco.

Gleichzeitig wuchs das Sozialprodukt weit überdurchschnittlich und machte Kalifornien zu einem der reichsten US-Staaten mit – für viele – höchster Lebensqualität.

Neues Jahrtausend

Das neue Jahrtausend begann 2001 mit dem Platzen der »**Dot-com-Blase**«. Aber das ***Silicon Valley*** fing sich wieder. Problematischer war die über Dekaden gelaufene Immobilienpreisexplosion, die 2008 zusammenbrach. Die folgende **Wirtschaftskrise** führte besonders in Kalifornien zu erheblichen Finanzproblemen zahlreicher Bürger, aber auch des Staates. Die drastischen **Budgetkürzungen** erkennt man auch als Tourist u.a. am schlechten Zustand vieler Autobahnen und Straßen wie öffentlicher Gebäude oder an den Eintritts- und Campgebühren der ***California State Parks***, den höchsten aller US-Staaten. Preiswerte Campingplätze in reizloser Umgebung, aber guter Verkehrsanbindung, die früher kaum frequentiert wurden, standen lange voller alter Wohnmobile – dem neuen »Zuhause« all derer die in der Krise ihre Schulden nicht mehr bedienen konnten. Im Kasten auf Seite 22 steht Näheres zu den **Wasserproblemen** und **schlimmen Waldbränden**, die sich in den letzten Jahren in Kalifornien dramatisch verschärften.

Bevölkerung

Kalifornien ist der **bevölkerungsreichste Staat der USA**. Fast 40 Mio. Menschen (1970: 20 Mio.!) leben in diesem flächenmäßig drittgrößten Bundesstaat des Landes, ➤ »Steckbrief« auf Seite 14.

Die letzte Volkszählung ergab, dass weniger als die Hälfte aller Kalifornier als »weiß« (*Caucasian*) gelten (ca. 46 %). Die nächstgrößere ethnische Gruppe sind Spanischstämmige und Lateinamerikaner (*Hispanics/Latinos*, rund 33%), gefolgt von Asiaten (ca. 12%) und »schwarzen« *Afro Americans* (ca. 8%).

Indessen hat auch in Kalifornien die Vorstellung vom amerikanischen Schmelztiegel der Ethnien und Kulturen lange ausgedient. Die verschiedenen zugezogenen Bevölkerungsgruppen siedeln sich überwiegend in städtischen Bereichen an und bleiben dort meist unter sich. Besonders spanisch- und chinesischsprachige Bürger sehen oft keine zwingenden Gründe, Englisch zu lernen. Das gilt auch für viele Zuwanderer und ihre Nachkommen aus anderen Regionen. Andererseits macht dies die kulturelle Vielfalt Kaliforniens aus und ist irgendwie auch die Bestätigung des amerikanischen Leitspruchs *E Pluribus Unum* (»Eins aus Vielen«).

Staat und Politik

Gouverneur

Die Verfassung Kaliforniens sieht – wie in allen Demokratien – eine Gewaltenteilung zwischen Legislative, Judikative und Exekutive vor. **Hauptstadt** des Bundesstaates ist **Sacramento**, von wo aus ein **Gouverneur** seine Amtsgeschäfte ausübt, ähnlich wie die Ministerpräsidenten unserer Bundesländer. Seine Amtszeit dauert vier Jahre; er darf nur einmal wiedergewählt werden. Von 2003 bis 2011 war der frühere Action-Filmstar und gebürtige Österreicher *Arnold Schwarzenegger* Gouverneur. Aktueller Amtsinhaber ist nach einer ersten Amtszeit von 1975-1983 (!) bis 2019 wiederum der Demokrat ***Jerry Brown***. Sein Vorgänger dagegen war Republikaner.

Demokraten/ Republikaner

Städte wie San Francisco und Los Angeles wählen überwiegend demokratisch, während sich ländliche Gebiete eher zu den Republikanern bekennen. Wo indessen das Pro-Kopf-Einkommen hoch ist, haben die Republikaner auch in Städten die Nase vorn, etwa im Orange County/Anaheim (Großraum LA) und in San Diego.

Legislative und Exekutive

Die Legislative teilt sich in Kalifornien nach Vorbild der Union in einen Senat und ein Repräsentantenhaus; der Senat hat dort 40 Mitglieder, das Haus 80. Die Mitglieder des Hauses, der *State Assembly*, übernehmen ihr Amt für zwei Jahre und dürfen höchstens dreimal wiedergewählt werden. Über die Einhaltung der Staatsverfassung wacht der Oberste Gerichtshof des Staates (*Supreme Court of California*).

Wirtschaft

Übersicht

Kalifornien ist trotz seiner im Weltmaßstab geringen Einwohnerzahl ein wirtschaftliches Schwergewicht. Wäre der Staat unabhängig, gehörte er trotz der seit 2007/08 nach wie vor fortbestehenden Wirtschaftskrise ökonomisch zu den Top Ten der führenden Nationen (Bruttosozialprodukt ca. $2 Mrd/Jahr). Dabei sind hier nicht (mehr) Industrien wie Flugzeug und Schiffbau tonangebend, sondern vor allem innovative Branchen und Dienstleistungen, aber auch – wie seit Dekaden – die Landwirtschaft. Eine wichtige Rolle spielt seit dem 2. Weltkrieg das Militär. Ein Großteil des amerikanischen Verteidigungsbudgets fließt nach Kalifornien.

Silicon Valley

Flugzeug- und generell Miltärtechnik wie auch die hohen Investitionen in Spitzenuniversitäten schufen die Grundlagen dafür, dass Kalifornien sich zum Technologie-Vorreiter schlechthin entwickeln konnte. Inbegriff für die PC-Revolution, Hard- und Softwareinnovationen ist das sog. ***Silicon Valley*** zwischen Palo Alto und San José. Ein wesentlicher Faktor war und ist dort die *Stanford University*, deren Absolventen den Aufstieg von Garagenfirmen genialer Tüftler wie *Steve Jobs* u.a. zu Weltkonzernen wesentlich beeinflussten. Auf der Seite 314 steht mehr dazu, einschließlich der Standorte der wichtigsten Firmen wie ***Apple***, ***Intel***, ***Hewlett Packard***, ***Facebook*** und ***Google***.

Agrikultur

Ein seit jeher für Kalifornien besonders wichtiger Wirtschaftszweig ist nach wie vor die **Landwirtschaft**. Fruchtbare Böden vor allem in den ausgedehnten Niederungen des ***Sacramento*** und ***Central Valley*** (➤ Karte Seite 18), die sich dank der (einst!) großen winterlichen Schneemengen der Sierra Nevada und zahllosen deren Schmelzwasser aufstauender künstlicher Seen gut bewässern lassen (oder ließen, ➤ Seite 22), machten Kalifornien neben Florida zum größten **Obst- und Gemüsegarten** der USA.

Ein mittlerweile weltweit vermarktetes Exportgut ist der kalifornische **Wein**. Nicht nur in den Bereichen ***Napa*** und ***Sonoma Valley*** (➤ Seiten 221ff) entstehen gute Tropfen, Wein wird überall zwischen LA und Sacramento und noch weiter nördlich angebaut.

Öl

Raffinieren, Ölförderung und -exploration samt dem Ölhandel sind zusammen ein erheblicher Wirtschaftsfaktor. Kalifornien braucht aber weitaus mehr Öl als die Eigenförderung vor der Küste Südkaliforniens und in den Ölfeldern westlich von Bakersfield hergibt. *Fracking* findet eher anderswo statt.

Service

Die meisten Kalifornier arbeiten in der Dienstleistungsbranche, in der **Tourismus** und **Gastronomie** eine Hauptrolle spielen.

Militär

Vom Militär als Wirtschaftsfaktor war bereits die Rede. Mit der seit Vietnam gewachsenen Orientierung der USA auf Asien, hat sich die Bedeutung Kaliforniens hier noch verstärkt.

Kunst und Kultur

Ernst Georg Richter

Ob Musik, Film, Literatur oder bildende Kunst, Kalifornien hat vom einfachen Auftritt in der Nachbarschaft bis hin zum internationalen Ereignis in der Kulturszene allerhand zu bieten. Die kalifornische Filmindustrie hat das 20. Jahrhundert entscheidend mitgeprägt und wird das wohl auch in Zukunft tun.

Architektur

Spanische Basis

So bunt und vielfältig wie Geschichte und Kultur der Bürger des *Golden State* sind auch die in Kalifornien zu findenden Baustile. Am Anfang stand die »kalifornische Klassik«, der **spanisch-mexikanische Stil** des späten 18. bis mittleren 19. Jahrhunderts, in reinster Form erhalten in den alten Missionen zwischen San Diego und San Francisco. Aber die Stilrichtung wurde auch später noch häufig zitiert und neu aufgelegt, z.B. in der *Union Station* von LA und bis heute in zahlreichen Privatvillen und in der Gastronomie.

Victorian Style

Besonders in San Francisco und Umgebung war seit der zweiten Hälfte des 19. Jahrhunderts der **viktorianische Stil** beliebt, den man auf Spaziergängen durch Pacific Heights, Haight-Ashbury und andere Viertel der Stadt, aber auch in San Diego bewundern kann: Hübsche, verschachtelte Kästen mit Erkern und Türmchen, die oft durch ihren bunten Anstrich noch mehr auffallen, ➤ z.B. *Painted Ladies* in San Francisco und die Gebäude am *Heritage Square* in San Diego, ➤ Seiten 212 und 501.

20. Jahrhundert

Neben dem Wiederaufleben von Bauelementen aus der **Kolonialzeit** war in den 1920er-Jahren der **eklektizistische Stil** bei denen beliebt, die es sich leisten konnten – das Paradebeispiel für solch eine Mischung aller möglicher Einflüsse ist das ***Hearst Castle*** in San Simeon (➤ Seite 336). In den 1930ern wurde **Art Deco** und **Stromliniengestaltung** in Kalifornien beliebt, später auch die aus dem Herzen der Alten Welt stammende **Bauhausarchitektur**.

Postmoderne

Zeitgenössische Architektur verwendet Alltägliches auf neue Art und interpretiert die Natur auf oft eigenwillige Weise; Beispiele dafür sind z.B. am ***Getty Center*** in Los Angeles erkennbar oder in der ***Disney Concert Hall*** zu sehen (➤ Seite 406).

Wer sich für Hochhausbauten aus Stahl und Glas der **Postmoderne** interessiert, wird in ***Downtown*** **LA** und ***Downtown*** **San Francisco** fündig, seit ein paar Jahren auch am **Las Vegas Boulevard** in der Weltkapitale des Glücksspiels; ➤ z.B. Seite 534. Dort ist auch sonst die Architektur der Kasinos ein Kapitel für sich.

Musik

Klassik

Sunny California hat für jeden den richtigen Sound, sogar für Freunde der europäischen **Klassik**. Das ***San Francisco Symphony Orchestra*** und das ***Los Angeles Philharmonic Orchestra*** sind anerkannte Klangkörper, die weltweit mithalten können.

Jazz

Amerikas klassische Musik ist der **Jazz**. Schon in den 1920er-Jahren breitete sich das Phänomen vom Mississippi auch nach Westen aus. Und in den *Fifties* gab es hier ein Kontrastprogramm zum *Bebop* und *Hard Bop* der Ostküste. Nach dem Vorbild von *Gerry Mulligans* und *Miles Davis'* Album »*Birth of the Cool*« brachten ***Cool Jazz*** und die ***West Coast School*** sanftere, melodischere Linien hervor als die zupackenderen Spielarten östlich des Mississippi.

Geniale Musiker wie der Bassist *Charles Mingus* und der Tenorsaxophonist *Dexter Gordon* stehen für die große Tradition des Jazz in Kalifornien, die nach wie vor lebendig ist und in Clubs von San Francisco und LA sowie auf vielen Festivals hochgehalten wird.

Rock, Pop & Blues

Was wäre die Westküste ohne ***Rock, Pop*** und ***Blues***? *Rock'n'Roll* ging aus dem schwarzen *Rhythm and Blues* hervor und war in der zweiten Hälfte der 1950er-Jahre hier so beliebt wie übrall in Amerika. Wer weiß, was z.B. aus dem jungen Talent *Ritchie Valens* (»La Bamba«) hätte werden können, wenn er nicht tragischerweise neben *Buddy Holly* mit dem Flugzeug abgestürzt wäre. Beim ***Rock*** war die Entwicklung in den 1960er-Jahren ähnlich wie zuvor beim Jazz: Die Westküste hatte einen »softeren« Einfluss. So wurden Gruppen wie die ***Beach Boys*** bekannt, die das hohe Lied der *Surf*-Kultur sangen. Sie ebneten auch den Weg für den *Soundtrack* zum ***Summer of Love*** und all jene, die mit Blumen im Haar nach San Francisco kamen. »*California Dreaming*« war angesagt, mit Bands wie *The Grateful Dead, Jefferson Airplane, Creedence Clearwater Revival* und natürlich *The Doors*.

Auch in härteren Zeiten von ***Punk*** und ***Avantgarde*** in den 1970er- und 1980er-Jahren hatte man hier ein Wort mitzusingen, und obwohl das ***Grunge***-Phänomen der 1990er-Jahre aus Seattle und nicht etwa aus San Francisco kam, wurde und wird hier immer noch progressive Musik groß geschrieben.

Von Soul über Swing bis Rap

Schwarze Musik von ***Soul*** über ***Funk*** bis ***Rap*** ist hier genauso zu Hause, man denke an die *Vocals* von *En Vogue* oder den *New Jack Swing* von *Tony Toni Toné*, die beide aus Oakland kamen. Nachdem ***Hip Hop*** an der Ostküste groß geworden war, hat er speziell in Los Angeles ein hartes Erwachsenenleben geführt. Das raue Pflaster von South Central LA brachte zwar große Talente hervor, aber die Szene litt häufig unter gewaltsamen Auseinandersetzungen. Immerhin hatten *Rapper* wie *Ice Cube* bald auch als Filmschauspieler Erfolg, und Künstler/Produzenten wie *Dr. Dre* wirken weiter vor und hinter den Kulissen.

Latino und Rock

Seit *Carlos Santana* gegen Ende der 1960er seine Band gründete, die **Latinorhythmen mit Rock** verband, ist auch die Kombination der beiden Stile immer wieder ein Thema in der Musikszene Kaliforniens gewesen.

Theater

In Sachen Theater ist die Ostküste mit New York nach wie vor führend. Hinzu kommt, dass in Kalifornien so viel für Leinwand und Bildschirm produziert wird, dass man meinen könnte, es bliebe wahrscheinlich nicht mehr viel Aufmerksamkeit für *Live Performances* auf der Bühne übrig. Umso erstaunlicher ist die Vielzahl von kleineren und größeren Theatern in teilweise sogar recht kleinen Ortschaften. Die aktuellen Programme findet man in Stadtmagazinen und Veranstaltungskalendern der Touristeninformationen. Wer sich vorab informieren möchte, braucht im **Internet** nur das Stichwort »***theater programs***« und Ortsnamen einzugeben und wird staunen, was Bewohnern und Besuchern in den als »kulturarm« verschrienen USA so alles geboten wird bzw. selbst einfällt. Selbst am Lake Tahoe weitab von Ballungsgebieten läuft im Sommer ein ***Shakespeare Festival***, ➤ Seite 154.

Bildende Kunst

Ersichtlich mehr noch als anderswo hat in Kalifornien die Natur die Kunst beeinflusst und mitgeprägt. Im 19. Jahrhundert kamen Künstler von weither nach Westen, um die herrlichen **Landschaften** abzubilden, unter ihnen der deutschstämmige ***Albert Bierstadt***, dessen großformatige Gemälde den jungen Staat über den Goldrausch hinaus auch im Osten populär machten. In den Folgedekaden zogen zahlreiche Künstler ins »Südfrankreich der USA«.

Nach dem Vorbild der Impressionisten konzentrierten sich viele Maler auf grandiose Landschafts-Momentaufnahmen in Öl und Aquarelle mit Alltagsdarstellungen.

Surrealismus, **Dadaismus** und **abstrakter Expressionismus** hielten in Kalifornien erst ab den 1940er-Jahren Einzug. In den 1950er-Jahren folgte die Rückbesinnung auf das Figurative und der Schritt weg vom Abstrakten, wie etwa in den Bildern von *Elmer Bischoff* und *David Park*. ***Pop Art*** war das Motto seit den 1960er- Jahren. In San Franciscos Stadtteil Haight-Ashbury wurde die Kunst ähnlich **psychedelisch** wie die Musik.

Aktuelle Kunst

Über die aktuelle Kunstszene macht man sich am besten in Museen wie dem ***MOCA*** und ***The Broad*** in LA oder dem ***MOMA*** in San Francisco ein Bild (➤ Seiten 405f und 190), aber auch viele kleinere Kunstmuseen wie private Galerien haben viel zu bieten. Sonderausstellungen im ***Getty Center*** und ***LACMA*** und in San Franciscos ***De Young Museum*** thematisieren von Zeit zu Zeit ebenfalls das Kunstschaffen der Gegenwart, ➤ S. 385f, 409 & 209.

Literatur

19. Jahrhundert

Im Kalifornien des 18. und 19. Jahrhunderts blieb nicht viel Muße für das geschriebene Wort; wichtige Beschäftigungen wie das Goldschürfen, der Eisenbahnbau und das Geldverdienen überhaupt nahmen die meiste Zeit des Tages in Anspruch.

Es gibt aber durchaus Tagebücher und Berichte über den neuen Staat im Westen, u.a. von ***Richard Henry Dana*** in seinem *Two Years before the Mast* von 1840. Fünfzig Jahre später verschlug es ***Mark Twain*** vom Mississippi an die *Banks of Sacramento*, von wo aus er u.a. über Wunderlichkeiten der kalifornischen Gründerjahre schrieb, ➤ Seite 250.

Der wahre Chronist des mittleren Kalifornien und der kleinen Leute war indessen ***John Steinbeck***, der mit seinen Romanen die moralische Landkarte der Westküste zeichnete, ➤ Seite 323+326.

Krimis

Kalifornien ist Krimiland – ***Dashiell Hammett*** und ***Raymond Chandler*** schufen in den 1930ern die legendären Detektive ***Sam Spade*** und ***Philip Marlowe***, die nicht zuletzt mit ihrer Filmverkörperung durch *Humphrey Bogart* in *The Maltese Falcon* (»Der Malteserfalke«) und *The Big Sleep* (»Tote schlafen fest«) trotz ihres gefährlichen Metiers unsterblich wurden.

Das Interesse an Mord und Totschlag hat seitdem nicht nachgelassen – Autoren wie ***Walter Mosley*** (*Devil in a Blue Dress*), ***James Ellroy*** (*LA Confidential*) und ***Sue Grafton*** (Die *»Alphabet Series«*) haben für Nachschub an lesenswerten Leichen gesorgt.

Sozialkritik

Bekannt wurden auch die Romane, die die Schattenseiten von Traumfabrik und kalifornischem Traum aufzeigten, so *The Day of the Locust* (»Der Tag der Heuschrecke«) von ***Nathanael West*** und *The Last Tycoon* von ***F. Scott Fitzgerald***.

Beat Generation

In den 1950er-Jahren schrieb die *Beat Generation* vor allem an der Bucht von San Francisco. Mit der späteren Musikrichtung *Beat* hatten sie außer der Rebellion gegen das Althergebrachte wenig zu tun. Vielmehr war es eine Generation, die sich vom

Gewicht der jüngsten Geschichte erschlagen (*beat*) fühlte. Autoren wie ***Jack Kerouac*** mit seinem *Road-Movie*-artigen Roman ***On the Road*** (»Unterwegs«) und ***Allen Ginsberg*** mit seinem zornig-langen Gedicht *Howl* (»Das Geheul«) bildeten die Avantgarde eines neuen Lebensgefühls gegen die Konventionen des bürgerlich-amerikanischen Traums.

1970er-Jahre bis 2000

Die folgende Zeit brachte eine Bestandsaufnahme der verrückten *Sixties* mit sich, z.B. bei ***Joan Didion*** und bei ***Tom Wolfe***; noch ergiebiger waren die Siebziger und Achtziger mit Werken von ***Hunter S. Thompson***, ***Charles Bukowski*** und ***Bret Easton Ellis***. Die ganze Bandbreite von Kaliforniens literarischen Einflüssen kam in jener Zeit zum Vorschein. Schwarze Amerikaner wie ***Alice Walker***, ***Ishmael Reed*** und ***Al Young*** schrieben rund um die *Bay Area* über Themen, die weit über die Bucht hinaus reichten. ***Amy Tan*** und ***Maxine Hong Kingston*** verfassten Romane aus der Sicht der asiatischstämmigen Kalifornier. ***Richard Vasquez*** und ***Isabel Allende*** sind Stimmen mit lateinamerikanischem Hintergrund. Großen Erfolg hatte auch ***Armistead Maupin*** mit regenbogenbunt-skurrilen *Tales of the City* (»Stadtgeschichten«) aus San Francisco.

Weitere Entwicklung

Die Literaturszene zwischen San Francisco und San Diego ist nach wie vor sehr vielfältig und lebhaft, Lesungen wechseln sich mit *Poetry Slams* ab, und die Grenzen zu Musik und Theater sind nicht selten fließend.

Filmindustrie

Anfänge in Kalifornien

Erfunden wurden Film und Kino anderswo, aber in Kalifornien gelang es, daraus die hohe Kunst der Massenhypnose zu formen. Es begann mit kleinen Filmstudios, die sich zunächst vor allem im Bereich des LA-Nachbarstädtchens Hollywood ansiedelten. In seiner Umgebung hatten sie alle Schauplätze, die man brauchte: Stadt, Strand, Ozean, Seen, Wüste, Gebirge, Wälder und mehr. Dazu waren dort damals (ohne den Smog der Gegenwart) die Licht- und Wetterverhältnisse meist bestens. Und auch wichtig war, dass zur Not die ganze Ausrüstung rasch über die Grenze nach Mexico geschafft werden konnte, wenn Gläubiger oder Lizenzgeber den oft klammen Produzenten auf den Fersen waren.

Hollywood

Nach wie vor gilt der Begriff »**Hollywood**« als Synonym für die »Traumfabrik«, die Filmklassiker produziert und Filmstars hervorbringt. Und so vermittelt man es immer noch gerne den Touristen, die scharenweise nach Hollywood kommen, ➤ Seite 395f. Dort werden alljährlich die ***Oscars*** (korrekter: *Academy Awards*) verliehen, aber die Filmindustrie ist längst weitergezogen und dreht in Burbank und im San Fernando Valley.

TV-Filme

Auch zahllose Fernsehproduktionen entstehen in den dortigen Studios. Und damit sehen Abermillionen von Kinobesuchern und Fernsehzuschauern in aller Welt das Leben in den USA durch die kalifornische TV-Brille, die höchst selten der Realität im *Mainstream America* entspricht, weder ökonomisch noch sozial.

Sport

Ernst-Georg Richter

Die gute Nachricht für Fans lautet: Kalifornien ist mindestens genauso sportbegeistert wie der Rest der USA – sowohl aktiv als auch passiv. Das gilt für alle Profi-Sportarten und vor allem auch für den Freizeitsport der Kalifornier. Manche Fitnesswelle ist mittlerweile von West nach Ost über Amerika geschwappt, oft ausgehend von den Stränden zwischen San Diego und Malibu.

An so gut wie jedem Tag des Jahres ist in den Stadien und Hallen des Staates Spieltag. Auch, wenn einem die Regeln beim Baseball nicht so ganz einleuchten, ist es interessant und spannend, einmal dabei zu sein; die *Rules of the Game* kann man sich womöglich vom Sitznachbarn erklären lassen.

Baseball - MLB

Amerikas klassisches Freizeitvergnügen zieht nach wie vor unzählige Fans in die ***Ballparks***. In Kalifornien gibt es allein fünf *Major League Baseball*-Teams:

San Francisco Giants

In der *Bay Area* sind das die einst aus New York in den *Golden State* gezogenen **San Francisco Giants**, die zuletzt drei Mal die *World Series* gewannen (2010, 2012 und 2014). Sie treten im ***AT&T Park*** am China Basin unweit südöstlich von *Downtown* an; Anfahrt über die Straße Embarcadero oder die I-280.

Oakland Athletics

Auf der anderen Seite der Bucht *pitchen* und *catchen* die ***Oakland Athletics*** oder ***A's*** im ***Oakland-Alameda County Coliseum***. Sie haben in jüngerer Vergangenheit häufig vorne in der *American League West* mitgespielt, waren aber zuletzt 1990 in der *World Series* mit dabei. Das Stadion im Süden von Oakland ist gut mit öffentlichen Verkehrsmitteln zu erreichen (*BART-Station Airport/Coliseum*), Anfahrt mit Auto über die I-880.

Los Angeles

Der Großraum Los Angeles hat ebenfalls zwei Teams, die ***LA Dodgers*** und die ***LA Angels*** (vormals *Anaheim Angels*):

LA Dodgers

Mitte der 1950er-Jahre taten es die ***Dodgers*** den *Giants* gleich und zogen mit dem ganzen Team von Brooklyn an die Westküste, wo man mit mehr Zuschauern und einer günstigeren Infrastruktur als im Osten rechnen durfte: Die City of LA baute ihnen sozusagen als Anreiz das ***Dodger Stadium*** in **Elysian Park** nördlich von *Downtown*, das man am besten per Bus oder sogar zu Fuß von *Downtown* bzw. *Chinatown* erreicht, ➤ Seite 407. Ihr letzter Meistertitel bei den *World Series* liegt schon Jahrzehnte zurück (1988), die *Dodgers* spielen aber ganz vorne mit in der *National League* (Gesamtsieg 2017) und wurden in der *American West Division* sogar 5x in Serie Meister (2013-2017).

LA Angels

Südöstlich von *Disneyland* ist die Heimat der ***Los Angeles Angels***, die im ***Angel Stadium of Anaheim*** spielen. Das 2002 noch als *Anaheim Angels* bekannte Team befand sich damals sicher im siebten Himmel, als sie die *San Francisco Giants* in der *World*

Series mit vier zu drei Siegen niedergerungen hatten. In den vergangenen Jahren spielten sie erfolgreich in der *West Division* mit und holten sich den Titel zuletzt 2014. Das Stadion zwischen *Santa Ana* (I-5) und *Orange Freeway* (#57) erreicht man faktisch nur mit dem Auto.

San Diego Padres

Das noch relativ neue *Downtown*-Stadion der ***San Diego Padres***, der ***PETCO Park*** (2004), liegt unweit des *Gaslamp Quarter* am südlichen Harbor Drive. Den letzten Titel in der *West Division* gewann man 2006, die Teilnahme an der *World Series* gelang zuletzt 1998, gewinnen konnte sie das Team noch nicht (bei erst zwei Teilnahmen – außerdem 1984).

Tickets

Wer ein bestimmtes Spiel sehen möchte, das passend zur eigenen Reiseplanung stattfindet, sollte die Tickets im Internet auf der jeweiligen *Website* bestellen: Zahlung per Kreditkarte, Abholung der Tickets vor Spielbeginn am ***Will Call Window*** des Stadions. Für Spiele an Wochentagen gibt's Tickets meist auch noch kurzfristig vor Ort. Jedoch an Wochenenden und für bestimmte Begegnungen ist die Vorbestellung unabdingbar.

Atmosphäre

Aber viel wichtiger als das Spiel selbst ist eigentlich die besondere Atmosphäre im Stadion. Ganze Familien, Väter mit Söhnen und Pärchen beim ersten *Date* bevölkern die Ränge, die sich für das kulinarische Angebot (*Hot Dogs*, *Tortilla Chips*, Zuckerwatte) fast mehr interessieren als für das Spiel. Nur wenn ab und zu 'mal Wichtiges »passiert«, wird kurz aufgeschaut. Nicht wundern darf man sich daher auch, wenn die Ränge sich bereits frühzeitig leeren; der Ausgang des Spiels ist eben nicht ganz so wichtig – kein Wunder bei 162 Spielen pro Saison. Andere wiederum schreiben akribisch Statistiken und Leistungen der einzelnen Spieler mit.

Kurz: Auf den Rängen gibt es mindestens genausoviel zu beobachten wie auf dem Spielfeld. Einfach 'mal hingehen und eintauchen ins Geschehen.

Basketball - NBA

Kalifornien hat vier Profiteams, die in der berühmten ***National Basketball Association*** (NBA) mitmischen:

Oakland

An der *San Francisco Bay* spielen die ***Golden State Warriors*** in der ***Oracle Arena*** in **Oakland**. Zuletzt sehr erfolgreich: 2015 und 2017 wurden sie ***NBA Champion***.

Los Angeles

Auch erfolgreich sind die ***Los Angeles Clippers*** (zwei *Division*-Siege 2013 und 2014), die in den 1980er-Jahren von San Diego nach LA gezogen waren und sich jetzt mit den ***Los Angeles Lakers*** das ***Staples Center*** am Südwestrand von *Downtown LA* teilen, ➤ Seite 408. Man erreicht es per Auto über alle nach und über *Downtown* laufenden Autobahnen und außerdem ganz einfach mit der Metro (*Blue Line-Station Pico*).

Die ***Lakers*** sind ein legendäres Team: Mit ihrem legendären, früheren Spielmacher *Kobe Bryant*, der in der ewigen Punktestatis tik noch vor *Michael Jordan* auf Platz 3 liegt, gewannen sie von 2000-2010 allein fünf Meisterschaften!

LA Sparks Damenteam

Sind die Herren 'mal nicht auf dem Parkett, übernehmen die Damen: Die Spielerinnen der ***LA Sparks*** bilden eines der erfolgreichsten aktiven Teams in der *WNBA* und konnten zuletzt 2016 den Meistertitel erringen.

Sacramento

Auch Kaliforniens Hauptstadt Sacramento hat ein Basketball-Profiteam in der sog. *Western Conference*, die ***Kings***. Sie spielten früher in der ***Sleep Train Arena***, seit 2016 im ***Golden One Center*** in die Nähe der *Old Town*, ➢ Seite 240 unten. Nach Titelgewinnen in der *Pacific Division* 2002 und 2003 riss die Erfolgsserie.

Eishockey - NHL

Auf dem Eis gibt es selbst im warmen sonnenverwöhnten Kalifornien drei Profiteams auf Kufen:

In San José machen die ***Sharks*** im ***SAP Center*** (525 West Santa Clara Street) Jagd auf den Puck, in LA wird das ***Staples Center*** für die ***Kings*** heruntergekühlt und in Anaheim gleiten die ***Ducks*** über ihren zugefrorenen Teich, das ***Honda Center*** (2695 East Katella Avenue). In der Saison 2017/18 kamen die ***Vegas Golden Knights*** hinzu, die in der ***T-Mobile Arena*** beheimatet sind.

Gewinnen wollen alle den sog. ***Stanley Cup***. Dies gelang den *Kings* zuletzt 2014, den *Ducks* 2007 – und den *Sharks* noch nie.

American Football - NFL

Teams in Kalifornien

In der *Bay Area* gibt es gleich zwei Profiteams, die ***Oakland Raiders*** und die ***San Francisco 49ers***, ebenso in LA: die ***Los Angeles Chargers***, die 2017 von San Diego dorthin zogen, sowie die ***Los Angeles Rams***, die von 1994 bis 2016 in St. Louis zu Hause waren. Wie auch im Baseball und Basketball üblich, ziehen in den USA ganze Teams in andere Citys um, wenn ihre Eigentümer das so entscheiden. So spielten die *Raiders* in den 1980er-Jahren noch in Los Angeles, gewannen dort als *LA Raiders* sogar den ***Super Bowl*** (= *Champion*), kehrten aber später wieder zurück nach Oakland.

Die ***49ers*** spielen in der ***National Football Conference (NFC) West***, wo sie zuletzt 2011 und 2012 Meister wurden. Im Februar 2013 folgte die dramatische *Super-Bowl*-Niederlage gegen die *Baltimore Ravens*. Die *49ers* dominierten die 1980er-Jahre mit ihrem *Quarterback Joe Montana* (4x *Super Bowl Champion*!) – dieser Nimbus macht das Team auch heute noch zu etwas ganz Besonderem.

Auch die ***Los Angeles Rams*** treten in der ***NFC*** an (*Division* Sieg 2017!), die anderen beiden in der ***American Football Conference West***. Titelgewinne der ***Oakland Raiders*** (immerhin auch schon 3x *Champion*, zuletzt allerdings 1984) liegen weit zurück (*Division* zuletzt 2002), die der ***Los Angekes Chargers*** (erst eine *Super-Bowl*-Teilnahme – eine Niederlage gegen die *49ers* 1995) nicht ganz so weit (*Division* zuletzt 2009).

Stadien

Ebenso wie für die Baseball-Profis der *Oakland A's* ist das ***Oakland-Alameda County Coliseum*** (➤ Seite 622) Heimatstadion der ***Raiders***. Sicher keine ideale Lösung, da die Laufbahnen des Baseballfeldes präsent bleiben. Selten ist das Stadion daher ausverkauft (was natürlich auch mit den zuletzt durchwachsenen Leistungen zusammenhängt).

Die ***49ers*** spielen im ***Levi's Stadium***; der legendäre ***Candlestick Park*** wurde 2015 abgerissen (dort konnten große Erfolge gefeiert werden, und die *Beatles* gaben dort 1966 ihr letztes Konzert). Das *Levi's Stadium* – wurde zur Saison 2014 eröffnet und befindet sich nicht mehr in San Francisco, sondern in **Santa Clara** in Nachbarschaft von San José am Südende der San Francisco Bay: 4900 Marie P DeBartolo Way ganz in der Nähe des Vergnügungsparks ***California's Great America***, ➤ Seite 315.

Heimat der ***Los Angeles Chargers*** ist seit 2017 das neu renovierte ***StubHub Center*** am 18400 Avalon Boulevard in Carson; Abfahrt 37 von der I-405 auf halbem Weg zwischen dem *LA International Airport* und Long Beach.

Ticket-reservierung

Da jedes Team nur **acht Heimspiele** pro Saison austrägt (zwischen Anfang September und Ende Dezember/Anfang Januar), empfiehlt sich eine rechtzeitige Vorbestellung von Tickets im Internet.

Das moderne Levi's Stadion der San Francisco 49ers in Santa Clara

College Sports

Bei den *College Teams* ist die Stimmung meist noch heißer (und vor allem lauter) als bei den Profis. Studenten großer Unis wie *University of California Los Angeles*/**UCLA** (***Bruins***), die *University of Southern California*/**USC** (***Trojans***), ***Stanford*** (***Cardinal***) oder ***Berkeley*** (***California Golden Bears***) drängen am Wochenende gerne ins Stadion, wo sich die gegenseitigen Rivalitäten ventilieren lassen. Besonders beim *Football* und Basketball geht es dann hoch her, *Marching Bands* und *Cheerleader* machen ordentlich Dampf.

Fotonachweis

BestTimeRV, CH-Zürich: Seiten 68 und 71
Burkhard Brocke, Westerstede: Seiten 182, 271
Dirk Ehrentraut (www.dirk-ehrentraut.de): Seiten 260 und 262
Tilman Früh, Erlangen: Seiten 28 und 323
Hearst Castle Administration: Seite 336
Rainer Gerhard (www.flywest.de): Seiten 111, 291, 401 und 459
Lothar Gold, Hüttenberg: Seite 598
Mareike Hartl, Eckenhaid: Seiten 254 und 264
Hearst Castle, San Simeon: Seite 336
Markus Hundt, Bonn: Seiten 22, 165, 185, 186, 213, 225, 379, 386, 391, 392, 400, 404 oben, 405 unten, 415, 482, 489, 498, 499, 501, 540, 542, 546 oben, 549 (2), 552, 554 unten, 567, 568, 570 und 574
Markus Hundt-Archiv, Bonn:
© Barbara Kraft/Wynn/Encore: Seiten 546 unten und 548
© Caesars Entertainment: Seiten 551, 553 und 554 (2)
© Chateau Marmont: Seite 393
© Cosmopolitan: Seiten 526, 544 und 555
© Danny Mollohan/Las Vegas: Seite 528 (2)
© Flightlinez Bootleg Canyon: Seite 578
© Seaworld: Seiten 502 und 503
© Sunset Tower: Seite 394
© The Mirage: Seite 524
KLM: Seite 62
Thomas Löffler, Dresden: Buchcover vorne, Seiten 199 unten, 212, 559 unten, 560
MGM Resorts International, Las Vegas: Seiten 537, 538, 539, 543, 559, 565 oben, 566
Mission Inn, Riverside CA: Seiten 445 und 446
Christian Pehlemann, München: Seiten 516, 582 + Umschlagklappe hinten, Foto oben
Peter Schickert, Fröndenberg: Umschlagklappe vorne oben & Seiten 202, 265, 326, 514
Thomas Schröder, Hemmingen: Seite 41
Dirk Steiner, Kämpfelbach: Seite 555
Heinz Staffelbach, CH-Winterthur: Seite 26 und 656
SolvangUSA.com: Seite 345
Isabel Synnatschke, Dresden (www.synnatschke.com): 19, 20, 23, 30, 33, 37, 44, 56, 64, 65, 66, 70, 80, 85, 87, 100, 105 oben, 108, 110, 152, 158/159, 171, 195, 215, 219, 278, 284, 287, 293, 295, 305, 315, 319, 320, 327, 333, 337, 339, 340 oben, 340 unten, 342, 363, 369, 426, 428, 448, 462, 465, 466, 467 oben, 480, 481, 490 unten, 492, 497, 509, 510, 512, 519, 527, 531, 561, 562, 565 unten, 572, 615, 617, 618, 639
Steffen Synnatschke, Dresden: Seiten 193, 298, 307, 429, 461, 584
Jörg Vaas, Steinheim: Seite 198 rechts
Westin St. Francis Hotel, San Francisco: Seite 178
Wikimedia, Wikicommon: Seite 192
Winchester Mystery House LLC, San José CA: Seite 316
© **fotolia.com**, Fotograf Seite: Andy 389; Firma V 220; Jake Kraushaar 550 unten; Justimagine 520/21; rook76 227 rechts; Steffen Niclas 204

© **iStockphoto.com**, Fotograf Seite:
aimintang 190; alantobey 236; bajanru ; BirdBro 244 unten; bluejayphoto 206 und U4; blyons 452; bpperry 346; canbalci 200; ChenRobert 230; cliffwass 417; Coleong 208; CORALIMAGES 409, 410, Klappe vorne Tipps; ChristianHorz 381; csfotoimages 183, 184; Davel5957 395 oben, 423, 424; David Callan 207; delray77 254 oben; Diane Bentley Raimond 233; digital94086 637; dibrova 586/87; DNY59 221; Donyanedomam 558; duncan1890 42; ElsvanderGun 563; Ershov-Maks 194; Feverpitched 450 unten; fotorvr 283; fotoVoyager 167; FrankvandenBargh 384 und 414; gregobagel 196 und 368; hairballusa 258; haveseen 436; i_compass 577; InterestingLight 51; Jamalrani 281; jasonrodriguez 439; JerryMoosmann 313; jgareri 529; Joe_Potato 187; Julia Viry 234; kojihirano 43; Konoplytska 412; Krilt 275; Lenin_RzSz 176; littleny 76; LPETTET 397; manley099 366 und 378; MariuszBlach 261 oben, 279; MCCAIG 273; mdurson 518; Melpomenem 362; Merkuri2 406 und 408; MICHELANGELOBOY 254 unten; mvp64 349; NNehring 335 oben; PeskyMonkey 201; Pgiam 328 und 329; plus99 178; Photography Perspectives 137; photoquest7 395 Mitte; pvhaas7 261 unten; seguintiespasses 600; rebelml 403; Rolf52 523; Ron_Thomas 507; rskin 179; rypson 99; Sashkinw 536; SeanPavone 404 unten, 608/09; seanxu 530; sloot 46; smodj 575; SpVVK 169, 314; stasvolik 616; Studio-Annika 376 unten; tbd 223; THEPALMER 229; tirc83 517; tonda 332; tupungato 98, 209; typhoonski 39 und 60; USA-TARO 407; Videowok_art 463; volgariver 508; WalterGalloway 282; webmink Umschlagklappe hinten/Foto Mitte; Wildroze 24; WilliamSherman 227 links und Schmutztitel; Wittayayut 420; yotrak 42

Hans-R. Grundmann, Westerstede: alle anderen Fotos

Die **Zeichnung** auf Seite 95 ist von **Alexander Brandt**, München

Joshua Trees im gleichnamigen Nationalpark

Mechtild Opel
Hans-R. Grundmann
Reise Know-How
Kanada
der maritime
Osten
Nova Scotia, New Brunswick,
Newfoundland mit Labrador,
Prince Edward Island,
Québecs Gaspé
mit Montréal und Québec City
Ein Reiseführer für individuelles Reisen durch Nova Scotia, New Brunswick

Eyke Berghahn,
Petrima Thomas,
Hans-R. Grundmann
Mechtild Opel
Reise Know-How
Kanada Osten
USA Nordosten

Alphabetisches Register - Index

Im Register finden sich alle Ortsnamen, Sehenswürdigkeiten und geografischen Bezeichnungen ebenso wie alle wichtigen Sachbegriffe. Egal, wonach man sucht, alles ist unterschiedslos alphabetisch eingeordnet.

Wichtige Abkürzungen und Kurzformen

Kurzformen Auto / Versicherungen

4WD	four wheel drive (4-Rad-Antrieb)
AAA	American Automobile Association (*triple A*)
AC	Air Condition
ALI	Additional Liability Insurance (Haftpflichtzusatzversicherung mit einer höheren Deckungssumme)
ATV	All Terrain Vehicle
CDW	Collision Damage Waiver (Kaskoversicherung mit Haftungsbeschränkung/-befreiung; mit/ohne Selbstbehalt)
EP	Extended Protection (erweiterte Haftpflichtversicherung)
ID	Identification (Personalpapier/Führerschein)
LDW	Loss Damage Waiver (Vollkasko mit Haftungsbefreiung, auch bei Diebstahl oder Totalverlust durch Feuer)
LIS	Liability Insurance Supplement (Haftpflichtzusatzversicherung)
ORV	Off-road Vehicle
PAE	Personal Accident & Effects (Insassen- und Gepäckversicherung)
PAI	Personal Accident Insurance (Insassenunfallversicherung)
PEP	Personal Effects Protection (Gepäckversicherung)
RLI	Rental Liability Insurance (Haftpflicht in Kalifornien)
RV	Recreation Vehicle (Campmobil)
SCDW	Super Collision Damage Waiver (»Vollkasko«)
SLI	Supplement Liability Insurance (Haftpflichtzusatzversicherung)
SUV	Sport Utility Vehicle (geländetaugliches Fahrzeug)
TP	Theft Protection
UMP	Underinsured Motorist Protection (Haftpflichtzusatzversicherung, die Schäden abdeckt, die durch einen nicht oder unterversicherten potentiellen Unfallsgegner verursacht werden)

Weitere Kurzformen

4 sale	for sale (zu verkaufen)
a.s.a.p.	as soon as possible (so rasch wie möglich)
Mart	market (Markt)
Nite	night (Nacht)
Room 4 rent	Room for Rent - Zimmer zu vermieten
SFO	San Francisco
U-Pick	You pick (zum Selbstpflücken)
Xing	Crossing (Kreuzung); PedXing (Fußgängerkreuzung)
Xmas	Christmas (Weihnachten)
XP	Extra Person

Kurzformen von Naturschutzgebieten

BLM	*Bureau of Land Management*	NWR	*National Wildlife Refuge*
NF	*National Forest*	SB	*State Beach*
NHS	*National Historic Site*	SP	*State Park*
NHP	*National Historical Park*	SHP	*State Historical Park*
NM	*National Monument*	SRA	*State Recreation Area*
NP	*National Park*	SVRA	*State Vehicular Recreation Area*
NPS	*National Park Service*	WSA	*Wilderness Study Area*
NRA	*National Recreation Area*		

Kurzbezeichnung der US-Bundesstaaten

AZ = Arizona CA = Kalifornien NV = Nevada UT = Utah

Kurzformen bei Straßen und Adressen

Ave	*Avenue*	Hwy	*Highway*	Mts	*Mountains*
Blvd	*Boulevard*	Pkwy	*Parkway*	Rd	*Road*
Dr	*Drive*	Pl	*Plaza*	Sq	*Square*
Fwy	*Freeway*	Pt	*Point*	St	*Street*

\# Zeichen für Nummer statt Nr./No. **I-84** *Interstate* #84 **mi** = Meile

KARTENVERZEICHNIS